형 법 총 론

[제8판]

이형국 · 김혜경

法 文 社

제8판 머리말

이형국, 김혜경 공저의 형법 교과서 출간에 관심을 보여주신 독자 제현께 진심으로 감사드린다. 본서의 집필은 고 이형국 대한민국 학술원 회원과 계명대학교 김혜경 교수가 담당하였다. 공저 체제를 유지하고 개정을 하면서, 특히 형법총론이 기본교재로서의 자격을 갖출 수 있도록 각 부분의 균형이 잘 유지되도록 함과 아울러 관련 법규 및 최근까지의 이론과 판례의 내용을 반영하도록 배려하였고, 문장의 표현도 간결하고 쉽게 하고자 노력하였다.

제8판의 개정에서는 우선 일본어식 표현을 되도록 지양하고 일상적인 언어사용규범에 부합하도록 본문의 내용과 문장표현을 적절히 수정하고자 노력하였다. 그럼에도 불구하고 아직 남아있는 어색한 표현들은 다음 개정에서 신중을 기하고자 한다. 그리고 존경하는 많은 교수님들의 신판을 적절히 반영하지 못한 부분은 매우 죄송스럽게 생각하며, 다음 개정에서는 최대한 반영하고자 한다.

또한 독일의 이론보다는 최근에 더욱 활발해진 우리나라 학자들의 형법이론을 반영하고자 노력하였으며, 급격히 변화하는 판례의 태도와 이를 분석하는 학자들의 날카로운 견해들을 반영하는데 주의를 기울이고자 하였다. 나아가 심화부분을 보완하여 특별법적 사항이나 본문과 관련한 보다 심도 있는 사항을 다루고자 하였다. 그리고 도표와 삽화를 보다 적극적으로 활용하여 복잡한 체계와 이론들의 이해를 돕고자 노력하였다.

내용상으로는 죄형법정주의의 내용을 보완하였고, 형법과 법익의 의미를 전달하고자 법익론의 전개 과정을 비교적 자세히 다루었다. 그리고 구성요건 고의와 관련한 착오사례의 보완, 위법성조각사유의 일관성 있는 서술과 체계화, 결과적 가중범의 서술 추가에 주의를 기울였다. 특히 부작위범과 관련하여 작위와 부작위의 구별 및 진정・부진정 부작위범의 문제, 부작위의 요건, 선행행위의 의미, 부작위와 간접정범 등을 보완하였고, 공범과 신분에 관한 내용을 보다 깊이 있게 서술하였다. 죄수론과 관련하여서도 사례를 추가하고 그 의미내용에 대한 서술을 보완하였다.

傳不習乎

학문을 막 배우기 시작할 무렵, 참을 수 없이 가벼운 얕은 주장을 하는 저자에게 고 이형국 교수님께서는 늘 빙그레 웃으시면서 단 한마디만을 하셨다.

"자네는 그렇게 생각하는가?"

그 말은 저자를 고민에 빠뜨리고 무엇이 잘못되었는가를 스스로 찾아 헤매게 만드는 원동력이자 지금까지도 늘 스스로를 반성하게 만드는 힘이 되었다. 법의 정신이 무엇인지를 끝까지 놓지 않으셨던 교수님의 빈자리를 채우는 말이다. 교수님께서 개정판에 대하여 만족스럽지 못하게 생각하실까 걱정이 앞서지만, 다음 개정에서는 더욱 정진할 것을 다짐하며 머리말을 마친다.

그리고 본서가 출간되기까지 늘 아낌없는 지원과 관심을 가져준 모든 분들께 감사의 말을 전한다. 또한 본서의 출판에 적극적으로 힘을 실어주신 법문사의 사장님, 노윤정 차장님을 비롯한 편집부 여러분, 그리고 책을 알리고자 노력하시는 유진걸 과장님을 비롯한 모든 식구들에게 진심으로 감사드린다.

2025년 2월

저자

제7판 머리말

이형국, 김혜경 공저의 형법교과서 출간에 관심을 보여주신 독자 제현께 진심으로 감사드린다. 본서의 집필은 고 이형국 대한민국 학술원 회원과 계명대학교 김혜경 교수가 담당하였다. 공저체제를 유지하고 개정을 함에 있어서, 특히 형법총론이 기본교재로서의 자격을 갖출 수 있도록 각 부분의 균형이 잘 유지되도록 함과 아울러 관련 법규 및 최근까지의 이론과 판례의 내용을 반영하도록 배려하였고, 문장의 표현도 간결하고 쉽게 하고자 노력하였다.

제7판의 개정을 함에 있어서는 일상적인 언어 사용규범에 부합하도록 본문의 내용과 문장표현을 적절히 수정하고자 노력하였다. 그럼에도 불구하고 아직 남아 있는 어색한 표현들은 다음 개정에서 신중을 기하고자 한다.

또한 독일의 이론보다는 우리나라 학자들의 이론을 반영하고자 노력하였으며, 최근의 변화된 판례의 태도와 그에 따른 학자들의 다양해진 견해들을 분석하고 적절히 반영하는데 주의를 기울이고자 하였다. 기존의 교과서와 비교하여 연혁부분은 참고사항으로 구성하였고, 심화부분을 보완하여 본문의 내용과 관련하여 보다 심도 있는 사항을 다루고자 하였다. 또한 각 체계와 복잡한 이론들은 도표와 삽화를 보다 적극적으로 활용하여 이해를 돕고자 노력하였다.

순서에 있어서는 제3장 범죄의 특수형태를 제2장 고의적 작위범의 책임론 뒤에 위치시켜서 설명의 중복을 피하고 체계와 구성을 고려하였으며, 미수범을 제4장으로 하고 제5장은 제목을 정범과 공범에서 범죄의 다수참가형태로 수정하였다. 또한 형법 제1조 제2항에 관한 해석 등 지난 몇 년 동안 견해가 변경된 판결 내용들을 담고 해당 판결들의 함의를 분석하였으며, 부작위범의 실행분담 문제, 공동자에 대한 객체의 착오, 간접정범, 결과적 가중범의 미수 유형과 관련한 이론적 부분들을 보다 상세히 설명하였다. 그리고 결과관련적 과실범과 행위관련적 과실범에 관한 설명을 수정하였다.

程門立雪.

법의 정신에 관하여 깊은 밤을 지나 빛이 스미는 새벽을 맞이하시던 고 이형국 교수님의 뜻을 기리어, 개정판도 법의 정신이 조금이라도 반영되기를 바란다. 조용한 언덕 위 마지막 가시는 길에 하얀 국화꽃잎을 덮어드리며, 고즈넉하고 평안한 풍경 위로 산책을 즐기시던 교수님의 뒷모습을 마음에 담았다. 영면에 드신 교수님의 뜻을 받들어 본서가 빛을 발할 수 있도록 앞으로도 꾸준히 정진하고자 한다.

그리고 본서가 출간되기까지 아낌없는 지원과 관심을 가져준 모든 분들께 감사의 말을 전한다. 또한 본서의 출판에 적극적으로 힘을 실어주신 법문사 사장님, 노윤정 차장님을 비롯한 편집부 여러분께 진심으로 감사드린다.

2023년 8월

저자

제6판 머리말

이형국, 김혜경 공저의 형법교과서 출간에 관심을 보여주신 독자 제현께 진심으로 감사드린다. 출간에 신중을 기하다보니 늦어진 점을 또한 죄송하게 생각한다. 그럼에도 불구하고 남게 되는 미흡한 점은 계속 시정해 나아가고자 한다.

본서의 집필은 이형국 대한민국 학술원 회원과 계명대학교 김혜경 교수가 담당하였다. 공저체제를 유지하고 개정을 함에 있어서, 특히 형법총론이 기본적 교재로서 각 부분의 균형이 잘 유지되도록 함과 아울러 관련 법규 및 최근까지의 이론과 판례의 내용을 반영하도록 배려하였고, 문장의 표현도 간결하고 쉽게 하고자 노력하였다.

제6판의 개정을 함에 있어서는, 어려운 한자어나 일본식 표현 등을 개선하고 일상적인 언어 사용규범에 부합하게 개정되어 2021년 12월 9일부터 시행되는 개정 형법의 법문을 사용하였다. 또한 그와 같은 형법의 개정 취지에 맞추어 본문의 내용이나 문장표현도 최대한 일상 언어에 맞게 수정하고자 하였다. 그럼에도 불구하고 아직 남아있는 어색한 표현들은 다음 개정에서 신중을 기하고자 한다.

본문의 서술과 관련하여서는, 최근의 판례와 그에 따른 학자들의 견해도 다양해졌으므로, 이를 분석하고 적절히 반영하는데 주의를 기울이고자 하였다. 기존의 교과서와 비교하면, 형법각론과 형식을 맞추어 연혁 부분은 참고사항으로 구성하였고, 심화 부분을 보완하여 본문의 내용과 관련한 깊은 사항을 다루고자 하였으며, 복잡한 이론들은 도표나 삽화를 보다 많이 활용하여 독자들의 이해를 돕고자 노력하였다. 구성에 있어서는, 서론과 범죄론체계 및 죄수론의 편재를 보다 논리적이고 체계적으로 변경하고 이론을 강화하여 본서의 특성을 살리고자 하는 반면 형벌과 보안처분 부분을 다소 축약하여 전체적인 균형을 맞추고자 하였다.

이로써 법의 정신이 조금이라도 반영되기를 바란다.

출간에 이르기까지 저자의 생명과 건강을 지켜주신 하나님의 은혜에 먼저 감사와 찬송을 드린다. 그리고 본서가 빛을 보도록 아낌없는 지원과 관심을 가져준 제자들 모두에게 감사의 말을 전한다. 또한 본서의 출판에 적극적으로 협조하여 주신 법문사의 사장님, 예상현 과장님을 비롯한 편집부 여러분께 진심으로 감사드린다.

2021년 8월
저자

제5판 머리말

이형국, 김혜경 공저의 형법교과서 출간에 관심을 보여주신 독자 제현께 진심으로 감사드린다. 출간에 신중을 기하다보니 늦어진 점을 또한 죄송하게 생각한다. 그럼에도 불구하고 남게 되는 미흡한 점은 계속 시정해 나아가고자 한다.

본서의 집필은 이형국 대한민국 학술원 회원과 계명대학교 김혜경 교수가 담당하였다. 공저체제를 유지함에 있어서, 특히 형법총론이 기본적 교재로서 각 부분의 균형이 잘 유지되도록 함과 아울러 관련 법규 및 최근까지의 이론과 판례의 내용을 반영하도록 배려하였고, 문장의 표현도 간결하고 쉽게 하고자 노력하였다. 2000년대 이후에는 형법 및 특별법들의 개정이 빈번하고 판례의 내용들도 보다 전문화되어가는 경향이 있다. 또한 그에 따른 학자들의 견해도 다양해졌으므로, 이를 분석하고 적절히 반영하는데 주의를 기울이고자 하였다. 기존의 교과서와 달리 심화부분을 새로이 구성하여 본문의 내용과 관련한 보다 깊이 있는 사항을 다루고자 하였으며, 복잡하고 까다로운 부분들은 도표나 삽화를 추가하여 이해를 돕도록 노력하였다.

이로써 법의 정신이 조금이라도 반영되기를 바란다.

출간에 이르기까지 저자의 생명과 건강을 지켜주신 하나님의 은혜에 먼저 감사드린다. 그리고 본서가 빛을 보도록 아낌없는 지원과 관심을 가져준 제자들 모두에게 감사의 말을 전한다. 또한 본서의 출판에 적극적으로 협조하여 주신 법문사의 사장님, 예상현 과장님을 비롯한 편집부 여러분께 진심으로 감사드린다.

2019년 2월
저자

제4판 머리말

본서의 제3판을 펴낸지도 벌써 4년여의 세월이 흘렀다. 본서에 여러 가지 미흡한 점이 있었음에도 불구하고 그동안 본서를 아껴주신 독자 제현께 진심으로 감사드린다. 제3판을 출간한 이후에도 형법의 일부개정이 있었고 보안처분 분야에 관련되는 사회보호법이 폐지되고 치료감호법이 제정되는 등 본서를 수정·보완해야 할 필요성이 생겼다. 이를 계기로 저자는 제4판을 펴내게 되었다. 제4판을 펴냄에 있어서도 형법총론의 기본적 교재로서 각 부분의 균형이 잘 유지되도록 함과 아울러 최근까지의 이론과 판례를 내용에 반영하도록 배려하였고, 문장의 표현도 가능한 한 간결하고 쉽게 하도록 유념하였다. 앞으로도 미흡한 점이 발견되면 계속하여 수정·보완해 나아가고자 한다.

제4판의 출간에 이르기까지 저자의 생명과 건강을 지켜주신 하나님의 은혜에 먼저 감사드린다. 또한 본서의 출판에 적극적으로 협조하여 주신 법문사의 배효선 사장님, 위호준 차장님, 예상현 과장님을 비롯한 편집부 여러분께 진심으로 감사드린다.

2007년 1월

저자

제3판 머리말

본서의 개정판을 펴낸지도 어느덧 7년여의 세월이 흘렀다. 그 동안 본서를 아껴주신 독자 제현께 먼저 진심으로 감사드린다. 개정판의 출간 이후에도 일부 관계법령이 제정 또는 개정되었고 새로운 판례로 누적되는 등 본서를 다시 개정·보완해야 할 필요성이 있었다. 이에 저자는 기존의 내용 중 미흡했던 부분의 수정·보완도 병행하여 본서의 제3판을 펴내게 되었다.

제3판을 펴냄에 있어서 저자는 한자의 사용을 불가피한 최소한으로 줄이고 문장도 가급적 간결하고 쉽게 표현하도록 유념하였다. 최근까지의 이론과 판례는 가능한한 충실히 내용에 반영하였으므로 형법총론의 기본적 교재로서 빠진 것과 치우친 것이 없도록 배려하였다. 미흡한 점이 발견되면 계속하여 수정·보완해 나아가고자 하며 독자 제현의 기탄없는 비판과 충고가 있기를 기대한다.

제3판의 출간이 가능하도록 저자의 생명과 건강을 지켜주신 하나님께 감사드린다. 또한 제3판의 교정과 색인작성을 도와준 연세대 강사 윤종행 박사와 연세대 박사과정의 김혜경 조교, 그리고 본서의 출판에 적극적으로 협조하여주신 법문사의 배효선 사장님, 이재필 이사님, 위호준 과장님을 비롯한 편집부 여러분께 진심으로 감사드린다.

2003년 1월
연세대 연구실에서
저자

개정판 머리말

본서의 초판을 펴낸지도 어언 5년여의 세월이 흘렀다. 먼저 그 동안 본서를 아껴주신 독자 제현께 깊은 감사를 드린다. 초판의 발간 이후 일부 관계법령의 제정 및 개정이 있었고 새로운 판례도 누적되었으며, 특히 1995년 12월 2일에는 형법개정안이 국회를 통과하게 되어 부분적인 형법 개정이 이루어졌다.

이에 저자는 초판의 미흡했던 점의 수정보완과 아울러 개정된 형법 및 관계법령을 반영한 개정판을 펴내게 되었다.

본 개정판을 펴냄에 있어서 저자는 문장의 표현을 쉽고 간결하도록 유념하였고 최근까지의 이론과 판례를 가능한 한 충실히 내용에 반영하면서 각 부분별로 균형을 유지하도록 하였다. 앞으로도 미흡한 점이 발견되면 계속하여 수정・보완해 나갈 것을 아울러 다짐한다.개정판의 출간이 가능하도록 저자의 생명과 건강을 지켜주신 하나님께 감사드린다. 초판에 이어 이번 전정판의 출간에 있어서도 교정과 색인작업을 도와준 연세대 강사 千宗喆 博士와 박사과정의 崔相旭 助教 그리고 본서의 출판에 적극 협력하여 주신 법문사의 裵孝善 사장님, 崔福鉉 상무, 李在弼氏, 朴健天氏를 비롯한 편집부 여러분께 깊은 감사를 표한다.

1996년 1월

연세대 연구실에서

저자

머 리 말

본서는 이미 간행된 형법총론연구 Ⅰ, Ⅱ를 기초로 하여 대학교재 겸 사법시험 등 각종 시험의 기본서로서 적절하도록 그 내용을 편성하여 출간한 것이다. 기간의 형법총론연구 Ⅰ, Ⅱ는 8·15해방 이후 오늘에 이르기까지의 우리 형법학의 학문적 성과에 독일의 새로운 이론을 접합시켜 만든 이론서 내지 참고서의 성격을 가지고 있었고 대학교재로서는 너무 방대하고 난해한 면이 있었다. 이 때문에 대학교재로서 우리 실정에 맞는 새로운 형법총론서를 필요로 하게 되었고 이에 대한 주위의 요청도 적지 아니하였다. 이에 저자는 본서를 형법총론연구와 별도로 펴내게 된 것이다. 본서가 출간되었다 하더라도 기존의 형법총론연구 Ⅰ, Ⅱ는 앞으로 더욱 정치하게 보완해 나아가면서 학문성이 높은 상세한 이론서로서 유지해 나아갈 것이다.

저자는 본서를 펴냄에 있어서 다음과 같은 점을 특히 유의하였다. 첫째로 문장표현을 가능한 한 쉽고 간결하게 하였고 불필요한 외래어의 사용을 피하였다.

둘째로 내용에 있어서 빠진 것과 치우쳐진 것이 없도록 함으로써 대학교재로서는 물론 수험준비서로서도 부족함이 없도록 노력하였다.

셋째로 서술내용의 학문적 근거를 밝히는 각주는 이미 형법총론연구에 상세히 붙여놓았기 때문에 본서에 있어서는 각주를 필요한 최소한으로 줄였다.

이상과 같은 배려에도 불구하고 본서에는 미흡한 점이 적지 아니할 것으로 우려되며 부족한 점은 앞으로 계속하여 시정·보완해 나아가고자 한다. 본서가 나오도록 저자의 생명과 건강을 지켜주신 하나님께 감사와 찬송을 드린다. 본서의 교정과 색인작업을 도와준 연세대학교 박사과정의 千宗喆 助敎와 본서의 출판에 적극 협력하여 주신 법문사의 裵孝善 사장님, 崔福鉉 편집부장, 李在弼氏, 朴健天氏를 비롯한 편집부 여러분께 깊은 감사를 표한다.

1990년 3월
연세대 연구실에서
저자

차　　례

제1편 서　　론

제2편 범 죄 론

제 1 장 범죄론의 기초 (81~112)

제 2 장 고의적 작위범 (113~329)

제6장 죄 수 론 (573~623)

제3편 형벌과 보안처분

참고문헌

권오걸, 형법총론, 제3판, 형설출판사, 2009
김성돈, 형법총론, 제9판, 박영사, 2024
김성천/김형준, 형법총론, 제7판, 소진출판사, 2015
김일수/서보학, 새로쓴 형법총론, 제12판, 박영사, 2014
김일수, 한국형법 Ⅰ, 제2판, 박영사, 1996
김일수, 한국형법 Ⅱ, 박영사, 1993
김혜정/박미숙/안경옥/원혜욱/이인영, 형법총론, 피앤씨미디어, 2024 (김혜정 외)
박상기, 형법학[총론·각론 강의], 제3판, 집현재, 2016
배종대, 형법총론, 제15판, 홍문사, 2021
손동권/김재윤, 새로운 형법총론, 율곡출판사, 2011
신동운, 판례분석 형법총론, 박영사, 1991
신동운, 형법총론, 제12판, 박영사, 2020
안동준, 형법총론강의, 형설출판사, 2013
오영근, 형법총론, 제3판, 박영사, 2014
이재상/장영민/강동범, 형법총론, 제9판, 박영사, 2017 (이재상 외)
이정원, 형법총론, 신론사, 2012
이용식, 형법총론, 박영사, 2018
이주원, 형법총론 제2판, 박영사, 2023
임웅, 형법총론, 제12판, 법문사, 2021
정성근/정준섭, 형법강의 총론, 박영사, 2016
정영일, 형법강의[총론], 제3판, 학림, 2017
천진호, 형법총론, 준커뮤니케이션즈, 2016
최호진, 형법총론강의, 준커뮤니케이션즈, 2020
한국형사법학회 편, 형사법강좌 Ⅰ, 박영사, 1981
한국형사법학회 편, 형사법강좌 Ⅱ, 박영사, 1984
한국형사판례연구회 편, 형사판례연구, 1－32, 박영사, 1993－2024
허일태, 형법연구(Ⅰ), 세종출판사, 1997
황산덕, 형법총론, 방문사, 1982

기타 참고문헌은 형법총론연구 Ⅰ, Ⅱ 참조

제 1 편

서 론

제 1 장

형법의 의의, 성격 및 기능

제 1 절 형법의 의의
제 2 절 형법의 성격
제 3 절 형법의 기능

제 1 절 형법의 의의

Ⅰ. 형법의 정의

국가는 한편으로는 국민의 자유와 권리를 보호하여야 할 의무가 있고 다른 한편으로는 국가가 보호하고자 하는 가치를 해하고자 하는 행위를 규제할 의무도 있다. 후자의 행위를 범죄라고 하고, 이를 규제하기 위한 방법을 형벌이라고 한다. 헌법은 국가형벌권의 자의적인 행사로부터 개인의 자유와 권리를 보호하기 위하여 범죄와 형벌을 법률로 정하도록 하고 있다(헌법 제13조 제1항).

일반적으로 무엇이 범죄이고 어떻게 처벌할 것인가, 즉 범죄와 형벌을 함께 규정한 국가의 법을 형법이라고 한다. 따라서 형법은 어떠한 행위가 범죄이고 이에 대한 법적 효과로서 어떠한 형벌을 과할 것인가를 정하는 법규범이라고 정의되어 왔다. 다만, 행위의 대가로서 형벌이라는 것에서 더 나아가 장래의 범죄위험성을 줄이기 위한 사법처분으로서의 보안처분을 형법이나 특별법으로 인정하고 있는 법체계에서는, 전통적 의미에서의 형벌뿐만 아니라 보안처분도 법적 불이익으로서 형벌의 내용에 포함시키게 된다.

Ⅱ. 협의의 형법과 광의의 형법

협의의 형법은 「형법」이라는 명칭이 붙여진 형법전(1953. 9. 18 법률 제293호)만을 의미하며 형법이라고 말할 때에는 협의의 형법을 지칭함이 일반적이다. 광의의 형법은 협의의 형법을 비롯하여 형벌에 의한 제재를 그 법적 효과로 하는 모든 법규범(군형법, 국가보안법, 폭력행위 등 처벌에 관한 법률, 특정범죄 가중처벌 등에 관한 법률, 도로교통법, 관세법의 형벌규정 등)을 총칭한다. 양자는 지칭하는 법률에 차이가 있을 뿐, 그 효과나 절차의 면에서는 모두 같다.

Ⅲ. 총칙과 각칙

협의의 형법, 즉 형법전은 총칙과 각칙으로 구분된다. 총칙은 범죄 및 형벌(입법례에 따라서는 보안처분)에 관한 일반적인 규정이다. 우리 형법전에서는 제1조에서 제86조까지의 규정이 총칙에 해당되는 부분으로서, 이에는 ① 형법의 적용범위, ② 죄(죄의 성립과 형의 감면, 미수범, 공범, 누범, 경합범), ③ 형(형의 종류, 경중, 양정, 집행, 선고유예와 집행유예, 가석방, 형의 시효와 소멸)이 포함된다. 총칙은 각칙상의 범죄뿐만 아니라 특별한 규정이 없는 한 타법령에 정한 죄에도 적용된다(제8조). 형법총칙의 적용을 부분적으로 배제하는 특별한 규정의 예로서는 담배사업법 제31조 등을 들 수 있는데 이들 규정에 의하여 형법 제9조, 제10조 제2항, 제11조, 제16조 등의 규정은 적용되지 않는다.

각칙에는 각 범죄의 유형과 이에 관련이 있는 보충규정이 포함된다. 우리 형법전상으로는 제87조에서 제372조까지의 규정이 이에 해당하는데 이러한 각칙에는 내란의 죄를 비롯한 42개의 범죄유형과 이에 관련되는 보충적 사항(예컨대 제310조의 위법성조각 등, 제346조의 동력)이 규정되어 있다.

Ⅳ. 형 사 법

형사법(가장 넓은 의미의 형법)에는 형법, 형사소송법 및 형집행에 관한 법이 모두 포함된다. 형법은 이미 논한 바와 같이 범죄와 형벌의 관계를 규정하는 형사실체법이다. 형사소송법은 형법에 근거하여 범죄를 인정하고 형벌을 부과하는 일에 필요한 일련의 절차(범죄의 수사, 소추, 심리, 판결 등)를 기본적 내용으로 하는 형사절차법이다.

형집행에 관한 법은 법에 의한 형벌 및 보안처분의 시행, 감독 등에 관한 일체의 법규를 의미한다. 특히 형의 집행 및 수용자의 처우에 관한 법률은 징역형, 금고형 및 노역장유치와 구류형을 받은 자를 교정·교화하여 사회에 복귀토록 하고 형사피의자 또는 형사피고인으로서 구속영장의 집행을 받은 자의 수용에 관한 사항까지도 규정하고 있다. 소년범의 형집행에 관하여서는 소년법에 그 규정을 두고 있다.

제 2 절 형법의 성격

Ⅰ. 법체계상의 성격

형법은 법을 공법과 사법으로 나눌 경우 공법에 속하며, 법을 권력작용에 따라 입법법, 사법법, 행정법으로 나눌 경우에는 재판에 적용되는 법인 형법은 사법법에 해당한다. 또한 형법은 형사사건의 실체에 대하여 적용되므로 실체법의 성격을 지닌다. 실체법이란 절차법과 대응되는 개념으로, 여기에서 실체란 법률관계로서 개인의 권리 · 의무의 내용(실체)을 의미한다. 민법이 개인 간의 법률관계를 규율한다면, 형법은 국가와 국민간의 권리 · 의무를 담고 있기 때문에 형사실체법이다.[1)]

Ⅱ. 규범적 성격

1. 가설적 규범

형법은 도덕규범이나 종교규범이 "…을 하지 말라, 또는 …을 하라"는 형태의 명령적 · 단언적 형식을 취하는 것과 달리 그 내용의 판단에 있어서 가설적 형태를 취한다. 예컨대 "사람을 살해한 자는 사형, 무기 또는 5년 이상의 징역에 처한다"라는 가설적 또는 가정적 판단의 형식을 취한다. 이는 무엇보다도 형법이 범죄행위를 전제조건으로 하여 그 법적 효과로서 이에 대한 형벌을 과하는 규범이라는 성격으로부터 비롯된다.

2. 행위규범 및 재판규범으로서의 성격

형법은 행위규범이자 동시에 재판규범이다. 형법은 일정한 범행에 대하여 형

---

1) 형법이 형사실체법이라고 하더라도 반드시 실체법만을 규정하고 있는 것은 아니다. 예컨대, 형법 제57조는 판결선고전 구금일수의 통산방법을, 형법 제1편 제4장은 기간계산 방식을 정하고 있는데, 이러한 규정들은 형사절차에 관련된다. 이처럼 형사소송법과 같은 절차법과 형법과 같은 실체법은 밀접한 관련을 가지고 유기적으로 적용되기 때문에 이를 통틀어 형사법(刑事法)이라고 일컫는다.

벌을 과함으로써 그러한 행위를 금지(금지규범)하거나 요구(명령규범)한다. 예컨대 절도죄에는 절취행위를 하지 아니할 것(금지)이 포함되어 있고, 퇴거불응죄에는 요구가 있으면 퇴거해야 한다는 명령이 내포되어 있다. 이와 같은 금지와 명령을 통하여 일반인의 행태를 규제하고 행위의 척도를 제시해 주는 형법의 성격을 행위규범적 성격이라고 부른다. 한편 형법은 법관, 검사 기타 사법관계자의 활동에 있어서 무엇이 범죄이고 이에 대한 형벌을 어떻게 과할 것인가에 관하여 일정한 기준을 제시해 준다. 이러한 관점에서 형법은 재판규범으로서의 성격을 가지며, 법관의 사법활동을 규제한다.

3. 의사결정규범 및 평가규범으로서의 성격

형법은 형벌로써 금하는 무가치한 행위를 행하여서는 안된다는 의무를 일반인에게 부담시켜 의사결정에 있어 하나의 척도로서 작용한다. 형법에서 무가치(無價值) 또는 반가치(反價值)란 규범에 반하는 방향에로 행위하고자 심정을 형성하는 행위자의 태도가 사회적으로 용인될 수 없음을 의미한다. 이와 같이 행위자의 행위선택의 기준이 된다는 점에서 형법을 의사결정규범이라고도 부른다. 동시에 형법은 일정한 금지나 명령을 준수할 것을 요구하고 만일 이에 반하여 행하면 그에 상응하는 형벌을 과함으로써 그러한 행위를 법률상 무가치한 것으로 평가한다. 이러한 관점에서 형법을 평가규범이라고 한다.

형법의 의사결정규범으로서의 성격은 형법의 본질과도 일맥상통한다. 자유롭게 자신의 행위를 결정할 수 있는 일반인이 형법에서 규정한 불이익과 범죄행위를 선택함으로써 얻는 이익 사이에서 규범에 반하는 행위를 하겠다고 의사를 결정함으로써, 규범에 반하는 심정적 태도를 형성하였다는 점에 형벌부과의 본질이 있기 때문이다.

제3절 형법의 기능

Ⅰ. 규제적 기능

형법은 일정한 범죄에 대하여 일정한 형벌(또는 보안처분)을 과할 것을 예고

한다. 이를 통하여 일반국민에게는 행위규범 내지 의사결정규범으로서 작용함과 동시에 사법관계자들에 대하여서는 재판규범으로서 범죄의 인정 및 형벌적용의 지표가 된다. 이러한 기능을 규제적 기능이라고 부른다. 규제적 기능은 가장 근원적인 것으로서 사회질서를 유지할 수 있게 한다. 또한 후술할 보호적 및 보장적 기능도 여기서 파생된다고 볼 수 있다. 형벌의 예고와 시행은 일반인으로 하여금 범죄를 행할 것인지의 결정에 영향을 미치고, 나아가 법규범을 준수하고자 하는 규범의식을 높여준다.

Ⅱ. 보호적 기능

형법은 공동생활에 나타나는 모든 장애나 일탈에 개입하는 것이 아니고 사회질서의 근본적 가치의 보호에 필요한 경우에만 개입하게 된다. 사회질서의 근본적 가치에는 법익뿐만 아니라 사회윤리적 행위가치도 포함된다.

1. 법익의 보호

형법은 범죄로부터 법익을 보호한다. 법익은 형법에 의하여 그 침해가 금지되는 개인 및 공동체의 이익이나 가치를 의미하는데 모든 형벌규정의 근저에는 이러한 법익이 놓여 있다. 행위객체가 없는 범죄는 예외적으로 가능하지만(예컨대 다중불해산죄, 단순도주죄, 퇴거불응죄 등) 법익침해 또는 위태화를 수반하지 않는 범죄는 있을 수 없다. 형법상의 법익보호는 형벌이라는 강제수단에 의하여 이루어진다는 것이 그 특징이다.

2. 사회윤리적 행위가치의 보호

민주사회란 다양성과 관용성이 허용되는 사회로서, 타인을 존중하고 배려하여야 할 뿐만 아니라, 그 사회가 가지는 고유한 사회윤리적 가치 또는 존중되어야할 사회윤리적 의무내용 역시 보호하여야 한다. 따라서 형법은 그 사회가 존중하는 사회윤리적 가치를 근저에 두고 정립되어야 한다. 그런데 사회윤리적 가치는 동태적 개념이므로 사회가 변하면 그 고유한 가치도 변하게 된다. 헌법재판소는 이와 유사하게 일반인의 '법감정'이라는 표현을 사용하기도 한다.[1) 따라

1) 헌재결 2006. 4. 27, 2005헌가2는 "어떤 범죄를 어떻게 처벌할 것인가 하는 문제, 즉 법정형의

서 사회윤리적 가치에 대한 사회의 인식이 변화되면 형법은 이를 반드시 반영하여야 한다. 즉, 형법은 현실적으로 법익을 보호하는 기능을 하지만, 형법이 보호하고자 하는 법익이라는 것도 그 사회에 속한 일반인들의 공통된 가치가 변하면 그에 부응하여 변하여야 한다. 이러한 과정을 통해서 어떠한 행위가 범죄가 되거나 비범죄화되는데, 그 근저에 놓여 있는 것이 바로 사회윤리적 행위가치인 것이다.

그러므로 범죄의 본질도 법익침해와 동시에 의무침해도 되며, 불법의 구조도 결과불법과 행위불법의 불가분적 관계 속에서 이해된다. 형법의 법익보호기능과 행위가치보호기능 중 어느 것을 중시할 것인가에 대하여서는 견해의 대립이 있으나 양자는 불가분적 연관 속에서 서로 보완하고 제한한다고 봄이 타당하다.

Ⅲ. 보장적 기능

형법은 국가가 행사할 형벌권의 한계를 명백하게 정한다. 이를 통하여 형법은 자의적 형벌(형벌권의 남용)로부터 국민의 자유와 인권을 보장한다. 이러한 형법의 기능을 보장적 기능이라고 부르는데 이는 죄형법정주의를 근본원리로 삼는 기능이기도 하다. 형법은 일반국민에 대하여서는 형법에 규정된 범죄를 하지 않는 한 어떠한 행위를 하더라도 범죄자로서 형벌을 받지 않는다는 것을 보장한다. 이러한 의미에서 형법은 선량한 국민의 대헌장(마그나카르트)이라고 불리어진다. 한편 형법은 범죄자에 대하여 그가 범한 죄에 정한 형벌 이외의 부당한 형벌을 받지 않을 것을 보장한다. 이러한 관점에서 형법을 동시에 범죄자의 대헌장이라고도 일컫는다.

종류와 범위의 선택은 그 범죄의 죄질과 보호법익에 대한 고려뿐만이 아니라 우리의 역사와 문화, 입법 당시의 시대적 상황, 국민 일반의 가치관 내지 법감정 그리고 범죄예방을 위한 형사정책적 측면 등 여러 가지 요소를 종합적으로 고려하여 입법자가 결정할 사항"이라고 본다. 예컨대, 헌재결 2011. 12. 29, 2010헌바117에서 헌법재판소는 재산을 외국으로 도피시킨 자에 대한 처벌규정에 관하여 "재산국외도피사범에 대한 처벌규정이 너무 가벼워서 범죄예방의 실효를 거두지 못하고 있는 현실에 대한 반성적 고려에서 이를 입법하게 된 배경, 현재 우리나라 국민의 평균적 소득수준에 비추어 볼 때 5억 내지 50억 원의 경제적 가치, 거액의 재산국외도피사범에 대한 국민 일반의 법감정, 범죄예방을 위한 형사정책적 측면 등을 종합적으로 고려"하여 법정형 체계의 위헌 여부를 판단한다.

심 화 사회윤리적 행위가치(사회공동체의 가치)와 형법

형법이 사회공동체의 사회윤리적 행위가치를 담아야 하는 근저에는 규범에의 자발적 준수의지의 문제가 놓여 있다. 이것은 처벌되는 행위를 국가가 정하는가 아니면 그것이 사회의 가치적 맥락 속에서 결정되는가의 문제이다. 그리고 처벌되는 행위는 연대감을 공통으로 하는 사회구성원들의 사회적 재(財)의 한 형태이므로, 비록 외관상으로는 형법이라는 국가체계의 형식을 갖추었지만, 그 실질은 사회적 맥락에서 찾아져야 한다. 형법은 사회의 형성과정에서 그리고 정치공동체의 맥락에서 발생하는 구성원들 간의 상호지지로 형성된 가치의 총합을 담아내야 하며, 그것으로부터 벗어난 영역은 사회통합을 위한 규범적 구속력을 가지지 못한다.

규범적 구속력은 구성원들의 자발적 수용으로부터 자연발생되는 것이므로, 형법 역시 구성원들의 가치를 담음으로써 규범에의 자발적 준수의지를 내포하여야 하며 국가에 의한 인위적 강제로 형성되어서는 안 된다. 국가 또는 국가법체계로서의 형법은 공동체의 연대감으로 형성된 가치를 담아내는 그릇일 뿐, 내용을 결정하여서는 안 된다. 연대성은 구성원들의 역사적 맥락에서 그것을 결속시키기 위한 가치들을 형성하고, 그들 간의 역동적이고 실천적인 행위양식이므로, 그러한 연대성을 강화하는 형태로 결정되어지는 규범들은 그 준수의지와 준수력이 매우 강하다. 반대로 그렇지 않은 행위들은 공동체 내에서 금기시 되거나 비난의 대상이 되어 버린다. 즉, 규범력의 견지가 강화되는 행위양식들은 연대성을 강화하는 기제가 되고, 따라서 가치 있는 행위로서 공동체에서 존중된다. 그러나 연대성 또는 사회결속력을 저해하는 행위들은 공동체의 가치에 반하는 결과 규범적 구속력이란 찾아볼 수 없고 오히려 반가치적 판단의 대상이 되므로 금지되어야 한다.

형법은 그릇일 뿐이다. 형법 속에 담긴 가치는 국가가 결정할 수 없고, 오로지 그것을 수범자로서 수용하여야 할 공동체가 결정하여야 한다. 그럴 때에만, 처벌되는 행위에 대한 수범자들의 규범에의 자발적 준수의지를 이끌어 낼 수 있다. 국가는 인위적이고 강제적인 단위이다. 가치를 공통으로 하는 어느 한 공동체가 어느 이름의 정치체제로서의 국가에 속하든, 그 구성원들의 규범적 구속력과 도덕적 실천성은 국가가 결정할 수 없다. 이를 결정하는 유대감 또는 결속력의 내용은 공동체 고유의 것이기 때문이다. 공동체가 가지는 가치와 그것을 결정하는 사회적 맥락은 인위적으로 결정될 수 있는 성질의 것이 아니고, 오로지 공동체의 역사적인 의식의 총합이다. 형법이 제대로 기능할 것인가는 처벌되는 행위를 정함에 있어서 공동체의 역사적 의식의 총합으로서의 사회윤리적 행위가치를 얼마나 투영하고 담아낼 것인가에 의해서 결정되고 또한 결정되어야 한다.

제 2 장

형법의 발전

제 1 절 형벌제도의 변천

형벌제도가 진화되어온 과정은 각 민족이나 국가의 역사적 조건에 따라 다르지만, 형벌사조를 중심으로 하여 이를 복수시대, 위하시대, 박애시대, 과학시대의 네 단계로 구분할 수 있다.

Ⅰ. 복수시대

국가가 형성되기 이전에 형벌이 어떻게 시행되었는가는 명확히 밝혀질 수 없으나 대체로 응보적 반격을 내용으로 하는 사적(개인적) 제재인 복수가 그 중심을 이루었을 것으로 추측된다. 족장을 중심으로 하는 종족사회의 형성에 따라 점차 족장이 강력한 가부장적 형벌권을 갖게 되었다. 행동의 준칙으로서는 종교적 · 미신적 사회규범인 금기(Taboo), 족장의 명령이나 종족의 관습 등이 그 중요한 내용이 되었다. 원시종족사회의 형벌내용으로서는 종족내부에서 사회질서를 해치는 자를 족장이 추방한 예(특히 게르만 종족사회의 경우)를 들 수 있는데, 이는 동시에 그 종족의 권리였고 외부로부터 자기종족의 평화를 해친 자와 그 동족은 피해자와 그 동족의 적으로서 피의 복수(Blutrache)의 대상이 되었다. 근대적 형벌제도의 기원도 이와 같은 피의 복수제도에서 비롯되었다고 볼 수 있다.

복수에는 감정이 따르고 그 결과 지나친 응징이 나타나기 쉬운데 이러한 결함을 시정하기 위하여 나타난 복수에의 제한이 '눈에는 눈 이에는 이'라는 말로 표현되는 동해복수형(talio)과 속죄형제도이다. 속죄형제도는 피해자가 복수 대신에 가해자로부터 속죄물을 받고 용서한다는 것으로서 주로 가축, 농산물 그리고 후일에는 금전 등이 속죄물로 사용되었다. 속죄형제도가 시행되는 과정에서 부족에 따라서는 속죄금의 일부가 평화금으로서 공권력에 귀속하였고 반역적 전쟁, 탈영 등 일부 중죄에 대하여서는 공적 형벌이 행하여지기도 하였다.

Ⅱ. 위하시대

국가의 등장과 함께 공형벌시대(형벌의 국가화시대)가 시작되었는데 그 시점은 각 민족에 따라 차이가 있다. 국가에 따라서는 공형벌제도와 사적 형벌이 상당기간 함께 행하여진 경우도 있었다. 그러나 왕권의 강화와 더불어 형벌은 점차 공형벌로 변천되었다. 이 시대의 공형벌은 국민을 형벌로서 위협(위하)함으로서, 형법이 국가권력 강화의 수단이 되었다.

국가형성과 더불어 나타난 고대형법으로는 바빌로니아의 함무라비법전(Codex hammurabi, BC 2090년?)과 헤브라이의 모세율법 중의 형벌규정, 고대중국(특히 주(奏) 이후)의 형법, 그리스 고대도시국가의 형법, 로마형법, 프랑크왕국의 형법 등이 있었다. 중세 유럽에서는 프랑크제국의 분열과 약화에 따라 형벌권은 세력이 강화된 봉건영주와 도시국가로 넘어갔고 교회법(das kanonisch- kirchliche Recht)이 신앙문제와 관련하여 중대한 역할을 하였다. 형벌도 잔혹하여 중죄에 대하여는 생명형(사형), 체형 등이 행해지고 경죄에 대하여는 태형(笞刑), 낙형(烙刑) 등이 행하여졌다. 12~13세기에는 신성로마제국에 로마 및 이탈리아의 형법이 계수되었다. 한편 중국에서는 이미 7세기에 입법기술이 정치하고 공형벌 관념이 철저히 도입된 당률이 제정되었고 14세기 말에는 대명률(홍무 30년률, AD 1397년)이 제정되었는데 이들은 동시대의 유럽의 그것보다 훨씬 진보된 것이었다. 당률은 고려에, 명률은 조선에 각각 영향을 미쳤다.

16세기에 들어와서 신성로마제국에서는 제국의 통일형법전인 카롤리나형법(Constitiutio Criminalis Carolina, 1532년)이 제정되었는데 이는 독일 최초의 것이며, 1871년 독일제국형법전이 나올 때까지는 유일한 독일의 형법전이었다. 카롤리나형법전은 순수한 공법적 성격을 가졌고 실체법과 절차법이 혼합된 것으로서 정당방위, 긴급피난, 책임능력, 과실 등 형법총칙적 규정과 개별적 범죄에 관한 규정을 포함하고 있었으며 형벌의 내용은 가혹하였다. 이 카롤리나형법을 기본으로 하고 여기에 각 지방의 법률에 의한 보충, 수정이 가하여진 보통독일형법전(das gemeine deutsche Strafrecht)이 형성되었다. 이 무렵에는 카롤리나 형법을 중심으로 하는 학문연구가 이루어졌다.

근세 유럽의 절대왕정은 형벌제도를 더욱 준엄하게 하였다. 영국의 헨리

(Henry) 8세의 치세(1509~1547년)에서는 72,000명이 처형되었고 엘리자베스(Elizabeth) Ⅰ세 치하(1558~1603)에서는 89,000명이 처형되었으며 2실링의 재물(토끼 한 마리값)을 절취한 자에게도 사형이 과해졌다. 프랑스의 루이 14세의 형법전(Ordonnance Criminelle, 1770년)도 극히 전단적인 것으로서 범인을 신분에 따라 차별하였다. 이처럼 형법이 왕권강화를 위한 수단으로서, 국왕의 자의에 따라 진행됨을 이르러 죄형전단(천단)주의라고 한다.

Ⅲ. 박애시대

18세기에 들어서면서 유럽 각국은 계몽사상의 영향을 본격적으로 받게 되었다. 인간의 이성에 기초한 합리주의, 민주주의, 법치주의사상이 강조되었고 형벌제도에 있어서도 개인의 자유와 인권을 존중하는 사상이 일반화되었다. 이에 따라 죄형천단주의(罪刑擅斷主義)로 상징되는 모순된 형벌제도는 개선되고 죄형법정주의가 형법의 기본원칙으로 확립되는 한편 형벌도 현저히 완화되어 인도적으로 되었다. 이 시대를 박애시대 또는 형벌의 법률화시대라고 부른다.

이 시대를 대표하는 법률학자로는 이탈리아의 베까리아(Beccaria), 독일의 포이에르바흐(Paul Johann Anselm v. Feuerbach) 등을 들 수 있으며 칸트(Kant), 헤겔(Hegel) 등의 철학자도 형벌사상에 큰 영향을 미쳤다. 근대형법학의 기반은 계몽주의적 형벌사상에 의하여 이루어졌으며, 이를 계승 발전시키는 가운데 형성된 고전학파의 형법이론은 현대형법의 근간이 되었다.

형사법의 제정과 개선도 활발하게 이루어져 1751년에는 바이에른형법전(Codex juris Criminalis Bavarici), 1768년에는 오스트리아의 테레지아형법전(die Constitutio Criminalis Theresiana), 1794년에는 프로이센의 보통국법(das Allgemeine Landrecht), 1810년에는 프랑스형법전(Code pénal), 1851년에는 프로이센형법전, 1871년에는 독일제국형법전 등이 각각 성립되었다.

Ⅳ. 과학시대

19세기 유럽에 널리 퍼져있던 자연과학사상과 산업혁명 이후에 나타난 사회문제, 그리고 이에 관련된 범죄의 증가는 전통적 형법이론에 비판을 가하게 하고, 범죄인 및 범죄원인에 대한 실증과학적 연구를 촉진하게 하였다. 이와 같은 새로운 사조는 박애시대에 이룩된 개인의 자유와 인권을 존중하고 죄형법정주의를 원칙으로 하는 형법이론에 범인의 재사회화를 위한 개별화라는 형사정책적 관점을 도입함으로써 형법이론을 더욱 알차게 만들었다.

과학시대의 단서를 연 학자로는 롬브로조(Lombroso)를 비롯한 이탈리아학파를 들 수 있으며, 이를 형법이론 속에서 체계화시킨 학자로는 독일의 리스트(Liszt)를 들 수 있다. 신파(또는 근대학파)라고 불리웠던 리스트와 그 추종자들에 의하여 주장된 형법이론은 독일 및 그 영향을 받은 여러 나라의 형법학과 형사입법에 큰 영향을 미쳤으며 현대형법이론의 발전에 크게 기여하였다.

제 2 절 한국형법의 발전과 현행형법

우리나라에는 고조선시대 이래 주목할 만한 형법이 있었던 것으로 보이나 고려시대 이전의 형법은 사료의 결핍으로 그 내용을 파악하기 어렵다. 대체로 근세조선말까지 계속된 전통적 형법은 우리 민족의 고유한 전통과 중국의 영향력이 우리 실정에 맞게 조화된 것으로서 당대의 서양이나 타지역의 형법에 비하여 조금도 손색이 없었고 죄형의 균형이라는 측면에서 보면 오히려 진보적인 것이었다. 그러나 근대화과정에서 우리나라를 비롯한 아시아 국가들은 서양 열강에 의한 영향을 적지 않게 받았으며, 천부인권사상, 정치적 민주화, 과학과 산업의 발달 등의 격차가 두드러졌다.

19세기 말에 시작된 형사법규의 근대화 작업도 일제에 의한 강압적 합방으로 인하여 그 독자적 발전이 중단되었다. 해방 이후 법학교육이 활발히 이루어지기 시작했으나 일본의 영향력을 거의 벗어나지 못하였다. 1953년 우리의 형법전이 제정된 이후 우리 형법학은 점진적으로 발전되어 오늘에 이르고 있다.

이상과 같은 역사적 인식하에서 우리의 전통적 형법, 형법의 근대화, 형법의 제정과 그 이후의 형법학의 흐름 등을 간단히 개관하여 보기로 한다.

Ⅰ. 전통적 형법

1. 고조선시대

한서지리지 연조(漢書地理志 燕條)에 의하면 이미 고조선시대에 8조의 금법(禁法)이라고 하는 형법이 있었다고 하는데 이들 중 살인자는 죽이고 상해한 자는 곡물로써 배상하며 도둑질을 한 자는 노비로 삼되 스스로 속죄하고자 하면 오십만의 속전(贖錢)을 낸다는 3조만이 전해지고 있다.

부여에는 살인죄, 절도죄, 간음죄, 투기죄(妬忌罪) 등의 범죄와 사형, 노비형, 배상형 등의 형벌과 사면제도가 있었는데 이러한 제도는 초기의 고구려, 옥저, 예 등에도 영향을 미친 것으로 추측되고 있다. 고대국가의 체제를 갖추었던 고구려, 백제, 신라의 삼국시대에는 각국에 율령을 반포했다는 기록이 있는 것으로 보아 성문의 형률이 있었던 것으로 생각되며 그 내용은 전해지지 않고 있으나 살인죄, 모반죄, 도죄(盜罪) 등의 범죄가 있었고 그 형벌이 매우 엄하였던 것으로 보인다.

2. 고려시대

고려시대에는 당률을 도입하여 실정에 맞게 시행하였다. 이에 따라 범죄는 살인죄, 상해죄, 인신매매죄, 유기죄, 모욕죄, 간범죄(姦犯罪), 모반대역죄(謀反大逆罪), 왕실의 권위를 침해하는 범죄 등 상당히 세분화되었고, 형벌도 죄의 경중을 상당히 고려하여 정하여졌는데 형벌의 종류로서는 형장으로 볼기를 치는 체형인 태형과 장형, 관에 억류하여 일정기간 사역을 시키는 도형, 유형(귀양), 사형 등 5형이 있었고 속전에 의한 형의 감면이 허용되었다고 한다.

3. 조선시대

조선시대에는 대명률의 형률을 비롯한 형사관계규정을 형사법의 기본으로 삼아 우리의 실정에 맞도록 의용하는 한편 경국대전(1469년)을 비롯하여 속대전(1746년), 대전통편(1785년), 대전회통(1865년) 등 고유한 법전을 제정하여 시행하였다. 조선의 고유한 법전 중 형전에는 형사절차 내지 행형에 관한 규정이 비교적 많았다. 대체로 조선은 형사실체법의 많은 부분을 대명률에 의존하였다고 판단된다. 범죄로서는 모반대역, 관리수재(수뢰죄), 무고, 방화, 실화, 도박, 범간(간음죄), 고존장(告尊長),[1] 위조저화(통화위조죄), 위조인신(인장위조죄), 살인, 상해와 폭행, 야간주거침입, 약인약매인(인신매매죄), 절도, 강도, 공갈 등이 처벌되었고 친족간의 재산죄에 있어서는 형이 감경되었다.

형벌의 종류에는 태(笞) · 장(杖) · 도(徒) · 유(流) · 사(死)의 5형이 있었고 모반대역, 모반 등의 죄를 범한 자의 재산은 관에 몰수되었다. 태형은 가장 경한 죄를 범한 자에게 작은 형장으로 볼기를 치는 형벌로서 그 타수에 따라 십, 이십, 삼십, 사십, 오십의 5종으로 구분되었다. 장형은 비교적 경한 죄를 범한 자에게 큰 형장으로 볼기를 치는 형벌로서 그 타수에 따라 육십, 칠십, 팔십, 구십, 백의 5종으로 구분되었다. 도형은 관청에 억류하여 힘들고 어려운 일을 시키는 형벌로서 장육십과 일년, 장칠십과 일년반, 장팔십과 이년, 장구십과 이년반, 장일백과 삼년의 5종으로 구분되었다. 유형은 중한 죄를 범한 자를 먼 곳으로 귀양 보내어 그 죄가 용서되지 않는 한 죽을 때까지 돌아오지 못하도록 하는 형벌로서 장일백과 이천리, 장일백과 이천오백리, 장일백과 삼천리의 3종으로 구분되었다. 사형은 가장 무거운 형벌로서 교(絞), 참(斬)의 2종으로 구분되었다.

범인의 신분이 피해자보다 높으면 형이 감면되는 반면 낮은 때에는 가중되는 등 신분에 의한 차별이 있었으며 모반대역, 모반 등 연좌율이 적용되는 범죄에 있어서는 범인이 아님에도 불구하고 범인의 친족이나 동거인이라는 사실만으로도 형벌의 대상이 되었다. 일정한 경우, 예컨대 야간에 이유 없이 인가에 침입한 자를 집주인이 즉시 살해한 경우, 조부모, 부모가 피살되었을 때 그 자손이 즉시 범인을 살해한 경우 등에는 그 죄를 판단하지 않았고, 70세 이상과 15세 이하의 자 및 폐질자의 행위는 유형 이하의 죄에 해당할 경우에 한하여 벌하지 않았다.

1) 고존장은 존속등 친족, 상관, 주민에 대한 폭행 · 욕설 등과 같은 범죄로 신분과 관등에 따라 가중처벌한다.

Ⅱ. 형법의 근대화와 일제치하의 형법

1. 갑오개혁 이후

갑오개혁(甲午改革, 1894)을 계기로 하여 수많은 신식법령이 공포, 실시되었는데 이들 중에는 형벌을 완화, 조정하고 사법관의 재판에 의해서만 형벌을 과하도록 하는 등 형사법에 관련된 부분이 적지 아니하였다.

1895년에는 법관양성소가 설립되어 전문적 법관양성을 위한 근대적 법학교육이 시작되었다. 이 해에 장도(張燾), 이면우(李冕宇), 유문환(劉文煥) 등이 관비유학생으로 일본 경응의숙(慶應義塾)에서 법학을 배웠으며 이들은 법관양성소에서 강의를 맡으면서 장도는 형법총론을, 이면우는 형법각론을, 유문환은 형사소송법을 각각 저술하였는데 이들은 근대화된 대륙법계의 형사법원리를 도입한 저서였다.

1905년(광무 9년)에는 형법대전이 제정, 시행되었다. 형법대전은 대전회통, 대명률 그리고 갑오개혁 이후에 새로 반포한 법률을 참고하여 제정되었고, 이로써 종전에 시행되었던 모든 형사율례는 폐지되었다. 형법대전은 형법, 형사절차법, 형집행법 등을 포함한 방대한 형사법전으로서 국한문혼용으로 조문을 표현한 과도적 성격의 것이었다. 형법대전은 형벌통칙을 두고 범죄에 관한 규정을 보다 체계적으로 세분화하는 한편 형벌을 완화하는 방향으로 개편하였다. 종래의 연좌율은 폐지하고 형은 주형과 부가형으로 구분되었는데 주형에는 사형(참형은 폐지되고 교형만 존치), 1년에서 종신까지 10등급화된 유형, 유형처럼 10등급화되어 감옥에 구금되어 노역에 복무하는 역형(役刑), 1개월에서 10개월까지 10등급화되어 감옥에 구금되는 금옥형(禁獄刑) 10에서 100까지 타수가 구분된 태형의 다섯가지 형벌(오형)이 속하였고 부가형으로는 면관(免官), 면역(免役) 및 몰입(沒入)이 있었다.

1907년 장도가 편찬한 신구형사법대전에는 형법대전초안 424개 조문과 형법초안 300개 조문이 실려 있었으나 국권의 상실로 인하여 법제화의 단계에는 이를 수 없었다.

2. 일제강점기

1910년 일제에 의한 강압적인 한일합방은 우리 형법의 독자적인 발전을 중단시켰다.

일본의 식민지가 된 우리나라에는 1911년의 조선총독부 제령(制令) 제11호(조선형사령)에 의하여 1907년에 제정되어 1908년에 시행된 일본형법이 의용되었다. 일본 최초의 근대화된 형법은 프랑스인 보아소나드(Boissonade)의 형법초안에 수정을 가하여 1882년부터 시행된 것으로서 프랑스의 영향을 많이 받은 형법이었다. 그 후 일본은 1871년의 독일제국형법(독일 구형법)을 참고하여 새로운 형법을 만들었는데 이것이 우리나라에도 의용되었다.

Ⅲ. 1953년의 형법의 제정과 그 이후의 형법학

1. 미군정시대

일제로부터 해방된 후 미군정시대를 맞게 된 우리나라에는 군정법령 제21호(1945년 11월 2일)에 의하여 한국인을 차별했던 법령 이외의 법령은 그대로 존속되었고 따라서 종래의 형법도 계속 유효하였으며 이러한 상태는 대한민국 수립 후에도 구헌법 제100조에 의하여 계속되었다.

6·25사변의 참화를 겪으면서도 꾸준히 준비되어 온 형법초안이 1953년에 이르러 국회를 통과하고 동년 10월 3일부터 시행되었다. 1953년의 형법은 제정 당시의 독일형법, 1940년의 일본개정형법가안, 1925년·1927년·1930년의 독일형법초안, 부분적으로는 영미법 등의 영향을 받은 것으로 보인다.

2. 1950년대 이후

해방 직후에는 아직 우리가 제정한 형법도 없었고 우리말로 된 형법교과서도 없었다. 1950년대에 들어서면서 우리말로 된 교과서도 나오고 우리 형법도 만들어져 형법학의 발전도 착실하게 이루어지게 되었다. 처음에는 비록 독일이나 일본의 경우처럼 활발한 것은 아니었지만, 신파, 구파의 학파대립 양상이 나타났으나 형법이론의 체계에 있어서는 신고전적 범죄체계가 주류를 이루었다. 1950년대 후반부터 일부 학자들에 의하여 도입되기 시작한 목적적 행위론과 이에 기초한 목적적 범죄체계는 종래의 신구학파논쟁을 행위론 내지 범죄체계의 대립으로 변화시키는 계기를 만들었다.

인과적 행위론과 목적적 행위론의 대립 내지는 신고전적 범죄론체계와 목적적 범죄론체계의 대립이 지속되는 중 1970년대 후반부터 소개, 도입되기 시작한 사회적 행위론의 등장은 행위론의 논쟁을 가열시켰고, 신고전적, 목적적 범죄론의 합일태적 체계의 등장은 범죄체계이론을 더욱 다양하게 만들었다.

Ⅳ. 1995년 이후의 사회 변화와 형법의 수용과정

1. 사회변화와 형법의 개정과정

형법은 그 사회의 가치관을 반영하여야 하는 임무를 띠고 있다. 사회의 변화는 형법의 변화를 반드시 수반하여야 하며, 우리 형법 역시 제정 이후 급속히 이루어진 기술발전과 가치관의 변화를 수용하고자 수 차례의 개정과정을 거치게 되었다. 특히 이와 같은 변화들은 신종범죄의 양산을 초래하였고, 그때그때의 필요성에 의하여 제정·시행된 형사특별법의 무분별한 양산은 오히려 특별법 영역의 비대화와 그로 인한 일반 형법의 규범력 저하라는 부정적 결과를 초래하였다. 이에 형법도 개정을 통하여 그와 같은 변화들을 수용하고, 필요성에 부응하고자 하는 시도들을 이어 왔다.

그 중에서도 1995년 12월 29일 개정은 구성요건적으로는 과거에는 존재하지 않았던 컴퓨터관련 범죄들의 신설로 이어졌다.[1)] 또한 형벌의 측면에서도 재산형의 상하한의 조정, 보호관찰과 사회봉사명령 및 수강명령제도의 도입 등이 이루어졌다. 존속살해죄(형법 제250조 제2항)의 유기징역형의 하한을 10년에서 7년으로 하향하여, 집행유예를 통한 석방의 가능성을 열어 둔 것도 사회적 공감대를 반영하기 위한 노력이었다. 이와 같은 일련의 개정들은 형법이 일반법으로서 사문화되지 않기 위한, 그리고 사회변화를 적극적으로 수용하기 위한 형법의 자정적 노력의 일환이라고 평가된다.

이후 2000년대에 들어서서는 그 이전보다 신속하고 빈번한 형법의 개정이

---

1) 이와 관련하여 컴퓨터등 정보처리장치를 이용한 사기, 업무방해, 비밀침해, 공·사전자기록의 위작·변작 및 동행사등 컴퓨터관련 범죄를 신설하고, 업무방해죄, 재물손괴죄 등에 전자기록등 특수매체기록을 행위의 객체로 추가하였다.

이루어졌다. 제정 이후 1995년까지 약 40여 년 동안 제5차 개정이 이루어졌음에 반해, 그로부터 30여 년이 지나는 동안 무려 24차례에 걸친 개정과정을 거치게 되었다. 그만큼 사회문화 및 가치관의 변화의 수용 속도가 빨라졌음을 의미한다. 특히 국내뿐만 아니라 국제사회의 요청을 특별법이 아닌 형법으로 대응하기 위한 시도들은 형법이 일반법으로서 중심하기 위한 주요한 노력이었다. 예를 들어 2012년 12월 18일 개정에서는 성에 관한 변화된 가치관을 반영하여 강간죄의 객체를 부녀에서 사람으로 확대하였으며, 헌법재판소 결정으로 위헌판결을 받은 혼인빙자간음죄를 형법에서 영구히 삭제하였고, 성범죄를 비친고죄로 전환하였다. 또한 2013년 4월 5일 개정에서는 2000년 12월 13일 우리나라가 서명한 「국제연합국제조직범죄방지협약」(United Nations Convention against Transnational Organized Crime) 및 「인신매매방지의정서」의 국내적 이행을 위하여 "약취와 유인의 죄"의 장을 "약취, 유인 및 인신매매의 죄"로 명칭변경을 하여 인신매매관련 범죄들을 신설하였고, 당해 구성요건체계의 장소적 적용범위에 관하여 세계주의를 명문화하였다.

이와 같이 1995년 이후의 일련의 개정들은 사회적 변화의 형법적 수용에 초점이 맞추어졌으며, 국민의 공감대와 일치하는 형법으로 거듭나기 위하여 노력하였다. 2016년 5월 29일에는 배임수재죄의 구성요건을 범죄자 자신은 물론 제3자로 하여금 재물이나 재산상의 이익을 취득하게 한 행위까지도 처벌하도록 개정함으로써 부패방지를 위한 국제적 흐름에 부응하고자 하였으며, 2018년 10월 16일에는 업무상 위계·위력에 의한 간음죄 등의 법정형을 상향조정하여 미투(Me Too) 운동의 사회적 공감대를 반영하고자 노력하고 있다.

또한 음주 등으로 인한 심신미약 상태에서 행하는 범죄에 대한 사회적 비난으로 인하여, 2018년 12월 18일에 형법 제10조 심신미약자에 대한 규정이 필요적 감경에서 임의적 감경으로 개정되었다.

2020년 12월 8일의 개정에서는, 제정 당시의 어려운 한자어, 일본식 표현, 어법에 맞지 않는 문장 등이 그대로 사용되고 있고, 일상적인 언어 사용 규범에도 맞지 않아 일반 국민들이 그 내용을 쉽게 이해하기 어렵다는 지적에 따라, 쉬운 우리말로 변경하고 어순구조를 재배열하는 개정을 하였다. 그리고 2023년 8월 8일의 개정에서는 사회적 약자인 영아의 보호를 두텁게 하기 위하여 영아살해죄와 영아유기죄를 폐지함으로써, 영아를 대상으로 하는 범죄를 책임감경적 요건으로 하였던 과거와 달리 일반인을 대상으로 하는 범죄와 법정형이 동일해졌다.

2. 공동체 가치의 형법적 수용

형법이라는 법률형식은 국가가 제정한 것일지라도, 형법은 하나의 공동체가 역사적 맥락 속에서 형성해 온 가치의 산물이고 사회적 재(財, Gut)의 일부이다. 따라서 사회의 공동체적 가치를 배제하고 형법을 만들거나 해석할 수 없다.

그런데 우리 사회는 다원적이며, 사회의 구성원들은 서로 다양한 정체성을 가진다. 이와 같은 다원적 사회에서 형법은 일부의 가치만을 반영하거나 충족시켜서는 안 되고, 사회구성원들의 다원적인 가치와 양립할 수 있어야 한다. 즉, 다원적 사회의 공통된 가치만을 형법에 반영하여야 하고, 다수의 공동체들의 가치가 서로 양립할 수 없는 영역에서 형법이 어느 한편의 이익만을 보호하고 다른 공동체의 가치를 배척하여서는 안 된다. 그렇다고 해서 반대로 다수의 공동체들의 가치를 모두 반영한다면, 내재적 모순을 스스로 부담하여야만 한다. 이는 사회 내에 가치가 다양할수록 형법이 다룰 수 있는 영역은 축소되어야 함을 의미한다.

예컨대, 과거에 동물에 대한 시각은, 이를 식용으로 보거나 반려동물로 보는 시각이 다양하게 있었다. 그 시점에서 사회 내의 다양한 가치를 존중하기 위해서는 동물보호법을 제정할 수 없었지만, 사회의 가치관의 변화로 인하여 동물보호에 대한 공통된 가치가 형성되어서 비로소 오늘날과 같은 동물보호법에 의한 처벌이 가능한 것이다.

이처럼 구성원 각자가 존중할 수 있는 가치를 형법이 담아낼 때, 사회구성원들은 공동체의 지속적인 가치실현을 위하여 공동의 책임을 지게 되고, 사회공동체를 유지하기 위한 연대책임에 동의한다. 형법의 준수도 이와 같은 연대책임의 일종이다. 여기에서 개인의 공동책임이란 개인이 사회전체에 대하여 책임을 진다는 것이 아니라, 각자 자기의 책임을 준수함으로써 전체에 대하여 일정한 정도의 사회적 책임을 부담한다는 의미이다. 이처럼 공동책임을 형벌의 기초로 삼을 때 범죄행위자는 자기책임의 한도에서 사회에 대한 책임을 부담할 수 있는데, 각자가 자기의 죄 값으로 부담해야할 사회적 책임이 바로 형벌로 드러나는 것이다.

처벌을 받는 자도 그 처벌과정에서 법공동체에 대하여 사회적 책임을 부담하여야 하지만, 사회도 환경적·경제적 측면 등에서 범죄자에 대하여 책임을 부담하여야 한다. 따라서 국가는 범죄인이라고 해서 사회로부터 완전히 격리시키고 단절시켜서는 안 된다. 오히려 국가는 범죄인에게 약화된 공동체가치와 연대감을 회복시켜야 할 의무를 진다. 이로써 국가형벌은 단순한 응보나 사회로부터 범죄인을 추방하는 것이 아니라, 범죄인과 사회구성원들 사이에 단절된 연대성의 회복을 지향하여야 한다. 그 결과 형사절차는 법공동체에서 범죄인이 인격적인 주체성을 획득하기 위한 과정이고, 형법에서의 범죄와 형벌은 사회가 공동체가치로 통합되어 가는 도구라고 이해하여야 할 것이다.

심 화 현대사회와 위험형법

언제부터인가 우리는 실시간 공개되는 대기오염도에 따른 미세먼지의 좋고 나쁨에 일상생활이 영향을 받고 있다. 이처럼 현대사회는 미세먼지가 새로운 환경오염임에는 동의하지만, 미세먼지의 다소에 관한 각국의 기준치가 달라서 그 규제내용도 서로 다르다. 그리고 계량화되어 보여지는 미세먼지의 수치는 그것이 실제로 어떠한 해악을 유발하는가와 관계없이 사회구성원들의 불안감과 두려움을 증가시키고 그것을 위험으로 인식하게 한다. 그런데 그와 같은 위험은 과거의 전형적인 범죄에의 위험(danger)과는 다른 위험(risk)이라서, 통계학적인 해악의 가능성일 뿐이다. 이를 현대사회의 위험이라고 부르며, 현대사회를 위험사회라고 한다. 이러한 위험은 사전에 수치를 통해서 계측할 수는 있지만 실제로 손해발생으로 실현될 것인지는 확실하지 않고 막연하다. 그러한 의미에서 느끼는 불안감에 빗대어 현대사회를 불안전사회 또는 안전사회라고 일컫기도 한다.

위험사회 또는 불안전사회의 불안을 불식시키기 위하여 탄생한 형사제재를 위험형법이라고 한다. 과거의 전통적인 위험은 예측가능성이 없어서 형법을 최후수단으로 남겨두었지만, 위험형법에 있어서 위험의 사전예측은 형법의 조기투입을 정당화하는 면이 있다.

전통적인 범죄와 달리 현대사회의 위험형법상의 불법은 다음과 같은 특징이 있다. 첫째, 위험의 예측은 현재 침해되는 해악이 아닌 장래의 것이다. 법으로 계량화된 위험의 수치를 통해 장래 발생할 위험을 미리 형법으로 억제하기 때문에 형법의 보충성의 원칙과 합치되지 않는다. 둘째, 전통적인 불법은 인간이 지각적으로 인식할 수 있는 법익침해이지만, 위험형법에서의 불법은 인간의 오감으로 감지되는 것이 아니라, 과학적 수치로 표현된다. 셋째, 전통적인 범죄행위는 일상생활과 구분되는 전형적인 불법성을 띠고 있지만, 후자는 구분되지 않는다. 예컨대, 미세먼지, 쓰레기배출, 오수방류 등은 일상생활이지만 법으로 규제하는 허용수치에 따라 불법여부가 좌우된다. 넷째, 전통적인 범죄는 행위주체가 특정되지만, 후자는 그렇지 않다. 미세먼지의 유입이 어떠한 경로인지 우리는 과학적으로 모두 증명할 수 없으며, 대량화된 산업발전의 총합으로 발생한 위험을 누구에게 귀속시킬 것인가는 명확하지 않다. 그 결과 현대사회의 형법들은 형법의 기능을 예방적 또는 상징적으로 변모시키면서, 형법의 최후수단성 대신에 행정상의 합목적성을 선택하는 경향이 있다.

제 3 절 형법이론의 전개와 형벌이론

Ⅰ. 형법이론의 전개

형법이론의 전개란 형법의 내용인 범죄와 형벌에 관한 법철학적 관념의 사상적 논쟁을 의미한다. 즉, 무엇이 범죄이고 이에 대하여 어떻게 대처할 것인가에 대한 사유로서, 국가가 어떠한 형법이념을 가지는가에 따라서 국가형벌권의 행사가 좌우된다. 역사적으로는 18세기에서 19세기에 걸쳐서 발전된 형법이론을 고전학파(구파)라고 하고, 그 이후 19세기에서 20세기 초반에 이르기까지 전개된 독일의 학파논쟁을 근대학파(신파)라고 한다.[1)] 양 학파의 차이는 이론의 기초가 된 철학사상, 인간의 자유의지 존재 여부, 형벌의 의미, 형벌과 보안처분의 성격 등에 있다.

1) 이탈리아의 형법학자 페리(Enrico Ferri)는 그의 저서 『범죄와 사회』에서 자기의 학설을 신파라고 칭하는 한편 베까리아(Beccaria) 내지 칸트(Kant)의 설에 기초를 두면서 18세기에서 19세기에 걸쳐 발전된 형법이론을 구파라고 표현하였다. 이것이 신파와 구파라는 명칭을 사용한 최초의 일이었다. 그 후 19세기 말에서 20세기 초반에 이르기까지 전개된 독일의 학파논쟁을 통하여 신파(근대학파, die moderne Schule)와 구파(고전학파, die klassische Schule)라는 명칭은 더욱 보편화되기에 이르렀다.

1. 고전학파(구파)

(1) 형법이론의 전개과정

근대 계몽주의 사상 하에 주로 18세기 후반부터 전개되어온 구파의 형법사상은 자유주의 사상 하에 형사제도를 종교와 왕정의 권위에서 해방시키고 인간의 합리적 이성에 기초를 두고 있다. 구파는 도덕적 인간상을 전제로, 인간은 자유로이 자신의 행위를 합리적인 의사에 따라 결정할 수 있고, 따라서 자유로운 의지로 범죄행위를 선택한 자에 대한 응로보서의 형벌이 필요하다고 보았다.

구파 이론은 베까리아(Beccaria),[1] 칸트(Kant)와 헤겔(Hegel), 포이에르바흐(Feurbach) 등의 학자들에 의하여 체계화되었다. 이후 빈딩(K. Binding), 바(L. v. Bar), 콜러(J. Kohler), 비르크마이어(K. Birkmeyer), 벨링(E. Beling) 등에 의하여 계승 발전되었다. 특히 19세기 후반 독일에 신파(근대학파)가 등장하게 되자 전통적인 독일 형법이론을 따랐던 구파는 새로운 사조에 대항하면서 그 이론을 전개하였다.

(2) 주요 사상

고전학파의 이론은 시대와 학자에 따라 차이가 있으나 공통점을 중심으로 하여 그 요지를 살펴보면 다음과 같다. 고전학파는 계몽사상, 합리주의를 바탕으로 한 개인주의적, 자유주의적 법치국가 사상을 배경으로 하여 죄형법정주의를 확립하고 형법이론을 논리적, 체계적으로 전개하여 근대형법학의 기초를 형성하였다. 인간은 자유의지를 갖는 이성적 존재로 보고(의사자유론 또는 비결정론) 자유의사의 외적 발현인 범행 및 그 결과를 중시하는 객관주의의 입장을 취하였으며 책임이론에 있어서도 범죄의사에 대한 도의적 비난을 핵심으로 삼는 도의적 책임론을 내세웠다. 형벌의 의미에 관하여서는 이를 범죄인에게 과하는 응보 내지 범인을 속죄하게 하는 것(특히 Kohler의 경우)이라는 절대설과 그 목적을 일반예방에 두는 상대설의 입장이 함께 있었다. 인권보장의 견지에서 부정기형은 배척되었고 형벌과 보안처분은 그 성격을 달리한다고 보는 이원론의 입장이 지

---

1) 이탈리아의 베까리아(Beccaria, 1738~1794)는 고전학파의 선구자로, 저서 「범죄와 형벌」(1764년)을 통하여 모순된 형정을 비판하고 사회계약설에 따라 형법이론을 전개하면서 죄형의 법정, 죄형의 균형을 강조하여 죄형법정주의를 내세우는 한편 형벌의 목적으로서 일반예방주의를 강조하였다. 그는 인권을 유린하는 잘못된 형사절차의 개선, 사형의 폐지 등을 강력히 주장하였다.

배적이었다.

2. 근대학파(신파)

(1) 형법이론의 전개

근대학파는 19세기 사회변화에 따라 나타나게 된 범죄의 격증, 누범과 소년범의 증가 등 사회문제에 대하여 전통적인 형법이론이 무력하다는 문제의식과 아울러 당시 유럽에 지배적이었던 자연과학사상을 그 배경으로 하여 나타나게 되었다. 근대학파는 범인과 범죄원인을 실증적으로 연구하여 밝히고, 그 방지 및 근절대책을 세우는 한편 형법이론에 새로운 바람을 불어 넣었다. 특히 이러한 과학적 연구방법론은 사회방위사상을 근간으로 범죄를 행위자의 의사에 선행하는 환경과 소질의 결과로 보고, 형벌을 행위자의 위험성에 대한 조치로서의 제재로 이해하였다.

이러한 움직임은 먼저 이탈리아에서 나타났으며 선구자로서는 롬브로조(Lombroso), 페리(Ferri), 가로팔로(Garofalo)등이 있고, 이어서 독일에서도 근대학파가 큰 영향력을 발휘하게 되었다.

(2) 주요 사상

근대학파의 이론도 시대와 학자에 따라 약간의 차이가 있으나 공통된 요지를 간추려 보면 다음과 같다. 근대학파의 선구자인 롬브로조는 관찰과 통계 및 분석이라는 경험적이고 실증적인 방법을 사용함으로써 형사법에 사회과학적 방법을 도입하였다. 그 이후에 동 학파는 실증과학적 견지에서 범죄의 원인과 대책을 찾는 형사정책적 입장을 강조한다. 인간의 소질과 환경을 중시하고 의사의 자유를 부정하는 입장(의사결정론)에서 행위자주의, 범죄징표주의 내지 주관주의를 취하여 범인의 악성을 중시하고 범인으로부터 사회를 방위해야 한다는 관점에서 사회적 책임론을 내세웠고 형벌론에 있어서는 목적형 내지 교육형론과 특별예방주의의 입장을 취하고 부정기형을 인정하였으며 형벌과 보안처분은 사회방위라는 단일의 목표를 위한 동질적 수단(일원론)으로 보았다.

Ⅱ. 양 학파의 논쟁

독일에서 고전학파와 근대학파의 논쟁은 1882년 리스트가 마르부르크에서 목적사상을 발표함으로써 시작되어 1930년대 중반까지 계속되었다. 리스트의 새로운 견해는 찬반 양론을 불러 일으키면서 리스트를 중심으로 한 근대학파와 빈딩, 비르크마이어 등을 중심으로 한 고전학파 사이의 논쟁을 유발시켰고 그 중 20세기 초에 있었던 리스트와 비르크마이어의 논쟁은 유명하다.

1. 범죄와 형벌의 중점(객관주의와 주관주의)

고전학파는 범죄에 대한 형법적 평가는 외부적으로 드러난 행위와 결과라는 객관적 측면에 중점을 두고(행위주의) 형벌도 이에 상응하여 시행해야 한다는 객관주의를 내세웠다. 한편 근대학파는 범죄의 중점을 범죄인의 악성 내지 위험성을 기준으로 평가하고 형벌의 대상은 행위(범죄사실)가 아니라 행위자(범죄인)라고 하여 주관주의를 내세웠다. 주관주의는 범죄를 행위자의 반사회성의 징표라고 하므로 범죄징표주의라고도 부른다.

2. 형사책임의 근거

고전학파는 인간을 자유의사를 지닌 이성적 존재로 본다(의사자유론). 그리고 형사책임은 이러한 인간이 악한 의사로 범행을 한 것에 대한 도의적 비난으로 보았다. 도의적 책임론은 악한 의사결정을 비난한다는 의미에서 의사책임, 객관적으로 나타난 행위에 대한 책임이라는 의미에서 행위책임이라고도 볼 수 있다. 근대학파는 의사결정론의 입장에서 형사책임을 반사회적 성격을 가진 사람의 사회보호의 필요상 사회방위처분을 받아야 할 지위로 이해하였다. 이를 사회적 책임론이라고 부르며 반사회적 성격을 가진 행위자가 그 대상이 된다는 관점에서 성격책임 또는 행위자 책임이라고도 부른다.

3. 형벌의 본질과 목적

양 학파 사이의 쟁점 중 중요한 하나는 형벌의 본질을 어떻게 보느냐 하는 문제였다. 고전학파는 형벌을 정의로운 응보로 보고 형벌은 범죄와 대등한 정도

일 것과 그 집행은 침해당한 사실과 같은 비중으로 법질서를 회복시켜야 하며 또한 형벌은 범행에 대한 속죄로서 적용한다고 이해하였다. 응보개념은 다시 형벌이 범행에 대한 반작용 내지 법질서 유지의 수단이라는 관점에서 일반예방의 개념에 접근하게 되었고 실제로 상당수의 학자가 형벌의 목적을 일반인이 범행하지 못하도록 예방한다는 사실, 즉 일반예방으로 보았다. 반면에 근대학파는 형벌의 목적을 범인의 개선·교화 내지 재사회화라는 특별예방의 입장에서 이해하였다.

이를 요약하면 다음과 같다.

	고전학파(구파)	근대학파(신파)
범죄와 형벌의 중점	객관주의	주관주의
자유의사	인정(의사비결정론)	부정(의사결정론)
형벌의 본질	응보형(절대주의)	목적형(상대주의)
형벌의 기능	일반예방	특별예방
위법성	법익침해	반사회성
책임의 본질	비난가능성	위험성
책임능력	범죄능력	형벌적응능력
책임의 근거	도의적 책임론	사회적 책임론
책임판단 대상	행위	행위자(의 반사회성)
형벌과 보안처분	이원론(형벌의 대체재가 아님)	일원론(사회방위의 수단)

Ⅲ. 학파논쟁 이후의 형법이론의 변천

이제는 형법사의 한 부분이 되어버린 양 학파의 논쟁은 형법이론의 발전에 크게 기여하였다. 그러나 어느 한쪽의 주장만이 관철될 수 없는 현실 때문에 양 학파의 대립관계는 지양되고 입법과 이론에 있어서 다음과 같은 변화를 보이게 되었다.

(1) 우리나라의 형법제정과정이나 독일의 형법개정과정에서는 양 학파의 주장을 상당부분 타협적으로 수용하였다.

(2) 양 학파가 이론의 출발점으로 내세웠던 의사자유론과 의사결정론은 어느 쪽이 타당하고 어느 쪽이 부당하다고 증명하거나 결론지을 수 없는 것으로서 각

자 문제점을 지니고 있다. 이 때문에 인간은 소질과 환경의 제약을 받으면서도 자유롭게 의사를 결정하고 이에 따른 행위와 결과에 대하여 책임질 능력을 갖는다는 상대적 자유주의(연성의사결정론)가 등장하였다.

(3) 범죄는 복잡한 인간현상의 하나이므로 객관주의나 주관주의의 어느 하나로 일관되게 이해하는 것은 적절하지 않다. 때로는 객관적으로 때로는 주관적으로 이해해야 할 것도 있고 객관과 주관을 동시에 고려해야 할 경우도 적지 않다. 이에 양 주의 사이에 광범위하게 절충적 입장이 등장하게 되었다.

(4) 책임의 전제는 불법한 행위이고 행위자의 인격 기타 주관적 요소는 금지착오(법률의 착오)나 양형과 관련하여 책임에 영향을 미치는 것으로 보게 되었다.

(5) 형벌의 본질을 응보적 성격과 예방적 목적이 결합된 것으로 이해하는 결합설이 형성되었다. 예방적 목적과 관련하여서도 형벌에는 일반예방의 목적과 특별예방의 목적이 함께 존재한다는 견해가 확산되었고 특히 최근에는 일반예방을 소극적 일반예방과 적극적 일반예방으로 구분하는 견해가 대두하고 있다. 소극적 일반예방은 형벌의 위하를 통하여 일반인이 범죄하지 않도록 예방하는 것을 의미하여, 적극적 일반예방은 형벌을 통하여 법질서의 불가침성을 사회에 실증함으로써 일반인의 법질서에 대한 준수와 신뢰를 강화한다는 것이다.

Ⅳ. 형벌이론

1. 형벌목적과 형벌이론

형법이론의 전개에 수반되는 것이 형벌이론으로, 형벌을 부과하는 목적을 무엇으로 보는가, 즉 국가가 형벌권을 행사하는 것이 어떻게 정당화되는가에 대하여 구파와 신파는 응보와 예방의 관점에서 접근하였다. 응보란 행위자가 규범에 반하는 행위를 향하여 심정을 형성하였다는 점에 대한 비난으로써 과거의 행위의 댓가를 의미하는 반면, 예방이란 장래 범죄발생의 위험을 방지하기 위함이 형벌의 목적이라고 본다.

2. 응보이론

절대적 응보이론이란 과거의 행위에 대하여 그에 상응하는 형벌을 부과하여야 한다는 사상으로, 형벌의 본질은 응보에 있고 형벌의 내용은 과거의 악에 해당하는 만큼의 고통을 의미한다고 본다. 사적 복수시대의 탈리오(Talio)법칙이나 동해보복형 또는 속죄법 등이 이에 해당한다. 이들은 과거 행위에 상응하는 책임의 대가로서 같은 정도의 해악(보복)을 가하거나 속죄물로 변상하여 책임을 상쇄시키고자 한다. 이후 근대학파의 칸트[1]는 형벌을 일종의 정언명령으로 이해하여, 형벌이 오직 행위자의 범행에 대한 책임으로만 부과되어야 할 뿐 인간이 범죄예방을 위한 도구가 되어서는 안 된다는 점에서 형벌이 시민사회의 선을 촉진하는 수단으로 사용될 수 없다고 보았다. 형벌을 오로지 응보의 관점에서 이해한다는 점에서 절대적 형벌이론이라고도 한다. 헤겔[2] 역시 변증법적 입장에서 범죄와 형벌을 이해하며 절대적이고 등가적 응보형을 주장한 절대적 형벌론자였다.

한편 절대적 응보이론이 "책임 있으면 형법 있다."는 적극적인 책임의 측면을 강조한다면, 책임이 있더라도 형벌부과를 억지하고 행위자의 사회복귀의 측면을 고려하여 형벌의 양을 정하는 소극적 책임주의의 형태를 상대적 응보이론이라고 할 수 있다.[3]

그러나 응보이론은 범죄에 상응하는 해악을 부여함으로써, 형벌의 해악성만을 충족시킬 뿐,[4] 형벌 부과 이후의 행위자에게 어떠한 건전한 사회구성원으로서의 복귀를 도모할 수 없다는 점에서 비판이 있다. 공동체 가치의 관점에서 형

---

1) 칸트(Immanuel Kant, 1724~1804)는 절대적 응보론자로서, 형벌이 오직 범행의 책임에 대한 응보일 뿐이고 범죄자나 시민사회를 위하여 어떠한 선을 촉진하는 수단은 아니라고 보았다. 그리하여 형벌의 시행은 어떠한 목적과는 무관한 정의의 명령을 시행하는 것이고 비록 시민사회가 모든 구성원의 동의에 따라 해체되는 경우에도 감옥에 남아있는 마지막 살인자는 처형되어야 한다고 하였다.

2) 헤겔(Friedrich Hegel, 1770~1831)은 법은 정(These), 범죄는 반(Antithese), 형벌은 합(Synthese)의 형태로 나타난다고 보면서 범죄는 법률의 부정이지만 형벌은 법률의 부정인 범죄를 다시 부정함으로써 법을 회복시킨다고 주장하여 절대적 등가적 응보형을 내세웠다. 헤겔의 이와 같은 주장은 후일 아벡(Abegg), 쾨스틀린(Köstlin), 헬쉬너(Hälschner) 등의 지지를 얻게 되었는데 이들을 헤겔학파라고 부른다.

3) 김성규, "형벌목적의 형사정책적 딜레마", 형사정책 제17권 제1호, 한국형사정책학회, 2004, 15면.

4) 한영수, 행형과 형사사법, 세창출판사, 2000. 23면.

벌이 건전한 사회의 영속에 기여하기 위해서는 범죄자의 사회복귀를 도외시할 수 없다는 점, 어떠한 형벌의 질과 양이 행위자의 범죄에 대한 책임과 일치하는지는 명확하지 않다는 점 및 국가형벌권 발동의 정당성은 공동체의 평화로운 재건에서 찾아져야 한다는 점 등에서 응보이론은 한계가 있다.

3. 예방이론

(1) 소극적 일반예방이론

공리주의사상과 합리주의를 배경으로 하는 상대적 형벌이론은 응보뿐만 아니라 예방이 형벌의 목적이라고 보고, 형벌의 사회적 기능으로서 장래의 범행방지를 추구하고자 하였다. 이 중에서 소극적 일반예방이론은 형벌을 사회에 대한 위하적 작용으로 이해하고, 잠재적 범죄인으로서의 수범자(일반인)에게 형벌예고를 통해 법의식을 강화하여 범죄억지효과를 달성하고자 한다.

소극적 일반예방은 포이에르바흐[1)]의 이성적 인간으로서 합리적 선택을 할 수 있는 인간상(의사비결정론)을 전제로 한다. 즉, 행위결정의 자유가 있는 자에게 범죄로 인한 이익과 형벌의 불이익의 비교를 통해서 후자의 고통이 더 중하다고 심리적으로 강제함으로써(심리강제설) 범죄에로 나아가지 못하도록 하는 것이다. 포이에르바흐 이외에도 근대학파의 베카리아 역시 형벌의 목적은 범죄인에게 고통을 주기 위한 것이 아니라 사회구성원들이 동일한 범죄를 범하지 않도록 예방하는데 있다고 보았다.

그러나 소극적 일반예방이론은 범죄인의 심리를 지나치게 단순화한다는 점, 형벌의 예고에도 심리적 강제를 받지 않는 경우에는 효과가 없다는 점, 확신범이나 양심범 등에는 형벌의 위하가 불가능하다는 점 등에서 비판을 받는다. 특히 형벌의 위하력을 통해 범죄를 예방하고자 한다면, 형벌의 중형주의화 경향을

---

1) 계몽주의자로서 법학자이자 철학자이기도 하였던 포이에르바흐(Paul Johann Anselm v. Feuerbach 1775~1883)는 법과 도덕을 구별하여 범죄는 도덕위반이 아니라 법위반이라고 하여 범죄를 권리침해로 파악하고 형벌은 응보에서 끝나지 아니하고 구체적인 목적을 추구해야 한다고 보았으며 형법의 과제는 일반예방인데 이는 범죄에 대한 위하를 통하여 달성된다고 이해하였다. 그는 형법이론을 형법학의 철학이라고 선언하고 형법이론을 총론과 각론으로 나누어 근대적 형법학의 체계를 세웠기 때문에 그를 흔히 근대형법학의 아버지라고 부른다. 그는 또한 죄형법정주의의 명제인 "법률이 없으면 범죄도 형벌도 없다."는 말의 라틴어 표기인 "nullum crimen, nulla poena sine lege"이라는 유명한 문장을 만들었고 죄형법정주의가 보편화되는 데 크게 기여하였다.

억제하기 어렵다. 현대 형법들이 처벌의 양을 가중함으로써 위협을 통한 형법에의 순응을 강제하는 경향이 있는 점도 이러한 점에서 비판을 면할 수 없다.

(2) 적극적 일반예방이론

적극적 일반예방이론은 규범을 준수하는 일반인들을 예정하고, 형법의 순기능을 통해 규범의식을 강화함으로써 형벌이 도덕형성력을 갖게 되고, 일반인의 준법의식이 적극적으로 강화됨으로써 범죄예방이 가능해진다고 본다. 소극적 일반예방이론이 일반인을 잠재적 범죄자로 보고 형벌의 위협을 가하고자 한다면, 적극적 일반예방이론은 일반인을 규범준수자로 보고 이들의 규범준수력을 보다 높임으로써 형법에 순응하도록 한다는 점에서 차이가 있다. 이 이론은 규범내면화와 규범안정화를 핵심으로 하는데, 규범내면화란 학습 등을 통하여 형법의 규범력을 인지·승인하고 내적으로 이를 받아들이는 것을 의미하고, 이러한 규범내면화를 통해서 정당한 형법으로 국가질서체계에서 안정화되어 가는 것을 규범안정화라고 한다.

여기에는 국민의 신뢰를 강화함으로써 법질서의 권위를 보장함이 형벌의 목적이 되어야 한다는 사상이 내재되어 있다. 그러나 이 역시 그 자체로 형벌이 범죄예방의 수단으로 전락한다는 점, 적극적 일반예방을 강조하면 형법의 권위를 위한 행형의 가혹성이 가중될 수 있고 이는 책임주의에 반하게 된다는 비판이 있다.

(3) 특별예방이론

일반예방이론이 소극적이든 적극적이든 일반인(수범자)의 범죄예방에 중점을 둔다면, 특별예방이론은 범죄인 자체에 대한 형벌작용에 중점을 두어 범죄인의 범죄성을 억제 또는 개선하고자 하는 이론이다. 즉, 범죄인으로 하여금 재범을 예방하고 사회복귀를 도모하는 것을 형벌의 목적으로 보고, 재사회화와 사회방위를 핵심으로 삼는다. 특별예방이론은 19세기 중반 이후에 전개되었는데, 자유의사를 전제로 하는 응보형이나 일반예방이론의 한계를 인식하고 범죄가 사회병리적 현상이라고 보고, 형벌에 대해서도 당시의 사조를 받아들여 자연과학적이고 실증적 방법으로 규명하고자 하였다. 특별예방이론을 소극적 의미와 적극적 의미로 구분하여, 형벌을 통한 자유박탈로 범죄자를 무해화시킴으로써 사회안전을 확보하는 것을 소극적 특별예방이론으로 보고 범죄자의 개선·교화에

중점을 두어 사회복귀에 초점을 맞추는 것을 적극적 특별예방이론으로 보기도 한다.[1)]

특별예방이론의 대표적 학자는 근대학파에 속하는 리스트[2)]로서 그는 범죄란 소질과 환경의 산물이며, 범죄인이 범죄의 원인이 되므로 범죄에 대한 투쟁수단인 형벌은 개개의 범죄인에게 향하여야 한다고 보았다. 따라서 범죄인을 교육하여 그의 반사회적 성격을 개선·교화하여 사회복귀를 도모하고, 형벌 역시 이를 목적으로 하여야 한다고 보았다. 따라서 특별예방이론을 교육형주의, 목적형주의 등으로 부른다.

그러나 형벌이 범죄자의 무해화를 통한 사회안정화만을 강조하게 된다면 극단적인 사회방위로 치닫는 경향을 드러내게 된다. 또한 형벌보다는 보안처분이 강조되고, 범죄자를 무해화하기 위한 비인도적 경향을 보일 수 있다. 또한 범죄자의 재사회화를 위해서 수단을 가리지 않는 경우 책임주의에 반할 우려가 있다.

4. 절 충 설

형벌의 목적을 무엇으로 볼 것인가는 단순히 일의적으로 단정할 수는 없다는 점에서, 현대에는 다양한 절충설들이 제시되고 있다. 그리고 응보와 예방 중 어느 것에 보다 중점을 두는가에 따라서 응보적 절충설, 예방적 절충설 등이 주장된다. 어떠한 형벌이론을 취하든간에 가장 핵심은 죄형법정주의와 책임주의 원칙을 존중하면서, 사회안정화를 통해 공동체의 영속에 기여하고 사회구성원들의 결속력을 강화하려는 궁극적인 목적에 부합하여야 할 것이다.

형벌목적에 관한 그간의 이론들을 정리하면 다음과 같다.

---

1) 김성돈, §36/74.

2) 리스트(Franz v. Liszt, 1851~1919)는 범죄를 하나의 사회현상으로 보아 범죄의 개인적 원인보다는 사회적 원인을 중시하였고 예링(Jhering)의 목적사상의 영향을 받아 마르부르크(Marburg)선언(1882년)을 통하여 형법에 있어서의 목적사상이 중요함을 강조하였다. 그에 의하면 형벌은 맹목적인 응보가 아니라 일정한 목적을 갖는 것, 즉 법질서의 가치를 보호하는 보호형이라야 한다고 보았다. 리스트는 범인을 우발범인과 상태범인으로 구분하고 우발범인에 대하여서는 벌금형, 집행유예 등을 도입하는 한편 상태범인은 다시 개선가능범인과 개선불능범인으로 구분하여 전자에 대하여서는 행형을 통한 개선교화에 힘쓰고 후자에 대하여서는 장기간 또는 종신격리를 통하여 사회가 해를 입지 않도록 해야 한다고 하였다. 리스트는 그와 학문적 경향을 같이 했던 벨기에의 프린스(Adolphe Prins), 네덜란드의 하멜(G. A. van Hamel) 등과 더불어 1889년에 국제형사학협회를 설립하여 국제적으로 연구활동과 형법개정운동을 펼쳤다.

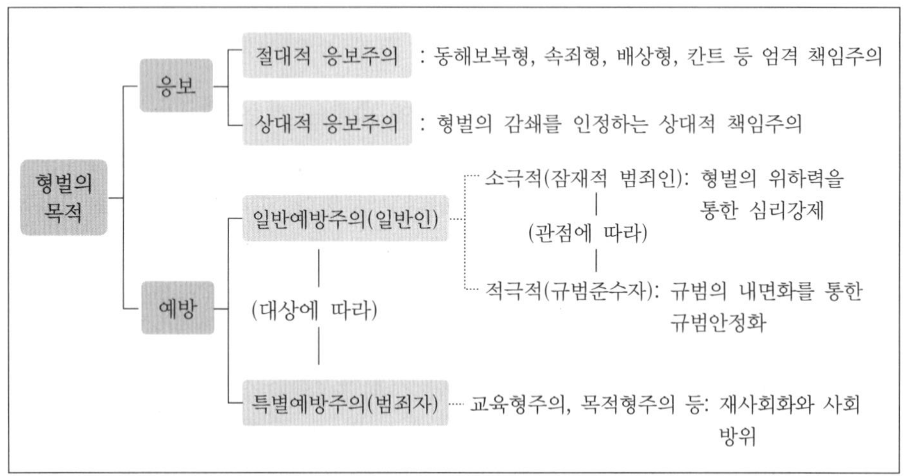

제4절 죄형법정주의

Ⅰ. 의 의

국가의 형벌권 부과는 규범에 반하는 방향으로 심정을 형성한 행위자에 대한 법적 비난의 표현이다. 이를 위해서는 국민은 무엇이 처벌되는 행위인지에 대한 금지행위의 기준을 예측할 수 있어야만 한다. 즉, 무엇이 범죄인지 알 수 있어야만, 그것에 반하는 행위를 할 것인가에 대한 판단이 가능하기 때문에, 규범준수를 요구하는 국가에 의하여 사전에 반드시 무엇이 범죄이고 어떻게 처벌되는가가 정해져 있어야만 한다. 이를 죄형법정주의라고 한다. 죄형법정주의는 이미 제정된 정의로운 법률에 의하지 않고는 처벌되지 않는다는 원칙으로서, 무엇이 처벌될 행위인가를 국민이 예측가능한 형식으로 정하도록 하여 개인의 법적 안정성을 보호하고 성문의 형벌법규에 의한 실정법질서를 확립하여 국가형벌권의 자의적 행사로부터 개인의 자유와 권리를 보장하려는 법치국가 형법의 기본원리이다.[1]

법률이 없으면 범죄도 형벌도 없다(nullum crimen, nulla poena sine lege)고

1) 헌재결 1991. 7. 8, 91헌가4.

표현되는 죄형법정주의는 역사적으로 전제정치 하에서 행해졌던 국가의 자의적 형벌로부터 시민의 자유와 인권을 보호하기 위하여 주장되고 발전되어 온 근대 형법의 지도원리이다. 이와 같은 역사적 배경으로 인하여, 법률에 규정함이 없이 형벌을 근거 짓거나 가중하는 것은 금지되지만, 형벌을 완화하거나 제거하는 등 행위자에게 유리한 해석은 언제나 허용된다고 해석하여야 한다. 마찬가지로 죄형법정주의의 구체적 내용 또는 하위원칙들에 있어서도 그와 같은 원리에도 불구하고 행위자에게 유리한 해석의 허용은 죄형법정주의의 예외가 아닌 그 내용의 일부라고 이해하여야 할 것이다.

Ⅱ. 연 혁

1215년 영국의 존(John)왕에 의하여 조인된 대헌장(Magna Charta) 제39조는 어떠한 자유인이라도 동료의 적법한 재판 또는 국법에 의하지 않고는 체포·감금되지 않고 영지를 빼앗기거나 법적 보호가 박탈되지 않으며 추방되지 않고 어떠한 방법으로도 침해되지 않는다는 내용을 밝히고 있다. 이것이 죄형법정주의의 시원이 될 수 있는가에 논란이 있지만 대체로 그렇게 인정되고 있다.

적법한 절차에 의하지 않고는 부당한 형사처분을 받지 않는다는 대헌장의 정신은 영국에서 1628년의 권리청원과 1689년의 권리장전에 계수되었고 미국으로 건너가서는 1774년의 필라델피아식민지대표자회의선언, 버지니아권리선언 제8조를 비롯한 각 주의 권리선언, 1787년의 미국헌법 제1조 제9절 제3항(형사사후법의 금지)[1], 1791년의 미국헌법 수정 제5조(법률의 적법한 절차)[2] 등에 반영되는 한편 1789년의 프랑스인권선언 제8조[3]와 1810년의 나폴레옹형법 제4조[4] 등에

1) 국민자격 박탈법 또는 소급법은 통과될 수 없다.
2) 누구라도 대배심의 고발이나 공소 제기에 의하지 아니하고는 사형에 해당하는 죄나 중죄에 대하여 심문당해서는 아니 된다. 다만 전쟁시나 공공의 위험이 발생했을 때에 육해군이나 민병대에 현실적으로 복무 중인 경우는 예외로 한다. 또한 어느 누구도 동일한 범죄에 대하여 생명이나 신체의 위험에 두 번 처해져서는 아니 되고, 어느 형사 사건에서도 자신의 증인이 될 것을 강요받아서는 아니 되며, 적법절차에 의하지 아니하고 생명이나 자유 또는 재산이 박탈당해서는 아니 된다. 또 사유재산권은 정당한 보상 없이는 공익 목적을 위하여 수용되어서는 아니 된다.
3) 법은 엄격히 그리고 명백히 필요한 형벌만을 설정해야 하고 누구도 범죄 이전에 제정·공포되고 또 합법적으로 적용된 법률에 의하지 아니하고는 처벌될 수 없다.
4) 어떠한 위경죄, 경죄 또는 중죄도 그 범행 이전에 법률에 규정되지 아니한 형벌로 처벌할 수 없다.

도 영향을 미친 것으로 보인다.

그 후 죄형법정주의는 1851년의 프로이센형법을 거쳐 1871년의 독일구형법 제2조에 규정되는 등 19세기를 경과하는 동안 각국의 헌법이나 형법 속에 근대 형법의 철칙으로 명문화되었다. 한때 소련(1917년), 나치 독일(1935년) 등이 이 원칙을 파기한 바 있으나 오늘날 모든 문화국가에서 이 원칙은 이의 없이 인정되고 있다.

죄형법정주의는 1948년 UN의 세계인권선언 제11조 제2항[1)]과 1950년의 유럽인권선언규정 제7조 제1항[2)] 등 국제회의에서도 선언되었다.

우리나라의 형법전은 죄형법정주의에 관한 특별한 규정을 두고 있지 않다. 그러나 1948년 건국헌법 제9조가 "모든 국민은 신체의 자유를 가진다. 법률에 의하지 아니하고는 체포, 구금, 수색, 심문, 처벌과 강제노역을 받지 아니한다." 그리고 동법 제23조가 "모든 국민은 행위시의 법률에 의하여 범죄를 구성하지 아니하는 행위에 대하여 소추를 받지 아니하며 또 동일한 범죄에 대하여 두번 처벌되지 아니한다."는 원칙을 선언한 이래 8차에 걸친 헌법개정 중에도 이것이 손상됨이 없이 오늘에 이르렀다. 그리하여 현행헌법 제12조 제1항은 "모든 국민은 신체의 자유를 가진다. 누구든지 법률에 의하지 아니하고는 체포·구속·압수·수색 또는 심문을 받지 아니하며, 법률과 적법한 절차에 의하지 아니하고는 처벌·보안처분 또는 강제노역을 받지 아니한다."라고 규정하고 있다. 또한 형법 제1조 제1항은 "범죄의 성립과 처벌은 행위시의 법률에 의한다."라고 규정하며,[3)] 형사소송법 제323조(유죄판결에 명시될 이유) 제1항은 "형의 선고를 하는 때에는 판결이유에 범죄될 사실, 증거의 요지와 법령의 적용을 명시하여야 한다."라고 규정한다. 이상과 같은 여러 규정에 비추어 볼 때에 우리의 형법도 당연히 죄형법정주의의 원칙을 예정하고 있는 것으로 보아야 한다.

---

1) 누구도 행위 시에 국내법 또는 국제법상 범죄가 아니었던 일을 행하거나 행하지 않았던 것을 두고 그 후에 유죄판결을 받을 수 없다. 또한 범죄를 행할 당시에 부과할 수 있었던 처벌보다 더 무거운 처벌을 부과해서도 안 된다.

2) 누구도 행위 시의 국내법 또는 국제법에 의하여 범죄를 구성하지 아니하는 작위 또는 부작위를 이유로 유죄로 되지 아니한다. 어느 누구도 범죄가 행하여진 때에 적용될 수 있는 형벌보다도 중한 형벌을 받지 아니한다.

3) 형법 제1조 제1항은 행위시법주의 못지 않게 범죄의 성립과 처벌은 법률에 의한다는 것을 명문화하고 있다는 의미에서 죄형법정주의를 규정하고 있는 것으로 볼 수 있다(김일수/서보학, 58면; 박상기, 13면; 배종대, 47면; 임웅, 18면).

Ⅲ. 사상적 배경

1. 홉스의 안전국가사상과 죄형법정주의

로마의 키케로(Cicero)는 "법적 금지가 없었던 이미 과거에 속하는 행동은 범죄로 되거나 비난될 수 없으며 여기에 어떠한 부정적 법률효과도 부과되어서는 안 된다."는 주장을 하였다. 그 후 이러한 사상은 17세기에 들어와 안전국가사상과 관련하여 토마스 홉스(Thomas Hobbes)에 의하여 전개되었고 특히 계몽사상가들에 의하여 강력히 주장되었다.

영국의 내란기에 살았던 홉스는 국가의 지배가 절대적일수록 혼란상태(만인에 대한 만인의 투쟁상태)는 그만큼 더 유효하게 막을 수 있다고 믿고 시민적 안전을 보장하기 위하여 절대국가가 필요한 것으로 보아 민주정보다는 군주정을 찬성하였다. 그가 그의 저서 『리바이어던』(Leviathan)의 서문에서 "시민의 안전이 국가의 사업"이라고 밝히고 여러 차례 강조했듯이 홉스의 죄형법정주의는 시민의 안전보호라는 국가관 내지 법률관에 입각하고 있는 것으로 보인다. 그는 "법이 없으면 죄악도 없고, 시민법이 없어지면 범죄도 없고 형벌도 없어진다."고 주장하여 법률이 없으면 범죄도 없고 형벌도 없음을 밝혔다. 이 뿐만 아니라 범행 후에 제정되는 법은 그 이전의 행위를 범죄로 규정할 수 없으며 범행 전에 선포된 법보다 형벌이 더 무거운 범행 후의 법으로 처벌되어도 안 된다는 것을 강조하여 형벌불소급의 원칙을 내세웠다.

2. 계몽사상과 죄형법정주의

(1) 몽테스키외와 죄형법정주의

몽테스키외(Montesquieu)는 시민이 정치적 자유를 누리도록 하면서 한 시민이 다른 시민을 두려워 할 필요가 없는 정치조직을 만들어야 한다고 전제하고 입법·행정·사법의 3권을 서로 독립시켜 입법권은 귀족단 및 국민을 대표하도록 선출된 일단에 맡기고, 행정권은 국왕에게, 그리고 사법권은 귀족에 대하여서는 입법부의 귀족에 의하여 구성되는 기관에, 일반국민에 대하여서는 통상 재판소에 맡겨야 한다고 주장하였다.

3권분립론의 취지에 비추어 볼 때에 개인의 자유와 권리를 보장하기 위하여서는 형사재판에서 범죄와 형벌의 관계가 미리 법률로써 확정되어야 함은 당연히 이치에 속한다. 따라서 그의 3권분립론은 죄형법정주의의 유력한 법이론적 기초를 제공한 것으로 평가된다. 몽테스키외는 전제국가에는 법이 없지만 군주국이나 공화국에는 법이 있고 특히 공화체제에서는 법의 성질상 재판관이 법의 문자를 엄격하게 준수해야 한다고 설명함으로써 재판에 적용될 법이 미리 정해져 있어야 할 것과 유추해석이 배제됨을 시사하였고 범죄와 형벌간에도 올바른 비례가 이루어져야 한다고 보았다.

(2) 베까리아와 죄형법정주의

베까리아(Beccaria)는 형벌의 목적을 계속되는 불법으로부터 범죄자를 격리하고 형벌의 시행을 통하여 범죄적 경향을 가진 다른 사람에 대하여 위하적 효과를 거두려는 것이라고 생각하였는데 이러한 그의 형벌관은 범죄와 형벌은 미리 법률로 확정될 것을 필요로 한다. 그리하여 그는 범죄에 대한 형벌을 확정짓는 일은 법에 의해서만 가능하며 법을 통하여 형벌을 정하는 기능은 사회계약에 따라 그 사회를 대표하는 입법자에게 속할 뿐이라고 주장하였다. 베까리아는 또한 죄형균형의 원리를 논하고 재판관은 법조문을 그대로 적용해야만 하며 이에 대한 해석의 기능을 갖지 않는다고 설명하여 유추해석을 배격하였다.

(3) 포이에르바흐와 죄형법정주의

포이에르바흐(Feuerbach)는 범행에 의하여 기대되는 이익과 형벌에 의하여 기대되는 불이익을 비교하여 취사선택할 수 있는 이성적 인간을 전제로 하고(의사비결정론) 이러한 인간에게 부과되는 형벌의 위협은 심리적 강제로서 작용하는 것으로 보았다(심리강제설). 그에 의하면 심리적 강제로서 작용하는 형벌적 위협의 목적은 국민일반에 대한 위하, 즉 (소극적) 일반예방이며 형벌개념은 그것에서 재판관을 구속하는 국가와 개인간에 하나의 분명한 울타리를 설정하는 형법이 도출될 수 있도록 형성되어야 한다.

이상과 같은 그의 형벌이론은 죄형법정주의와 불가분의 관계를 맺는다. 오늘날 죄형법정주의를 나타내는 명제인 "법률이 없으면 범죄도 형벌도 없다."는 말의 라틴어 표기인 "nullum crimen, nulla poena sine lege"도 포이에르바흐에 의하여 생겨난 것이다.

Ⅳ. 파생 원칙과 현대적 의의

1. 법률주의

(1) 관습형법금지의 원칙

형법의 법원(法源)은 국회에서 제정된 형식적 의미의 성문 법률에 국한되는데, 이를 법률주의라고 한다. 따라서 법률공동체 내에서 관행적으로 인정되어 법적 확신을 얻어 온 관습은 그 내용과 범위가 명확하지 않으므로, 범죄와 형벌을 미리 법률로서 정하여야 한다는 죄형법정주의의 근본취지에 반하게 된다. 일반적으로 관습법이란 사회의 거듭된 관행으로 생성한 사회생활규범이 사회의 법적 확신과 인식에 의하여 법적 규범으로 승인·강행되기에 이른 것[1)]을 의미하는데, 통상 형법을 제외한 법영역에서는 법령에 저촉되지 않는 한 법원(法源)으로서 법적 효력이 인정된다. 이처럼 관습법이 형법의 영역에서 법원으로 인정되지 아니함을 관습형법금지의 원칙이라고 한다.

그러나 관습형법금지의 원칙은 오늘날 법관습이 직접적으로 형법의 법원이 될 수 없다는 것을 의미함에 그치고, 간접적으로는 형법의 해석과 관련하여 범죄의 성립·불성립 등에 영향을 미칠 수 있다. 예컨대, 형법 제20조(정당행위)에서 사회상규에 위배되지 아니하는 행위란 공동체에 축적된 일정한 관습적 규율 관행에 의하여 일정한 행위가 허용되는 경우 위법성이 조각될 수 있음을 의미한다. 그리고 형법 제184조(수리방해죄)에서 행위의 객체에 해당하는 수리권을 방해하였는가라는 구성요건해당성 충족 여부도 수리권의 해석은 관습에 의하여야 한다. 그 밖에 부진정부작위범의 보증인적 지위, 과실범에서의 주의의무위반 등의 해석에도 관습법은 간접적으로 법원이 될 수 있다. 여기에서 간접적이라 함은 관습법으로 범죄나 형벌을 창설할 수는 없지만, 성문법률 상의 범죄나 형벌의 해석의 지침이 될 수 있음을 의미한다. 또한 그 어떤 경우에도 형벌을 완화하거나 제거하는 관습법은 죄형법정주의의 원칙상 배제되지 않는다.

---

1) 대판 2005. 7. 21, 2002다1178 전원합의체 판결.

(2) 위임입법과 한계

1) 의의

사회현상의 복잡다기화와 국회의 전문적·기술적 능력의 한계 및 시간적 적응능력의 한계 등으로 인하여 모든 법률에 예외 없이 규제내용을 규정하기란 현실적으로 불가능할 뿐만 아니라 실제에 적합하지도 않다. 따라서 긴급한 필요가 있거나 미리 법률로써 자세히 정할 수 없는 부득이한 사정이 있는 경우에 하위법규에 그 내용의 정함을 위임하는 것을 위임입법이라고 한다. 위임입법은 첫째, 긴급성이나 부득이한 사정이라는 필요성의 요건을 갖추어야 하고, 둘째, 위임하는 상위법규는 반드시 법률에 처벌대상인 행위가 어떠한 것인지를 예측할 수 있을 정도로 구체적으로 정하고, 형벌의 종류 및 그 상한과 폭을 명확히 규정함으로써 범죄와 형벌의 범위를 확정하여야만 한다. 마지막으로, 수권에 의하여 위임을 받은 하위법규는 그와 같이 법률에 의하여 정해진 범위 내에서 보다 전문화되고 구체적인 하위내용만을 정하여야만 한다.[1)]

즉 기본권 침해작용을 하는 형법의 영역에서 위임입법은 상위법규에 구체적으로 범위를 정한 개별적인 위임이 있을 때에만 가능하다. 예컨대, 금지되는 객체 또는 내용의 성질이나 영역을 법률로 확정하고, 구체적으로 포함되는 대상물들을 하위법령에 위임하는 형태는 법규의 현실적응력 및 실효성 확보를 위해 위임입법이 허용된다.

2) 포괄위임 입법금지 및 재위임금지

반면, 포괄적인 위임입법은 죄형법정주의에 반한다. 즉, 처벌법규의 구성요건부분에 관한 기본사항에 관하여 보다 구체적인 기준이나 범위를 정함이 없이 그 내용을 모두 하위법령에 포괄적으로 위임함으로써 법률만으로는 지켜져야 할 내용을 구체적으로 예측할 수 없다면 법률의 자의적 해석 및 적용의 우려를 초래할 수 있기 때문에 허용될 수 없다.[2)]

특히 행정입법들이 행정부의 행정목적을 실현하기 위한 수단으로서 필요할 때마다 포괄적으로 법률이 아닌 하위법령에 처벌의 내용이나 범위를 위임한다면 자의적인 입법을 허용하는 결과를 초래할 수 있다. 따라서 형벌 구성요건의

1) 대판 2002. 11. 26, 2002도2998; 대판 2000. 10. 27, 2000도1007; 헌재결 1991. 7. 8, 91헌가4.
2) 헌재결 2000. 6. 29, 99헌가16.

실질적 내용을 법률에서 직접 규정하지 아니하고 금고의 정관에 위임하는 것도 범죄와 형벌에 관하여 입법부가 제정한 형식적 의미의 '법률'로서 정하여야 한다는 포괄위임입법금지 원칙에 반한다.[1)]

다만 하위법령이 모법으로부터 직접 위임을 받지 않은 규정을 두었다 하더라도 그 규정을 둔 취지와 구체적인 기능을 살펴 그 내용을 해석하여 모법 위배여부를 판단하여야 한다. 예를 들어 모법에서 어떠한 행위를 하도록 포괄적으로 규정하는 한편 그 법률 규정 위반에 대하여 처벌하도록 정하였는데 시행령에서 모법의 위임 없이 그 행위와 관련된 내용을 규정한 경우에, 모법의 처벌규정을 해석 · 적용할 때에는 해당 하위법령이 모법으로부터 직접 위임을 받지 아니한 것이어서 모법에 의한 처벌은 그 법률 규정 자체의 위반에 그치고 하위법령을 모법의 행위규범과 결합한 처벌 근거로 삼아 이를 적용할 수 없다고 하더라도, 모법의 행위규범과 관련하여서는 그 해석 가능한 범위 내에서 그 내용을 보완하는 규정이 될 수 있고 또한 적어도 그 시행 또는 집행을 위하여 필요한 지침이나 준칙으로서 기능할 수도 있으므로 그 범위 내에서는 유효하여 이를 적용할 수 있다고 보아야 하며, 무조건적으로 법에 위배된다거나 무효라고 단정해서는 안 된다.[2)]

또한 법률에서 위임받은 사항을 전혀 규정하지 않고 그대로 재위임하는 것은 이위임금지(履委任禁止) 법리에 반하므로 허용되지 않는다.[3)] 다만, 위임받은 사항에 관하여 대강의 내용을 정하고 그 중에서 특정사항을 범위를 정하여 하위법령에 다시 위임하는 경우에만 재위임이 허용된다.

판 례

1. 위임입법이 허용되는 경우

유해화학물질관리법 제35조 제1항에서 금지하는 환각물질을 구체적으로 명확하게 규정하지 아니하고 다만 그 성질에 관하여 '흥분 · 환각 또는 마취의 작용을 일으키는 유해화학물질로서 대통령령이 정하는 물질'로 그 한계를 설정하여 놓고, 시행령 제22조에서 이를 구체적으로 정한 경우(대판 2000. 10. 27, 200도4187; 그러한 성

1) 헌재결 2001. 1. 19, 99헌바112.
2) 대판 2017. 2. 16, 2015도16014 전원합의체 판결.
3) 헌재결 1996. 2. 29, 94헌마213.

질을 가지는 약물들은 과학기술의 급속한 발전으로 말미암아 수시로 생겨나고 사라지기 때문에 위임입법을 통해 신속하게 대처한 것으로 허용됨), 식품위생법 제11조 제2항이 과대광고 등의 범위 및 기타 필요한 사항을 보건복지부령에 위임하고 있는 경우(대판 2002. 11. 26, 2002도2998; 일반식품이 의약품으로 공인받지 않은 이상 그 식품을 표시하거나 광고함에 있어서 의약품과 혼동할 우려가 있는 표현을 사용한다면 과대광고에 해당한다고 보아, 일간지 등에 게재한 건강보조식품에 관한 광고가 이를 보는 사람들로 하여금 마치 비만을 치유하는 데 특별한 효능이 있는 것으로 인식하게 할 가능성이 크다고 보아 과대광고에 해당한다고 한 사례), 정부관리기업체에 대한 처벌규정인 특정범죄 가중처벌 등에 관한 법률 제4조 제1항 제2호와 관련하여 동법 시행령 제2조 제48호가 농업협동조합중앙회를 정부관리기업체의 하나로 규정한 경우(대판 2008. 4. 11, 2007도8373), 게임산업진흥에 관한 법률 제32조 제1항 제7호가 '대통령령이 정하는 게임머니 및 대통령령이 정하는 이와 유사한 것'의 하나로 규정한 경우(대판 2022. 3. 11, 2018도18872)

2. 포괄위임입법금지에 반하여 허용되지 않는 경우

의료법 제41조가 "환자의 진료 등에 필요한 당직의료인을 두어야 한다."라고 규정하고 있을 뿐인데도 시행령 조항이 당직의료인의 수와 자격 등 배치기준을 규정하고 이를 위반하면 의료법 제90조에 의한 처벌의 대상이 되도록 함으로써 형사처벌의 대상을 신설 또는 확장한 경우(대판 2017. 2. 16, 2015도16014 전원합의체 판결), 구 근로기준법 제30조 단서에서 임금·퇴직금 청산기일의 연장합의의 한도에 관하여 아무런 제한을 두고 있지 아니함에도 불구하고, 동법 시행령 제12조가 동법 단서에 따른 기일연장을 3월 이내로 제한한 경우(대판 1998. 10. 15, 98도1759 전원합의체 판결), 총포·도검·화약류등단속법 제2조 제1항은 총포에 관하여 규정하면서 동법 시행령 제3조 제1항 제3호에서 모법의 위임 범위를 벗어나 총의 부품까지 총포에 속하는 것으로 규정한 경우(대판 1999. 2. 11, 98도2816 전원합의체 판결) 등.

2. 명확성의 원칙

범죄행위와 처벌내용이 행위 이전에 미리 명확히 예고되어야만 행위자는 예측가능성을 가질 수 있고 동시에 형법은 의사결정규범으로서의 역할을 할 수 있다. 명확성의 원칙은 법률이 처벌하는 행위가 무엇이며 그에 대한 형벌이 어떠한 것인지를 누구나 예견할 수 있고, 그에 따라 자신의 행위를 결정할 수 있도록 구성요건을 사전에 명확하게 기술하는 것을 의미한다.

(1) 구성요건의 명확성

구성요건의 명확성이란 형법에 의하여 금지 또는 요구되는 행위가 무엇인지 명확하여야 한다는 의미이다. 그러나 형벌법규를 기술적 요소로 한정하여 규정하는 것은 사실상 불가능할 뿐만 아니라 행위의 다양성과 개별적 특수성을 고려하지 못할 위험성이 있다. 따라서 모든 요건을 단순한 서술적 개념으로 규정하여야 하는 것은 아니고, 다소 광범위하여 법관의 보충적인 해석을 필요로 하는 개념을 사용하였다고 하더라도 통상의 해석방법에 의하여 건전한 상식과 통상적인 법감정을 가진 사람이라면 이를 알 수 있도록 규정하였다면 동 원칙에 반하지 않는다. 궁극적으로 법규의 명확성 여부는 당해 법규범이 예측가능성을 가지는지와 국가형벌권의 자의적 집행의 배제가 확보될 수 있는지 여부에 의하여 판단된다.[1] 소극적으로 범죄성립을 부정하는 위법성조각사유 및 책임조각사유도 이에 해당하지 않으면 범죄성립을 인정하여야 한다는 점에서, 명확성의 원칙이 적용된다.[2]

(2) 처벌의 명확성

처벌의 명확성이란 법규가 형법의 보장적 기능을 확보하면서 동시에 형벌위하에 유효하기 위해서는 행위로 인하여 부과되는 불이익인 처벌이 구체적으로 어떠한 것인지 명확하여야 한다는 의미이다. 한편으로 범죄행위에 적합한 형벌의 양이 개개의 사안과 분리되어 구체적으로 확정되기란 사실상 불가능할 뿐만 아니라 사회가치관의 변화에 적절히 대응할 수 없으므로 어느 정도의 불확정성은 불가피하다. 그러나 형기를 전혀 확정짓지 않는 절대적 부정기형은 법적 안정성을 심히 해할 뿐만 아니라 인권보장을 위태롭게 하므로 그 어떤 경우에도 허용되지 않는다. 반면 기간은 특정되지 않지만 형의 장기와 단기만을 정하는 상대적 부정기형은 허용된다. 예컨대, 소년법 제60조는 소년의 범죄에 적용할 법정형은 일반 형사법을 기본으로 하되 장기 2년 이상의 유기형에 해당할 경우

1) 이와 같은 명확성이 있는지 여부는 그 법규범이 수범자에게 법규의 의미내용을 알 수 있도록 공정한 고지를 하여 예측가능성을 주고 있는지 여부 및 그 법규범이 법을 해석·집행하는 기관에게 충분한 의미내용을 규율하여 자의적인 법해석이나 법집행이 배제되는지 여부에 따라 판단할 수 있다. 그리고 이는 법문언의 의미내용, 입법목적, 입법취지, 입법연혁, 규범의 체계적 구조 등을 종합적으로 고려하여 판단할 수 있다. 대판 2014. 1. 29, 2013도12939; 대판 2006. 5. 11, 2006도920 등.

2) 최호진, 23면. 또한 헌재결 2001. 6. 28, 99헌바31.

형의 장기와 단기를 정할 수 있도록 하여 부과되는 형의 하한과 상한을 법률로 특정하지 않음으로써 부정기형을 인정하고 있다.[1] 소년은 완전히 성숙하지 않은 인격체이므로 범죄에 상응하는 형벌을 미리 확정할 수 없고, 그 성장과정의 인격적 성장을 고려하여 형을 정하여야 하기 때문이다. 이 때 단기는 최소한의 과거행위에 대한 응보의 의미를, 장기는 최대한의 개선·교화 및 예방의 의미를 가진다고 할 수 있다.

처벌의 명확성은 형벌뿐만 아니라 보안처분에도 적용되어야 한다. 보안처분이란 장래의 위험성에 대한 현재의 예측이기 때문에, 존재하는 과거의 행위에 대한 불법성의 평가인 형벌과는 판단의 척도가 다르다. 따라서 현재의 시점에서 장래의 위험성을 판단함에 있어서 기간이 확정된 처분을 예측하기란 현실적으로 어렵다. 이 뿐만 아니라 위험이 계속되는 동안에는 처분이 지속되어야만 목적을 달성할 수 있는 보안처분의 합목적성에 기인할 때에도 확정처분은 보안처분의 성질에 부합하지 않는다. 이로 인하여 보안처분은 부정기형의 형태를 띠는 경우가 많다. 그렇다 하더라도 보안처분이 절대적 부정기형까지 인정하는 것은 아니다. 보안처분도 국가형벌권에 의한 기본권 침해작용이라는 본질에 있어서는 형벌과 차이가 없고, 장래의 위험성에 대한 예측을 할 수 없다면 국가에 의한 불이익처우는 처음부터 불가능하다고 보아야하기 때문이다.[2]

판 례

1. 명확성의 원칙에 반하는 경우

특정범죄가중처벌등에관한법률 제4조 제1항의 '정부관리기업체'라는 용어(헌재결 1995. 9. 28, 93헌바50), 외국환관리규정상의 '도박 기타 범죄 등 선량한 풍속 및 사회질서에 반하는 행위(대판 1998. 6. 18, 97도2231)', 구 아동복지법(제18조 제11호)상 '아동의 덕성을 심히 해할 우려(헌재결 2002. 2. 28, 99헌가8)' 공익을 해할 목적으로 전기통신설비에 의하여 공연히 허위의 통신을 한 자를 형사처벌하는 전기통신기본법 제47조 제1항(헌재결 2010. 12. 28, 2008헌바157, 2009헌바88), 음란이 아닌 저속의

1) 이에 대하여 천진호, 114면은 사형만을 형벌로 규정한 형법 제93조의 여적죄를 제외하고 모든 형법상 법정형은 전부 상한과 하한이 설정되어 있는 상대적 부정기형이라고 본다.
2) 김성돈, §2/34; 박상기, 17면; 배종대, 56면; 손해목, 60면; 안동준, 20면; 오영근, 32면; 임웅, 44면; 최호진, 29면 등. 반면 절대적 부정기 보안처분을 허용하는 견해로는 손동권/김재윤, 32면.

개념(헌재결 1998. 4. 30, 95헌가16), 처벌규정과 관련하여서는 부정선거관련자처벌법상 동법 제5조 제1항의 예비음모는 법정형 없이 이를 처벌한다고만 한 규정(대판 1977. 6. 28, 77도251) 등.

그 외에도 도로교통법 제148조의2 제1항은 음주운전등 죄를 2회 이상 위반한 자를 처벌하는 규정을 두고 있으나, 2022년에 헌법재판소가 가중요건이 되는 과거의 위반행위와 처벌대상이 되는 재범 음주운전 금지규정 위반행위 사이에 아무런 시간적 제한을 두지 않고 있음으로써, 전범을 이유로 아무런 시간적 제한 없이 후범을 가중처벌함은 위헌이라고 결정하였고, 이에 따라 동 조항은 2023. 1. 3. 전범과 후범 사이 시간적 제한을 10년으로 하는 개정을 하였다(헌재결 2022. 5. 26, 2021헌가30등).

2. 명확성이 원칙에 반하지 않는 경우

형법 제243조 및 제244조의 음란(대판 2000. 10. 27, 98도679), 증권거래법 제207조의2의 규정 중 "다만, 그 위반행위로 얻은 이익 또는 회피한 손실액의 3배에 해당하는 금액이 2천만원을 초과하는 때에는 그 이익 또는 회피손실액의 3배에 상당하는 금액 이하의 벌금에 처한다."는 부분(대판 2002. 7. 26, 2002도1855), 청소년보호법 제26조의2 제8호 소정의 "풍기를 문란하게 하는 영업행위를 하거나 그를 목적으로 장소를 제공하는 행위(대판 2003. 12. 26, 2003도5980)" 집회및시위에관한법률 제3조 제1항 제4호가 금지사항으로 규정한 "현저히 사회적 불안을 야기시킬 우려가 있는 집회 또는 시위"(대판 1986. 10. 28, 86도1764) 등.

3. 유추해석금지의 원칙

형법이 의사결정규범으로서 역할을 하기 위해서는 법률의 규정내용뿐만 아니라, 해석상으로도 엄격하여야만 한다. 이 때의 엄격성이란 당해 법률문언 자체의 해석의 명확성뿐만 아니라, 논리해석 방법으로서 법규 차용에 있어서의 제한을 의미한다. 후자를 유추해석 금지의 원칙이라고 한다. 유추해석이란 해당 법률규정에 없는 사항에 대하여 이와 유사한 성질의 사실관계에 적용되는 다른 법률규정의 내용을 차용하는 해석방법이며, 이는 당해 법규에 없는 범죄성립요소와 처벌을 인정하는 결과를 초래한다. 따라서 규범의 예측가능성을 저해하고 형법의 보장적 기능에도 반하게 되어 개인의 자유와 인권을 부당하게 침해할 위험성이 커지게 된다.

법률은 규범이기 때문에 그것이 기술적이든 규범적이든 해석을 필요로 한다. 그러나 형법의 해석이 문리에 따라서 엄격히 행하여져야 한다는 원칙은 다음과 같은 두 가지 관점에서 한계에 이른다. 첫째, 복잡다기한 사회현상은 입법자가 예기치 못했던 사실을 야기시킬 수 있으나, 형법이 사전에 장래의 변천을 모두 포용하는 규정을 마련하는 것은 현실적으로 불가능하다. 그렇다고 하여 그때그때 사회변동에 따른 법의 빈번한 개폐는 법적 안정성을 해하는 결과를 초래하게 된다. 따라서 행위자의 권리를 부당하게 침해하지 않는 한 법질서 전체의 정신이나 형법의 목적에 부합하는 확장해석은 불가피하다. 예컨대 형법 제309조의 출판물 등에 의한 명예훼손죄에 신문, 잡지, 라디오 이외에 우리가 현실적으로 가장 많이 접하는 대중매체인 텔레비전, 정보통신망, 스마트폰 등을 동 조항의 출판물 등에 포함시켜 해석하는 것은 불가피하다. 동 조항은 고도의 전파가능성을 속성으로 하는 매개체를 통한 범죄행위의 처벌을 목적으로 하기 때문이다. 그러나 이러한 확장해석도 문언상 가능한 의미를 벗어나서는 안 된다.

둘째, 그와 같은 법의 해석을 통한 법발견 또는 법형성이 필요하다고 하더라도 본질적으로 형법의 보장적 기능을 훼손해서는 안 되며, 이를 통해 구성요건을 생성하거나 형벌을 가중하는 새로운 법규범의 창설은 허용될 수 없다. 예컨대 형법 제347조 사기죄의 객체는 재물 또는 재산상의 이익이지만 제347조의2 컴퓨터등사용사기죄의 객체는 재산상의 이익으로 한정된다. 이 때 양자가 허위의 사실을 전달함으로써 타인으로부터 재산을 취득한다는 점에서 입법취지와 규범목적이 공통된다고 하여 컴퓨터등사용사기죄의 객체에 해당하지 않는 재물을 사기죄의 객체로부터 유추하여 해석함으로써, 재물을 취득한 자까지도 동 범죄가 성립한다고 해석한다면 유추해석이다. 이러한 해석은 컴퓨터등사용사기를 통한 이득죄 이외에 존재하지 않는 재물죄를 새로이 창설하는 결과를 초래한다.

그와 같은 유추해석은 법 해석의 영역을 넘어서는 입법의 결과를 초래하므로 입법과 사법이 엄격히 분리되는 삼권분립의 원칙에도 반하며, 결과적으로 법관의 자의적 해석을 통해 존재하지 않는 법을 적용하는 결과 죄형법정주의에도 반하게 된다. 다만, 행위자에게 유리한 유추해석은 죄형법정주의의 본질에 부합하므로 허용된다. 예컨대 위법성조각사유에 대한 확장적 유추는 결과적으로 범죄성립의 범위를 축소시키기 때문에 행위자에게 유리한 해석으로서 가능하다고 봄이 통설이다.

판 례

1. 유추해석금지 원칙에 반하는 경우

항공안전법 제90조 제2항 상 "항로"를 통상의 의미와 달리 지상에서의 이동 경로까지 포함하는 뜻으로 사용하는 경우(대판 2017. 12. 21, 2015도8335. 따라서 소위 땅콩회항사건이라고 불리는 동 사건 상 지상이동로는 항로에 포함되지 않는다), 성폭력처벌법 제14조 제2항 및 제3항의 촬영물은 "다른 사람"을 촬영대상자로 하여 그 신체를 촬영한 촬영물을 뜻하는 것임이 문언상 명백함에도 자의에 의해 스스로 자신의 신체를 촬영한 촬영물까지 위 조항 소정의 촬영물에 포함시키는 경우(대판 2018. 3. 15, 2017도21656; 대판 2015. 12. 24, 2015도16953), 성폭력처벌법 제9조 제1항의 죄의 주체는 "제6조의 죄를 범한 자"로 한정되는데 같은 법 제6조 제1항의 미수범까지 여기에 포함시키는 경우(대판 1995. 4. 7, 95도94; 대판 1998. 9. 18, 98도2171), 공직선거법 제262조의 "자수"를 '범행발각 전에 자수'한 경우로 풀이하는 경우(대판 1997. 3. 20, 96도1167 전원합의체 판결), 아동복지법 제18조 제5호 "아동에게 음행을 시키는" 행위에 행위자 자신이 직접 그 아동의 음행의 상대방이 되는 것까지를 포함시키는 경우(대판 2000. 4. 25, 2000도223), 형법 제229조의 공정증서원본에 공정증서의 정본을 포함시키는 경우(대판 2002. 3. 26, 2002도6503), 공직선거및선거부정방지법의 제18조 제3항을 농업협동조합 임원의 선거범 재판절차에 적용하는 경우(대판 2004. 4. 9, 2003도606), 성폭력특별법 제13조에 통신매체를 이용하지 아니한 채 '직접' 상대방에게 말, 글, 물건 등을 도달하게 하는 행위까지 포함시키는 경우(대판 2016. 3. 10, 2015도17847), 동물보호법 시행규칙 제36조 제2호에 규정한 소비자에 영업을 하는 동물판매업자를 포함시킨 경우(대판 2016. 11. 24, 2015도18765), 대통령기록물법 제30조 제2항 제1호, 제14조에 의해 유출이 금지되는 대통령기록물에 원본 문서나 전자파일 이외에 그 사본이나 추가 출력물까지 포함된다고 해석하는 경우(대판 2021. 1. 14, 2016도7104), 군형법 제92조의6의 '항문성교나 그 밖의 추행'에 사적 공간에서 휴일 또는 근무시간 이후에 자유로운 의사를 기초로 한 합의에 따라 행한 행위를 포함시키는 경우(대판 2022. 4. 21, 2019도3047 전원합의체 판결), 통신비밀보호법 제3조 제1항의 '청취'는 타인 간의 대화가 이루어지고 있는 상황에서 실시간으로 그 대화의 내용을 엿듣는 행위를 의미하므로, 대화가 이미 종료된 상태에서 그 대화의 녹음물을 재생하여 듣는 행위가 포함된다고 해석하는 경우(대판 2024. 2. 29, 2023도8603) 등.

2. 유추해석금지 원칙에 반하지 않는 경우

위치추적전자장치 부착에 있어서 과거에 소년보호처분을 받은 사실을 성폭력범죄를 2회 이상 범한 경우에 해당하지 않는다고 본 경우(대판 2012. 3. 22, 2011도

15057), 형법 제170조 제2항의 '자기의 소유에 속하는 제166조 또는 제167조에 기재한 물건'을 '자기의 소유에 속하는 제166조에 기재한 물건 또는 자기의 소유에 속하든 타인의 소유에 속하든 불문하고 제167조에 기재한 물건'으로 해석한 경우(대판 1994. 12. 20, 94모32), 후보자의 배우자와 선거사무원 사이의 현금 수수를 공직선거법 제112조 제1항 소정의 '기부행위'에 해당한다고 본 경우(대판 2002. 2. 21, 2001도2819), 정보통신망 이용촉진 및 정보보호 등에 관한 법률 제49조 및 제62조 제6호의 "타인"에 생존하는 개인뿐만 아니라 이미 사망한 자도 포함시킨 경우(대판 2007. 6. 14, 2007도2162), 형법 제232조의2 사전자기록등위작죄에서 '위작'의 개념에 권한 있는 사람이 그 권한을 남용하여 허위의 정보를 입력함으로써 시스템 설치·운영 주체의 의사에 반하는 전자기록을 생성하는 행위(무형위조)를 포함시키는 경우(대판 2020. 8. 27, 2019도11294 전원합의체 판결) 등.

4. 소급효금지의 원칙

(1) 의의 및 종류

형법이 의사결정규범인 이유는 행위자가 행위를 선택하는 시점에서, 준거법으로서 범죄행위로 인한 이익과 형벌의 불이익을 비교형량할 수 있는 기준이 되기 때문이다. 따라서 행위자는 행위시점에 존재하는 규범에 자신의 행위선택을 의존해야 한다. 그 결과 비록 행위 이후에 법률이 변경된다 하더라도 행위자에게 비난을 하기 위해서는 행위자가 준거법으로 삼았던 법을 적용하여야 하고, 이 때문에 헌법 제13조 제1항이 "모든 국민은 행위시의 법률에 의하여 범죄를 구성하지 아니하는 행위로 소추되지 아니하며"라든가 형법 제1조가 "범죄의 성립과 처벌은 행위시의 법률에 의한다."라고 하여 행위시법주의를 규정하고 있다. 행위시법주의는 행위 이후 변경된 법을 행위시점으로 거슬러 역으로 적용할 것을 부정하므로 소급효금지의 원칙과 동의어이며 추급효를 인정한다는 의미로 해석된다.

따라서 소급효금지의 원칙이란 형법의 효력을 그 형법이 시행되기 이전의 행위에 소급하여 적용시켜서는 안 된다는 원칙을 말한다. 만일 소급효에 의한 처벌이 인정된다면 법적 안정성이 침해됨은 물론 개인의 자유와 인권보장이 위태롭게 될 것이다. 행위시법주의 또는 소급효금지의 원칙은 대륙법계에만 한정되는 것이 아니고, 영미법계에서도 형사사후법 금지원칙이 확립되어 있다. 소급효

금지의 원칙은 입법자에게는 소급입법을 못하게 하고 재판관에게는 후일 공포된 법을 이전의 행위에 적용하지 못하도록 한다. 소급효금지의 원칙은 행위자에게 불이익으로 되는 사후법의 소급을 금지하는 것이지, 행위자에게 유리한 경우까지 그 소급효를 배제하는 것은 아니다. 우리 형법도 제2항 및 제3항에서 행위자에게 유리한 소급효를 인정하고 있다.

소급효는 진정소급효와 부진정소급효로 구분된다. 이미 과거에 완성된 사실관계 또는 법률관계를 규율대상으로 하여 사후에 그 전과 다른 법적 효과를 생기게 하는 것을 진정소급효라 하고, 이미 과거에 개시되었지만 아직 완결되지 않고 진행과정에 있는 사실관계 또는 법률관계와 그 법적 효과에 장래적으로 개입하여 법적 지위를 사후에 침해하는 것을 부진정소급효라 한다. 부진정소급효는 원칙적으로 허용되지만, 소급효를 요하는 공익과 개인의 신뢰보호 사이의 비교형량과정에서 개인의 법적 안정성 또는 신뢰보호의 관점이 제한을 가할 수는 있다. 반면 진정소급효는 기존의 법에 의하여 형성되어 이미 굳어진 개인의 법적 지위를 사후입법을 통하여 박탈하는 것이므로 개인의 신뢰보호와 법적 안정성을 내용으로 하는 법치국가원리에 의하여 원칙적으로 허용되지 않는다. 다만 소급입법이 예상되는 객관적 정황이 존재하거나, 공익과 개인의 신뢰보호를 비교형량하여 전자가 매우 큰 경우, 개인의 신뢰보호의 이익이 적은 경우 또는 소급입법에 의한 개인의 손실이 없거나 경미한 경우 등에는 진정소급효를 인정할 수 있다.[1]

판 례

헌정질서파괴범죄에 대한 형소법상의 공소시효의 적용을 배제하는 「헌정질서파괴범죄의 공소시효 등에 관한 법률」 제2조 및 헌정질서파괴범죄에 대하여 공소시효의 진행정지를 규정한 「5 · 18민주화운동 등에 관한 특별법」 제2조에 대한 위헌심판에서, 헌법재판소는 "이들 법률제정 당시 공소시효가 완성되지 아니한 부진정소급효는 물론 이미 공소시효가 완성된 진정소급효의 경우에도 소급효금지의 원칙에 반하지 않는다."는 이유로 합헌결정을 하였다.[2]

---

1) 헌재결 1999. 7. 22, 97헌바76; 헌재결 1997. 6. 26, 96헌바94; 대판 1997. 4. 17, 96도3376.
2) 헌재결 1996. 2. 16, 96헌가2, 96헌바7, 96헌바13 병합.

(2) 보안처분에의 적용 여부

보안처분은 장래 재범의 위험성 평가를 기준으로 부과되기 때문에, 과거의 범죄행위가 아닌 판단시점에서의 행위자적 요소를 대상으로 한다. 따라서 보안처분은 범죄행위에 적용되는 소급효금지원칙의 대상이 아니라고 봄이 판례 및 소수설의 입장이다. 즉, 보안처분이란 과거의 불법에 대한 책임에 기초하고 있는 제재가 아니라 장래의 위험성으로부터 행위자를 보호하고 사회를 방위하기 위한 합목적적인 조치이므로 재판시의 규정에 의하여도 명할 수 있다고 본다.[1] 판례는 성폭력범죄자 신상정보 공개명령[2] 및 전자장치 부착[3]과 부착명령기간 연장[4]이 개정법에 의하여 규정되었더라도 소급하여 이를 적용할 수 있다고 본다. 그러나 다수설은 보안처분도 형사제재이며 그 자유제한의 정도는 형벌 못지 않다는 점에서 형벌과 마찬가지로 소급효금지원칙이 적용되어야 한다고 본다.

생각건대, 보안처분과 형벌 부과의 판단대상은 일치하지 않는다. 보안처분은 범죄위험성의 장래 발생할 가능성 대한 현재시점의 판단이며 형벌은 과거 행위에 대한 과거 규범에 의한 불법성 평가이다. 또한 형벌은 의사결정규범으로서 기능을 하지만 보안처분은 그렇지 않다. 더욱이 보안처분의 부과는 행정법과 마찬가지로 합목적성에, 형벌은 배분적 정의에 기인한다는 점에서도 차이가 있다. 이와 같이 양자는 그 기능 및 적용원리를 달리 한다. 그 결과 형벌과 보안처분의 적용이 언제나 같은 원리에 따라 부과될 수는 없지만, 그것이 국민의 자유박탈적인 기본권 제한의 영역에 존재하는 경우에는 기본권에 대한 중대한 침해라는 점에서 동일하다. 즉, 보안처분의 종류에 따라 소급효금지원칙은 달리 적용된다고 보아야 할 것이다. 전자장치부착이나 수강명령, 신상공개 등과 같은 자유에 대한 소극적 제한을 수반하는 보안처분은 기본권 침해의 정도가 형벌보다 경미하므로 소급효(재판시법)를 인정할 수 있다. 이와 달리 사회봉사명령, 치료감호 등과 같이 신체적인 자유를 박탈하는 효과를 수반하는 보안처분은 결과적으로 형벌과 동일한 결과를 초래하므로 소급효금지원칙을 적용하여야 한다.

---

1) 대판 1997. 6. 13, 97도703; 신동운, 43면.
2) 대판 2011. 3. 24, 2010도14393, 2010전도120.
3) 헌재결 2012. 12. 27, 2010헌가82.
4) 대판 2010. 12. 23, 2010도11996, 2010전도86.

판 례

디엔에이신원확인정보의 수집·이용은 수형인 등에게 심리적 압박으로 인한 범죄예방효과를 가진다는 점에서 보안처분의 성격을 지니지만, 처벌적인 효과가 없는 비형벌적 보안처분으로서 소급입법금지원칙이 적용되지 않는다. 따라서 법률의 소급적용으로 인한 공익적 목적이 당사자의 손실보다 더 크므로, 이 사건 부칙조항이 법률 시행 당시 디엔에이감식시료 채취 대상범죄로 실형이 확정되어 수용 중인 사람들까지 이 사건 법률을 적용해도 소급입법금지원칙에 반하지 않는다고 보았다.[1) 반면 가정폭력범죄처벌 등에 관한 특례법상 사회봉사명령에 관하여는 형사처벌 대신 부과되는 것이지만 실질적으로는 신체적 자유를 제한하게 되므로 소급효금지의 원칙이 적용되어야 한다고 본다.[2)

(3) 형사소송법에의 적용 여부

소급효금지의 원칙은 실체법상의 가벌성과 형사제재에 관련된 원칙이므로 절차법인 형사소송법에는 적용되지 않는다.[3) 그러나 소송법 규정이 언제나 절차적인 효력만을 가지는 것은 아니고 실체법 적용과 직접적으로 연관성을 가지는 경우가 있다. 예컨대 친고죄, 공소시효와 같은 소추조건은 비록 공소제기라는 소송절차와 관련한 규정이지만 가벌성과 직접적 관련성이 있어서 그와 같은 요건을 구비하지 못할 경우에는 형벌부과가 불가능하기 때문이다.

우선 친고죄의 비친고죄화에 대하여는 형법 부칙에 의하여 해결한 사례가 있다. 2012년 12월 19일 형법상 성범죄들은 개정을 통해 모두 비친고죄로 변경되었지만, 동시에 부칙 제2조를 통해서 개정 이후에 범한 행위부터 적용하도록 시행경과규정을 둠으로써 이를 입법적으로 해결하였다. 그러나 만일 이와 같은 경과규정을 두지 않는 경우에는 여전히 소급입법의 여지가 남게 된다. 이에 대하여 소급효 긍정설은 동 원칙은 실체법상의 원리이므로 절차법인 형사소송법에는 적용되지 않는다고 보지만,[4) 소급효 부정설은 헌법 제12조 제1항은 실체법

1) 헌재결 2015. 8. 28, 2011헌마28 등.
2) 대판 2008. 7. 24, 2008어4.
3) 헌재결 1996. 2. 16, 96헌가2, 96헌마7, 96헌바13.
4) 김성천/김형준, 35면; 김일수/서보학, 62면; 김혜정 외, 26면; 배종대, 61면; 신동운, 43면; 임웅, 28면; 정영일, 47면; 최호진, 45면. 한편 배종대, 61-62면은 양형기준의 변경도 소급효 금지원칙이 적용되지 않는다고 보는데, 이는 법률이 아니므로 소급효 인정여부와 직접 관련이 없다는 점에서 타당하다.

과 절차법을 구분하지 않으며 일반인의 관점에서는 일정한 행위가 처벌되는가가 중요할 뿐 그것이 실체법적 사유인지 절차법적 사유인지에 의미가 있는 것이 아니기 때문이라고 한다.[1)]

생각건대 소급효 인정 여부는 당해 법률이 행위자에게 의사결정규범으로서 역할을 하는가, 즉 범죄성립 여부에 영향을 미치는가를 기준으로 하여야 할 것이다. 죄형법정주의는 합리적이고 이성적인 일반인에게 행위준거로서의 법률에 대한 신뢰보장 및 그로 인한 법적 안정성을 근간으로 하기 때문이다. 따라서 순수하게 형사절차에 관하여만 규율하여 행위자의 의사결정규범으로서의 역할을 하지 않는 소송법에는 소급효를 금지할 필요가 없다. 그러나 공소시효나 소추조건과 같은 가벌성의 실체법적 전제조건은 비록 절차법적 성격을 가진다고 하더라도 소급효를 금지하거나 최소한 법적 안정성을 심히 해하는 진정소급효는 인정되어서는 안 될 것이다.

판례는 5·18민주화운동 등에 관한 특별법상 공소시효폐지가 진정소급입법에 해당한다고 하더라도 해당 범죄가 매우 특정적이고, 이를 심판대상으로 하였던 헌법재판소가 정의회복을 위한 중대한 이익을 근거로 합헌 결정하였다는 점을 이유로 진정소급효를 인정하였다.[2)] 당해 사안은 대상의 특정성 및 심히 중대한 공익에 근거한 예외적인 판결로 보아야 할 것이지, 이를 근거로 법원이 공소시효와 같은 가벌성의 전제조건에 대한 진정 소급효를 모두 허용한 것으로 해석함은 지양하여야 한다.

판 례

아동학대처벌법은 제34조 제1항의 소급적용에 관하여 명시적인 경과규정을 두고 있지는 않다. 그러나 이 규정의 문언과 취지, 아동학대처벌법의 입법 목적, 공소시효를 정지하는 특례조항의 신설·소급에 관한 법리에 비추어 보면, 이 규정은 완성되지 않은 공소시효의 진행을 일정한 요건에서 장래를 향하여 정지시키는 것으로서, 그 시행일인 2014. 9. 29. 당시 범죄행위가 종료되었으나 아직 공소시효가

1) 이와 같은 설명은 천진호, 57면. 원칙적인 소급효부정설의 입장은 오영근, 34면.
2) 대판 1997. 4. 17, 96도3376. 근거가 된 헌법재판소 결정은 헌재결 1996. 2. 16, 96헌가2, 96헌가7, 96헌바13.

완성되지 않은 아동학대범죄에 대해서도 적용함이 판례의 입장이다.[1] 공소시효에 대한 부진정소급효는 법률부칙에 규정함이 일반적이나, 판례는 비록 법률에 규정이 없다고 하더라도 해석상 부진정소급효를 인정할 수 있다고 본다. 그러나 공소시효 자체는 법적 안정성을 해하므로 진정소급효뿐만 아니라 부진정소급효도 법률규정을 통하여 인정하여야 할 것이다. 이는 명확성의 원칙에도 반할 우려가 있다.

(4) 판례 변경에의 적용 여부

판례가 법원(법의 원천 또는 존재형식)이 되는가와 관계없이, 법원의 판단은 존재하는 법에 대한 유권해석을 통해 법규범의 적용 여부에 관한 사실상의 구속력을 가지게 된다. 예컨대 행위자의 범죄행위시의 법원의 유권해석으로는 당해 사실관계가 구성요건에 해당하지 않지만, 행위후 법원이 해석태도를 달리하여 처벌할 수 있다고 판례를 변경한 경우, 이와 같이 변경된 판례를 변경 이전의 사실관계에 적용할 수 있는가의 문제가 제기된다.

판례 변경에 대한 소급효부정설은 행위자에게 불이익하게 변경된 판례를 소급하여 적용한다면 일반국민의 신뢰에 반하게 되고 결과적으로 불리한 사후입법에 의한 소급처벌과 다르지 아니하므로, 변경된 판례는 장래의 사건에만 적용하여야 한다고 본다.[2] 반대로 판례는 법원이 아니며, 입법부에 의한 법률의 변경에 대해서만 죄형법정주의가 적용된다는 점에서 소급효 긍정설을 취한다.[3]

소급효금지의 원칙은 죄형법정주의의 표현이다. 이는 법률에 대한 국민의 신뢰와 법적 안정성을 보호함과 동시에 행위자에게 의사결정규범으로서의 기능을 보장하기 위함이다. 따라서 판례의 변경이 법관의 법발견 활동인가 법창조 활동인가라는 법해석의 문제와는 분리하여, 소급효금지 원칙의 본질과 기능적 측면을 고려하여야 한다. 행위자가 행위 당시 법률 외에 판례에 대한 신뢰를 가지는 것이 보편적인가, 판례가 행위자에게 의사결정규범으로서 기능할 것인가를 고려

1) 대판 2021. 2. 25. 2020도3694.
2) 배종대, 65면; 신동운, 48면; 정영일, 51면. 제한적으로 인정하는 견해로는 김성돈, §2/96; 김일수/서보학, 46면; 이정원, 34면; 천진호, 65면. 제한적이라 함은, 판례의 변경이 단순한 법발견활동이 아닌 법창조 활동이어서 판례를 통해 법적 견해를 변경시킨 경우에는 행위자의 법적 안정성 또는 신뢰보호의 차원에서 소급효를 부정하여야 한다는 의미이다.
3) 김혜정 외, 28면; 박상기, 21면; 오영근, 35면; 이재상 외, 23면. 한편 임웅, 30면은 이와 같은 학설의 논의 자체에 대하여 비판을 제기한다.

한다면 원칙적으로 소급효를 부정할 이유가 없다. 또한 당해 행위자의 행위에 대한 판결은 언제나 사후에 결정되어지는 법원의 법해석에 해당하므로 판례의 소급효를 부정하게 되면 행위자에 대한 판결을 당해 행위에 적용할 수 없는 모순이 발생한다. 따라서 판례변경에 대하여는 소급효를 인정함이 타당하다.

(5) 처벌규정의 대상에의 적용여부

특정 행위의 위반횟수가 처벌대상인 경우, 해당 처벌규정이 제정 되기 전의 위반을 위반횟수를 산정하는 데 산입하는 것이 소급효금지에 위반되는가 여부이다. 예컨대, 도로교통법은 음주운전을 금지하고 있는데, 법을 개정하여 음주운전위반죄 이외에 추가로 음주운전위반 2회 이상인 자에 대하여 처벌하는 규정(제148조의2 제1항)을 신설하면서 동법이 개정되기 이전의 음주운전도 횟수를 정함에 산입하는 경우이다. 이에 대하여 판례는 과거의 위반전과를 포함시켜도 형벌불소급의 원칙이나 일사부재리원칙에 반하지 않는다고 본다.[1] 그러나 음주운전 그 자체는 구법으로도 처벌대상이었고, 신법에 의하여 새로이 해당행위를 처벌대상으로 삼는 것은 아니더라도, 2회 이상의 가중처벌규정의 신설은 구성요건의 신설에 해당하므로 피고인에게 불리한 소급해석은 타당하지 않다.

V. 헌법상 비례의 원칙(과잉금지의 원칙)

1. 헌법의 일반원리로서 비례의 원칙

우리 헌법질서는 인간으로서의 존엄과 가치를 보장하기 위하여 자유로운 인격발현을 최고가치 중의 하나로 삼는다. 따라서 형법의 개입은 최후에 최소한으로 이루어져야 하고, 형사처벌이 정당화되기 위해서는 처벌의 필요성과 개인의 기본권간의 비교형량을 통해서 처벌의 필요성이라는 공익이 우선되어야 한다. 이는 헌법상 비례의 원칙의 요청으로, 비례의 원칙은 추상적 규범통제작용을 하는 헌법상의 원칙으로서 형법을 비롯한 법률들은 마땅히 헌법상의 비례의 원칙을 준수하여야 한다. 따라서 우리 헌법재판소도 법률의 위헌여부를 심사할 때 비례의 원칙을 기준으로 한다. 동 원칙은 과잉금지원칙과 동의어로, 구체적으로

---

1) 대판 2020. 8. 20, 2020도7154; 대판 2012. 11. 29, 2012도10269.

는 목적의 정당성, 방법의 적정성, 피해의 최소성 및 법익의 균형성을 기준으로 하여 개별 법률들이 헌법의 테두리 내에 있는지 여부를 심사한다.[1)]

또한 헌법상 비례의 원칙은 보호법익과 죄질이 서로 다른 둘 또는 그 이상의 범죄를 동일선상에 놓고 그 중 어느 한 범죄의 법정형을 기준으로 하여 단순한 평면적인 비교로써 다른 범죄의 법정형의 과중 여부를 판정해서는 안되고 형벌 체계상 균형을 잃었다고 할 정도인지 여부를 고려한다.[2)] 즉, 비례의 원칙이란 형법의 체계정당성을 소극적으로 심사하는 작용을 한다.

이와 같이 비례의 원칙은 헌법상의 원칙이므로, 형법이 이를 존중하여야 함은 형법상의 대원칙이라기 보다는 법치국가에 있어서 입법과 해석의 기본원리이다.

2. 비례의 원칙이라는 법치국가이념과 실질적 죄형법정주의

죄형법정주의를 순전히 형식적으로 이해하여 법률만 있으면 범죄도 형벌도 있는 것이므로 얼마든지 법률을 통하여 범죄와 형벌을 창출할 수 있다고 생각하는 것은 죄형법정주의의 참된 뜻을 왜곡하는 일이며 형사사법과잉금지 내지는 형법의 겸억성(謙抑性) 등에도 반한다. 이 때문에 실질적 죄형법정주의라는 이름 하에 “불법이 없으면 형벌도 없다.”라거나 “범죄와 형벌 사이에는 비례하여야 한다.” 또는 “책임 없으면 형벌도 없다.” 등의 명제가 주장된다. 법률이 없으면 범죄도 형벌도 없다는 형식적 의미에서 나아가 불법성에 비례하는 형벌을 요

---

1) 예컨대 헌재결 2021. 2. 25, 2017헌마1113 등 형법 제307조 제1항 사실적시 명예훼손죄의 위헌확인사건에서 헌법재판소는

1. 목적의 정당성: 오늘날 사실적시의 매체가 매우 다양해짐에 따라 명예훼손적 표현의 전파속도, 파급효과, 회복의 어려움 등을 고려하면 표현행위를 제한해야할 필요성은 더욱 커진다. 동 조항은 타인의 명예를 훼손하는 행위를 금지함으로써 개인의 명예, 즉 인격권을 보호하기 위한 것이므로 입법목적의 정당성이 인정된다.
2. 수단의 적합성: 형사처벌하는 것은 그러한 명예훼손적 표현행위에 대해 상당한 억지효과를 가질 것이므로 수단의 적합성도 인정된다.
3. 피해의 최소성: 입법목적을 동일하게 달성하면서도 덜 침해적인 대체수단이 존재하지 않는 점, 형법 제310조의 위법성 조각사유와 그에 대한 헌법재판소와 대법원의 해석·적용을 통해 표현의 자유제한이 최소화되고 있는 사정, 심판대상조항에 대해 일부위헌을 할 경우 그 ‘사생활의 비밀에 해당하는 사실’의 모호성으로 인해 새로운 위축효과가 발생할 가능성 등을 종합적으로 고려하면, 피해의 최소성도 인정된다.
4. 법익의 균형성: 진실이라는 이유만으로 명예훼손적 표현이 무분별하게 허용된다면 개인의 명예와 인격은 제대로 보호받기 어렵고, 심판대상조항이 개인의 명예를 보호하기 위해 표현의 자유를 지나치게 제한함으로써 법익균형성을 상실하였다고 보기 어렵다.

2) 헌재결 2007. 3. 29, 2003헌바15 등.

구하는 현대적 의미의 실질적 죄형법정주의를 적정성의 원칙이라고도 하는데, 이는 실질적 법치국가 이념을 구현하는 원리로서 기능한다.

자유민주주의 국가에서 형법의 제1차적 목적은 다양성과 관용성의 존중을 통한 최소한의 공동체가치와 질서유지에 있다. 물론 어떤 범죄를 어떻게 처벌할 것인가는 국민의 대의기관인 입법권자의 광범위한 입법재량 내지 형성의 자유가 인정되어야 한다.[1] 그러나 그것은 무제한한 허용될 수 없으며 형벌의 위협으로부터 인간의 존엄과 가치를 존중하고 보호하여야 한다는 헌법 제10조의 요구에 따라야 한다. 따라서 형법은 최후수단으로서 기능하여야 하는데, 이러한 보충성의 원칙은 기본권 제한은 법률로써 필요한 최소한에 그쳐야 한다는 헌법 제37조 제2항의 이념을 형법에 반영한 것으로, 형사입법에 있어서 범죄의 실태와 죄질의 경중, 이에 대한 행위자의 책임, 처벌규정의 보호법익 및 형벌의 범죄예방효과 등 전체 형벌체계에서 고려하여야 할 주요한 원리로 작용한다.

판 례

1. 비례의 원칙 적용례

양심적 병역거부는 종교적·윤리적·도덕적·철학적 또는 이와 유사한 동기에서 형성된 양심상 결정을 이유로 집총이나 군사훈련을 수반하는 병역의무의 이행을 거부하는 행위로, 양심을 포기하지 않고서는 집총이나 군사훈련을 수반하는 병역의무를 이행할 수 없고 병역의무의 이행이 자신의 인격적 존재가치를 스스로 파멸시키는 것이기 때문에 병역의무의 이행을 거부하는 것이다. 따라서 양심적 병역거부의 허용 여부는 헌법상 국방의 의무와 양심의 자유라는 규범사이의 충돌의 문제가 되는바, 이에 대하여 형사처벌을 함은 헌법상 기본권보장체계와 전체 법질서에 비추어 타당하지 않으며 소수자에 대한 관용과 포용이라는 자유민주주의 정신에 위배된다.[2] 즉, 형법의 최후수단성을 고려할 때 선택가능성이 없는 양심적 병역거부자에 대한 형사처벌은 헌법에 반한다는 의미로, 대체복무제라는 대안이 있음에도 불구하고 군사훈련을 수반하는 병역의무만을 규정한 것은 비례의 원칙 중

---

1) 헌재결 2006. 6. 29, 2006헌가7; 헌재결 2006. 4. 27, 2006헌가5. 어떤 범죄를 어떻게 처벌할 것인가 하는 문제 즉 법정형의 종류와 범위의 선택은 그 범죄의 죄질과 보호법익에 대한 고려뿐만 아니라 우리의 역사와 문화, 입법 당시의 시대적 상황, 국민일반의 가치관 내지 법감정 그리고 범죄예방을 위한 형사정책적 측면 등 여러 가지 요소를 종합적으로 고려하여 입법자가 결정할 사항으로서 광범위한 입법재량 내지 형성의 자유가 인정되어야 할 분야이다.

2) 대판 2018. 11. 1, 2016도10912 전원합의체 판결.

침해의 최소성 원칙에 반한다.[1)]

한편 개인의 사익과 공공체의 공익과의 비례성을 판단한 경우도 있다. 자기낙태죄 조항은 모자보건법에서 정한 사유에 해당하지 않는다면 결정가능기간 중에 다양하고 광범위한 사회적·경제적 사유를 이유로 낙태갈등 상황을 겪고 있는 경우까지도 예외 없이 전면적·일률적으로 임신의 유지 및 출산을 강제하고, 이를 위반한 경우 형사처벌하고 있다. 따라서, 자기낙태죄 조항은 입법목적을 달성하기 위하여 필요한 최소한의 정도를 넘어 임신한 여성의 자기결정권을 제한하고 있어 침해의 최소성을 갖추지 못하였고, 태아의 생명 보호라는 공익에 대하여만 일방적이고 절대적인 우위를 부여함으로써 법익균형성의 원칙도 위반하였으므로, 과잉금지원칙을 위반하여 임신한 여성의 자기결정권을 침해한다.[2)]

2. (헌법재판소) 비례의 원칙에 반하는 경우

야간에 흉기 기타 위험한 물건을 휴대하여 형법 제283조 제1항(협박)의 죄를 범한 자를 5년 이상의 유기징역에 처하도록 규정한 폭력행위등처벌에관한법률 제3조 제2항 부분(헌재결 2004. 12. 16, 2003헌가12), 상관을 살해한 경우 사형만을 유일한 법정형으로 규정한 군형법 제53조 제1항(헌재결 2007. 11. 29, 2006헌가13), 개인이 고용한 종업원 등의 일정한 범죄행위 사실이 인정되면 종업원 등의 범죄행위에 대한 영업주의 가담 여부나 종업원 등의 행위를 감독할 주의의무의 위반 여부 등을 전혀 묻지 않고 곧바로 영업주인 개인을 종업원 등과 같이 처벌하도록 규정하고 있는 구 약사법 제78조 부분 등(헌재결 2010. 9. 30, 2009헌가23등), 과실로 사람을 치상하게 한 자가 구호행위를 하지 아니하고 도주하거나 고의로 유기함으로써 치사의 결과에 이르게 한 경우에 살인죄와 비교하여 그 법정형을 더 무겁게 한 것(헌재결 1992. 4. 28, 90헌바24), 형법 제269조 제1항(및 제270조 제1항의 의사에 관한 부분도 포함)의 자기낙태죄 조항은 입법목적을 달성하기 위하여 필요한 최소한의 정도를 넘어 임신한 여성의 자기결정권을 제한하고 있어 침해의 최소성을 갖추지 못하였고, 태아의 생명 보호라는 공익에 대하여만 일방적이고 절대적인 우위를 부여함으로써 법익균형성의 원칙도 위반하였으므로, 과잉금지원칙을 위반하여 임신한 여성의 자기결정권을 침해한다고 본 사례(헌재결 2019. 4. 11, 2017헌바127) 등.

3. (헌법재판소) 비례의 원칙에 반하지 않는 경우

뇌물죄를 범한 사람에게 수뢰액의 2배 이상 5배 이하의 벌금을 필요적으로 병

---

1) 헌재결 2018. 6. 28, 2011헌바379 등 헌법불합치 결정.
2) 헌재결 2019. 4. 11, 2017헌바127 헌법불합치 결정(헌법재판소는 2020. 12. 31.까지 형법상 자기낙태죄, 업무상 동의낙태죄 조항의 입법개선을 요청하였으나 형법이 해당 일자까지 개정되지 않아서, 현재 해당 규정들은 효력이 없다).

과하도록 한 특정범죄가중법 제2조 제2항 중 형법 제129조 제1항에 관한 부분(헌재결 2017. 7. 27, 2015헌바301), 강도상해죄의 법정형의 하한을 살인죄의 그것보다 높였다고 해서 바로 합리성과 비례성의 원칙을 위배하였다고는 볼 수 없다고 한 경우(헌재결 1997. 8. 21, 93헌바60) 등.

심 화 법의 해석

죄형법정주의는 국가형벌권의 자의적인 행사로부터 개인의 자유와 권리를 보호하기 위하여 범죄와 형벌을 법률로 정할 것을 요구한다. 그러한 취지에 비추어 보면 형벌법규의 해석은 엄격하여야 하고, 문언의 가능한 의미를 벗어나 피고인에게 불리한 방향으로 해석하는 것은 죄형법정주의에 따라 허용되지 아니한다. 법률을 해석할 때 입법 취지와 목적, 제·개정 연혁, 법질서 전체와의 조화, 다른 법령과의 관계 등을 고려하는 체계적·논리적 해석 방법을 사용할 수 있으나, 문언 자체가 비교적 명확한 개념으로 구성되어 있다면 원칙적으로 이러한 해석 방법은 활용할 필요가 없거나 제한될 수밖에 없다. 죄형법정주의 원칙이 적용되는 형벌법규의 해석에서는 더욱 그러하다.[1] 대법원도 형법 해석에 대한 기준을 제시하고 있다. 즉, 형벌법규는 문언에 따라 엄격하게 해석·적용하여야 하고 피고인에게 불리한 방향으로 지나치게 확장해석하거나 유추해석하여서는 안 된다. 그러나 형벌법규를 해석할 때에도 가능한 문언의 의미 내에서 해당 규정의 입법 취지와 목적 등을 고려한 법률체계적 연관성에 따라 그 문언의 논리적 의미를 분명히 밝히는 체계적·논리적 해석 방법은 그 규정의 본질적 내용에 가장 접근한 해석을 하기 위한 것으로 죄형법정주의의 원칙에 부합한다고 본다.[2] 이와 같은 형벌법규의 해석에 관하여는 4가지 방법론과 문리해석과 논리해석으로 구분하는 법 일반의 해석방법론이 있다.

우선, 4가지 방법론은 문리적 해석, 체계적 해석, 역사적 해석, 목적론적 해석으로 구분한다. 문리적 해석이란 법률이 규정하는 언어의 의미에 따라서 해석하는 방법이다. 모든 해석의 출발은 법문이기 때문에 언어학 및 문법적 의미를 준수하여 해석하여야 한다. 체계적 해석이란 법문이 위치하는 체계의 의미를 존중하는 해석방법으로, 법률 역시 통일된 체계로 구성되기 때문에 그와 같은 법률에서 해당 법조문이 가지는 의미를 해석할 것을 요구한다. 판례는 체계적 해석을 "문언이

1) 대판 2017. 12. 21, 2015도8335 전원합의체 판결.
2) 대판 2017. 12. 7. 선고 2017도10122; 대판 2007. 6. 14, 2007도2162.

가지는 가능한 의미의 범위 안에서 규정의 입법취지와 목적 등을 고려하여 문언의 논리적 의미를 밝히는" 것으로 죄형법정주의 원칙에 어긋나지 않는다고 본다.[1)]

역사적 해석이란 주관적 해석방법으로 입법자의 입법의도를 고려하여 해석하는 방법이다. 입법자는 입법 당시 당해 법조문으로 달성하고자 하는 목적이 있었고, 그것이 해석의 기준이 될 것을 요구한다. 목적론적 해석은 객관적 해석방법으로 법규범의 객관적 의미에 따라 해석하는 방법이다. 즉, 법규범이 실제로 추구하는 목적을 고려함으로써 사회 및 가치관의 동적 변화를 반영하여 해석할 것을 요구한다.

다음으로 문리해석과 논리해석을 구분하는 방법론은 다시 논리해석을 확장해석, 축소해석, 반대해석, 물론해석, 연혁해석, 보충해석, 유추해석 등으로 세분한다. 문리해석이라 함은 법규의 자구, 문언 등을 언어학적 · 문법적으로 해석하는 방법으로, 문언적 해석이라고도 한다. 현실적인 생활을 규율하는 법해석에 있어서 문언의 의미는 입법시가 아닌 적용시를 기준으로 하여야 할 것이다. 논리해석이란 법 전체의 체계적 논리성에 입각하여 행하는 체계적 해석방법이다. 구체적으로 확장해석은 법문의 용어를 그 의미보다 확대시켜 해석함으로써 법의 타당성을 확보하는 방법이다. 예컨대, 형법 제309조의 출판물 등에는 신문, 잡지, 라디오 등이 문언상 규정되어 있는데, 여기에 TV나 정보통신망을 포함해서 확장해석할 수 있다. 축소해석이란 확장해석과는 반대로 용어를 그 의미보다 축소시켜 해석하는 방법이다. 법문의 언어적 표현을 제한한다는 의미에서 제한해석이라고도 한다. 반대해석은 법문에 명시한 규정이 없는 경우에 법의 목적에 비추어 법문이 표시한 효과와 그 반대되는 효과를 인정하는 해석방법이다. 예컨대, 형법 제251조가 영아살해죄의 객체를 분만중 또는 분만 직후의 영아라고 규정하고 있으므로, 반대로 분만 이전의 상태만이 태아라고 해석하는 방식이다. 물론해석은 법조문의 규정으로서 명시되어 있지 않은 사항일지라도 사물의 성질상 또는 입법정신에 비추어 보아 당연히 그 규정에 포함된 것이라고 해석하는 방법이다. 예컨대, 형법상 장물범죄에 제346조의 동력을 재물로 간주하는 규정이 없다고 하더라도, 당연히 장물범죄의 객체인 재물에 동력을 포함하여 해석하는 경우이다. 연혁해석이란 법해석에 입법의

1) 대판 2020. 10. 29, 2017도18164. 자본시장법 제174조 제1항에서 처벌대상인 정보제공자를 제1호부터 제6호까지 제한적으로 열거하면서 제6호에서 제1차 정보수령자를 '내부자로부터 미공개중요정보를 받은 자'로 규정하고 있는 바, 첫째, 국립국어원의 표준국어대사전은 '타인'을 '다른 사람'으로 정의하고 있고, 동법상 '타인'의 개념을 달리 정의하지 않으므로, 반드시 상장법인의 내부자 및 제1차 정보수령자(수범자)로부터 정보를 직접 수령한 자로 한정되지 않고, 둘째, 동법상 내부자가 미공개중요정보이용행위를 이용함으로써 발생할 투자자의 보호 및 자본시장의 공정성 · 신뢰성 및 건전성 확보라는 입법취지와 목적 등을 비추어 보면 동법상 '타인'의 개념을 제한해석할 이유가 없다.

연혁, 법안의 이유 등을 보충하여 법규의 진의를 찾아내는 해석방법이다. 역사적 해석 또는 주관적 해석방법의 형태이다. 보충해석이란 법조문의 문언이 법의 목적에 맞지 않게, 명확하지 않은 경우의 해석방법이다. 법조문의 표현이 잘못 되었을 때 이를 변경하거나 보충하여 법의 흠결을 보완하는 해석이다. 예컨대, 형법 제170조 제2항에서 '자기의 소유에 속하는 제166조 또는 제167조에 기재한 물건'을 해석함에 있어서, 자기의 소유에 속하는 제166조 또는 자기의 소유이든 타인의 소유이든 제167조에 기재한 물건이라고 해석하는 경우가 이에 속한다. 마지막으로 유추해석은 앞서 살펴본 바와 같다. 다만, 유추해석은 법의 탄력적 적용을 통해 사회변화에 적응하는 장점을 가지고 있지만, 자의적 해석의 가능성이 있다는 점, 확장해석과 구별이 모호하다는 점 등에서 비판을 받는다. 그 결과 형법은 죄형법정주의를 통해 유추해석을 원칙적으로 금지한다.

제 3 장

형법의 적용범위

제 1 절 형법의 시간적 적용범위

형법도 다른 모든 법률과 마찬가지로 시행시점에서 실효시까지 적용됨을 원칙으로 하는데 특히 문제가 되는 것은 행위시와 재판시 사이에 형벌법규의 변경이 있을 경우이며 이때에 그 소급효(Rückwirkung)와 추급효(Nachwirkung)의 문제가 제기된다. 형벌을 부과하는 시점, 즉 재판시를 기준으로 하여 과거의 행위에 변경된 신법을 소급적용하는 것을 소급효라고 하고 변경전 행위시의 구법을 적용하는 것을 추급효라고 한다.

Ⅰ. 소급효금지의 원칙과 행위시법주의

소급효금지의 원칙은 형법을 그것이 제정되기 이전의 행위에까지 소급하여 적용시켜서는 안 된다는 원칙을 말한다. 형법은 행위자에 대한 의사결정규범으로서 기능하므로, 행위자에게 행위 선택의 기준이 되는 형법이 적용되어야 한다. 만일 소급효에 의한 형사처벌이 인정된다면 법적 안정성이 침해될 뿐만 아니라 개인의 자유와 인권이 보장될 수 없다.

이 원칙은 17세기 이후 영국의 홉스가 안전국가사상에 입각하여 강조하였고 몽테스키외, 베까리아, 포이에르바흐 등 계몽주의학자들이 시민의 자유와 인격의 보장이라는 관점에서 이를 주장하였으며, 그 결과 이 원칙은 죄형법정주의의 한 파생원칙으로서 확립되기에 이르렀다.

소급효금지의 원칙은 입법과 사법의 양면에 모두 작용한다. 즉 입법자에게는 사후입법에 의하여 처벌하거나 형을 가중하는 것을 금하고 사법(司法)에 있어서는 법관에게 후일 공포된 법을 그 이전의 행위에 적용하지 못하도록 한다. 여기에서 말하는 법은 범죄구성요건과 형벌을 규정하는 법뿐만 아니라 행위에 대한 실체법적 판결에 영향을 주는 총체적인 법(Das gesamte Recht)을 의미한다. 또한 형벌에는 벌금의 대체형인 노역장 유치도 포함된다.[1)]

1) 대판 2018. 2. 13, 2017도17809; 헌재결 2017. 10. 26, 2015헌바239, 2016헌바177. 노역장 유치는 그 실질이 신체의 자유를 박탈하는 것으로서 징역형과 유사한 형벌적 성격을 가지므로 형벌

소급효금지의 원칙은 형법의 시간적 적용에 있어서 당연히 행위시법주의를 요구한다. 이를 반영하고 있는 실정법규정으로는 헌법 제13조 제1항과 형법 제1조 제1항을 들 수 있다. 헌법 제13조 제1항 전단은 "모든 국민은 행위시의 법률에 의하여 범죄를 구성하지 아니하는 행위로 소추되지 아니하며"라고 규정하여 형벌불소급의 원칙을 선언하고 있으며, "범죄의 성립과 처벌은 행위 시의 법률에 의한다."라고 규정한 형법 제1조 제1항도 이 원칙을 표현한다.

Ⅱ. 신법적용과 한시법

1. 신법적용의 요건

형법의 소급효를 금하고 행위시의 법률에 의하여 범죄의 성립과 처벌을 확정하려는 것은 인권의 부당한 침해를 방지함에 그 근본취지가 있다. 그러므로 신법의 적용이 오히려 행위자에게 유리한 경우까지 이를 금할 필요는 없다. 형법 제1조 제2항은 "범죄 후 법률이 변경되어 그 행위가 범죄를 구성하지 아니하게 되거나 형이 구법보다 가벼워진 경우에는 신법에 따른다."라고 규정함으로써 행위자에게 유리한 경우에는 신법의 적용을 인정하고 있다. 행위시법주의가 소급효금지의 원칙이라면 신법을 적용하는 재판시법주의는 추급효금지의 원칙을 의미한다.

행위시법주의 = 소급효 금지 = 추급효 인정(의사결정규범으로서의 기능)
재판시법주의 = 소급효 인정 = 추급효 금지(행위자에게 유리한 법적용 기능)

(1) 범죄 후 법률의 변경

1) 범죄 후

신·구법의 시간적 기준은 종료시점이고, '범죄 후'라 함은 실행행위의 종료 후라는 의미이며, 따라서 반드시 결과발생을 포함하는 것은 아니다. 예비죄에

불소급원칙의 적용대상이 된다. 따라서 부칙조항이 노역장 유치조항의 시행 전에 행해진 범죄행위에 대해서도 공소제기의 시기가 노역장 유치조항의 시행 이후이면 이를 적용하도록 하고 있다면, 이는 범죄행위 당시보다 불이익한 법률을 소급 적용하도록 하는 것으로서 헌법상 형벌불소급원칙에 위반된다.

있어서는 예비도 실행행위에 포함된다. 실행행위가 신구 양법 사이에 걸쳐서 행하여진 경우에는 그 실행행위가 신법 시행시에 비로소 종료한 것이므로 행위시법 속에 신구 양법이 모두 포함되며 신법우선의 보편원리에 따라 당연히 신법이 행위시법이 되고 이를 적용한다. 예컨대, 포괄일죄로 되는 개개의 범죄행위가 법 개정의 전후에 걸쳐 행하여진 경우에는 신·구법의 법정형에 대한 경중을 비교할 필요 없이 범죄실행의 종료시 법이 행위시법이 되고, 그 법에 의하여 포괄일죄로 처벌하여야 한다.[1)]

2) 법률의 변경

'법률이 변경되어'라고 할 때의 법률은 형식상의 법률이든 명령이든 불문한다.[2)] 또한 법률의 변경 여부에는 가벌성에 영향을 미치는 그때그때의 총체적 법률상태가 고려되어야 한다. 예컨대 형법적용에 영향을 미치는 친족의 범위에 관한 민법규정의 변경, 백지형법에 있어서의 충전(또는 보충)규범의 변경 등이 법률의 변경에 포함된다.

범죄 후 법률이 여러 차례 변경된 경우에는 행위시법과 재판시법 사이에 존재하는 또 다른 법률이 있을 수 있다. 이를 중간시법이라고 부른다. 이 중간시법도 재판시법과 아울러 범죄 후 변경된 법률, 즉 신법에 해당될 수 있음은 물론이다. 따라서 범죄행위시와 재판시의 중간에 수차 법령의 개폐로 인한 형의 변경이 있는 때에는 그간 개폐된 법령 전부를 비교하여 그 중 가장 경한 법령을 적용한다.[3)]

3) 범죄를 구성하지 아니하게 되거나 형이 구법보다 가벼워진 경우

① 범죄를 구성하지 아니하게 되는 경우

그 행위가 범죄를 구성하지 아니하게 되는 경우란 그 행위가 형벌법규상 범죄구성요건에 해당하지 않는 경우를 의미한다. 즉 실행에 착수하여 실행행위가

---

1) 대판 2009. 4. 9, 2005도321은 포괄일죄는 죄수론상 일죄이므로 종료시의 법이 행위시법임을 판시하였다.

2) 대판 2006. 4. 27, 2004도1078. "행정규칙인 고시가 법령의 수권에 의하여 법령을 보충하는 사항을 정하는 경우에는 그 근거 법령규정과 결합하여 대외적으로 구속력이 있는 법규명령으로서의 성질과 효력을 가진다. … 위 시행령 제32조 제1항 제5호, 제3항 및 위 관련 고시가 결합하여 구 석유사업법 제35조 제8호, 제29조 제1항 제7호 위반죄의 실질적 구성요건을 이루는 보충규범으로서 작용한다고 해석하여야 할 것이다."

3) 대판 2012. 9. 13, 2012도7760.

끝나기 전에 법이 변경되어 신법상 그 행위가 구성요건에 해당하지 않는 경우에는 구성요건해당성 자체가 조각된다. 실행행위는 종료되었지만 아직 소추되기 이전에 이러한 법률의 변경이 있었다면 형법 제1조 제2항에 의하여 신법이 적용되므로 공소제기가 불가능하게 된다. 이미 공소가 제기된 후일 경우에는 형사소송법 제326조 제4호에 의하여 면소판결을 하여야 한다.

그러나 재판확정후 법률의 변경에 의하여 그 행위가 범죄를 구성하지 아니하게 된 경우에는 기판력에 의하여 유죄판결이 무죄로 바뀔 수는 없지만 형법 제1조 제3항은 재판확정자와 미확정자 사이에 되도록 공평을 기하려는 취지에서 그 형의 집행을 면제하도록 규정하고 있다. 예컨대 갑과 을이 공범관계인데, 갑이 먼저 구법에 의하여 재판이 확정된 후 형집행 중에 법률의 변경으로 더 이상 범죄를 구성하지 않게 되었다면, 아직 기소되지 않은 을은 형법 제1조 제2항에 의하여 공소제기가 불가능하게 된다. 이 경우 공범관계인 갑은 법률의 변경 이전에 재판이 확정되었다는 사유만으로 을과의 관계에서 상대적인 불이익을 받게 된다. 즉, 범죄를 범한 갑과 을이 형사사법의 측면에서 공평해지지 않게 되는 것이다. 따라서 형법 제1조 제3항은 그와 같은 불공정성을 시정하기 위하여, 비록 일사부재리의 원칙에 의하여 다시 재판을 할 수는 없지만 형집행 중인 자의 집행을 면제해줌으로써 실질적인 평등을 추구하고자 하는 것이다.

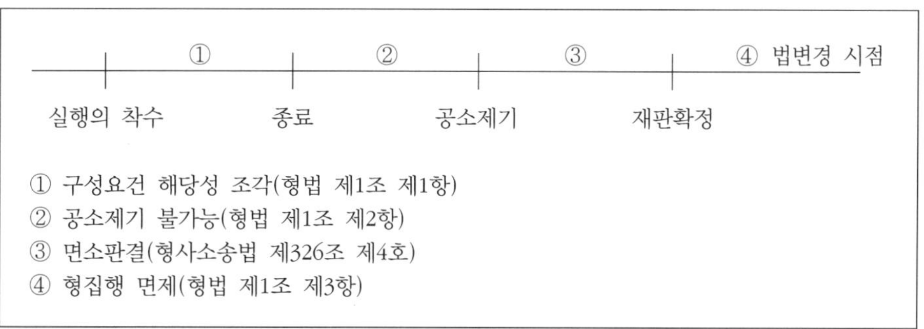

② 형이 구법보다 가벼워진 경우

범죄 후 법률의 변경에 의하여 형이 구법보다 가벼워진 경우에는 신법을 적용한다. 신·구법들 중에서 어떤 법이 가장 가벼운가를 판단함에는 구체적인 경우에 어떤 법이 가장 경한 판결을 허용하는가를 찾아내는 것이 중요하며, 형의 경중을 규정한 형법 제50조가 그 경중판단의 척도가 될 수 있다.

신·구법의 형의 경중을 비교함에 있어서는 각 소정의 가중 또는 감경을 한 후에 비교한다는 것이 판례의 입장이며[1] 가장 경한 법을 적용하는 것은 법관이 반드시 해야 할 일이고 결코 그의 재량에 속하는 것이 아니다. 형의 경중은 처단형이나 선고형이 아닌 법정형이 기준이 되며, 주형뿐만 아니라 부가형도 포함된다. 따라서 몰수 등 부가형도 경중의 비교대상으로 삼아야 하고, 이에 변경이 있을 때에도 형의 변경에 해당한다. 또한 법정형 중 병과형 또는 선택형이 있을 때에는 이 중 가장 중한 형을 기준으로 하여 정하는 것이 원칙이다.[2]

범죄 후 법률의 변경이 있더라도 구법과 신법의 형이 같은 경우에는 신법이 적용되지 않는다.[3] 따라서 이 때에는 범행시의 법을 적용해야 되며 범행후의 법(실행행위 이후의 법)을 적용해서는 안 된다.[4]

판 례

포괄일죄에 관한 기존 처벌법규에 대하여 그 표현이나 형량과 관련한 개정을 하는 경우가 아니라 애초에 죄가 되지 아니하던 행위를 구성요건의 신설로 포괄일죄의 처벌대상으로 삼는 경우에는 신설된 포괄일죄 처벌법규가 시행되기 이전의 행위에 대하여는 신설된 법규를 적용하여 처벌할 수 없다. 이는 신설된 처벌법규가 상습범을 처벌하는 구성요건인 경우에도 마찬가지라고 할 것이므로, 구성요건이 신설된 상습강제추행죄가 시행되기 이전의 범행은 상습강제추행죄로는 처벌할 수 없고 행위시법에 기초하여 강제추행죄로 처벌할 수 있을 뿐이며, 이 경우 그 소추요건도 상습강제추행죄에 관한 것이 아니라 강제추행죄에 관한 것이 구비되어야 한다.[5] 형벌 조항이 피고인에게 불리한 내용으로 개정된 경우 그 조항의 소급적용

1) 대판 1961. 12. 28, 4293형상664.
2) 대판 1992. 11. 13, 92도2194.
3) 대판 2015. 10. 29, 2015도5355. 다만 신구법의 법정형이 동일한 경우 재판시법을 적용한다고 하더라도 상고이유가 될 수 없다(대판 1991. 11. 26, 91도2303).
4) 다만 부칙에 신구법의 적용방법을 규정하는 경우가 있다. 예컨대 1995년 12월 2일 개정 형법은 부칙을 두어서, 신형법 시행전에 행하여진 종전의 형법규정위반의 죄에 대해서도 신형법(1995. 12. 2에 개정된 형법)을 적용하되 종전의 규정이 행위자에게 유리한 경우에는 그렇게 하지 아니하며(부칙 제2조) 1개의 행위가 이 법 시행전후에 걸쳐 이루어진 경우에는 이 법(신형법) 시행이후에 행한 것으로 본다(부칙 제3조)는 경과규정을 두고 있다.
5) 대판 2016. 1. 28, 2015도15669.

에 관하여 명시적인 경과규정이 없는 이상 원칙적으로 그 조항의 소급적용을 부정하는 것이 행위시법 적용의 원칙 또는 죄형법정주의의 원칙에 부합한다. 따라서 2012년 전자장치부착법 시행 전에 15세인 피해자에 대하여 저지른 강간상해죄에 위 법 제5조 제1항 제4호를 적용하여 부착명령을 선고할 수 있으나, 위 법 제9조 제1항 단서(19세 미만의 사람에 대하여 부착기간 하한을 2배로 하는 개정법)를 적용하여 부착기간의 하한을 가중할 수는 없다.[1)]

2. 한 시 법

(1) 의 의

한시법이라 함은 폐지전에 미리 유효기간을 예정하여 그 기간이 지나면 당연히 실효되도록 한 형벌법규를 말한다.

한시법은 그 의미를 협의로 이해할 것인가 아니면 광의로 이해할 것인가에 따라 협의의 한시법과 광의의 한시법으로 나누어진다.

① 협의의 한시법은 미리 일정한 유효기간이 명시된 법을 말한다. 예컨대 "본법은 2025년 1월 1일부터 동년 12월 1일까지 유효하다."라고 규정한 법이나 "본법은 시행일로부터 3년간 유효하다."라고 규정한 것이 이에 해당된다.

협의의 한시법개념은 법령의 실질적 의미가 아닌 그 형식적인 규정에 입각하여 한시법의 범위를 명확하게 한계짓는 특징을 갖는다.

② 광의의 한시법개념은 전술한 협의의 한시법뿐만 아니라 법령의 내용이나 목적에 비추어 일시적인 특수한 사정에 대응시키기 위한 법도 한시법에 포함시킨다. 광의의 한시법을 인정하는 입장은 법령의 실질적 의미를 중시하고 형식적 시한의 확정이 본질적인 것은 아니므로 그것에 비록 달력에 따른 한계가 없더라도 규정의 의미상 일시적인 것으로 고찰된 법규는 한시법에 해당하는 것으로 본다.

이러한 광의의 한시법개념을 인정할 것인가 아니면 협의의 한시법만을 인정할 것인가는 관점에 따라서 달라질 수 있는 문제이다. 다만 광의의 한시법에 대하여는 필요에 따른 일시적이라 함은 상대적 개념이어서 일시적 사정에 대응하기 위한 법률인가 여부가 명확하지 않아서 법적 안정성을 해할 우려가 있다는

1) 대판 2013. 7. 26, 2013도6220, 2013전도124.

비판이 있다.[1] 독일 형법[2]과 같이 한시법에 관한 명문의 규정이 없는 이상, 협의의 한시법을 인정함이 의사결정규범으로서의 기능 및 신뢰보호의 원칙에 보다 부합할 것이다. 다만, 그것이 광의든 협의이든 한시법의 추급효를 인정할 때에만 실익이 있으며, 만일 이를 부정할 경우에는 양자의 구분은 의미가 없다.

(2) 추급효 인정 여부

한시법의 추급효를 형법의 일반규정을 통하여 인정하거나 개개의 형벌 법규에 그 추급효를 인정하는 특별규정을 두는 경우에는 추급효가 문제되지 않는다. 이러한 규정이 없는 우리나라에서는 한시법의 추급효를 인정하는 견해와 부정하는 견해로 나뉘어 진다.

1) 추급효 인정설

추급효를 인정하는 견해[3]는 구법에 의하여 처벌한다는 특별한 규정이 없더라도 그것이 한시법인 한 실효된 후에도 폐지기일전의 행위에 대하여 구법을 적용하여 처벌할 수 있다고 주장한다. 첫째, 한시법은 원래 일정기간 내에 한하여 국민에게 준수를 요구하는 법이므로 비록 그 기간이 경과했다고 할지라도 경과전의 범행은 비난할 가치가 있고, 둘째, 미리 그 시행기간이 알려져 있는 한시법에 추급효를 인정하지 않는다면 유효기간의 종료가 가까워짐에 따라 위반행위가 속출하더라도 이를 처벌할 수 없어 법의 실효성과 위신을 유지할 수 없다.

2) 추급효 부정설

한시법의 추급효를 부정하는 견해[4]는 특별한 규정이 없는 한 실효된 한시법의 추급에 의한 처벌은 있을 수 없다고 주장한다. 첫째, 우리 형법에는 한시법의 추급효에 관한 예외 규정이 없기 때문에 한시법의 실효후에도 당연히 형법 제1조 제2항의 규정에 따라야 하고 만일 이를 따르지 않는다면 이는 죄형법정주의에 위배된다.[5] 둘째, 한시법의 추급효를 인정함은 법해석의 형식논리에 비

---

1) 최호진, 69면. 광의의 한시법 개념을 취하는 견해로는 이재상 외, 41면; 이정원, 46면.
2) 독일 형법 제2조 제4항으로 다음과 같다. "일정한 기간을 정하여 공포된 법률은 그 법률이 실효된 후에도 그 효력이 존속 중에 이루어진 범죄행위에 적용한다. 다만 법률이 달리 규정하고 있는 때에는 그러하지 아니하다."
3) 이재상 외, 45면; 이정원, 46면.
4) 권오걸, 51면; 김성돈, §3/32; 김성천/김형준, 45면; 김일수/서보학, 29면; 배종대, 87면; 손동권/김재윤, 51면; 신동운, 62면; 안동준, 26면; 오영근, 49면; 임웅, 81면; 정성근/정준섭, 26면; 정영일, 45면 등.
5) 이에 대하여 추급효 긍정설은 한시법의 경우에는 행위시에 그 행위를 처벌하는 법규가 분명히 있

추어 볼 때에 수긍하기 어려울 뿐만 아니라 형벌법규의 개폐로 인한 법률의 효력에 있어서 언제나 행위자에게 유리하게 결정한다는 원칙에 반한다. 셋째, 한시법의 추급효를 인정하지 않으면 그 실효기간이 가까워질수록 범행이 많아져 법의 실효성을 지킬 수 없다는 논거는 정책적 이유일 뿐 법적 이유는 되지 못하며 궁극적으로 예외를 인정할 법적 근거가 없다.

3) 동기설

넓은 의미에서 추급효인정설에 포함될 수도 있고 일종의 절충설로 취급되기도 하는 견해가 동기설(Motiventheorie)이다. 동기설은 한시법의 실효가 입법자의 법적 견해의 변경에 의한 경우와 그렇지 않은 경우를 구분하여 전자의 경우에는 추급효를 인정하지 않고 후자의 경우에만 이를 인정한다. 변경 전 판례가 취하였던 태도이다. 즉, '법령이념의 변천(대판 1984. 12. 11, 84도413)'이나 '반성적 고려에서 법령을 개폐(대판 2016. 1. 28, 2015도17907)'하였거나 '종전의 조치가 과중하다는 데에서 나온 반성적 조치(대판 2013. 7. 11, 2013도4862)'인 경우에는 입법자의 입법의사가 변경된 것으로 보아 추급효를 부정하였다. 반면 '사정의 변천에 따라 그때그때의 특수한 필요에 대처하기 위하(대판 2005. 12. 23, 2005도747)'거나 '그 제정목적을 다하여 위법을 존속시킬 필요성이 없다는 고려에서 폐지된 것(대판 1988. 3. 22, 87도2678)'인 때에는 법 시행 당시에 행하여진 위반행위에 대한 가벌성을 소멸시킬 이유가 없어 위 법 시행기간 중의 위반행위는 그 폐지 후에도 행위 당시에 시행되던 위법에 따라 처벌되어야 한다고 보아 구법에 의하여 처벌함으로써 추급효를 인정하였다. 이 설은 합목적적 법해석이라는 견지에서 입법동기를 중시하는 견해이지만 법적 견해의 변경에 의한 것인가 단순한 사실관계의 변경에 의한 것인가의 구별이 매우 상대적이기 때문에 법적 안정성을 침해할 가능성이 크다는 비판을 받는다.

(3) 판례의 태도 및 결론

과거 판례는 동기설을 취하였으나, 최근 견해를 변경하여 세 가지 경우를 나누어 그 법적 효력을 달리하고 있다.[1] 첫째, 범죄의 성립과 처벌에 관하여 규정한 형벌법규 자체 또는 그로부터 수권 내지 위임을 받은 법령의 변경에 따라 범

었으므로 사후입법에 의하여 처벌하는 것과 다르다고 반론한다.

1) 대판 2022. 12. 22, 2020도16420 전원합의체 판결.

죄를 구성하지 아니하게 되거나 형이 가벼워진 경우에는, 종전 법령이 범죄로 정하여 처벌한 것이 부당하였다거나 과형이 과중하였다는 반성적 고려에 따라 변경된 것인지 여부를 따지지 않고 원칙적으로 형법 제1조 제2항이 적용된다. 형벌법규가 대통령령, 총리령, 부령과 같은 법규명령는 물론 고시 등 행정규칙·행정명령, 조례 등에 구성요건의 일부를 수권 내지 위임한 경우 이러한 고시 등 규정이 위임입법의 한계를 벗어나지 않는 한 형벌법규와 결합하여 법령을 보충하는 기능을 하는 것이므로, 그 변경에 따라 범죄를 구성하지 아니하게 되거나 형이 가벼워졌다면 마찬가지로 형법 제1조 제2항이 적용되고, 범죄를 구성하지 아니하게 된 경우에는 면소판결(형사소송법 제326조 제4호)을 하여야 한다.

둘째, 해당 형벌법규 자체 또는 그로부터 수권 내지 위임을 받은 법령이 아닌 다른 법령이 변경된 경우에는, 해당 형벌법규에 따른 범죄의 성립 및 처벌과 직접적으로 관련된 형사법적 관점의 변화를 주된 근거로 하는 법령의 변경에 해당하면 형법 제1조 제2항을 적용하지만, 이와 관련이 없는 법령의 변경으로 인하여 해당 형벌법규의 가벌성에 영향을 미치게 되는 경우에는 형법 제1조 제2항이 적용되지 않는다.

셋째, 법령이 개정 내지 폐지된 경우가 아니라, 스스로 유효기간을 구체적인 일자나 기간으로 특정하여 효력의 상실을 예정하고 있던 법령이 그 유효기간을 경과함으로써 더 이상 효력을 갖지 않게 된 경우는 형법 제1조 제2항의 법령의 변경에 해당한다고 볼 수 없다. 이것이 바로 협의의 한시법에 해당한다. 우리 법제는 법률의 변경도 법률로 할 뿐만 아니라 법률의 폐지도 법률로 하도록 되어 있다. 그러나 협의의 한시법은 제정 당시부터 기간으로 법률의 효력이 유효한 시기를 정해놓고 있으므로 기간의 도과로 인하여 효력이 자동으로 소멸될 뿐, 해당 법률을 폐지하는 법률이 없다. 따라서 법률의 변경에 해당하지 않는 것으로 보는 것이 타당하다.

즉, 법령의 변경이 해당 형벌법규에 따른 범죄 성립 및 처벌과 직접 관련이 있으면 형법 제1조 제2항을 적용하여 그 행위가 범죄를 구성하지 아니하는 때에는 면소판결을 하고 형이 구법보다 가벼워진 경우에는 변경된 신법을 적용하게 된다. 그러나 협의의 한시법은 법령의 개폐가 아니라 법률의 기간만료로 인한 효력상실(소멸)에 해당하므로 서로 형벌내용이 다른 구법과 신법이 존재하지 않는 것으로 본다.

그 결과, 법령의 변경(개정 또는 폐지)은 형법 제1조 제2항에 따라 신・구법의 형벌변화를 고려하여 행위자에게 유리한 법, 즉 보다 형벌이 가벼운 법을 적용한다. 그러나 스스로 유효기간을 정하는 협의의 한시법은 기간 도과로 인한 법률 효력의 상실에 불과하므로 법령의 "변경"이 있는 것이 아니므로 제1조 제2항을 적용할 수 없다고 보는 것이다. 그 결과 한시법에 관한 한, 해당 법이 유효한 기간 동안에 범하여진 법률위반행위에 대하여는 한시법을 적용하여야 한다.

3. 관련문제(백지형법과 고시의 변경)

(1) 백지형법

1) 의 의

백지형법(Blankettstrafgesetz)이란 일정한 형벌만을 규정하고 그 전제조건인 구성요건의 전부 또는 일부의 내용을 다른 법령이나 다른 시기에 독자적으로 선포되는 법률, 명령 또는 행정처분에 일임하는 형벌규정을 말한다. 예컨대 형법 제112조(중립명령위반죄)가 이에 해당한다. 제112조는 "외국간의 교전에 있어서 중립에 관한 명령을 위반한 자"라고 규정할 뿐 중립에 관한 명령의 내용이 무엇인가에 관하여서는 백지상태로 두고 있다. 백지형법은 하나의 형벌규정 속에 구성요건과 형벌을 함께 규정하는 완전형법(Vollstrafgesetz)에 대칭되는 개념으로서 그 구성요건이 충전(보충)규범(Ausfüllungsnorm)을 통하여 보완된다.

백지형법도 유효기간을 정하고 있는 한 협의의 한시법임은 당연한 일이지만 그렇지 않은 경우에도 백지형법이 일시적 사정에 대처하기 위한 법률의 성격을 가졌다는 관점에서 광의의 한시법으로도 이해되고 있다.

2) 보충규범(충전규범)의 개폐

충전규범(보충규범)의 개폐가 법률의 변경에 해당하는가에 관하여서는 부정설, 긍정설[1] 그리고 보충규범의 개폐가 구성요건 자체에 관한 것이면 법률의 변경이지만 단지 구성요건에 해당하는 사실에 관한 것이면 법률의 변경이 아니라는 절충설[2]이 대립되어 있다. 이미 언급했듯이 이의 변경은 형법 제1조 제2

1) 김성돈, §3/44; 김일수/서보학, 31면; 박상기, 25면; 배종대, 91면; 신동운, 64면; 오영근, 47면; 임웅, 83면; 정성근/정준섭, 28면.
2) 권오걸, 54면; 손동권/김재윤, 54면.

항의 법률의 변경에 해당된다고 보아야 할 것이다.

3) 보충규범의 변경과 추급효의 인정 여부

형벌법규 그 자체에는 변경이 없고 그 보충규범의 변경 내지 폐지로 인하여 불가벌로 된 행위에 대하여서도 추급효를 인정할 것인가 하는 문제가 논란된다. 이에 관하여 긍정설과 부정설이 대립하나 보충규범의 변경은 '법률의 변경'에 해당하므로 추급효를 부정함이 타당하다.

4) 보충규범에 대한 착오

보충규범은 구성요건의 한 부분이므로 이에 대한 착오는 구성요건적 착오로 된다. 그러나 보충규범의 존재에 대한 착오는 금지착오(법률의 착오)로 인정된다.

(2) 고시의 변경

경제통제법령에 근거하여 발포된 고시의 변경이 형법 제1조 제2항의 법률의 변경에 해당하는가에 관하여서도 견해의 대립이 있다.

부정설은 고시는 하나의 행정처분에 불과하므로 형법 제1조 제2항의 "법률의 변경"에 해당되지 않는다고 본다. 긍정설은 경제통제법령의 벌칙은 고시와 합일함으로써 형벌규정으로서의 기능을 다하는 것이기 때문에 고시의 변경은 법률의 변경에 해당한다고 주장한다. 이미 언급했듯이 형법 제1조 제2항의 "법률의 변경"에는 형벌에 영향을 미치는 그때 그때의 총체적 법률상태가 고려되어야 한다는 관점에서 긍정설이 타당하다.

제 2 절 장소적 적용범위

Ⅰ. 장소적 효력에 관한 일반원칙

구체적 사실관계에 대하여 어느 형법을 준거법으로 할 것인가를 결정하는 문제를 장소적 적용범위라 한다. 이는 내국인의 국내범, 내국인의 국외범 및 외국인의 국내범, 외국인의 국외범이라는 네 가지의 경우의 수에 대하여, 속지주의 · 속인주의 · 보호주의 · 세계주의와 같은 적용범위에 관한 입법원칙을 적용할 것인가의 문제로 귀결된다.

1. 속지주의

속지주의(Territorialprinzip)란 자국(自國)의 영역 내에서 발생한 모든 범죄에 대하여 범죄인의 국적 여하에 관계없이 자국의 형법을 적용한다는 원칙이다.

여기 자국의 영역에는 영토, 영해, 영공이 모두 포함된다. 국외를 운항 중인 자국의 선박 내지 항공기내에서 행한 범죄에 대하여서는 속지주의의 한 특별한 경우로서 자국형법을 적용한다는 기국주의(Flagenstaatsprinzip)에 따른다.

배타적 국가주의에 근거를 두고 있는 속지주의만을 관철하려 할 경우 범죄예방이나 소송수행 등에 유리한 점도 있으나 국외(외국이나 공해 등 무국적지)에서 발생한 범죄에 대하여 형벌권을 행사할 수 없다는 문제점이 있다. 이 때문에 다른 원칙에 의한 보완의 필요성이 생긴다.

2. 속인주의

속인주의(Personalprinzip)란 자국민이 행한 범죄에 대하여서는 어디에서 누구에게 범행을 했든지 자국의 형법을 적용한다는 원칙인데 국적주의라고도 부른다.

내국인의 범위는 각국의 국적법에 의하여 결정된다. 이중국적의 경우에는 본 원칙에 의할 경우 2개국의 형법이 모두 적용될 수 있고, 범죄시와 소추시의 국적이 다를 경우에는 어느 국가의 형법에 의하는지 다툼이 있을 수 있으며, 각국의 입법례나 학설에 따라 그 결과가 다를 수 있다. 속인주의만을 관철하려 할 경우 자국에서 자국민의 법익을 해치는 범죄임에도 불구하고 범인이 자국민이 아니면 처벌할 수 없다는 문제점이 있다.

3. 보호주의

보호주의(Schutzprinzip)란 자국 또는 자국민의 이익을 해치는 범행인 한 누구에 의하여 어느 곳에서 행하여졌는가에 관계없이 자국의 형법을 적용한다는 원칙인데 실질주의(Realprinzip)라고도 부른다.

이 원칙은 자국의 이익을 철저히 보호함과 아울러 속지주의와 속인주의의 결함을 보완해 주는 측면을 지닌다. 보호주의의 대상으로 되는 범죄의 범위는 각국의 입법례에 따라 다르다. 이 원칙을 시행하려면 입장이 다른 타국과의 마찰이 생길 수도 있으며 실효를 거두기 어려운 경우도 있을 수 있다. 따라서 이의 실효를 거두기 위해서는 범인인도에 관한 국제조약에 가입하거나 호혜평등의 원칙 등의 입법조치에 의한 보완이 필요하다.

4. 세계주의

세계주의(Weltprinzip 또는 Universalprinzip)란 어느 곳에서 누가 누구에게 행한 범죄이든지 그것이 자국법에 의할 경우 가벌적인 행위이면 자국의 형법을 적용한다는 원칙이다. 대체로 반인류적이거나(예컨대 해적, 인신매매 등) 다수국가의 공동이익에 관계되는 범죄(예컨대 통화위조, 마약거래) 등이 세계주의의 대상이 된다. 세계주의는 이들 범죄를 극복하기 위하여 국제적 연대성을 강조하는 입장이기도 하다.

Ⅱ. 현행형법의 입장

우리 형법은 속지주의를 근본으로 하면서 속인주의와 보호주의를 가미하고 있으며 일부 범죄에 대해서는 세계주의를 도입하였다.

이를 요약하면 다음과 같다.

내국인	국내범	속지주의(+기국주의)
	국외범	속인주의(상호주의 적용 없음)
외국인	국내범	속지주의(+기국주의)
	국외범	- 자국법익 침해: 보호주의(상호주의 인정: 소극적 보호주의) – 반인류 범죄: 세계주의

1. 속지주의 원칙

제2조는 “본법은 대한민국영역 내에서 죄를 범한 내국인과 외국인에게 적용한다.”고 규정하여 속지주의 원칙을 밝히고 있다. 여기에서 대한민국영역은 한반도와 부속도서 그 영해와 영공을 말한다. 제4조는 “본법은 대한민국영역 외에 있는 대한민국의 선박 또는 항공기내에서 죄를 범한 외국인에게 적용한다.”라고 규정하여 기국주의를 택하고 있는데 여기에서 영역 외라고 함은 외국 또는 무국적지(공해, 남극대륙 등)를 의미한다. 범행의 장소와 결과발생의 장소가 각각 다

를 때에는 그 중 어느 것이라도 대한민국의 영역 내, 대한민국의 선박이나 항공기 내에서 발생하였을 때는 우리나라 형법이 적용된다.

이처럼 형법은 제2조에서 내국인의 국내범과 외국인의 국내범을, 제4조에서 기국주의를 규정함으로써 속지주의를 형법적용의 기본원칙으로 삼고 있다. 이 때의 속지주의는 범죄의 전 과정이 국내에서 발생할 것을 요하지 않고, 그 일부가 영역 내에서 발생하는 것으로도 족하다.[1]

2. 속인주의와 보호주의에 의한 보완

(1) 제3조는 "본법은 대한민국영역외에서 죄를 범한 내국인에게 적용한다." 라고 규정함으로써 속인주의를 통하여 속지주의를 보완하고 있다. 여기에서 내국인은 범행당시의 대한민국국민(대한민국의 국적을 가진 자)을 말한다.

형법은 제3조에서 내국인의 국외범에게 속인주의를 적용한다고 규정하고 있다. 속인주의는 보호주의와 달리 제6조와 같은 상호주의적 제한규정이 인정되지 않기 때문에 행위지의 법률에 의하여 당해 행위가 범죄를 구성하지 아니하거나 소추 또는 형의 집행이 면제되는 등의 사유가 있다고 하더라도 우리 형법이 범죄로 규정하는 이상 형법 제3조 속인주의에 의하여 처벌된다.[2]

(2) 형법은 내란의 죄, 외환의 죄, 국기에 관한 죄, 통화에 관한 죄, 유가증권·우표와 인지에 관한 죄, 문서에 관한 죄 중 제225조 내지 제230조(공문서위조·변조, 자격모용에 의한 공문서 등의 작성, 허위공문서 등의 작성, 공정증서원본 등의 부실기재, 위조 등의 공문서의 행사, 공문서 등의 부정행사), 인장에 관한 죄 중 제238조(공인 등의 위조, 부정사용) 등에 관한 외국인의 국외범(제5조)과 대한민국 국영역 외에서 대한민국 또는 대한민국국민에 대하여 제5조에 기재한 이외의 죄를 범한 외국인에게 대한민국형법을 적용함으로써(제6조) 보호주의를 통하여 속지주의 원칙을 보충하고 있다. 다만 제6조 소정의 죄에 있어서는 행위지의 법률에 의하여 범죄를 구성하지 아니하거나 소추 또는 형의 집행을 면제할 경우에는 우리 형법이 적용되지 않는다.

보호주의는 외국인의 국외범에 대하여 제5조는 특별한 제한 없이 우리 형법

1) 대판 1998. 11. 27, 98도2734는 형법 제2조의 속지주의를 적용함에 있어서 공모공동정범의 경우 공모지도 범죄지로 보아야 한다고 판시하고 있다.
2) 대판 2001. 9. 25, 99도3337.

을 적용하고, 제6조에서는 제5조에서 규정한 국가적 및 사회적 법익을 위태화하는 범죄 이외의 자국 또는 자국민에 대한 범죄에 대하여 단서를 통해 상호주의적 제한규정을 둠으로써 소극적 보호주의를 취하고 있다. 판례 역시 형법 제6조 단서에 의한 우리 형법의 적용배제를 인정한다.[1)]

3. 외국에서 형의 집행을 받은 경우

외국형법에 의하여 처벌받은 자를 우리 형법에 의하여 처벌하는 것은 한국의 재판권에 의한 이중처벌이 아니므로 일사부재리(一事不再理) 원칙에 저촉되지 않는다. 다만, 그 법적 효과에 관하여 2016년 개정 전에는 임의적 감면사유로 하였다가 필요적 산입주의로 변경되었다. 헌법재판소는 개정 전의 임의적 감면규정에 대하여 헌법불합치결정을 함으로써, 국가형벌권의 실현과 국민의 기본권 보장요구의 조화를 위하여 국민의 신체의 자유를 덜 침해할 방법이 있음에도 불구하고 임의적 감면으로 정함은 과잉금지의 원칙에 위배된다고 결정하여, 실질적 죄형법정주의가 추구하는 비례성의 원칙 또는 적정성의 원칙을 동 규정을 통해 실현할 것을 촉구한 바 있다.[2)] 다만, 제7조의 적용을 받는 자는 외국에서 자유형의 전부 또는 일부가 실제 집행된 자를 의미하므로, 미결구금기간은 제7조에 의한 산입대상이 아니다.[3)]

4. 세계주의

세계주의란 앞선 내국인 및 외국인의 국내범 또는 국외범 여부와 관계없이, 그리고 어떤 범죄인가를 불문하고 인류공영에 해를 가하는 범죄에 우리 형법을 적용한다는 원칙이다. 앞서 언급한 속지주의 원칙과 그 밖의 보완원칙들을 고려하면 대체로 외국인의 국외범이 외국의 이익을 해할 경우가 이에 해당한다.

형법은 2013년 개정을 통하여 제296조의2를 신설하여 약취·유인 및 인신매매의 죄에 관하여 외국인의 국외범을 제6조의 제한 없이 처벌하도록 규정함으로써 세계주의를 명문화하였다.

---

1) 대판 2008. 7. 24, 2008도4085는 "형법 제6조 단서에 의하여 행위지의 법률에 의하여 범죄를 구성하지 아니하거나 소추 또는 형의 집행을 면제할 경우에는 우리 형법을 적용하여 처벌할 수 없다."고 판시한다.

2) 헌재결 2015. 5. 28, 2013헌바129.

3) 대판 2017. 8. 24, 2017도5977 전원합의체 판결.

제 3 절 인적 적용범위

형법은 시간적·장소적 효력이 미치는 범위 내에 있어서는 원칙적으로 모든 사람의 범죄에 대하여 적용되지만 예외적으로 그 적용이 배제되는 경우가 있다.

Ⅰ. 국내법상의 예외

대통령은 내란 또는 외환의 죄를 범한 경우를 제외하고는 재직중 형사상의 소추를 받지 아니한다(헌법 제84조). 직위상실 후에 재직중의 행위에 대한 소추가 가능함은 물론이다.

국회의원은 "국회에서 직무상 행한 발언과 표결에 관하여 국회 외에서 책임을 지지 아니한다."(헌법 제45조) 이러한 면책은 국회의원의 신분을 상실한 이후에도 유효하다. 다만 이러한 경우가 국회법에 의한 징계의 대상이 될 수 있음은 별개의 문제이다.

Ⅱ. 국제법상의 예외

국제법상 치외법권의 적용을 받는 외국의 원수, 그 가족 및 내국인이 아닌 종자(從者), 신임된 외국의 대사, 공사, 부수원(참사관, 서기관, 외교관보, 대·공사관부무관, 서기), 그 가족 및 내국인이 아닌 종자는 내국법에 의한 형사소추를 받지 않는다.

승인을 얻고 체류하는 외국군인 및 군속에 대하여서는 일정한 협정에 의하여 형법의 적용이 배제될 수 있는데 한미간의 군대지위협정(1966.7.9 서명, 1967. 3.9 발효)에 의하여 공무집행 중에 발생된 미군범죄에 대하여 우리 형법이 적용되지 않는 것이 그 예이다.[1)]

---

1) 한미간의 군대의 지위에 관한 협정(SOFA: Status of Forces Agreement) 제22조(형사재판권) 참조.

제 2 편

범 죄 론

제 1 장

범죄론의 기초

제 1 절 범죄의 개념
제 2 절 행 위 론
제 3 절 범죄론의 체계

제 1 절 범죄의 개념

Ⅰ. 범죄의 의의

1. 범죄의 실질적 의의

범죄는 일반적으로 사회공동생활의 존립이나 기능 기타 사회생활상의 이익 내지 가치를 심하게 손상하는 행위를 의미하는데, 사회적으로 유해성을 지닌 행위, 법익을 침해하거나 위협하는 반사회적 행위 등 다양한 표현이 사용된다.

범죄의 실질적 의의는 형사입법 내지 형사정책과 밀접한 관련을 맺는다. 위와 같은 정의는 어떤 행위를 범죄로 할 것인가에 관한 형사입법상의 한 기준을 제시해주고 형사정책이 방지와 근절의 표적으로 삼는 대상으로서의 범죄에 합치된다. 이 때문에 범죄의 실질적 의의는 범죄의 형사정책적 의의로 이해되기도 한다.

2. 범죄의 형식적 의의

범죄의 요소를 형법상 일정한 형식에 맞도록 정확하게 구분하여 범죄를 정의함을 의미한다(범죄의 형법적 의의). 이는 벨링(Beling) 이래 오늘에 이르기까지 "범죄는 구성요건에 해당하는 위법, 유책한 행위이다."라고 표현되고 있다.

구성요건해당성은 어떤 행위가 법규상 특정한 범죄형태로서 규정되어 있는 요소에 해당하는 것이고, 위법성은 행위가 법질서 전체의 관점에서 법에 위배되는 것이며, 책임은 구성요건에 해당하고 위법한 행위에 대하여 그 행위자를 비난할 수 있는 관계를 의미한다.

형식적 의미의 범죄를 그 성립요소에 따라 논하는 것은 범죄이론의 핵심이 된다. 그리고 구성요건해당성, 위법성, 책임(유책성)의 세 가지를 일반적으로 범죄의 성립요건이라고 한다.

Ⅱ. 범죄의 본질

범죄의 본질에 관하여서는 권리침해설, 법익침해설 그리고 의무침해설이 거론된다. 포이에르바흐(Feuerbach)는 협의의 범죄를 “형벌법규에 의하여 위하되는 타인의 권리에 반하는 행위”라고 정의하여 권리침해설을 주장하였다. 권리침해설에 이어 범죄의 본질은 법적으로 보호되는 이익, 즉 법익에 대한 침해로 보는 법익침해설이 리스트(Liszt)를 비롯한 많은 학자들의 지지를 받았다. 1930년대에 이르러 샤프슈타인(Schaffstein)을 비롯한 키일학파(Kieler Schule)는 범죄의 중점을 법익침해에서 의무의 침해(Pflichtverletzung)로 옮겼으며, 이를 계기로 하여 범죄의 본질을 법익의 침해와 동시에 의무의 침해로 보는 견해가 나타나게 되었다. 범죄의 본질을 법익침해 및 의무침해로 보는 학설의 주장에 따르면 범죄는 법익침해만으로 충분히 표현될 수 없고, 법익이 어떻게 손상되느냐가 중요하며 규범을 무시하는 행태 속에 놓여 있는 의무침해를 간과해서는 안 된다고 한다. 이처럼 범죄의 본질을 논함에 있어서 법익침해의 면과 의무침해의 면을 아울러 고찰하는 태도가 타당하다.

이처럼 범죄의 의의와 법익의 개념 사이에는 일맥상통하는 면이 있다. 법익이 형벌구성요건을 체계화하고 법규해석의 보조수단으로서의 기능을 행하는 것은 범죄의 형식적 의의에 비교되며, 법익이 형벌영역의 바른 한계를 심사할 수 있도록 형사정책적 척도로서 기능을 수행하는 것은 범죄의 실질적 의의에 비교된다.

Ⅲ. 범죄의 성립과 처벌의 요건

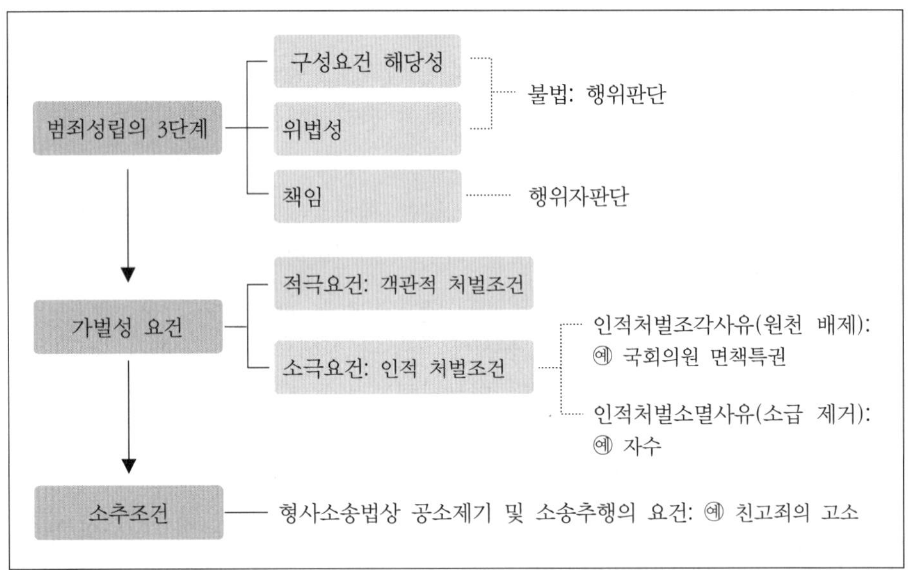

1. 범죄의 성립요건

범죄의 성립은 처벌의 전제조건이다. 앞서 형식적 의미의 범죄란 구성요건해당성, 위법성, 책임의 세 가지 요건을 요구하였는데, 이를 범죄의 성립요건이라 한다. 범죄의 성립요건은 구성요건해당성부터 단계별 성립을 요구하기 때문에, 전자의 요건이 구비되지 않는다면 후자의 성립 여부는 논할 필요가 없다.

첫 번째 단계인 구성요건해당성이란 형법각칙의 본조 및 특별형법에서 금지하는 범죄의 성립요건을 의미한다. 반도덕적이거나 반사회적인 행위라 하더라도 죄형법정주의의 원칙상 법규에 유형화되어 있지 않으면 범죄라 할 수 없다. 구성요건해당성은 형법의 의사결정규범으로서의 기능의 지표가 되며, 각각의 요건 중 어느 하나라도 구비되지 않으면 구성요건해당성은 조각된다.

일단 구성요건해당성에서 요구하는 모든 요소를 갖추게 되면 두 번째 단계로 위법성이 인정되어야 한다. 위법성이란 법질서 전체의 정신에 반한다는 반가치판단으로서, 이미 구성요건으로 유형화된 범죄행위들은 위법하다는 가치가 평가되었기 때문에 형법전에 규정되었다는 점에서, 위법성은 적극적 판단에 의하여 성립할 것이 아니라, 그 행위가 개별적이고 객관적인 법질서의 관점 또는 사회윤리적으로 허용되는가 여부를 판단하게 된다.

범죄 성립의 마지막 단계는 책임이다. 책임이란 개별적인 행위자에 대한 법적 비난가능성의 문제이다. 앞선 두 단계가 객관적으로 평가되는 것과 달리 행위자의 주관적이고 개별적인 사유를 기준으로 적법행위를 할 것을 형법이 기대가능한가의 문제, 즉 행위자가 적법행위로 나아감이 가능한가를 심사한다. 따라서 죄형법정주의에도 불구하고 형법외적으로 또는 초법규적으로 존재하는 사유들도 심사의 대상이 된다. 책임이란 행위자가 규범에 반하는 방향으로 개개인의 심정적 태도를 형성하였다는 점에 대한 평가이기 때문이다.

2. 범죄의 가벌성의 요건

(1) 의 의

범죄는 일반적으로 구성요건에 해당하는 위법·유책한 행위라고 정의되며 구성요건해당성·위법성·책임의 세 가지 요소를 범죄의 성립요건이라고 부른다. 그런데 이러한 요건을 갖춘 행위라 할지라도 반드시 처벌되어야 하는 것은 아니다. 국가가 사회질서의 보호를 위하여 형벌권을 행사함에 있어서는 언제나 여러 가지 관점에서 실제적 필요성을 고려하게 된다. 그리하여 형법은 경우에 따라서는 범죄의 성립요건을 모두 갖춘 경우에도 형벌을 부과하는 데에는 일정한 요건을 구비할 것을 요청한다. 이처럼 일단 성립된 범죄의 가벌성만을 좌우하는 요건을 가벌성의 요건(Voraussetzungen der Strafbarkeit)이라고 한다.

가벌성의 요건에는 객관적 가벌성의 요건(objektive Strafbarkeitsbedingungen)과 가벌성의 인적 예외(persönliche Ausnahmen von der Strafbarkeit)가 있다. 전자는 이것이 존재함으로써 처벌이 가능하게 되므로 적극적 가벌요건이라고 하며, 후자는 그것이 존재하면 처벌할 수 없으므로 소극적 가벌요건이라고 한다.

(2) 객관적 가벌성의 요건(객관적 처벌조건)

1) 의 의

범죄의 성립요건이 모두 갖추어졌다 하더라도 언제나 형벌이 부과될 수 있는 것은 아니다. 성립된 범죄를 처벌하기 위하여 필요한 요건을 처벌조건이라 한다. 처벌조건에는 객관적 사유와 인적 사유가 있다.

객관적 처벌조건, 즉 객관적 가벌성의 요건은 가벌성의 실질적 전제조건으로서 불법구성요건과 책임구성요건은 아니지만 행위에 연관되어 있는 정황으로, 그것의 객관적인 존부가 구체적인 경우에 반드시 요구되므로, 그것이 존재하지 않으면 성립된 범죄라 하더라도 처벌이 불가능하다.

예컨대 사전수뢰죄(형법 제129조 제2항)에 있어서 공무원 또는 중재인이 될 자가 그 담당할 직무에 관하여 청탁을 받고 뇌물을 수수, 요구 또는 약속하면 이로써 범죄 그 자체는 성립한다. 그러나 이러한 행위가 가벌적으로 되려면 그 행위자가 공무원 또는 중재인이 되어야 하는데 이때 '공무원 또는 중재인이 된 사실'이 객관적 가벌성의 요건이다. 또한 채무자 회생 및 파산에 관한 법률(제650조)에 있어서도 채무자가 파산선고의 전후를 불문하고 자기 또는 타인의 이익을 도모하거나 채권자를 해할 목적으로 일정한 행위를 한 자는 이러한 행위로써 사기파산죄가 성립되지만 파산선고가 확정된 경우에만 처벌을 받게 된다. 이 경우 '파산선고의 확정'은 객관적 가벌성의 요건으로 이해된다.

2) 책임원칙에의 합치문제

불법과 책임 이외의 정황이 행위자에 대한 가벌성을 근거짓는 것은 부당하고 가벌성의 문제에 있어서 오히려 결정적인 것은 객관적 가벌성의 요건없이 당벌적 불법(strafwürdiges Unrecht)이 존재하느냐의 여부라는 논거를 내세워 객관적 가벌성의 요건이 책임원칙에 위배된다는 견해가 있다. 그러나 객관적 가벌성의 요건은 충분한 불법내용과 책임내용이 드러남에도 불구하고 형벌을 부가적 정황에 의존하게 함으로써, 실질적으로 형벌의 제한근거가 되기 때문에 책임원칙에 합치된다고 보아야 할 것이다.

(3) 법적 효력

객관적 가벌성의 요건은 구성요건에 속하지 않으므로 고의와 과실의 인식대상이 아니며, 객관적 가벌성의 요건에 관한 착오도 법적 의미를 갖지 않는다.

객관적 가벌성의 요건이 발생하기 이전의 상태는 불가벌이며 결코 미수범으로 처벌되지 않는다. 형법의 보장적 기능은 객관적 가벌성의 요건에도 유효하며 형사절차상 객관적 가벌성요건의 유무에 관하여서는 엄격한 증명을 요한다.

3. 인적 처벌조건

불법과 책임에 속하지 않으면서 가벌성에 영향을 미치는 행위자의 인적 정황을 의미한다. 이러한 인적 예외는 범행에 대한 형벌필요성이 처음부터 배제되거나 사후에 소멸되는 것을 그 결과로 한다.

가벌성의 인적 예외가 객관적 가벌성의 요건과 다른 점은 전자가 일정한 신분관계에 있는 사람에게만 불가벌의 효력을 발휘하나, 후자는 그것이 결여될 때에 어느 누구의 행위라도 불가벌적이라는 점이다.

가벌성의 인적 예외는 인적 처벌(형벌)조각사유(Persönliche Strafausschließungs-gründe)와 인적 처벌(형벌) 소멸사유(Persönliche Strafaufhebungsgründe)로 나누어진다.

인적 처벌(형벌)조각사유란 범죄는 성립되나 행위 당시에 존재하는 직계혈족·동거친족·가족 등과 같은 행위자의 일정한 신분관계로 인하여 행위의 가벌성이 처음부터 배제되는 사유를 말한다. 예컨대 국회의원의 면책특권(헌법 제45조) 등이 이에 속한다. 인적 처벌(형벌) 소멸사유는 가벌적 행위를 범한 후에 비로소 발생되어 이미 성립된 가벌성을 소급적으로 제거하는 정황을 말한다. 예컨대 중지범(제26조)의 형의 면제, 형법 제90조, 제101조 소정의 자수로 인한 형의 면제 등이 이에 해당한다.

인적 처벌조각사유가 있으면 성립된 범죄에 대한 처벌은 배제되지만 불법한 행위에 해당하므로 이에 대한 정당방위가 가능하다. 또한 인적 처벌조건은 신분이 있는 공범에게만 적용되어 불처벌되고 반면에 처벌조건이 없는 즉, 신분이 없는 공범은 범죄성립은 물론 처벌이 가능하다.

처벌조건에 대한 인식 여부는 고의성립의 요소가 아니므로 구성요건착오에 해당하지 않으며, 이에 대한 착오는 범죄의 성립과 처벌에 아무런 영향을 미치지 않는다. 형사재판에서 인적 처벌조각사유가 있는 경우에는 무죄판결이 아닌 형의 면제판결을 하여야 한다.

4. 소추조건

가벌성의 요건은 성립된 범죄의 가벌성에 직접 관련을 맺는다. 한편 소송법적 개념인 소추조건은 범죄의 성립은 물론 그 가벌성에도 관계없이 오직 공소제기 및 소송추행의 요건에 불과하다.

가벌성의 요건을 결하고 있을 때에는 실체적 재판인 형의 면제 판결을 선고하게 되나, 소추조건을 결할 때에는 공소기각 등 형식적 재판을 해야 한다(형사소송법 제327조). 소추조건은 형사소송법상의 문제이지만 실체법인 형법에도 친고죄, 반의사불벌죄 등 그 일부를 규정하고 있다. 여기에서 친고죄라 함은 공소제기에 피해자 기타 일정한 자의 고소를 필요로 하는 범죄를 말하는데, 주로 범죄가 경미하거나 피해자의 감정을 고려할 때 피해자의 의사를 무시하면서까지 소추함이 적절하지 못하다고 판단되는 경우에 인정된다. 친고죄는 친족상도례의 일정한 경우처럼 범인과 피해자 사이에 일정한 신분관계가 있어야만 친고죄가 되는 상대적 친고죄[1)]와 이러한 제한이 없는 절대적 친고죄[2)]로 구분된다.

한편 피해자의 명시한 의사에 반하여 논할 수 없는 범죄인 반의사불벌죄[3)]는 타범죄처럼 소추가 가능하지만 피해자가 불처벌의 의사(처벌불원의사)를 명확히 한 경우에 소추가 불가능하다. 이 밖에도 조세범처벌법 제21조, 관세법 제284조 등의 경우처럼 특별법에서는 고발이 소추조건으로 되는 경우가 있다.

Ⅳ. 범죄의 구분

1. 죄질의 경중에 따른 구분

프랑스 형법전이 범죄를 그 죄질의 경중에 따라 중죄·경죄·위경죄로 3분한 이래 그 영향을 받은 독일, 스위스 등의 형법은 이러한 3분방법을 택하였다. 독일에서 형법개정에 관한 제2차 법률(1967. 7. 4)이 제정되기 이전까지 행해졌던 3분방법을 보면 중죄(Verbrechen)는 인간의 자연적 권리를 침해하거나 그 범행수법이 지나친 범죄를 의미하였고, 경죄(Vergehen)는 사회계약에 기한 권리를 침해하는 범죄를, 그리고 위경죄(Polizeiübertretungen)는 단순한 질서위반 범죄를 의미하였다. 그 후 독일은 형법개정시 위경죄를 형법상의 범죄로부터 배제하여

1) 형법 제328조 제2항, 제344조, 제361조, 제365조 제1항의 경우.
2) 사자의 명예훼손죄(제308조), 모욕죄(제311조), 비밀침해죄(제316조), 업무상 비밀누설죄(제317조) 등 일부 경미한 범죄가 이에 속한다.
3) 형법에 규정된 반의사불벌죄는 다음과 같다: 외국원수·외교사절에 대한 폭행죄(제107조·108조), 외국국기·국장모독죄(제109조), 폭행죄(제260조), 과실치상죄(제266조), 협박죄(제283조), 명예훼손죄(제307조), 출판물 등에 의한 명예훼손죄(제309조).

범죄를 중죄와 경죄로 2분하는 방법을 택하고 있다. 이와 같은 범죄의 구분은 미수, 교사, 공소시효 등 여러 가지 문제와 관련하여 의미를 지니고 있다. 한편 영미법에서는 반역죄(treason), 중죄(felony) 및 경죄(misdemeanour)로 구분하고 있다.

우리나라 형법은 죄질의 경중에 따른 범죄의 분류를 인정하지 않고 범죄라는 단일한 명칭 아래 중죄·경죄를 모두 포함시키고 있다. 경범죄처벌법에 위반하는 행위는 범칙행위로서(제6조 제1항) 형법상의 범죄가 아니라고 보아야 한다.

2. 보호법익에 따른 구분

세계 각국의 형법전은 대체로 범죄를 보호법익에 따라 구분하고 있다. 보호법익을 크게 개인적 법익과 보편적 법익으로 나누거나 이를 국가적 법익, 사회적 법익 그리고 개인적 법익으로 3분한다.

우리나라에서는 법익을 3분하고, 이에 대응하여 범죄의 가장 큰 유형을 국가적 법익을 침해하는 죄, 사회적 법익을 침해하는 죄 및 개인적 법익을 침해하는 죄로 3분하는 방법이 일반적이다. 이러한 법익의 유형은 다시 세분되고 이에 대응하는 범죄의 유형도 구체화되어 나타나는데 이 단계에서 나타나는 범죄의 유형으로서 우리 형법전은 내란의 죄를 비롯한 42개의 범죄군을 규정하고 이들을 제87조에서 제372조에 걸쳐 더욱 세분하고 있다. 어떠한 법익을 형법으로 보호하고, 구성요건을 어떻게 설정할 것인가는 입법정책의 문제이다.

3. 구성요건의 특성에 따른 구분

(1) 결과범과 거동범

구성요건상 결과발생을 그 요건으로 하고 있는가에 따라 범죄는 결과범(Erfolgsdelikte)(또는 실질범(Materialdelikte))과 거동범(Tatigkeitsdelikte)(또는 형식범(Formaldelikte))으로 구분된다. 결과범은 구성요건 행위로부터 외계에 대하여 일정한 결과가 야기될 것이 전제되어 있고, 따라서 행위와 결과 사이의 인과관계가 문제된다. 거동범은 외계에의 결과야기가 전제되어 있지 않으며 법조문에 기술된 행위를 함으로써 곧 그 불법구성요건을 충족하게 된다. 예컨대 살인죄(제250조)는 사람의 사망이라는 결과야기가 구성요건충족을 위한 전제로 되어 있는 결과범이고, 무고죄(제156조)는 단지 일정한 목적으로 허위의 신고를 함으로써 곧 그 구성요건을 충족시키는 거동범이다.

결과범은 행위와 결과 사이의 인과관계 및 객관적 귀속이 인정되어야 하며, 비록 행위가 존재하더라도 그것이 인정되지 않으면 미수의 문제가 된다. 반면 거동범은 요구되는 행위만 하면 결과발생 여부와 관계없이 기수가 되므로 인과관계와 객관적 귀속은 구성요건이 아니며, 미수를 논하지 않는다.

(2) 침해범과 위험범

범죄는 법익보호의 정도에 따라서 침해범과 위험범(위태범)으로 구분된다. 보호법익에 대한 현실적인 침해가 이루어져야 구성요건이 충족되어 기수에 달하는 범죄를 침해범이라고 한다. 예컨대 살인죄, 절도죄 등이 이에 속한다. 한편 보호법익에 대한 침해의 위험만 있어도 구성요건의 충족이 이루어지는 범죄를 위험범이라고 한다. 예컨대 명예훼손죄, 신용훼손죄, 업무방해죄 등이 이에 해당한다.

위험범은 다시 구체적 위험범과 추상적 위험범으로 구분된다. 법익에 대한 실해발생의 위험이 현실로 야기된 경우에 구성요건의 충족을 인정하는 범죄를 구체적 위험범이라 하고, 단지 법익침해의 추상적 위험, 즉 일반적인 법익침해의 위험이 있음으로써 곧 당해 구성요건의 충족을 인정하는 범죄를 추상적 위험범이라 한다. 예컨대 자기소유일반건조물 등 방화죄(제166조 2항), 자기소유 건조물 등에의 일수죄(제179조 2항), 중상해죄(제258조 1항) 등은 구체적 위험범이고, 현주건조물 등 방화죄(제164조), 위증죄(제182조) 등은 추상적 위험범이다.

이러한 구분의 중요성은 구체적 위험범은 당해 위험이 객관적 구성요건요소에 해당하므로 구성요건 표지로 명문화될 뿐만 아니라(예: 공공의 위험, 생명에 대한 위험) 위험에 대한 고의를 필요로 하는 반면, 추상적 위험범은 위험이 행위의 고유 속성에 내포되어 있으므로 위험에 대한 별도의 고의를 필요로 하지 않는다는 점에 있다. 왜냐하면 구체적 위험범은 일반적으로 현실적인 위험의 발생을 요건으로 한다는 취지가 구성요건상에 명시되어 있기 때문에 위험의 발생은 구성요건요소이지만, 추상적 위험범은 법익침해의 위험성이 구성요건상에 명시되어 있지 않아서 위험의 발생은 구성요건요소가 아니라 단지 입법의 이유에 불과하므로 구성요건의 내용인 행위를 하면 당연히 위험이 있는 것으로 의제되기 때문이다. 일반적으로 침해범과 구체적 위험범은 현실적으로 침해나 위험이 발생하여야만 기수에 이르므로 결과범에 해당하고, 추상적 위험범은 구성요건만 충족되면 기수가 되므로 거동범에 해당한다.

(3) 즉시범 · 계속범 · 상태범

범죄구성요건에 해당하는 결과와 범죄행위 완성의 관계에 따라, 범죄는 즉시범 · 상태범 · 계속범으로 구분된다. 즉시범이란 법익침해의 결과발생과 동시에 곧 범죄가 기수에 이르고 종료되면서 법익침해의 상태 역시 종결되는 경우를 말한다. 예컨대 살인죄(제250조)는 사람의 사망과 동시에 기수에 달하고 종료되면서 법익의 귀속주체가 존재하지 않음으로 인하여 법익침해상태까지도 종결되기 때문에 이론상 상태범과 구분된다. 이에 관하여 상태범은 기수 이후에 가담하는 공범을 처벌할 수 있으므로 그렇지 않은 즉시범과 구별된다고 보는 견해도 있다. 그러나 즉시범은 상태범과 법적인 구별실익이 없다. 상태범 역시 기수 이후에 가담한 행위는 기수가 된 당해 행위의 공범이 아닌 별개의 범죄에의 공범이 성립된다는 점에서 즉시범과 차이가 없기 때문이다.[1] 다만, 판례는 여전히 즉시범이라는 용어를 사용한다.[2]

상태범이란 법익침해행위에 의한 결과발생과 동시에 범죄는 기수에 이르고 종료되지만, 그 법익침해상태가 범죄종료 후에도 존속되는 경우를 의미한다. 절도죄(제329조)가 그 예이다. 특히 절도죄와 같은 재산범죄 기수 이후의 위법상태 하에서의 행위는 독립한 범죄가 되지 않는데 이를 불가벌적 사후행위라 한다. 위법상태가 존속한다는 것은 이미 행하여진 범죄로 인한 법익침해상태의 계속을 의미하므로, 그러한 법익이 이미 침해된 상태 하에서는 추가적인 법익침해가 발생할 수 없기 때문이다.

계속범이란 행위의 본질적인 속성상 기수에 이르기 위해서도 어느 정도 행위의 계속이 요구되고 기수 이후에도 법익침해상태가 계속되는 동안 범죄행위가 계속되고 종료되지 않는 경우이다. 즉, 기수에 이르기까지도 어느 정도 행위에

---

1) 예컨대, 절도죄의 기수 이후에 가담한 제3의 행위자는 대체로 정범에게 불가벌적 사후행위가 되는 장물죄 등의 공범이 된다는 점을 이유로 든다. 그러나 기수 이후에 제3자에게 공범이 성립하는가는 기수가 된 당해 범죄에의 공범 여부를 논하여야 할 것이다. 만일 그와 같은 별개의 범죄에의 공범성립을 인정한다면 즉시범인 살인죄 기수 이후에 증거인멸에 가담한 제3자 역시 공범이 성립함은 물론이기 때문이다.

2) 대판 2011. 7. 14, 2011도2471. “그와 같은 행위가 종료됨으로써 즉시 성립하고 그와 동시에 완성되는 이른바 ‘즉시범’이라고 보아야 한다.”

시간적 계속성을 요구함과 동시에 기수 이후에도 행위가 시간적 계속성이 요구되는 범죄이다(이중의 계속성). 예컨대, 감금죄(제276조)는 행위의 속성상 감금행위 자체가 어느 정도 계속성이 있어야 기수가 되었다고 평가할 수 있음[1)]과 동시에 법익침해로부터 해방되기 전까지 행위와 법익침해상태의 계속이 동시에 존재한다.

다만 상태범과 계속범이 기수시점과 종료시점의 일치여부에 의하여 구분된다고 하더라도, 이때의 일치란 규범적 평가의 의미이고, 사실상태는 그와 완전히 일치한다고 할 수 없다. 예컨대, 상태범인 상해죄의 경우에 만일 갑이 을의 눈을 10회 가격한다고 할 때 첫 번째 가격행위에 의하여 상해죄의 구성요건은 모두 충족되므로 기수에 달하지만, 마지막 열 번째 가격행위가 마무리 될 때까지 행위는 종료되었다고 할 수 없다. 그렇다고 하여 10번의 행위를 "계속"범이라고 표현하지는 않는다. 여전히 상해죄는 1회를 가격해도 상태범이고 10회를 가격하여 마지막 가격시점까지 행위가 계속되고 있더라도 상태범인 것이다. 계속범은 행위의 불가분적 연속성으로 인하여 행위 자체가 "계속"됨으로써 기수시점과 종료시점이 원천적으로 일치할 수 없는 경우만을 의미한다.

일반적으로 상태범과 계속범의 차이를 공범의 성립시기, 공소시효의 기산점, 행위시법의 기준, 정당방위의 성립시기에서 찾는다. 그리고 상태범은 기수시점을, 계속범은 종료시점을 기준으로 한다고 본다. 그러나 양자는 모두 종료시점을 기준으로 하며, 다만 상태범의 경우 종료시점이 기수시점과 일치할 뿐이다.

판 례

일반교통방해죄에서 교통방해 행위는 계속범의 성질을 가지는 것이어서 교통방해의 상태가 계속되는 한 가벌적인 위법상태는 계속 존재한다. 따라서 신고 범위를 현저히 벗어나거나 집시법 제12조에 따른 조건을 중대하게 위반함으로써 교통방해를 유발한 집회에 참가한 경우 참가 당시 이미 다른 참가자들에 의해 교통의 흐름이 차단된 상태였다고 하더라도 교통방해를 유발한 다른 참가자들과 암묵적·

1) 대판 2020. 3. 27, 2016도18713. 체포죄는 계속범으로서 체포의 행위에 확실히 사람의 신체의 자유를 구속한다고 인정할 수 있을 정도의 시간적 계속이 있어야 기수에 이르고, 신체의 자유에 대한 구속이 그와 같은 정도에 이르지 못하고 일시적인 것으로 그친 경우에는 체포죄의 미수범이 성립할 뿐이다.

순차적으로 공모하여 교통방해의 위법상태를 지속시켰다고 평가할 수 있다면 일반교통방해죄가 성립한다.[1] 즉, 일반교통방해죄는 계속범이므로 행위 중간에 순차적으로 가담한 자도 범죄(공동정범)가 성립한다.

(4) 일반범 · 신분범

구성요건의 실현이 가능한 행위자유형에 따라서 범죄는 일반범(Allgemeind-elikte) · 신분범(Sonderdelikte)으로 구분된다.

일반범의 경우 모든 사람이 그 행위자로 될 수 있다. 보통 법문에는 특별한 명칭 없이 "…한 자"로 표현된다.

신분범이란 일정한 신분(특수한 주관적 자격)을 가진 자만이 행위의 주체로 될 수 있거나 행위자의 신분이 형의 가중 또는 감경사유로 되는 범죄를 말한다. 전자를 진정신분범이라고 하며 위증죄, 수뢰죄, 횡령죄 등이 이에 속한다. 후자는 부진정신분범이라고 칭하는데, 기본범죄는 일반범으로서 모든 사람이 주체가 되지만 형의 가중 · 감경범죄는 특별한 신분을 요하며 존속살해죄, 존속유기죄 등이 이에 해당된다.

(5) 자수범

구성요건상으로 구성요건적 행위의 직접적 · 자수적 실행이 전제되어 있는 범죄를 자수범이라 한다. 자수범(eigenhändige Delikte)은 공동정범이나 간접정범의 형태로는 범할 수 없고, 정범의 형태는 유일하게 단독정범만 가능하다. 따라서 정범의 성립한계를 확정하는 기능이 있다. 형법 제33조에 의하여 비신분자도 진정신분범의 공동정범이 될 수 있다는 이유로 자수범의 개념을 부정하는 견해도 있으나 당해 범죄의 특수한 행위반가치가 자수적 방법으로써만 실현되는 범죄도 있으므로 자수범 개념은 인정되어야 할 것이다. 자수범과의 공동정범 또는 자수범을 도구로 하는 간접정범은 성립할 수 없으나 자수범에 대한 방조범이나 교사범은 성립할 수 있다.

자수범의 인정근거에 관하여서 다음과 같은 학설들이 대립한다. 문언설은 개별적인 구성요건의 문언에 의하여 정범 자신만이 범할 수 있는 범죄를 자수범으

---

1) 대판 2018. 1. 24, 2017도11408.

로 본다. 그러나 구성요건상 문언의 의미가 명확하지 않을 경우 자의적 해석의 우려가 있다. 거동범을 자수범으로 보는 거동범설에 대하여는 모든 거동범이 자수범이 되는 것은 아니므로 실질적인 구별기준을 제시하지 못한다는 비판이 가능하다. 진정·부진정 자수범으로 나누는 이분설은 진정자수범에는 제3자가 아닌 행위자만이 할 수 있는 행위자관련적 범죄가 여기에 속하는 반면, 부진정자수범은 의무범의 일종으로서 일신전속적 의무의 침해가 범죄가 되는 경우라고 한다.[1] 그러나 행위의 반윤리성 또는 의무 자체만으로 자수범죄로 분류하는 것은 타당하지 않다는 비판이 있다.[2] 또한 행위자의 신체를 통한 범죄와 행위자의 인격적 태도에 기인하는 범죄 및 소송법 종속적 범죄로 나누는 Herzberg식[3] 삼분설[4] 등이 있다.[5]

생각건대, 자수범이란 정범 자신이 아니면 구성요건 실현이 불가능한 범죄나 행위자의 신체적 동작을 구성요건실현의 전제조건으로 삼는 범죄라고 정의할 때, 자수범의 판단기준은 '행위자에 의한 자수적 실행이 요구되는가'가 중심에 놓여야 한다. 이러한 점에서 볼 때 형법 이외의 법률이 행위자 스스로의 행위를 요구하는 범죄는 '형법 이외의 법률'이 아니라 '행위자 스스로의 행위를 요구하는가'가 자수성의 판단에 있어 중심이 되어야 한다. 또한 형법 이외의 법률에 의하여 주체가 제한을 받는 경우란 형법상으로 특수한 형태가 아니다. 형법 이외의 법률이 소송법이든지 실체법이든지 이러한 종속은 결과적으로 행위자라는 주체를 제한하는 형태로 나타나고 그러한 제한은 행위자의 신분적 요소로서 작용하게 된다. 그리고 이러한 신분적 요소와 자수적 요소를 혼동하여서는 안 될 것이다. 신분범과 자수범은 모두 정범성립이 행위지배에 의하여 결정되지 않는다는 점에서는 공통되지만, 신분범은 형법규정으로서 공동정범 성립의 길을 열어 놓고 있기 때문에 그 효과에 있어서도 분명히 차이가 있다. 따라서 삼분설 또는 Herzberg식에서의 세 번째 유형분류에 의하면 다시 그것이 행위관련적인

1) 신동운, 696면.
2) 배종대, 477면.
3) Herzberg, "Eigenhändige delikte", ZStW 82, 1970; Herzberg, Rolf Dietrich, Täterschaft und Teilnahme, München: C.H. Beck, 1977.
4) 권오걸, 626면; 김성돈, §30/96; 박상기, 87면; 배종대, 477면; 이재상 외, 452면; 임웅, 505면; 정영일, 448면.
5) 자세한 학설의 분류는 김혜경, 자수범에 관한 연구, 박사학위논문, 2005, 11면 이하 참조.

지 행위자관련적인지를 구분하는 작업이 필요하게 된다.

결과적으로 자수범의 유형구분은 자수범의 개념으로부터 도출된다고 볼 때, 구성요건의 속성상 행위자의 신체를 통한 직접적인 행위만이 구성요건실현의 의미가 있는 행위자관련적 범죄와 제3자에 의한 구성요건의 실현은 법익침해로 파악되지 않고 오로지 행위자의 일신적인 행위나 인격적인 태도의 표출이 구성요건 실현의 핵심을 이루는 행위관련적 범죄로 이분하는 것이 바람직하다고 본다.

그 결과, 구성요건의 속성상 행위자에게 신체를 통한 직접적인 행위만이 구성요건 실현에 있어서 의미 있는 행위자관련적 범죄로는, 형법상 공연음란죄, 피구금자간음죄, 도주죄, 군형법상 계간죄, 근무이탈목적 자상행위죄, 군무이탈죄, 부정수표단속법상 허위신고죄, 농업협동조합법상 호별방문죄, 병역법상 병역의무기피목적 자상행위죄 및 도주죄, 도로교통법상 음주운전죄 등이 여기에 속한다. 둘째, 제3자에 의한 구성요건의 실현은 법익침해로 파악되지 않고 오로지 행위자의 일신적인 행위나 인격적인 태도표출이 요구되는 행위관련적 범죄가 있다. 대체로 많은 표현범들이 여기에 속한다고 보여 진다. 그리고 형법상 명예훼손죄, 모욕죄, 업무상비밀누설죄, 허위감정·통역죄, 공직선거 및 선거부정방지법상 후보자비방죄, 특별법상 각종 업무상비밀누설죄 등이 속한다. 그리고 위증죄 역시 불법의 중심은 행위자가 스스로 기억에 반하는 판단을 증언함으로서 행위자의 인격적인 태도가 외부로 표출되었다는 점에 있으므로 행위관련적 범죄로 봄이 타당할 것이다.

판 례

강제추행죄는 사람의 성적 자유 내지 성적 자기결정의 자유를 보호하기 위한 죄로서 정범 자신이 직접 범죄를 실행하여야 성립하는 자수범이라고 볼 수 없으므로, 처벌되지 아니하는 타인을 도구로 삼아 피해자를 강제로 추행하는 간접정범의 형태로도 범할 수 있다. 여기서 강제추행에 관한 간접정범의 의사를 실현하는 도구로서의 타인에는 피해자도 포함될 수 있으므로, 피해자를 도구로 삼아 피해자의 신체를 이용하여 추행행위를 한 경우에도 강제추행죄의 간접정범에 해당할 수 있다.[1] 즉, 강제추행죄는 자수범을 이분하는 경우 행위자관련적 범죄에 해당하지 않으므로, 간접정범이 성립할 수 있다는 취지의 판결이다.

1) 대판 2018. 2. 8, 2016도17733.

> 또한 부정수표단속법 제4조상 수표금액의 지급책임을 부담하는 자 또는 거래정지처분을 당하는 자는 발행인에 국한되는 점에 비추어 볼 때 그와 같은 발행인이 아닌 자는 부정수표단속법 제4조가 정한 허위신고죄의 주체가 될 수 없고, 발행인이 아닌 자는 허위신고의 고의 없는 발행인을 이용하여 간접정범의 형태로 허위신고죄를 범할 수도 없다.[1)]

(6) 단일범과 결합범

범죄성립에 요구되는 구성요건행위의 단·복에 따라, 범죄는 단일범과 결합범으로 구분된다. 단일범이란 하나의 행위가 하나의 구성요건을 충족시키는 가장 기본적인 형태의 범죄이다. 예컨대 살인죄(제250조)는 살해행위라는 하나의 행위만을 구성요건행위로 요구한다.

결합범이란 각각 독립하여 별도의 범죄구성요건을 이루는 행위를 둘 이상 결합시켜서 독자적인 범죄를 성립시키는 경우를 의미한다. 예컨대 강도강간죄(제339조)는 강도죄(제333조 등)와 강간죄(제297조)의 구성요건행위를 결합시켜서 제3의 범죄로 구성한 것이다. 이 경우 만일 강도강간죄가 존재하지 않는다면 강도죄와 강간죄의 상상적 경합이 되지만, 경합범으로 처단하는 것이 불법성의 정당한 평가라고 인정되지 않을 경우[2)] 법정형을 가중하기 위한 형사정책적 목적으로 결합범을 인정하게 된다.

그러나 반드시 단일범이라고 하여 하나의 행위만을 요구하는 것은 아니고, 경우에 따라서는 두 개 이상의 행위가 각각 독립하여 범죄구성요건을 충족시키지 못하는 때에도 단일범이 된다. 예컨대 강간죄(제297조)는 폭행 또는 협박과 간음이라는 두 개 이상의 행위가 구성요건충족을 위하여 필요하지만 각각의 행위들은 독립하여 별개의 구성요건을 충족시키지 못하므로(간음행위만으로는 범죄

---

1) 대판 2007. 3. 15, 2006도7318; 대판 1992. 11. 10, 92도1342.

2) 후술하겠지만 상상적 경합은 중한 죄에 정한 형에 의하여 처단형을 결정하게 되므로, 이 경우 강도죄와 강간죄가 모두 3년 이상의 징역에 해당되어 결과적으로 단일범인 강도죄를 범해도 3년 이상의 징역, 강도죄와 강간죄의 상상적 경합이 되어도 3년 이상의 징역이 처단형이 된다. 이처럼 양자가 동일해 짐으로써 후자의 보다 중한 불법성이 처단형에 반영되지 못하는 결과가 될 때 결합범을 통해 법정형을 가중하는 것이다. 예컨대 형법상으로는 강간상해죄(제301조), 강간살인죄(제301조의2), 인질강요죄(제324조의2), 인질강도죄(제336조), 강도상해죄(제337조), 강도살인죄(제338조) 등이 이에 해당한다.

가 성립하지 아니한다), 결합범이 아니라 단일범이다. 반면 강도죄(제333조)는 폭행 또는 협박과 취거라는 두 개 이상의 행위가 각각 폭행죄 또는 협박죄와 절도죄라는 별개의 범죄를 충족시키므로 결합범이다.

결합범에 요구되는 두 개 이상의 행위들의 시(간)적 한계로서, 선행행위가 기수가 되기 전에 후행행위가 이루어져야 한다. 만일 선행행위 기수 이후에 새로운 범의로 후행행위를 하게 되면 양자는 독립된 범죄로서 실체적 경합이 된다. 예컨대 강도가 강취행위 기수 이후에 새로운 범의로 피해자를 강간하였다면 강도죄와 강간죄의 실체적 경합이 되고, 강도가 처음부터 또는 강취 행위 도중 간음의 고의로 강간하였다면 강도강간죄라는 결합범이 된다.

4. 초과주관적 구성요건을 요하는 범죄

(1) 목적범

일정한 주관적 목적이 구성요건상 전제되어 있는 범죄를 목적범(Absichtsd-elikte)이라 한다. 예컨대 내란죄(제87조)에 있어서 "국헌을 문란할 목적", 각종 위조죄(제207조)에 있어서 "행사할 목적", 영리약취·유인죄(제288조)에 있어서 "영리의 목적" 등과 같이 일정한 초과적 내심경향으로서의 목적을 필요로 하는 범죄가 이에 속한다. 목적은 구성요건적 고의와는 다른 것으로 인식의 대상이 범죄사실인 구성요건의 객관적 요소의 범위를 초과하고 있다.

목적범은 다시 목적달성을 위하여 추가적인 행위가 요구되는가에 따라 구분되기도 한다. 당해 구성요건행위의 완성으로 목적하는 바가 달성되는 경우를 단절된 결과범이라 하며, 내란죄(제87조)가 이에 해당한다. 반면 목적하는 바를 완성하기 위하여는 추가적인 행위가 요구되는 경우가 있는데 이를 단축된 이행위범이라 하며 통화위조죄(제207조) 등이 여기에 속한다.

목적범에 있어서 목적의 인식정도에 대해서는 적극적 의욕이나 확정적 인식까지는 필요 없고 미필적 인식으로 족하다는 것이 판례의 태도이다.[1] 반면 구체적인 목적범의 특성에 따라서 목적의 인식과 입증정도를 달리 판단해야 한다고 보면서, 위조죄 등과 같이 객관적 구성요건 외에 행위자나 제3자의 개별 행위가 추가되어야 목적이 달성되는 경우, 즉 소위 단축된 이행위범은 목적에 대

1) 대판 2010. 7. 23, 2010도1189 전원합의체 판결.

한 확정적 인식이 필요하지만, 단절된 결과범은 미필적 인식으로도 족하다고 보는 견해가 있다.[1] 생각건대 주관적 구성요건이외에 초과주관적 구성요건을 요구하는 태도는 반사적으로 범죄성립의 확장을 방지하거나 엄격히 해석하는 효과가 있다. 따라서 그 자체로도 행위자에게 유리한 해석이 되지만, 법문에 명시된 요건을 행위태양에 따라 달리 해석하게 된다면 자의적 해석의 우려, 법적용의 형평성 저해 등의 문제가 발생한다는 점에서 일관된 해석이 필요하지 않을까 한다. 그러한 점에서는 고의가 미필적으로도 족하다는 의미에서 목적 역시 미필적으로도 충분하다고 해석함이 타당할 것이다.

(2) 경향범

경향범이란 범인의 일정한 주관적 경향의 발현으로서 행해진 범죄를 말한다. 예컨대 공연음란죄(제245조)가 이에 해당한다. 본죄에 있어서는 그 행위가 행위자의 성욕을 자극·흥분시키거나 만족시키려는 성적 의도에 기하여 행해졌을 때 비로소 범죄를 구성한다.

(3) 표현범

표현범이라 함은 행위자의 내심적 상태의 표현으로서 행위가 행하여졌을 때 범죄로 되는 경우를 말하는데 위증죄(제152조)가 이에 해당한다. 위증죄에 있어서는 법률에 의하여 선서한 증인이 단지 객관적으로 허위의 진술을 한 것으로는 부족하고 주관적으로 증인 자신의 기억에 반하는 사실을 진술할 것이 필요하며(주관설), 기억에 반한다는 것을 알면서도 감히 표현한다는 점에 그 범죄성이 인정된다.

제2절 행 위 론

형법상 행위가 아닌 범죄란 있을 수 없으므로 당연히 “○○행위는 범죄이다”라고 하게 된다. 그러나 형법상의 행위개념을 어떻게 이해할 것인가에 관하여는 두 가지 관점에서 논란이 되었다. 첫째는 구성요건해당성을 논하기 이전의 행위

1) 위의 판결의 소수의견이다.

개념으로서 전(前)구성요건적 행위 개념을 필요로 할 것인가의 문제이고, 그 다음으로는 전구성요건적 행위개념의 필요성을 인정하는 경우 그 내용을 어떠한 관점에서 정립할 것인가이다. 첫 번째 문제에 관하여는 부정론과 긍정론이 대립되었지만 이는 역사적 의미를 가질 뿐이고 범죄론체계의 전개에 있어서는 긍정론의 입장에서 어떠한 행위론을 취하는가에 따라서 그 내용을 달리하여 발전하여 오늘날의 합일태적 범죄론체계에 이르게 되었다.

심 화 행위론에 대한 부정론과 긍정론

1. 역사적 의미로서 부정론과 긍정론의 대립

전구성요건적 행위 부정론은 일정한 행위개념의 형성을 무시하거나 행위개념을 구성요건해당성에 직접으로 끌어들여서 구성요건실현행위를 범죄론의 출발점으로 삼는다. 이 견해에 의하면 구성요건해당적 행위, 즉 개개의 구성요건의 특성에 합치하는 일정한 양태로서의 행위(예컨대 살해 · 폭행 · 절취 등)만이 형법상 의미 있는 행위로 인정된다. 그 논거로서는 ① 작위와 부작위는 마치 a와 non a의 관계와 같기 때문에 공통되는 상위개념 아래 둘 수 없고 따라서 작위와 부작위를 모두 포함하는 행위개념이란 불가능하므로, 작위범과 부작위범은 불법구성요건의 영역에 들어와서야 비로소 하나의 공통분모를 가질 수 있다는 점 ② 전구성요건적 행위란 전혀 체계적 가치를 갖고 있지 않은 점 ③ 죄형법정주의를 근본원리로 하는 형법에서는 행위를 구성요건에서 취급하면 충분하고, 행위를 구성요건의 앞위치에 놓아 독립적으로 논하는 것은 '벌거벗은 행위론'으로서 아무런 의미가 없다는 점을 든다.

반면 긍정론은 범죄의 표지를 논하기 전에 무엇을 형법상의 행위라고 이해할 수 있는가를 살펴보며, 행위개념이 형법상 일정한 의미 내지 기능을 가진다고 보는데 그 중 마이호퍼(Maihofer)의 견해가 가장 종합적이라고 할 수 있다.[1] 마이호퍼는 행위자 없는 행위, 행위 없는 행위자란 있을 수 없다고 전제하고 행위를 기능적 띠(funktionales Band)로서 행위자를 행위대상과 연결한다고 보면서 행위개념이 범죄론체계에 있어서 근본요소(Grundelement), 연결요소(Verbindungselement), 한계요소(Grenzelement)로서의 기능을 갖는다고 설명하였다.

(1) 근본요소로서의 기능

형법적 가치판단의 테두리 내에서 고려의 대상으로 되는 모든 술어(Prädikate)와

---

1) 여러 학자들의 견해에 관하여서는 이형국, 연구 I, 113면 이하 참조.

부가어(Attribute)는 기술적인 것이든 규범적인 것이든 모두 공통의 기본개념인 행위개념으로 되돌아오지 않으면 안 되며, 행위주체에 덧붙여지는 술어인 '과실로 인하여', '징역에 처한다' 등의 표지들도 이론적으로 볼 때 언제나 관련개념인 '행위'를 필요로 하는데 이러한 필요성은 행위개념에 대하여 체계상위개념(Systemo-berbegriff)의 지위를 부여한다. 행위개념의 이러한 역할을 마이호퍼는 근본적 요소로서의 기능 또는 행위개념의 논리적 의미라고 부른다.

(2) 연결요소로서의 기능

행위는 불법 · 책임 · 형벌이라는 형법적 가치판단을 체계적으로 연결시키는 연결요소로서의 기능을 행한다. 어떤 행위의 체계적 확정과 평가는 행위－불법－책임－형벌이라는 순서 속에서만 가능하다. 행위 중에서 일정한 것이 불법한 행위라고 한계지워지는 것이고 불법한 행위 중에서 유책한 행위 그리고 유책한 행위 중에서 가벌적인 행위가 한계지워지는 것이다. 이러한 연결요소로서의 기능을 행위개념의 체계적 의미라고도 부른다.

(3) 한계요소로서의 기능

행위개념은 형법적으로 전혀 의미가 없는 형태를 처음부터 형법적 관찰의 대상에서 배제하는데 이를 행위개념의 한계요소로서의 기능 또는 행위개념의 실제적 의미라고 부른다.

2. 긍정론의 타당성

행위의 규범적 의미를 강조하여 전구성요건적 행위개념의 필요성을 부정하는 견해도 그 나름대로 의미가 없는 것은 아니며 특히 실제적 관점에서는 전구성요건적 행위개념을 하등의 필요성이 없는 추상적 개념이라고 평가할 수 있을지도 모른다. 왜냐하면 실제에 있어서는 최소한도 구성요건해당성이 있는 행위가 문제로 되며 이러한 행위에 대한 형법적 취급도 어떠한 행위론을 취하느냐에 따라 달라지는 것이 사실상 없기 때문이다. 그러나 이러한 부정적 견해보다는 긍정론의 입장이 타당하다고 판단된다. 비록 그 실제적 영향이 큰 것은 아니라고 할지라도 행위개념의 형법적 기능, 즉 일반적 행위개념의 근본요소로서의 기능, 연결요소로서의 기능, 한계요소로서의 기능은 결코 무시될 수 없다. 행위에 의하지 아니한 구성요건의 실현이란 생각할 수 없고, 행위가 아닌 구성요건실현을 범죄이론의 출발점으로 삼는다는 것은 논리에 맞지 않는다. 행위 아닌 범죄란 있을 수 없으므로 범죄의 모든 표지(구성요건 해당성, 위법성, 책임 등)에 의하여 특징지워지는 행위는 당연히 일반적 행위개념에 포함된다. 따라서 일반적 행위개념은 일정한 척도에 의하여 특징지워진 행위와의 관계에서 볼 때 유개념(類概念)과 종개념(種概念)의 입장에 서게 된다. 더 나아가 범죄이론의 출발점으로서의 전구성요건적 행위개념을 인정하고 그 의미를 밝혀보는 것은 실정법적 요청이라고도 볼 수 있다. 왜냐하면 형법규정에서 사용되는 '행위'라는 용어에는 전구성요건적 의미의 행위도 포함된 경우가 있기 때문이다(예컨대 형법 제13조, 제17조 등).

Ⅰ. 전(前)구성요건적 행위개념에 관한 이론

1. 인과적 행위론

(1) 의 의

리스트, 벨링에 의하여 전개된 인과적 행위론(kausale Handlungslehre)은 19세기 후반에 지배적이었던 자연과학적 사고에 그 기반을 두고 있었다. 이 이론에 의하면 행위는 의미있는 신체의 행태, 인간의 의사에 되돌릴 수 있는 외계에 있어서의 변화의 야기, 인간의 행태 등으로 정의된다.

자연과학의 영향을 많이 받았던 19세기에서 20세기로 전환되는 시기에 특히 이 이론은 행위를 오직 외적·자연적 과정으로 파악하였다.[1] 그리하여 작위는 근육의 긴장, 부작위는 근육의 휴지(休止)에 기인하는 것으로 보았는데, 예를 들면 모욕은 후두운동·음파자극·청각자극·두뇌활동으로써 성립된다고 설명하였다. 그 후 행위를 이처럼 감각적으로 지각할 수 있는 변화로 보았던 극단적인 태도는 '모욕'을 타인에 대한 평가절하로 보게 됨으로써 사회적 의미에 있어서의 외적 작용이 가능하다는 방향으로 바뀌었다.[2]

인과적 행위론에 의하면 범행은 두 구성부분으로 나누어진다. 한편은 외적(객관적) 인과경과(Kausalvorgang)이고 다른 한편은 내적 의사 내용(Willensing-alt)이다.[3] 여기에서 행위는 의사의 내용을 고려함이 없이 의사를 외계에서 실현하는 순수한 인과경과이다. 외적 인과경과(행위객체의 손상)와 결과에 대한 행위자의 심적 관계로서의 의사내용을 구분하는 견해는 불법과 책임의 구분에 잘 상

1) 이러한 초기의 인과적 행위론을 자연적 인과적 행위론이라고도 부른다.
2) 이와 같이 변모된 행위론을 목적론적 인과적 행위론이라고도 부른다.
3) 전자를 거동성(擧動性), 후자를 유의성(有意性)이라고 부른다.

응하는 것으로서 오랫동안 고전적 범죄론체계의 기초를 형성했고 객관적 · 인과적인 것은 불법에, 모든 주관적 · 심리적인 것은 책임에 속한다는 명제를 성립시켰다.

(2) 비 판

인과적 행위론에 대한 비판은 다음과 같다.

① 인과적 행위론은 부작위범을 만족스럽게 설명할 수 없다. 부작위에 있어서는 의사에 의하여 수행되고 일정한 결과를 발생하게 하는 신체적 동작(거동성)이 인과적 행위론의 의미에서 존재한다고 볼 수 없기 때문이다. 이것은 특히 초기의 인과적 행위론인 자연적 인과적 행위론에 대한 비판이라고 볼 수 있다.

② 의사의 내용을 도외시하고 행위를 인과적 경과라는 측면에서 보기 때문에 의사행위의 본질을 파악할 수 없고 행위의 범위를 지나치게 넓게 만든다. 예컨대 인과적 행위론에 의하면 살인자의 출생처럼 행위와 아무런 의미를 갖지 않는 사건까지도 이론상으로는 행위에 포함시킬 수 있게 된다.

③ 인과적 행위론을 기초로 한 고전적 범죄론체계의 불법은 외부적(객관적)인 것이고, 책임은 내부적(주관적)인 것이라는 주장은 주관적 불법요소가 밝혀짐에 따라 수정이 불가피해졌다. 미수의 불법은 고의(의사내용)를 고려하지 않는 객관적인 단면만으로는 특정될 수 없다는 것이 인정되고 있는데 기수에 있어서도 고의는 단지 하나의 책임요소일 수만은 없다. 따라서 행위의 방향을 드러내는 고의의 측면(구성요건적 고의)은 불법구성요건의 주관적 표지가 된다고 보아야 한다.

④ 인과적 행위론은 사회적 관계에서 지니는 행위의 의미와 중요성을 간과하고 있다. 이러한 비판점으로 인해 인과적 행위론은 거의 지지되지 못한다.

2. 목적적 행위론

(1) 의 의

벨첼(Welzel)은 1930년대에 목적적 행위론의 초안을 만들어 당시에 지배적이었던 인과적 행위론의 결함을 극복하고자 했는데, 그는 형법적 인식의 과제가 존재론적 조건 속에서 이미 존재하는 대상을 파악하는 일이라고 보았다. 이처럼 인간의 목적의식적 활동의 수행을 강조하는 이론을 목적적 행위론이라고 한

다.[1)]

목적적 행위론은 독일뿐만 아니라 프랑스, 이탈리아, 오스트리아, 일본 등 여러 나라의 형법학에 영향을 미치면서 논쟁의 대상으로 등장하였고 우리나라에도 1950년대 후반에 소개되었다.

인과적 행위론에 대한 비판적 안목에서 출발한 목적적 행위론은 행위는 단지 인과적 사건이 아니라 목적활동성의 수행(Ausübung der Zwecktätigkeit)이라고 본다. 그리고 행위의 목적성은 인간이 자신의 인과적 지식을 토대로 하여 자기의 활동이 초래할 결과를 일정한 범위 내에서 예견하고 여러 가지 목표를 세워 자기의 활동을 이들 목표의 달성을 향하여 계획적으로 조종할 수 있다는 사실에 의존한다. 순수한 인과사상(因果事象)은 목표에 의하여 조종된 것이 아니라 그 때 그때 존재하는 원인들의 우연한 결과이므로 맹목적인 반면, 목적적 활동은 목표에 따라 조종된 작용이기 때문에 목적성은 개안적(선견적)이다. 행위의 목적적 조종은 두 가지 단계로 진행된다. 첫째 단계는 전적으로 사념(思念)의 세계 속에서 이루어지는데, 목표를 정하고 그 목표를 달성함에 필요한 행위수단을 선택함과 아울러 부수적 결과도 고려한다. 두번째 단계는 사념의 영역 속에서 택한 목표와 수단을 현실의 세계에서 실현하는 것이다.

목적적 행위는 그 '자체로서' 또는 '절대적'으로 존재하지는 않고 오직 실현의사에 의하여 설정된 결과에 관련하여서만 존재한다. 그리하여 이러한 목적적 관계에 의해서만 무엇이 살해행위·절취행위·사기행위인가를 결정할 수 있고 이를 통하여 내용적으로 확정된 사회적 행위개념을 얻을 수 있다고 본다. 이러한 관점에서 목적적 행위론은 목적적 행위의사에 의하여 행위의 사회적 의미·내용이 함께 결정된다고 주장한다.

목적적 행위론은 고의범에 있어서 행위의사(Handlungswille)와 고의를 동일시한다. 고의행위가 목적적임은 물론이지만 과실행위도 목적적인 행위로 이해한다. 목적적 행위론의 과실행위에 대한 설명은 목적활동성의 궁색한 형태, 가능적·잠재적 목적성 등 몇 차례 변화를 거쳐 과실행위도 목적적이라야 한다는 결론에 이르렀다. 과실행위도 목적적이라야 한다는 말은 과실로 초래한 결과로부터의 목적적이 아니라 구성요건외적으로(außertatbestandlich) 목적적이라야 하

1) 이 이론은 부쉬(Busch)·니제(Niese)·마우라흐(Maurach)·샤프슈타인(Schaffstein)·히르쉬(Hirsch)·카우프만(Armin Kaufmann)·슈트라텐베르트(Stratenwerth) 등의 지지를 얻었다.

므로 결국 과실범의 구성요건적 결과에 대한 목적성의 결여를 의미한다.

목적적 행위론은 전통적 범죄개념(고전적 · 신고전적 범죄개념)의 내용을 결정적으로 변화시키고 목적적 범죄론체계를 형성시켰다.

(2) 비 판

목적적 행위론에 대하여서는 다음과 같은 비판이 있다.

① 목적적 행위론은 과실행위를 설득력있게 설명하지 못한다. 과실행위도 구성요건외적으로(즉 결과와는 다른 그 무엇에 대해서) 목적적이라야 한다는 목적적 행위론의 주장은 요청되는 내용의 방향이 구성요건에 결부되지 않기 때문에 만족스러운 것이 될 수 없다. 그리하여 예컨대 예견 없이 치사량의 몰핀을 주사한 간호사는 과실치사행위 때문이 아니라 주사행위 때문에, 교통사고를 저지른 자는 과실치사행위 때문이 아니라 자동차 운전행위 때문에 처벌된다는 문제점이 지적되기도 한다.

② 목적적 행위개념으로는 의식적 조종의 요소가 없는 자동화된 행위(예컨대 보행이나 운전 등), 격정적, 단락적(短絡的)인 행위를 행위개념에 포함시킬 수 없다. 이러한 비판에 대하여서는 자동화된 행위에 있어서 비록 의식적 목적성은 결여되지만 여기에도 미리 형식되어 무의식적으로 진행되는 목적성은 존재한다는 반론이 제기되고 있다.

③ 목적적 행위개념은 부작위를 포섭할 수 없다. 부작위에 있어서는 인과과정에 대한 목적적 조종(현실적 목적성)이 결여되기 때문이다. 벨첼 자신도 존재론적으로 볼 때 부작위는 작위를 그만두는 것이므로 행위가 아니라고 하였다. 목적적 행위개념이 과실행위와 부작위를 포섭할 수 없다는 비판은 궁극적으로 형법상 중요한 모든 행태를 포함하는 상위개념으로서의 과제를 수행할 수 없다는 비판에 직결된다.

3. 사회적 행위론

(1) 의 의

사회적 행위론(soziale Handlungslehre)은 인간행위의 사회적 중요성을 고의행위, 과실행위, 작위와 부작위 등 모든 행태에 타당한 행위개념으로 하려는 이론으로, 특별한 철학적 배경이 있는 것은 아니다. 다양하게 표현되는 사회적 행위

개념은 대체로 객관적 행위성향을 강조하는 견해, 주관적 목적설정도 포용하는 견해 등으로 분류된다.[1)]

사회적 행위론은 슈미트(Eb. Schmidt)에 의하여 최초로 주장된 이래 오늘날 우리나라,[2)] 독일 등에 있어서 유력한 지위를 차지하고 있다.

1) 객관적 행위경향을 강조하는 견해

슈미트(Eb. Schmidt)는 작위・부작위를 불문하고 사회적 외계의 변화를 야기하는 유의적(有意的) 행태를 행위로 보았고 후일 이러한 견해를 행위는 그 작용을 통하여 타인의 생활영역에 미치는 유의적 행태이고 행위는 사회에 대하여 기능적, 사회적 의미통일체로서 나타난다고 보완하였다.

엥기쉬(Karl Engisch)는 행위를 "예견가능하고 사회적으로 중요한 결과의 유의적 야기"라고 정의한다. 예견가능성을 도입한 것이 슈미트의 견해와 크게 다른 점이다. 엥기쉬와 슈미트의 견해는 인과적 경향을 띤 사회적 행위론으로 평가되기도 한다.

마이호퍼(W. Maihofer)는 일체의 자연주의적 요소를 행위개념에서 제외하고 객관적 목적성을 강조하면서 의미적 요소(사회적 의미성)만으로 행위의 본질을 파악하려 한다. 그에 의하면 행위는 "객관적으로 예견가능한 사회적 결과를 향한 모든 객관적으로 지배가능한 행태"라고 정의된다.

마이호퍼의 철저한 객관적 경향은 목적성과 인과성을 전적으로 배제한다. 그리고 인간의 의사를 개입시키는 여하한 행위론도 타당하지 않다고 본다. 이 때문에 그의 주장에 대하여서는 인간행위의 본질을 무시하고 행위개념을 지나치게 좁게 만든다는 비판이 있다.

2) 주관적 목적설정을 포용하는 견해

예쉑(H. H. Jescheck)은 존재영역(Seinsbereich)에서 통합될 수 없는 요소들을 규범적 영역에 통합하는 것이 사회적 행위개념의 의미라고 보면서 행위를 "사회적으로 중요한 인간행태"라고 정의한다. 여기에서 사회적 중요성이란 개인의 환경에 대한 관계와 이를 통한 그 성과를 뜻하고, 이 사회적 중요성은 의사방향

---

1) 학자에 따라서는 객관적 행위성향을 강조하는 견해를 객관적 사회적 행위론, 주관적 목적설정을 포용하는 견해를 주관적 사회적 행위론이라고도 부른다(이재상 외, 92면 이하).

2) 김성돈, §10/31; 김성천/김형준, 70면; 손동권/김재윤, 88면; 신동운, 101면; 이재상 외, 92면; 이정원, 72면; 임웅, 123면; 정성근/정준섭, 60면; 정영일, 74면.

(목적성), 결과(인과성) 그리고 부작위에 있어서 법적 행위기대(rechtliche Handlungserwartung)에 의해서도 확정된다. 그리고 사회적 행위개념의 실질적 내용은 사회적 중요성이라는 상위개념에 포함되는 목적성, 인과성, 행위기대의 요소 속에 놓여 있다고 한다. 예쉑의 견해는 사회적 중요성이라는 척도를 폭넓게 이해하여 인과적 행위론과 목적적 행위론의 성과를 포용하면서 이들이 해결하기 곤란했던 부분까지도 사회적 행위개념 속에 통합한다는데 그 특징이 있다.

베셀스(J. Wessels)는 행위를 "인간의 의사에 의하여 지배되었거나 지배가능한 사회적으로 중요한 행태"라고 정의한다. 여기에서 개개인의 관계가 그 주위환경에 접하고 그가 원했던 결과이든 원치 아니했던 결과이든 그것이 사회영역에 있어서 가치관계적 판단의 대상이 될 수 있는 한 모든 행태가 사회적으로 중요한 행태라고 한다. 그리고 이와 같은 행위개념은 주관적 목적설정을 고려하면서도 아주 객관적 의미에서 그리고 또한 법률 공동체의 규범적 행위기대(normative Verhaltenserwartung) 속에서 사건의 사회적 의미를 파악한다고 본다. 베셀스는 사회적 행위론은 인과적 행위론과 목적적 행위론을 배제하는 것이 아니라 포함하는 것이며 처음부터 범죄론의 구조를 어떤 체제로 강제하는 성격은 갖고 있지 않는 것으로 본다.

치프(Zipf)는 목적적 행위론의 성향을 강하게 유지하면서 사회적 행위개념을 취한다. 그는 목적적 행위론과 사회적 행위론이 서로 배척하는 것이 아니라 서로 다른 관찰방법, 즉 목적적 행위론은 행위를 인간내재적 현상(innermenschliches Phänomen)으로서 파악하는 한편 사회적 행위론은 행위를 사회적 공동생활 속에서의 사건으로 이해함으로써 양자는 서로 보완한다고 본다. 이러한 관점에서 그는 행위를 "사회적으로 중요한 의사조종에 의하여 지배되었거나 지배가능한 어떠한 결과를 정향(定向)한 인간행위"라고 정의한다.

하프트(Fritjof Haft)는 사회적 행위론이 인과적 행위론과 목적적 행위론을 배제하지 않고 이들을 포함하는 절충설이라고 보면서 행위를 "특정한 결과에 관하여 의사에 의하여 수행되는 사회적으로 중요한 인간행태"라고 정의한다.

(2) 비 판

사회적 행위개념의 다양성 때문에 사회적 행위론자들 사이에도 이론적 통일이 이루어지지 않는다. 부작위에 있어서 주로 법적 행위명령이 그 기초를 이루는 행위기대(Handlungserwartung)를 행위 내지 행위개념으로 받아들이기 때문에 행위개념이 전구성요건적 체계상의 상위개념으로서의 과제를 충족시킬 수 없으며, 불법과 책임의 개념구성을 위한 이론적 결과가 사회적 행위개념에서는 도출될 수 없기 때문에 사회적 행위개념은 형법적 판단을 위해서는 고려의 대상이 되지 않는 행태를 행위에서 제거하는 소극적 기능을 하는데 그친다는 비판도 제기되고 있다.

그러나 형법적으로 유의미한 행위는 사회적 행위개념 속에서 찾아져야 한다. 즉, 인간의 의사에 의하여 지배되거나 지배가능한 사회적으로 중요한 행위들을 전제로 하여, 그 중에서 형법적으로도 의미 있는 행위들을 찾고자 한다는 점에서 사회적 행위론은 의미가 있다. 반대로 고려의 대상이 되지 않는 행태를 행위에서 제거하기 위해서는 그것이 우선 사회적으로 유의미한 행위인가 여부를 먼저 판단하여야 한다.

4. 행위의 인격적 구조를 강조하는 견해(인격적 행위론)

관점에 따라 사회적 행위론의 일종 또는 별개의 행위론으로 취급되기도 하는 인격적 행위론은 형법상의 행위를 인간이 지닌 인격의 객관화(또는 인격의 발현)로 이해한다. 그리고 여기에서 인격은 복합적 존재인 인간의 정신적 자기의식과 자기처분의 능력을 의미한다.

카우프만(Arthur Kaufmann)에 의하여 창시되었고 우리나라에서도 일부 학자들이 이 설을 따르고 있다.[1] 이 견해에 대하여서는 인격의 객관화가 인간의 거동이라는 의미에 지나지 않으며 인격의 객관화에 사회적 의미를 부여할 경우 결과적으로 사회적 행위론의 영역을 벗어나지 않는다는 비판이 제기된다. 이 밖에도 인격은 행위자에 속하는 문제이므로 책임판단이 행위개념의 앞에서 취급될 우려가 있다는 지적도 있다.[2]

5. 소극적 행위론

작위 대신에 부작위를 형법적 책임의 기본범주로 삼는 이른바 소극적 행위론(Die negative Handlungslehre)이 있다. 이에 의하면 행위는 명령된 반대조종의

---

1) 강구진, 「형법상의 행위론」, 고시계, 1984. 5, 119면.
2) 임웅, 125면.

중지(Unterlassen der gebotenen Gegensteuerung) 내지 보증인적 지위에 있으면서 회피가능한 것을 피하지 않은 것(das vermeidbare Nichtvermeiden in Garantenstellung)이다. 이 이론은 인간행태의 실제적 출현형태를 무시하고 법에 이미 도입되어 있는 작위범과 부작위범의 구분도 결하고 있으므로 타당하지 않다.[1)]

6. 행위의 의미

인과적 행위론, 목적적 행위론, 사회적 행위론은 각각 그 나름대로의 장·단점을 가지고 있어서 이들 중 어느 것만이 절대적으로 타당하다고 단정하기는 어려우나 행위의 모든 출현형태를 가장 잘 포용할 수 있다는 관점에서 사회적 행위론이 가장 적절하다. 행위는 "사회적으로 중요한 인간의 행태"라고 폭넓게 정의될 수 있다.

① 행태의 주체는 인간이어야 하므로 자연현상이나 동물의 동작은 당연히 행위에서 배제된다.

② 여기에서 인간의 행태에는 행위자가 자신의 의사방향에 따라 행한 행위는 물론이고 과실로 인하여 자신의 의사와는 달리 뜻밖의 결과를 초래한 경우(따라서 결과의 발생 그 자체는 행위자의 의사가 아닌 경우)도 포함되며, 적극적인 동작과 아울러 규범적 행위기대에 반하는 소극적인 태도도 포함된다(고의행위, 과실행위, 작위, 부작위의 모든 형태를 포함). 그러나 이상의 행태에 속하지 않는 인간의 행태, 예컨대 생리적 반사운동, 무의식적 행위, 수면 중의 동작, 절대적 폭력에 의하여 강제된 동작 등은 형법상의 행위가 아니다. 또한 인간의 행태는 외부적으로 표현될 것을 전제로 하므로 단순한 내면적 의사는 아직 형법상의 행위가 아니다.

③ 이상의 요건에 합치하는 행태라 할지라도 모두 규범적 성격을 갖는 형법상의 행위가 되는 것은 아니다. 여기에는 또 다시 사회적 중요성이라는 척도에 의한 제한이 요청된다. 사회적 중요성 또는 사회적 의미성은 행위자가 자신의 사회생활영역에서 야기한 사회의 이익 내지 가치를 침해 또는 위태롭게 하는 행태가 가치관계적(규범적) 판단의 대상이 될 정도에 이르렀을 때 긍정된다.

이러한 행위론은 인과적 행위론과 목적적 행위론의 합일태로서의 사회적 행

---

1) 이 밖에도 이른바 공리적 행위론(Klug) 또는 징후적 행위론(Kollmann, Tesar 등)을 타 행위론들과 함께 거론하는 수가 있으나 현재로서는 큰 의미는 없다.

위론에 해당한다고 보며, 이러한 행위론의 토대 위에서 신고전적 범죄론체계와 목적적 범죄론 체계의 합일체계로서의 합일태적 범죄론 체계를 취하는 것이 논리적으로 일관된다.

제 3 절 범죄론의 체계

범죄론을 어떠한 체계 하에 전개할 것인가에 관하여서는 견해가 다양하지만 19세기말 이후 오늘에 이르기까지 전개된 범죄론 체계의 중요한 것을 간추려 보면 다음과 같다.

Ⅰ. 고전적 · 신고전적 범죄론체계

고전적 범죄론체계는 리스트, 벨링 등에 의하여 19세기 말에 형성되어 20세기 초반까지 지배적 이론이었으며 초기의 인과적 행위개념을 그 출발점으로 삼고 있었다. 행위는 오직 외적 · 자연적 과정으로 이해되고 구성요건은 범죄의 윤곽을 객관적으로 기술한 것으로서 가치중립적(몰가치적)인 것으로 이해되었다. 위법성은 법규범위반이라는 형식적 관점에서 이해되고 심리적 책임개념이 지배적이었으며 고의와 과실은 책임형식으로 파악되었다.

20세기 초 고전적 범죄론체계의 기본틀은 유지하면서, 신칸트학파의 영향을 받아 모든 요소들에 가치관념적이고 규범적인 요소를 받아들여 수정적 형태로 완성된 것이 신고전적 범죄론체계이다.

신고전적 범죄론체계에서는 그 출발점인 인과적 행위개념에 가치개념이 도입되었고 구성요건에 규범적 · 주관적 표지가 있다는 사실이 보편화되었다. 불법의 실질적 고찰이 일반화되고 심리적 책임개념은 기대가능성을 중심으로 하는 규범적 책임개념으로 대치되었다.

Ⅱ. 목적적 범죄론체계

목적적 행위론에 기초한 목적적 범죄론체계는 고의를 책임형식이 아닌 구성요건의 주관적 요소로 보며 과실(객관적 주의의무위반)도 구성요건요소로 보는데 다만 주의의무위반에 대한 인적 비난가능성은 책임요소라고 한다. 불법에 있어서는 인적 행위반가치가 강조되고 주관적 정당화요소가 모든 위법성조각사유에 있어서 일반화되었다. 위법성인식은 고의의 요소가 아니고 독자적인 책임요소이며, 당위적 행위의사의 형성이 가능하였지만 그렇게 하지 않았다는 의미의 비난가능성이 책임의 본질로 이해된다. 따라서 책임요소는 책임의 전제조건인 책임능력 외에 위법성인식과 기대가능성(비난가능성)이라는 규범적 평가대상으로 구성된다(순수하게 규범적인 책임론).

Ⅲ. 합일태적 범죄론체계

이는 신고전적 범죄론과 목적적 범죄론의 합일체계로서 오늘날 가장 지지를 받는다. 합일태적 범죄론체계는 고의와 과실의 이중적 지위 내지 기능을 인정한다. 이에 따르면 고의가 행위방향을 결정하는 요인으로서는 구성요건의 주관적 표지이고 심정적 반가치를 드러내는 책임형식으로서는 책임의 표지가 된다. 불법은 행위반가치와 결과반가치의 불가분적 연관속에서 파악되고(이원적 · 인적 불법론) 책임은 행위에서 드러난 법적으로 비난될 만한 행위자의 심정을 관련객체로 하여 '행위의 비난가능성'이라고 이해된다. 그리고 정당화사유의 전제조건에 관한 착오에 있어서 제한적 책임설을 취한다.

합일태적 범죄론체계는 목적성과 인과성을 포용하는 사회적 행위개념을 출발점으로 할 때 가장 자연스럽게 이해되는 것이지만 행위론에 관계없이 행위론 거부론자에 의해서도 지지를 받고 있다.[1] 본서의 범죄론은 합일태적 범죄론 체계를 기초로 한다.

이상의 범죄론체계의 특성들을 정리하면 다음과 같다.

1) 오영근, 78면은 이 견해를 취하면서, 이를 절충적 범죄론체계라고 칭한다.

	고전적 범죄론 체계	신고전적 범죄론 체계	목적적 범죄론 체계	합일태적 범죄론 체계
주장자	Beling, Liszt	Jescheck, M. E. Mayer	Welzel	국내외 다수
특징	모든 객관적 요소는 구성요건으로, 모든 심리적이고 주관적인 요소는 책임으로 봄	예쉑에 의해 시작, 고전적 범죄론 체계의 수정형태, 신칸트주의를 기초로 함	고의, 과실 등 모든 주관적 구성요건요소 인정하며, 목적성과 고의를 동일시 함	신고전적 범죄론 체계와 목적적 범죄론 체계를 종합한 형태 고의·과실의 이중적 기능 인정
행위	자연현상 또는 인간의 의사에 의해 행하여지지 않는 동작이나 동물의 행태 등을 형법의 대상에서 제외(즉, 인과적 행위론으로서 자연적 행위개념)	행위의 의미와 가치판단을 중시하며, 행위에 가치개념을 도입함(인과적 행위론)	목적적 행위론(인간의 행위는 일정한 목표를 지향하는 계획적인 행동의 조종이라는 목적적 구조 때문에 다른 존재의 종류와 구별됨)	사회적 행위론(행위란 인간의 의사에 의하여 지배되거나 지배가능한 사회적으로 중요한 행동)
구성요건	가치평가 없이 순전히 기술적·객관적 요소	규범적, 초과주관적인 구성요건요소를 인정(예컨대, 목적이나 불법영득의사)	고의 및 과실(객관적 주의의무위반)을 주관적 구성요건요소로 파악	목적적 범죄론 체계와 동일(다만 고의·과실의 이중적 지위 인정)
위법성	- 실현된 구성요건에 대한 규범적 가치판단을 의미 - 단순히 위법성 조각사유의 결여만을 나타내는 형식적 판단 형식적 위법성론 - 불법의 본질은 결과반가치 결과불법일원론	- 실질적 위법성론(위법성을 실질적으로 파악) - 불법을 실질적인 사회적 유해성, 사회적 침해성으로 파악. - 구성요건은 불법을 유형화하는 보조기능만을 함	- 인적 불법론(불법은 행위자와 관련된 인적 불법) - 불법의 본질은 행위반가치 - 주관적 정당화요소를 위법성조각사유에서 일반화함	- 이원적·인적 불법론 - 불법의 본질은 행위반가치 및 결과반가치
책임	- 위법한 행위와 관련한 행위자의 모든 주관적·내적인 요소	- 규범적 책임개념(행위자에 대하여 비난가능한가를 중시)	- 순수규범적 책임개념(사실판단인 고의가 구성요건단계로 됨으로써 순수하게 규범판단)	- 책임요소으로서의 고의의 내용은 심정반가치

	- 심리적 책임개념(즉, 책임능력은 책임조건(책임의 전제조건)이며, 고의·과실은 책임형식임)	- 책임의 내용으로는 책임능력, 책임형식으로서의 고의·과실, 기대가능성 - 위법성 인식은 고의의 내용	- 위법성인식은 고의의 내용이 아닌 독자적 책임요소 - 책임의 본질은 비난가능성 - 책임의 내용으로는 책임능력, 위법성 인식, 기대가능성	- 책임의 내용으로는 책임능력, 위법성 인식, 고의·과실, 기대가능성

심 화 범죄론체계와 결과반가치/행위반가치

우리 형법의 범죄성립구조는 결과반가치와 행위반가치를 모두 요구하는 합일태적 범죄론체계를 기초로 한다. 결과반가치(Erfolgsunwert)란 법익침해 또는 법익의 위태화라는 행위와 연결되어진 외부적이고 부정적인 가치판단이다. 즉, 구성요건에 해당하는 행위의 객관적 측면이 위법하다는 성질을 의미한다. 이를 두고 구성요건에 해당하는 행위의 객관적 측면이 위법하다는 실체를 결과불법, 그러한 성질을 결과반가치라고 구분하기도 하고, 양자의 개념을 혼용하여 사용하기도 한다. 이는 행위불법 및 행위반가치도 또한 같다.

행위반가치(handlungsunmert)란 불법이 사회윤리적 행위가치에 대한 위반이라고 보면서, 주로 행위의 태양·목적·방법·수단 등 주관적 행위요소와 개별적 행위자적 요소에 의하여 평가되는 반가치판단이라고 본다. 즉, 불법은 행위자의 인격적 내용과 단절되어 평가되는 개념이 아니라, 행위자가 구성요건적 고의를 통해 위법하게 행위로 나아간다는 측면을 파악한 개념이다.

인과적 행위론에 의하면 특별한 위법성조각사유가 존재하지 않는 한, 그러한 구성요건적 결과는 위법한 것이다. 따라서 결과불법만을 불법의 본질로 보았다. 반면 목적적 행위론에 의하면 불법의 본질은 구성요건적 고의, 즉 행위자의 목적의식적 활동의 수행에 있다. 이러한 행위자의 측면을 강조하기 위하여 인적 불법론이라고 일컫기도 한다. 이때 인적 불법은 행위자가 법질서 전체에 반하는 목적의식적 조종활동을 하였다는데 그 중심이 있고, 객관적으로 존재하는 구성요건에 해당하는 결과 또는 실체는 그와 같은 목적의식적 활동의 외적이고 우연한 결과물에 불과하다. 그러나 현재 우리가 취하고 있는 사회적 행위론은 합일태적 범죄론체계를 뒷받침하고 있는데, 합일태적이라 함은 (신)고전적 범죄론체계와 목적적 범죄론체계의 합일(合一)이므로 불법의 양 측면, 즉 결과반가치와 행위반가치를 모두 고려하기 때문에 이원적 불법론 또는 이원적·인적 불법론이라고 칭한다.

(행위반가치와 결과반가치에 대한 보다 자세한 설명은 제2장 제2절 제1관 V. 참조)

제 2 장

고의적 작위범

행위가 구성요건에 해당하고 위법하면 형법상의 불법이 성립된다. 그러므로 협의의 구성요건과 위법성은 모두 불법의 개념에 포함된다. 불법이란 행위의 객관적 측면이며, 이에 대하여 행위자에게 불법의 책임을 귀속시킬 수 있을 때 비로소 범죄는 성립한다.

형법상 범죄는 원칙적으로 고의의 작위에 의한 단독·기수범을 예정한다. 따라서 고의범이 아닌 것을 과실범으로, 작위범이 아닌 것을 부작위범으로, 단독범이 아닌 경우를 범죄의 다수참가형태로서의 공범으로, 기수범이 아닌 가벌성의 영역을 미수로 다루고 있다. 따라서 범죄의 일반적 출현형태는 고의적 작위범이고 과실범과 부작위범은 범죄의 특수형태로서 고의적 작위범과 다른 요건을 갖추어야 한다. 과실범, 부작위범, 그리고 중한 과실의 결과를 다루는 결과적 가중범을 범죄의 특수형태로서 별도로 다루는 이유도 이 때문이다.

이와 같이 고의적 작위범을 기본으로 형법은 각 장을 동일한 보호법익과 행위태양을 공동으로 하는 구성요건체계로 분류한다. 한 장은 구성요건의 가장 기초적이고 단순한 형태의 기본적 구성요건을 기본으로 하고 그 외에 수정적 구성요건들로 이루어진다. 수정형태들은 다시 행위의 방법이나 수단의 변형이 불법의 정도에 영향을 미쳐서 형의 가감을 유발하는 불법감경 또는 불법가중적 구성요건과 행위의 주체 또는 객체의 변형이 행위자의 책임귀속에 영향을 미쳐서 형의 가감을 초래하는 책임감경 또는 책임가중적 구성요건들로 구성된다. 그 외에 보호법익은 동일하지만 기본적 구성요건행위와 공통점이 없는 독립적 구성요건이 존재하는 경우도 있다. 여기에서는 우선 가장 기본적인 형태로서 고의적 작위범을 살펴본다.

제 1 절 구성요건

§1. 구성요건의 의의 및 연혁

Ⅰ. 의 의

구성요건이란 일반적으로 형벌법규 중 금지 또는 요구되는 행위가 무엇인가를 규정한 부분을 의미한다. 어떠한 행위를 범죄로 평가함에 있어서 넓게는 그 행위가 형법에 규정된 형벌의 모든 전제조건을 충족하는지 여부와, 좁게는 그 행위가 적어도 형법규정에 비추어 불법한가를 살펴볼 필요가 있다. 여기에서 전자의 경우는 광의의 구성요건해석에 관련된 문제이고, 후자는 협의의 구성요건(불법구성요건)에 관한 문제이다. 따라서 구성요건의 문제는 범죄 성립의 기초이며, 구성요건을 어떻게 이해하느냐에 따라 범죄론의 체계구성, 위법성조각사유의 성질 내지 그 전제조건에 관한 착오의 문제 등에 있어서도 견해가 달라진다.

구성요건과 관련하여 구성요건해당성이라는 개념이 거론된다. 구성요건해당성(Tatbestandsmäßigkeit)은 행위가 형벌법규에 기술된 특정한 범죄유형의 표지에 일치함을 의미한다. 예컨대 갑이 을의 재물을 절취한 경우 갑의 행위는 절도죄의 구성요건해당성이 있다.

Ⅱ. 연 혁

1. 구성요건개념의 등장

'구성요건'이라는 말은 1581년 이탈리아의 파리나치우스(Farinacius)가 최초로 시사한 'corpus delicti'(죄체)라는 라틴어 표현에까지 소급된다. 이 corpus delicti라는 개념은 처음에는 이미 행하여진 범죄의 흔적의 총체를 뜻하는 것이었으나 후일(18세기 내지 19세기초) 일정한 범죄에 속하는 표지(Merkmal)의 총체를 의미하게 되어 순수한 실체법적 의미로 쓰이게 되었다. 이 corpus delicti라는 용어는

1796년에 이르러 독일학자 클라인(Klein)에 의하여 'Tatbestand'라는 독일어로 표현되었고, 우리가 사용하는 '구성요건'이라는 말은 독일의 Tatbestand를 한자로 옮겨 표현한 것이라고 생각된다.

구성요건이라는 용어는 18·9세기에도 사용되었지만 이를 범죄론의 중요부분으로 등장시킨 학자는 벨링(Beling)이다.

2. 범죄유형에 대한 객관적·몰가치적 기술로서의 구성요건개념 (Beling의 견해)

벨링은 구성요건이 범죄유형의 윤곽(Umriß des Verbrechenstypus)을 기술한다고 보면서, 구성요건이 가벌적 행위에 대하여 뚜렷한 특색을 주며 구성요건 없는 범죄란 있을 수 없지만 그 반대로 모든 구성요건실현행위가 범죄로 되는 것은 아니라고 보았다. 그리고 그는 구성요건에는 아무런 가치판단이 들어 있지 않으며 행위의 외적 측면에만 관계된다고 보아, 구성요건의 성격을 순수하게 기술적이고 객관적이며 외부적이고 몰가치적(가치중립적)이라고 특징지웠다.

그는 또한 구성요건을 범죄의 한 개념적 요소로 인정하고 이를 위법성과 분리시켰다. 그리하여 구성요건을 위법성과 책임에 대응하는 위치에 놓고 구성요건이 범죄구조에 있어서 독자적 역할을 한다고 인정함으로써 "범죄는 구성요건에 해당하는 위법하고 유책한 행위"라는 범죄에 대한 유명한 정의를 남기고 3단계 범죄론 체계의 기초를 확고하게 다졌다. 벨링이 이상과 같은 주장을 내세웠던 근본 의도는 무엇보다도 범죄를 구성요건을 통하여 유형별로 개별화함으로써 형법의 보장적 기능을 명확히 하여, 개인의 자유와 권리의 보장이라는 죄형법정주의의 정신을 구현함에 있었던 것으로 보인다.

3. 규범적·주관적 요소의 발견

(1) 구성요건은 순수하게 기술적이고 몰가치적이라는 견해는 비록 감각적으로 파악될 수는 있지만 어떤 규범의 논리적 전제 아래에서만 그의 의미가 밝혀지는 규범적 구성요건요소(normative Tatbestandselemente), 예컨대 문서위조죄에 있어서의 문서, 절도죄에 있어서의 재물의 타인성 등이 발견되고 일반적으로 승인되면서 크게 흔들리게 되었다. 그리하여 구성요건에는 순수한 기술적 요소뿐만 아니라 규범적 요소도 포함되어 있고, 또한 구성요건은 몰가치적인 것뿐만

아니라 가치관계적인 것도 포함된다는 사실이 인정되기에 이르렀다.

(2) 구성요건은 순수하게 객관적이고 오로지 외부적 요소에 의하여 결정된다는 견해는 예컨대 목적범에 있어서의 '목적'과 같은 주관적 구성요건요소(subjektive Tatbestandselemente)의 발견에 의하여 수정되지 않을 수 없었다. 그 후 목적적 행위론자들에 의하여 모든 고의범에 있어서 고의는 주관적 구성요건요소에 속한다는 견해가 제기되었고, 오늘날에 이르러서는 이러한 견해가 보편적으로 인정되고 있다.

4. 구성요건과 위법성의 관계

(1) 양자의 관계에 대한 논란

구성요건과 위법성의 대하여는 연기(구성요건)가 나면 불(위법성)이 존재함을 인식할 수 있다고 보는 인식근거설(M. E. Mayer), 구성요건이 충족되면 위법하다고 보는 존재근거설(Sauer, Mezger) 등이 주장되었다. 또한 총체적 불법구성요건개념을 전제로 2단계범죄론체계를 주장하는 입장에서는 존재근거설을 보다 철저하게 관철하여 소극적 구성요건표지론을 제시하기도 한다. 생각건대 3단계 범죄론을 취하는 한 구성요건과 위법성은 서로 독자적 위치를 가지게 된다. 다만 구성요건은 입법자에 의하여 법질서 전체의 정신에 반한다는 평가를 통해서만 형법이라는 금지규범에 포섭된다는 점에서, 적어도 형법상 존재하는 구성요건에 대한 위법성은 적극적 평가가 아닌 소극적인 배제사유로 이해된다.

(2) 인식근거설

마이어(M. E. Mayer)는 양자의 관계를 연기와 불의 관계로 비유하면서 구성요건은 위법성의 인식근거이며 그 징표라고 설명하고, 구성요건해당성은 위법성에 대한 추정기능을 갖지만 위법성조각사유가 있으면 그 추정이 깨어진다고 보았다. 이와 같은 인식근거설은 오늘날에 이르기까지 폭넓은 지지를 받고 있다.

(3) 존재근거설

자우어(Sauer)와 메츠거(Mezger)는 구성요건을 위법성의 존재근거로 보면서 구성요건에 해당하는 행위는 위법하지만 위법성조각사유로 되는 경우만 예외라고 주장하였다. 존재근거설은 비록 관점은 다르지만 결과에 있어서는 인식근거설과 같게 된다는 평가를 받는다.

(4) 소극적 구성요건표지론

메르켈(A. Merkel), 프랑크(Frank) 등에 의하여 주장된 소극적 구성요건표지론은 구성요건이 예외 없이 위법성의 존재근거가 되도록 이론을 구성하였다.

이 이론에 의하면 구성요건은 범죄유형적 정황뿐만 아니라 위법성에 관계되는 모든 정황을 포함하며, 위법성조각사유의 전제조건들은 소극적 구성요건표지로서 이해된다. 구성요건요소와 위법성조각사유는 일반적 금지와 독자적 허용규범으로서 서로 대응하지 않고 총체적 불법구성요건 속에 통합되어 체계상 같은 가치단계 위에 놓여진다. 여기에서 전자는 적극적 표지, 후자는 소극적 표지라고 표현된다. 위법성이 조각되는 행위는 처음부터 금지되어 있는 것이 아니며 구성요건에조차 해당되지 않는 것으로 보게 된다. 그러므로 이 이론에 의하면 구성요건에 해당되지만 위법성은 조각된다는 논리가 성립될 수 없으며, 구성요건에 해당하는 행위는 언제나 위법성이 포함된다. 그 결과 이 이론은 구성요건해당성(불법), 책임의 2단계 범죄론체계를 취하게 된다.[1]

이 이론의 논리적 타당근거로서 구성요건은 불법유형이지만 불법유형의 내용을 이루는 불법의 표지는 형법각칙의 조문에 전부 명시되어 있지 않으므로 구성요건개념을 불법유형에만 국한할 경우 불완전한 구성요건개념이 될 수밖에 없기 때문에, 구성요건이 진정으로 불법의 존재근거로 되려면 불법을 규정지우는 모든 표지들을 총괄적으로 구성요건에 받아들이지 않으면 안 된다는 점이 강조된다. 그리고 이 설의 이론적 공헌으로서는 위법성조각사유의 전제조건에 관한 착오를 구성요건적 착오로서 해결한다는 사실에 있다고 한다.

이 이론에 대하여서는 위법성조각사유(허용규범)의 독자성을 간과하고, 그 속에서 단지 구성요건상의 금지규범을 제한하는 기능만을 본다는 비판이 제기되고 있다. 소극적 구성요건표지론은 구성요건상의 일반적 금지를 적극적 표지로 보는 한편 위법성조각사유를 소극적 표지로 보아 양자는 서로 반전된 징후

---

1) 이를 간략히 요약하면 다음과 같다.

<table>
<tr><td rowspan="4">2단계
범죄론
체계</td><td rowspan="4">총체적
불법구성요건</td><td rowspan="2">적극적 표지</td><td>객관적 요건: 객관적 구성요건해당성</td></tr>
<tr><td>주관적 요건: 고의(과실)</td></tr>
<tr><td rowspan="2">소극적 표지</td><td>객관적 요건: 위법성조각사유</td></tr>
<tr><td>주관적 요건: 주관적 정당화요소</td></tr>
<tr><td colspan="3">책임</td></tr>
</table>

(umgekehrtes Vorzeichen)로서 교환될 수 있는 것으로 본다. 그리하여 처음부터 구성요건해당성을 거론할 필요조차 없는 구성요건상의 일반적 금지의 영역 밖에 있는 행위와, 보호법익을 침해했지만 어떤 특별한 위법성조각사유를 통하여 비로소 허용되는 사건경과 사이의 차이를 고려할 가능성을 포기해 버리게 된다.[1)]

소극적 구성요건표지론은 총체적 불법구성요건 개념, 2단계범죄론체계, 위법성조각사유의 전제조건을 구성요건적 착오로 보는 것 이외에도 불법고의 개념을 내세우는 등 주목할 만한 이론들이 있었지만 구성요건을 위법성의 징표로 보는 전통적 이론을 압도하기에는 설득력이 약하다고 생각된다. 결과적으로 구성요건을 위법성의 징표로 보는 견해가 타당하다.

5. 구성요건유형의 구분과 변천

벨링은 범죄유형의 윤곽에 대한 기술로서의 구성요건, 즉 법적 구성요건(gesetzlicher Tatbestand)이라는 형태만을 거론하였다. 메츠거는 구성요건의 형태를 더욱 세분하여 ① 일정한 법적 효과에 관련되는 모든 전제조건의 총화(객관적 처벌조건 포함)로서의 일반적 법이론상의 구성요건(Tatbestand der allgemeinen Rechtslehre), ② 위법성과 책임을 구분 없이 모두 포함하고 주관적·규범적 요소도 포함되지만 객관적 처벌조건은 배제되는 행위구성요건(Handlungstatbestand), ③ 불법구성요건(Unrechtstatbestand)의 세 가지로 나누었다. 자우어, 벨첼 등은 구성요건이 포함하는 내용의 광협에 따라 이를 광의의 구성요건(Tatbestand im weiteren Sinne)과 협의의 구성요건(Tatbestand im engeren Sinne)으로 그 형태를 나누었다.

최근에는 관찰자의 목적결정(Zweckbestimmung) 여하에 따라 구성요건의 형태가 더욱 다양하게 구분되고 있다. 이처럼 구성요건이라는 용어는 동일함에도 누가 어떻게 정의하고 분류하는가에 따라서, 구성요건 개념은 다의적으로 사용된다. 그리고 경우에 따라서는 용어의 의미상 '구성요건'은 '표지'와 동의어 또는 대체개념으로 사용되기도 한다.

---

1) 이 때문에 소극적 구성요건표지론은 모기를 죽인 것과 정당방위로서 사람을 죽인 것을 동일시 한다는 비판을 받기도 한다.

§2. 구성요건의 유형과 불법구성요건

Ⅰ. 구성요건의 제 유형

1. 내용의 광협에 따른 분류

구성요건에 포함되는 내용을 넓게 보는가 또는 좁게 보는가에 따른 분류이다.

(1) 광의의 구성요건

광의의 구성요건은 소추조건을 제외한 가벌성의 모든 전제조건을 총괄하는 개념으로서 후술할 총체적 구성요건과 그 내용을 같이 한다.

(2) 협의의 구성요건

이는 형벌규정 중 금지 또는 요구된 행태의 전형적인 불법내용을 근거짓는 부분을 의미하는 것으로서 후술할 불법구성요건과 그 내용을 같이 한다.

관점에 따라서는 최광의의 구성요건(가벌성의 모든 전제조건), 광의의 구성요건(범죄구성요건), 협의의 구성요건(불법구성요건)의 세 가지 유형으로 구분하는 입장도 있다.[1]

2. 목적결정 여하에 따른 제 유형

구성요건이란 인간의 작위 또는 부작위라는 형상 속에서 나타나는 형법적으로 중요한 사태를 형법에 추상적으로 규정한 것이기 때문에 어떠한 목적 하에서 구성요건을 관찰하느냐에 따라서 그 형태도 다양하게 나타나게 된다.

(1) 불법구성요건

불법구성요건(Unrechtstatbestand)은 당해 범죄의 전형적 불법내용을 근거 짓는 모든 요소로써 형성되는데, 구성요건해당성과 위법성을 포함한 불법성의 표현이다.

---

1) 임웅, 131면.

(2) 허용구성요건

정당화사유(위법성조각사유)를 허용구성요건(Erlaubnistatbestand)이라고 부르기도 한다. 정당화사유는 이 밖에도 허용규정 또는 허용규범이라고도 불리어진다.

(3) 범죄구성요건

범죄구성요건(Deliktstatbestand)은 총체적 구성요건의 한 면을 이루는 것으로서 당해 범죄유형의 불법내용과 책임내용을 구성하는 요소들로 형성된다. 당해 범죄유형의 밖에 놓여 있는 정황, 예컨대 구체적인 행위를 정당화시키거나 면책하는 사유(정당화사유 및 면책사유)는 범죄구성요건에 포함되지 않는다. 요컨대 불법구성요건과 책임구성요건을 합한 것이 범죄구성요건이라고 볼 수 있다.

(4) 보장구성요건(법적 구성요건)

보장구성요건(Garantietatbestand)은 죄형법정주의 내지 형법의 보장적 기능과의 관련하에 주장되는 개념으로서 법적 구성요건이라고도 한다. 이는 총체적 구성요건보다는 좁은 개념으로서 '법적으로 규율되는 가벌성의 전제조건'만을 의미하며, 여기에서 유추해석이나 관습법을 통하여 행위자에게 불이익을 주어서는 안 된다는 점이 강조된다.

"법적으로 규율되어 있어야 한다."는 점이 중시되기 때문에 법적으로 규율되어 있지 않은 경우(예컨대 초법규적 위법성조각사유 또는 초법규적 책임조각사유)는 보장구성요건에서 제외된다.

(5) 총체적 구성요건

총체적 구성요건(Gesamttatbestand)이라는 개념은 소추조건을 제외한 가벌성의 모든 전제조건을 포함하는데, 이들 전제조건은 객관적 · 주관적 · 성문적 · 불문적 · 적극적 · 소극적인가를 불문한다. 총체적 구성요건에는 불법을 특징지우는 제 요소(예컨대 살인죄에 있어서 사람을 살해한 자), 위법성조각사유, 책임조각사유 및 책임에 관련된 모든 표지, 처벌조건 등이 모두 포함된다.

(6) 총체적 불법구성요건

총체적 불법구성요건(Gesamt Unrechtstatbestand)이란 소극적 구성요건 표지론(die Lehre von den negativen Tatbestandsmerkmalen)을 따르는 학자들에 의하

여 주장되는 불법구성요건개념이다.

총체적 불법구성요건에는 불법을 근거 지우는 표지와 불법을 배제하는 표지(정당화사유)가 하나로 통합되어 포함된다. 전자를 불법구성요건의 적극적 요건(표지), 후자를 소극적 요건(표지)라고 부른다. 즉, 2단계 범죄론체계를 취하는 경우, 총체적 불법구성요건과 책임의 2단계로 범죄성립이 구성되고, 총체적 불법구성요건 단계에서 행위를 통해 불법성의 존부가 객관적으로 결정되어진다고 본다. 따라서 총체적 불법구성요건은 다시 적극적 요건과 소극적 요건으로 나누어지고, 적극적 요건에는 객관적 요건으로서의 구성요건해당성과 주관적 요건으로서의 고의가 포함되고 소극적 요건에는 객관적 요건으로서의 위법성조각사유와 주관적 요건으로서의 주관적 정당화요소가 포함된다.[1]

(7) 책임구성요건

일부에서 주장하는 책임구성요건(Schuldtatbestand)은 불법구성요건과 더불어 범죄구성요건을 이루는 한 부분이 된다. 책임구성요건에는 어떤 특정한 범죄의 전형적인 표지이면서도 불법에는 관계없이 오로지 그 범죄의 책임내용을 배타적이고 직접적으로 기술하는 요소들만 포함된다.[2]

Ⅱ. 불법구성요건

1. 개　　념

불법구성요건(Unrechtstatbestand)은 범죄유형이 불법유형이라는 관점에서 인정되는 개념으로서 형벌법규 중 금지 또는 요구된 행태의 전형적인 불법내용을 근거 짓는 부분을 의미하며 특정한 범죄유형에 그 형식과 자태를 부여해 준다.[3]

구성요건의 광협을 논할 경우 협의의 구성요건이라고 하든가 아무런 전제 없이 통상적 의미에서 구성요건이라는 용어를 쓸 경우에는 '불법구성요건'을 의미한

---

1) Ⅱ. 5. (3) 소극적 구성요건표지론 참조.
2) 책임에 영향을 주는 외적 상황인 객관적 요소(예컨대 존속살해죄에 있어서 행위자가 피해자의 직계비속이라는 사실), 내적 상황인 심정적 요소(예컨대 영아살해죄에 있어서 치욕을 은폐하려는 동기) 등이 이에 속한다.
3) '사람을 살해한 자'는 살인죄의 불법구성요건이고 '타인의 재물을 절취한 자'는 절도죄의 불법구성요건이다. 이처럼 불법구성요건은 범죄유형에 따른 전형적인 불법내용을 근거 짓는다.

다고 볼 수 있다.

2. 불법구성요건의 표지(요소)

불법구성요건의 표지는 ① 행위자의 심리 밖에 놓여 있는 것인가 그 안에 속하는 것인가에 따라 객관적 표지와 주관적 표지로, ② 구성요건상의 문언이 단순히 기술적인 것인가 규범적 가치판단에 의해서 이해될 수 있는 것인가에 따라 기술적 표지와 규범적 표지로 나누어진다.

(1) 객관적 표지와 주관적 표지

1) 객관적 표지(구성요건)

이는 행위자의 심리 밖에 놓여 있는 행위의 외적 출현형상을 결정하는 제반정황을 의미한다. 객관적 구성요건표지는 범죄유형의 다양성 때문에 개개의 규정에 있어서 매우 상이한 형상으로 나타나는데, 대체로 다음과 같은 것이 있다.

① 행위주체

형법규정은 일반적으로 행위주체(행위자)를 '…하는 자'로 규정한다. 여기에 있어서 '…하는 자'는 어느 누구를 일컫는 것이 아니라 그러한 행위를 하는 '모든 사람'을 의미한다. 그러나 범죄에 따라서는 행위자의 범위가 일정한 사람에게 국한되거나(진정신분범), 주체의 신분에 따라 형이 가감되는 경우(부진정신분범)가 있다.

② 행위양태 내지 수단

행위는 범죄유형의 다양성에 따라 각 범죄에 있어서, 예컨대 살해·상해·절취·강취·사기·배임·위조 등과 같이 다양한 형태로 나타난다. 같은 행위의 범위 내에 속할지라도 형법은 행위의 특별한 수단을 규정하는 경우도 있다. 예컨대 제329조(절도죄)와 제331조(특수절도죄)에서 행위는 모두 타인의 재물을 절취하는 것이지만, 제331조의 경우에는 절취의 수단에 "야간에 문이나 담 그밖의 건조물의 일부를 손괴하고 주거에 침입하거나(제1항) 흉기를 휴대하거나 2인 이상이 합동한다(제2항)"는 사실이 특징지워져 있다.

③ 행위객체

범행의 외적 대상인 행위객체는 각 범죄유형에 따라 다양하게 구성요건에 표현되어 있다. 예외적이기는 하지만 행위객체가 없는 경우(예컨대 제145조 제1항의 단순도주죄)도 있다.

④ 법 익

법적으로 보호되는 이익으로 보호객체에 해당한다. 행위객체가 없는 범죄는 있어도 보호객체(보호법익)가 없는 범죄는 없다. 법익은 불법성의 비교기준이 되기도 하며, 법정형의 선택지표가 되기도 한다.[1)]

⑤ 행위의 외적 정황

어떤 행위가 범죄로서 처벌되기 위하여서는 그 행위가 일정한 정황하에서 행하여져야만 될 경우가 있는데, 이러한 정황을 행위의 외적 정황이라고 부른다. 예컨대 공무집행방해죄(제136조)에 있어서 "공무를 집행하는"이란 정황이 이에 해당한다. 특히 행위의 외적 정황은 진정부작위범에서는 아무 것도 하지 않는 부작위에 범죄를 성립시키기 위한 전제로서 역할을 할 뿐만 아니라, 부진정부작위범에서는 행위정형의 동가치성을 인정하는데 심사기준으로 작용한다. 예컨대, 진정부작위범인 퇴거불응죄(제319조 제2항)는 주거권자의 퇴거요구라는 정황이 존재하지 않으면 범죄가 성립하지 않는다. 또한 부진정부작위범에서는 부작위가 작위에 의한 법익침해와 동등한 형법적 가치를 가지는 것으로서 범죄의 실행행위로 평가될 수 있으려면, 결과발생의 위험이 있는 상황에서 행위자가 구성요건 실현을 회피하기 위하여 요구되는 행위를 현실적·물리적으로 행할 수 있는 정황이 인정되어야 한다. 예컨대 부동산 거래에서 부작위에 의한 기망이 인정되려면 상대방이 스스로 착오에 빠진 정황과 부작위 행위자가 현실적으로 착오에 빠진 상대방에게 고지의무를 이행할 수 있는 현실적인 정황이 인정되어야만 부진정부작위범이 성립할 수 있다.

⑥ 결 과

결과는 행위구성부분은 아니지만 결과범에서는 객관적 구성요건요소이다.

⑦ 결과범에 있어서의 행위와 결과간의 인과관계 및 객관적 귀속

결과범에서의 행위와 결과간의 인과관계도 객관적 구성요건의 한(불문적) 표지로 인정되며, 결과와 행위 간의 규범판단인 객관적 귀속 또한 요구된다. 그러

1) 헌재결 2006. 12. 28, 2005헌바85, "어떤 범죄를 어떻게 처벌할 것인가 하는 문제 즉 법정형의 종류와 범위의 선택은 그 범죄의 죄질과 보호법익에 대한 고려뿐만 아니라…"

나 거동범은 결과발생을 요하지 않으므로 인과관계와 객관적 귀속은 구성요건 요소가 아니다.

2) 주관적 표지(구성요건)

불법구성요건의 주관적 표지는 행위자의 심적 요인을 기술하는 것으로서 형벌규정의 내용 중 행위자의 행위의사를 성격지우는 부분을 의미한다.

이러한 주관적 표지로서는 고의범에 있어서의 고의, 목적범 · 경향범 · 표현범에 수반되는 고의 외의 초과주관적 불법요소, 재산죄에서의 불법영득 내지 불법이득의 의사 등을 들 수 있다.

(2) 기술적 표지와 규범적 표지

1) 기술적 표지(구성요건)

기술적 표지란 구성요건 중 즉물적 · 대상적으로 기술될 수 있고 사실확정을 통하여 그 의미가 정확하게 이해될 수 있는 부분을 말한다. '사람', '먹는 물', '건조물', '살해', '불태운', '물을 넘겨' 등이 이에 속한다.

2) 규범적 표지(구성요건)

구성요건 중에서 그 기술 자체만으로는 내용을 확정짓기 어렵고 어떠한 규범의 논리적 전제 아래에서만 알 수 있으며, 따라서 재판관에 의한 구체적 가치판단을 필요로 하는 부분을 규범적 표지 또는 가치충전을 요하는 표지라고 부른다. 예컨대 "유가증권"(제214조), "명예"(제307조), "문서"(제225조) 등이 이에 속한다.

과학기술이 발달하고 사회의 가치관이 변함에 따라서 기술적 표지와 규범적 표지의 영역은 점점 모호해지고 있다. 예컨대 살인죄(제250조)의 사람이란 기술적 표지에 해당하지만 사람의 시기 또는 사람의 종기가 언제까지인가의 문제는 가치관에 따른 규범논리의 변화를 초래한다. 사람의 시기는 사회의 가치관에 의존하여 변화할 수 있고, 사람의 종기 역시 의료기술의 발전에 따라 뇌사를 사망으로 인정할 것인가의 문제를 수반한다. 따라서 구성요건의 해석이란 궁극적으로 규범적 표지의 의미파악이라고 볼 수 있다.

3. 봉쇄적 구성요건과 개방적 구성요건의 구분에 관한 논란

벨첼을 비롯한 일부 학자들은 구성요건을 봉쇄적 구성요건(geschlossene Tatbestände)과 개방적 구성요건(offene Tatbestände)으로 구분한다. 이에 의하면 봉쇄적 구성요건은 금지 또는 요구된 내용을 남김없이 규정한 경우인 반면, 개방적 구성요건은 구성요건표지의 일부만이 기술되고 여타의 부분은 법관이 구성요건보충을 행하도록 위임된 경우인데 무엇보다도 과실범과 부진정부작위범에서 이를 찾아볼 수 있다고 한다. 과실범에 있어서는 대체로 결과의 야기만이 법적으로 기술되어 있고 금지된 범행은 법관이 '요구되는 주의의무의 침해'라는 관점에서 확정지으며, 부진정부작위범에 있어서도 행위자영역이 개방되어 있는데 이것은 법관에 의하여 보증인적 지위라는 관점에 의하여 보충된다고 한다.

위와 같은 구분에 대하여서는 불법구성요건이 불법유형이고 그 기능이 특정한 범죄형태를 위하여 전형적인 불법사태(Unrechtssachverhalt)를 표시해 주는 것인 한 구성요건은 오직 봉쇄적일뿐 개방적일 수 없다고 비판된다. 그리고 만일 그렇지 않다면 구성요건에서 정형성(Typuseigenschaft)이 결여됨으로써 명확성의 원칙에 반할 우려가 있다.

죄형법정주의의 원리나 불법구성요건의 본질을 고려해 볼 때에 '개방적'이라는 표현은 적절하지 못하며, 개방적 구성요건의 개념 하에 거론되는 사례들도 전술한 "규범적 구성요건요소" 내지 "가치충전을 요하는 구성요건요소"의 범주에 속하는 것으로 이해함이 타당할 것이다.

4. 기본적 구성요건과 수정적 구성요건

기본적 구성요건(Grundtatbestand)은 일정한 불법유형을 갖는 모든 범죄(예컨대 살인의 죄)유형에서 가장 본질적이고 공통(기초)되는 표지로써 이루어진 불법구성요건(예컨대 보통살인죄의 구성요건)을 의미한다.

수정적 구성요건이란 기본적 구성요건의 주체, 객체 또는 행위태양이나 수단에 대한 변형을 가한 구성요건을 의미한다. 주체 또는 객체의 변형은 행위자의 책임귀속에 영향을 미쳐서 형벌을 가감하게 하고, 행위태양 또는 수단의 변형은 행위자의 불법성의 정도에 영향을 미쳐서 형벌을 가감하게 한다. 따라서 수정적 구성요건은 가중적 구성요건과 감경적 구성요건의 형태로 존재한다.

가중적 구성요건(Qualifizierter Tatbestand)이란 기본적 구성요건 이외에도 형벌을 가중할 만한 사유가 포함된 구성요건을 말하는데 그 사유는 대체로 신분(예컨대 보통살인죄에 대한 존속살해죄, 과실치상죄에 대한 업무상 과실치상죄 등), 행위수단(단순절도죄에 대한 특수절도죄) 등에 근거한다.

감경적 구성요건(Privilegierter Tatbestand)은 기본적 구성요건 이외에 형벌을 감경할 만한 사유가 포함된 구성요건을 의미한다. 보통살인죄에 대한 촉탁·승낙에 의한 살인죄의 구성요건이 이에 해당한다.

그 외에 보호법익은 같지만 기본적 구성요건과 행위태양을 달리하거나, 기본적 구성요건에 수정을 가하였으나 가중 또는 감경이 발생하지 않는 경우를 독립적 구성요건이라고 하기도 한다.

살인죄의 장을 예로 들면 다음과 같다.

제24장 살인의 죄(보호법익: 생명권, 행위태양: 살해행위)

제250조 제1항: 살인죄 - 기본적 구성요건
제250조 제2항: 존속살해죄 - 책임가중적 구성요건
제251조[1] : ~~(영아살해죄: 삭제 - 책임감경적 구성요건)~~
제252조 제1항: 촉탁·승낙살인죄 - 불법감경적 구성요건
제252조 제2항: 자살교사·방조죄 - 독립적 구성요건
제253조 : 위계·위력살인죄 - 독립적 또는 불법수정 구성요건
제254조 : 미수범 처벌규정 - 법률상 감경규정
제255조 : 예비·음모죄
제256조 : 자격정지 병과규정

5. 구성요건과 사회상당성

사회상당성론(die Lehre von der Sozialadäquanz)은 문언상 지나치게 넓게 파악될 수 있는 법적 구성요건을 제한하기 위한 수단으로서 독일에서 발전된 이론인데 벨첼(Welzel)에 의하여 최초로 거론되었다.

이 이론에 의하면 정상적·역사적으로 되어버린 사회적 생활질서의 테두리 안에서 행하는 행위는 구성요건해당성이 없다고 한다. 사회상당성이 있는 행위

1) 어떠한 범죄가 개정으로 인하여 삭제되더라도 법률의 전면개정이 아닌 한 조문의 위치는 변경이 불가능하므로 본문은 삭제한 채로 조문 자체는 존재하는 것이 법률개정의 통상적인 방법이다.

란 반드시 사회적으로 모범적인 행위만을 의미하는 것이 아니라 사회적 행위자유의 테두리 내의 행위를 의미한다고 하는데, 이러한 행위의 예로서는 대체로 다음과 같은 것들이 지적되고 있다. 경미한 상해나 경미한 자유의 제한, 사소한 돈을 내건 도박, 항공·궤도·도로교통에의 참여와 법규에 따른 운행에서 발생된 상해, 원자력이나 가스를 사용하는 공장처럼 위험스러운 시설물의 운영, 의학적 실험, 건축·광산 등에 있어서의 폭발물 사용, 의료상의 극약 사용, 자동차 운전자에게 주류를 판매하는 행위, 집배원에게 통상의 새해 선물을 주는 일, 부인의 자살을 야기시킬 위험성이 있는데도 불구하고 남편이 집을 떠나는 일 등이다. 사회상당성 또는 사회적 상당성 개념의 인정여부와 관련하여, 위법성조각사유 중 사회상규와 구별하지 않는 견해[1]에 의하면 구성요건단계에서 사회상당성을 논할 필요없이 위법성단계에서 사회상규위배 여부로 판단하면 족하다고 한다. 한편 해당 개념을 형법상 도입할 필요가 없다는 견해[2]에 의하면, 그 의미 자체가 모호할 뿐만 아니라 사회상규와 구별되는 표지를 찾기도 어렵고 결국 양자는 같은 개념이므로 사회상규만 인정하면 된다고 본다. 그러나 사회상당성이 구성요건을 이해함에 도움을 주는 하나의 해석원칙으로 보는 견해가 다수이다.

생각건대 외견상 구성요건에 해당하는 행위일지라도 형법이 요구하는 전형적인 불법을 포함하지 않는 경우와 포함하지만 그것이 사회상규에 의하여 불법성이 사후판단으로 제거되는 경우를 구분하여 전자를 형법의 영역에서 배제하는 것이 규범준수자를 형법으로 끌어들이지 않는 장치가 될 수 있다.

판 례

강제추행행위에 수반하여 생긴 상해가 극히 경미한 것으로서 굳이 치료할 필요가 없어서 자연적으로 치유되며 일상생활을 하는 데 아무런 지장이 없는 경우에는 강제추행치상죄의 상해에 해당한다고 할 수 없다.[3] 또한 업무상과실치사상죄와 관련하여 "사회적 상당성이 인정되는 의사의 통상적인 진료행위에 지나지 않는 것"이므로 과실로 상해를 입힌 행위로는 볼 수 없다고 보거나(대판 1986. 6. 10, 85도2133) "전체 법질서상 용인될 수 없을 정도로 사회적 상당성을 갖추지 못한 때에

1) 오영근, 85면.
2) 김성돈, §13/46.
3) 대판 2017. 4. 7, 2017도1286; 대판 2003. 9. 26, 2003도4606.

는 그 행위 자체가 강요죄나 공갈죄에서 말하는 협박의 개념에 포섭될 수 있다."고 봄으로써 반대로 사회적 상당성을 갖추면 구성요건인 협박의 개념에 해당되지 않는다는 해석이 가능하다. 그러나 판례가 사회적 상당성이 있는 행위를 반드시 구성요건배제사유로 보는 것은 아니다. 예컨대 "자유민주주의 사회의 목적 가치에 비추어 이를 실현하기 위해 사회적 상당성이 있는 수단으로 행하여졌다는 평가가 가능한 경우에 한하여 이를 사회상규에 위배되지 아니한다."고 하거나(대판 1983. 2. 8, 82도357) 또는 "사회적 상당성이 있는 행위이거나 위법성이 없는 행위가 아니다."(대판 1996. 6. 14, 96도405)라거나 "담당공무원이 피고인을 사무실 밖으로 데리고 나가는 과정에서 피고인의 팔을 잡는 등 다소의 물리력을 행사했더라도, 이는 피고인의 불법행위를 사회적 상당성이 있는 방법으로 저지한 것에 불과하므로 위법하다고 볼 수 없는"(대판 2022. 3. 17, 2021도13883) 것이라고 판단함으로써, 사회적 상당성을 위법성조각사유로 보기도 한다. 이 경우 위법하지 않다는 의미는 형법 제20조의 "사회상규에 위배되지 않는 행위"를 뜻하는 것으로써, 이때에는 사회적 상당성과 사회상규를 같은 개념으로 사용하는 것으로 이해된다. 그러나 사회적 상당성과 사회상규는 서로 다른 개념이며 전자는 구성요건을 배제하는 사유로, 후자는 위법성을 조각시키는 사유로 보아야 할 것이다.

심 화 **법익의 변화**(동태성(動態性))

법실증주의자였던 빈딩(K. Binding)이 법익의 개념을 제시하였을 때, 빈딩 역시 법공동체를 중심으로 법익을 이해하고자 하였다. 그는 법익이란 "그 자체를 법이라고 할 수 없지만, 입법자의 시각에서 법공동체가 건전하게 생활하는데 있어서 필수적인 조건의 총합이다. 입법자의 관점에서 볼 때, 법공동체들은 그와 같은 조건의 총체들이 완전히 유지되는데 관심을 가지며, 그러므로 그러한 조건의 총합이 침해되거나 위태화되는 것을 방지하고자 규범을 정하는 것이 입법자의 입장에서 가치 있는" 것으로 이해하였다.[1] 그리고 규범의 침해가 핵심이고 법익이란 규범침해의 근거를 구체적으로 보완하는 기능을 수행한다고 보았다. 그리고 그 전제로서, 규범과 형법률을 구분하였다. 형법률은 입법자에 의하여 정해진 것이지만, 규범이란 사회생활에서 자연스럽게 발생하는 것이라고 한다. 즉 금지와 요구는 어느 누가 만든 것이 아니라 사회에서 자연스럽게 발생해서 사회의 구성원들의 이해에 자

1) K. Binding, Die Nomen and ihre Übertretung, Eine Untersuchung über die rechtmässige Handlung und die Arten des Delikts, Bd. I, 2. Aufl., Leipzig 1890, 353면.

리 잡은 구성물이고, 사회체계적으로 볼 때 규범을 최종적으로 확인하여 실질적인 힘을 부여하는 것은 입법이라고 보았다.[1] 따라서 형법은 모든 규범을 담아낼 수 없고, 형법에 규범을 담을 것인가는 입법자의 시각에 의해서 결정되는 것이라고 이해한다. 그 때 입법자가 규범을 형법에 담을 것인가의 가치기준이 바로 법익인 것이다. 즉, 규범이란 사회적 필요의 산물이고, 규범의 역할은 인간의 자의의 제한이다. 그러한 규범은 사회의 산물이기 때문에, 국가가 정할 수 있는 것이 아니다. 모든 규범을 형법률로 만들 수 없을 때, 규범 중에서 입법자들이 고려할 수 있는 대상이 법공동체의 가치로서의 법익이 된다.

법익론을 처음 제시한 빈딩의 입장에서 법익은 규범들이 구체화된 것이다. 빈딩은 이러한 법익목록을 개인적인 법익으로 보지 않고 모두 사회적이고 공적인 법익으로만 파악한다. 왜냐하면 법익이 되기 위해서는 개인적인 차원을 넘어서서 공동체에 이익이 될 만하고 그만한 가치가 있어야 하기 때문이다. "이러한 재(財, Gut)들은 모두 사회적인 가치를 가진다. 이 재들을 침해하지 말라는 것(Unverletztheit)은…… 모두 현존하는 공동체적 성질에서 비롯된다. 그렇기 때문에 사회적으로 보호할 가치를 가진다. 여기서 개인적인(individualistisch) 고려를 한다든지 사회와 국가와 절연된 개인적인 재(財)를 인정하려고 하는 것처럼 잘못된 것은 없다. 법익침해에 대한 제재효과는 개인적인 범위를 훨씬 초과한다. 법익은 공법학의 대상이 되는 것이지 사법학의 대상이 아니다."[2]

법익은 사회변화와 가치관의 흐름에 따라서 그 내용과 함의가 동태적이다. 빈딩 이후 법익론을 주장한 학자들은 인간의 생활이익이라든가 인격적 법익이라든가 기능적 법익까지 다양한 각도에서 법익론에 접근하였다. 그러나 대체로 공통적인 점은 형법이 법익을 창설하는 것이 아니라, 보호가 필요한 법익을 발견해 낸다고 이해하는 듯하다.[3]

법익론의 전개를 이해할 때 공통점은 두 가지로 요약되는 듯하다. 첫째, 형법과 법익의 구분이다. 우선 형법은 법공동체의 이익을 중심으로 하여, 이익을 해하는 행위들에 대한 제재로 이해된다. 법공동체 이전에 사회의 유지를 위하여 필요한 이익들을 공유하는 집합체로서 형법 이전에 이미 형성된 사회가치관을 중심으로

---

1) 신동일, "규범과 형법률－칼 빈딩의 이론을 중심으로", 형사법연구 제12권, 한국형사법학회, 1999, 201－202면에 따르면 "금지와 요구의 실질적인 형성의 기준은 일상생활의 필요성이며, 이 필요성을 입법을 통해서 얼마나 보장될 수 있느냐의 문제는 실질적으로 규범을 얼마나 입법자들이 고려할 수 있느냐에 달려 있다."고 한다. 및 신동일, 박사학위 논문 인용.

2) K. Binding, Normen Ⅰ, 2. Aufl., 338면(신동일, 앞의 논문 204면 인용).

3) 리스트는 사회적 유해성으로서 반사회성이라 함은 입법자가 입법을 할 때 형성되는 가치판단과는 무관하다고 보았다.

이해되며, 국가에 의한 인위적인 형법을 통해 비로소 법공동체로서 묶이는 것으로 이해된다. 철저한 법실증주의자였던 빈딩에게는 물론이겠거니와, 그 이후의 이론들에 의해서도 대체로 사회의 규범과 국가의 형법은 분리된 것이며, 국가의 형법이 지켜야 할 것은 그 자체로서의 법의 순수성이 아니라 사회의 규범인 것이다. 둘째, 법익개념은 동태적이다. 사회의 변화는 법익의 변화를 초래한다. 이를 통해서 법익론의 발전은 규범의 변화를 의미하는 것이 아니라, 규범에 대한 입법자 또는 이론가들의 관점의 변화를 반영하는 것일 수 있다.

§3. 불법구성요건의 객관적 표지

Ⅰ. 행위주체(행위자)

1. 자 연 인

모든 자연인은 그 연령, 정신상태, 정신질환 등에 관계없이 행위능력을 갖는다. 진정신분범의 경우에는 행위자의 범죄가 일정한 사람에 국한된다. 진정공무원범죄(제122조 이하)의 "공무원", 위증죄(제152조)의 "법률에 의하여 선서한 증인" 등이 그 예이다. 한편 부진정신분범에서는 행위자가 가중적 인적 범위에 속할 경우(예컨대 살해자가 피해자의 직계비속이어서 존속살해죄[제250조 제2항]가 성립되는 경우)에는 그 형이 가중되고 감경적 인적 범위에 속하는 경우에는 그 형이 감경된다.

2. 법인의 범죄능력과 처벌

법인도 범죄의 주체로 될 수 있는가, 즉 법인에게 범죄능력이 있는가 하는 문제는 이미 오래 전부터 논란이 있다.

여기에서 범죄능력이란 범죄행위를 할 수 있는 능력으로서, 불법을 행할 수 있는 행위능력(Handlungsfähigkeit)과 이미 행한 불법에 대하여 책임을 질 수 있는 책임능력(Schuldfähigkeit)을 모두 포함하는 용어이다. 범죄능력이 인정되는 한 형벌의 주체로 되는 것은 당연한 일이다. 그러나 범죄능력은 없지만 예외적으로 형벌의 주체가 될 수 있느냐 하는 문제도 논란이 된다.

참고 연혁

로마법에 있어서는 "단체는 죄를 범하지 못한다."(societas delinquere non potest)라는 법언이 통용되었으나 게르만법과 중세이탈리아에 있어서는 단체의 가벌성이 인정되었고, 18세기에서 19세기로 이르는 전환기의 독일에 있어서는 법인의 범죄능력을 부정하는 견해가 지배적으로 되었다.

포이에르바흐(Feuerbach)는 개인책임을 단호하게 내세우고 개인의 의사를 중시하여 법인의 행위능력을 인정하지 아니하였으며, 사비니(Savigny)는 법인의 의사는 의제된 것이라는 관점에서 부정설의 입장을 취하였다. 한편 기르케(Gierke)는 법인실재설의 입장에서 긍정설의 입장을 취함으로써 법인의 형법상의 행위능력을 민법적 행위능력과 동일시하는 견해를 뒷받침하였다. 형법학자로서는 리스트(Liszt), 엠 에 마이어(M. E. Mayer), 부쉬(Busch) 등이 법인의 범죄능력을 긍정하였으나 독일제국법원과 다수의 학자는 꾸준히 부정설을 취하였고, 이러한 독일의 경향이 우리나라와 일본에도 영향을 미쳐 부정설을 우세하게 하였다.

한편 영미법에서는 원칙적으로 법인의 범죄능력을 인정한다. 영국의 고법(古法)에서는 사원·교회·지방단체·영리단체 등 단체의 범죄능력을 인정하였으나, Common law에서는 '법인불처벌'이라는 로마법 이래의 원칙이 인정되었다. 그리고 이러한 상태는 19세기초까지 계속되었다. 1840년 Rez v. Birmingham and Gloucester Ry. Co. 사건에서 non-feasance(부작위에 의한 공용도로불수리죄)가 고속도로를 수리하지 아니한 Birmingham 회사에 적용되어 그 회사가 기소됨으로써 법인에게 형사책임을 인정하는 계기가 마련되었고, 오늘날에 이르러서는 명예훼손의 책임까지도 법인에게 인정하고 있다. 영국법에서는 성문법상의 범죄에 대하여 특별규정이 없는 한 '자'라는 용어에 법인도 포함시키고 있다. 영국법의 영향을 받고 있는 미국법에 있어서도 "…하는 자는 …처벌된다." (Any person, who…, shall be punished…)에서 자(person)에는 자연인뿐만 아니라 법인도 포함되는 것으로 해석된다. 이처럼 오늘날 대륙법계의 제국이 법인의 범죄능력을 부정하는 반면 영미법계인 영국과 미국의 법률이 이를 긍정하는 사실은, 대륙법계의 형법은 범죄의 주체를 윤리적 인격자로 보는 윤리적 형법관에 바탕을 두고 있으나, 영·미의 형법은 실용주의적 형법관에 기반을 두고 있다는 관점에서 이해되기도 한다.

(1) 학설의 대립

1) 부정설

우리나라의 다수설[1] 및 판례는 부정설을 취하고 있는데, 그 논거는 대체로

1) 권오걸, 109면; 박상기, 42면; 배종대, 144면; 손동권/김재윤, 108면; 이재상 외, 100면; 이정원,

다음과 같다.

① 법인에게는 행위능력이 없으며 법인은 그 기관인 자연인의 의사 내지 행위능력에 의하여 활동한다. 그러므로 그 기관인 자연인을 처벌하면 족하고 법인 자체를 벌할 필요가 없다.

② 책임비난은 책임 있는 개개인에 대하여서만 제기될 수 있고 여타의 구성원이나 단체에 대하여서는 불가능하다. 만일 행위자 외에 법인 자체를 벌한다면 범죄와 관계없는 법인의 구성원까지도 처벌하게 되어 이중처벌의 불합리한 결과가 된다.

③ 설사 법인 독자의 의사 및 행위능력을 인정한다 할지라도 본래 법인은 법률이 인정하는 목적(정관)의 범위 내에서만 유효하게 행위를 할 수 있으므로 범죄행위는 목적의 범위 외에 속한다.

④ 법인에게는 형벌 속에 있는 사회윤리적 비난이 의미를 갖지 못한다.

⑤ 현행 형법이 정하고 있는 형벌인 사형, 자유형은 법인에게는 불가능하고, 책임능력에 관한 규정(제9조~제11조)도 법인에게는 적용될 수 없는 점 등을 고려할 때 형법은 자연인만을 범죄 내지 형벌의 주체로 보고 있음이 분명하다.

⑥ 법인이 그 기관의 범죄로 인하여 부당하게 취득한 재산이나 이익을 박탈해야 한다는 요청은 형벌 이외의 다른 방법(예컨대 행정적 제재)에 의하여 달성할 수 있다.

2) 긍정설

긍정설[1)]은 주로 법인활동의 증대에 따른 법익침해의 증가와 관련하여 법인의 독자적 행위를 인정하고, 이에 형사제재를 가할 필요가 있다는 형사정책적 고려에서 주장된다. 긍정설의 논거는 다음과 같다.

① 법인의 범죄능력을 부정하는 견해는 법인의제설을 전제로 하나 법인실재설의 견지에서는 타당하지 않다.

② 법인은 그 기관을 통하여 의사를 형성하고 이에 따른 행위를 할 수 있기 때문에 법인에게도 의사능력과 행위능력이 있다.

③ 책임능력을 형벌적응능력으로 이해한다면 법인에게도 이러한 능력이 있다.

74면; 정영일, 61면.

부정설을 취한 판례로는 대판 1961. 10. 19, 4294형상417; 대판 1984. 10. 10, 82도2595; 대판 1985. 10. 8, 83도1375; 대판 1994. 2. 8, 93도1483 등이 있다.

1) 김성천/김형준, 79면; 정성근/정준섭, 49면.

④ 법인이 사회적 존재로서 활동하는 행위는 법인의 목적범위 내에 속하므로 적법한 목적 하에 설립된 법인이라도 위법한 활동을 행할 수 있다.

⑤ 법인에 있어서 기관의 행위는 기관의 구성원인 개인의 행위라는 측면과 법인의 행위라는 측면의 양면성을 갖는 까닭에 기관의 구성원인 행위자와 법인을 함께 처벌하는 것(양벌)은 이중처벌이 아니다. 특히 종업원의 위반행위와 이에 대한 법인의 감독상의 과실은 별개의 범죄이므로 양자의 처벌이 이중처벌로 될 수 없다.

⑥ 벌금형은 법인에 대하여서도 효과적이다. 형사처분으로서 법인의 해산, 일정기간의 활동(업무)정지 등의 방법을 고려할 수도 있다.

⑦ 부정설에 의하면 행정법규 등에서 법인을 처벌하는 이유를 합리적으로 설명할 수 없다. 왜냐하면 법인에게 범죄능력이 없다면 법인을 처벌할 수 없어야 하기 때문이다.

⑧ 법인의 사회적·반사회적 활동이 증가되어가는 실정에 비추어 형사정책적 견지에서도 법인의 범죄능력을 인정할 필요가 있다.

3) 부분적 긍정설

부분적 긍정설[1]은 형사범에서는 법인의 범죄능력을 부정하지만 행정범에 있어서는 행정형법에 윤리적 요소가 약하고 행정적 단속목적이라는 합목적적·기술적 요소가 강하다는 논거로 법인의 범죄능력을 인정한다. 이 설은 자연인과 법인의 차이점을 고려해야 하지만 많은 특별법에 산재해 있는 양벌규정을 책임주의적 관점에서 이해하고 형사제재의 당위성도 인정할 수 있으므로 부분적으로나마 범죄능력을 인정할 수 있다고 본다.

그러나 이 설에 대하여서는 행정범의 개념 자체가 애매하고 행정형법의 특수성이 과연 형법의 기본원리인 책임주의를 배제할 수 있는가라는 비판이 있다.

(2) 법인의 처벌

법인의 활동 증가에 따라 법인을 처벌하는 규정이 주로 행정형법 분야에서 늘어나고 있다. 이들 규정은 "…행위자를 처벌하는 외에 그 법인 또는 개인에 대하여도 …벌금형을 과한다."라는 양벌규정의 형식을 취하고 있다.

---

1) 김일수/서보학, 137면; 신동운, 132면; 임웅, 106면.

그러나 헌법재판소가 위헌결정[1]을 통해, 영업주가 비난받을 만한 선임·감독상의 해태가 없음에도 불구하고 종업원의 범죄행위만 존재하면 영업주를 처벌하도록 하는 양벌규정은 책임주의에 반한다고 판시하였다. 동 결정에 따르면 기업의 대표자와 종업원의 범죄를 구분하여 기업의 책임을 달리 평가하는 바, 기업 대표자의 행위는 곧 법인의 행위이기 때문에 대표자의 책임 역시 아무런 대입과정 없이 기업의 책임으로 귀속된다. 반면, 종업원 등이 저지른 행위의 결과에 대한 법인의 독자적인 책임에 관하여 규정하지 않은 채, 단순히 법인이 고용한 종업원 등이 업무에 관하여 범죄행위를 하였다는 이유만으로 법인에 대하여 형사처벌함은 책임주의원칙에 반한다고 본다. 이 경우 종업원의 책임은 바로 기업책임이 되지 않고, 종업원에 대한 선임감독의무의 해태가 기업책임의 근거가 된다.

그 법적 구조에 대한 해석은 별론으로 하고, 동 결정 이후에 법인 처벌의 양벌규정들에는 책임원칙에 부합하는 단서조항이 추가되어, 법인의 처벌도 법인의 책임에 부합하도록 개정되었다. 그 결과, "다만, 법인 또는 개인이 그 위반행위를 방지하기 위하여 해당 업무에 관하여 상당한 주의와 감독을 게을리 하지 아니한 경우에는 그러하지 아니하다."라는 단서조항을 통하여 책임주의원칙의 적용을 받음으로써, 간접적으로 법인의 행위능력이 인정받는 듯하다.[2]

1) 헌재결 2007. 11. 29, 2005헌가10. 동 결정에서는 위헌의견의 내용이 두 가지로 나뉘어 진다 첫째, 이 사건 법률조항이 종업원의 업무 관련 무면허의료행위가 있으면 이에 대해 영업주가 비난받을 만한 행위가 있었는지 여부와는 관계없이 자동적으로 영업주도 처벌하도록 규정하고 있고, 그 문언상 명백한 의미와 달리 "종업원의 범죄행위에 대해 영업주의 선임감독상의 과실(기타 영업주의 귀책사유)이 인정되는 경우"라는 요건을 추가하여 해석하는 것은 문리해석의 범위를 넘어서는 것으로서 허용될 수 없으므로, 결국 위 법률조항은 다른 사람의 범죄에 대해 그 책임 유무를 묻지 않고 형벌을 부과함으로써, 법정형에 나아가 판단할 것 없이, 형사법의 기본원리인 "책임 없는 자에게 형벌을 부과할 수 없다."는 책임주의에 반한다. 둘째, 일정한 범죄에 대해 형벌을 부과하는 법률조항이 정당화되기 위해서는 범죄에 대한 귀책사유를 의미하는 책임이 인정되어야 하고, 그 법정형 또한 책임의 정도에 비례하도록 규정되어야 하는데, 이 사건 법률조항은 문언상 종업원의 범죄에 아무런 귀책사유가 없는 영업주에 대해서도 그 처벌가능성을 열어두고 있을 뿐만 아니라, 가사 위 법률조항을 종업원에 대한 선임감독상의 과실 있는 영업주만을 처벌하는 규정으로 보더라도, 과실밖에 없는 영업주를 고의의 본범(종업원)과 동일하게 '무기 또는 2년 이상의 징역형'이라는 법정형으로 처벌하는 것은 그 책임의 정도에 비해 지나치게 무거운 법정형을 규정하는 것이므로, 두 가지 점을 모두 고려하면 형벌에 관한 책임원칙에 반한다. 동 결정이후로 헌법재판소는 동일한 취지로 단서조항이 없는 양벌규정들에 대하여 위헌결정을 하였다. 예컨대, 헌재결 2009. 7. 30, 2008헌가16; 헌재결 2010. 7. 29, 2009헌가25 등.

2) 최근 일본에서는 법인처벌의 실효를 거두기 위하여 행위자·법인·법인의 대표자까지 아울러 처

법인처벌규정을 이해함에 있어서 법인의 범죄능력을 인정하는 견해는 당연히 법인이 형벌의 주체가 된다고 본다. 법인의 범죄능력을 부정하는 견해 중에 원칙적으로 법인의 범죄능력을 부정하지만, 예외적으로 법인의 수형능력만을 인정하는 견해도 있는데 이러한 견해에 대하여서는 이론적으로 철저하지 못하다는 비판이 가하여진다.

법인의 처벌을 인정한다면 어떠한 근거에서 이를 인정할 것인가 하는 점이 문제가 된다. 처벌근거에 관한 학설로서는 ① 법인에게 행위자의 행위에 의한 전가(대위)책임을 인정한다는 무과실책임설, ② 법인처벌규정을 종업원의 선임·감독에 있어 법인의 과실의 책임을 입법자가 법률상 추정한 규정이라고 이해하고, 과실이 없었음을 증명하지 못하는 한 법인은 부작위에 의한 과실의 책임을 진다는 과실추정설, ③ 법인처벌규정은 종업원의 위반행위가 있으면 법인의 과실을 당연히 의제하는 것이고 법인은 그 의사 여하와 무과실의 증명을 통하여서도 그 책임을 면할 수 없다고 보는 과실의제설, ④ 법인의 처벌은 법인 자신의 행위에 기인하는 과실책임이라고 보는 과실책임설 등이 있다.

판 례

다음은 법인과 종업원의 책임에 관한 헌법재판소의 결정이다.[1)]

법인은 기관을 통하여 행위하므로 법인이 대표자를 선임한 이상 그의 행위로 인한 법률효과는 법인에게 귀속되어야 하고, 법인 대표자의 범죄행위에 대하여는 법인 자신이 자신의 행위에 대한 책임을 부담하여야 하는바, 법인 대표자의 법규위반행위에 대한 법인의 책임은 법인 자신의 법규위반행위로 평가될 수 있는 행위에 대한 법인의 직접책임으로서, 대표자의 고의에 의한 위반행위에 대하여는 법인 자신의 고의에 의한 책임을, 대표자의 과실에 의한 위반행위에 대하여는 법인 자신의 과실에 의한 책임을 부담하는 것이다. 따라서 법인의 '대표자' 관련 부분은 대표자의 책임을 요건으로 하여 법인을 처벌하므로 책임주의원칙에 반하지 아니한다.

'종업원' 관련 부분은 법인이 고용한 종업원 등의 범죄행위에 관하여 비난할 근거가 되는 법인의 의사결정 및 행위구조, 즉 종업원 등이 저지른 행위의 결과에 대한 법인의 독자적인 책임에 관하여 전혀 규정하지 않은 채, 단순히 법인이 고용한 종업원 등이 업무에 관하여 범죄행위를 하였다는 이유만으로 법인에 대하여 형

벌하는 이른바 삼벌규정의 형식이 필요하다는 주장이 나타나고 있어 주목된다.

1) 헌재결 2010. 7. 29, 2009헌가25.

사처벌을 과하고 있는바, 이는 다른 사람의 범죄에 대하여 그 책임 유무를 묻지 않고 형벌을 부과함으로써 법치국가의 원리 및 죄형법정주의로부터 도출되는 책임주의원칙에 반한다.

(3) 결 론

법인의 범죄능력에 관하여는 해석론과 입법론을 구분할 필요가 있다.

법인의 범죄능력은 현행법의 해석론과 관련하여 볼 때에 일반형법에 있어서는 물론 특별형법에 있어서도 부정된다고 보는 것이 타당하다. 법인을 처벌하는 예외규정도 실제의 행위자를 범죄자로 하고, 행정단속 기타 정책적 필요에 따라 법인까지도 부수적으로 처벌하는, 이른바 연계적 구성요건(Verbindungstatbestände)의 성격을 갖는다고 볼 수 있다. 법인의 범죄능력이 부정되는 결과로서 법인의 처벌은 일반적으로는 불가능하고 오직 법인을 처벌한다는 예외규정이 있을 때에만 가능하다. 이러한 예외규정이 없음에도 불구하고 법인을 처벌한다면 이는 죄형법정주의의 원리에도 반하는 결과가 된다.

입법론에 있어서조차 법인의 범죄능력과 수형능력을 거부하는 견해가 있지만, 입법론에 있어서까지 이것이 배제된다고는 생각하지 않는다. 입법정책에 따라 법인의 범죄능력과 수형능력을 인정하는 법을 제정하는 것은 가능한 일이다. 그러나 여기에 있어서도 법인은 그 존재구조와 사회적 의미에 있어서 자연인과 다르다는 점을 고려하여야 한다.

심 화 법인의 범죄능력 및 범죄성립의 독자적 구조 설정

기업에 의한 불법행위들이 사회적 문제로 대두되면서 기업의 가벌성에 관하여 행위능력과 책임능력을 인정하기 위한 시도들이 조심스럽게 제기되어 왔다.[1] 이에 따르면 행위능력은 고유한 자연적인 행위로서 개인의 행위를 기업의 행위로 귀속시키는 방법을 취하고, 행위의 의미는 사회적 유해성이라는 사회적 행위개념에서

---

1) 기업의 범죄능력을 인정하고자 하는 견해로는 강동욱, "기업범죄에 있어서 법인의 책임과 배임죄의 성부", 한양법학 제21권 제2집, 한양대학교 법학연구소, 2010/5, 341면 이하; 김성규, "법인처벌의 법리와 규정형식", 법조 제578호, 법조협회, 2004/11, 116면 이하; 김성돈, 기업처벌과 미래의 형법, 성균관대학교 출판부, 2018; 김재윤, "기업의 가벌성에 관한 독일의 논의 분석", 형사정

찾고자 한다. 또한 책임능력은 개인형법상의 생활영위책임에서 유추된 '영업체운영책임(Betriebsführungsschuld)'[1]이라고 보거나, 인간의 책임에서 벗어나 사회적 책임 개념으로서 답책성을 근거로 '조직과책(Organisationsverschulden)'[2]이라고 이해하면서 대체로 불법행위 그 자체보다는 정상적인 영업을 위한 예방책임을 이행하지 않은 점에 불법성의 초점을 맞추고 있다.

비교법적으로는 미국법상의 대위책임론에 의하면, 기업은 현실적인 실체가 존재하는 것이 아니라 법적인 테두리 안에서 관념적으로만 존재하기 때문에 기업 고유의 의사를 보유할 수 없다는 점, 따라서 기업 스스로의 행위도 할 수 없다는 점에서 기본적으로 모든 기업책임은 종업원의 행위에 대한 대위책임이어야 한다고 본다. 다만 그 경우에도 종업원의 행위를 기업행위로 귀속시키기 위해서는 직무관련성이 인정되어야 한다. 영국법상의 동일성이론은 기업구조의 이원화를 전제로 하위직 종업원은 단순한 손에 불과하기 때문에 이를 기업 자체라고 볼 수는 없지만, 기업의 대표자는 회사의 책임을 귀속시킬 수 있는 회사의 분신이기 때문에 이는 곧 기업의 행위라고 본다. 양 이론의 공통점은 기업에의 책임귀속은 언제나 업무관련성을 전제로 한다는 점이지만, 기업 내 모든 종사자의 행위가 기업의 행위라고 보는 대위책임론에 반하여 후자는 이사진 또는 기업경영자의 행위통제로서 역할을 한다는 점에서 적용대상을 달리 하게 된다.

그렇다면, 기업은 반드시 인간과 동일한 구조의 '자유의사'와 '자연적 행위'를 가져야만 하는가? 이는 범죄성립과 처벌에 있어서 자유의사와 인간의 행위를 요구하는 개인형법의 형법관으로부터 찾아져야 할 것이다. 기업처벌의 형법정책적 목적은 개인의 자유의지와 기본권을 중심으로 하는 전통적인 개인형법과는 달리, 사회체계 기능 또는 자유시장 경제질서라는 헌법질서의 보장을 추구한다. 그렇다면 서로 다른 목적 하에 서로 다른 기능을 하는 두 형법 영역을 분리하고, 각각의 목적에 부합하는 기능을 형법에 부여하는 것이 가능할 것인가의 문제로 귀결될 수 있다. 즉, 개인형법이 의사자유의 존재성을 기초로 기본권보호에 중심을 두고 구상된다면, 기업처벌은 적극적으로 사회규범질서를 보호함으로써 복잡해지고 다변화되어가는 현대사회의 갈등요소의 저지를 목적으로 하여 그와 같은 영역 전체질서를 구상하는

책연구 제15권 제2호, 한국형사정책연구원, 2004/여름, 37면 이하 등.

1) Günter Heine의 견해로, 김재윤, 앞의 논문, 57면에 따르면 기업은 처음부터 기업운영상의 전형적인 위험을 매 순간 통제할 수 있었음에도 불구하고 위험예방을 불가능하게 하는 단계로 나아갔다면 영업체운영책임을 져야 한다고 본다.

2) Klaus Tiedemann의 견해로, 김재윤, 앞의 논문, 54면. 이러한 기업과책을 책임능력의 논거로 인용하는 견해로는 강동욱, 앞의 논문, 341면. 반면 이를 부정하는 견해로는 김성규, 앞의 논문, 134면 참조.

것으로 보이기 때문이다. 이처럼 형법의 기능적 분화가능성을 고려한다면, 법인에 대한 독자적 범죄구조를 성립시킬 수 있다. 법인의 범죄구조를 행위의 의미, 법인의 의사와 범죄행위로 간략히 요약하면 다음과 같다. 법인의 행위능력은 사회적 행위론을 기저에 둔다. 사회적 행위론은 사회적 유의미성을 행위 개념의 본질적인 징표로 하기 때문에, 행위개념을 사회적 관계 속에서 구성되는 그 무엇임[1]을 전제한다는 점에서 반드시 자연인만이 행위의 주체라고 한정함에 보다 넓은 여지를 남기기 때문이다. 사회적으로 현저한 또는 유의미한 것, 이는 기업이 기관을 통하여 외부적으로 행하는 기업활동 전반을 의미한다. 즉, 기업의 사회적 상호작용이 기업의 행위라고 전제한 후에, 기업의 사회적 상호작용 중에서 적법한 영역을 벗어난 작용은 형법상 행위로서의 유의미성을 가지게 되고, 따라서 이를 범죄행위라고 보는 것이다. 일반적으로 개인형법의 영역에서 인간의 행위란 자유의사로부터 출발하는바, 이와 동등하게 기업의 사회적 작용은 기관의 의사결정을 통하여 이루어진다는 점에서 의사결정구조를 가지는 기업은 그를 통해 형성된 의사에 의한 행위의 주체성을 인정받을 수 있다. 그리고 의사결정구조는 법인의 대표자인지 종업원인지 기업 내에서의 지위와는 관련 없이 이루어진다. 즉, 법인의 대표자나 종업원은 그러한 의사결정구조에 직접 또는 간접적으로 가담하는 구성부분일 뿐 의사결정구조 그 자체는 아니다. 대표자 역시 의사결정구조에 참여하는 일부이며, 다만 의사결정에서의 영향력의 강약이 종업원과 일치하지 않을 뿐이다. 이렇게 구성한다면 기업의 자유의사는 의사결정구조의 기능이고, 기업의 행위는 의사결정구조의 결단에 따라 행해지는 기업의 사회적 상호작용이라고 보게 될 것이다. 그리고 그러한 작용이 형법에 위반될 경우 기업도 자연인과 동일하게 형법의 적용을 받을 수 있는 고유한 범죄능력을 인정할 수 있을 것이다. 즉, 대표자나 종업원의 행위에 종속하는 법인의 행위를 찾을 것이 아니라, 기업으로부터 출발된 불법한 사회적 상호작용으로 드러나는 외적 변화(작위 · 부작위 불문)를 기업의 행위로 평가하고, 다시 그러한 불법한 외적 변화에 대한 가담 여부와 정도를 통해 대표자나 종업원의 각각의 책임의 양을 결정하는 구조이다. 법인에 의한 전체 사회적 상호작용을 통해 불법성을 총체적으로 먼저 판단하고, 법인의 형사책임과는 별도로 개별적인 가담자의 형사책임을 부과함이 각각의 행위성 인정방식이 될 것이며, 책임주의에 부합하는 책임귀속의 방법이 될 수 있을 것이다.

1) 양천수, "법존재론과 형법상 행위론", 법철학연구 제9권 제1호, 한국법철학회, 2006, 162면.

Ⅱ. 행위객체 및 관련사항

구성요건에 직접 기술되어 있는 공격의 객체는 행위객체뿐이지만 법익의 침해는 행위객체의 침해 속에 존재하고 피해자는 피해법익의 주체라는 관점에서 볼 때 법익 및 피해자는 행위객체와 밀접·불가분의 관련사항임을 알 수 있다.

1. 행위객체

외계에서 직접 감지되고 구성요건에 기술되어 있는 공격의 객체(예컨대 살인죄(제250조)에 있어서의 "사람", 절도죄(제329조)에 있어서의 "타인의 재물")를 말한다. 구성요건 중에 행위객체가 없는 경우도 있다. 예컨대 다중불해산죄(제116조), 단순도주죄(제145조 제1항), 퇴거불응죄(제319조 제2항) 등이 이에 해당한다. 또한 구성요건 중에는 행위객체가 제한적으로 규정되는 경우도 있다. 예컨대 미성년자위계·위력간음죄(제302조)의 미성년자는 민법상의 19세 미만자이지만, 미성년자에대한간음죄(제305조 제1항)의 미성년자는 13세 미만자로 한정된다.

2. 법익(보호객체)

(1) 의 의

법익(Rechtsgut)은 관점에 따라 다양하게 정의되지만, 일반적으로 형법에 의하여 그 침해가 금지되는 개인 및 공동체의 이익이나 가치를 의미한다. 법익은 보호객체라고도 하며, 보호법익이 없는 범죄는 없다. 보호할 법익이 없음에도 범죄로 규정하고 금지함은 기본권 침해에 해당하므로 헌법에 위반된다.

법익은 범죄구성요건의 기초가 되는 중요한 개념이지만 형법규정의 표면에 나타나지 않으며, 그 배후의 이념적인 영역에 존재하는 관념적 형상(ein gedankliches Gebilde)일 뿐이다. 범죄는 본질적으로 법익의 침해를 떠나서 생각할 수 없으며, 범죄로부터 법이 그 침해를 막고자 하는 법익은 그것이 개인적 법익이든 일반적 법익이든 궁극적으로 '바람직한 사회상태'라고 하는 이념적 가치에 결부된다.

(2) 법익론의 전개과정

법익론의 전개과정은 범죄의 본질과 관련이 있다. 법익론의 경우, 18세기에는 개별 시민의 권리를 침해하지 않는다면 형법적 범죄가 아니라고 보는 권리침해론이 팽배하였으며, 따라서 도덕이나 윤리에 반하는 행위를 범죄라고 하지 않았다. 그러나 19세기 초 비른바움(Birnbaum)이 최초로 법익은 권리가 아니라 국가권력에 의하여 보호되는 실질적 財(Gut)로서 개인 또는 전체에 귀속될 수 있을 뿐만 아니라 자연적 의미에서 침해될 수도 있다는 이론을 전개하였다. 비른바움의 이익침해론은 체계내적 법익 구상으로서 이익의 침해가 범죄라고 정의하면서, 공동체의 이익을 해하는 행위를 금지한다고 보았으며, 그로 인하여 종교범이나 경찰범 등이 등장하게 되었다.

19세기 초부터 시작된 공동체주의적 사상의 확산 이후, 19세기 후반에 헤겔은 법질서 일반이나 국가 그 자체에 대한 침해가 범죄라고 보았으며, 젤만은 승인이론을 주장하며 규범의 정당성을 밝히고자 하였다. 즉 범죄가 침해하는 것은 규범 그 자체라고 본 것이다.

이처럼 점차 법익론이 후퇴하는 듯하였으나 다시 19세기 말에 빈딩은 민법상의 법익개념을 차용하여 범죄는 규범침해라고 하면서 그저 입법자의 시각에서 파악할 때 법공동체의 건전한 삶의 필요조건 총체를 침해하거나 위태롭게 하는 행위를 차단함으로써 가치 있는 것이라고 하는 형식적 범죄개념을 제시하였지만, 이는 형법의 해석적 기능만을 의미할 뿐 형법의 한계, 즉 체계비판적 기능을 담지는 못하였다. 비슷한 시기에 리스트는 예링의 목적사상을 수용하여 형법목적이란 사회현실 속에서 담겨 있는 인간의 생활이익의 보호라고 보았다. 리스트는 체계초월적 이익으로부터 법익개념을 찾음으로써, 피해자 없는 범죄를 설명할 수 없다는 한계가 있음이 거론되기도 하였다. 1920년대에 들어서면서부터 법익은 다분히 구성요건해석의 보조수단으로 이해되는가 하면, 1930년대에는 키일학파(Kieler Schule)에 속하는 갈라스(Gallas), 샤프슈타인(Schaffstein) 등이 범죄의 중점을 법익침해에서 의무침해로 옮기게 됨에 따라, 범죄를 법익침해로 보던 종래의 학설도 상당한 영향을 받았다.

20세기 초 신칸트학파의 호니히는 존재로부터 당위를 추론할 수 없음을 전제로 하여, 법익이란 순전히 형법상의 해석과 개념 형식상의 방법에 대한 지도적 원리라고 보았고, 그 이후에 비로소 인격적 법익론이 대두되게 되었다. 인격적 법익론은 법익의 이중적 기능을 인정하고 특히 체계비판적 기능의 부활을 목적하였다. 법익의 기능을 형벌의 가벌성을 근거짓는 체계내적 기능과 형벌의 가벌성에 한계를 긋는 체계비판적 기능으로 나눌 때, 양 기능이란 법익에 관한 사회적 의사소통이 당대에 어떻게 전개되는지에 따라서 어느 한 쪽의 기능이 우위를 점하여 강조될 수 있음을 전제로 하여 법익론의 전개가 이제는 인격적 법익론을 통해 형법의 체계비판적 기능의 회복을 추구하여야 한다고 본 것이다. 인격적 법익론에 뒤따르는 기능적 법익론은 법이 보호해야 하는 것은 인간공동체의 생활조건이므로 이에 반하는 사회적 유해성이 형벌을 정당화한다고 본다.

최근에는 생태적 법익론, 생태적-인간중심적 법익론까지 확장되어, 직접적으로 인간 또는 인격에 귀속되지 아니하는 실체를 형법에 포섭시켜서 현대사회가 직면하는 각종 위협들을 방어하기 위한 시도들이 있다. 그러한 위협들이 궁극적으로 인간의 생존과 직결된다거나 "그것 없이는 합법적이고 건강하게 보장되는 삶이 결코 가능하지 않은 것들"로서 "개인의 자유로운 발휘, 기본권의 실현, 그리고 이러한 목적 표상 위에 세워진 국가체계의 작동에 필수적인 모든 소여 혹은 목적설정"[1)]이라고 확대한다.

(3) 법익의 실체 또는 의미

최근에는 법익개념을 단지 구성요건해석의 척도로 보는 입장(이른바 방법적 합목적적 법익개념)에서 더 나아가 실질적 범죄개념에 입각하여 형벌규정에 관한 형사정책적 관점(이른바 자유적 법익개념)에서도 법익의 의의를 논하고 있다. 그러나 지금까지 법익론들은 법공동체에 해악이 되는 행위들을 선별하기 위한 기준으로서 법익의 개념을 제시하고 법익을 해하는 행위들이 일상생활과 구별되어 전형적이고 유형적인 불법을 드러낸다고 보았다.[2)] 하지만 도덕은 개념필연

1) Claus Roxin/김은희 역, "최근의 법익논쟁에 관하여", 법철학연구 제21권 제3호, 한국법철학회, 2018, 381면.(C. Roxin, "Zur neueren Entwicklung der Rechtsgutsdebatte", Neumann/Herzog (Hrsg.), Festschrift für Winfried Hassemer(Müller, 2010))

2) 이러한 관점에서 볼 때 국민의 사회윤리적 심정가치를 보호하는 것이 형법의 근본적인 역할이 될 수 없다. 따라서 민주적이고 자유적인 헌법질서로부터 나오는 형법의 역할은 단지 법공동체로부터 보호할 가치가 있는 것으로 승인된 법익으로서 인간의 공동생활을 위하여 필요불가결하면서도, 형벌 이외의 방법으로는 유효하게 보호할 수 없는 법익의 보호에만 국한된다. Wessels, AT, 18. Aufl., 1988, 2면.

적으로 법으로 강제될 수 없는바 국민의 윤리문제에 국가가 개입하고 계몽하고자 하는 태도는 바람직하다고 할 수 없다.

또한 법익의 개념은 사회변화와 가치관의 흐름에 동태적이다. 따라서 법익론이 사회변화에 적응하지 않고 느리게 되면 현실을 통제할 수 없는 사문화된 법이 되며, 사회변화보다 빠르면 범죄예방을 위해 인간을 수단으로 보는 결과 법만능주의로 전락하게 된다. 따라서 법익이념은 사회공동체의 가치에 부응하여야 하며, 국가형벌권 정당화의 측면에서의 접근을 지양하고 사회공동체의 규범과 가치를 반영함으로써 구성원의 자유보장과 사회결속의 근원으로 작용하여야 한다.[1)]

(4) 행위객체와 법익(보호객체)

보호객체로서의 법익은 형법조문의 배후에 놓여 있는 그 의미와 목적에 대한 관념적 형상이기 때문에 외계에서 직접적으로 감지되고 행위자의 공격대상이 되는 행위객체, 즉 구성요건에 기재되어 있는 물적 대상과는 구분된다. 예컨대 살인죄에 있어서 보호법익은 생명이지만 행위객체는 사람이다. 또한 범죄는 법익의 침해 내지 그 침해의 위험을 발생하게 하는 행위이므로 법익이 존재하지 않는 범죄는 예상할 수 없으나, 행위객체가 없는 범죄는 있다.

위에서 지적한 차이점에도 불구하고 행위객체와 법익은 현상과 이념의 관계처럼 밀접한 관련을 맺는다. 관념적 가치로서의 법익은 행위자의 직접적 공격에서는 벗어나는 것으로 보이나, 법익의 침해는 행위객체의 실질적 침해 속에 존재하고 있는 것이다.

(5) 법익의 기능

법익은 구성요건의 중심개념으로서 구성요건해석의 중요한 보조수단이 된다. 예컨대 절도죄의 보호법익은 소유권과 점유인데, 만일 절도죄와 관련하여 절취의 의사가 없다면 타인의 재물을 월권적으로 사용하는 것이 문제될 뿐이고, 점

1) 공동체적 가치로서 정의론적 시각에서는 보호가 중심이다. 연대성의 원리란 한 시대 또는 한 개인의 문제가 아니다. 전통적으로 그리고 지속적으로 사회를 결속시키고 공과를 떠나서 사회의 영속을 위한 바탕으로 존재하는 연대성의 보호를 목적으로 하여서 그러한 연대성을 약화시키는 행위들을 금지하고자 한다. 이러한 시각에는 연대성을 유지하기 위하여 필요한 사회적 재들, 예컨대 공과를 포함한 공정한 분배뿐만 아니라 사회적 결속과 유지를 위하여 필요한 사회적 재의 총합으로서 행복을 감쇄시키는 행위들에 대한 제재로 이해하게 될 것이다.

유의 침해가 없다면 경우에 따라서 횡령이 문제될 뿐이다.

법익은 구성요건의 초석으로서 구성요건유형을 형성함에 있어서 그 구분의 척도가 된다. 형법각론의 구성요건유형의 분류는 법익에 의하여 확정되는 것이다. 구성요건유형의 분류 이외에도 범죄를 침해범과 위험범으로 구분하는 것으로 법익을 어느 정도로 보호할 것인가를 척도로 하여 이루어진다.

법익개념은 무엇이 형법에 의하여 보호되어야 할 것인가를 시사해줌으로써 실질적 생활이익의 보호에 기여한다. 법익의 이와 같은 기능을 법률정책적 기능(또는 형사정책적 기능)이라고도 한다. 법익의 법률정책적 기능은 기존의 형벌법규 중 어떤 규정은 폐지되어야 하고 어떤 규정은 존속되어야 할 것인가를 판단하는 척도로서도 작용한다. 실로 형법이 무엇을 법익으로 삼고 이를 보호하기 위하여 어떻게 구성요건을 설정할 것이냐에 따라 형법의 보호적 기능은 양과 질을 달리하게 될 것이다.

(6) 법익의 분류

법익은 그것이 보호하는 이익이나 가치가 누구의 것인가에 따라 개인적 법익(Individualrechtsgüter)과 보편적 법익(Universalrechtsgüter)으로 양분되기도 하고, 국가적 법익·사회적 법익·개인적 법익으로 3분되기도 하는데, 우리나라에서는 이러한 3분방법이 일반화되어 있다.

이에 따라 중요한 법익의 유형을 살펴보면 국가적 법익으로는 국가의 존립과 안전, 국가의 권위와 기능 등을, 사회적 법익으로는 사회의 안전과 평온·유가증권·문서의 진정 등에 대한 공공의 신용 및 거래의 안전, 공중의 건강, 선량한 풍속 등을, 개인적 법익으로는 사람의 생명·신체의 완전성, 자유, 명예, 소유권 등을 각각 들 수 있다. 법익은 그 내용이 법익의 주체에 불가분적으로 전속된 것인가 여부에 따라 (일신)전속적 법익과 비전속적 법익으로 분류되기도 한다. 예컨대 사람의 생명, 건강, 자유는 전자에 속하고 소유권, 재산권은 후자에 속한다.

(7) 기타 관련문제

1) 주된 법익과 부차적 법익

구성요건 중에는 둘 이상의 보호법익이 존재하는 경우가 있다. 이 때에는 어떤 법익이 주된 법익(제1차적 법익)이고 어떤 법익이 부차적 법익(제2차적 법익)인가 하는 것이 문제된다. 그리고 이러한 경우에는 부차적 법익이 주된 법익에 흡수되는 경우도 있고, 계층을 이루면서 병존하는 경우도 있다.

살인죄의 경우에 있어서 살해는 생명과 아울러 신체의 완전성을 침해하는 것이지만, 살인죄의 보호법익은 생명이므로 신체의 완전성을 침해하는 것은 생명침해에 흡수된다. 그러나 절도죄나 공갈죄 등은 이와 다르다. 절도죄에 있어서 제1차적인 법익은 소유권이고 제2차적 법익은 점유이며, 공갈죄에 있어서는 소유권이 제1차적 법익이고 자유는 제2차적 법익이다. 이들의 경우에 있어서는 제2차적 법익이 제1차적 법익에 흡수되지 않고 계층을 이루면서 병존하게 된다.

2) 법익의 서열과 법익형량

법익의 서열 내지 비중의 문제는 피난행위의 상당성 판단에 있어서 한 척도가 되는 법익형량(또는 이익형량)과 관련하여 중요한 의미를 갖는다. 법익의 서열은 사회구조나 변천하는 사회적 공감대 또는 가치관 등에 의하여 정해질 수 있다. 대체로 형법상 개인적 법익의 죄는 법익의 우열에 의하여 나열되는 경향이 있다.

판 례

판례는 법익을 구성요건 해석이나 기본권의 비교형량에 있어 주된 기준으로 삼는다.

예컨대, “형벌법규에서 ‘타인’이나 ‘다른 사람’이 반드시 생존하는 사람만을 의미하는 것은 아니고 형벌법규가 보호하고자 하는 법익과 법문의 논리적 의미를 분명히 밝히는 체계적·논리적 해석을 통하여 사망한 사람도 포함될 수 있다.”[1]고 하거나 “형법이 규정하는 범죄의 구성요건을 해석할 때에는 법익을 보호하는 기능과 자유를 보장하는 기능이라는 형법의 역할 가운데 어느 쪽을 절대시하여서는 아니 되고, 두 기능이 조화롭게 유지되도록 하여야 한다. 일방의 법익 보호를 위한 수단으로 다른 일방의 자유가 지나치게 침해되는 해석을 하여서는 아니 된다. 오히려 법익의 보호에 다소 미흡하더라도 명확한 형벌규정의 근거 없이 개인의 자유를 침해할 수 없다는 것이 형법 해석의 원칙이라는 점을 유념하여야 한다.”[2]고 하여 죄형법정주의의 핵심사상의 해석 역시 법익의 기능을 통해 설명한다.

1) 대판 2018. 5. 11, 2018도2844.
2) 대판 2018. 5. 17, 2017도4027 전원합의체 판결 보충의견.

3. 피 해 자

범죄로 인하여 손해를 입은 자로서, 자연인 · 법인을 불문한다. 피해자는 범죄의 구성요건요소가 아니다. 따라서 범죄성립상 피해자 관련 요건은 없고, 다만 소추조건 등 범죄 성립 외적으로 영향을 미친다. 피해자에게는 형사소송법상 고소권(제223조), 고소사건에 관하여 검사가 행하는 각종의 처분에 대하여 통지 받을 권리(제258조), 재정신청권(제260조) 및 장물을 환부 받을 권리(제333조) 등이 인정된다. 일정한 범죄(친고죄와 반의사불벌죄)에 있어서는 피해자의 고소와 명시된 의사가 국가의 형벌권 발동에 영향을 미친다(소추조건). 피해자의 승낙에 의한 행위는 일정한 요건 하에 위법성이 조각되며(형법 제24조), 경우에 따라서는 형이 경한 구성요건의 실현행위로 되기도 한다(제252조 촉탁 · 승낙에 의한 살인죄의 경우).

이 밖에도 피해자의 행위는 구성요건, 책임, 가해자의 양형문제 등 여러 가지 측면에서 형법에 영향을 미친다. 오늘날 형사정책적 측면에서 범죄에 의하여 손상을 입는 과정 내지 상황을 과학적으로 해명하는 학문인 피해자학(Victimologie)이 발전되고 있는 한편, 최근에는 범죄피해자보호법을 기본법으로 하여 피해자 중심적 사법체계가 형성되어 가고 있다. 또한 회복적 사법이념을 중심으로 피해자와 가해자 및 사회 공동체의 회복과 화합이 형사사법에서 주요한 이념으로 자리 잡아가고 있다.

심 화 **회복적 사법이념과 공동체의 회복**

회복적 사법의 기원 및 활성화는 원주민사회의 고질적인 악습의 해결로부터 출발한다. 캐나다 및 미국[1]), 뉴질랜드와 호주 등은 서구사회에 의한 정복 이후 피폐화된 원주민들의 범죄들에 대하여 공식적인 형사사법체계를 발동하지 않는 대신, 원주민사회에 독자적인 사법권을 허용하였다. 원주민사회는 고유의 집단적 해결방법을 가지고 있었으며, 그것의 서구적 발전이 회복적 사법이론과 절차들을 발전시켜 왔다. 캐나다의 Peacemaking제도[2])라든가 뉴질랜드의 Family Group Con-

1) Nancy Bonvillain, "Gender relations in Mative North America", American Indian Culture and Research Journal Vol. 13, No. 2, 1989, 1−28면.

2) Rashmi Goel, "No Women at the Centre: The Use of Canadian Sentencing Circle in

ference[1)] 등이 대표적이다. 이들은 절차상으로도 원주민 고유의 종교적 의식과 풍습을 존중하고 이를 통해 공동체의식을 강조하면서 공동체의 구성원으로서 개인의 화합을 도출하고자 하였다. 그러한 과정에서 피해자와 범죄자, 그리고 가족뿐만 아니라 사회공동체의 참여는 매우 자연스러운 현상이었으며, 치유 역시 개인뿐만 아니라 집단의식의 회복을 지향하였다. 따라서 공동체는 당연히 이해관계인이었으며, 공동체의 범위 역시 명약관화하였다. 이와 같은 의미에서 공동체적 결속은 범죄의 해결방법이었으며, 여전히 형사사법제도에로의 편입가능성이 남아 있음을 주시하여야 한다.

그러나 현대 사회의 회복적 사법은 그 기원과는 달리, 범죄 또는 분쟁이 피해자의 '자산(conflict as property)'이라는 점을 강조한다. 즉, 사상적 배경이 지극히 자본주의적이며, 지속가능한 자산을 국가사법체계 및 법조계가 당사자로부터 약탈하여 그들의 부를 축적하는데 이용했음을 이론적 바탕으로 한다.[2)] 자본주의적 산업발달이 몰개인화와 계급(또는 계층)의 양극화를 초래하였으며,[3)] 그 결과 범죄피해는 보이지 않는 영역으로 은폐되거나, 보여 지더라도 국가권력의 발동을 통한 국가의 이익창출이나 여기에 개입하는 법조계의 이익으로 환원될 뿐 피해자나 범죄자가 그로부터 회복되거나 통합되지 못하고 있음을 강조한다. 이처럼 회복적 사법은 그 이론전개 과정에서 역설적이게도 범죄를 '개인의 자산'이며, 이익을 환원 받아야 한다고 강조함으로써 자본주의적 해결을 시도한다. 즉, 자본주의를 원인으로 지적하면서 그 결과로서 자본주의적 정신적·물질적 부의 축적을 추구하는 셈이다.

따라서 공동체적 결속의 의미를, 회복적 사법이 추구하는 바의 한계를 넘어서 사회공동체 전체를 의미한다고 할 때에 비로소 회복적 사법의 진정한 의미가 실현된다고 할 수 있다. 즉, 피해자의 자산인 분쟁을 국가가 형사사법제도를 통해 독점함으로써 그로부터 이익을 취해 온 것이 현대사회의 특징인 점은 명백하다. 그렇게 교묘하게 약탈당한 분쟁을 개인에게 환원시킨 후에, 회복적 사법이 추구해야 하는 바는 자본주의적 해결이 아닌, 연대성의 강화를 통한 분쟁의 해결이어야 하

Domestic Violence Cases". Wisconsin Women's Law Journal Vol. 15, 2000, 293－334면; Donna Coker, "Restorative Justice, Navajo Peacemaking and Domestic violence", theoretical Criminology, SAGE Pub., 2006, 155면 이하.

1) Allen MacRae/Howard Jehr, Family Group Conferences, New Zealand Style, Good Books, 2004. 34면. 뉴질랜드의 경우 교통범죄나 마약범죄와 같이 특별한 피해자를 지정하기 어려운 경우에는 지역사회를 피해자로, 경찰을 지역사회의 대표자로 간주하여 절차를 진행하기도 한다.

2) Nils Christie, "Conflict as Property", The British Journal of Criminology, Vol. 17, No. 1, Oxford journals, 1977/1, 4－14면.

3) Vennard, J., "Justice and Recompense for Victims of Crime", New Society, No. 36, 1976, 378－380면.

며, 연대의 끈 속에 놓여 있는 개인이 범죄를 통해서 일종의 자산으로서 타인과의 관계를 형성하였다면 그것의 해결을 공동체 전체의 자산으로서 이해하고 해결해 나아갈 수 있도록 제도적으로 뒷받침되어야 한다. 이와 같은 이념적 측면에서 회복적 사법은 이론적인 이상이 아닌, 현실적인 제도로서 구축될 수 있다. 특히 재산침해나 알코올 등 약물중독, 폭력행위와 같이 가장 보편적으로 발생하는 범죄들은 개인 간의 화해를 통해서 해결될 가능성이 높을 뿐만 아니라, 지역사회의 동참을 통한 해결이 이루어질 때 개인의 재범예방의 효과는 극대화된다. 가장 보편적인 예가 약물중독치료의 예이다. 지역사회동참을 통한 약물중독치료는 미국, 영국, 프랑스 등 각국에서 지역적 특수성 및 사회적 인식을 배려하여 운영되고 있으며, 재발율 감소에 직접 영향을 미친다는 점이 증명되었다. 이는 약물중독이라는 범죄적 특수성이 지역사회의 적극적 개입을 유인하는 요인이라고 할 수 있겠지만, 기타의 범죄들 역시 제도적 개혁을 통해 처벌보다 우선하는 공동체의 적극적 개입과 자발적 참여를 유도할 수 있다. 예컨대, 학교폭력사건에 있어서, 형사사법제도와 기관들이 개입하기 전에 학교에서 우선적이고 자발적으로 가해자와 피해자간의 화해와 가해자의 참회를 이끌어 내도록 하는 다양한 제도들이 시도되고 있는 것 역시 유사한 맥락이다.

Ⅲ. 인과관계와 객관적 귀속

1. 인과관계의 의의

일정한 결과가 일정한 행위를 통하여 발생했다고 주장하기 위하여서는 그 결과와 행위 사이에 불가분의 관계가 있어야 하는데, 이러한 관계를 일반적으로 인과성(Kausalität) 또는 인과관계(Kausalzusammenhang)라고 부른다.

원래 인과개념은 형법에서만의 고유한 개념은 아니고, 철학 · 종교 · 역사 · 자연과학 등 다른 많은 문화영역에서도 사용된다. 형법에서 인과관계는 일정한 결과의 발생을 구성요건으로 하고 있는 결과범(실질범)에 있어서만 문제로 되는 것이며, 구성요건의 내용으로서 결과의 발생이 필요없는 거동범(형식범)에서는 요하지 않는다.

참고 연혁

어떠한 경우에 일정한 행위를 통하여 일정한 결과가 발생하였다고 인정할 수 있는가 하는 문제는 이미 오래 전부터 논의의 대상이 되었다.

로마법에서도 이 문제가 취급되었다고 하며, 중세 독일에 있어서는 확고한 외부적 징표가 있을 때에는 인과관계가 결여된다는 방법이 행하여졌다고 한다. 독일 보통법시대에 이르러서는 사실의 귀책(Imputatio facti)과 법률의 귀책(Imputatio iuris)이 구별되고 전자는 후자의 전제로서 논의되었다. 포이에르바흐(Feuerbach), 슈튀벨(Stübel) 등은 주로 살인죄와 관련하여 인과관계의 문제를 거론하였는데 여기에 있어서 결과를 필연적으로 야기하는 조건이 대체로 원인(Ursache)으로 인정되었다. 19세기에 주로 활동했던 형법학자 쾨스틀린(Köstlin), 베르너(Berner) 등은 발생된 결과에 대한 모든 조건의 동가치성을 강조하였으나, 인과성을 일반적 범죄징표로 인정하지는 않았다.

인과관계론이 형법총론의 문제로서 본격적으로 전개되기 시작한 것은 19세기 후반의 일이라고 볼 수 있다. 1858년에 글라저(J. Glaser)에 의하여 기초되고 부리(v. Buri)를 통하여 체계적으로 전개된 조건설(Bedingungstheorie)은 독일의 학설과 실무에 있어서 지도적인 위치를 차지하였다.

한편 바(v. Bar), 빈딩(K. Binding)은 행위의 핵심점이 구성요건해당적 결과의 야기와 객관적 귀속 안에 놓여 있음을 인정하였고, 이어서 비르크마이어(Birkmeyer), 오르트만(Ortmann) 등도 각각 주장하는 내용에 있어서 다소의 차이점은 있으나 원인설(개별화설)의 입장에 인과관계론을 전개하였다. 이와 비슷한 시기에 크리스(v. Kries)는 상당인과관계설(Adäquanztheorie)을 처음으로 주장하였고, 뤼멜린(Rümelin), 트레거(Träger) 등도 각각 자기 나름대로 주장을 내세우며 상당인과관계설을 따랐다. 이어서 메츠거(Mezger)에 의하여 주장된 중요설(Relevanztheorie)까지 나오게 되어, 인과관계론에는 조건설을 비롯하여 원인설(개별화설), 상당인과관계설, 중요설 등이 대립하기에 이르렀다.

2. 인과관계에 관한 학설

(1) 조건설

1) 의 의

조건설(Bedingungstheorie)은 만일 그러한 행위가 없었더라면 그러한 결과도 없었으리라고 생각되는 경우에 그 결과는 그 행위로 인하여 초래된 것이라고 주장한다. 이러한 인과관계가 있음을 발견하는 공식을 conditio sine qua non 공식이라고 부른다. 이 공식에 따르면 인과관계를 확정함에 있어서는 먼저 기존의 행위가 만일 없었다고 가정한다면 그 결과가 어떠했을까를 생각해야 하는데, 이와 같은 절차를 가설적 제거절차라고 부른다.

조건설은 conditio sine qua non 공식에 해당하는 한 어떠한 조건이든 그 조건의 중요성 여부를 묻지 아니하고 같은 가치임을 인정한다. 이 때문에 조건설을 등가설(Äquivalenztheorie) 또는 동등설이라고도 한다.

2) 문제점

조건설은 논리적 인과관계를 형법적 인과관계로 인정하므로 이론적 명확성을 기할 수 있다는 장점이 있으나, 다음과 같은 단점 또한 있다.

① 인과관계가 긍정되는 범위가 지나치게 확대된다. 그 극단적인 예로서는 살인자의 부모가 살인자를 출산했던 행위까지도 만일 그 부모가 일찍이 살인자를 출산하지 않았더라면 후일 그 자에 의한 살인행위는 없었을 것이기 때문에 피해자의 사망과 가해자 부모의 출산행위 사이에는 인과관계가 있다는 문제까지도 거론하게 한다.

조건설은 결과발생에 행위자가 전혀 예상하지 못한 우연한 사정이나 피해자 또는 제3자의 행위가 개입되었을 경우 실제적인 면에서 부당한 결론을 가져온다. 이러한 예로서 갑이 을에게 가벼운 상처를 입혔을 뿐이나 을이 치료를 게을리하다가 세균감염으로 죽은 경우라든가, 갑에게 상처를 입은 을이 병원에 급송되던 중 교통사고로 죽은 경우에 있어서, conditio sine qua non의 공식에 따르면 갑의 행위와 발생된 결과 사이에는 인과관계가 있는 것으로 된다.

이른바 인과관계의 중단(Unterbrechung des Kausalzusammenhangs) 또는 소급금지(Regreßverbot)라는 개념은 조건설의 위와 같은 불합리한 결과를 피하고 그 적용범위를 적절히 제한하려는 의도에서 나타난 것이다.

인과관계의 중단론이란 인과관계가 진행되는 중에 타인의 고의행위나 예기치 못했던 우연한 사실이 개입된 경우에는 이에 선행했던 행위와 발생된 결과 사이에 인과관계가 중단된다는 주장을 말한다. 예컨대 갑이 을에게 경상을 입혔을 뿐이나 치료하는 의사의 실수로 을이 사망한 경우 갑의 행위와 을의 사망 사이의 인과관계는 중단된다는 것이다. 소급금지론은 프랑크(R. Frank)에 의하여 주장된 것으로, 행위가 결과의 발생시까지 계속되지 않고 그 행위와는 무관하게 후에 개입된 다른 사정에 의하여 그 결과가 발생되었을 경우, 그 결과를 다른 사정이 개입되기 이전의 행위에 소급하여 관련시켜서는 안 된다고 주장한다. 인과관계의 중단론이나 소급금지론은 모두 인과관계의 범위가 부당하게 확대되는 것을 제한하려는 이론이다. 그러나 인과관계의 중단론 또는 소급금지론은 오늘날 일반적으로 부정되고 있는데, 인과관계의 문제란 그것이 있느냐 없느냐의 어느 하나를 결정하는 문제이므로 사후적으로 인과관계가 중단 또는 배제된다는 것은 있을 수 없다는 점을 이유로 한다.

② 조건설에 의해서는 인과관계가 부당하게 부정되는 불합리한 결과를 피할 수 없다. conditio sine qua non 공식에 따른다면 행위를 문제되는 사건에서 전적으로 제외했음에도 불구하고 결과가 그대로 남았을 경우 인과관계를 부인할 수밖에 없다. 이 공식을 엄격하게 적용할 경우 후술하는 바와 같이, 추월적 경합, 택일적 경합, 가설적 인과성에서 같은 결과를 야기시키는 여러 개의 조건이 경합될 때 인과관계가 모두 부정되는 불합리한 결과가 나오게 된다.

③ 이 밖에도 조건설은 인과관계를 직접 밝히려 하지 않고 인과관계가 있다는 것을 전제로 하여 가설적 제거절차를 적용하므로 방법론상 문제점이 있다는 비판을 받는다.[1)]

(2) 합법칙적 조건설 및 위험관계조건설

수정된 조건형식에 속하는 견해로서 합법칙적 조건설(die Lehre von der gesetzmäßigen Bedingung)과 위험관계조건설이 있다.

1) 독일의 엥기쉬(Engisch)에 의하여 주장된 합법칙적 조건설은 조건설의 결함을 일상적 경험법칙으로서의 합법칙성을 통하여 시정하려는 견해로서, 어떠한 결과가 이를 야기시킨 일련의 행태와 합법칙적(gesetzmäßig)으로 결합되었을 때에만 그 행태는 그 결과의 원인이 된다고 주장한다. 예컨대 X가 먼저 A가 치사량의 독약을 탄 커피를 마시고 이어서 A와는 상관없이 B가 치사량의 독약을 탄 커피를 마셨는데, B가 탄 독약이 더 빨리 발효하여 X가 죽었을 경우 X의 사망과 B의 행위 사이에만 인과관계가 인정되고 A는 단지 살인미수의 책임만 지게 된다.

이처럼 합법칙적 조건설은 '행위가 시간적으로 뒤따르는 외계의 변동에 연결되고, 이 변동이 행위와 합법칙적, 일상적 경험법칙으로서의 합법칙적 연관 하에 구성요건적으로 실현되었을 때' 인과관계가 인정된다고 본다.[2)]

1) 이재상 외, 139면.
2) 우리나라의 다수설이라 할 수 있으며, 김성천/김형준, 102면; 김일수/서보학, 114면; 김혜정 외,

합법칙적 조건은 규범세계의 당위의 법칙을 의미하는 것이 아니라, 사실상의 경험칙을 의미하며 여기에는 자연법칙뿐만 아니라 일상의 사회생활 속에서 발견되는 생활법칙 등을 포함하며, 규범판단의 영역이 아닌 사실판단의 영역에 해당한다. 합법칙적 조건설은 인과법칙(Kausalgesetz)이 알려져 있다는 것을 전제로 한다. 그리고 무엇이 합법칙적인가는 자연법칙적 연관이 있는가를 기준으로 하여 판단하게 된다. 사실판단과 규범판단의 이원화를 지지하는 입장에서 이 설이 가장 타당하다. 또한 이 설은 후술하는 바와 같이 추월적 인과성, 택일적 인과성, 가설적 인과성, 이중적 인과성 등 조건설로 해결하기 어려운 모든 경우에도 어려움 없이 설득력 있는 결과를 가져온다.

2) 위험관계조건설은 인과관계의 유무를 행위와 결과의 관계에 비추어 사회가 그 행위에 대하여 위험을 느끼는가의 여부에 따라 결정하려고 한다.[1] 이 설은 사회방위라는 목적에서 위험이라는 사회심리적 요소를 통하여 형식논리적인 인과관계의 개념에 제약을 가한다는 점에 그 특색이 있는데, 상당인과관계설과 비슷한 면이 있으나 본질적으로는 수정된 조건설로 이해되고 있다.

(3) 원인설

원인설(Verursachungstheorie)은 결과에 영향을 미치는 조건 중에서 특히 원인으로 되는 것과 단순한 조건을 구분하여 전자에 관하여서만 결과에 대한 인과관계를 인정하는 학설이다. 원인설은 자연과학적 사고방법을 토대로, 자연과학적인 힘의 강약을 기준으로 하여 원인과 조건의 개별화(차별화)를 시도한다. 이 때문에 개별화설(individualisierende Theorie) 또는 차별원인설이라고도 불리어진다.

원인과 조건의 구별에 관하여, 우월적 조건설은 빈딩(Binding)에 의하여 주장된 것으로, 결과의 발생을 방지하는 조건(소극적 조건)과 결과를 발생시키는 조건(적극적 조건)이 양립되어 있을 때, 적극적 조건을 우월(Übergewicht)하게 만들어 결과를 발생하게 하는 인간의 행위를 원인(Ursache)으로 본다. 최후조건설은 선행하는 모든 조건을 제외한 최후의 조건(die lezte Bedingung)만을 원인으로 본다(오르트만[Ortmann]). 최유력조건설은 결과발생에 있어서 가장 유력한 조건

109면; 박상기, 77면; 손동권/김재윤, 125면; 신동운, 176면; 이재상 외, 163면; 이정원, 102면; 임웅, 159면; 정성근/정준섭, 77면 등이 이 설을 취하고 있다.

1) 동 이론은 일본의 마끼노 에이치(牧野英一)에 의하여 주장된 것이다.

(die wirksamste Bedingung)만을 원인으로 본다(비르크마이어[Birkmeyer]). 동적 조건설은 결과를 만들어 내는 힘(die bildende Kraft)을 준 조건만을 원인으로 본다(콜러[Kohler]). 결정적 조건설은 결과성립에 대한 결정적 조건(ausschlaggebende Bedingung)만을 원인으로 본다고 한다(나글러[Nagler]).

동 설은 행위가 결과에 대하여 더 크게 또는 더 작게 원인이 될 수 없다는 점 및 위의 다양한 견해들 중 어느 것도 설득력을 갖지 못하여 객관적 기준으로 사용되기 어렵다는 비판을 받는다. 따라서 이론발전사적 의미는 있어도 현재 학설로서의 존재의미는 상실하였다.

(4) 상당인과관계설

1) 의 의

상당인과관계설(Adäquanztheorie)은 사회생활상 일반적인 생활경험(allgemeine Lebenserfahrung)에 비추어 그러한 행위(작위 또는 부작위)로부터 그러한 결과가 발생하는 것이 상당하다고 인정할 때 그 행위와 결과 사이에는 인과관계가 있는 것으로 본다. 이처럼 상당인과관계설은 행위에 구성요건적 결과를 발생시킬 개연성이 있는 경우에만 인과관계를 인정하는 것이 그 특징이다.[1)]

다만, 상당인과관계설은 행위와 결과간의 사실관계에 대한 인과성 판단과 결과와 행위간의 규범 판단으로서의 결과귀속 문제를 구분하지 않는다는 점에서 상당인과관계가 없는 경우 사실관계의 결여인지 규범적 해석에 의한 귀속이 부정되는지를 상당인과성만으로는 확인할 수 없다.

2) 상당성판단의 기초에 따른 양태

상당인과관계설은 무엇을 상당성판단(Adäquanzurteil)의 기초로 할 것인가에 따라 다음과 같이 세 가지로 나누어진다.

① 주관설

이 설은 행위 당시 행위자가 인식하였거나 인식할 수 있었던 사정을 기초로 하여 상당성을 판단하려는 견해이다.[2)]

---

1) 동 설의 발생지인 독일에서는 민법상으로는 지배적인 견해지만 형법상으로는 조건설이 보다 지지를 받았다. 그러나 일본과 우리나라에서는 상당인과관계설이 우위를 점하였다.

2) 이 설은 독일의 크리스(Kries)가 주장했던 상당인과관계설이다.

② 객관설

이 설은 행위자의 주관적 인식에 관계없이 객관적 관찰자의 입장에서, 행위 당시에 존재했던 일체의 사정과 행위 당시에 일반적으로 예측할 수 있었던 모든 사정을 기초로 하여 상당성을 판단해야 한다는 견해이다.[1] 여기에서 객관적 관찰자는 누구를 의미하는가에 관하여서는 재판관, 최상의 관찰자, 통찰력 있는 자, 편견 없는 자 등 그 견해가 다양하다.[2]

③ 절충설

이 설은 행위 당시 일반인이면 인식할 수 있었던 사정과 행위자가 특히 인식했던 사정도 다 같이 기초로 하여 상당성을 판단하려는 견해이다.[3]

3) 문제점

① 상당인과관계설에 대하여서는 원인과 결과의 귀책을 혼동하고 있기 때문에 귀책을 근거짓는 중요성, 즉 상당성이 부정되는 곳에서 인과관계를 부정하는 오류를 범하고 있다는 비판이 있다.[4] 또한 일반적 생활경험이나 상당성이라는 개념도 명백한 기준을 제시하지 못하며, 예컨대 상당성의 판단을 개연성의 문제로 이해할 때에는 비유형적 인과의 진행은 모두 인과관계를 부정하게 된다는 비판도 있다.[5]

② 상당인과관계설의 주관설에 대하여서는 원인의 문제와 책임의 문제를 혼동하는 것이고, 일반인이 인식할 수 있음에도 불구하고 행위자가 인식하지 못한 사정을 제외하므로 인과관계의 범위가 부당하게 좁아질 염려가 있다는 문제점이 지적되고 있고, 객관설의 경우에는 일체의 객관적 사정을 기초로 하므로 인

1) 독일에서 거론되는 객관적 사후예측설(Die Theorie der objektiv nachträglichen Prognose)도 처음에는 이와 같은 것이었으나 후일 행위자가 특별히 인식한 사실을 그 척도에 포함시키게 되어 오늘날은 절충설과 유사한 입장으로 변모되었다.

2) 이 설은 독일의 뤼멜린(Rümelin)에 의하여 주장된 이래 힙펠(Hippel), 마이어(H. Mayer), 자우어(Sauer) 등 유력한 학자들의 지지를 받았다.

3) 이 설은 트레거(Träger)가 통찰력 있는 사람에게 가능한 경험과 사실의 인식(Tatsachenkenntnis)을 기초로 하여 상당성을 판단해야 한다고 주장한 것이 그 단서가 된 것으로 보인다. 우리나라에서는 권문택, 「형법상의 인과관계」, 고시계, 1972. 8, 77면; 김종원, 「형법에 있어서의 인과관계」, 고시계, 1965. 4, 37면; 남흥우, 101면; 성시탁, 「인과관계」, 형사법강좌 Ⅰ, 194면이 이 견해를 취하였으며, 현재에도 오영근, 109면이 이와 유사한 입장이다.

4) 이와 같은 비판과 더불어 상당인과관계설도 조건설에 의하여 구체적으로 인과관계의 존재가 확정되는 것을 전제로 한다는 주장이 나오게 되었다.

5) 이재상 외, 143면.

과관계의 범위가 지나치게 확대될 우려가 있다는 비판이 있다.

③ 절충설에 대하여서는 책임귀속 및 행위귀속의 척도를 합하여 이것도 저것도 아닌 것을 행위귀속의 척도로서 원용한다는 비판이 있다. 특히 인과관계의 인정은 객관적이어야 한다는 입장을 취할 경우 행위자의 주관적인 인식 또는 예견이 인과관계에 영향을 준다는 것은 적합하지 않다고 보게 된다.

판 례

대체로 판례는 '상당한 인과관계가 있다.'[1]거나 '판단함이 상당하다.'(대판 2001. 12. 11, 2001도5005), '상당인과관계가 없다고 할 수 없다.'(대판 1986. 9. 9, 85도2433), '인과관계의 존재를 부정할 수는 없다.'(대판 2012. 3. 15, 2011도17648) 등의 표현을 통해 상당인과관계설을 취하고 있다. 경우에 따라서는 '행위와 범죄 실현 사이의 밀접한 관련성'(대판 2023. 8. 31, 2021도1833)을 인과관계라고 표현하기도 한다.

예컨대 피고인이 고속도로 2차로를 따라 자동차를 운전하다가 1차로를 진행하던 갑의 차량 앞에 급하게 끼어든 후 곧바로 정차하여, 갑의 차량 및 이를 뒤따르던 차량 두 대는 연이어 급제동하여 정차하였으나, 그 뒤를 따라오던 을의 차량이 앞의 차량들을 연쇄적으로 추돌케 하여 을을 사망에 이르게 하고 나머지 차량 운전자 등 피해자들에게 상해를 입힌 사안에서, 형법 제188조 교통방해치사상죄는 결과적 가중범이므로, 교통방해 행위와 사상의 결과 사이에 상당인과관계가 있어야 하고 행위 시에 결과의 발생을 예견할 수 있어야 하고, 교통방해 행위가 피해자의 사상이라는 결과를 발생하게 한 유일하거나 직접적인 원인이 된 경우만이 아니라, 그 행위와 결과 사이에 피해자나 제3자의 과실 등 다른 사실이 개재된 때에도 그와 같은 사실이 통상 예견될 수 있는 것이면 상당인과관계가 있다(대판 2014. 7. 24, 2014도6206).

반면, 의사가 수술의 위험성을 설명하지 않았더라도 피해자가 수술의 위험성을 충분히 알았고, 따라서 수술의 위험성에 관하여 설명하였다고 하더라도 수술을 거부하였을 것이라고 단정하기 어렵다면, 피고인의 설명의무 위반과 피해자의 사망 사이에 상당인과관계가 있음이 증명되었다고 보기 어렵다(대판 2015. 6. 24, 2014도11315).

1) 대판 2014. 7. 24, 2014도6206; 대판 2009. 7. 23, 2009도3219; 대판 2002. 10. 11, 2002도4315; 대판 1995. 5. 12, 95도425; 대판 1990. 5. 22, 90도580 등.

(5) 중요설

중요설(Relevanztheorie)은[1] 인과사상(Kausalgedanke)과 귀책사상(Haftungs-gedanke)을 예리하게 구분하고, 인과문제에 있어서는 일반적·학문적인 인과개념을 견지하는 한편 귀책의 문제는 형법적 관점에 따라 결정하려 한다는 점에 그 특징이 있다. 이 설은 원인적 연관에 있어서는 조건설에 의하고, 결과귀속(Erfolgszurechung)에 있어서는 사건 경과의 형법적 중요성, 즉 그때 그때 개개의 형법적 구성요건의 의미에 따라 이를 결정한다.

이 설에 대하여서는 원인적 연관을 조건설에 의하여 판단하는 한 조건설의 문제점이 그대로 존재하고 결과귀속에 관하여서도 실질적인 기준을 제시하지 못한다는 비판이 있다. 또한 상당인과관계도 조건설에 의하여 인과관계의 존재가 확정되는 것을 전제로 한다고 주장하는 입장에서는 중요설이 상당인과관계설과 다를 것이 없다고 비판한다.

(6) 기타 학설

1) 목적설

목적설(teleological theory of causation)은[2] 형법에 있어서 인과관계판단의 근본목적은 형법이 기수범으로부터 미수범을 구별하여 그 책임을 감경하려는데 있고, 책임감경의 기준은 인과관계의 진행 중 우연이라는 요소가 개입하여 결과가 발생되지 않았다는 것을 확인함에 있으므로, 인과관계론은 우연이란 무엇인가를 과학적 입장에서 해명하는 데서부터 시작되어야 한다고 한다. 우연이란 입체심리학(depthpsychology)의 입장에서는 무의식적 동기의 실현에 불과하므로 인과관계의 진행에 있어서 행위자가 기여한 양에 의하여 즉 치명상을 초래한 때와 그렇지 아니한 때를 구별하여, 전자의 경우에는 행위자가 기여한 심리학적 의미를 형법에 도입하여 우연 아닌 필연으로 보아야 한다고 주장한다.[3]

목적설에 대하여서는 객관적이어야 할 인과관계의 판단에 행위자의 무의식세계까지 끌어들이는 그 방법론상의 문제점과 행위자의 심리분석을 통하여 우연의 요소를 필연화함으로 법치주의의 근본을 뒤흔든다는 비판이 있다.[4]

---

1) 이 설은 메츠거(Mezger)에 의하여 주장된 학설이다.
2) 이 설은 유기천 교수에 의하여 주장된 학설이다.
3) 유기천, 151면.

2) 합법칙적 조건설과 형법적 중요성의 결합설

이 설은 조건설을 전제로 하는 상당인과관계설 또는 중요설의 전제인 조건설의 위치에 난점많은 전통적 조건설 대신에 합법칙적 조건설을 도입함으로써 보다 합리적으로 인과관계를 설명하려는 견해이다.

3) 인과관계무용론

인과관계무용론은 마이어(M. E. Mayer)에 의하여 주장된 것으로 인과관계를 범죄의 성립과 관련하여 별도로 논할 필요가 없다는 이론이다.

마이어에 의하면 사실관계가 명백히 드러나 있는 한 인과관계의 확정에는 이론에 의하여 설명을 필요로 하는 어떤 문제점도 포함되지 않는다. 그리고 인과관계의 확정을 통하여 구성요건해당적 결과가 의사활동의 결과로서 나타나도 결코 가벌성이 긍정되는 것은 아니며, 다시 행위의 위법성과 행위자의 책임성이 검토되어야 하고 의문이 생기면 언제나 책임론에 따라 결정적인 고려를 행하면 된다고 한다.

3. 인과관계의 유형과 학설의 적용

(1) 기본적 인과관계

기본적 인과관계란 다른 제3의 외부적 개입이 없이 행위로부터 직접 구성요건적 결과가 발생하는 경우이다. 예컨대 갑이 A를 고의로 살해하고자 칼로 찌른 경우, 그와 같은 갑의 행위에 다른 장애요소의 개입 없이 A의 사망이라는 결과가 발생하는 경우이다. 이 경우 조건설이나 합법칙적 조건설을 포함하는 어느 학설에 의하더라도 기본적 인과관계가 부정되는 경우는 없다.

(2) 이중적 인과관계(택일적 인과관계)

단일의 행위에 의하더라도 결과가 발생할 수 있었던 사실관계가 존재함에도, 그와 동일한 결과를 발생시킬 수 있는 다수의 조건들이 결합하여 결과를 발생시킨 경우를 의미하며, 택일적 인과관계라고도 한다. 갑이 치사량에 해당하는 독약을 주입하였음에도 을의 동일행위 또는 그 이상의 행위가 중복하여 A의 사망이라는 결과를 발생시킨 경우이다.

---

4) 심헌섭, 앞의 논문, 51면 이하.

이 경우 기본적인 가설적 제거방식을 취하는 조건설에 따르면 갑의 행위를 제거하더라도 을의 행위로 인하여 결과가 발생할 것이므로 인과관계가 부정되는 불합리한 결과가 초래된다. 반면 합법칙적 조건설에 따르면 이중적인 모든 결과에 관련된 모든 행위는 인과관계가 인정된다. 이때 합법칙적 조건설은 각각의 행위가 독자적으로 결과를 야기하는 합법칙적 조건이 되었다는 점이 증명되므로 하나의 결과발생에 다수 행위의 인과관계가 부정될 이유가 없다.

(3) 중첩적 인과관계(누적적 인과관계)

단일의 행위로는 각각 독자적으로 결과를 발생시킬 수 없는 조건들이 우연히 중첩적으로 겹쳐서 발생하여 그 행위의 누적으로 결과가 발생한 경우로서, 조건이 되는 다수의 행위들이 중첩 또는 누적되어 결과가 발현되었다는 의미에서 중첩적 인과관계 또는 누적적 인과관계라고 하며, 누적적 경합(kumulative Konkurrenz)이라고도 한다. 예컨대 갑과 을이 각각 치사량에 미달하는 독약을 우연히 동일한 컵에 넣어 독약의 양이 누적된 결과 A가 사망에 이른 경우이다.

조건설에 따르면 가설적 제거방식에 따라 갑의 행위를 제거할 경우 A가 사망하지 않았을 것이므로 구체적으로 각각의 행위들은 결과발생에 기여하는 조건으로 인정되고 따라서 인과관계가 인정된다. 반면 합법칙적 조건설에 따르면 각각의 행위들을 개별적으로 심사하여 합법칙성에 따른 인과관계를 인정할 수 있다. 그러나 갑의 입장에서 비록 행위와 A의 사망이라는 결과사이에 인과관계가 인정되더라도 을이라는 제3자의 행위가 개입되어 결과가 발생한 것이므로 객관적 귀속이 부정된다. 또는 갑 자신의 행위만이 아니라 을이라는 제3자의 행위를 통해서만 결과가 발생할 수 있을 경우 타인의 행위의 결과까지 자기에게 귀책시켜야 하기 때문에 객관적 귀속이 부정된다고 할 수 있다. 그 결과 독약의 투여라는 살인행위는 착수하였으나 결과를 귀속시킬 수 없으므로 미수범에 해당한다.

(4) 가설적 인과관계와 경합적 인과관계

가설적 인과관계(hypothetische Kausalität)란 현실적으로 발생하지는 않았지만 일정한 가설적 원인의 존재가 가정적으로 구성요건적 결과실현을 야기할 고도의 개연성이 있는 경우를 의미한다. 즉, 결과발생의 가능성이 대등한 정도의 조건이 되는 행위들이 다수 존재하는 경우여서 다른 조건에 의한 결과발생이 실현되지 않더라도 가설적 조건 또는 가설적 대치원인(hypothetische Ersatzursache)에 의하여 결과실현이 대등한 정도로 가능한 경우이다. 이 때 실현되지는 않았지만 고도의 개연성이 있었던 행위와 결과 사이를 가설적 인과관계라 하고, 실제로 발생한 행위와 결과의 관계를 경합적 인과관계라고 한다. 예컨대 갑이 A를 살해하기 위하여 시동을 거는 순간 폭발하도록 A가 탑승하는 차량에 폭탄을 장치하였으나, A가 시동을 걸려고 하는 시점에 을이 총으로 살해한 경우이다.

조건설에 의한 가설적 제거방식에 따르면 을의 행위를 제거할 경우 A는 갑이 장치한 폭탄에 의하여 살해되었을 것이므로 을의 행위는 결과와의 인과관계가 부정되고, 이는 갑의 경우도 마찬가지이다.[1] 따라서 가설적 인과관계와 경합적 인과관계 모두 인과관계가 부정되는 불합리한 결과가 초래된다. 반면 합법칙적 조건설에 따르면 현실적으로 결과를 발생시킨 행위만이 인과관계가 인정되고, 비록 개연성이 있었다든가 그것의 발생가능성이 고도로 높았다는 가정 하에서는 인과관계를 인정할 수 없다. 따라서 경합적 인과관계는 인과관계가 인정되고 가설적 인과관계는 인과관계가 부정된다.

(5) 추월적 인과관계와 단절적 인과관계

양자는 시간적으로 선후관계에 있는 두 조건 되는 행위간의 관계이다. 추월적 인과성(überholende kausalität)이라 함은 후행행위가 시간적으로 선행되는 행위와 결과간의 연관성을 무시하고 먼저 결과를 야기함을 의미한다. 반대로 단절적이란 시간적으로 선행하는 행위가 결과에로 향하는 도중 후행행위가 결과를 먼저 발생시킴으로 인하여 결과에로 이르지 못함을 의미한다. 여기에서 선행행위와 결과 사이를 단절적 인과관계, 후행행위와 결과 사이를 추월적 인과관계라고 한다. 예컨대 갑이 A를 살해하기 위하여 치사량에 해당하는 독약을 물에 타서 먹였으나 그 효과가 발현되기 전에 을이 총으로 쏘아서 A를 살해한 경우, 사망이라는 결과를 직접적으로 발생시키지 못한 갑의 선행행위를 단절적 인과관

---

1) 그 외에도 가설적 인과성을 설명하는 예로, 갑이 항공기에 장치한 시한폭탄이 우연히 엔진고장을 일으켜 항공기가 추락하는 순간에 터져 인명과 재산을 손상한 경우에 갑의 행위와 항공기 폭파로 인한 결과 사이의 인과관계가 부정될 수밖에 없다. 이처럼 인과관계가 모두 부당하게 부정되는 문제점을 극복하기 위하여 가설적 대치원인(hypothetische Ersatzursache)을 고려함이 없이 오로지 실제로 실현된 정황만을 문제 삼아 conditio sine qua non 공식을 적용해야 한다는 수정적 조건형식이 등장하기에 이르렀다.

계, 선행행위가 결과로 향하는 도중 개입하여 직접 결과를 발생시킨 을의 후행 행위를 추월적 인과관계라고 한다.

조건설에 따라 가설적 제거방식을 취하면 갑이나 을의 행위는 이를 제거하더라도 타 상대방의 행위로 인하여 A가 사망하는 결과가 발생할 것이므로 모두 인과관계가 부정되는 불합리한 결과가 초래된다. 반면 합법칙적 조건설에 의하면 현실적으로 발생된 결과와 행위와의 인과성을 판단하게 되므로 추월적 인과관계는 인과관계가 인정되고 단절적 인과관계는 인과관계가 부정된다.

(6) 비유형적 인과관계

일정한 행위로 인하여 결과가 발생하는 과정에서 비록 행위가 존재하였기 때문에 결과가 발생하였지만, 통상적으로 예측할 수 있는 인과경과가 아닌 다른 인과과정을 통해 결과가 발현되는 것을 비유형적 인과관계라고 한다. 피해자의 특이체질, 자연현상이나 천재지변, 일반인의 경험칙상 예측하기 어려운 제3의 변수들이 작용하여 결과발생에 이른 경우가 이에 해당한다. 예컨대 갑이 A를 살짝 밀치려 하였지만 이를 피하려다 넘어진 A가 혈우병이라는 특이체질이어서 적절한 조치를 취하기 전에 출혈과다로 사망한 경우이다.

조건설에 따라 갑의 행위를 가설적으로 제거하면 A가 넘어져서 출혈이 발생하지 않았을 것이므로 인과관계가 인정된다. 물론 합법칙적 조건설에 따르더라도 비유형적 인과관계의 경우 사실상 인과관계는 인정된다. 다만, 인과의 진행이 일반인의 경험칙상 예견할 수 없을 정도로 지나치게 비유형적인 경우에는 객

인과관계 유형	조건설	상당인과관계설	합법칙적 조건설
기본적 인과관계	O	O	O
이중적 인과관계	X	O	O
누적적 인과관계	O	X	O(객관적 귀속 부정)
가설적 인과관계	X	X	X
추월적 인과관계	X	O	O
경합적 인과관계	X	O	O
단절적 인과관계	X	X	X
비유형적 인과관계	O	X	O(객관적 귀속 부정)

관적 귀속의 척도 중 하나인 객관적 예견가능성이 없는 우연성에 전적으로 의존한 것이므로 객관적 귀속이 부정된다.

4. 객관적 귀속론

(1) 의 의

객관적 귀속의 이론(Die Lehre von der objektiven Zurechnung)이란 발생된 결과가 형법적 의미에서 행위자에게 객관적으로 귀속되는가를 일정한 척도를 통하여 판단하려는 이론이다. 예컨대 이 이론에 의하면 인간의 행위를 통하여 야기된 불법한 결과는 그 행위가 법적으로 비난되는 위험의 실현이나 위험의 증대일 경우에는 행위자에게 객관적으로 귀속된다고 보게 된다. 결과범에 있어서 객관적 귀속은 객관적 불법구성요건의 불문적 표지의 하나이다. 그러므로 객관적 귀속이 부정되면 불법구성요건의 객관적 표지가 결여되어 당해 부분에 관한 한 구성요건이 조각된다.

객관적 귀속론은 독일의 민법학자 라렌츠(Larenz)가 민법상의 부작위와 관련하여 주장했던 이론인데, 형법분야에 있어서는 호니히(Richard M. Honig)가 1930년에 처음으로 도입하였고 1950년대 이후 점차 활발히 전개되어 오늘날에 이르러서는 독일은 물론 우리나라에서도 거의 보편화되고 있다.

(2) 인과관계론과의 관계

객관적 귀속론은 행위와 결과간의 인과적 측면보다는 객관적 입장에서 행위자에 대한 결과의 귀속문제를 다룬다는 사실에 그 중점을 두는 것이기 때문에 전통적인 인과관계설의 직접적인 영향하에 발전되었다고 보기는 어렵다. 다만 이들 중 개연성척도(Wahrscheinlichkeitsmaßstab)에 따라 객관적 귀속의 한계를 짓는 한 방법으로 이해되기도 하는 상당인과관계설이나, 조건설적 의미의 인과성과 결과에 대한 귀책, 즉 형법적 귀속을 구분하여 생각하는 중요설은 객관적 귀속론에 다소간 영향을 미친 것으로 평가되고 있다. 인과론과 객관적 귀속론의 관계에서 객관적 귀속론이 인과관계론의 독자성을 인정하여 전통적 인과론의 대치이론으로 인정할 것인가에 관하여서는 아직 견해가 대립된다.

객관적 귀속론이 아직 발전과정에 있는 이론임을 고려할 때 전통적인 인과론을 전적으로 배제하는 것은 적절하지 않다. 객관적 귀속론은 문제되는 행위와 결과사이의 인과관계의 유무를 먼저 살펴보고, 인과관계가 긍정됨에도 불구하고 형법상 과연 그 결과를 행위자에게 객관적으로 귀속시킬 수 있는가를 검토하는 단계에서 의미 있게 적용될 수 있는 이론이다. 인과관계가 부정됨에도 불구하고 결과의 객관적 귀속이 인정되는 경우란 있을 수 없다.

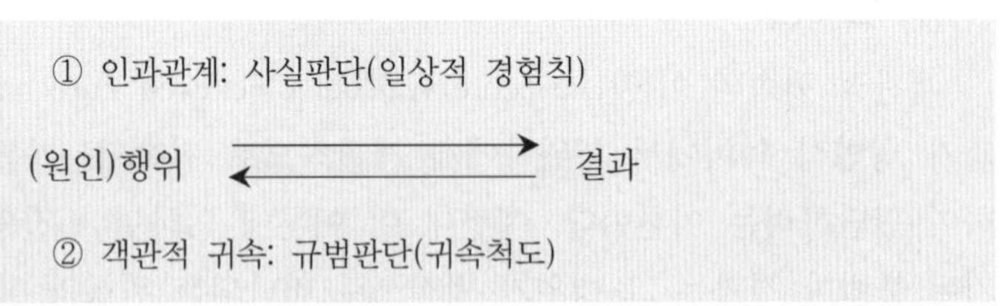

(3) 객관적 귀속의 척도문제

객관적 귀속의 척도를 어떻게 설정할 것인가에 관하여서는 학자들 사이에 견해가 다소 상이하나, 대체로 공통되는 점을 정리하면 다음과 같다.

1) 위험의 실현, 증대 및 감소

위험을 실현하거나 증대시킨 경우에는 객관적 귀속이 인정되고 사회상당성, 허용된 위험, 위험감소의 경우에는 부정된다.

① 행위자가 위험을 실현한 경우, 예컨대 갑이 살해의 의사로서 을을 찔러 을이 사망한 경우에는 사망이라는 결과가 갑에게 객관적으로 귀속된다. 또한 행위자의 행위가 위험의 증대를 의미할 경우에는 그 결과가 비록 결함 없는 행태(합법적 대체행위)하에서라도 불가피하게 발생했을 것으로 예상되는 경우라 할지라도 그 행위로 인한 결과는 행위자에게 객관적으로 귀속되는 것으로 평가되는데, 이를 위험증대의 원칙(Risikoerh hungsprinzip)이라고 한다.[1)]

위험증대의 원칙은 록신(Roxin)이 주장한 것으로, 예를 들어 여객기에 시한폭탄장치를 한 것이 때마침 여객기에 고장이 생겨 추락되는 순간에 폭발하는 경우, 교통법규를 지켰더라도 사고의 발생이 불가피했을 것으로 예상되었던 경우에서의 교통법규위반으로 인한 결과의 발생 등이 거론되며 이때에는 객관적 귀

1) 위험증대의 원칙은 결과가 합법적 대체행위 하에서는 발생하지 아니했을 경우에 그 결과가 행위자에게 객관적으로 귀속된다는 것을 당연히 그 전제로 하고 있다. 어떠한 위협적인 결과의 발생을 방지할 수 없도록 방해하여 위험을 야기시킨 경우도 위험 증대의 관점에서 객관적 귀속을 인정할 수 있을 것이다.

속이 인정된다.

한편 위험증대의 경우에 일률적으로 객관적 귀속을 인정할 것이 아니라 고의범과 과실범으로 나누어 살펴보아야 한다는 견해가 있다. 이에 의하면 고의범에서는 객관적 귀속이 인정되지만 과실범에 있어서는 의무위반적 행태에 의하여 초래된 결과가 의무합치적 행태에 있어서도 같았을 것으로 판단되는 경우에 객관적 귀속이 부정된다고 한다.[1)]

② 사회상당성이 있는 행위(예컨대 경미한 상해), 허용된 위험의 경우(예컨대 교통규칙 준수중에 부득이 발생한 인명사건)에는 결과의 객관적 귀속이 부정된다. 허용된 위험은 사회상당성에 포함되는 것이지만 이를 구분하는 견해도 있다.[2)]

③ 행위자가 기존의 인과경과에 간섭하여 불가피하게 발생되는 위험을 비록 저지하지는 못했다 할지라도, 그 위험의 정도를 감소시킨 위험감소(Risiko-verringerung)의 경우에는 그 객관적 귀속이 부정된다. 예컨대 타인의 머리 위에 치명적인 타격이 가해지는 급박한 순간에 그를 밀쳐서 치명상은 면하게 했으나 어깨에 부상을 입게 한 경우라든가, 결과의 발생을 시간적으로 늦추게 한 경우 등이 이에 해당된다.

2) 예견가능성과 지배가능성

어떠한 결과의 발생이 일상적 생활경험의 밖에 놓여 있어 이성적 판단으로는 예견할 수 없는 사건경과에 기인하는 경우, 즉 결과발생에 대한 예견가능성이 없고 사건경과에 대한 지배가능성이 없는 경우에는 객관적 귀속이 부정된다. 예컨대 재산상속을 받게 될 조카가 이를 앞당기거나 확실히 해둘 욕심으로, 여행을 즐기는 숙부에게 여객운임은 싸지만 안전도가 낮은 전세기를 타도록 설득하여 그렇게 한 결과 전세기추락으로 숙부가 사망한 경우, 고용주가 피고용인을 뇌우시에 밖에서 일하게 하여 피고용인이 낙뢰로 사망한 경우 등이 이에 해당한다. 예견가능성과 지배가능성은 과실범에서 주요 척도로 작용한다.

3) 규범의 보호목적(규범의 보호목적관련성)

어떠한 결과가 그 행위를 통하여 침해되는 규범의 보호영역 밖에서 이루어진

---

1) 독일 연방법원은 자전거운전자사건(BGHSt. 11, 1)에서 합법적 대체행위에 의하여서도 그러한 사고는 불가피했을 것이라는 이유로 교통규칙위반행위에 대하여 불가벌성을 인정하였다.
2) 양자를 구분하는 견해는 허용된 위험을 위법성조각사유로 본다.

경우에는 객관적 귀속이 부정된다. 규범은 고유의 보호영역과 보호목적을 가지고 입법화 되는데, 비록 결과가 발생되었다 하더라도 그것이 규범의 보호임무 범위 내에 있지 않으면 객관적 귀속을 인정할 수 없다.

예컨대, 갑이 승용차를 운전하면서 교통법규를 위반하여 다가오는 열차를 미처 확인하여 피하지 못한 결과 승용차의 동승자들을 다치게 하였을 뿐만 아니라 승용차 옆에서 철도건널목을 건너려던 을이 이에 놀라 넘어지면서 상해를 입은 경우, 일반적으로는 과실범의 주요 척도에 해당하는 객관적 예견가능성에 의하여 동승자들에 대한 업무상과실치상죄의 객관적 귀속이 인정될 수 있지만 만일 운전자가 음주를 하였거나 운전미숙 상태임을 알면서도 동승자들의 요청이나 동의에 의하여 탑승한 경우라면 후술하는 자기책임성의 원리에 따라서 객관적 귀속이 부정된다. 그러나 을에 대하여는 규범의 보호목적 내에서 이루어진 것이 아니므로 객관적 귀속이 부정된다. 즉, 도로교통법상 교통법규준수의무는 위반을 통해 직접적인 위험을 발생하지 않도록 함을 목적으로 하는 것이며, 사례와 같이 사고현장을 목격한 자가 스스로 놀라 다치는 경우까지 예견하고 이를 방지하기 위하여 준수의무를 부과한 것은 아니기 때문이다.[1]

4) 규범의 보호영역과 자기책임성의 원리

법익침해의 결과가 궁극적으로 규범위반자의 영역에 존재하는 것이 아니라, 피해자나 제3자의 영역에서 발생하였다고 평가할 만한 근거가 있다면 자기책임의 원리에 따라서, 행위자가 아니라 그 영역의 지배자에게 결과가 귀속된다고 보아야 한다.[2]

① 피해자에게 책임있는 행위나 의사결정이 개입된 경우로서, 피해자가 치료를 거부하였기 때문에 사망하였거나, 행위자가 위험에 빠뜨린 법익을 구조하기 위하여 피해자(구조자)가 스스로 위험상황에 뛰어든 경우 등은 객관적 귀속이

---

1) 대판 1989. 9. 12, 89도866는 동 사례에서 상당인과관계를 인정하였다. 이 밖에도 규범의 보호목적과 관련한 판례로는 대판 1993. 1. 15, 92도2579 등이 있다. 그러나 상당인과관계설을 취하는 판례의 입장에서는 객관적 귀속이 부정되는 경우에도 '상당인과관계가 있다고 볼 수 없다'고 판시한다. 즉, 사실판단으로서 인과관계와 규범판단으로서 객관적 귀속을 분리하지 않는 판례의 입장에서는 인과관계가 부정되는 경우뿐만 아니라 객관적 귀속이 부정되는 경우에도 상당인과관계가 없다고 판단한다. 반대로 인과관계와 객관적 귀속이 모두 긍정되는 경우에는 상당인과관계가 있다고 판시한다.

2) 이용식, "객관적 귀속이론의 규범론적 의미와 구체적 내용", 서울대학교 법학 제43권 제4호, 서울대학교 법학연구소, 2002/12, 254-276면.

부정된다.

② 자동차 운전자가 음주를 하였거나 과속을 할 것을 알면서도 동승자가 태워줄 것을 요청한 경우와 같이 피해자가 위험을 스스로 승인한 경우에도 운전자에게 결과를 귀속시킬 수 없다.

③ 소위 결과적 가중범의 경우 '직접성의 원칙'으로서, 중한 결과는 기본적 범죄행위의 직접적인 효과일 경우에만 결과적 가중범이 성립한다. 따라서 기본범죄 행위와 결과 사이에 피해자의 직접적인 행위나 제3자의 행위가 개입되는 경우에도 직접성의 원칙에 의하여 객관적 귀속이 부정된다. 그러나 피해자의 개입이 행위자의 범죄행위를 직접적으로 피하고자 하는 행위였다면 객관적 귀속은 인정된다. 예컨대 강간을 하려는 갑의 폭행을 피하고자 을이 직접 고층에서 뛰어내려 사망에 이르렀다면 을의 사망은 갑의 폭행에 객관적으로 귀속되지만,[1)] 갑으로부터 강간을 당한 을이 피해의 충격으로 스스로 죽음에 이르렀다면 객관적 귀속은 부정된다.

④ 다만 부당하게 일정한 위험을 야기시킨 경우에는 타자의 개입으로 그 위험이 일시 감소되거나 중지되더라도, 그 결과는 부당하게 위험을 야기시킨 행위자에게 객관적으로 귀속된다. 예컨대 갑이 수영할 줄 모르는 을을 깊은 물에 밀어 넣자 을은 구조를 요청하고 병이 이에 응하여 구조활동을 하다가 중도에 포기하여 을이 익사한 경우, 병의 행동이 형법적으로 어떻게 평가되느냐에 관계없이 을의 사망이라는 결과는 갑에게 객관적으로 귀속된다.

5) 비정상적 행위상황

비정상적 행위상황(außergewöhnliche Tatsituation) 때문에 나타나는 결과라고 할지라도 그 객관적 귀속이 부정되지 않는다. 예컨대 정상인 같으면 죽지 않았을 상해인데도 피해자가 혈우병자였기에 죽은 경우에 그 사망의 결과는 행위자에게 객관적으로 귀속된다. 다만 그러한 결과발생에 대한 예견가능성이 전혀 없었을 때에는 앞에 지적한 척도에 의하여 객관적 귀속이 부정된다고 보아야 할 것이다.

따라서 비유형적 인과관계의 경우 합법칙적 조건설에 의하면 인과관계는 인정되지만, 비정상적 행위상황이라는 척도가 아닌 예견가능성 여부에 의하여 객

---

1) 대판 1995. 5. 12, 95도425; 대판 1990. 10. 16, 90도1786 등 참조.

관적 귀속이 부정된다고 보는 반면, 상당인과관계설에 의하면 인과관계가 없다고 판단된다.

6) 유사한 위험상황에로의 변경

이미 위험에 처해 있는 상황을 그와 비슷한 다른 상황으로 변경했을 뿐인 경우에는 객관적 귀속이 부정된다. 예컨대 철도원이 파열된 선로로 진입하려는 열차를 남아있는 다른 하나의 비슷하게 나쁜 조건의 선로로 인도하는 경우이다. 이 경우에도 합법칙적 조건설에 의하여 인과관계는 인정되나 객관적 귀속이 부정된다.

(4) 객관적 귀속의 이론에 대한 비판

객관적 귀속론에 대하여서는 귀속의 척도 중 적지 않은 사례들이 이미 기존의 범죄론에서 취급되고 있는 것이고[1] 규범성이 결여되어 있으며,[2] 귀속척도의 논리성과 실제성이 매우 제한적이며 그 척도들이 대부분 귀속을 부정하는 기준으로 일관하고 있는 등 문제가 있으므로 우리 형법상의 인과관계규정에 연결시키는 것은 적절하지 않다는 비판이 제기되고 있다.[3]

5. 형법 제17조의 해석

우리 형법 제17조는 인과관계에 관하여 "어떤 행위라도 죄의 요소되는 위험발생에 연결되지 아니한 때에는 그 결과로 인하여 벌하지 아니한다."라고 규정한다. 생각건대, "어떤 행위라도"의 행위와 "그 결과로 인하여"의 결과 사이에는 인과관계가 문제되고 그 유무는 합법칙적 조건설에 따라 판단함이 타당하다. 한편 "죄의 요소되는 위험발생에 연결"이라는 표현은 사건경과의 형법적 중요성, 특히 객관적 귀속의 척도에 따라 판단해야 한다.[4]

그리고 양자의 적용관계는 다음과 같이 이해하는 것이 타당하다. 먼저 인과관계의 유무를 검토하여 인과관계가 부정되면 객관적 귀속의 문제를 검토할 필요가 없다. 그러나 인과관계가 긍정되면 또다시 객관적 귀속이 긍정되는가를 검

1) 임웅, 165면.
2) 배종대, 158면.
3) 오영근, 112면은 이와 같은 면에서 상당성 또는 개연성이라는 단일한 기준을 사용하는 것이 보다 명쾌하다고 비판한다.
4) 김성돈, §14/159; 신동운 190면; 안동준, 71면; 이재상 외, 157면; 임웅, 166면.

토해야 한다. 그리하여 인과관계가 부정되거나 비록 인과관계는 긍정되더라도 객관적 귀속이 부정되는 때에는 그 결과로 인하여 벌하지 아니하는데 이는 경우에 따라 기수범으로 처벌하지 아니하거나(미수범의 성립) 구성요건 자체가 결여되어 구성요건해당성이 없게 됨을 의미한다.

판 례

위계에 의한 간음죄에서 종전의 판례(대판 2014. 9. 4, 2014도8423 등)는 간음행위 자체에 대한 오인, 착각, 부지만을 말하는 것이지 간음행위에 이르게 된 동기로서 금전적·비금전적 대가와 같이 간음행위와 불가분적 관련성이 인정되지 않는 다른 조건에 관한 오인, 착각, 부지를 가리키는 것이 아니라고 보았다. 그러나 최근 전원합의체 판결은 피해자가 성행위를 결심하게 된 중요한 동기이거나 간음행위와 결부된 금전적·비금전적 대가와 같은 요소들로 인해서 성행위를 결심하게 되었다면 이는 인과관계가 있다고 보았다. 또한 그와 같은 인과관계의 판단에 있어서는 구체적인 범행 상황에 놓인 피해자의 입장과 관점이 충분히 고려되어야 하고, 일반적·평균적 판단능력을 갖춘 성인 또는 충분한 보호와 교육을 받은 또래의 시각에서 인과관계를 쉽사리 부정하여서는 안 된다고 본다.[1)]

동 판결은 인과관계 판단과 관련하여 두 가지 의미가 있다. 첫째, 상당인과관계의 범위를 매우 넓혀서 내심의 동기도 인과관계를 인정하는 근거가 된다. 둘째, 상당인과관계의 판단은 평균인을 기준으로 할 것이 아니라 피해자의 입장과 관점이 충분히 고려되어야 하며, 따라서 행위자의 주관적 요소를 상당성 판단에 반영할 것을 요구하고 있다. 즉, 상당성 판단의 기초를 주관설적 입장에서, 행위자가 인식하였거나 인식할 수 있었던 사정을 기초로 상당성을 판단할 것으로 요청하고 있는 것이다.

그러나 동 판결은 두 가지 점에서 타당하지 않다. 첫째, 인과관계의 판단을 내심의 동기 등과 같이 불가분적이지 않은 모든 요소를 고려하여 판단함은 인과관계를 주관화하는 결과를 초래한다. 둘째, 본 사안은 인과관계의 문제가 아니며, 피해자의 동의는 자기책임성의 원리에 따라 객관적 귀속의 척도 중에서 규범의 보호목적관련성이 부정되는 것으로 보아야 한다.

---

1) 대판 2020. 8. 27, 2015도9436 전원합의체 판결.

§4. 불법구성요건의 주관적 표지

Ⅰ. 구성요건적 고의

1. 고의의 의의

형법 제13조는 고의라는 표제 아래 "죄의 성립요소인 사실을 인식하지 못한 행위"는 범죄가 아님을 규정한다. '고의(Vorsatz)'는 자신의 행위가 불법한 구성요건을 실현다는 점을 알면서(인식) 이를 자신의 행위로 받아들이는(인용) 행위자의 심적 태도이다. 이와 달리 제14조는 "정상적으로 기울여야 할 주의를 게을리 하여 죄의 성립요소인 사실을 인식하지 못한 행위"를 과실이라고 하고 예외적으로 처벌한다는 점을 명시하고 있다. 양자를 비교해 보면 자신이 실현하는 죄의 성립요소인 사실을 "인식"하고 있는가의 문제, 즉 죄의 형상을 내적으로 수용하는가를 기준으로 하는 점을 알 수 있다. 그리고 고의범은 원칙적으로 처벌하고 법률에 특별한 규정이 있는 경우에 예외적으로 벌하지 않는 반면, 과실범은 원칙적으로 불처벌이고 법률에 특별한 규정이 있는 경우에 예외적으로 처벌한다. 이처럼 형법은 원칙적으로 고의범만을 처벌의 대상으로 하는 바, 규범에 반하는 심정적 반가치 태도를 형성하였다는 점이 법적 비난의 핵심이기 때문이다.

형법 제13조는 사실의 '인식'만을 규정하고 있지만, 고의란 불법의 형상을 인식하고(인식, 지적 요소) 이를 스스로 용납하거나 죄의 성립요소인 사실에 해당하는 일정한 목적을 추구(인용, 의지적 요소)함을 모두 요구한다. 만일 인식만 있고 의지가 없다면 인식 있는 과실이 되고, 인식조차 없다면 인식 없는 과실이 되어 모두 과실의 영역에 해당한다.

형법각칙의 개별 범죄들은 범죄의 객관적 구성요건요소만을 규정할 뿐, 주관적 구성요건인 고의(및 초과주관적 구성요건)는 별도로 명시하지 않는다. 범죄행위를 한다는 것은 행위자의 심적 판단을 통해서만 가능할뿐만 아니라, 앞서 행위론에서 다루었던 바와 같이 최소한 형법상 행위가 되기 위해서는 인간의 의사에 의할 것을 요구하기 때문이다. 즉 주관적 구성요건요소인 고의란 모든 행위의 출발점이 되므로, 형법이 고의의 단독·기수범을 범죄의 기본형태로 구상하는 한 모든 범죄에 고의가 필요함은 명문의 규정이 없더라도 당연하다.

2. 고의의 체계적 지위

고의의 체계적 지위는 어떠한 범죄론체계를 취하는가에 따라 세 가지로 구분된다.

(1) 책임요소라는 견해

인과적 행위론은 형법상 행위를 인간의 유의적 행태로 보면서도, 그 유의성의 내용은 책임의 단계에서 다룬다. 따라서 모든 심리적이고 내적인 것은 책임의 문제이며, 고의를 책임요소 또는 책임형식이라고 하였다. 이러한 관점은 고전적, 신고전적 범죄론체계의 한 특징을 이루었다.

(2) 주관적 구성요건요소 내지 주관적 불법요소로 보는 견해

이는 목적적 행위론에 의하여 내세워지는 견해이다. 목적적 행위론은 인간의 행위를 목적적 조종의 소산(목적적 활동수행의 결과)으로 봄과 아울러 고의를 목적성과 분리할 수 없는 것으로 파악하기 때문에, 고의범의 구성요건을 실현하는 행위에는 반드시 고의가 포함되어 있을 것을 요구하게 된다. 이러한 의미에서 고의는 행위요소임과 동시에 주관적 구성요건요소 내지 주관적 불법요소로서 평가된다. 이와 같은 관점은 목적적 범죄론체계의 한 특징으로서 이해된다.

(3) 구성요건요소이자 책임형식이라고 주장하는 견해

이 견해는 고의가 행태의 방향결정요인으로서는 구성요건요소로서 구성요건해당적 행위불법의 핵심이 되고, 행위자의 동기과정의 결과(심정적 반가치)로서는 책임요소로 된다고 보는데 이러한 관점은 합일태적 범죄론체계의 한 특징을 이루는 것이다. 이 견해에 의하면 고의는 이중적 기능 내지 지위를 갖는다. 그리하여 행위방향을 의미하는 고의는 목적적 행위론자들이 명명한 것과 똑같이 구성요건적 고의(Tatbestandsvorsatz)라고 부르는 한편, 주관적 책임에 관련되는 심정적 반가치로서의 고의는 책임형식으로서의 고의(책임고의)라고 일컫는다. 합일태적 범죄론체계의 입장이다.

생각건대, 고의를 책임요소로서만 인정하는 전통적 견해는 책임의 문제를 논하기 전에 구성요건해당성을 확정지을 수 없다는 문제점을 가지며, 고의를 구성요건요소 내지 불법요소로만 인정하는 견해는 고의의 행위방향으로서의 위치만을 보고 있으므로 미흡하다. 궁극적으로 고의의 행위방향으로서의 지위는 구성요건요소에 속하고, 행위자의 주관적·심정적 반가치로서의 지위는 책임의 영역에 속한다고 보아 고의의 이중적 지위 내지 기능을 인정하는 견해가 타당하다. 고의범에 있어서 구성요건적 고의는 행위의 방향과 목적을 확정하며 주관적 불법구성요건의 일반적 요소가 되고 구성요건적 결과의 주관적 귀책을 위한 기초를 형성한다.

3. 고의의 성립요건

(1) 인식·인용의 대상

인식·인용의 대상이 되는 것은 객관적 구성요건의 모든 표지다. 이에는 행위주체, 행위객체, 행위정황, 구성요건요소로 되어 있는 형의 가중·감경사유, 결과범에서의 결과 및 행위와 결과 사이의 인과관계, 침해범에서의 침해, 구체적 위험범에서의 행위객체에 대한 위험 등이 모두 포함된다. 그러나 책임능력, 객관적 처벌조건, 소추조건 등은 객관적 구성요건요소가 아니므로 인식, 인용의 대상에서 제외된다.

기술적 구성요건요소에서는 그 자연적 의미내용을 이해해야 하며, 규범적 구성요건요소에 관하여는 충분한 의미의 인식이 필요하다. 그런데 여기에서 말하는 의미의 인식은 법적으로 정확한 것을 요구하는 것이 아니라, 법률가 아닌 일반인이 내릴 수 있는 동일한 수준의 평가(Parallelwertung in der Laiensphäre)에 기초한 인식으로 족하다.

결과적 가중범에서는 그 기본적 범죄에 대하여서만 인식과 인용을 필요로 하고, 중한 결과에 대하여서는 과실을 필요로 할 뿐이다. 목적범에서의 목적은 고의와 더불어 행위자의 내심적 사실에 속하나, 목적범에서 목적이 추구하는 것은 고의의 대상인 구성요건의 객관적 요소를 넘어서는 것이므로 고의와는 구분된다(초과주관적 구성요건).

위법성의 인식(Unrechtsbewußtsein)이 고의의 성립요소로서 필요한가에 관하여서는 이를 긍정하는 고의설(Vorsatztheorie)과 부정하는 책임설(Schuldtheorie)의 대립이 있다. 그러나 합일태적 범죄론체계에 따르면 위법성인식은 책임요소일 뿐이다.

(2) 고의의 지적 요소와 의지적 요소

인식과 인용은 고의의 지적 측면과 의지적 측면을 나타낸다. 구성요건의 실현에 대한 인식은 그 대상이나 행위가 무엇인가를 알게 되는 심리적·정신적인 작용이므로 이는 고의의 지적인 측면이다. 이러한 인식이 결여된 채 의지적 요소만 있는 고의란 처음부터 고려할 여지가 없다. 인식은 심적인 측면에서 의지에 선행하기 때문이다. 그러나 인식설(또는 표상설)의 주장처럼 이러한 인식(표상)만이 고의를 근거 짓는다고 보는 견해는 부당하다. 왜냐하면 이 견해는 고의의 범위를 지나치게 넓히고, 후술하는 미필적 고의와 인식 있는 과실을 구분할 수 없기 때문이다. 지적 요소인 인식에는 명확한 인식은 물론 결과발생가능성의 예견까지도 포함된다. 인식의 대상은 객관적 구성요건의 대상이 되는 주체, 객체, 행위, 인과관계 등의 모든 요소이다.

고의의 의지적 요소는 행위자가 자신에 의하여 인식된 구성요건 실현의 가능성을 그의 의사로 수용하고 이에 영합(찬성)하는 태도를 취한다는 사실 속에 존재한다. 이러한 의지적 요소가 있기 때문에 고의는 단순한 소원·공상·희망 등과는 구분된다. 의지적 요소에는 적극적인 의욕에서 단순한 인용 내지 감수에 이르기까지 폭넓은 내용이 포함된다.

(3) 고의의 존재시기

고의는 행위시점에 존재하여야 한다. 그러므로 행위 이전에는 범죄의 의사가 있었으나 행위 당시에는 결여되었던 경우인 사전고의(dolus antecedens)와 행위자가 고의없이 구성요건적 사실을 실현한 후에 비로소 그 결과를 용인한 경우인 사후고의(dolus subsequens)는 고려의 대상에서 제외된다.

또한 고의는 행위시마다 분절적으로 판단하여야 한다. 고의의 존재 시기는 전체 범행에 포괄적으로 또는 개괄적으로 존재 여부를 확인해서는 안 된다. 개별행위시점마다 분절적으로 이에 상응하는 고의의 존재 여부를 판단한 후에, 고의가 존재하는 각 개별적인 행위가 하나의 범죄가 되는지 또는 포괄하여 일죄가 되는지 아니면 다수의 범죄가 성립하는지는 다음 단계인 죄수판단의 문제가 된다.

4. 고의의 종류

구성요건적 고의는 구성요건의 실현에 대한 행위자의 의사관계(Willensbezieh-ung)에 따라 직접고의와 미필적 고의의 두 가지 형태로 나누어진다. 이 밖에도 고의는 관점에 따라 다양하게 분류된다. 종래에는 대상이 확정적인가를 기준으로 하여 고의를 확정적 고의와 불확정적 고의로 나누고 불확정적 고의는 다시 택일적 고의, 개괄적 고의 및 미필적 고의로 세분하는 방법이 행하여지기도 하였다.

행위자의 내심의 상태 단계별로는 다음의 구분이 가능하다.

과실의 영역		………	고의의 영역	
인식 없는 과실	인식 있는 과실	미필적 고의	지정(확정적 고의)	목적(의도적 고의)
무 + 무	인식 + 무	인식 + *인용*	인식+인용	인식 + 강한 인용

(1) 직접고의와 미필적 고의

1) 직접고의

직접고의(dolus directus)란 행위자가 그의 행위가 법익을 침해한다는 것을 확실히 알고 이를 의욕 내지 인용함을 일컫는다.

이 경우도 의지적 측면의 강약에 따라 고의를 다시 구분하는 것은 가능하다. 의지적 요소가 강한 목표지향적 결과의사(der zielgerichtete Erfolgswille)와 비록 이러한 정도는 아니라 할지라도 법익침해의 사실을 분명히 알 수 있었던 경우로 고의를 구분할 수 있는데 전자의 경우를 의도(Absicht), 목적 또는 의도적 고의라고 부르고 후자의 경우를 지정(Wissentlichkeit) 또는 확정적 고의라고 한다.[1)]

2) 미필적 고의

구성요건적 결과의 발생가능성을 인식하면서도 이를 인용하는 것을 미필적 고의(dolus eventualis)라고 부른다. 미필적 고의는 독일형법학의 소산이며, 영미법에 있어서는 고의와 과실의 중간영역으로서 recklessness(무모성)라는 책임개념이 통용되고 있다. 미필적 고의는 직접고의에 비하여 그 지적, 의지적 요소가

---

1) 직접고의에 대응하는 개념으로서 오직 간접적으로 의도된 고의인 이른바 간접고의(dolus indirectus)라는 개념이 있었으나 오늘날은 거론의 대상이 되고 있지 않다.

약하다는 점이 특징이다.

미필적 고의를 인식있는 과실(bewußte Fahrlässigkeit)과 어떻게 구분할 것인가에 대하여서는 다음과 같은 학설상의 대립이 있다.

① 개연성설(Wahrscheinlichkeitstheorie)

개연성설은 행위자가 구성요건실현의 개연성을 인정했으면 미필적 고의가 성립되고, 그렇지 않으면 인식 있는 과실로 된다고 주장한다.

이 설은 행위자가 높은 개연성이 인정되는 경우에도 결과의 회피를 믿을 수 있기 때문에, 개연성의 정도는 미필적 고의와 인식있는 과실을 구분하는 척도가 될 수 없다는 비판을 받는다. 또한 개연성설은 일면 너무 넓고 일면 너무 좁다는 지적을 받기도 한다. 왜냐하면 예컨대 의사가 생명이 위독한 환자의 수술에 있어서 환자가 사망할 개연성을 헤아렸다면 이를 인용하지 아니하더라도 살해의 미필적 고의를 갖는 것으로 되는 반면, 사망이란 결과발생의 개연성까지는 헤아리지 않고 단지 사망이 가능할 것으로 여기면서 이를 인용했을 경우에는 과실범으로만 처벌할 수 있기 때문이다.

② 인용설(Billigungstheorie)

이 설은 용인설 또는 승낙설이라고도 불리어진다. 인용설에 의하면 행위자가 결과발생의 가능성을 인식하면서도 이를 인용한 경우는 미필적 고의이고, 인용하지 않은 경우는 인식 있는 과실이라고 한다. 감수설과는 인식 이외에 인용을 요구한다는 점에서는 일치하지만, 인용의 정도에서 차이가 있다. 감수설이 소극적으로 감내하는 정도라면, 용인설은 적극적으로 이를 드러내는 확정적 고의의 정도는 아니지만 결과에 대하여 긍정적으로 수용한다는 점에서 의지적 요소인 인용의 고의성립에서의 지위를 명확히 한다는 점에서 차이가 있다.[1]

이 설은 고의의 지적 측면과 의지적 측면을 모두 고려한 것으로서 판례[2]에 의하여 대표되며, 이 설이 타당하다.[3] 인용은 '양해한다', '찬성한다', '시인한다',

---

1) 신동운, 213면 이하는 양자의 논리적 타당성을 긍정하면서, 어느 학설을 취할 것인가는 형사정책적으로 보다 나은 결론에 이를 수 있는가의 문제로 접근하여야 한다고 본다. 그 결과 일반적 행위자의 고의범 성립범위를 제한하는 용인설이 구체적 행위자의 책임을 제한하는 감수설보다 형사정책적으로 우수하다고 본다.

2) 대판 2009. 9. 10, 2009도5075; 대판 1987. 2. 10, 86도2338; 대판 1985. 6. 25, 85도660; 대판 1968. 11. 12, 68도912.

3) 김성돈, §15/31; 김혜정 외, 109면; 배종대, 181면; 신동운, 213면; 임웅, 176면; 정성근/정준섭,

'진지하게 취한다' 등 다양하게 표현되고 있다. 인용설에 대하여서는 그 입증이 어렵다든가 인용은 감정적·정서적 요소에 지나지 않으므로 이에 따라 고의의 존재를 결정하는 것은 구성요건적 고의와 책임형식으로서의 고의를 혼동하는 것이라는 비판이 있으나, 인용은 고의의 의지적 요소의 한 단계를 이룬다는 점에서 볼 때 타당한 비판이 아니며, 책임형식의 고의는 심정적 반가치라는 규범판단이 본질이므로 타당하지 않다.

또한 용인설에 대하여는 행위자의 심정적 요소를 지나치게 중시한다는 비판도 있지만,[1] 고의의 한 내용으로서의 인용의 영역에 해당하는 용인은 사실판단을 대상으로 하는 심적 태도라는 점에서 심정적 요소를 판단하지 않을 수 없고, 고의의 영역 중 인식의 부분은 인식 있는 과실과 미필적 고의에 있어서 차이가 나지 않으므로 인용의 영역을 통해 양자를 구분하여야 함은 물론이다.

③ 감수설(Abfindungstheorie)

이 설은 행위자에게 구성요건이 실현될 가능성을 인식하면서도 그것의 실현을 어쩔 수 없는 것으로 받아들이는 내적 태도가 존재하는 경우를 미필적 고의라고 본다.[2] 즉, 행위자가 구성요건이 실현될 위험성을 감수하겠다는 결정을 함에 고의가 존재한다고 본다. 이는 구성요건 실현의 위험성에 관한 가중적 인식으로, 행위자의 심리적 태도 속에는 결과발생 여부에 개의치 않고 자기의 행위를 수행하겠다는 의사까지도 고려된다고 한다.[3] 이처럼 행위자가 결과발생의 가능성을 신뢰하고 행위결정시 이를 계산에 넣음으로써 발생가능한 법익침해의 방향으로 의사결정을 하였다는 점을 미필적 고의의 영역이라고 보는데, 묵인설(Hinnahmetheorie)이라고도 한다.[4]

용인설과는 구성요건적 결과발생의 가능성을 인식하였다는 지적 요소에서는 공통되지만, 의지적 요소로서 심적 태도에 차이가 있다. 용인설은 결과발생을 용인하는 내심의 의사가 있어야 하지만, 감수설은 소극적 태도로서 비록 구성요

90면; 정영일, 104면.

1) 신동운, 195면.

2) 김성천/김현준, 109면; 김일수/서보학, 131면; 손동권/김재윤, 157면; 이재상 외, 176면.

3) 김일수/서보학, 132면; 박상기, 128면; 손동권/김재윤, 157면; 이재상 외, 176면.

4) 그러나 권오걸, 151면; 오영근, 115면; 임웅, 164면은 인용설과 감수설, 묵인설, 용인설을 모두 같은 내용의 학설로 분류한다. 반면, 박상기, 83면은 전체적으로 보아 감수설도 용인설의 범주에 해당하지만 의욕적 측면을 상대적으로 약화시킨 학설이라고 본다.

건이 실현되어도 이를 받아들이겠다는 의사만 있으면 미필적 고의가 인정된다.

그러나 용인과 감수를 소극적 태도인가 여부로 구분하는 것은 타당하지 않다. 용인 역시 인용의 정도에 이르지 않는 심적 태도이므로 적극적이지 않은 점에서는 소극적이라 할 수 있고, 결과발생의 가능성을 인식하였다는 지적 측면에서는 양자가 구분되지 않는다. 다만, 용인은 결과발생을 적극적으로 의욕하는 정도에 이르지는 아니하였지만, 구성요건이 실현되는 사태를 방관하거나 묵인하는 정도가 아니라 자신의 행위로 받아들이겠다는 심적 태도를 보인다는 점에서 차이가 있다고 보아야 할 것이다.

④ 가능성설(Möglichkeitstheorie)

이 설은 행위자가 법익침해의 구체적인 가능성을 알고 있음에도 불구하고 행동하였을 때에 미필적 고의가 인정된다고 보며, 인식설(Vorstellungstheorie)이라고도 한다. 고의의 지적 요소에만 중점을 두는 학설로 결과발생의 가능성이 예상됨에도 이를 무시하고 행위에로 나아가고자 내심의 태도를 결정한 경우이다.

일부의 판례는 "결과를 발생시킬 만한 가능성 또는 위험이 있음을 인식하거나 예견하면 족한 것"이라고 하여 마치 가능성설에 가깝게 판시하기도 한다.[1] 그러나 고의 자체의 성립을 인식만으로 족하다고 보기 때문에 의지적 요소인 인용이 고의성립에 요구되지 않는 듯한 판시를 하고 있다는 점에서 미필적 고의 인정 여부와 관계없이 적절하지 않다. 이 뿐만 아니라 가능성설에 따르면 인식 있는 과실과 미필적 고의의 구분이 부정되고, 인식 있는 과실은 모두 고의의 영역에 포섭되므로 고의범이 지나치게 확장될 우려가 있다.

⑤ 무관심설(Gleichgültigkeittheorie)

행위자가 구성요건의 실현을 가능한 것으로 여기면서도 이를 보호법익에 대한 무관심 때문에 받아들인 때에 미필적 고의가 성립된다는 견해이다. 그렇다면 반대로 구성요건실현을 가능하지 않다고 여기거나 결과발생을 원하지 않았기 때문에 보호법익에 대한 무관심 자체가 배제된 경우에는 고의가 부인되는 결과

1) 대판 2006. 4. 14, 2006도734; 대판 2004. 6. 24, 2002도995; 대판 2002. 10. 25, 2002도4089; 대판 1998. 6. 9, 98도980 등. 동 판결들은 범의는 범죄의 목적이나 계획적인 범행의 의도가 있어야만 인정되는 것은 아니고 자기의 행위로 인하여 결과를 발생시킬 만한 가능성 또는 위험이 있음을 인식하거나 예견하면 족한 것이고, 그 인식이나 예견은 확정적인 것은 물론 불확정적인 것이라도 이른바 미필적 고의로 인정된다고 본다.

를 초래한다.

판 례

미필적 고의라 함은 범죄사실의 발생 가능성을 불확실한 것으로 표상하면서 이를 용인하고 있는 경우를 말하고(대판 2004. 5. 14, 2004도74), 그 결과발생에 대한 확실한 예견은 없으나 그 가능성은 인정하는 것으로(대판 2004. 2. 27, 2003도7507; 대판 1987. 2. 10, 86도2338), 예견 또는 인식 등은 확정적인 경우는 물론 불확정적인 경우이더라도 미필적 고의로 인정될 수 있다(대판 2015. 11. 12, 2015도6809 전원합의체 판결). 또한 중대한 과실과는 달리 범죄사실의 발생 가능성에 대한 인식이 있고 나아가 범죄사실이 발생할 위험을 용인하는 내심의 의사가 있어야 한다(대판 2017. 1. 12, 2016도15470).

(2) 택일적 고의 · 개괄적 고의 · 불확정적 고의

이 밖에도 택일적 고의(dolus alternativus), 개괄적 고의(dolus generalis)라는 개념이 있으며, 확정적 고의에 대응하는 개념으로서 불확정적 고의(dolus indeterminatus)라는 용어가 사용되기도 한다.

1) 택일적 고의

택일적 고의란 행위자가 특정한 행위를 하고자 하지만, 고려의 대상이 되는 둘 또는 그 이상의 객체나 구성요건 중 어느 것에 결과가 실현될 것인가를 알지 못할 경우 또는 그 중 어느 것에 결과가 발생되어도 좋다는 태도를 취하는 경우를 말한다. 예컨대 두 사람 또는 수인 중 어느 한 사람이나 다수인 중 일부의 사람에게 명중해도 좋다고 생각하고 총탄을 발사하는 경우라든가, 상점에 투석하면서 점원에게 상해를 입히려 하나 재물만 손괴되어도 좋다고 생각하는 경우가 이에 해당한다.

택일적 고의는 어떤 새로운 종류의 고의가 아니라 의사의 특별한 형태로서 직접고의와 미필적 고의가 이 형태 속에서 나타날 수도 있다. 예컨대 둘 중 어느 한 사람을 꼭 살해하겠다는 고의는 직접적 고의이지만 두 사람 중 어느 한 사람이 죽을지도 모르지만 결과가 발생해도 어쩔 수 없다는 고의는 미필적 고의이다. 택일적 고의로써 행위한 경우에는 모든 택일적 가능성에 대하여 고의가 성립한다. 그리하여 실현된 구성요건은 고의범의 기수, 실현되지 않은 것은 고의범의 미수로 되어 상상적 경합관계에 있게 된다. 모두 미수에 그친 경우에는 모두 고의범의 미수로 상상적 경합관계가 된다.

2) 개괄적 고의

개괄적 고의란 행위자가 행위객체를 오인하지는 않았지만 행위의 경과를 오인한 것으로서, 예컨대 어떤 자가 사람을 살해했다고 오인하고 죄적을 숨기려고 물에 던진 결과 익사한 경우가 이에 해당된다. 즉, 수 개의 행위가 결과적으로는 단일의 목적을 향하고 있는 경우로서, 개괄적 고의는 고의의 전용의 문제가 아닌 고의의 확장 또는 고의의 전체 행위들에의 개괄의 문제이다. 이에 대한 법적 효력에 관하여는 구성요건의 착오 중 인과관계의 착오에서 후술한다.

한편, 개괄적 고의는 후술하는 불확정적 고의의 하나로서 예컨대 군중을 향하여 총을 쏘는 경우처럼 구성요건적 결과가 발생하는 것은 확실하나 어느 객체에 결과가 발생할지가 불확정적인 경우라고 이해되기도 한다.[1] 이러한 입장에서는 택일적 고의를 결과발생이 양자택일인 경우이고 개괄적 고의는 다자택일의 경우라고 구분한다. 그렇지만 이러한 구분은 의미가 없고 모두 택일적 고의에 포함되는 것으로 이해하는 것이 타당하다.

3) 불확정적 고의

불확정적 고의는 독일보통법시대에 통용되었고 포이에르바흐에 의해서도 거론되었던 개념으로서 불확정적 의사(ein unbestimmtes Wollen)를 의미한다. 불확정적 고의는 주로 행위 대상이 확정적인 경우를 의미하는 확정적 고의에 대응하는 개념으로서, 택일적 고의, 미필적 고의가 속하는 것으로 설명되기도 한다. 이처럼 고의를 확정적 고의와 불확정적 고의로 분류하는 견해는 그 척도가 분명하지 않고, 특히 불확정적 고의에 이미 설명한 것처럼 서로를 포용할 수 있는 개념인 택일적 고의와 미필적 고의를 함께 포함시키고 있어 타당하지 않다.[2]

---

1) 이재상 외, 171면; 임웅, 182면.
2) 택일적 고의에 직접고의와 미필적 고의가 포함될 수 있고 미필적 고의에 있어서도 그 대상이 확정적이거나 택일적일 수 있다.

5. 관련문제

(1) 구성요건적 고의와 책임고의의 관계

구성요건적 고의, 즉 불법구성요건에 있어서의 고의는 행태형식(Verhalten-form)으로서 "구성요건의 모든 객관적 요소에 대한 인식과 인용"을 의미한다. 한편 책임영역에 있어서의 고의는 책임형식(Schuldform)으로서 행위자의 심정적 반가치(Gesinnungsunwert)를 드러낸다.

이처럼 고의를 구성요건적 고의와 책임형식으로서의 고의로 구분하는 것은 결코 하나의 행위에 완전히 분리된 두 개의 고의가 존재함을 의미하는 것은 아니다. 다만 하나의 고의의 이중적 기능을 의미할 뿐이다.

책임형식으로서의 고의, 즉 책임고의는 불법요소로서의 구성요건적 고의를 통하여 징표된다. 그리고 이러한 징표는 행위자가 위법성조각사유의 전제조건에 대한 착오를 일으켜 행위하였을 때에는 탈락된다.

(2) 불법고의

불법고의(Unrechtsvorsatz)란 주로 소극적 구성요건표지론에 기초한 총체적 불법구성요건과 관련하여 거론되는 개념으로서 행위자가 객관적 구성요건의 적극적 표지의 실현에 대한 인식·인용뿐만 아니라 소극적 표지에 해당하지 않음을 인식하고 있는 경우의 고의를 의미한다. 이 개념을 취하는 입장(소극적 구성요건표지론)에 따르면 위법성조각사유의 전제조건에 관한 착오에 있어서는 불법고의가 탈락되어 과실의 문제만 남게 된다(후술 참조).

Ⅱ. 고의 이외의 주관적 구성요건요소

구성요건적 고의 이외에도 행위자의 주관적·심리적 요소이지만 불법구성요건의 주관적 요소임과 동시에 주관적 불법요소로 인정되는 것이 있다. 목적범에 있어서의 '목적', 경향범에 있어서의 '경향', 표현범에 있어서의 '표현', 재산죄에 있어서의 '불법영득(또는 이득)의 의사' 등이 그것이다. 이들을 초과 주관적 불법요소라고도 부른다.

Ⅲ. 구성요건적 착오(사실의 착오)

1. 의 의

형법상 인식의 대상은 사실과 규범이다. 사실에 대한 인식은 인식과 인용을 구성요소로 하는 고의의 내용이며, 규범에 대한 인식은 책임요소인 위법성인식을 의미한다. 그런데 인식이란 항상 행위자의 내적인 인식과 객관적으로 존재하는 사실 또는 발생결과 사이에 일치하지 않는 경우, 즉 불일치의 문제를 야기한다. 이처럼 인식과 발생결과 간의 불일치를 착오라고 한다. 따라서 착오 역시 기본적으로 두 가지가 되며, 사실에 대한 착오를 구성요건의 착오라고 하고 규범에 대한 착오를 위법성인식의 착오(법률의 착오 또는 금지착오)라고 한다.

행위자가 범행에 있어서 구성요건의 객관적 표지를 인식하지 못한 경우를 일반적으로 구성요건적 착오(Tatbestandsirrtum)라고 한다. 구성요건적 착오는 구성요건의 객관적 특성은 정확히 인식했으나 그 형태가 법적으로 금지되어 있는 것을 오인한 경우인 금지착오(Verbotsirrtum)에 대응하는 개념으로 쓰인다. 구성요건의 착오는 인식의 대상이 되는 객관적 구성요건사실에 대한 인식과 발생결과 간의 불일치이므로 사실의 착오라고도 하며, 금지착오는 행위자가 인식한 금지규범과 불법의 실질상의 불일치를 의미하므로 법률의 착오라고도 한다.

구성요건적 착오는 직접적으로 고의의 이론에 관련된다. 구성요건적 착오는 고의를 위하여 필요한 인식대상의 부정, 즉 당해 구성요건에 따라 고의가 미쳐야만 하는 표지를 인식하지 못하는 것이기 때문이다. 구성요건적 착오의 성부가 구성요건적 고의의 성부에 직접 영향을 미친다는 양자 간의 불가분적 관계를 고려할 때, 구성요건적 착오의 체계적 지위는 구성요건적 고의와 더불어 당연히 구성요건해당성의 단계에 속한다고 보아야 할 것이다.

구성요건적 착오는 구성요건적 고의처럼 구성요건의 모든 객관적 표지에 관계되는데, 만일 행위자가 이러한 표지의 의미·내용을 일반인의 소박한 평가라는 관점에서 전혀 몰랐다면 고의가 조각되고 경우에 따라서 과실범의 문제만이 별도로 거론될 수 있을 뿐이다. 구성요건적 착오는 그것이 피할 수 있었건 없었건, 그리고 그 착오가 단순한 부지에 의하여 성립되었는가 또는 어떤 그릇된 표상에 의한 것인가에 관계없이 고의를 조각한다. 구성요건적 착오의 회피가능성(Vermeidbarkeit)과 비난가능성(Vorwerfbarkeit)은 과실범의 성립 여부가 문제될 때 의미를 가질 뿐이다.

구성요건적 착오는 다음의 여러 경우와 구분해야 한다.

① 행위자가 구성요건적 사실에 대한 인식 없이 그 사실을 실현한 경우, 예컨대 사냥꾼이 사람을 들짐승으로 오인하고 사살한 경우에는 발생된 사실에 대한 과실범이 문제될 뿐이다.

② 구성요건적 사실을 인식하고 실현하려 했으나 그 사실이 실현되지 아니한 경우, 예컨대 사람을 살해하려 했으나 탄환이 빗나간 경우라든지 자기의 물건을 타인의 것으로 오인하고 절취한 경우에는 미수범의 문제가 될 뿐이다.

③ 행위자가 인식하고 실현하려 한 구성요건적 사실과 실제로 발생된 구성요건적 사실이 일치하지 아니하는 경우에 비로소 구성요건적 착오가 중요한 문제가 된다.[1)]

2. 법적 함의: 고의의 전용을 통한 고의범 영역 확장

구성요건적 착오를 논하는 실익은 무엇보다도 ③의 경우에 있어서 인식한 구성요건에 존재하는 고의를 발생된 사실에 전용하여 고의기수범의 영역을 확장할 수 있는가 그리고 확장한다면 그 범위는 어디까지인가의 문제이다. 이들은 모두 범죄의 고의가 있고 범죄가 발생하였음에도 불구하고 고의의 기수책임을 인정할 수 없다는 결론에 이른다면 일반인의 법감정을 해하고 법적 신뢰를 저해할 경우 이를 수정하기 위함이다.

즉, 구성요건착오는 행위자의 인식사실도 범죄이고 발생사실도 범죄이지만 양자의 사실 간에 불일치가 발생하는 경우 어떤 범위 내에서 고의의 기수책임을 인정할 것인가에 실익이 있다. 이에 대하여 우리 형법 제15조 제1항은 사실의 착오라는 표제 하에 특별히 무거운 죄가 되는 사실을 인식하지 못한 행위는 무

1) 이를 간단히 요약하면 다음과 같다.

인식사실	발생결과	법적 효력
범죄 구성요건 ○	범죄 구성요건 ×	범죄고의가 있으나 결과발생이 없으므로 미수범
범죄 구성요건 ×	범죄 구성요건 ○	범죄고의가 없으나 결과발생이 있으므로 과실범
범죄 구성요건 ○	범죄 구성요건 ○	범죄고의와 발생결과가 불일치하므로 구성요건적 착오

거운 죄로 벌하지 아니한다는 소극적인 규정만을 두고 있다. 즉, 법규정으로는 기본적 구성요건과 가중적 구성요건간에, 행위자가 기본적 구성요건만 인식하고 가중적 요건을 인식하지 못한 경우에 한정된 사실의 착오를 해결할 수 있을 뿐이고, 그 외의 착오들은 적용법규가 없기 때문에 이론적으로 해결할 수밖에 없다.

그런데 그와 같은 해결의 핵심은 궁극적으로 고의의 전용에 의한 고의기수범 영역의 확대 여부이다. 발생한 결과에 대한 고의를 가지고 있지 않은 행위자에게 행위와 고의 동시존재를 요구할 경우에는 언제나 인식사실에 대한 미수범으로 처벌하여야 하기 때문에, 그러한 법적 결과가 법감정에 부합하지 않거나 불법성의 정당한 평가라고 할 수 없을 때 비로소 고의의 전용이 발생한다. 이때 고의의 전용이란 행위자가 인식사실에 대하여 가지고 있었던 고의를 발생사실에 투영하여 처음부터 발생사실에 대해서만 고의가 있었던 것으로 간주하는 것이다. 그러나 형벌법규의 실효성 또는 법감정에 부합하는 처벌을 하기 위하여 언제나 고의의 전용을 인정한다면 형법의 기본원리인 책임주의에 반할 우려가 있다. 따라서 책임주의에 반하지 않는 범위 내에서 행위자의 행위에 대한 불법성의 정당한 평가를 하기 위한 이론적 근거를 찾아내는 것이 필요하다.

즉, 구성요건의 착오란 주관적 구성요건 요소로서 고의의 일부인 인식에 있어서 착오가 발생하여 객관적 구성요건요소를 잘못 인식하여 인식과 발생사실간의 불일치가 발생하는 경우, 행위자가 인식사실에 대하여 가지고 있는 고의를 고의가 없는 발생사실에 전용(轉用)하여 고의기수범의 성립범위를 확장함으로써 불법성 평가의 실효성을 확보하기 위한 장치이다.[1] 다만, 이 경우에도 최대한 책임주의의 원칙에 부합하는 해석기준을 제시할 것이 요구된다.

3. 구성요건적 착오의 태양과 고의의 성부

(1) 구성요건적 착오의 구분 방법

구성요건적 착오의 태양은 두 가지 관점에서 구분될 수 있다. 하나는 착오의 대상이 되는 구성요건표지 여하에 따라 '객체의 착오', '방법의 착오', '인과관계의 착오' 등으로 나누어진다. 다른 하나는 착오가 발생한 객체 사이의 구성요건적 동가치성(tatbestandliche Gleichwertigkeit) 여하에 따라 '같은 구성요건 내의 착

1) 이에 관한 각각의 학설들은 인식사실과 발생사실 사이에 어느 정도의 일치, 즉 부합할 것을 요구하는가에 대하여 밝히고 있다는 의미에서 '부합설'이라는 표현을 사용한다.

오'(구체적 사실의 착오)와 '다른 구성요건 사이의 착오'(추상적 사실의 착오)로 구분된다. 여기에서 구성요건적 동가치성이란 착오의 대상이 동일한 법규를 적용할 수 있는 성질의 것인지를 의미한다. 인식한 대상과 결과가 발생한 대상이 모두 같은 법조문을 적용할 수 있는 성질의 것이라면 '구체적 사실'간의 착오가 발생한 것으로 보고, 서로 다른 법조문의 적용대상이라면 '추상적 사실'간의 착오가 발생한 것으로 보는 것이다. 위의 두 척도는 서로 복합적으로 결합될 수 있으므로, 예컨대 객체의 착오나 방법의 착오를 다시 '같은 구성요건 내의 착오'와 '다른 구성요건 사이의 착오'로 나누어 고찰할 수 있는 반면, '같은 구성요건 내의 착오'라는 기준 아래 '객체의 착오'와 '방법의 착오'를 다룰 수도 있다.

이러한 결합관계를 도표로 표시하면 다음과 같다.

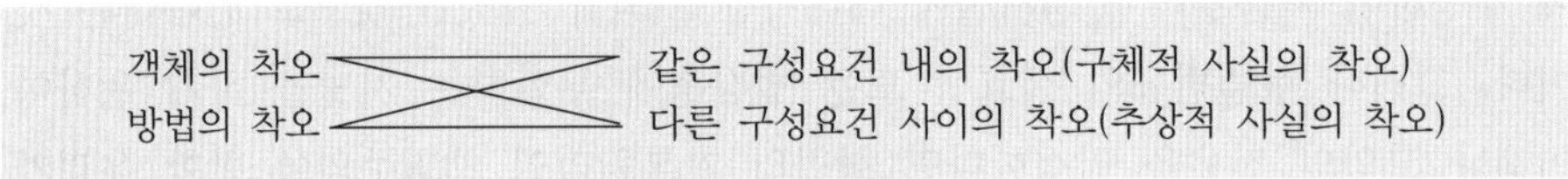

객체의 착오 — 같은 구성요건 내의 착오(구체적 사실의 착오)
방법의 착오 — 다른 구성요건 사이의 착오(추상적 사실의 착오)

(2) 고의의 성립범위에 관한 학설

구성요건적 착오에 있어서 어느 범위까지 고의의 기수책임을 인정할 수 있느냐에 관해서는 구체적 부합설, 법정적 부합설 및 추상적 부합설이 대립된다.[1)]

1) 구체적 부합설

구체적 부합설[2)]은 행위자가 인식·인용한 사실에 현실적으로 발생한 사실이 구체적으로 부합하면 발생한 사실에 대한 고의의 성립을 인정하고,[3)] 양자가 구체적으로 부합하지 않으면 인식·인용한 사실에 대한 미수와 발생한 사실에 대한 과실의 상상적 경합을 인정한다.

구체적으로 부합한다는 의미는 다음의 두 가지 요건을 충족하여야 한다. 첫

1) 이들 세 학설의 명칭은 일본의 牧野英一에 의하여 붙여진 것이다.
2) 권오걸, 167면; 김성돈, §15/136; 김성천/김형준, 117면; 김일수/서보학, 153면; 배종대, 191면; 손동권/김재윤, 148면; 오영근, 153면; 이정원, 132면; 정영일, 110면.
3) 구체적 부합설에 의하면 구체적 부합이 있는 경우는 객체의 착오 중 같은 구성요건내의 착오(구체적 사실의 착오)에 국한된다. 이 경우 발생된 결과에 대한 고의책임을 인정하면 인식·인용했던 사실에 대한 책임은 거론할 필요가 사실상 없게 되어 이를 제외하고 있지만 엄격히 말하자면 이 부분에 대한 불능미수가 성립한다고 보아야 할 것이다. 예컨대 갑이 병을 을로 오인하여 살해한 경우에 갑의 죄책은 을에 대한 살인의 불능미수와 병에 대한 살인기수의 상상적 경합으로 되지만 결과적으로 병에 대한 살인기수의 책임을 지게 될 것이다.

째, 비록 동기의 착오가 있었다고 하더라도 현실적으로 행위자가 인식한 바로 그 객체에 결과가 발생하여야 한다. 즉, 행위자가 인식한 바로 그 객체에 한정하여 결과가 발생하여야 하므로 방법의 착오는 고의의 전용이 일어날 수 없다.

둘째, 행위자가 생각했던 객체와 실제로 행위의 대상이 되었던 객체가 모두 같은 법조문을 적용할 수 있어야 한다. 즉, 양자 간에 구성요건적 동가치성이 있어야만 하므로 구체적 사실의 착오만이 구체적으로 부합하는 것이며, 추상적 사실의 착오에는 고의의 전용이 일어날 수 없다.

2) 법정적 부합설

법정적 부합설[1]은 행위자가 인식·인용했던 사실과 현실적으로 발생한 사실이 구성요건적으로만 부합되면 언제나 발생된 사실에 대한 고의기수범의 성립을 인정하는 한편, 구성요건적으로 부합하지 않는 경우에는 인식·인용한 사실에 대한 미수와 발생된 사실에 대한 과실의 상상적 경합을 인정한다. 즉, 구체적 부합설이 두 가지 요건의 충족을 요구한다면 법정적 부합설은 그 중 첫 번째 요건은 필요없고, 오로지 두 번째 요건만을 요구한다. 따라서 구체적인 사실의 착오라는 요건만 충족되면 객체의 착오든 방법의 착오든 고의의 전용이 발생한다. 법정적 부합설은 구성요건부합설과 죄질부합설로 구분되기도 한다.

구성요건부합설은 행위정형을 가장 중시하여, 발생사실과 인식사실이 구성요건적으로 부합하면 고의기수범을 인정한다. 따라서 기본적 구성요건 사이, 또는 그것과 가중적·감경적 구성요건 사이의 중첩되는 부분에서 행위정형의 동일성을 인정하되, 이러한 관계가 설정되지 않는 상이한 구성요건들 사이에는 행위정형의 동일성을 인정하지 않는다.[2]

반면 죄질부합설은 보호법익이나 법규의 위치로 보아 범죄의 성질이 서로 부합하면 고의기수범을 인정한다.[3] 예컨대 타인의 점유에 속하는 재물을 잃어버린 물건으로 오인하고 가져갈 경우 구성요건부합설에 의하면 점유이탈물횡령죄의 (불능)미수와 절도죄 과실범의 상상적 경합이 되지만, 전자는 미수범처벌규정

1) 프랑크(Frank), 리스트(Liszt) 등이 주장하고 독일의 소수설인데, 우리나라의 판례의 태도이다.
2) 신동운, 232면.
3) 이재상 외, 186면; 임웅, 192면; 정성근/정준섭, 99면. 구성요건부합설의 입장에서는 죄질이 무엇인지 불분명하고 죄질의 차이 여부에 대한 객관적 기준이 제시되지 않는다는 점에서 추상적 부합설에 가해지는 비판이 그대로 적용된다고 동 견해를 비판한다. 신동운, 232면 참조.

이 없고 후자는 과실범을 처벌하지 않기 때문에 무죄가 된다. 반면 죄질부합설에 의하면 점유이탈물횡령죄나 절도죄 모두 행위자의 소유가 아닌 물건을 영득한다는 점에서는 죄질이 부합하므로 결과적으로 점유이탈물횡령죄의 고의기수범을 인정하게 된다.[1]

3) 추상적 부합설

추상적 부합설[2]은 적어도 범죄의 의사가 있고 범죄사실의 발생이 있으면 기수로서의 책임을 인정하되, 범의가 발생된 사실보다 경한 범죄에 관한 것일 때에는 그 중한 바에 따라 논할 수 없다고 주장하여, 결국 인식한 사실과 발생된 사실이 추상적으로 일치하는 한도 내에서 고의의 기수를 인정한다. 이 설은 구체적 사실의 착오에 있어서는 그 결론이 법정적 부합설과 같으나 추상적 사실의 착오는 결과가 달라진다.

추상적 부합설은 행위자가 인식한 사실과 발생한 결과라는 현실적인 사실관계를 무시하고 다만 당해 적용법규가 가지는 불법성의 양적 비교를 통해 불법성의 양이 추상적으로 중첩되는 부분만큼의 고의기수범을 인정한다. 그리고 중첩되지 않는 영역에 여전히 고의가 있으면 고의의 미수범으로, 고의 없이 결과만이 존재하면 과실범으로 보아 중첩영역에 해당하는 고의기수범과 각각의 상상적 경합을 인정하는 결과를 도출한다. 예컨대 중한 고의로 경한 결과를 발생시킨다면 경한 결과만큼 불법성이 중첩되므로 경한 결과의 고의기수범과 여전히 남아 있는 중한 고의부분의 미수범의 상상적 경합을, 반대로 경한 고의로 중한 결과를 발생시킨다면 경한 고의만큼 불법성이 중첩되므로 경한 고의 영역의 고의기수범과 발생된 결과의 과실범의 상상적 경합을 인정하는 방식이다. 예컨대 손괴의 고의로 사망의 결과가 발생한 경우 현실적으로 발생하지도 않은 손괴죄의 고의기수범을 인정하여야 하는데, 이와 같은 결과는 죄형법정주의에 위배되므로 거의 지지받지 못한다.

---

1) 판례는 법정적 부합설을 취하고 있으나, 구성요건부합설과 죄질부합설 중에서 어느 학설에 따르는지는 명확하지 않다.
2) 일본의 牧野英一에 의하여 창시된 견해이다.

(3) 각 태양에 따른 고의의 성부

1) 객체의 착오

객체의 착오란 객체의 성질에 관한 착오, 즉 행위객체의 동일성에 대한 착오를 말한다. 객체의 착오는 행위자가 표상했던 행위객체와 잘못 알고 침해한 행위객체 사이에 구성요건적 동가치성이 있느냐의 여부에 따라 다음의 두 가지로 나누어 살펴볼 수 있다.

① 구성요건적 동가치성이 인정되는 경우(구체적 사실의 착오)

구체적 사실 즉, 구성요건적 동가치성이란 인식한 대상과 착오가 발생한 대상에게 적용되는 법조문이 동일하다는 의미이다. 예컨대 행위자가 상대방을 갑이라는 사람이라고 믿고서 사살하였는데 실은 을이라는 사람이었던 경우이다. 이처럼 양 객체가 구성요건적으로 동가치이면 객체의 혼동은 단순한 동기의 착오에 불과하기 때문에 형법적 평가에 아무런 영향을 미치지 않는다.

구체적 부합설에 의할 경우 행위자가 비록 을을 갑으로 잘못 알았지만(단순한 동기의 착오는 있었지만) 행위 시에 자신이 인식한 객체(을)에 살해행위(사격)를 하여 결국 을을 죽였고 을과 같은 구성요건적으로 동가치인 객체이므로 구체적 부합이 인정된다. 그 결과 행위자에게 을에 대한 살인의 기수가 성립된다. 법정적 부합설에 의할 경우에도 갑과 을 사이에는 구성요건적 동가치성이 인정되므로 행위자에게 을에 대한 살인의 기수가 성립된다. 추상적 부합설에 의할 경우에도 결과는 마찬가지이다. 이처럼 구성요건적 동가치성이 인정되는 객체의 착오는 어느 설에 의해도 고의기수범이 된다.

② 구성요건적 동가치성이 없는 경우(추상적 사실의 착오)

예컨대 갑이 을의 개를 사살하려고 을의 개집을 향하여 발포하였으나 개는 개집에 없었고 우연히 개집 속에서 놀고 있던 을의 아이가 총탄에 맞아서 죽은 경우가 이에 해당한다.

구체적 부합설에 의하면 개와 사람 사이에는 구성요건적 동가치성이 없으므로 구체적 부합이 부정된다. 그러므로 갑은 재물손괴의 미수와 과실치사의 상상적 경합이 성립한다.[1)]

법정적 부합설은 본 사례와 같은 추상적 사실의 착오의 경우에는 인식한 사

1) 여기에서 미수는 엄격히 말하자면 대상의 착오로 인한 불능미수에 해당한다.

실에 대한 미수와 현실로 발생한 사실에 대한 과실의 상상적 경합을 인정하기 때문에 구체적 부합설의 경우와 결론이 같다.

한편 추상적 부합설은 범의에 기하여 범죄사실이 발생한 이상 인식과 사실의 불법이 추상적으로 일치하는 한도에서 고의기수범을 인정하므로, 경한 죄의 고의로써 중한 죄의 사실을 실현할 경우에도 경한 죄의 기수와 중한 죄의 과실이 상상적 경합관계에 있는 것으로 보게 된다. 따라서 갑에게 재물손괴죄의 기수와 과실치사죄의 상상적 경합을 인정한다. 반대의 사례의 경우, 예컨대 아이를 사살하려고 하였으나, 아이가 아니라 개였던 경우에는 중한 죄의 고의로 경한 죄의 사실을 실현하였으므로 불법성의 중첩은 경한 죄의 사실을 고의기수범이 되게 한다. 그 결과 갑에게 재물손괴죄의 기수와 살인미수죄의 상상적 경합을 인정한다.

판 례

객체의 착오에 관한 대법원의 판례는 찾아보기 어렵지만, 하급심에서는 다음과 같이 판시한다. 행위자가 갑을 살해하려다가 피해자 을을 살해한 것은 객체의 착오에 불과하며 이는 범의의 성립에 영향이 없다고 보아[1], 객체의 착오는 고의기수범임을 인정한다.

2) 방법의 착오

방법의 착오란 행위방법이 잘못되어 표적이 아닌 다른 객체에 침해의 결과가 발생하는 경우를 말한다. 여기에 있어서는 공격대상인 객체와 침해되는 객체가 다르기 때문에 행위객체의 동일성에 관한 착오인 객체의 착오와는 차이가 있다. 방법의 착오는 행위자가 원했던(안중에 둔) 객체가 아닌 다른 객체에서 결과가 발생되는 경우이기 때문에 택일적 고의(Eventualvorsatz)가 있었던 경우, 예컨대 갑을 향하여 발포하면서 그 옆에 있는 을에 맞아도 좋다고 생각했는데 을이 맞아 사망한 경우에는 방법의 착오가 있다고 볼 수 없다. 방법의 착오도 구성요건적 동가치성 유무에 따라 다음과 같이 두 가지 경우로 나누어 살펴볼 수 있다.

---

1) 대구고법 1965. 3. 25, 64노173.

① 구성요건적 동가치성이 인정되는 경우(구체적 사실의 착오)

예컨대 갑이 을이라는 사람을 살해하려고 을에게 발포하였으나 총탄이 빗나가 다른 사람인 병에게 명중하여 병이 사망한 경우가 이에 해당한다.

(가) 구체적 부합설에 의하면 갑이 인식하고 살해하려 했던 사람은 어디까지나 을이고 병이 아니기 때문에 인식한 사실과 발생된 사실이 구체적으로 부합하지 않는다. 따라서 갑은 을에 대한 살인미수와 병에 대한 과실치사의 상상적 경합이 된다.

이러한 구체적 부합설의 주장에 대하여서는 갑에게 살해의 고의가 있었고 현실적으로 사람이 사망했음에도 불구하고 갑에게 살인의 기수가 아닌 미수의 책임을 지게 하는 것은 부당하고 일반인의 법감정에도 반한다는 비판이 있다. 일본형법의 경우처럼 재물손괴의 미수와 과실을 모두 처벌하지 않는 때에는 갑이 을의 방의 창문을 깨려고 돌을 던졌는데 병의 방의 창문을 깬 경우라든가, 정이 갑을 교사했는데 이런 결과가 생긴 경우에는 갑과 정을 모두 벌할 수 없다는 문제점이 생긴다. 결과적으로 구체적 부합설은 고의의 기수를 인정하는 범위가 부당하게 편협하다는 비판을 받게 된다.

(나) 법정적 부합설에 의하면 사례의 경우는 사람(을)을 죽이려 했고 또 사람(병)이 죽었으므로 구성요건적(법정적)으로 부합되며 따라서 갑은 살인기수의 책임을 지게 된다.

이 설에는 사례에서 갑이 을에 대한 살해의 고의를 가졌을 뿐 병에게는 살해의 고의가 없었는데도 불구하고 병의 사망을 과실치사가 아닌 고의 살인으로 본다는 데 그 이론적 난점이 있다. 즉 이 설은 고의가 추상적으로 어떤 객체의 종류(막연히 사람 또는 재물 등)에 관련되는 것만으로는 불충분하고, 행위자가 특정한 공격대상(택일적인 경우를 포함)을 지목해야 한다는 점을 간과하고 있다는 비판을 받는다.

(다) 추상적 부합설의 입장도 법정적 부합설과 마찬가지이며 이에 대한 비판도 법정적 부합설의 경우와 같다.

구체적 부합설에 대하여서는 기수의 인정범위가 좁아진다는 비판이 가하여지나 그 이론적 타당성 자체에는 아무런 문제가 없다. 왜냐하면 일정한 고의로써 실행행위에 착수했으나 기수에 이르지 못한 경우는 미수로 취급하고, 고의

없이 발생시킨 사실은 과실의 문제로 취급하는 것이 형법이론상 당연하기 때문이다. 고의를 이해함에 있어서도, 예컨대 막연히 사람을 죽이겠다든가 재물을 손괴하겠다는 것만으로는 부족하고, 어떤 특정한 대상에 대하여 이러한 범행을 하겠다는 인식과 인용을 필요로 한다고 보아야 할 것이다. 또 하나의 비판인 미수와 과실을 모두 처벌하지 않는 경우에 처벌이 불가능하다는 사실도 입법상의 문제일 뿐 이론상의 하자는 아니다.

판 례

판례는 "적어도 사람의 신체에 대하여 폭행을 가할 인식이 있는 이상 행위자가 관념치 아니한 타인에게 그 폭행행위로 인하여 상해를 가한 경우에도 폭행치상죄가 성립한다."[1]고 하거나, "갑이 을 등 3명과 싸우다가 힘이 달리자 식칼을 가지고 이들 3명을 상대로 휘두르다가 이를 말리면서 식칼을 빼으려던 피해자 병에게 상해를 입혔다면 갑에게 상해의 범의가 인정되며 상해를 입은 사람이 목적한 사람이 아닌 다른 사람이라 하여 과실상해죄에 해당한다고 할 수 없다."[2]고 하거나, "소위 타격의 착오가 있는 경우라 할지라도 행위자의 살인의 범의 성립에 방해가 되지 아니 한다."고 하여,[3] 법정적 부합설의 입장을 취하고 있다.

그러나, 범의의 확장을 가져오는 사실의 착오는 인식된 범행을 실행하기 위한 행위가 있고, 이 행위에 의하여 인식하지 못한 범행이 실현된 경우에만 문제가 된다 할 것이므로, 피해자가 사망하게 된 것은 피고인이 다른 제3자를 살해하려고 칼을 겨누고 있을 때 피해자가 뒤에서 이 칼을 빼앗으려고 하다가 우연히 같은 시간과 장소에서 발생한 것에 불과한 것뿐이고 제3자를 살해하기 위한 행위에 의하여 피해자가 사망하게 된 것이 아닌 이상 사실의 착오의 문제는 생길 여지가 없다[4]고 한다. 즉, 착오는 범의의 확장사유이지만, 본 사안의 경우는 방법의 착오에 해당하지 않는다고 본다.

법정적 부합설은 고의의 법리를 오해하고 있다는 난점을 지니고 있다. 예컨대 갑이 을을 살해하려고 발포했는데 뜻밖에도 이 현장으로 달려오던 갑의 처

1) 대판 1958. 12. 29, 4291형상340.
2) 대판 1987. 10. 26, 87도1745. 따라서 동 판결에서는 상해죄를 인정하였다.
3) 대판 1984. 1. 24, 83도2813.
4) 서울고법 1972. 10. 17, 72노874.

병에게 명중하여 병이 사망했을 경우 과연 갑이 자기의 처 병을 고의적으로 죽였다고 볼 수 있는가?[1] 갑에게 인식·인용이 없었던 병의 사망의 결과를 갑에게 살인죄로 귀속시킨다면 이 때에 을 살해의 고의가 병 살해의 고의로 옮겨지는가? 을 살해의 미수는 어떻게 취급되는가? 만일 한 발의 총탄이 을을 관통한 후 병에게도 맞아 을과 병이 모두 사망하였을 경우 두 개의 살인죄를 인정하는 것인가? 또한 갑이 발포한 총탄이 을에게 상해만 입히고 병에게 명중하여 병이 사망했을 경우, 갑에게 병에 대한 살인기수의 죄책을 인정한다면 갑의 을에 대한 죄책은 무엇이라고 보아야 할 것인가? 만일 이와 반대로 을이 사망하고 병이 부상했을 경우에는 또 어떻게 볼 것인가?

이상의 여러 문제점에 대하여 법정적 부합설은 구체적 부합설의 경우와는 달리 설득력 있고 일관된 설명을 하지 못한다. 단지 살인의 고의로써 범행을 하였고 이로 인하여 누구든 간에 사람이 죽는 결과가 발생한 이상 행위자에게 살인기수의 죄책을 지우는 것이 타당하다는 포괄적인 설명을 하고 있을 뿐이다. 추상적 부합설에서도 이들 문제에 관한 한 법정적 부합설과 그 입장에 있어서 다를 것이 없다. 결과적으로 구체적 부합설이 타당하다.

② 구성요건적 동가치성이 없는 경우(추상적 사실의 착오)

이 경우는 다시 다음의 두 가지로 나누어 살펴볼 수 있다.

(가) 인식한 사실보다 발생한 사실이 중한 경우 　예컨대 갑이 을의 유리창을 깨뜨리려고 돌을 던졌으나 뜻밖에도 행인 병이 이에 맞아 부상을 당한 경우가 이에 해당한다.

i) 구체적 부합설에 의하면 위의 경우에는 행위자가 인식·인용한 사실과 현실적으로 발생한 사실이 구체적으로 부합하지 않으므로 재물손괴죄의 미수와 과실치상의 상상적 경합에 해당한다.

ii) 법정적 부합설도 인식·인용한 사실에 대한 미수와 발생한 사실에 대한 과실의 상상적 경합범을 인정하므로 그 결과는 구체적 부합설의 경우와 똑같다.

iii) 추상적 부합설은 인식·인용한 사실보다 발생한 사실이 중하면 인식한 사실의 고의의 기수와 발생한 사실에 대한 과실의 상상적 경합으로 보게 되므

---

1) 서울고법 1972. 10. 17, 72노874 판결은 이와 같은 사례에 대하여, 방법의 착오에 해당하지 않고, 피해자에 대한 범의가 인정되지 아니하므로 과실범에 해당한다고 본다.

로, 사례에서 갑의 죄책은 재물손괴의 기수와 과실치상의 상상적 경합이 될 것이다. 추상적 부합설의 이러한 입장은 현실적으로 발생하지도 않은 사실을 기수로 보는 것은 범죄정형성에 비추어 부당하다는 비판을 받는다.

(나) 인식한 사실보다 발생한 사실이 경한 경우 예컨대 사람을 살해하려다가 재물을 손괴한 경우가 이에 해당한다.

이 경우에 있어서 구체적 부합설과 법정적 부합설은 똑같이 행위자에게 살인미수와 과실에 의한 재물손괴의 추상적 경합을 인정하며 결과적으로 행위자는 살인미수죄로 처벌받게 된다. 추상적 부합설은 이 경우에 인식한 사실의 미수와 발생한 사실의 기수의 상상적 경합을 인정하므로 행위자를 살인미수와 재물손괴의 기수의 상상적 경합범으로 보게 된다.

이상에서 살펴본 바 객체의 착오와 방법의 착오의 모든 경우에 있어서 가장 설득력있게 논리일관되는 견해는 구체적 부합설이라고 판단된다.

<table>
<tr><th colspan="2">유형분류</th><th>구체적 부합설</th><th>법정적 부합설</th><th>추상적 부합설</th></tr>
<tr><td rowspan="2">구체적
사실의 착오</td><td>객체의 착오</td><td>발생사실의
고의기수범</td><td>발생사실의
고의기수범</td><td rowspan="2">발생사실의
고의기수범</td></tr>
<tr><td>방법의 착오</td><td>인식사실 미수범과
발생사실 과실범의
상상적 경합</td><td>발생사실의
고의기수범</td></tr>
<tr><td rowspan="2">추상적
사실의 착오</td><td>객체의 착오</td><td>인식사실 미수범과
발생사실 과실범의
상상적 경합</td><td>인식사실 미수범과
발생사실 과실범의
상상적 경합</td><td rowspan="2">중한 고의 · 경한 결과: 경한 결과 고의기수범과 중한 고의 미수범의 상상적 경합
경한 고의 · 중한 결과: 경한 고의기수범과 중한 결과 과실범의 상상적 경합</td></tr>
<tr><td>방법의 착오</td><td>인식사실 미수범과
발생사실 과실범의
상상적 경합</td><td>인식사실 미수범과
발생사실 과실범의
상상적 경합</td></tr>
</table>

(4) 형법 제15조의 해석과 적용

1) 제15조 제1항과 불법성의 중첩구간

형법은 사실의 착오에 관하여 제15조 제1항 규정을 두고 있다. 동 조항은 특별히 무거운 죄가 되는 사실을 인식하지 못한 때에는 무거운 죄로 벌하지 않는다. 동 조항은 인식사실은 기본적 사실이고 발생결과는 특별히 무거운 죄가 되는 사실인 경우로서, 하나의 구성요건체계 내에서의 착오이지만, 구성요건적 동가치성이 인정되지 않기 때문에 인식사실과 발생결과에 대하여 동일한 법규를 적용할 수 없는 경우이다. 이 때 무거운 죄로 벌하지 않는다고 하여서 무죄가 되는 것이 아니라 기본적 구성요건에 해당하는 범죄가 성립함을 의미한다. 예컨대 직계존속인 사실을 인식하지 못함으로써, 옆집 아저씨라고 생각하고 살해하였으나 자신의 아버지였던 경우처럼 무거운 죄가 되는 사실(직계존속)을 인식하지 못한 때에는 무거운 죄(제250조 제2항 존속살해죄)로 벌하지 않는다(제250조 제1항 보통살인죄). 이 경우 제1항과 제2항은 같은 구성요건이 아니므로 구성요건적 동가치성이 인정되지 않게 된다(다만 법정적 부합설에 따르면 어느 학설에 의하든 죄질이 부합한다). 따라서 앞서 본 바에 따르면 추상적 사실에 관한 착오에 해당한다. 한편 구성요건적 부합이 아닌 죄질부합설에 따르면 동일한 구성요건체계 내의 경중의 문제가 아니더라도 제15조를 적용할 수 있다고 한다. 예컨대 점유이탈물횡령죄의 고의로 특별히 중한 죄의 사실인 타인의 재물임을 인식하지 못하고 행한 때에는 중한 죄인 절도죄로 벌하지 않기 때문에 점유이탈물횡령죄만 성립한다고 본다.[1]

이에 대하여 반드시 동일한 구성요건체계 내의 동종행위에 관하여 국한할 필요 없이, 오로지 불법성 측면에서 경한 죄를 인식하고 중한 죄를 행한 모든 경우를 배제할 필요가 없다고 보는 견해가 있다.[2] 예컨대 손괴의 고의로 상해의 결과를 발생시키더라도 인식사실보다 발생결과가 중하므로 제15조를 적용하여 중한 죄인 상해죄로 벌하지 않는다고 해석한다.

생각건대, 제15조는 불법성의 양적 비교를 통한 중첩부분의 기수를 인정하는 방식을 취한다. 따라서 경한 인식사실과 중한 발생결과간의 중첩부분에 해당하는 경한 인식에 대한 고의기수범을 인정하게 되는데, 이를 질적으로 전혀 다른 구성요건체계 간에도 성립시키게 된다면 추상적 부합설과 같은 결과를 초래하기 때문에 죄형법정주의에 반할 우려가 있다. 또한 법문상 '특별히' 중한 죄에 정한 사실이라고 한정하였다는 점은 인식사실과 발생결과 간에 특별히 구성요건적 관련성이 존재할 것을 요구한다고 보고, 기본적 구성요건과 수정적 구성요

1) 이재상 외, 173면.
2) 배종대, 196면; 임웅, 201면.

건 객체간의 착오로 이해하는 근거로 해석할 수 있을 것이다.

또한 불법성의 포착은 고의의 모든 영역을 포섭하여야 하기 때문에 고의가 있는 인식사실이 고의가 없는 발생결과보다 언제나 불법성이 작아야 한다. 만일 반대의 경우라면 중첩된 이외에도 여전히 존재하는 고의부분에 대한 미수 성립의 문제가 남게 되는데, 그 결과 인식사실에 대한 고의기수범과 발생결과에 대한 미수범을 인정하게 되면, 동일한 구성요건체계 내에서 단일의 행위로 인한 상상적 경합을 인정할 수는 없다는 죄수관계에 반하게 된다.

2) 감경적 구성요건의 착오

제15조의 사실의 착오를 인식사실이 기본적 구성요건요소이고 발생결과가 수정적 구성요건 중에서도 가중적 구성요건인 때로 본다면 당연히 기본적 구성요건에 해당하는 범죄만이 성립한다. 그러나 동 조항은 특별히 중한 죄에 정한 사실이라고만 하였을 뿐 가중적 구성요건 사실에 한정하고 있지는 않다. 즉, '중한' 정도를 상대적으로 이해한다면, 기본적 구성요건은 감경적 구성요건에 비해 중한 죄에 정한 사실이 되기 때문에 이러한 경우에도 제15조 제1항을 적용할 수 있는가의 문제가 제기된다.

예컨대, 승낙살인죄가 감경적 구성요건이고 보통살인죄가 기본적 구성요건인 체계 내에서 존재하지 않는 승낙을 존재한다고 착오함으로써, 인식사실은 승낙살인죄이되 발생결과는 보통살인죄에 해당하는 경우이다. 이 때에도 중한 죄로 벌하지 않는다고 한다면, 승낙살인죄가 성립하게 된다. 이러한 결과 역시 비교범죄의 불법성의 중첩부분에 대한 고의기수범이 성립하므로 제15조의 취지에 부합한다.

반면에 반전된 형태의 착오는 동 조항을 적용할 수 없다. 앞서 언급한 바와 같이 고의가 존재하는 인식사실이 발생결과보다 불법성의 면에서 적을 때에만 제15조를 적용할 수 있다. 따라서 반전된 형태의 착오는 전적으로 행위자의 내심의 상태에 기하여 판단하여야 한다. 예컨대 인식사실은 중한 보통살인죄이지만, 발생결과는 경한 승낙살인죄인 경우이다. 이 때에는 행위자에게 경한 승낙살인죄의 죄책을 부과할 어떠한 심정적 태도도 인정할 수 없으므로, 행위자의 인식에 따라 보통살인죄의 고의기수범이 성립한다고 보아야 한다.

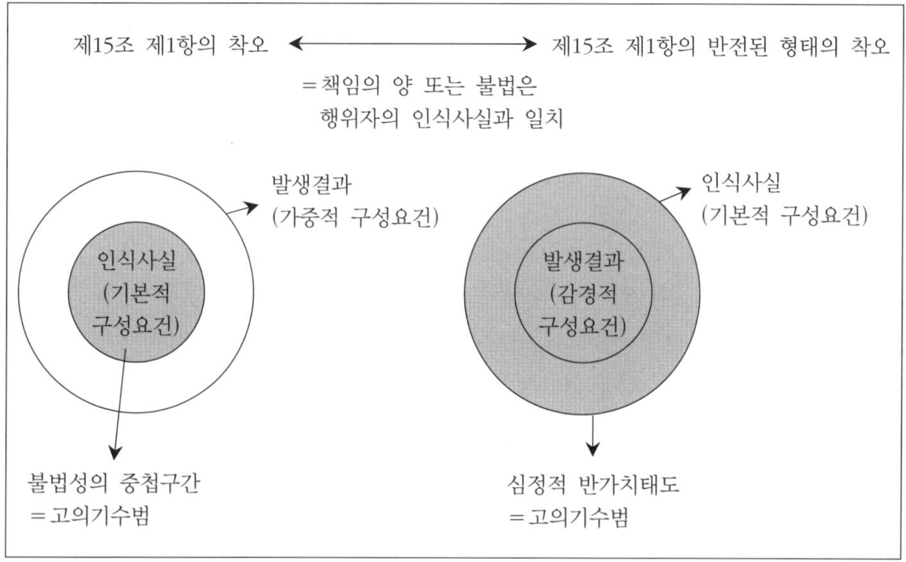

3) 중한 인식사실의 착오(불발생)

중한 사실을 인식하였으나 경한 결과가 발생한 경우이다. 이를 "가중사실에 대한 오인"이라고 보아 착오문제로 해결하려는 견해가 있다.[1] 예컨대 특수절도를 인식하였으나 단순절도의 결과가 된 경우가 이에 해당한다고 한다. 이에 대하여 기본범죄인 단순절도죄의 고의기수범을 인정하면 족하다는 견해[2]는 이를 마치 죄질부합설과 동일하게 보는 것으로 이해된다. 또한 무거운 죄는 결과가 발생하지 않았으므로 미수가 되고 가벼운 죄는 고의기수가 된다고 보는 견해는 제15조 제1항의 반전에 해당하는 것으로 보거나[3] '큰 고의는 작은 고의를 포함'하므로 결론이 그와 같다고 본다.[4] 그 외에 무거운 죄는 결과가 발생하지 않았으므로 미수가 되고 가벼운 죄는 고의 없이 발생하였으므로 과실범이 된다고 보는 견해[5]는 구체적 부합설의 일반이론을 그대로 적용한 결과이다.

그러나 이는 착오의 문제가 아닌 일반적인 미수의 문제로 보아야 한다. 또한

1) 김성돈 §15/146.
2) 이재상 외, 173면.
3) 김일수/서보학, 219면.
4) 김성돈 §15/147.
5) 손동권/김재윤, 192면.

'큰 고의는 작은 고의를 포함'한다면, 큰 고의의 미수만 인정하면 족하고 작은 고의의 기수를 인정할 필요가 없다. 만일 작은 고의의 기수범까지 인정하게 되면 불법성의 정당한 평가라고 할 수 없다. 예컨대 살인의 고의를 가진 자가 결과적으로 상해에 그쳤다면 살인미수죄만 인정하면 족하고 상해죄 기수범을 인정할 필요가 없는 것과 같다.

앞선 사례에서도 예컨대 흉기를 휴대하는 특수절도의 고의를 가지고 있었으나 도구에 대한 오인이 있어서 해당 도구가 흉기에 해당하지 않을 경우 특수절도죄의 미수만 인정하면 족하고, 여기에 단순절도죄의 고의기수범까지 인정하여 양자의 상상적 경합을 하게 된다면 결과적으로는 단일한 하나의 행위에 구성요건이 완전히 중첩되는 두 죄를 인정함으로써 불법성의 정당한 평가라고 할 수 없다. 또한 보호법익과 기본적인 행위태양을 같이하는 하나의 장 내에서 단일의 행위는 법조경합(특별관계 또는 보충관계)에 따라 하나의 범죄만 성립한다고 보아야 한다. 따라서 이러한 경우는 착오의 문제가 아닌 중한 고의의 미수문제로 해결함이 타당하다.

4. 인과관계의 착오와 개괄적 고의

(1) 인과관계의 착오

인과관계(또는 인과경과)의 착오(Irrtum über Kausalverlauf)란 행위자가 행위와 결과 사이의 인과경과를 인식하지 못한 경우, 즉 인식된 사실과 발생된 사실은 일치하지만 그 결과에 이르는 인과과정이 행위자가 인식했던 인과과정과 다른 경우를 말한다. 예컨대 갑이 을을 강물에 밀어 넣어 익사시키고자 하였으나 을이 강물에 떨어지는 중 교각에 머리를 부딪쳐 사망한 경우가 이에 해당한다.

고의의 인식대상으로서 객관적 불법구성요건에는 행위와 결과뿐만 아니라 행위와 결과간의 인과관계도 포함된다. 그러므로 구성요건적 착오는 당연히 인과경과를 그 인식·인용의 대상으로 포함하며 이에 관한 착오는 구성요건적 착오에 속한다.

인과관계에 관한 착오에서 가장 중요한 것은 그 착오가 어느 정도에 이르렀을 때 고의가 조각되느냐 하는 문제이다. 일반적으로 행위자가 사건경과의 모든 세부적인 것을 정확히 예견할 수는 없으므로 예상했던 경과에 대한 착오가 바로 고의를 조각한다고 볼 수는 없다. 유력설에 의하면 인과경과에 대한 착오가 본질적일 때(중요한 것일 때)에는 고의가 조각되지만 비본질적일 때에는 고의가 조각되지 않는다.

인과관계에 대한 착오가 본질적인가를 밝히려면 먼저 도대체 그 착오가 행위자에게 객관적으로 귀속되는지 여부를 심사하지 않으면 안 된다. 만일 행위자에게 결과의 객관적 귀속이 부정되면 이미 범죄의 객관적 구성요건이 탈락되기 때문에 구성요건적 착오의 문제도 거론할 필요가 없다. 이처럼 객관적 귀속의 문제로 보게 되면 본질적이란 비유형적 인과관계의 문제가 되고, 비유형적 인과관계는 객관적 귀속이 부정되므로 고의범이 성립할 수 없는 반면, 비본질적이란 비유형적 인과관계에 해당되지 않으므로 객관적 귀속이 인정되는 경우가 되어버린다. 행위자에게 객관적 귀속이 인정되는 경우에는 인과관계에 대한 착오가 원칙적으로 고의를 조각하지 않는다. 따라서 최근에는 인과관계의 착오를 단지 객관적 귀속의 문제로 해결하려는 경향이 늘고 있다.

(2) 개괄적 고의

개괄적 고의(dolus generalis)란 행위자가 이미 첫 번째 행위에 의하여 범행의 결과가 발생했다고 믿었으나 실제로는 두 번째 행위에 의하여 비로소 발생된 경우가 이에 해당한다.[1)]

제1행위	···············	제2행위		
고의 O	···············	고의 ×	⇔	구성요건착오 ×
결과 ×	···············	결과 O		고의의 전용 ×
미수범 성립	···············	과실범 성립		개괄적 고의(고의범 영역의 확장여부)

개괄적 고의를 어떻게 취급할 것인가에 관하여는 첫째, 첫 번째 행위에 관련된 고의가 두 번째 행위에도 해당되는 단일한 사건으로 보는데 이는 독일 판례의 입장이다. 다른 견해는 행위 전체에 미치는 하나의 개괄적 고의로써 하나의

1) 때로는 불확정적 고의의 일종으로서 일정한 범위의 객체에 대한 일정한 범행에의 인식·인용은 있으나, 구체적으로 어느 객체에 결과가 발생할지 모르는 경우(예컨대 군중을 향한 투석)를 개괄적 고의라고 부르기도 하나 이는 타당하지 않다.

통일적인 행위경과를 인정한다.

다음으로 객관적 귀속설은 인과과정의 착오나 개괄적 고의의 사례는 모두 고의나 착오의 문제가 아닌 객관적 귀속으로 해결하여야 한다고 보면서, 제2행위는 제1행위와 결과 사이에 존재하는 연쇄과정의 중간고리의 역할을 하므로 객관적으로 귀속시킬 수 있으면 고의기수범이 된다고 본다.[1] 소위 계획실현설에 의하면 제1행위의 의도적 고의가 제2행위에 의하여 실현되었다면 범행계획의 실현이라고 평가할 수 있으므로 고의기수범이 되지만, 사후에 새로이 성립된 계획에 의하여 결과가 발생되었다면 제1행위의 계획이 실현된 것으로 볼 수 없으므로 제1행위는 미수범이 성립할 뿐이라고 본다.[2] 실체적 경합설은 행위를 분절적으로 보아 제1행위의 고의와 제2행위의 (고의 없는) 과실은 분리되므로 제1행위의 미수범과 제2행위의 과실범의 실체적 경합이 된다고 한다.[3]

엄밀한 의미에서 행위를 분절적으로 보아 평가를 한다면 실체적 경합설이 외견상 가장 타당해 보인다. 즉, 첫 번째 행위의 고의를 인정하되 두 번째 행위에 있어서는 이미 고의가 없어진 것으로 보아 과실만을 인정하여 이 두 행위가 경합관계에 있는 것으로 본다. 사실관계에서 발생하는 행위는 분절적으로 법적 평가를 하여야 함이 원칙이다. 따라서 행위자의 고의는 제1행위에만 존재하므로 제2행위는 고의범이 성립할 수 없다. 그 결과 제1행위는 고의는 존재하나 결과가 발생하지 않았으므로 미수범이 성립하고 제2행위는 고의는 존재하지 않으나 결과가 발생하였으므로 과실범이 성립한다. 따라서 죄수론에 따라 제1행위의 미수범과 제2행위의 과실범의 실체적 경합이 되는 것이다. 고의와 행위 동시존재의 원칙에 따르면 법적으로 하자가 없다. 그러나 그와 같은 결과가 일반인의 법감정에 부합하는가 또는 행위에 대한 불법성의 정당한 평가가 이루어졌는가의 문제로 접근한다면, 궁극적으로 행위자가 원하는 범죄가 발생하였다는 점을 포착하여야 할 것이고, 구성요건 착오를 통해 고의의 전용을 인정하고자 함과 달리 취급할 이유가 없다.

---

1) 이정원, 153면; 이훈동, "소위 개괄적 고의의 형법적 취급", 이재상교수화갑기념논문집(1), 2003, 221면.

2) 김영환, "소위 개괄적 고의의 문제점", 고시계, 1998/9, 43면. 한편 김성돈, §15/182 이하는 두 개의 행위가 두 개로 평가될 수 있는지 또는 하나로 취급될 수 있는지에 따라서 경우를 나누어 판단하고자 하는데, 이 역시 이와 유사한 견해로 판단된다.

3) 이용식, "소위 개괄적 고의의 형법적 취급", 형사판례연구(2), 한국형사판례연구회, 1994, 34면.

네 번째의 견해는 고의적으로 행한 첫 번째의 행위를 중시하고 전체 행위들의 인과경과에 착오는 본질적이 아닌 것으로 인정하여, 관련된 모든 행위가 객관적 귀속의 테두리 안에서는 행위자에게 유리하게 평가되지 않음으로 인하여 행위자는 결국 기수의 고의범으로 처벌된다고 주장한다.[1] 타당한 해석이며, 판례 또한 같은 취지이다.[2]

(3) 개괄적 고의의 반전사례의 경우

결과발생이 앞당겨진 사례라거나 결과의 조기발생사례라고 일컬어지는 경우로서, 개괄적 고의사례의 반전된 형태로 결과가 제1행위에서 이미 발생한 형태이다. 제1행위에는 중한 결과의 고의가 없었고 제2행위로서 중한 결과를 발생시킬 고의를 가지고 있었으나, 이미 제1행위에 의하여 중한 결과가 발생해버린 경우가 이에 해당한다. 예컨대 갑이 을의 목을 졸라 일단 실신시킨(제1행위) 후에 강에 던져 익사시키고자(제2행위) 하였으나, 이미 목을 조르는 제1행위에 의하여 사망의 결과가 발생하였고, 강에 던진 것은 사람이 아니라 이미 사체인 경우이다.

제1행위	……………	제2행위		
고의 ×	……………	고의 ○	⇔	구성요건착오 ×
결과 ○	……………	결과 ×		고의의 전용 ×
결과적 가중범 성립	……………	미수범 성립		개괄적 고의의 반전(고의범 확장여부)

실체적 경합설은 앞선 개괄적 고의와 같이 제1행위는 중한 결과의 과실범이 되고 제2행위는 불능미수가 된다고 보아, 양자의 실체적 경합을 인정한다.[3] 계획실현설과 유사하게 두 개의 행위의 분리가능성에 따라서 구분하여 평가하여야 한다는 견해도 있다.[4]

---

1) 권오걸, 173면; 김성천/김형준, 119면; 박상기, 96면; 배종대, 200면; 손동권/김재윤, 160면; 신동운, 242면; 이재상 외, 190면; 정성근/정준섭, 103면; 정영일, 112면.
2) 대판 1988. 6. 28, 88도650.
3) 김성룡, "결과의 조기발생 사례의 실체법적 함의", 형사법연구 제24호, 2006, 76면; 오영근, 159면.
4) 김성돈, §15/189.

이 경우에도 만일 두 행위를 완전히 분절적으로 판단하면 제1행위는 상해의 고의를 가졌으나 중한 결과인 사망의 결과가 발생하였으므로 상해치사죄가 되고, 제2행위는 사망자에 대한 익사는 살인죄의 불능미수와 과실에 의한 사체유기의 상상적 경합이 되지만 과실 사체유기죄는 없으므로 제2행위는 살인죄 불능미수만 성립하여 상해치사죄와 살인죄 불능미수의 실체적 경합이 된다고 보아야 할 것이다. 그러나 이는 개괄적 고의와 본질적으로 다를 바 없다. 개괄적 고의가 단지 행위자의 의도와 달리 제2행위에 의하여 의도한 결과가 발생하였을 뿐이고, 반전된 사례 역시 행위자의 의도와 달리 제1행위에 의하여 의도한 결과가 발생한 것이다. 즉, 불법성에 대한 정당한 평가인가의 문제가 제기되고, 중한 결과를 의도한 자가 중한 결과를 발생시켰다는 점은 변함이 없다. 따라서 이 역시 인과경과가 본질적 또는 비본질적인가에 따라서 해결하는 것이 타당[1]하다는 점에서 개괄적 고의와 그 논거 및 결론을 같이 한다.

5. 백지형법에 있어서의 보충규범(충전규범)에 대한 착오

백지형법(Blankettstrafgesetz)은 그 성격상 필연적으로 그 내용을 충전(보충)하는 규범을 요하게 된다. 보충규범은 구성요건의 구성부분으로 보아야 하며 따라서 이 규범의 객관적 표지에 대한 착오는 구성요건적 착오로 보고, 보충규범의 존재 그 자체에 대한 착오는 금지착오로 보는 것이 타당하다.

6. 위법성조각(정당화)사유의 객관적 전제조건에 대한 착오

책임론 중 금지착오 부분에서 후술하기로 한다.

심 화 개괄적 과실

개괄적 고의에서의 착오문제란 고의가 존재하는 제1행위의 미수와 고의가 존재하지 않는 제2행위의 (과실에 의한) 결과발생에 있어서, 양자 간에 인과경과상의 본질적인 불일치가 발생하지 않는 한 고의기수범의 영역을 확장하는 방식이다. 이에 반해 개괄적 과실이란 제1행위의 시점에서는 제2행위의 결과에 대한 고의가 없었고, 제2행위의 과실에 의한 결과가 발생한 경우이다. 개괄적 고의가 예컨대 제1행

1) 임웅, 176면.

위에 살인의 고의가 있었지만 미수에 그쳤음에도 불구하고 사망한 것으로 오인하여 결과적으로 제2행위에 의하여 사망의 결과를 발생시킨 사례라면, 개괄적 과실이란 제1행위에는 살인의 고의가 없었지만 사망한 것으로 오인하여 결과적으로 제2행위에 의하여 사망의 결과를 발생시킨 경우가 이에 해당한다.

제1행위	……………	제2행위		
상해고의 ○	……………	살인고의 ×	⇔	구성요건착오 ×
사망결과 ×	……………	사망결과 ○		고의의 전용 ×
상해죄 성립	……………	과실치사죄 성립		개괄적 과실(상해치사죄 성립여부)

판례에 따르면 행위자가 제1의 가격행위를 할 당시에는 살인의 고의 없이 오로지 상해의 고의를 가지고 있었지만 피해자가 사망한 것으로 오인하여, 이러한 범죄사실을 은폐하기 위하여 추락사시킨 경우가 여기에 해당한다.[2] 이를 법리적으로만 본다면 제1행위는 상해의 고의가 있었고 상해의 결과가 발생하였으므로 상해죄(제257조)의 고의기수범이 성립한다. 다음으로 제2행위 당시 생존자를 사망한 것으로 오인하고 범죄사실을 은폐하고자 추락시켰다는 점에서는 증거인멸죄와 사체유기죄의 불능미수 및 과실치사죄의 문제가 발생한다. 우선 자기 범죄행위에 대하여는 증거인멸죄가 성립할 수 없고, 사체유기죄는 미수범 처벌규정이 없으므로 양자 모두 성립하지 아니 한다. 따라서 제2행위로는 과실치사죄만이 성립하게 된다. 그 결과 제1행위의 상해죄와 제2행위의 과실치사죄의 실체적 경합에 해당하여 죄수론상 가중주의 원칙에 따라 상해죄의 1/2 형량 가중으로 종결된다.

이 경우에도 역시 불법성의 적정한 평가문제가 제기될 수 있다. 상해로 인하여 결과적으로 피해자가 사망에 이르렀음에도 불구하고 가중처벌규정인 상해치사죄(제259조)를 적용할 수 없는 법적 결과가 불법성의 적정한 평가가 아니라고 한다면 판례와 같이 개괄적 과실이라는 새로운 영역을 인정하여 상해치사죄가 성립한다고 보아야 할 것이다.

그러나 개괄적 고의 역시 인과과정의 착오를 원용하여, 제1행위와 제2행위 사이의 고의와 행위 동시존재의 원칙의 예외를 인정하는 것은 어디까지나 예외일 뿐이다. 따라서 제1행위에 중한 결과에 대한 고의가 없는 위의 사례까지도 개괄적 과실이라고 하여 결과적 가중범으로 가중처벌하고자 함은 법감정을 내세워 범죄성립의 기본원리에 대한 예외를 지나치게 확장하는 결과, 죄형법정주의에 반할 우려

---

2) 대판 1994. 11. 4, 94도2361.

가 있다. 따라서 개괄적 고의를 인정하는 입장이라 할지라도 선불리 개괄적 과실까지도 인정해서는 안 될 것이다.

제2절 위 법 성

§1. 위법성의 일반이론

I. 의 의

위법성은 흔히 '법에 반하는 것'이라고 정의된다. 여기에서 법은 법질서 전체를 의미하는 것으로 이해된다. 위법성은 이처럼 법질서 전체의 관점에서 객관적으로 행하여지는 부정적 가치판단이므로 형법상의 규정이나 그 해석원리는 물론 법의 일반원리도 판단의 기준이 될 수 있다. 형법에 있어서 위법성의 유무는 구성요건 해당성을 전제로 행위시를 기준으로 하여 판단한다.

위법성(Rechtswidrigkeit)과 불법(Unrecht)은 동의어로 사용되는 경우도 있지만 양자의 개념은 다르다. 위법성은 행위의 법규범에 대한 모순으로서 도처에서 하나이고 언제나 법질서 전체에 대한 순수한 관계를 표시할 뿐이다. 그러므로 민법상의 위법성, 형법상의 위법성과 같은 개별적 위법성은 있을 수 없고 중대한 위법성, 경미한 위법성과 같은 실질적 차등도 허용되지 않는다. 한편 불법은 위법행위가 살인, 방화 등과 같이 내용적으로 나타날 때 쓰이는 말이다. 즉 불법은 형법상의 구성요건에 해당하는 행위가 위법할 때에 인정된다. 그리고 불법은 질과 양에 따라 차등이 있을 수 있고 그 경중이 비교될 수 있으며 민법상 불법, 형법상의 불법과 같은 개별화도 가능하다.[1)]

---

1) 위법과 적법 사이에 중간영역이 필요하다는 주장이 빈딩(Binding) 등 일부 독일학자들 사이에 거론되고 긴급피난이 바로 그 적절한 예라는 견해도 있었으나, 이처럼 중간영역을 설정하는 것은 형법상 전혀 실익이 없기 때문에 현재는 논의되지 않는다.

판 례

거래상대방이 배임행위를 교사하거나 그 배임행위의 전 과정에 관여하는 등으로 배임행위에 적극 가담함으로써 그 실행행위자와의 계약이 반사회적 법률행위에 해당하여 무효로 되는 경우 배임죄의 교사범 또는 공동정범이 될 수 있음은 별론으로 하고, 관여의 정도가 거기에까지 이르지 아니하여 법질서 전체적인 관점에서 살펴볼 때 사회적 상당성을 갖춘 경우에 있어서는 비록 정범의 행위가 배임행위에 해당한다는 점을 알고 거래에 임하였다는 사정이 있어 외견상 방조행위로 평가될 수 있는 행위가 있었다 할지라도 범죄를 구성할 정도의 위법성은 없다고 봄이 상당하다.[1]

Ⅱ. 형식적 위법성과 실질적 위법성

위법성의 본질을 어떠한 측면에서 볼 것인가와 관련하여 형식적 위법성(formelle Rechtswidrigkeit)과 실질적 위법성(materielle Rechtswidrigkeit)이라는 개념이 구분된다.

전자는 위법성의 본질이 어떤 행위가 법규범의 명령이나 금지에 반한다는 점에 중점을 두는 한편, 후자는 규범의 근저에 놓여 있는 실질적 기준에 따라 위법성의 의미를 찾을 때 인정되는 개념이다. 실질적 위법성의 내용이 무엇인가에 관하여서는 권리침해(Feuerbach), 법익침해(Liszt), 문화규범위반(M. E. Mayer), 공서양속위반(牧野英一) 등 견해가 다양하다.

이러한 양 개념이 서로 대립되고 모순되는 것이 아니라 다음과 같은 상호관계를 갖는다. 형식적으로도 위법한 행위는 위법성조각사유에 해당되지 않는 한 실질적으로도 위법한 행위가 된다. 실질적 위법성은 형식적 위법성의 의미가 피상적인 것이 되지 않도록 실질적인 기준을 제시해 준다. 한편 형식적으로는 위법하지 않지만 실질적으로는 위법한 행위란 형사입법의 기준은 될 수 있겠지만 형법상 처벌대상이 될 수 없다.

형식적 위법성론과 실질적 위법성론의 대립에 관하여서는 실질적 위법성의 내용에 관한 학설이 위법성과 불법을 혼동한 것이라는 관점[2] 또는 양자의 구분

1) 대판 2011. 10. 27, 2010도7624; 대판 2005. 10. 28, 2005도4915.
2) 배종대, 204면; 이재상 외, 212면

이 독자적 의미를 갖지 못한다는 관점[1)]에서 불필요한 논쟁으로 보는 비판도 있다. 그러나 위법개념의 실질은 형사입법의 정당성을 심사하는 기준이 되며, "국민일반의 건전한 도의적 감정에 반하지 아니하는 행위로서 초법규적인 기준에 의하여 이를 평가"[2)]한다는 의미에서 위법성 판단의 실질적 기준(사회상규에 반하지 않는 행위)이 될 수 있다.

Ⅲ. 주관적 위법성론과 객관적 위법성론

근대적 위법성이론이 전개되는 과정에서 법규범의 본질 내지 그 기능을 의사결정규범으로 보는 입장을 취할 것인가 평가규범으로 보는 입장을 취할 것인가, 그리고 위의 두 가지를 모두 인정한다 할지라도 어느 것에 중점을 두느냐에 따라서 위법성을 이해하는 시각이 서로 다르게 나타났는데, 이것이 바로 주관적 위법성론과 객관적 위법성론의 대립이다.

1. 주관적 위법성론

주관적 위법성론은 법의 본질이 의사결정규범이라는 견해를 그 바탕으로 하여 수범자의 주관적 능력을 위법성에 연결시켰다.[3)] 그리하여 수범자가 법규범의 명령을 이해하고 이에 따라 의사를 결정할 수 있는 능력을 가지고 있을 때에만 법규범의 명령은 효과를 거둘 수 있다고 보았으며, 어떠한 행위가 법적 견지에서 위법이라고 판단되려면 수범자는 책임능력자라야 한다고 주장하였다.

그러나 이 설은 책임무능력자는 불법을 저지를 수 없다는 결과로 치닫게 되어 위법(불법)과 책임을 구분할 수 없고, 책임무능력자의 행위를 법적으로 무의미한 자연 현상에 불과한 것으로 취급할 수밖에 없게 된다는 비판을 받았다.

2. 객관적 위법성론

객관적 위법성론은 법을 객관적인 평가규범으로 이해하는 입장에서 위법성

1) 이재상 외, 212면
2) 대판 1983. 11. 22, 83도2224.
3) 메르켈(A. Merkel), 비얼링(Bierling), 페르넥크(Hold von Ferneck), 도나(Gref zu Dohna) 등에 의하여 주장되었던 주관적 위법성론은 19세기 후반에서 20세기 초까지는 독일의 지배적인 학설이었다.

을 객관적인 평가규범에 위반하는 것으로 본다.[1)]

객관적 위법성론에 의하면 어떤 행위가 객관적 평가규범에 위배되면 그 행위는 위법한 것이 된다. 법적 평가의 대상으로 되는 행위의 주체가 행위능력자인가 아닌가, 그에게 책임능력이 있는가 없는가는 고려의 대상이 아니다.

이상과 같은 객관적 위법성론이 확립됨에 따라 위법성은 행위자의 인격(주관)으로부터 드러내어진 부정적 측면의 행위가 법이 유지하려는 객관적 생활질서를 침해하였는가에 대한 판단, 즉 행위에 대한 반가치판단인데 대하여, 책임은 일단 위법으로 판단된 행위에 관하여 행위자의 인격(주관)과 결부시켜 비난할 수 있는가에 대한 판단, 즉 행위자에 대한 반가치판단으로 각각 이해되어 위법성과 책임의 개념은 명확하게 구분되고 "위법성은 객관적으로, 책임은 주관적으로"라는 명제가 보편화되었다. 그러나 주관적 불법요소의 발견과 구성요건적 고의의 개념이 받아들여짐으로써 객관적 위법성론도 그 동요를 면할 수 없게 되었다.

Ⅳ. 주관적 불법요소와 주관적 정당화요소

1. 주관적 불법요소

주관적 불법요소(subjektive Unrechtselemente)란 행위자의 주관적, 심리적 요소이면서도 행위의 불법에 영향을 주는 요소를 말한다.[2)] 주관적 불법요소의 내용을 일반적·주관적 불법요소와 특수적·주관적 불법요소로 나누고, 전자에는 고의가, 후자에는 목적범의 목적, 특수한 행위경향, 특수한 심정요소 등이 속한다는 견해도 있다. 주관적 불법요소는 불법의 단계에 앞서서 이미 주관적 구성요건요소로서의 의미를 가지고 있으므로 일반적으로 구성요건론에서 다룬다.

---

1) 객관적 위법성의 개념은 독일의 민법학자 예링(v. Jhering)이 1867년에 민법분야에서 최초로 전개한 이론인데 리스트와 벨링이 이를 형법에 도입하였다. 1920년대와 30년대에 리스트(Liszt), 슈미트(Eb. Schmidt), 힙펠(V. Hippel), 메츠거(Mezger) 등 많은 학자들이 객관적 위법성론의 입장에 서게 됨으로써 이 이론은 주관적 위법성론을 누르고 통설적 지위를 차지하게 되었다.

2) 1911년 피셔(Fischer)가 이를 최초로 언급한 이래 마이어, 메츠거 등 많은 학자들이 이를 인정하였고 특히 메츠거는 이미 언급했듯이 주관적 불법요소를 지닌 범죄를 목적범, 경향범, 표현범으로 구분하였다.

2. 주관적 정당화요소

(1) 의 의

구성요건에 해당하는 행위가 정당화되기 위해서는 당해 위법성조각(정당화) 사유의 객관적 전제조건이 있는 것만으로는 부족하고, 더 나아가 행위자는 행위 의사 속에 행위를 정당화시키는 상황이 존재함을 인식해야 하는데, 이를 일반적으로 주관적 정당화요소(subjektive Rechtfertigungselemente)라 부른다. 주관적 정당화요소는 "정당화적 상황의 인식 속에서"(in Kenntnis der rechtfertigenden Sachlage) 행동하면 인정되고, 특별하게 어떤 성질이 부여된 의사방향을 필요로 하는 것은 아니다.

주관적 정당화요소가 위법성조각사유의 주관적 요건으로 필요한가 여부에 대하여는 우선, 객관적 정당화상황만 존재하면 주관적 정당화요소가 필요 없이 위법성이 조각된다는 불요설이 있다. 고전적 범죄론체계에 따르면 결과불법 일원론을 취하게 되므로 행위자의 내적 상태는 위법성판단에 영향을 미치지 않는다. 반면 인적불법론에 따를 때에는 행위반가치 역시 위법성판단의 주된 요소가 되므로 주관적 정당화요소가 필요하다고 본다.

이 뿐만 아니라 우리 형법은 '방위하기 위한' 이라거나 '피하기 위한' 등과 같이 행위자의 심적 상태를 위법성조각사유에 명문으로 요구하고 있기 때문에 필요하다고 봄이 통설[1)]과 판례[2)]의 태도이다. 그러나 법문이 '…하기 위한'이라는 형식일지라도 위법성을 조각시키는 객관적 정황에 대한 인식 이외에 그를 위한 목적이나 동기와 같은 심정적 사유까지도 요구한다고 볼 필요는 없다.[3)] 주관적 구성요건요소로서 고의가 목적이나 동기와 같은 심정적 사유를 요하지 않는 것과 같은 이유이다.

---

1) 김성돈, §20/61; 김혜정 외, 150면; 박상기, 99면; 배종대, 208면; 신동운, 289면; 오영근, 186면.
2) 대판 1997. 4. 17, 96도3376 전원합의체 판결; 대판 1993. 8. 24, 92도1329; 대판 1981. 8. 25, 80도800 등.
3) 박상기, 100면; 배종대, 209면.

판 례

피고인들이 위 계엄군의 시위진압행위를 이용하여 국헌문란의 목적을 달성하려고 한 행위는 그 행위의 동기나 목적이 정당하다고 볼 수 없고, 또한 피고인들에게 방위의사나 피난의사가 있다고 볼 수도 없어 정당행위, 정당방위 · 과잉방위, 긴급피난 · 과잉피난에 해당한다고 할 수는 없다고 할 것이다.[1]

(2) 주관적 정당화요소의 결여

위법성을 조각할 사유로서 객관적 정황은 존재하지만, 행위자의 행위당시 주관적 정당화요소가 결여된 경우, 즉, 객관적 정황을 인식하지 못한 채 오로지 범죄의 고의만으로 행한 경우이다. 예컨대 갑이 오로지 손괴의 고의로 옆집 유리창을 깨었는데, 마침 가스누출로 사망 직전의 을의 생명을 살린 경우 등을 들 수 있다.

기수범설의 입장에서는 위법성을 조각하기 위해서는 반드시 주관적 정당화요소가 필요하다고 본다. 따라서 비록 생명권이라는 보다 큰 법익을 보호하는 정황에 의하여 결과반가치가 상쇄되어도, 주관적 정당화요소가 결여된 경우 행위반가치는 여전히 존재하므로 위법성을 조각시킬 수 없고, 그 결과 고의기수범으로 처벌한다고 본다.[2] 위법성조각설은 주관적 정당화요소 불요설의 입장으로, 객관적 정당화사유만 있으면 위법성이 조각되므로 무죄가 된다고 본다.

그러나 행위반가치와 결과반가치를 모두 요구하는 이원적 · 인적 불법론의 입장에서는, 주관적 정당화요소의 결여로 행위반가치는 인정되지만 법익을 보호하였다는 객관적 정황으로 인하여 결과반가치가 탈락되어, 그와 같은 객관적 정황이 결과불법에 미치는 영향을 고려하면 규범적으로 결과발생이 불가능한 형태가 되므로 불능미수가 된다고 본다. 불능미수설이 타당하다.

---

1) 대판 1997. 4. 17, 96도3376 전원합의체 판결.
2) 배종대, 211면; 이재상 외, 230면.

V. 행위반가치(행위불법)와 결과반가치(결과불법)

행위반가치와 결과반가치는 구성요건적 사실의 실질을 판단하는 기준으로서 체계상 구성요건론에 포함시킬 수 있는 개념이지만 문제되는 행위가 위법하지 않을 때에는 이러한 개념을 논할 실익이 없다, 따라서 행위가 구성요건에 해당하고 또한 위법하여 형법상의 불법이 성립할 때, 행위반가치와 결과반가치는 그와 같은 불법의 실질적 판단기준으로서 의미를 가진다. 형법상 구성요건들은 행위반가치와 결과반가치적 요소를 가지고 있으므로 구성요건행위에 대하여는 불법이 잠정적으로 판단되지만, 위법성 단계에서는 구성요건행위가 실질적으로 불법한가를 판단하게 된다. 다만, 위법성 판단 역시 소극적 심사를 하므로 실질적으로는 위법성조각사유와 관련하여 의미를 가지게 된다.

행위반가치(행위불법)와 결과반가치(결과불법)를 불법의 실질적 판단기준으로서 고려하게 된 것은 근대적 불법이론의 전개과정에서 이룩된 중요한 이론적 성과의 하나이다.

벨첼(Welzel)은 행위자의 인격에서 내용적으로 분리된 결과의 야기만이 불법으로 되는 것이 아니라 어떤 특정한 행위자의 소위(所爲)로서의 행위가 불법으로 된다는 인적 불법론을 근거로 법익침해도 이러한 인적 불법행위, 즉 행위반가치 내에서만 의미를 갖는다고 주장하였는데 이를 계기로 하여 불법에 있어서 행위반가치와 결과반가치 중 어느 것이 본질적인가, 모두 필요하다면 그 관계는 어떤 것인가에 관련된 논쟁이 활발히 전개되기에 이르렀다.

1. 행위반가치와 결과반가치의 내용

(1) 행위반가치

행위반가치는 행위에 대한 부정적 가치판단이다. 고의, 과실, 고의 이외의 주관적 불법요소가 그 내용을 이룬다는 사실에 관하여서는 이견이 없으나, 진정신분범에 있어서의 신분과 같은 객관적 행위자적 요소라든가 범행의 태양 (예컨대 살해, 절취, 기망 등)이 행위반가치에 포함되는가 결과반가치에 포함되는가에 관하여서는 견해의 대립이 있다. 이들이 법익침해적 측면보다는 범행 자체의 성부 내지 그 불법에 영향을 미친다는 관점에서 행위반가치에 포함된다고 봄이 타당하다.

(2) 결과반가치

결과반가치는 법익보호의 관점에서 행하는 결과에 대한 부정적 가치판단이다. 결과반가치에는 법익침해와 법익에 대한 위험의 야기 등이 포함된다.

2. 불법의 두 요소로서의 행위반가치와 결과반가치

(1) 결과불법일원론(고전적 범죄론체계)

결과불법론은 모든 외적이고 객관적인 것은 불법으로, 모든 주관적이고 심리적은 것은 책임으로 구분하던 고전적 범죄론체계에 그 기반을 둔다. 이때 행위자적 요소들은 책임단계에서 판단하게 되므로 행위의 외적이고 객관적인 요소들만을 불법의 요소로 보게 된다.

그러나 이는 침해나 이에 대한 위험을 야기시킨 동인으로서의 행위 자체를, 그 불가분성에도 불구하고 도외시한다는 문제점을 갖는다.

(2) 인적불법일원론(목적적 범죄론체계)

인적 불법론 또는 행위반가치일원론은 형법의 과제 내지 기능을 사회윤리적 측면에서 강조하는 입장과 그 맥락을 같이 한다.

목적적 범죄론체계를 주장한 벨첼에 의하면 형법의 과제는 기본적인 사회윤리적 심정(행위)가치의 보호와 그 속에 포함된 개개의 법익보호이고 법익침해는 오직 행위반가치 내에서만 의미를 갖는다. 이에 더 나아가 순수하게 목적적으로 이해된 불법론의 근거 위에서 결과반가치는 불법을 위하여 하등의 의미가 없고, 다만 이것은 당벌성이 금지의 무시라는 외적 징후에 결부되기 때문에 입법자들에 의하여 형법에 취해졌을 뿐이라는 극단적인 이론을 전개하기도 하였다.

그러나 행위반가치만을 강조하는 견해는 다음과 같은 비판을 받는다. ① 불법은 행위의사와 규범명령간의 관계 속에서만 성립하는 것이 아니라 범행을 통하여 피해자와 사회가 입는 사회적 손상 속에서도 성립한다. ② 결과반가치를 행위반가치의 뒷전으로 퇴각시키는 것은 결과를 단지 가벌성의 객관적 조건으로서 이해한다는 결론으로 이끌게 된다. ③ 결과반가치를 불법에서 제외하는 것은 형사정책적으로도 사리배반적 결과를 초래하는바, 동 이론 하에서의 형사정책적 귀결은 결과범을 되도록 위험범구성요건으로 대치하고 미수를 되도록 기수와 같은 위치에 놓아야 한다는 결과로 될 것이기 때문이다. 또한 ④ 행위반가치만으로 불법이 성립하고 결과반가치는 전적으로 제외될 경우 양심적 심사를 전제로 할 때 오상방위가 정당방위와 동일시되는데 이는 타당하지 않다.

(3) 이원적 · 인적 불법론(합일태적 범죄론체계)

합일태적 범죄론체계에서의 불법론은 이원적 · 인적으로 행위반가치와 결과반가치 양자를 모두 고려한다. 불법은 그 결과로서의 객관적이고 외부적 측면뿐만 아니라 그러한 행위를 한 자의 주관적이고 내부적인 측면도 무시할 수 없다. 따라서 행위반가치와 결과반가치의 양자는 각각 독자적 가치를 지니면서 함께 범행의 불법형상을 드러낸다고 보아야 할 것이다. 행위객체가 없는 범죄는 있으나 법익침해(또는 위태화)가 없는 범죄는 어떠한 경우에도 있을 수 없다. 그러므로 모든 범죄행위는 엄밀한 의미에서 법익의 침해나 이를 최소한도 위태롭게 한다는 사실에서 완전히 단절될 수 없다. 만일 결과반가치를 완전히 떠나서 어떤 행위의 반가치를 논한다면 이것이 윤리나 종교상의 문제로 될 수 있을지는 모르나 형법상의 불법문제는 될 수 없다. 행위반가치와 결과반가치가 차지하는 비중은 구체적인 경우에 따라 각각 달라질 수 있다. 그리하여 극단적인 경우에는 관점에 따라 어느 한 쪽만이 존재한다는 주장도 가능할 것이다.

어떠한 법익침해적 결과나 그 위험이 발생했다고 할지라도 이를 초래한 행위 내지 그 행위자가 없을 때에는 형법상 불법의 문제는 발생될 여지가 없다. 법익침해적 결과나 그 위험이 어떠한 행위자의 행위에 의하여 초래되었음에도 불구하고 형법상의 불법이 배제되는 경우가 있지만, 이들은 예컨대 위법성조각사유 또는 그 결과가 행위자에게 객관적으로 귀속될 수 없다는 원리에 따른 것이며 오로지 행위반가치만이 불법을 결정하기 때문이라고 보아서는 안 된다.

Ⅵ. 가벌적 위법성론

가벌적 위법성론이란 비록 엄격한 의미에서 구성요건에 해당하더라도 당해 구성요건이 예정하는 정도의 실질적 위법성이 없는 행위에 대해서는 그 구성요건해당성 또는 위법성을 부정한다는 이론이다.[1)]

---

1) 이는 일본의 판례와 일부 학자들에 의하여 거론되는 이론이다.

이 이론은 우리 형법 제20조와 같은 포괄적인 위법성조각사유가 규정되지 않고 선고유예제도조차 없는 일본 형법에서 겸억주의를 바탕으로 하여 발전된 것으로 독일의 사회상당성론과도 유사한 점이 있다. 그 체계적 지위에 관하여는 구성요건해당성이 부정된다는 견해와 위법성이 조각된다는 견해로 나누어지고 있으며, 가벌적 위법성 유무의 판단에 있어서는 피해법익과 침해행위의 경미성이 그 기준이 되고 있다.

이 이론에는 위법성과 불법을 구분하지 않는 개념상의 혼동이 있고, 사회상규에 위배되지 않는 행위를 위법성조각사유로 규정하고 있는 우리 형법에는 도입할 필요가 없다.[1)]

§2. 위법성조각사유(정당화사유)

Ⅰ. 위법성조각사유의 일반이론

위법성조각사유(Rechtswidrigkeitsausschliessungsgründe) 또는 정당화사유(Recht-fertigungsgrnüde)란 구성요건에 해당하는 행위의 위법성을 배제하는 사유를 의미하며 허용규범(허용구성요건)이라고도 부른다. 소극적 구성요건표지론을 따르는 입장에서는 위법성조각사유를 불법구성요건의 소극적 표지로 이해하므로 이에 해당하면 구성요건해당성이 없다고 보게 된다.

우리 형법은 위법성조각사유로서 정당행위(제20조), 정당방위(제21조), 긴급피난(제22조), 자구행위(제23조) 및 피해자의 승낙(제24조)을 규정하고 있다.

위법성조각사유와 관련하여 전통적으로 논의되어온 중요한 문제의 하나는 위법성을 조각시키는 일반원리가 무엇인가 하는 것이었다. 이에 관하여는 일원론과 다원론의 대립이 있다.

1. 일원론과 다원론

(1) 일원론

일원론은 하나의 통일된 원리에 의하여 위법성조각사유를 설명하려는 주장

---

1) 같은 취지로 임웅, 209면.

인데 이에는 목적설, 이익형량(또는 교량)설 등이 있다.

목적설(Zwecktheorie)은 행위가 정당한 목적을 위한 적합한 수단일 때에는 위법하지 않다고 본다. 목적설은 리스트에 의하여 실질적 위법성을 조각하는 일반원리로 강조되었고 슈미트는 이를 초법규적 정당화적 긴급피난의 원리로 내세웠다.[1] 목적설에 대하여는 그 내용이 추상적이고 공허하다는 비판이 있다.

이익형량(또는 교량)설(Interessenabwägungstheorie)은 정당한 이익 사이에 충돌이 있어 어느 한 쪽의 희생이 불가피한 경우에는 경미한 이익을 희생시키고 우월한 이익을 보전하는 것이 사회 전체의 이익에 합치되며 위법하지 않다고 본다.[2] 이익형량설이 내세웠던 우월적 이익의 원칙은 오늘날 긴급피난의 성립과 관련하여 중요한 한 척도가 되고 있다. 이익형량설과 그 원리는 같으나 형량의 대상을 이익보다 폭이 좁은 법익에 국한하는 견해를 법익형량설(Güterabwägung-stheorie)이라고 부른다.[3] 이익 또는 법익의 관점에서 포용하기 어려운 사회적 가치까지도 폭넓게 형량에 포함시킬 것을 주장하는 페터 놀(Peter Noll)의 가치형량설(Wertabwägungstheorie)이 있으나 이익형량설과 그 본질에 있어서 차이점은 거의 없다. 이익형량설은 정당한 이익 사이의 충돌이 있는 경우에는 의미 있는 척도를 제시하지만 모든 정당화사유에 공통되는 기본원리가 되기는 어렵다고 보아야 할 것이다.

(2) 다원론

다원론은 일원론의 문제점을 극복하기 위하여 대두된 것인데 메츠거(Mezger)의 이원론이 그 대표적인 것의 하나라고 볼 수 있다. 메츠거는 위법성조각사유의 일반원리를 우월적 이익의 원칙(Prinzip des überwiegenden Interesses)과 이익흠결의 원칙(Prinzip des mangelnden Interesses)으로 양분하고 피해자의 승낙·추정적 승낙은 이익흠결의 원칙에 따라 위법성이 조각되고 공무원의 직무집행행위, 징계행위, 정당방위, 긴급피난, 의무의 충돌 등은 우월적 이익(또는 우월적 작

---

1) 목적설은 도나(Dohna), 리스트(Liszt), 슈미트(Eb. Schmidt) 등에 의하여 주장된 이론이다. 목적설에 관한 상세한 내용으로는 이형국, 「긴급피난이론으로서의 이익형량설과 목적설」, 황산덕박사 화갑기념논문집, 1979, 401면 이하 참조.

2) 이익형량설은 헤겔(Hegel)에서 비롯되고 헬쉬너(Hälschner) 등 헤겔학파, 루돌프 메르켈(Rudolf Merkel) 등에 의하여 주장된 이론이다.

3) 법익형량설은 독일 제국법원 판결(RGSt. 61, 242)에 의하여 채택된 일이 있으나 독일학자들은 법익형량보다는 이익형량을 내세웠다.

위의무)의 원칙에 따라 위법성이 조각된다고 보았다.

이 밖에도 다원적 방법에 의하여 일반원리를 정립하려는 시도가 있지만 개개의 위법성조각사유들은 여러가지 정당화적 요소의 다양한 결합에 기초를 두고 있으므로 일원적이든 다원적이든 어떤 일반원리에 의하여 모든 위법성조각사유를 이해하려는 시도는 적절한 것으로 볼 수 없다.

2. 위법성조각사유의 일반적 요건

(1) 객관적 요건

1) 객관적 정황(위법성조각사유의 전제사실)

위법성이 조각되기 위해서는 각각의 사유마다 일정한 정황이 요구되는데 이를 위법성조각사유의 전제사실 또는 전제조건이라고도 한다. 이러한 정황들은 행위자와는 무관하게 외부세계에 객관적으로 존재하여야만 하는 특정한 상황이다. 예컨대, 정당방위가 성립하기 위한 전제조건으로서는 자기 또는 제3자의 법익에 대한 현재의 부당한 침해상황이 존재하여야만 하고, 만일 이것이 존재하지 않는다면 위법성조각사유의 다른 요건들은 충족여부를 논의할 필요도 없다. 외계에 존재하는 정황이기 때문에, 행위자의 인식 이전에 충족되어져야 하는 사실이다. 그러므로 이를 위법성조각의 '전제조건' 또는 '전제사실'이라고 한다.

객관적 정황은 주관적 정당화요소의 인식대상이 된다. 행위자의 적극적인 의욕까지 요구할 필요는 없지만, 주관적 정당화요소를 요구하는 입장에서는 최소한 그와 같은 객관적 정황에 대한 인식이 있어야만 하고, 만일 행위자의 인식과 객관적 사실간의 불일치가 존재하면 착오의 문제가 발생한다. 이를 위법성조각사유의 전제조건(사실)에 관한 착오라고 한다.

2) 위법성을 조각시키는 행위

위법성을 조각시키기 위한 행위가 존재하여야 한다. 이는 객관적 구성요건행위를 의미할 뿐, 위법성을 조각시키기 위한 별도의 행위가 필요한 것은 아니다. 즉, 범죄의 구성요건에 해당하는 행위를 두 단계로 심사하는데, 구성요건해당성 단계에서는 객관적 구성요건으로서 존재여부를 사실적으로 판단하고, 위법성 단계에서는 그것이 위법성을 조각시키는 행위인가를 다시 판단하는 것이다. 이 때의 판단 역시 규범적 판단이 아닌 사실적 판단이며, 구성요건행위와 위법성조각

행위라는 행위의 이중적 지위를 인정하는 것이다.

3) 상당성

2)의 행위가 위법성을 조각시키기에 필요하고 적정한 행위인지에 대하여 규범적 판단을 하는 단계이다. 이를 필요성과 적정성이라는 두 가지로 나누어서 규범적인 고찰을 하는데, 필요성은 다시 보충성의 원칙(최후수단성), 이익형량의 원칙, 상대적 최소침해의 원칙이라는 세 가지 중에서 어느 정도를 요구하는가를 각각 개별적 위법성조각사유마다 달리 판단한다. 따라서 필요성의 정도는 각 위법성조각사유마다 달리한다. 반면 적정성이란 사회윤리적 제약으로서 인간의 존엄성을 존중하고 상대방에게 인간으로서의 인격을 해하지 않는 방법일 것을 요구하기 때문에, 모든 위법성조각사유가 이를 요구한다.

일반적으로 필요성 단계에서는 보충성의 원칙, 균형성의 원칙, 상대적 최소침해의 원칙의 충족여부를, 적정성 단계에서는 사회윤리적 제약이 요구되는지를 판단한다.

① 보충성의 원칙(Prinzip der Subsidiarität)이란 다른 방법이 가능할 때에는 그것을 우선하고 해당 위법성조각사유는 최후의 수단이어야 한다는 원칙이다. 유일한 수단의 원칙 또는 최후수단성이라고도 한다.

② 균형성의 원칙은 우월적 이익의 원칙(das Prinzip des überwiegenden Interesses) 또는 이익형량의 원칙(das Prinzip der Interessenabwägung)이라고도 한다. 이는 위법성조각사유에 해당하는 행위로 인하여 보호되는 행위자의 법익(객관적 정황으로 인하여 행위자가 침해될 우려가 있는 법익)과 행위자의 위법성조각사유에 해당하는 행위로 인하여 침해되는 타인의 법익과의 비교형량을 통하여 전자가 후자보다 우월하여야 한다고 판단하는 원칙이다.

③ 상대적 최소침해의 원칙(der Grundsatz des relativ mildesten Mittels)이란 침해를 막기 위하여 실효성 있는 여러 가지 가능한 방법이 있는 경우에 행위자가 상대방에게 가장 경미한 손해를 주는 방법을 택하여야 한다는 원칙이다.

④ 사회윤리적 제약이란 적정성의 원칙 또는 적합성의 원칙이라고도 하며, 타인의 법익을 침해하는 형태로 행위자의 법익을 보호하는 것이 위법성조각사유로 허용될 수 있는 영역은 사회윤리적으로 허용될 수 있는 범위 내여야 한다는 원리이다. 이 원칙은 해당 행위 자체가 사회윤리나 법정신에 비추어 적합한 수

단이 아니면 아무리 다른 요건을 갖추고 있어도 정당화되지 못함을 의미하는 것으로 본래 목적설(Zwecktheorie)의 원리인 "정당하게 승인된 목적에의 적합한 수단"(das angemessene Mittel zum rechtlich anerkannten Zweck)에서 유래한 것이다. 이 원칙은 독일형법에서는 명문화되어 있다.

이 원칙이 필요없다는 견해는 이익형량에서 이익의 개념을 극대화시켜 개인의 품위, 법적 평화, 윤리적 가치 등 법익침해의 배후에 놓여 있는 이념까지도 형량의 대상으로 삼을 것을 주장한다. 그렇지만 침해되는 법익의 배후에 있는 이념만을 고려하는 것은 공평하지 않고 보전법익의 배후에 있는 이념까지도 함께 형량해야 한다는 반론이 가능하며 이처럼 양 법익의 배후이념까지 형량해야 한다면 문제를 한없이 복잡하게 한다는 비판을 면하기 어렵다. 생각건대 이익형량의 원칙은 행위의 결과 면에 관련된다고 볼 수 있는 한편 수단의 적합성은 그 행위 면에 관련되는 것으로 볼 수 있다. 따라서 행위가 비록 더 큰 법익을 보전하는 것이라 할지라도 인간을 오로지 어떤 목적을 위한 수단으로서만 유린하는 행위인 때에는 사회윤리적 견지에서 적합한 수단이 아니므로 위법성이 조각될 수 없다고 보아야 할 것이다.

필요성의 세 가지 원칙과 사회윤리적 제약은 모두 상당성의 요건들이며, 각각의 위법성조각사유들에 있어서 그것이 어느 정도 요구되는지 또는 필요한지 여부를 달리한다. 예컨대 정당방위는 보충성의 원칙과 이익형량의 원칙은 필요하지 않지만 상대적 최소침해의 원칙과 적합성의 원칙은 필요하다. 반면 긴급피난은 보충성의 원칙, 이익형량의 원칙, 상대적 최소침해의 원칙 및 적합성의 원칙을 모두 요구한다. 이처럼 개별적인 위법성조각사유들은 각각 그 상당성의 요건을 달리하며, 긴급피난과 같이 충족하여야 할 요건이 많으면 많을수록 위법성을 조각시키는데 더 많은 제한이 가해지는 결과가 된다.

(2) 주관적 요건

주관적 요건이란 주관적 정당화요소를 의미한다. 이는 앞서 서술한 바와 같다.

3. 형법상 위법성조각사유

후술하겠지만 형법상 적법행위가 되는 사유는 구성요건배제사유와 위법성조각사유로 구분할 수 있고, 각각의 사유들은 다음과 같다. 또한 위법성조각사유의 적용순서는 특별법과 일반법 사이의 특별법우선적용원칙에 따라서 개별적인 사유들이 먼저 적용된다. 그리고 일반적 사유로서 '기타'란 법률상 명시되지 아니한 초법규적 위법성조각사유의 법규화를 의미한다.

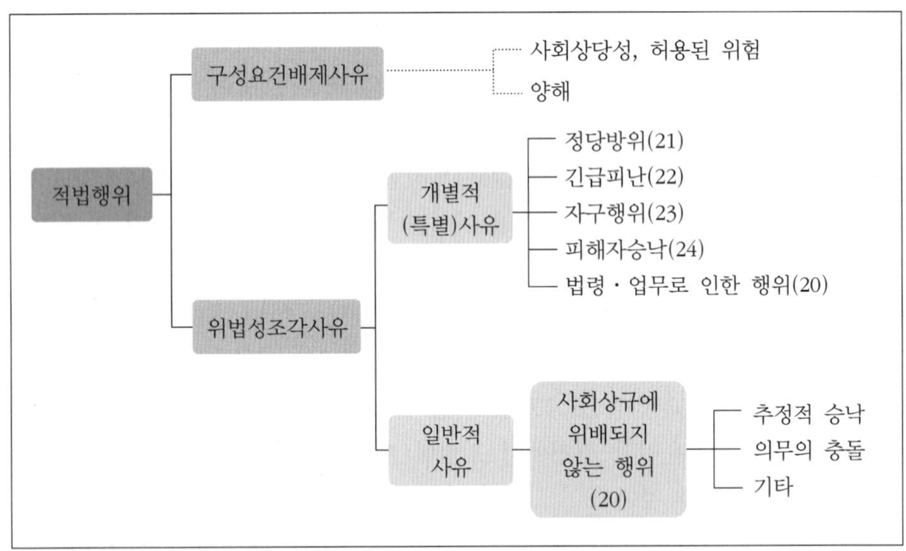

4. 위법성조각사유의 경합

(1) 의 의

위법성조각사유는 각각 독자적 성립요건을 필요로 하지만 하나의 구성요건해당행위에 관하여 둘 이상의 위법성조각사유가 존재할 수 있다. 이를 위법성조각사유의 경합이라고 한다. 예컨대 체포를 면하려고 폭력을 행하는 현행범인을 실력으로 제압하고 체포한 경우에는 정당행위와 정당방위가 경합될 수 있고, 임부의 생명을 구하기 위하여 의사가 부득이 태아를 낙태시킨 경우에는 모자보건법에 의하여 허용된 행위로서 법령에 의한 행위이므로 정당행위도 됨과 동시에 긴급피난에도 해당한다.

수 개의 위법성조각사유가 경합하는 경우 다수를 동시에 인정할 필요는 없다. 위법성조각의 결과 적법행위가 된다는 결과는 단일하므로, 이 경우 적용에 있어서 우선순위의 문제가 발생할 뿐이다. 즉, 행위가 어떠한 위법성조각사유에 해당하든 위법성이 조각된다는 점에는 전혀 차이가 없으므로 위법성조각사유의 경합의 문제는 위법성조각의 성부와는 관계가 없고 단지 위법성조각의 근거를 이론적으로나 법적용에 있어 어떻게 정리할 것인가에 관련될 뿐이다.

(2) 적용의 순서

위법성조각사유 사이에는 우열관계가 없기 때문에 경합의 경우 원칙적으로 그 어떤 사유를 근거로 삼아 위법성을 조각하여도 상관이 없다. 다만 법문 기타 정황에 비추어 이의 없이 위법성조각사유인 것이 자명한 사안과 형량 기타 요건에 이의가 제기될 가능성이 있는 사안이 경합되어 있는 경우에는 전자를 근거로 삼는 것이 바람직하다.

또한 형법에 구체적으로 유형화된 위법성조각사유와 제20조 후단의 기타 사회상규에 위배되지 아니하는 행위가 경합되는 경우에는 전자를 우선 적용하는 것이 바람직하다. 개별적 위법성조각사유와 제20조 후단은 특별법과 일반법의 관계에 놓여 있고, 제20조 후단은 보충적 성격의 위법성조각사유이기 때문이다. 예컨대, 체포를 면하려고 폭력을 행하는 현행범인을 실력으로 제압하고 체포한 경우에는 정당행위와 정당방위가 경합하지만 정당방위가 우선 인정된다. 또한 판례[1)]는 소극적 저항행위를 기타 사회상규에 위배되지 않는 행위로 보지만, 정당방위가 성립한다고 봄이 타당하다.

개별적 위법성조각사유들이 경합하는 경우에는 행위자에게 보다 유리하거나 또는 성립요건이 완화되는 위법성조각사유를 우선함이 타당할 것이다. 예컨대, 상당성의 정도는 각 개별적 위법성조각사유마다 달리하므로, 행위자에게 유리한 사유를 우선 적용하여야 한다. 예컨대, 정당방위와 자구행위가 동시에 가능한 정황 하에서는 보충성의 원칙과 이익형량의 원칙을 요구하지 않는 정당방위가 행위자에게 보다 유리한 사유가 된다.

민법상의 위법성조각사유와 형법상의 위법성조각사유가 경합하는 경우에는 민법과 형법이 각각 독자적으로 적용되는 경우로서 여기서 말하는 형법상의 위법성조각사유의 경합이 아니다.

1) 대판 1996. 5. 28, 96도979; 대판 1990. 1. 23, 89도1328; 대판 1986. 7. 22, 86도751 등.

Ⅱ. 정당방위

1. 의의 및 본질

현재의 부당한 침해로부터 자기 또는 타인의 법익을 방위하기 위한 상당한 행위를 정당방위라고 한다(제21조).

정당방위는 인간의 자연본능에 근거한 자연발생적인 것으로서 거의 모든 시대를 통하여 인정되어 오고 있다. 키케로(Cicero)는 "정당방위는 쓰여진 법이 아니고 생겨난 법이다."라고 하였고, 가이프(Geib)는 "정당방위는 역사를 가지지 아니하는 것이다."라고 표현했다.

정당방위의 근본사상은 정(正)은 부정(不正)에 양보할 필요가 없다는 자연법적 기초 위에서 설명되어 왔는데 최근에는 이러한 원리가 사회윤리적 관점에서 점차 제한되고 있다.

정당방위에는 두 가지 측면이 있다. 첫째로 정당방위를 통하여 부당한 침해로부터 스스로 법익을 보호한다. 이러한 측면을 자기수호의 원리 또는 개인보호의 원리(Individualschutzprinzip)라고도 부른다. 범죄예방책무가 있는 국가가 부당한 침해정황에서 이를 예방할 수 없는 급박한 상황에서는 범죄억제에 수반되는 힘의 행사를 국가가 개인에게 이양한다는 의미도 내포한다. 둘째로 정당방위는 부당한 침해로부터 법익을 보호하는 정당한 실력행사이므로 법질서를 파괴하려는 행위로부터 법질서를 수호한다는 측면을 갖는다. 이를 법질서확증의 원리(Rechtsbewahrungsprinzip) 또는 법질서수호의 원리라고도 부른다.

정당방위는 본질적으로 침해당하는 법익의 보호에 기여한다는 점에 그 중점이 있으므로 법질서수호의 측면이 있다고 하여 정당방위를 바로 불법방지권으로 보아서는 안 된다.

참고 연혁

로마법에서는 신체에 대한 폭력적 침해를 반격하는 행위를 인정했지만 아직 정당방위에 관한 보편적인 개념을 사용하지 않았고, 독일고대법에 있어서는 정당방위의 문제는 복수나 살해권의 범주를 벗어나지 못했다. 중세 후반기에 이르러 이탈리아법학과 독일의 법률관계문헌, 도시법 등에서는 정당방위의 개념이 나타나고 있으며, 슈바르첸베르크(Schwarzenberg)는 카롤리나(Carolina)형법전 제139조 내지 제145조 및 제150조에서 정당방위의 개념과 입증방법을 확정하면서 개별적인 문제들을 다루었다. 독일보통법은 정당방위를 생명·신체 이외에도 재산·명예 등과 같은 타 법익에 대한 침해에까지 확대하고 개개의 개념적 특징을 확정하려고 힘썼다. 18세기말에 이르러 정당방위는 총론적 입장에서 다루어지기 시작했으며, 이어서 포이에르바흐의 형법론에 이르러 그 기반이 확고하게 다져졌다. 19세기에서 20세기초에 걸쳐 정당방위는 위법성조각사유의 하나로서 확고한 위치를 차지하여 오늘에 이르고 있다.

2. 성립요건

정당방위가 성립하려면 자기 또는 타인의 법익에 대한 현재의 부당한 침해(객관적 전제조건)가 있어야 하고 방위자의 행위는 이러한 침해를 방위하기 위한(방위의사) 행위(방위행위)라야 하며 그 행위에 상당한 이유(상당성)가 있어야 한다.

(1) 객관적 전제조건(자기 또는 타인의 법익에 대한 현재의 부당한 침해)

1) 자기 또는 타인의 법익방위행위에 의하여 보호되는 법익은 모든 법익이고 그 법익의 주체는 자기이든 타인이든 불문한다. 여기에서 타인이라 함은 자기 이외의 자연인·법인·법인격 없는 단체·국가 등을 모두 포함하는 말이다. 다만 문제가 되는 것은 국가의 법익이 어느 정도까지 사인(私人)의 정당방위에 의하여 보호될 수 있는가 하는 점이다. 국고로서의 국가작용에 속하는 소유물, 재산 등과 같은 법익에 대하여서는 별다른 반론이 없지만, 통치권자로서의 국가의 법익에 대하여는 학설상의 다툼이 있다.[1] 여기에 있어서 적극적인 국가적 생활이익과 관련하여 명백한 위해가 존재함에도 불구하고, 국가가 자신의 기관을 통하여 스스로 보호조치를 취할 수 없는 경우에는 예외적으로 정당방위가 성립될 수 있다고 보아야 할 것이다.[2] 다만, 이 경우에도 현행범체포에 관한 요건이 충족된 경우에는 사인의 현행범체포(형사소송법 제212조)로 볼 수도 있으므로, 국가

1) 국가적 법익을 위한 정당방위 부정설에는 권오걸, 193면; 김성돈, §21/9; 김혜정 외, 175면; 박상기, 113면; 배종대, 243면; 손동권/김재윤, 187면; 오영근, 195면; 이정원, 151면; 정성근/정준섭, 115면; 최호진, 259면.
2) 김성천/김형준, 207면; 신동운, 297면; 이재상 외, 236면; 임웅, 265면; 정영일, 141면.

를 위한 정당방위를 적극적으로 인정할 필요는 없을 것이다.[1)]

2) 현재의 부당한 침해

① 침해의 의미

침해는 일반적으로 법익에 위해를 야기시키는 개개의 인간의 행태를 의미한다. 따라서 사람 아닌 동물이나 기타의 사물에 의한 침해는 여기에 해당되지 않는다. 왜냐하면 이들의 침해에는 위법하다는 평가를 내릴 수 없기 때문이다. 다만 주인에 의하여 사주된 동물의 침해는 예외적으로 정당방위가 가능하다고 봄이 통설이다. 이 경우에도 정당방위의 법적 의미는 침해하는 동물 자체에 대한 방위가 아니라 그 배후에서 동물이라는 수단을 통하여 현재의 부당한 침해를 가하는 인간에 대한 정당방위라는 점에 있다.

침해는 작위뿐만 아니라 부작위에 의하여서도 가능하다.[2)] 부작위에 의한 침해란 언제나 가능한 것은 아니고 일정한 행위를 하여야 하는 의무 있는 자가 이를 행하지 않는 경우에 발생할 수 있다. 불법감금의 경우, 형기가 만료되었음에도 불구하고 복역수를 석방하지 않는 경우 등이 그 예이다. 그러나 채무불이행과 같은 단순한 의무불이행은 부작위에 의한 침해가 아니다. 보호법익에 대한 침해는 적극적이건 소극적이건 불문한다.

② 현재의 침해

(가) 침해의 현재성 　현재의 침해란 법익에 대한 침해가 당장 급박하게 이루어질 상태에 있거나 이미 그 침해가 개시되어 눈앞에서 이루어지고 있거나 아직도 계속되고 있는 것을 의미한다. 따라서 침해의 현재성은 그 시작점과 종료점이 구체적으로 언제인지가 문제될 수 있다. 현재성의 시작점에 관하여는 실행의 착수를 기준으로 하여 예비단계에서 실행의 착수로 이행하는 순간이라거나 방위행위가 늦춰지면 법익에 대한 방어가 불가능하거나 어렵게 되는 시점이라거나 예비의 종료시점[3)] 등의 견해가 있다. 생각건대 우선 침해라는 것 자체는 방위행위를 기준으로 할 것이 아니라 상대방의 법익침해행위를 기준으로 하여야 하고, 이때 부당한 침해일 것을 요구하므로 이를 범죄행위라고 상정한다면

1) 같은 취지로 배종대, 243면. 한편, 박상기, 113면은 이 경우 정당방위를 부정하는 대신 긴급피난이나 정당행위가 성립할 수 있다고 본다.
2) 신동운, 299면, 이재상 외, 237면.
3) 김성돈, §21/12.

침해란 실행의 착수 및 그로 인한 법익의 위태화와 무관하게 판단하기 어렵다. 다만 행위의 연속성을 고려한다면 해당 행위의 실행의 착수에 해당하는 시점이 원칙이지만, 만일 방어를 늦춘다면 법익에 대한 위해를 피하기 어려운 경우에는 실행의 착수에 해당하는 행위와 연속선상에 있는 바로 이전 시점의 행위도 현재의 침해로 보아야 할 것이다.

침해가 끝나는 시점까지는 침해의 현재성이 인정된다. 침해가 범죄행위인 경우에는 종료에 해당하는 시점까지라고 하여야 할 것이므로, 침해가 계속범인 때에는 당연히 종료시점까지 방위행위가 가능하다. 또한 범죄가 기수에 이르렀더라도 범익침해가 아직 현장에서 계속되고 있다면 비록 계속범이 아니더라도 침해의 현재성을 인정하여야 한다. 따라서 절도의 현행범인을 현장에서 뒤쫓아 물건을 탈환하는 행위는 정당방위가 된다.[1] 그러나 일단 침해가 종료된 이후라면 현재성이 없으므로 정당방위가 불가능하다. 예컨대, 절도범을 몇 시간 후 우연히 발견하고 물건을 탈환하기 위하여 가격하는 행위는 법익보호를 위한 것이 아니므로 정당방위가 될 수 없다. 판례 역시 침해행위가 형식적으로 기수에 이르렀는가 여부에 따라서 현재성을 결정하지 않고, 법익에 대한 침해상황이 종료되기 전까지를 의미한다고 보기 때문에, 일련의 연속되는 행위로 인해 침해상황이 중단되지 아니하거나 일시 중단되더라도 추가 침해가 곧바로 발생할 객관적인 사유가 있는 경우에는 그중 일부 행위가 범죄의 기수에 이르렀더라도 전체적으로 침해상황이 종료되지 않은 것으로 본다.[2]

장래의 침해의 발생을 예견하고 이를 방지하기 위하여 취하는 방위조치, 예컨대 전기철조망이나 자발총의 장치 등의 경우에 있어서는 그 효과가 부당한 침해의 개시 또는 진행 중에 나타나는 한 침해의 현재성이 인정될 수 있다.

(나) 예방적 정당방위 예방적 정당방위란 과거로부터 계속적·반복적으로 행해진 침해로서 장래 발생할 것이 예견되어지기 때문에, 비록 현재 상태에서는 침해가 없다고 하더라도 장래 예견되는 침해를 지금 예방하지 않으면 그 침해를 피할 수 있는 다른 방법이 없거나 피하는 것이 불가능한 경우를 의미한다. 이에 관하여는 침해의 현재성을 부정하여 정당방위가 성립할 수 없다고 보는 견해가

---

1) 배종대, 244면; 신동운, 299면; 오영근, 194면; 임웅, 251면; 정영일, 191면 등.
2) 대판 2023. 4. 27, 2020도6874.

다수설이다.[1] 반면 이를 미룰 경우 훨씬 증대될 장래의 침해가 예상될 경우 정당방위를 인정할 수 있다고 보는 견해가 있다.[2] 판례는 지속적·반복적인 침해가 현존하지 않는 상태에 대하여도 '현재의 부당한 침해상태가 있었다고 볼 여지가 없는 것은 아니'라고 하여 예방적 정당방위의 현재성을 인정한다.[3] 한편, 폭력행위 등 처벌에 관한 법률 제8조 제1항은 '이 법에 규정된 죄를 범한 사람이 흉기 기타 위험한 물건 등으로 사람에게 위해를 가하거나 가하려 할 때 이를 예방하거나 방위하기 위하여 한 행위는 벌하지 아니한다'고 규정하고 있다. 이를 예방적 정당방위로 이해하는 견해도 있지만,[4] 비록 법문이 예방이라는 문언을 사용하였다고 하더라도 이는 전형적으로 침해의 현재성이 인정되는 사유로 보아야 한다. 위험이 목전에 임박한 형태로써, 형법 제21조보다 현재성을 보다 구체적으로 명시한 것이다.

생각건대, 예방적이라는 의미는 정당방위의 본질에 비추어 국가형벌권의 발동을 통한 침해방지가 현실적으로 가능한가의 문제로 접근하여야 할 것이다. 정당방위는 자기수호를 위하여 법질서에 의존하지 않고 직접 행하는 방위를 허용하는 것이므로 국가형벌권의 발동을 기대할 수 있는 장래의 침해까지 모두 정당방위를 허용할 수 없다. 그러나 과거로부터 지속적·반복적으로 행하여진 침해가 바로 목전은 아니더라도 예상되지만 국가형벌권에 의존할 정도의 시간적 여유가 없는 경우이거나, 국가형벌권의 발동을 현실적으로 기대할 수 없는 경우에는 예방적 정당방위가 허용된다고 보아야 할 것이다. 물론 장래 발생할 위해에 대하여 허용되는 긴급피난을 이용할 수 있겠지만, 긴급피난은 엄격한 이익형량의 원칙, 보충성의 원칙 등 상당성의 요건이 까다로우므로 정당방위보다 성립범위가 상대적으로 매우 협소하여 행위자에게 불리해진다. 따라서 전적으로 긴급피난에 의존할 바는 아니고, 국가형벌권의 발동에 대한 현실적 기대가능성을 기준으로 판단함이 타당할 것이다.

---

1) 김성돈, §21/19; 김혜정 외, 176면; 김일수/서보학, 199면; 손동권/김재윤 181면; 신동운, 298면; 오영근, 194면; 이재상 외, 224면. 한편, 신동운, 298면은 부정설을 취하면서 이러한 경우를 '지속적 위험(Dauergefahr)'이라고 표현한다.

2) 박상기, 114면.

3) 대판 1992. 12. 22, 92도2540. 소위 '김보은 사건'으로 판례는 침해의 현재성은 인정하였으나, 방위행위의 상당성이 과잉방위의 정도를 넘어서서 인정될 수 없다고 보았다.

4) 김혜정 외, 176면; 박상기, 114면.

③ 부당한 침해

(가) 의 의 객관적으로 법질서를 해치는 모든 행위는 부당한 침해행위이다. 따라서 '부당'이라는 말은 '객관적 위법'과 동일한 표현이라고 볼 수 있으며, 이는 형법상의 불법, 법질서 전체에 반하는 모든 침해를 포괄하는 일반적인 위법개념인 것이다. 판례는 '위법하지 않은 정당한 침해'에 대한 정당방위는 인정될 수 없다고 봄으로써, '정당'과 '위법하지 않은' 것을 동일시하므로 반대로 부당하다는 것은 위법하다는 의미로 이해한다고 볼 수 있다.

(나) 유발된 침해 위법한 도발 행위에 의하여 의도적으로 침해를 유발시키고 정당방위를 빙자하여 반격하는 행위는 정당방위권의 남용이므로 허용될 수 없다. 그렇지만 피침해자에게 책임있는 사유로 유발된 침해라 할지라도 이 때문에 침해의 부당성이 전적으로 부정되지는 않는다. 정당방위권의 남용이 아닌 경우, 예컨대 비의도적 도발의 경우에는 제한된 범위 내에서 정당방위는 가능하다.

(다) 싸움의 경우 싸움의 경우에는 원칙적으로 정당방위가 인정되지 않는다.[1] 서로 상대방의 공격과 방어를 유발하는 싸움은 어느 한 편은 정당하고 다른 편은 부당하다는 판단을 내릴 수 없기 때문이다. 그러나 당연히 예상할 수 있는 정도를 초과한 살인흉기의 사용 등과 같은 과격한 침해행위에 대한 반격은 정당방위로 될 수 있다.[2] 또한 싸움이 중지된 후 다시 새로이 도발한 별개의 가해행위를 방어하기 위한 행위도 정당방위로 될 수 있다.[3]

(라) 정당방위는 '부정 대 정'의 관계를 전제로 하므로 피침해자가 마땅히 수인해야 할 정당한 이유가 있는 침해, 예컨대 합법적인 공무집행행위 기타 위법성이 조각되는 행위 등에 대하여서는 정당방위를 할 수 없다.

(2) 방위행위

1) 방위행위의 태양과 상대방

방위행위는 일반적으로 보호방어(Schutzwehr)와 반격방어(Gegenangriff 또는 Trutzwehr)로 구분할 수 있다. 보호방어는 공격에 대한 순수한 수세적 방어로서

---

1) 대판 2002. 3. 28, 2000도228; 대판 1993. 8. 24, 92도1329; 대판 1986. 12. 23, 86도1491; 대판 1984. 5. 22, 83도3020 등.

2) 대판 2004. 6. 25, 2003도4934; 대판 1999. 10. 2, 99도3377.

3) 대판 1957. 3. 8, 4290형상18.

공격을 막는 정도의 방어를 말하고, 반격방어는 수세에 국한됨이 없이 폭넓게 반격행위를 포함하는 방어를 말한다. "침해 그 자체를 배제하려는 행위"라는 점에서 양자는 그 본질을 같이 한다. 방위행위는 침해자에게 행하여질 때에만 정당화될 수 있고, 무관한 제3자에게 피해를 입혔을 경우 이 부분에 관한 한 정당방위는 성립될 수 없다.[1)]

2) 방위하기 위한 행위(방위의사)

방위자는 주관적으로 방위의 의사를 가지고 행동할 것을 요한다(주관적 정당화 요소). 이 방위의사는 부당한 침해에 대한 인식을 기초로 하며 사회통념상 객관적으로 추정할 수 있는 정도면 족하고, 반드시 적극적 방위의사를 가지고 행동할 것을 필요로 하지는 않는다. 그러므로 방위의사가 반드시 방위행동의 동기가 될 필요는 없다. 방위의사가 주된 입장에 있는 한 증오, 분노, 복수 등 기타의 동기가 함께 작용하는 경우에도 정당방위는 성립할 수 있다. 타인을 위한 방위, 즉 긴급구조(Nothilfe)의 경우에는 피침해자인 타인의 의사를 고려할 필요가 있다. 이 경우에도 방위자의 방위의사가 필요함은 물론이다. 방위자에게 방위의사가 결여되는 경우에는 고의범이 성립될 것이며, 객관적 정황에 따른 결과불법의 측면을 고려하여 (불능)미수로 봄이 타당하다.

3) 상당한 이유

① 의 의

방위행위는 필요성과 적정성이 충족되어야 한다. 즉, 상당한 이유가 있는 행위라 함은 침해에 대한 방위행위가 행위 당시의 사정으로 보아 방위에 필요하고 또한 사회윤리에 비추어 용인될 수 있는 행위를 말한다.

② 방위에 필요한 행위(필요성)

방위자는 방위에 필요한 행위, 즉 침해를 즉시 효과적으로 제거할 수 있는 행위를 할 수 있다. 이러한 행위의 기준은 침해자와 방위자 사이의 모든 정황을 고려하여 판단하여야 한다.

(가) 방위자에게 다른 방법(예컨대 도주 또는 긴급피난 등)이 가능하더라도 방위자는 법익의 보전을 위하여 방위행위를 할 수 있다. 정당방위에는 긴급피난의

---

1) 이 경우에는 긴급피난이 거론될 수 있다. 이를 공격적 긴급피난이라고 한다.

요건인 보충성의 원칙(유일한 수단의 원칙)이 적용되지 않는다.

(나) 방위자는 불확실한 방위수단으로 법익손상을 감수해야 할 필요가 없다. 방위자는 실효성 있는 방위를 할 수 있고 따라서 보전되는 법익과 침해되는 법익 사이의 균형 또는 보전법익의 우월이 요구되지 않는다.[1)] 긴급피난이 반드시 이익형량을 요구하는 것(이익형량의 원칙)과 다른 점이다. 그렇지만 경미한 침해에 대하여 중대한 법익을 손상하는 심한 불균형(참을 수 없는 불균형)의 방위행위는 정당방위로 될 수 없다.

(다) 침해의 방위를 위하여 실효성이 있는 여러 가지 가능한 방법이 있는 경우에는 방위자는 상대방에게 가장 경미한 손해를 주는 대응방법을 택할 것이 요청된다(상대적 최소침해의 원칙).

판 례

이혼소송 중인 남편이 찾아와 가위로 폭행하고 변태적 성행위를 강요하는 데에 격분하여 처가 칼로 남편의 복부를 찔러 사망에 이르게 한 경우, 그 행위는 남편의 폭력으로부터 자신을 보호하기 위한 방위행위로서의 한도를 넘어선 것이고, 사회통념상 용인될 수 없는 것이므로 정당방위나 과잉방위에 해당하지 않는다.[2)]

비록 피고인이 비록 위법한 체포상태에 있었다고 하더라도, 음주측정을 요구하였을 뿐인 경찰에게 배를 때려서 상해를 가한 행위는 사회적으로 상당한 방위행위에 해당한다고 볼 수 없다.[3)]

③ 사회윤리적으로 비난받지 않는 방위행위(적합성)

정당방위의 현대적 발전은 그것의 사회윤리적 제약의 역사라고 볼 수 있다. 방위행위에 대한 사회윤리적 제약은 정당방위권을 구성하고 제약하는 근본원리와의 관련 하에서 살펴볼 수 있는 것으로서, 일정한 경우에는 방위행위 자체는 인정되나 그 강도에 있어서 상당한 제약이 요청되기도 하고 경우에 따라서는 정당방위권의 상실이 거론되기도 한다. 이러한 대표적인 예로서는 책임무능력자

1) 판례는 강제추행범의 혀를 깨물어 절단시킨 경우(대판 1989. 8. 8, 89도358)라든가 경찰관의 불법체포에 반항하여 2주간의 상해를 입힌 경우(대판 2002. 5. 10, 2001도300)에도 정당방위를 인정하고 있다.
2) 대판 2001. 5. 15, 2001도1089.
3) 대판 2012. 12. 13, 2012도11162.

및 한정책임능력자의 침해에 대한 방위 등을 들 수 있는데, 이들의 침해에 대하여서는 가능한 한 방위행위를 하지 않거나 부득이한 경우에도 보호방어에 그치고 적극적인 반격은 하지 않을 것이 요청된다.

의도적으로 행위자가 상대방의 침해를 유발한 때에는 이에 대한 정당방위는 사회윤리적 측면에서 허용될 수 없다. 따라서 상대방을 먼저 가격하고 이에 대한 반격이 있자 이를 방어하기 위하여 상해 또는 살해행위를 한 경우 정당방위에 해당하지 않는다.[1] 다만 상대방의 침해를 과실로 유발한 경우까지 정당방위가 허용되지 않는 것은 아니다. 그러나 이때에도 사회윤리적 제약으로 인해, 적극적인 공격방어가 아닌 소극적인 보호방위에 그쳐야 할 것이다.

자신이 보호해야 할 자나 친권관계 등 보증관계에 있는 자의 침해에 대한 방위 역시 사회윤리적 제약으로 인해 소극적 보호방위로 국한된다. 극히 경미한 침해에 대한 소극적 방위도 사회윤리적 제약의 한 제한으로 보는 견해가 있으나[2], 필요성의 원칙 중 상대적 최소침해의 원칙으로도 충분히 설명할 수 있다. 정당방위가 이익형량의 원칙을 요구하지 않는다고 하더라도 침해당하는 법익은 극히 경미함에도 과도한 방위행위를 하는 것은 필요성의 정도를 넘어서기 때문이다.

3. 효　과

성립 요건을 갖춘 방위행위는 정당방위로서 비록 범죄의 구성요건에 해당되어도 위법성이 조각되어 적법행위가 되며, 따라서 처벌되지 않는다. 그리고 어떤 행위가 정당방위로서 성립되면 이 행위에 대한 정당방위가 허용되지 않음은 물론이다.

4. 과잉방위와 오상방위

(1) 과잉방위

방위행위가 지나쳐 그 상당성의 정도를 벗어난 경우, 이를 과잉방위(Notwehrexzeß) 또는 초과방위(Notwehrüberschreitung)라고 말한다. 과잉방위는 위법

1) 대판 1983. 9. 13, 83도1467.
2) 김혜정 외, 160면; 박상기, 118면.

한 행위로서 범죄가 되지만 정황에 의하여 그 형이 감경 또는 면제될 수 있다(제21조 제2항). 과잉방위의 경우에 있어서도 야간이나 그 밖의 불안한 상태에서 공포, 경악, 흥분 또는 당황하였기 때문에 그 행위를 하였을 때에는 벌하지 아니하는데(제21조 제3항), 그 이유는 이러한 불안한 상태 하에서는 적법행위에의 기대가능성이 없고, 따라서 책임이 조각되기 때문이다.

과잉방위는 관점에 따라 내포적 과잉방위와 외연적 과잉방위로 나누기도 한다. 내포적 과잉방위는 정당방위의 객관적 전제조건이 있는 정황에서 방위행위가 필요한 정도를 지나친 경우, 예컨대 약하게 타격을 가해도 되는 것을 너무 강하게 구타하여 중상을 입힌 경우가 이에 해당한다. 외연적 과잉방위란 정당방위의 객관적 전제조건이 더 이상 존재하지 아니함에도 불구하고 방위행위를 한 경우, 예컨대 이미 행한 방위행위로 더 이상 현재의 침해는 존재하지 아니함에도 불구하고 계속하여 타격을 가한 경우가 이에 해당한다. 외연적 과잉방위도 정당방위에 연속된 동작인 한 과잉방위에 포함된다.

과잉방위에 대한 형감경 또는 면제의 법적 근거에 대하여는, 위법성감소·소멸설,[1] 책임감소·소멸설,[2] 위법성 및 책임감소·소멸설[3] 등의 견해가 대립된다. 생각건대 형법상 위법성이란 유무의 문제이므로 위법성이 감소한다고 설명할 수는 없고, 이미 제21조 제1항의 요건을 갖추지 못하여 정당방위가 성립할 수 없으므로 일단 위법성은 인정된다고 보아야 한다. 따라서 특수한 정황으로 인한 적법행위에의 기대가능성의 문제로 접근하여 책임이 감소·소멸된다고 봄이 타당하다. 책임감소·소멸설에 따르면 과잉방위행위는 위법성이 인정되므로, 과잉방위에 대하여 상대방은 정당방위가 가능하다.

판 례

과잉방위란 자기 또는 타인의 법익에 대한 현재의 부당한 침해라는 정당방위의 객관적 전제조건하에서 그 침해를 방위하기 위한 행위가 있었으나 그 행위가 지나쳐 상당한 이유가 없는 경우를 말하는바, 경찰의 체포행위가 적법한 공무집행인 사실이 인정되므로 피고인이 이에 대항하여 상해를 가한 행위가 과잉방위에 해당

1) 김성돈, §21/74.
2) 임웅, 257면.
3) 정성근/박광민, 250면.

한다고 볼 여지는 없다.[1] 동 판결은 현재의 부당한 침해가 없으므로 정당방위 자체가 성립될 수 없는 정황이다.

(2) 오상방위

오상방위에는 두 가지 측면이 있다. 그 한 측면은 정당방위의 객관적 정황(위법성조각사유의 전제조건 또는 전제사실)이 존재하지 않음에도 불구하고 이것이 존재하는 것으로 오신하여 방위행위로 나온 경우인데, 예를 들면 심야에 전보를 배달하러 온 집배원을 절도범으로 오인하고 방위행위를 한 경우가 이에 해당한다(위법성조각사유의 전제조건에 대한 착오).[2]

다른 한 측면은 법적으로 인정되는 정당방위의 존재 그 자체가 없음에도 불구하고 있는 것으로 오신하였거나(예컨대 부당한 침해가 있을 것을 예견하고 선제공격을 가하는 것도 정당방위라고 믿고 이를 행한 경우) 그 법적 한계를 잘못 알았던 경우(예컨대 부당한 침해를 가하는 자에게는 어떠한 방위를 하더라도 정당방위가 된다고 믿고 절도범을 사살한 경우)인데, 이는 일반적으로 금지착오(법률의 착오)로 이해된다.

오상방위 중에는 그 행위가 지나쳐 상당성의 범위를 벗어난 경우도 있을 수 있는데 이를 오상과잉방위라고도 부른다. 이 경우에도 오상방위의 법리가 그대로 적용된다고 보아야 할 것이다.[3]

오상방위도 정당방위의 요건이 충족되지 못하여 위법성이 조각될 수 없으므로, 오상방위에 대한 상대방의 정당방위는 가능하다.

---

1) 대판 2008. 2. 14, 2007도10006.

2) 제3절 책임론 제2관 책임의 표지 Ⅱ-4. 위법성조각사유의 전제사실에 대한 착오 부분 참조. 결론적으로는 심정적 반가치를 드러내는 책임고의가 탈락되어 책임이 조각되므로 고의범으로서는 처벌되지 않고 오신에 대한 과실이 있으면 과실범으로 처벌된다고 본다(제한적 책임설).

3) 김혜정 외, 185면; 박상기, 124면; 배종대, 262면; 안동준, 111면; 오영근, 202면; 임웅, 267면; 정영일, 224면 등. 다만, 이재상 외, 236면은 이 경우를 오상방위의 법리로 처리하는데 찬성하면서도 형법 제21조 제3항을 다시 적용할 수는 없다고 본다.

Ⅲ. 긴급피난

1. 의 의

긴급피난(Notstand)은 자기 또는 타인의 법익에 대한 현재의 위난을 피하기 위한 상당한 이유 있는 행위이다(제22조 제1항).

정당방위와 긴급피난은 다 같이 긴급행위로서 처벌되지 않는다는 점에서 공통성을 갖지만 그 법적 성격이나 요건에 있어서는 서로 다르다. 정당방위는 부당한 침해를 전제로 하며 그 방위행위가 직접 침해자를 대상으로 하기 때문에 부정 대 정의 관계로 표현됨과 아울러 침해자에 의하여 손상된 법질서를 보호한다는 측면을 포함한다. 한편 긴급피난은 위난이 부당한 침해에 의하여 발생될 필요가 없고 또한 위난을 피하기 위한 행위도 위난을 야기시킨 자뿐만 아니라 이와 무관한 제3자의 법익에 손해를 가하므로 차이가 있다. 긴급피난의 존재의의는 정당한 제3자의 희생에도 불구하고 이를 통한 가치의 재분배가 일정한 조건하에 전체 법질서에 비추어 허용될 수 있다는 사실에 있다. 따라서 방위행위와 피난행위가 다같이 상당성의 원리에 입각하고 있지만 그 내용은 같을 수 없으며, 긴급행위의 상당성이 방위행위의 그것보다 훨씬 더 엄격하게 제약되어야 함은 당연하다. 긴급피난은 보호되는 자의 이익을 위해 같은 법공동체 내의 사회구성원에게 이익희생을 법적으로 감내하도록 하는 것이므로, 공동체적 관점에서는 연대성의 원리에 따라서 동일한 상황에서 사회구성원 누구에게나 그와 같은 이익의 보호를 보장한다.

긴급피난은 넓은 의미로 보면 이익충돌과 의무충돌을 모두 포함한다.[1)]

참고 연혁

로마법, 중세교회법, 독일의 카롤리나 형법전, 프로이센 일반국법, 1810년의 프랑스 형법전 등에 이미 긴급피난규정이 있었으며 1871년의 독일구형법은 신체와 생명의 위험에 대한 긴급피난을 인정하였다.

---

1) 그런데 의무충돌은 부작위범에 직결되므로 부작위와 관련하여 후술하기로 한다.

구형법(일본형법) 제37조는 긴급피난에 관하여 "자기 또는 타인의 생명, 신체, 자유 혹은 재산에 대한 현재의 위난을 피하기 위하여 부득이한 데서 나온 행위는 그 행위로부터 생긴 해가 피하려던 해의 정도를 초과하지 아니하는 경우에 한하여 이를 벌하지 아니한다. 단 그 정도를 초과한 행위는 정황에 의하여 그 형을 감경 또는 면제할 수 있다. 전항의 규정은 업무상 특별한 의무가 있는 자에게는 이를 적용하지 아니한다."라고 규정하였다.

2. 본 질

긴급피난이 위법성조각사유인가 책임조각사유인가 혹은 양 요소를 모두 포함하는가에 관하여서는 견해의 대립이 있다.

(1) 책임조각설

책임조각설은 긴급피난이란 법익침해행위와 무관한 제3자의 법익을 침해하기 때문에 위법하지만 적법행위에의 기대가능성이 없기 때문에 책임이 조각된다고 본다.[1]

(2) 위법성조각설

전통적으로 이익충돌사상에 기초를 둔 위법성조각설은 이익형량원칙을 척도로 하여 우월한 이익을 보전한 피난행위를 위법성조각사유로 이해한다.[2]

(3) 이분설

이분설은 긴급피난을 그 내용에 따라 위법성조각적(정당화적) 긴급피난(rechtfertigender Notstand)과 책임조각적(면책적) 긴급피난(entschuldigender Notstand)으로 나누어 보는 견해이다.[3]

이분설에 있어서 특히 긴급피난의 위법성조각근거를 어디서 찾을 것인가 하는 문제에 관해서는 이익(법익)형량설과 목적설이 대립되어 있었다. 이익형량설

---

1) 이 설은 독일 구형법상의 긴급피난 규정인 제54조의 해석과 관련하여 마이어(M. E. Mayer)가 주장하였다.

2) 긴급피난을 위법하지도 않고 동시에 적법하지도 아니한 법으로부터 자유로운 영역, 즉 방임된 행위로 보는 견해(Binding 및 Beling의 경우)도 있었으나, 그 실익이 없기 때문에 이 견해는 지속적으로 유지되지 못하였다.

3) 이분설은 메르켈(R. Merkel), 프랑크(Frank), 도나(Dohna), 메츠거(Mezger) 등에 의하여 주장되었으며, 독일의 통설로 되었다.

은 작은 이익의 희생 위에 우월한 이익이 보전됨은 전체 사회질서에도 합치된다는 관점에서, 목적설은 정당하게 인정된 목적에의 적합한 수단은 위법하지 않다는 관점에서 각각 긴급피난의 위법성조각 근거를 설명하였다. 그 밖의 경우에는 기대불가능성(Unzumutbarkeit)에 근거하여 책임조각이 문제될 뿐이다. 독일 현행 형법상의 긴급피난규정은 이분설을 취하고 있다.[1)]

우리나라와 일본에서도 이분설에 대한 관심이 증대되고 있는데, 우리 형법 제22조의 해석에도 이분설에 따라 사물에 대한 긴급피난은 위법성조각사유로, 생명과 신체에 대한 긴급피난은 책임조각사유로 이해해야 한다는 견해가 있다.[2)] 그러나 제22조의 조문에 비추어 그렇게 해석할 수 있는지는 의문이다.[3)] 또한 그와 같은 경우에는 기대가능성의 문제로 해결할 수 있을 것이다.

3. 현행법상의 요건

(1) 객관적 전제조건(긴급상태(Notstandslage))

긴급피난이 성립되려면 먼저 자기 또는 타인의 법익에 대한 현재의 위난이 있어야 한다.

1) 위 난

위난(Gefahr)이란 법익에 대한 위급하고 곤란한 경우로서 구체적 정황에 따

---

1) 독일형법 제34조는 현재의 달리 피할 수 없는 생명·신체·자유·명예·재산 기타 법익에 대한 위난 속에서 자기 또는 타인의 위난을 피하기 위하여 행위를 한 경우 이익형량설에서 채택해 온 우월적 이익의 원칙과 목적설에서 채택한 행위의 적합성을 근거로 피난행위의 위법성을 조각시키고 있다. 양설의 원리를 한 규정 속에 결합시킨 제34조는 피난행위가 먼저 침해되는 이익보다 우월하게 큰 이익을 보전하였는가를 폭넓은 형량을 통하여 심사하고 이것이 긍정되면 위법성을 조각시키지만, 만일 행위가 위난을 피하기 위한 적합한 수단이 아닐 때에는 위법성이 조각되지 않는다고 규정한다. 현재의 달리 피할 수 없는 생명·신체·자유에 대한 위난 속에서 자기, 가족 또는 밀접한 관계에 있는 자의 위난을 피하기 위하여 행위를 한 경우 기대불가능성의 근거위에 책임조각을 인정하고 있는 제35조는 구형법의 제52조(강요된 행위), 제54조(긴급피난)를 모두 포용하며 위난을 야기한 자와 위난을 피치 못할 특별의무자에 대한 특칙 및 오상피난에 관한 규정도 함께 설정하고 있다.

2) 이분설을 취하는 견해로는 김성돈, §21/86; 김일수/서보학, 210면; 배종대, 267면; 신동운, 319면; 이정원, 168면. 다만 임웅, 255면은 이원설을 지지하지만, 현행법상으로는 불가능하고 입법론으로 해결하여야 한다고 본다.

3) 일원설을 취하는 견해로는 권오걸, 213면; 김성천/김형준, 225면; 김혜정 외, 187면; 박상기, 126면; 손동권/김재윤 210면; 오영근, 204면; 이재상 외, 250면; 정성근/정준섭, 125면; 정영일, 153면.

라 손해의 발생이 근접한 상태를 말하는 것으로, 현재의 위난이란 즉각 대응조치를 취하지 않으면 위난의 발생이 확실하거나 또는 거의 확실시 될 정도로 절박한 경우를 뜻한다. 위난은 반드시 위법함을 요하지 않으며, 그것이 사람의 행위뿐만 아니라 동물 또는 자연현상에 의하여 야기된 것이라도 무방하다.

스스로 위난상태를 만든 자초위난(Notstandsprovokation)의 경우에는 원칙적으로 긴급피난이 성립될 수 없지만, 행위가 긴급피난권의 남용이 아닌 한 긴급피난의 성립가능성이 배제될 수 없다.

법이 일정한 법익에 대한 보호를 박탈했을 때에는 이에 관계되는 한 처음부터 정당한 이익의 충돌이 있을 수 없기 때문에, 비록 외견상 현재의 위난이 존재한다 하더라도 긴급상태 자체가 성립될 수 없다. 예컨대 자유형의 확정판결을 받고 교도소에 수감되는 수형자의 경우가 이에 해당한다.

2) 법 익

피난행위에 의하여 위난으로부터 보전될 수 있는 법익은 자기 또는 타인의 법익이다. 여기에서 타인이라 함은 자기 이외의 모든 자연인, 법인 등을 총칭하는 것이며, 법익은 생명·신체에 국한되지 않고 자유·명예·재산 등 모든 법익을 포함하는 넓은 의미를 갖는다. 정당방위와 달리 긴급피난에서는 사회적 법익이나 국가적 법익도 제한 없이 보호법익이 될 수 있다.[1)]

(2) 피난행위

피난행위(Notstandshandlung)는 위난을 피하기 위한 상당한 이유가 있는 행위라야 한다. 피난행위는 자기 또는 타인의 법익의 위난상태로부터 벗어나기 위하여 위난과 무관한 제3자의 법익을 침해하는 공격적 긴급피난(Aggresivnotstand)과 위난을 야기한 자의 법익을 침해하는 방어적 긴급피난(Defensivnotstand)으로 구분된다. 공격적 긴급피난은 예컨대 위난행위자가 브레이크가 고장난 갑이 운전하는 자전거를 피하기 위하여 을의 가게로 몸을 던짐으로써 을의 가게유리창과 물건을 파손하는 경우로서, 적극적 긴급피난이라고도 하며 전형적으로 연대성의 원리를 반영하고 있다.

---

1) 김성돈, §21/89; 김혜정 외, 188면; 신동운, 321면; 이재상 외, 252면; 임웅, 271면. 한편 정당방위와 유사하게 개인적 법익과 관련이 있는 국가적 또는 사회적 법익만이 예외적으로 긴급피난의 대상이 된다고 보는 견해로는 정성근/정준섭, 126면.

반면 방어적 긴급피난은 앞선 사례에서 돌진해 오는 갑의 자전거를 넘어뜨려서 위난을 야기한 갑에게 법익침해를 유발하는 경우로서, 소극적 긴급피난이라고도 하며 갑의 행위가 부당한 침해가 아니라는 점에서 정당방위는 할 수 없기 때문에 긴급피난이 허용되는 것이다.

(3) 피난의사(Rettungswille)

행위자는 피난의사를 가지고 행동하여야 한다. 피난의사는 행위목적이나 동기가 될 정도로 적극적일 필요는 없고, 위난에 대한 인식 속에서 피난행위가 위난에 처한 법익의 보전에 불가피한 방법이라는 생각을 갖는 정도로 족하다.

피난의사는 위법성조각적 긴급피난에 있어서는 주관적 정당화요소가 된다. 따라서 객관적으로 현재의 위난이 있다 하더라도 피난의사없이 행하여진 행위는 긴급피난이 될 수 없고, 경우에 따라 결과불법이 부정되어 (불능)미수가 될 것이다.

(4) 상당한 이유

상당한 이유라 함은 피난행위가 사회상규에 비추어 당연시될 수 있는 경우를 말하는데 그 내용을 다음의 네 가지로 나누어 살펴볼 수 있다. 판례도 긴급피난의 상당한 이유란, '첫째, 피난행위는 위난에 처한 법익을 보호하기 위한 유일한 수단이어야 하고, 둘째, 피해자에게 가장 경미한 손해를 주는 방법을 택하여야 하며, 셋째, 피난행위에 의하여 보전되는 이익은 이로 인하여 침해되는 이익보다 우월해야 하고, 넷째, 피난행위는 그 자체가 사회윤리나 법질서 전체의 정신에 비추어 적합한 수단일 것'이라고 정의함으로써, 이 네 가지 원칙을 요구한다.[1)]

1) 보충성의 원칙

피난행위는 위난에 처한 법익을 보호하기 위한 유일한 수단이어야 한다. 구성요건에 해당하는 구조행위에 의하지 않고는 위난을 피할 수 없는 상태 하에서만 피난행위를 할 수 있고, 적법하게 위난을 피할 다른 방법이 있을 때에는 처음부터 피난행위가 성립될 수 없음을 의미한다. 긴급피난은 연대성의 원리에 따라 위난과 무관한 사회구성원에게 법익희생을 감내할 것을 요구하므로, 기타의 회피수단이 있다면 그것을 우선하여야 하기 때문이다.

---

1) 대판 2006. 4. 13, 2005도9396.

관점에 따라 긴급상태의 한 요건으로도 볼 수 있는 이 원칙이 우리 형법 제22조에는 명문으로 규정되어 있지 않기 때문에 '상당한 이유'의 해석에서 이를 찾아낼 수밖에 없을 것이다.

2) 우월적 이익의 원칙

피난행위에 의하여 보호되는 이익은 이로 인하여 침해되는 이익보다 우월하여야 한다. 이익형량에 있어서는 이익간의 비교는 물론 이들을 위협하는 위험의 정도 기타 모든 정황을 고려하여 그 우열을 결정하게 된다. 그 결과 피난행위에 의하여 보전된 이익이 침해된 이익보다 우월하다고 인정되면 피난행위의 위법성은 조각된다. 전통적으로 이익형량의 원칙을 균형성(또는 법익균형)의 원칙이라고 하여 우월한 이익을 보전한 경우는 물론 동등한 이익을 침해한 경우에도 긴급피난을 인정하는 입장이 일반적이었다. 그리고 이러한 입장은 구형법(일본형법) 제37조의 해석에 합치되는 것이었다.[1] 그러나 보호되는 이익과 침해되는 이익이 우열을 가리기 어려울 정도로 비슷하거나 같을 경우에는 피난행위의 위법성은 조각될 수 없다. 이 경우에는 무관한 제3자에게 위난을 전가시키는 긴급피난의 특성에 비추어 볼 때 위난을 당한 자가 스스로 이를 감당하는 것이 타당하며 이것이 법질서의 정신과 사회윤리에도 합치될 것이다.

이익형량의 원칙이 철저히 관철되려면 모든 이익이 서로 교량될 수 있어야 한다. 그러나 이익의 성격, 가치관의 차이 등 이를 어렵기나 불가능하게 하는 경우가 적지 않기 때문에 구체적인 경우에 있어서 형량에는 많은 어려움이 따른다. 예컨대 생명이나 신체와 같은 최고의 인격적 법익(höchstpersönliche Rechtsgüter) 상호간의 비교나 공공에 관련되는 추상적 법익을 어떠한 기준으로 상호간 또는 개인적 법익과 비교하느냐 하는 것은 지극히 어려운 문제이다. 모든 정황을 폭넓게 고려하여도 끝내 형량이 불가능할 때에는 피난행위가 우월한 이익을 보호했다는 결론을 내릴 수 없을 것이다. 그러나 이러한 경우에도 기대불가능성에 기한 초법규적 책임조각은 가능하다. 입법론적으로는 면책적 긴급피난

1) 일본형법 제37조(우리 구형법 제37조)는 "자기 또는 타인의 생명·신체·자유 혹은 재산에 대한 현재의 위난을 피하기 위하여 부득이한 데서 나온 행위는 그 행위로부터 생긴 해가 그 피하려 하던 해의 정도를 초과하지 않는 경우에 한하여 이를 벌하지 아니 한다."라고 규정하고 있다. 이처럼 일본형법 제37조는 이익형량에 있어서 보전이익과 피침해이익 간에 최소한의 균형만 유지되면 족하다는 원칙을 명문으로 인정하고 있었으므로, 우리나라의 구형법시대에는 동등한 이익을 보전하기 위한 긴급피난을 일반적으로 인정하고 있었다.

의 규정을 설정할 필요가 있다.

피난행위에 의하여 보호되는 이익이 이로 인하여 침해되는 이익보다 우월해야 한다는 점은 정당방위에서 방위되는 이익이 방위행위에 의하여 침해되는 이익보다 우월해야 할 필요가 없다는 사실과 뚜렷하게 대조된다.

3) 상대적 최소피난의 원칙

행위자는 부득이 피난행위를 함에 있어서도 가능한 모든 방법 중에서 피해자에게 가장 경미한 손해를 주는 방법을 택해야 한다. 상대적 최소피난의 원칙은 위난을 피하기 위하여 사회구성원이 희생하는 것이기 때문이며, 이를 보충성의 원칙의 한 내용으로 보는 견해[1)]도 있다.

4) 적합성

앞선 세 가지 요건이 필요성의 내용이라면, 위법성조각의 공통요건으로서 사회윤리적 제약은 긴급피난에서도 당연히 요구된다. 따라서 피난행위는 적합한 수단일 것을 요한다. 예컨대 첫째, 희귀한 혈액이 부족한 상황에서의 강제채혈은 인간을 오로지 특정 목적을 위한 수단으로만 취급한다는 점에서 인간의 존엄성을 해하므로 허용되지 않는다. 둘째, 억울하게 구속기소된 피고인이라고 할지라도 만일 그의 자유를 위협하는 현재의 위난을 피하기 위하여 미결구금을 집행하는 공무원에게 폭력을 가하여 구금을 배제하려는 행위는 이익충돌의 적법한 해결이 아니라는 관점에서 적합한 수단이 될 수 없다. 위난을 벗어나려는 행위자의 행위도 법질서가 허용하는 범위 내에서만 상당성을 인정받을 수 있기 때문이다.

4. 효 과

이상의 요건을 갖춘 피난행위는 긴급피난으로서 위법성이 조각되어 범죄로 되지 않기 때문에 처벌되지 않으며, 이에 대하여 정당방위가 허용되지 않는다. 그러나 긴급피난에 대한 긴급피난은 가능하다.

---

1) 김성돈, §21/111; 임웅, 262면.

판 례

스스로 야기한 강간범행의 와중에서 피해자가 피고인의 손가락을 깨물며 반항하자 물린 손가락을 비틀며 잡아 뽑다가 피해자에게 치아결손의 상해를 입힌 소위를 가리켜 법에 의하여 용인되는 피난행위라 할 수 없다.[1] 그 밖에도 아파트 입주자대표회의 회장이 다수 입주민들의 민원에 따라 위성방송 수신을 방해하는 케이블TV방송의 시험방송 송출을 중단시키기 위하여 위 케이블TV방송의 방송안테나를 절단하도록 지시한 행위[2], 확성장치 사용, 연설회 개최, 불법행렬, 서명날인운동, 선거운동기간 전 집회 개최 등의 방법으로 특정 후보자에 대한 낙선운동을 한 경우[3] 등에 관하여도 긴급피난 내지 정당행위가 성립하지 않는다고 본다.

5. 위난을 피하지 못할 책임이 있는 자에 대한 특칙

위난을 피하지 못할 책임이 있는 자에게는 긴급피난이 허용되지 않는다(제22조 제2항). 위난을 피하지 못할 책임이 있는 자, 즉 특별의무자라 함은 군인, 경찰관, 소방관, 의사 등과 같이 그 의무를 수행함에 있어서 마땅히 일정한 위난을 감수해야 할 의무가 있는 자를 말한다.

이들도 직무수행에 있어서 급박한 위난에 처할 수 있으며, 이 때에 이들의 법익이 법의 보호를 받아야 할 가치를 지닌 것도 물론이므로 이들에게는 일단 긴급상태가 성립될 수 있다. 그러나 형법은 이들이 맡고 있는 직무의 성격과 이에 따른 의무를 중시하여 특칙으로 긴급피난을 배제하고 있다. 이들에게 긴급상태 자체가 부인될 수는 없기 때문에 특칙에 의한 제한은 절대적으로 긴급피난을 배제한다기보다는 직무수행상 의무적으로 이행해야 할 일정한 한도까지 피난행위의 상당성을 제한하는 것으로 해석됨이 타당하다.

6. 과잉피난과 오상피난

(1) 과잉피난

과잉피난(Notstandsexzeß)이란 피난행위의 상당성이 결여된 경우를 말하는 것으로서 위법성이 조각되지 않지만, 정황에 따라 그 형을 감경 또는 면제할 수

1) 대판 1995. 1. 12, 94도2781.
2) 대판 2006. 4. 13, 2005도9396.
3) 대판 2004. 4. 27, 2002도315.

있다(제22조 제3항, 제21조 제2항). 이 때에도 야간, 그 밖의 불안한 상태에서 공포, 경악, 흥분 또는 당황하였기 때문에 그 행위를 하였을 때에는 벌하지 않는다(제22조 제3항).

과잉피난도 과잉방위와 마찬가지로 긴급피난의 요건을 갖추지 못하여서 위법성이 조각되지 않지만, 책임이 감소 또는 소멸되는 것이며 따라서 이에 대한 정당방위가 가능하다.

(2) 오상피난

오상피난에는 두 가지 측면이 있다. 그 한 측면은 긴급피난의 객관적 정황(객관적 전제조건)이 존재하지 않음에도 불구하고 이것이 존재하는 것으로 오신하여 피난행위로 나온 경우인데, 예를 들면 위난이 없음에도 이를 있는 것으로 오신하고 제3자의 법익을 침해하는 피난행위를 한 경우가 이에 해당한다(위법성조각사유의 객관적 전제조건에 대한 착오). 이 경우에는 오상방위의 경우와 마찬가지로 심정적 반가치를 드러내는 책임형식으로서의 고의가 조각되어 고의범으로서는 처벌되지 않고 오신에 대한 과실이 있으면 과실범으로 처벌된다(제한적 책임설).[1)]

다른 한 측면은 법적으로 허용되는 긴급피난 그 자체가 없음에도 불구하고 있는 것으로 오신하였거나 그 법적 한계를 잘못 알았던 경우인데 이는 일반적으로 금지착오로 이해된다.

이와 같은 두 가지의 오상피난은 모두 위법성이 인정되므로 과잉피난과 마찬가지로 상대방은 정당방위를 할 수 있다.

Ⅳ. 자구행위

1. 의 의

자구행위(Selbsthilfe)라 함은 법률에서 정한 절차에 따라서는 청구권을 보전할 수 없는 경우에 그 청구권의 실행이 불가능해지거나 현저히 곤란해지는 상황을 피하기 위한 상당한 이유가 있는 행위를 말한다(제23조 제1항).

---

1) 제3절 책임론 제2관 책임의 표지 Ⅱ-4. 위법성조각사유의 전제사실에 대한 착오 부분 참조.

법치국가는 원칙적으로 청구권의 실행을 위하여 자력을 쓰는 것을 금한다. 그러나 공권력의 개입(법정절차)이 적절한 시기에 이루어질 수 없는 상황 속에서 청구권자의 즉각적인 개입이 없이는 청구권의 실현이 무효화되거나 본질적으로 어렵게 되는 경우에 예외적으로 자구행위가 허용되는 것이다. 예컨대 외국으로 영구히 잠적하려고 비행기에 오르는 채무자를 체포하거나, 여관집 주인이 숙식비를 지불하지 않고 슬쩍 떠나려는 손님을 붙들고 실력으로 그 비용을 보전하려는 행위 등은 비록 구성요건에는 해당되지만 일정한 한계 내에서는 자구행위로서 위법성이 조각될 수 있다.

참고 연혁

자구행위의 시원은 이미 원시사회의 복수에서 찾아볼 수 있지만 국가권력이 정비됨에 따라 자력구제는 원칙적으로 금지되었고 권리침해에 대한 구제방법은 공권력에 의존하게 되었다. 다만 공권력에 의한 구제수단만으로는 권리침해에 대한 보호가 어려운 경우에 한하여 자구행위의 문제가 이론상 논의되어 왔다.

근대적 의미의 자구행위(민법상의 용어로는 자력구제)는 먼저 민법에서 제도화되고 이것이 형법상의 자구행위이론에도 상당한 영향을 미친 것으로 생각된다. 형법상의 자구행위이론은 19세기 말경부터 전개되어 보편화되기에 이르렀으나 아직 독일이나 일본은 형법에 자구행위규정을 두고 있지 아니하다.

우리나라의 경우를 살펴보면 구형법하에서는 자구행위에 관한 규정이 초법규적으로 정당방위 내지 긴급피난의 개념을 확장하여 실제로는 이를 인정하였다. 현행형법은 제23조에 일본개정형법가안 제20조의 영향을 받아 자구행위를 규정하고 있으며, 민법상 점유자의 자력구제에 관한 규정(제209조)을 두고 있다. 형법에 직접 자구행위에 관한 명문규정을 두고 있는 우리나라에서는 독일의 경우와는 달리 형법상의 자구행위는 민법상의 규정이나 이론에는 구애됨이 없이 형법의 독자적 입장에서 다루어지고 있는데 입법론적 견지에서 이 규정에 대한 비판도 나오고 있다.[1)]

2. 법적 성질

자구행위의 법적 성질에 관하여서는 이를 정당방위와 긴급피난 이외의 위법

1) 일본에서는 이미 자구행위를 조문화할 경우 그 실질적인 내용을 규정하기 곤란하다는 비판이 있었고 우리나라에서도 형법 제23조가 일본개정형법 가안 제20조를 무비판적으로 계수하여 자구행위의 요건을 청구권의 보전에만 한정함으로써 그 적용범위를 심히 제한하고 있다는 비판이 있다.

성조각사유의 하나로 인정하는 견해, 불법에 대한 투쟁의 하나로 위법성조각사유가 된다는 견해, 예외적 강제권의 하나로서 위법성을 조각한다는 견해, 긴급한 경우의 권리추구행위의 하나로서 불법을 조각한다는 견해, 국가권력적 입장에서 행하는 자신의 이익을 위한 행위로서 위법성조각사유의 하나라는 견해 등 다양한 의견이 제시되고 있으나 그 법적 성질을 다음과 같이 요약할 수 있다.

① 자구행위는 긴급행위의 하나로서 위법성을 조각한다. 다만 자구행위에 있어서의 긴급성은 정당방위나 긴급피난의 그것과는 성격을 달리한다. 정당방위나 긴급피난은 현재의 부당한 침해 혹은 현재의 위난에 대한 행위, 즉 침해가 완료되기 이전의 사전적 긴급방어 내지 구조행위인 반면에, 자구행위는 청구권에 대한 현재의 부당한 침해를 면하기 위한 행위가 아니라 이미 침해된 청구권이 더 이상 보전될 수 없는 긴급한 상태에 처했을 때 이를 구제하기 위한 긴급행위, 즉 사후긴급구조행위에 해당하는 것이다. 이처럼 청구권이 이미 침해되었다는 긴급성과 더 이상 보전될 수 없다는 긴급성을 이중의 긴급성이라고도 한다.

② 자구행위는 사인이 스스로 국가권력을 대행한다는 입장에서 실력으로써 자기의 권리(청구권)를 보전하는 행위이다.

모든 권리의 보전은 궁극적으로 국가권력에 기한 법정구제절차에 의하여야 한다. 그런데 자구행위는 이러한 가능성이 없는 긴급한 상태 하에서 예외적으로 사인에게 스스로 보전을 허용한 것이라고 볼 수 있다. 그리고 그 허용되는 이익의 범위는 행위자의 청구권의 보전에 국한되고 그 수단은 공권력 아닌 사력(私力)에 의존하는 것이다. 반면 만일 청구권의 보전을 넘어서는 행위, 예컨대 채권의 직접 추심은 위법성이 조각될 수 없으므로 그 행위태양에 따라 범죄가 성립될 수 있다.

3. 성립요건

자구행위가 성립되려면 법률에서 정한 절차에 따라서는 청구권을 보전할 수 없어야 하고, 청구권의 실행이 불가능해지거나 현저히 곤란해 지는 것을 피하기 위한 행위라야 하며, 상당한 이유가 있을 것을 요한다.

(1) 객관적 전제조건(법률에서 정한 절차에 따라서는 청구권을 보전할 수 없는 경우)

1) 청구권

① 자구행위에 의하여 보전되는 이익은 청구권이다. 청구권이란 타인의 작위 또는 부작위를 요구하는 것을 내용으로 하는 사법상의 권리인데, 채권에 기한 것이든 물권에 기한 것이든 불문하며 실체법상의 전형적인 권리일 필요도 없다. 또한 청구권은 무체재산권, 친족권, 상속권 등의 절대권에서도 발생할 수 있다.[1] 반면 가족법상의 청구권은 처음부터 직접 강제할 수 없는 청구권이라는 점에서 부정하는 견해가 있다.[2] 그러나 그와 같은 권리들로부터 발생되는 것이 재산상의 청구권일 때에는 자구행위의 대상이 될 수 있다.[3] 마찬가지로 생명, 신체, 자유, 명예 등의 권리 자체는 원상회복이 불가능하므로 청구권에 포함될 수 없지만, 이들로부터 파생된 권리가 금전적 손해배상청구권이 되면 자구행위를 할 수 있다.

② 본조의 청구권이란 자기의 청구권을 의미하므로 타인의 청구권을 위한 구제행위는 할 수 없다. 다만 청구권자로부터 자구행위의 실행을 위임받은 자의 행위 예컨대 여관집 주인이 종업원을 시켜 여관숙박비를 지불하지 않고 도망하려는 손님을 붙들게 하여 그 요금을 보전하는 경우의 종업원의 행위는 자구행위이다.

2) 청구권에 대한 부당한 침해

법조문에는 규정되어 있지 않지만 청구권에 대한 부당한 침해가 있을 것을 전제로 한다. 부당한 침해가 없으면 처음부터 청구권보전을 위한 조치를 필요로 하지 않기 때문이다. 이러한 의미에서 자구행위는 부정 대 정의 관계라는 성질을 갖는다고 본다. 그렇지만 부당한 침해는 정당방위의 경우와 달리 현재의 침해가 아니라 이미 이루어진 침해를 의미한다(사후구제행위). 자구행위와 정당방위의 한계문제로서 범죄현장에서 절도범인을 추적하여 도품을 탈환하는 예가

---

1) 김일수/서보학, 322면; 김혜정 외, 198면; 박상기, 138면; 배종대, 285면; 이재상 외, 267면; 정영일, 240면; 최호진, 288면.

2) 오영근, 217면; 임웅, 281면.

3) 예컨대, 동거청구권은 상대방의 장소선택의 자유권에 해당하므로 그것을 자구행위로 강제할 수 있는 청구권이라고 할 수 없고, 이미 침해가 된 때라면 원상회복이 불가한 청구권에 해당하다고 보아야 한다.

거론된다. 자구행위는 정당방위보다 상당성 요건 충족이 까다롭고 재산적 청구권을 전제로 한다는 점에서 정당방위로 봄이 타당하다.

3) 법률에서 정한 절차에 의한 보전 불가능성

부당한 침해를 당한 청구권이 법률에서 정한 절차(법정절차)에 의하여 보전될 수 없어야 한다. 이러한 요건을 자구행위의 보충성이라고도 부른다.

법정절차에 의하여 청구권을 보전할 수 없는 경우란 민사소송법상의 가압류, 가처분 등 재판상의 절차 또는 경찰 기타 국가기관에 의한 구제절차에 의하여서는 청구권이 보전될 수 없는 급박한 사정을 의미한다. 외견상 청구권보전에 필요한 급박한 사정이 있다고 할지라도 법정절차에 의한 청구권의 보전이 가능한 한 자구행위는 성립되지 않는다. 이러한 관점에서 판례는 점유사용권을 위한 자구행위의 성립을 부정하고 있는데,[1] 토지나 가옥 등 부동산으로부터 유래하는 권리는 해당 부동산 자체가 법정절차의 대상이 되므로, 법률이 정한 절차를 거칠 수 없는 경우가 발생하지 않기 때문이다.

또한 자구행위는 청구권 실행이 불가능하거나 현저히 곤란해지는 상황으로부터의 회복만을 의미하며, 이를 넘어서서 강제로 채권추심을 한다든가 직접 채무자의 재산을 처분하는 등의 행위는 허용될 수 없다. 판례도 채무자가 유일한 재산인 가옥을 팔아 그 대금을 받는 즉시 도주하려는 급박한 정황이었다 할지라도 채권자의 강제적인 채권추심은 자구행위가 아니라고 보고 있다.[2] 이 경우에는 도주하려는 급박한 정황으로부터의 회복, 즉 도주자를 막아서 신변을 확보하는 것만이 자구행위이고 그 이후에는 법률에 의한 절차를 거쳐야 하며, 강제적인 채권추심은 형법상 강도죄나 공갈죄가 성립할 수 있다.

판 례

피고인 소유 토지상에 도로가 무단으로 확장 개설되어 그대로 방치할 경우 불특정 다수인이 통행할 우려가 있다는 사정만으로는 피고인이 법정절차에 의하여 자신의 청구권을 보전하는 것이 불가능한 경우에 해당한다고 볼 수 없을 뿐 아니라, 이미 불특정 다수인이 통행하고 있는 육상의 통로에 구덩이를 판 행위가 피고

1) 대판 1970. 7. 21, 70도996.
2) 대판 2006. 3. 24, 2005도8081; 대판 1966. 7. 26, 66도469.

인의 청구권의 실행불능이나 현저한 실행곤란을 피하기 위한 상당한 이유가 있는 행위라고도 할 수 없으므로 자구행위에 해당되지 않는다.[1] 또한 피고인들이 자신들의 피해자에 대한 물품대금 채권을 다른 채권자들보다 우선적으로 확보할 목적으로 피해자가 부도를 낸 다음날 새벽에 피해자의 승낙을 받지 아니한 채 피해자의 가구점의 시정장치를 쇠톱으로 절단하고 그곳에 침입하여 피해자의 가구들을 화물차에 싣고 가 다른 장소에 옮겨 놓은 행위는 청구권을 보전하는 것이 불가능한 경우도 아니고 이에 상당한 이유가 있는 행위도 아니다.[2]

(2) 자구행위

청구권의 실행불능 또는 현저한 곤란상황으로부터 벗어나기 위한 행위로서, 도주하려는 채무자를 체포하거나 막아서서 장소적으로 이전할 수 없도록 하는 감금 등이 그 예이다. 그러나 단순히 권리행사를 위한 폭행이나 협박, 갈취 또는 강취 등은 자구행위의 객관적인 전제조건을 충족하지 못하는 한 자구행위로 위법성이 조각될 수는 없다. 다만 이때에도 형법 제20조의 사회상규에 위배되지 않는 경우에는 정당행위로서 위법성 조각여부를 판단할 수 있을 것이다.

(3) 자구의사

즉시 자력으로 구제하지 않으면 청구권의 내용을 실행함이 불가능하거나 현저하게 곤란한 상황에 대한 인식과 이를 피하려는 행위자의 의사가 있어야 하는데 이러한 의사를 자구의사라고 부른다. 자구의사는 주관적 정당화요소이다.

(4) 상당한 이유

자구행위의 상당성은 행위 당시의 제반정황을 고려하여 사회상규에 따라 구체적으로 결정될 문제이겠으나, 이익형량의 원칙을 제외하고 보충성의 원칙, 상대적 최소침해의 원칙 및 적합성의 원칙으로서 사회윤리적 제약을 모두 요구한다.

우선 법정절차에 의하여 청구권을 보전하는 것이 불가능하기 때문에 부득이 구성요건에 해당하는 구제행위를 하여야 하는바, 법정절차에 의한 청구권 보전의 불가능 및 청구권의 실행불능이나 현저한 곤란을 피하기 위해서만 가능하다(보충성의 원칙).[3] 그리고 만일 여러 가지 가능한 방법이 있을 경우에는 청구권

1) 대판 2007. 3. 15, 2006도9418.
2) 대판 2006. 3. 14, 2005도8081.

보전의 실효성을 해치지 않는 한 되도록 상대방에게 경미한 피해를 주는 방법을 택하여야 한다(상대적 최소침해의 원칙).

자구행위로 인하여 보호되는 법익은 재산권이므로 긴급피난의 경우처럼 엄격한 이익형량의 원칙을 요구할 수 없다. 다만, 보전되는 청구권보다 훨씬 큰 손해를 입히는 심한 불균형은 허용되지 않는다. 또한 구제행위가 권리의 남용 기타의 이유로 사회윤리에 비추어 용인될 수 없는 경우에는 상당한 이유가 있다고 볼 수 없다(적합성으로서 사회윤리적 제약).

4. 효 과

이상의 요건을 갖춘 행위는 그 행위가 비록 구성요건에 해당하더라도 위법성이 조각된다. 자구행위에 대한 정당방위는 성립될 수 없으며 자구행위를 폭력으로 방어할 경우 오히려 이에 대한 정당방위는 가능하다.

5. 과잉자구행위와 오상자구행위

(1) 과잉자구행위

과잉자구행위(Selbsthilfeexzeß)는 청구권의 보전수단인 구제행위가 그 정도를 지나쳐 상당한 이유가 없는 경우를 말한다. 이 경우에는 위법성이 조각되지 않지만 정황에 따라 그 형이 감경 또는 면제될 수 있으며, 적법행위에의 기대불가능성에 따른 책임조각사유로 봄이 타당하다(제23조 제2항). 과잉방위나 과잉피난의 경우와는 달리 형법 제21조 제3항이 준용되지 않는다.

(2) 오상자구행위

오상자구행위(Putativselbsthilfe)는 다음과 같이 구분하여 살펴볼 수 있다.

첫째, 자구행위의 객관적 전제조건이 존재하지 않음에도 불구하고 있는 것으로 오신한 경우, 예컨대 법정절차에 의하여 청구권을 보전할 수 있는데도 그것이 불가능한 급박한 상태로 잘못 알고 구제행위를 한 경우에는 제한적 책임설에 따라 고의의 책임은 조각되지만 오신에 대한 과실이 있었을 경우에는 과실범으로 처벌된다(위법성조각사유의 전제사실에 관한 착오).

둘째, 법적으로 인정되는 자구행위의 존재 그 자체가 없음에도 불구하고 있

---

3) 이중의 보충성의 원칙에 관하여는 오영근, 219면.

는 것으로 오신한 경우나 자구행위의 법적 한계를 잘못 알았던 경우는 금지착오(법률의 착오)로서, 형법 제16조에 따라 그 오인에 정당한 이유가 있는 때에 한하여 책임이 배제된다.

오상자구행위의 경우에도 위법성은 인정되기 때문에 상대방의 정당방위가 가능해진다.

V. 피해자의 양해, 승낙 및 추정적 승낙

1. 서 설

법익의 주체(피해자)가 타인에게 자기의 법익에 대한 침해를 허용하는 것은 형법상 다양한 의미를 갖는다. 이러한 피해자의 동의에 따른 행위가 경우에 따라서는 일상생활의 한 자연스러운 형태로서 구성요건을 조각한다(예컨대 동의를 얻어 타인의 주거에 들어가는 경우). 이때의 동의를 피해자의 양해(Einverständnis des Verletzten)라고 부른다. 동의에 의한 신체가격의 경우처럼 피해자의 동의에 따른 행위가 비록 구성요건을 조각하지 않지만 일정한 요건 하에서 위법성을 조각한다고 보아야 할 경우가 있는데 이러한 피해자의 동의를 피해자의 승낙(Einwilligung des Verletzten)이라고 부르는데 형법 제24조가 이에 해당한다.

한편 법규정에는 없지만, 객관적 사정에 비추어 피해자가 행위의 내용을 알았다면 동의했음이 추정되는 경우를 추정적 승낙이라고 한다. 다만 추정적 승낙이 승낙의 일종인지 제20조에 해당하는지 등은 견해의 대립이 있다.

참고 연혁

로마시대에는 승낙이 있으면 불법(침해)이 존재하지 않는다(volenti non fit injuria)는 법언이 있었고 로마 시민들은 생명·신체 등 자기의 모든 생의 영역을 임의로 처분할 수 있었다. 근대형법학의 발달과 더불어 승낙의 문제는 제 학파 사이의 논쟁의 대상이 되었다. 자연법설(Kleinschrod, Klein, Feuerbach 등)은 법질서가 피해자에게 형법적 보호를 포기할 수 있는 권한을 준 경우에 한하여 승낙이 위법성을 조각한다고 보았고, 역사법학파(Roßhirt, Stahl 등)는 형법이 오직 공동사회를 위하여 기여해야 한다는 관점에서 피해자의 승낙이 위법성을 조각하지 아니한다고 주장하였으며, 사회법학파(Keßler, Dohna 등)는 가벌적 행위의 본질이 이익의 침해에 있다고 보아 피해자의 이익의 흠결은 위법성을 조각한다고 내세웠다. 그 후 점차 피해자의 승낙에 의한 행위를 위법성조각사유로 보는 견해가 일반화되었다.

우리나라의 구형법에는 피해자의 승낙에 관한 규정이 없었지만 초법규적 위법성조각사유로 이해되었고, 현행형법 제24조는 피해자의 승낙을 "처분할 수 있는 자의 승낙에 의하여 그 법익을 훼손한 행위는 법률에 특별한 규정이 없는 한 벌하지 아니한다."라고 규정하고 있다. 독일에는 형법에 승낙에 관한 총칙적 규정을 두지 않았으나 일찍부터 피해자의 승낙은 판례와 학설에 의하여 위법성조각사유로 인정되어 왔고, 특히 1950년대에 들어서서 독일의 게에르츠(Geerds)가 구성요건을 조각하는 양해(Einverständnis)와 위법성을 조각하는 승낙(Einwilligung)을 개념상 명확히 구분하였다.

이에 관하여 피해자의 승낙과 양해의 구분을 반대하거나[1] 또는 양자를 구분함이 없이 모두 구성요건해당성이 처음부터 배제된다고 보는 견해도 있으나[2] 우리 형법상 위법성조각사유로 명문화되어 있는 이상 피해자의 승낙의 법적 효력에 대하여 구성요건해당성을 조각시킨다고 볼 수 없다. 따라서 양해와 승낙은 구별되어야 한다고 본다. 즉, 법익의 가치를 기준으로 하여 개인의 의사와 분리되어 독자적인 가치가 있어서 사회공동체를 위하여 보호할 필요성이 있는 법익에 대하여는 피해자의 승낙을 통해 위법성을 조각시키고, 그러한 가치가 희박한 법익은 양해로서 구성요건 자체가 배제된다고 본다.

2. 양 해

(1) 의 의

구성요건의 범죄개념에 비추어 피해자의 의사에 반하는 것이 범죄의 본질이기 때문에 피해자의 동의가 있으면 위법성을 거론하기에 앞서서 그 행위가 처음부터 구성요건해당성이 문제되지 않는 경우가 있는데, 이 경우의 피해자의 동의(Zustimmung)를 양해라고 한다.

양해는 개인적 법익에 관한 형법규정 중에서도 주로 개인의 자유, 재산 기타 사생활의 평온을 해하는 범죄와 관련하여 논의된다. 예컨대 주거자의 동의 하에 타인의 주거에 들어간 자의 행위는 처음부터 주거침입죄(제319조 제1항)의 구성요건에 해당되지 않고, 소유자의 허락을 받고 그 사람의 재물을 취한 자의 행위는 절도죄(제329조)의 구성요건에 해당하지 않는다.

이러한 예들은 피해자의 양해를 전제로 하여 만일 이것이 없었더라면 구성요

1) 배종대, 279면.
2) 김인수/서보학, 258면.

건에 해당하는 가벌적 행위로서 다루어질 사실들이 피해자의 양해로 인하여 형법적으로 중요시되는 평가단계 이전에, 사회질서의 범위에 속하므로 국민들 사이의 정상적 사건으로 되는 경우의 예시라고도 볼 수 있다. 범죄의 구성요건행위는 불법을 징표하고 있어야 하나, 위와 같은 행위들은 피해자의 동의가 있을 경우 일상생활과 구분되지 않기 때문이다.

(2) 양해와 승낙의 구별기준

양해에서의 동의는 법익의 침해 자체를 구성하지 않게 하는 요인이 된다. 예컨대 동의를 얻고 타인의 주거에 들어가면 주거침입죄에서의 '침입'행위가 존재할 수 없고, 동의하에 타인의 물건을 가져가면 절도죄의 '절취'행위가 존재하지 않는 것이다. 침입이나 절취는 해당 법익의 귀속자의 의사에 반할 때에만 비로소 성립하기 때문이다. 따라서 그러한 행위로는 '법익침해'가 발생할 수 없고, 법익침해가 존재하지 않는 영역에 국가형벌권이 관여될 수 없기 때문에, 양해는 구성요건배제사유가 되는 것이다.

반면에 승낙은 상대방의 의사에 합치됨에도 불구하고 법익침해가 객관적으로 존재하는 경우이므로 양해와 구분된다. 예컨대 피해자의 동의를 받고 상해행위를 하였다면, 신체의 기능의 훼손이라는 법익침해상태는 객관적으로 존재한다. 다만, 피해자의 동의가 있기 때문에 발생하는 법익침해에도 불구하고 위법성 조각여부가 문제되는 것이다.

(3) 성 격

양해의 표시문제와 관련하여 양해의 성격 내지 그 형법상의 취급을 어떻게 할 것인가에 대하여 두 가지 견해의 대립이 있다.

1) 양해는 모든 경우에 있어 순수하게 사실적 성격을 갖는다는 견해

전통적으로 인정되어 온 이 견해는 양해가 작용하는 모든 형법규정에 있어서 양해와 그 유효성의 전제조건에 관한 일반원칙이 설정될 수 있다고 본다. 그리하여 양해는 모든 경우에 순수하게 사실적인 성격(rein tatsachliche Natur)을 지니며 따라서 착오로 행해질 수도 있고 피해자가 침해당하는 법익의 의미를 이해할 필요도 없다고 한다. 이 설은 더 나아가 양해는 표시될 필요도 없이 내적 동의로서 족하여 행위자에 의하여 인식되어야 하는 것도 아니라고 주장한다.

2) 양해의 의미와 목적에 따라 그 해석도 달라진다는 견해

이 견해는 양해가 모든 경우에 순수하게 사실적 성격을 갖는다는 주장에 반대하면서 어느 범위까지 양해가 기망 또는 강제에 의하여 영향을 받아도 좋은가, 그리고 그것이 유효하기 위해서는 반드시 표시되어야만 하는가 하는 문제는 보편적으로 결정될 성질이 아니라 양해의 의미와 목적에 따라 개개의 구성요건의 테두리 안에서만 해결될 수 있다고 한다. 그리하여 구성요건이 자연적 행동, 의사결정의 자유 또는 사실상의 지배관계(예컨대 점유)의 침해에 관련된 경우에는 피해자에게 특별한 동의능력은 필요 없고 자연적 의사능력만으로 족하지만, 의료적 침해 등의 경우에는 피해자의 자연적 통찰력과 판단능력 또는 법률행위능력까지도 양해의 전제조건이 된다고 한다. 이 설이 각 구성요건의 기능과 그에 의해 보호되는 법익의 본질에 따라 양해를 합리적으로 설명하고 있다는 관점에서 타당하다.[1)]

(4) 양해의 유효요건

양해자의 능력과 양해표시의 강도는 이미 언급한 것처럼 경우에 따라 달라질 수 있겠으나 양해자에게 자연적 의사능력조차도 없을 때에는 어떤 경우에도 양해가 성립될 수 없다. 또한 단순한 방치 혹은 수동적 인내는 양해가 아니며 양해는 행위 초에 있을 것을 요한다.

양해의 대상이 되는 법익은 개인적 법익 중에서도 그 침해로 인한 범죄가 전적으로 피해자의 의사에 반하는 때에만 성립하기 때문에 동의가 있는 한 처음부터 범죄의 문제가 생겨날 여지가 없는 것에 국한된다. 그리고 행위자는 양해가 있다는 사실을 인식하고 행동할 것을 요한다.

3. 승 낙

(1) 의 의

위법성조각사유로서의 피해자의 승낙이란 법익의 주체가 타인에 대하여 자기의 법익을 침해할 것을 허용한 경우 일정한 요건 하에서 구성요건해당적 행위의 위법성을 조각시키는 피해자의 동의를 의미한다.

---

1) 김성돈, §21/178; 이재상 외, 265면; 임웅, 288면.

형법규정 중에는 피해자가 법익을 처분할 수 있는 경우라고 할지라도 그 법익이 피해자에 대해서뿐만 아니라 공동체를 위해서도 중요한 비중을 갖는 경우가 있는데, 이 때의 침해행위는 비록 피해자의 동의를 얻었다고 할지라도 사회생활의 정상적 사건이라고 볼 수 없고, 법익의 주체는 처분의 자유 내에서 고통스러운 손실을 감수하게 된다. 이 때문에 피해자의 법익처분의 자유가 일정한 한계 내에서만 인정되고 이러한 범위 내에서 위법성조각사유로서의 승낙이 논의되는 것이다. 그러므로 승낙에 의하여 위법성이 조각되는 행위는 법질서가 피해자에게 법익처분의 자기결정권을 부여한 경우로 국한되는데, 승낙에 따른 상해가 그 대표적인 예라고 볼 수 있다.

승낙이 언제나 구성요건을 조각한다는 소수의 의견이 있으나[1] 법규정의 체계적 위치상 설득력이 약하다.

(2) 위법성조각의 근거

승낙이 위법성을 조각시키는 근거가 무엇인가에 관하여는 견해가 대립된다.

1) 법률행위설

법률행위설은 피해자의 승낙을 법률행위로 인정하고 권리의 실행이 불법일 수는 없으므로 승낙이 형법에 있어서도 위법성조각사유가 된다고 주장한다. 피해자의 승낙이 민법상 법률행위의 요소로서 청약과 승낙에서의 승낙과 동일한 의미이고, 그로 인하여 피해자와 상대방은 권리·의무관계가 된다. 따라서 상대방은 피해자의 승낙에 의해 범죄행위를 행할 권리를 가진다고 보는 것이다.

그러나 법률행위설은 형법과 민법의 목적이 다르다는 것을 간과하였다는 비판을 받는다.

2) 이익포기설(이익흠결설)

이익포기설은 승낙을 이익포기의 징표로 보고 이러한 이익의 포기를 법질서가 법익주체에게 그 법익의 보전에 대한 결정을 위임한 범위 내에서 허용되는 것이라고 주장한다.[2] 더 나아가 구성요건에 해당하는 불법은 피해자의 의사를 무시하는 데에 있으므로 승낙에 의하여 보호객체가 부분적으로 탈락된다는 견

1) 김일수/서보학, 166면.
2) 권오걸, 250면; 오영근, 222면; 이정원, 187면; 조준현, 208면.

해도 있다.[1] 이익포기설은 극단적인 경우 비도덕적 행위동기에서 나올 수도 있는 이익의 주관적 포기가 어찌하여 객관적 이익보호의 과제로부터 국가를 제외시키는가를 설명하기 어렵다는 난점이 있다.

3) 상당설(사회상당설)

상당설(사회상당설)은 피해자의 승낙이 사회질서 전체의 이념에 비추어 상당하다고 인정되기 때문에 위법성을 조각시킨다고 주장한다.[2] 이 설은 상당성의 의미를 또 다른 원리에 의하여 보완하지 않는 한 지극히 추상적이라는 비판을 면하기 어렵다.

4) 법률정책설

법률정책설은 법익보전에 관한 공동체이익과 비교하여 개인적 자유의 행사가 더 중요하다고 인정되는 한 법질서에 의하여 위법성조각이 긍정된다고 본다.[3] 즉, 개인이 보유하는 법익의 처분에 대한 자기결정권과 법익보호에 대한 공동체의 이익을 비교형량하여 전자가 우선시되면 형사정책적으로 위법성을 조각하여 개인의 자기결정권을 존중하는 것이다.

국가형벌권의 입장이 아닌, 개인과 사회의 조화의 측면에서 접근하는 이 설이 가장 타당하다고 판단된다.

5) 처분권설

구성요건은 개별적인 실질적 보호법익과 동시에 법익향유자의 처분권까지 보호하는데 피해자의 승낙이 있으면 처분권의 침해를 인정할 수 없어 위법성이 조각된다고 본다.[4] 그러나 법익주체의 처분권의 보호는 승낙의 법적 효과에 따른 반사적 효과 또는 부수적 효과에 불과할 뿐, 그것이 위법성을 조각하는 직접적 근거가 된다고 볼 수는 없다. 또한 법률정책설에서 보호하고자 하는 자기결정권과 처분권이 반드시 분리되는 개념이라고 보기도 어렵다.

---

1) 독일의 판례(BGHSt 17, 359[360])와 다수설은 대체로 승낙자가 그의 이익 포기를 통하여 형법상의 보호를 단념한다는 관점에서 이익포기설의 입장을 취하고 있다.
2) 정영일, 169면.
3) 김혜정 외, 184면; 신동운, 341면; 이재상 외, 277면; 임웅, 290면; 정성근/정준섭, 143면.
4) 이에 대한 설명은 박상기, 145면.

(3) 성립요건

1) 객관적 전제 조건(당해 법익을 처분할 수 있는 자의 유효한 승낙의 존재)

① 처분할 수 있는 자(승낙자)

처분이 가능한 법익의 주체라고 할지라도 승낙의 의미와 그 내용이 무엇인가를 이해할 수 있는 능력을 갖추어야 한다. 이러한 능력은 민법상의 법률행위능력에 의존되거나 이와 함께 자동적으로 부여되는 것이 아니고 자연적 통찰력 내지 판단능력을 의미하는 것으로 볼 수 있다.

형법은 일정한 경우에 유효하게 승낙할 수 있는 연령의 한계를 규정하는 경우가 있는데 이 때에는 이 규정이 일단 승낙능력 판단의 한 기준이 되는 것으로 볼 수 있다. 미성년자에 대한 간음·추행죄(제305조)에 있어서의 13세 미만, 아동혹사죄(제274조)에 있어서의 16세 미만이 이러한 경우에 해당된다.

법익주체인 피해자 자신이 승낙자가 되는 것이 원칙이지만 법적으로 처분권이 인정되는 범위 내에서 법정대리인(재산처분권에 있어서는 임의대리인을 포함)도 승낙자가 될 수 있다.

② 승낙의 대상이 될 수 있는 법익

법익주체에게 법적으로 자유로운 처분권이 인정될 수 있는 범위 내의 개인적 법익에 국한된다. 따라서 타인의 법익이나 공공의 법익은 그 대상에서 제외되며, 개인적이면서도 공공의 법익에 관련되는 경우, 예컨대 자기소유건조물에의 방화(제166조 제2항), 자기소유일반물건에의 방화(제167조 제2항)는 승낙의 대상에서 제외된다. 또한 타인소유 건조물이나 물건에 대한 방화행위에서 소유자인 타인의 승낙을 받은 경우에는 자기소유건조물 또는 일반물건에의 방화죄를 적용한다.

③ 승 낙

(가) 승낙은 유효해야 하므로 비록 승낙능력을 갖춘 자의 승낙이라 할지라도 자유로운 판단에 의한 진지한 승낙이 아닌 경우, 예컨대 기망이나 착오·폭행·협박에 의한 승낙, 농담으로 한 승낙 등은 여기에서 말하는 승낙이라고 볼 수 없다. 그러나 단순한 동기의 착오는 승낙의 유효성을 저해하지 않는다.

(나) 승낙은 행위 전이나 행위 초에 있을 것을 요하며 사후승낙은 허용되지

않는다. 또한 승낙자는 원칙적으로 언제든지 승낙을 자유롭게 철회할 수 있다.[1] 승낙을 철회하면 그 시점부터 승낙은 효력이 없다.

(다) 승낙은 어느 정도로 외부에 표시되어야 하는가에 대해서는 학설상의 대립이 있다. 의사표시설[2]은 승낙이 외부에 대하여 법률행위적 의사표시로 전달되어야 한다고 주장하고, 의사방향설은 피해자의 단순한 내적 찬의로서 족하다고 하며, 절충설은 의사표시에 관한 민법상의 기준까지는 필요하지 않으나 승낙은 최소한 외부에 어떠한 방법으로든지 인식될 수 있어야 한다고 본다.[3] 의사표시설은 민법과 형법을 구분하지 않을 뿐 아니라, 승낙의 근거를 법률행위로 보지 않는 한 민법상의 법적 효력이 필요한 정도에 이를 것까지 요구할 필요는 없다는 점, 의사방향설은 행위자에게 주관적 정당화요소가 필요없다는 결론에 이른다는 점에서 비판이 가능하며, 따라서 절충설이 타당하다.

2) 승낙에 의한 행위

승낙에 의한 행위는 양해에 해당하지 않아야 한다. 따라서 승낙에 의한 행위는 객관적으로 법익침해 또는 위태화를 유발하는 행위여야 한다. 예컨대 타인의 유효한 승낙에 의하여 명예훼손적인 발언을 한 경우, 객관적이고 외적으로 명예훼손의 위험성은 존재함에도 불구하고 승낙에 의한 행위로서 위법성조각여부를 판단하는 것이다.

3) 승낙에 대한 인식(주관적 정당화 요소)

이러한 인식은 승낙에 의한 행위에 있어서 주관적 정당화요소가 된다. 피해자의 승낙이 있었으나 이를 인식하지 못하고 행동하는 경우에는 주관적 정당화요소가 결여되어 있기 때문에 위법성이 조각되지 않고, 불능미수의 문제가 제기된다. 반면에 피해자의 승낙이 없음에도 불구하고 있는 것으로 오인한 경우(위법성 조각사유의 전제사실에 관한 착오)에는 제한적 책임설에 따라 고의책임이 조각되고 그 오인에 과실이 있으면 과실범으로 처벌된다.

---

1) 대판 2006. 4. 27, 2005도8074.
2) 임웅, 292면.
3) 김성천/김형준, 245면; 김일수/서보학, 171면; 박상기, 151면; 손동권/김재윤, 233면; 이재상 외, 281면; 이정원, 193면; 정성근/정준섭, 144면. 신동운, 344면은 이 견해를 취하면서 의사확인설이라고 표현한다.

4) 상당성

일반적으로 위법성조각사유에서의 상당성은 필요성과 적합성을 의미하지만, 승낙에 의한 행위에서는 필요성은 판단할 필요가 없다. 다른 위법성조각사유들이 자기 또는 타인의 침해되는 법익과 이를 보호하기 위하여 침해하는 타인의 법익 간의 비교를 하여야 하므로 필요성을 판단하였으나, 승낙은 오로지 피해자의 법익침해만이 존재할 뿐 비교되는 보호할 필요성이 있는 법익이란 존재하지 않으므로 필요성이라는 상당성의 요건은 요구되지 않는다.

다만 사회윤리적 제약을 의미하는 적합성은 어떠한 위법성조각사유든지 요구된다. 따라서 비록 형법 제24조에 명시되어 있지는 않지만 승낙에 의한 행위가 법질서 전체의 정신 내지 사회윤리에 비추어 용인될 수 있는 것이라야 함은 물론이다. 그러므로 행위자에게 그 승낙을 악용하려는 목적이 있다든가 법익침해의 방법이 반윤리적일 때에는 위법을 면할 수 없다.[1] 행위의 반윤리성 여부는 침해되는 법익의 종류, 행위의 동기와 방법, 침해의 강도 등 제반정황을 참작하여 결정하여야 할 것이다.

판 례

피고인이 피해자와 공모하여 교통사고를 가장하여 보험금을 편취할 목적으로 피해자에게 상해를 가하였다면, 피해자의 승낙이 있었다고 하더라도 위법한 목적에 이용하기 위한 것이므로 피해자의 승낙에 의하여 위법성이 조각될 수 없다.[2] 또한 아동은 자기결정권을 자발적이고 진지하게 행사할 것을 기대하기가 어렵고, 자신을 보호할 신체적·정신적 능력이 부족할 뿐 아니라, 보호자 없이는 사회적·경제적으로 매우 취약한 상태에 있으므로, 이러한 처지에 있는 아동을 마치 물건처럼 대가를 받고 신체를 인계·인수함으로써 아동매매죄가 성립하고, 설령 위와 같은 행위에 대하여 아동이 명시적인 반대 의사를 표시하지 아니하거나 더 나아가 동의·승낙의 의사를 표시하였다 하더라도 범죄가 성립한다.[3]

1) 대판 1985. 12. 10, 85도1892.
2) 대판 2008. 12. 11, 2008도9606.
3) 대판 2015. 8. 27, 2015도6480.

5) 법률상 특별한 규정의 부존재

승낙에 의한 행위 자체가 범죄의 구성요건으로 되어 있는 경우(예컨대 제252조 촉탁·승낙에 의한 살인)에는 피해자의 승낙이 위법성을 조각하지 않는다.

(4) 효 과

이상의 요건을 갖춘 행위는 위법성이 조각되어 범죄를 구성하지 않는다.

양해 및 승낙의 법적 효과를 분류하면 다음과 같다.

유 형	적용 법조
양해: 구성요건해당성 배제	강간죄(제297조), 비밀침해죄(제316조), 주거침입죄(제319조), 절도죄(제329조), 손괴죄(제366조) 등
승낙에 의한 위법성 조각	피해자의 승낙(제24조): 상해죄(제257조), 폭행죄(제260조), 명예훼손죄(제307조), 신용훼손죄(제313조) 등
승낙에 의한 형의 감경	자기소유일반건조물 및 일반물건 방화죄(제166조 제2항, 제167조 제2항), 촉탁·승낙에 의한 살인죄(제252조 제1항), 동의낙태죄(제269조 제2항) 등
승낙이 있어도 범죄성립	아동혹사죄(제274조; 16세 미만), 미성년자약취유인죄(제287조; 19세 미만), 피구금자간음죄(제303조; 연령불문), 미성년자간음죄(제305조; ① 13세 미만 및 ② 13세 이상 16세 미만) 등

4. 추정적 승낙

(1) 의 의

추정적 승낙(mutmaßliche Einwilligung)이란 피해자의 현실적인 승낙이 없었다고 하더라도 행위 당시의 모든 객관적 사정에 비추어 볼 때, 만일 피해자가 행위의 내용을 알았다면 그리고 승낙을 하는 것이 가능했더라면 당연히 승낙했을 것으로 예견되는 경우를 말한다. 예컨대 부재중인 이웃집에 들어가 수돗물을 잠가주는 행위가 이에 해당된다.

추정적 승낙의 이론은 19세기 말엽부터 활발하게 거론되어 독일의 학설·판례에 의하여 인정되어 왔으며, 우리나라에서는 형법 제24조 피해자의 승낙과 관련하여 추정적 승낙이 위법성조각사유로 설명되고 있다.

(2) 성 격

1) 긴급피난설

피해자에게 발생되는 이익충돌에 중점을 둔 긴급피난설은 추정적 승낙을 긴급피난에 종속하는 경우로 이해한다. 그러나 이 설은 추정적 승낙에 있어서는 충돌하는 이익이 모두 동일한 법익주체에게 귀속되어, 이것이 서로 다른 법익주체에게 귀속되는 긴급피난과는 구조적으로 다른 점을 간과하고 있다.

2) 사무관리설

사무관리설은 민법상의 사무관리에서의 이해관계가 형법상의 이익관계에도 적용될 수 있는 경우가 추정적 승낙이라고 본다. 그러나 추정적 승낙의 모든 경우가 민법상의 사무관리에 해당한다고 보기 어렵고 형법상의 위법성조각근거를 민법이론에 의하여 설명하는 것도 타당하지 않다는 비판이 있다.

3) 승낙의 대용물로 보는 설

이 설은 추정적 승낙의 위법성조각이 피해자의 객관적 이익이라는 관점에서 인정되는 것이 아니라 가상된 피해자의 의사에 행위가 합치된다는 사실에서 인정된다고 한다.[1] 따라서 현실적 승낙의 대용물이라고 본다. 그러나 가정을 현실과 완전히 동일시한다는 난점이 있다.

4) 독자적 위법성조각사유설(독자적 법형상설)

독자적 위법성조각사유설은 추정적 승낙을 피해자의 승낙가능성에 연결되면서 독자적 구조를 갖는 위법성조각사유로 본다.[2] 독자적 위법성조각사유로 본다고 하더라도 기타 사회상규에 위배되지 않는 행위로서 제20조를 적용해야 하므로 결과적으로는 정당행위와 동일한 법적 효력을 가진다. 추정적 승낙은 피해자의 가상적 승낙에 기초하면서 그 판단은 객관적 척도에 따른다는 관점에서 독자적 법형상설이 타당하다고 판단된다.

5) 사회상당성설

사회상당성설은 추정적 승낙에 의한 행위가 사회상당성을 가지므로 위법하지 않

---

1) 박상기, 152면; 배종대, 297면; 신동운, 356면.

2) 권오걸, 259면; 김성돈, §21/228; 김성천/김형준, 249면; 김일수/서보학, 227면; 김혜정 외, 189면; 손동권/김재윤, 249면; 임웅, 296면; 정성근/정준섭, 145면; 정영일, 173면.

다고 주장하나 상당성의 개념 자체가 추상적이고 애매하다는 비판을 받는다.

(3) 추정적 승낙의 두 가지 유형

1) 이익의 충돌이 피해자에게 귀속되는 경우(피해자의 이익을 위한 법익침해의 경우)

이는 피해자의 어떤 이익에 위험이 발생했으나 이에 관한 피해자의 결단이 적기에 내려질 수 없기 때문에 외부의 간섭(구성요건에 해당하는 침해)에 의하여 이 위험이 해결될 수밖에 없는 경우를 말한다. 이 경우를 피해자의 이익을 위한 경우라고도 부른다.

예컨대 의사가 승낙을 얻고 시작한 수술에서 의술상 부득이한 사유로 아직 마취상태에 있는 환자에게 그의 승낙을 얻지 못한 영역까지 수술을 확대하는 경우, 남편이 중대사를 방치하지 않도록 처가 부재 중인 남편에게 온 편지를 뜯어보는 경우, 일시 비어 있는 이웃집에 들어가 넘쳐 흐르는 수돗물을 잠가주는 경우, 물에 빠진 사람을 구하려고 보트를 접근시키다가 물에 빠진 자에게 상처를 입히는 경우 등이 이에 해당된다.

2) 이익의 포기로 추정되는 경우

이는 피해자의 손상되는 이익이 경미하거나 행위자의 신뢰관계 때문에 자기의 이익을 포기한 것으로 볼 수 있는 경우를 말한다. 예컨대 가정부가 주인의 헌 옷을 걸인에게 주는 경우이다. 이 경우를 행위자 자신이나 제3자의 이익을 위한 경우라고도 한다.[1)]

(4) 성립요건

추정적 승낙도 위법성조각사유의 특수한 형태로서 독자성이 인정되므로, 일반적인 위법성조각사유들의 요건을 충족하여야 한다. 따라서 객관적 전제조건과 행위 및 주관적 정당화요소 그리고 상당성이 요구된다.

1) 객관적 전제조건(현실적 승낙의 불가능)

현실적인 승낙을 얻는 것이 불가능한 경우라야 한다. 이 경우의 불가능은 피해자의 거부 때문에 승낙을 얻을 수 없는 것이 아니라 여타의 극복할 수 없는 장애로 행위 시에 피해자의 승낙을 얻는 것이 불가능함을 말한다.

---

1) 박상기, 153면.

피해자에게 당해 법익을 처분할 능력이 있어야 하고 그 대상이 되는 법익의 성격도 처분이 가능한 것이어야 한다. 또한 승낙의 추정은 행위 시에 있어야 하며 추후의 승낙을 기대하면서 행동하는 것은 추정적 승낙에 의한 행위에 해당되지 않는다.

2) 승낙 추정에 의한 행위

승낙의 추정에 의한 행위도 양해에 해당하지 않아야 하고, 객관적으로 법익침해 또는 위태화를 유발하는 행위여야 한다. 그리고 그 행위는 피해자의 이익을 위하거나 이익의 포기로 추정되는 법익침해행위여야 한다.

3) 주관적 정당화요소(양심적 심사)

모든 정황을 객관적으로 평가해 볼 때에 피해자가 행위의 내용을 알았거나 승낙을 함이 가능했더라면 승낙할 것이 분명한 경우라야 한다. 즉 승낙의 추정은 주관적 의미의 추정이 아니고 객관적 의미의 추정인 것이다.

행위자가 피해자의 승낙을 추정함에 있어서 자기의 행위가 그 법익주체의 진의에 반하는지 여부가 불확실할 때에는 모든 정황에 대한 양심적 심사를 행한 후에 이에 근거하여 행동할 것을 요한다.[1] 반면, 양심적 심사는 추정적 승낙의 성립요건이 아니며 책임조각사유에 해당할 뿐이라고 보는 견해가 있다.[2] 그러나 양심적 심사는 추정적 승낙에 있어서 가정적 진의판단을 이치에 맞게 행한다는 점에 그 의미가 있는 것으로, 이러한 심사를 거친 행위는 비록 사후에 그 가정적 진의판단이 당해 법익주체의 진의에 합치되지 않았다 하더라도 위법성을 조각하는 것으로 볼 수 있다. 이러한 의미에서 '양심적 심사'는 주관적 정당화요소가 된다고 볼 수 있다.

법익주체의 진의 여부가 불확실함에도 불구하고 양심적 심사 없이 행한 행위에 관하여는 두 가지로 나누어 살펴볼 수 있다.

양심적 심사가 없었다고 하더라도 행위가 법익주체의 진의에 합치될 때에는 당해 법익주체의 의사와 이익이 제대로 보전된 것이므로 이 행위는 위법성을 조각한다. 그러나 양심적 심사없이 행한 행위가 법익주체의 진의에 반할 때에는 위법을 면할 수 없다.

---

1) 박상기, 154면; 배종대, 299면; 신동운, 357면; 이재상 외, 284면; 임웅, 297면.
2) 김성돈, §21/238; 김일수/서보학, 332면; 오영근, 234면.

피해자의 반대의사가 미리 밝혀져 있는 경우에는 이러한 의사표시가 객관적 입장에서 볼 때에 분명히 중대한 하자로 인한 것이라는 사실이 인정될 수 없는 한 이에 반하는 추정은 불가능하다고 봄이 타당할 것이다.

판 례

행위 당시 명의자의 현실적인 승낙은 없었지만 행위 당시의 모든 객관적 사정을 종합하여 명의자가 행위 당시 그 사실을 알았다면 당연히 승낙했을 것이라고 추정되는 경우 역시 사문서의 위·변조죄가 성립하지 않는다고 할 것이나,[1] 명의자의 명시적인 승낙이나 동의가 없다는 것을 알고 있으면서도 명의자가 문서작성 사실을 알았다면 승낙하였을 것이라고 기대하거나 예측한 것만으로는 그 승낙이 추정된다고 단정할 수 없다.[2]

4) 상당성

상당성의 요건 중 필요성은 승낙과 마찬가지로 요구되지 않는다. 따라서 적합성만이 상당성의 내용이 된다. 따라서 추정적 승낙에 의한 행위는 사회윤리상 용납될 수 없거나 법령에 저촉되는 것이어서는 안 된다.

(5) 효 과

이상의 요건을 갖춘 추정적 승낙에 의한 행위는 피해자의 (표시된) 승낙에 의한 행위(제24조)와 마찬가지로 위법성이 조각되어 범죄가 되지 않는다.

추정적 승낙에 있어서도 구성요건을 조각하는 경우를 긍정하는 견해도 있지만 타당하지 않다. 왜냐하면 구성요건을 조각할 수 있는 동의, 즉 양해는 반드시 현실적으로 존재하여야 하며 단지 추정될 수 있는 것만으로는 부족하기 때문이다. 예컨대 일정한 재물을 가져가라는 현실적인 동의(양해)가 있어서 이를 취하는 것은 일상생활상 정상적인 일로서 절도죄나 강도죄의 구성요건에 해당한다고 볼 수 없으나 단순한 추정으로 타인의 재물을 가져가는 것은 일상생활의 정상적인 일이 되기 어렵다.

---

1) 대판 2003. 5. 30, 2002도235; 대판 1993. 3. 9, 92도3101.
2) 대판 2011. 9. 29, 2010도14587; 대판 2008. 4. 10, 2007도9987.

심 화 위법성조각사유에서의 상당성

위법성을 조각시키기 위한 모든 사유들은 상당성을 요구한다. 그러나 각각의 사유들이 요구하는 상당성의 정도에는 차이가 있다. 이를 정리하면 다음과 같다.

유형		정당방위	긴급피난	자구행위	피해자의 승낙
필요성	보충성의 원칙	×	○	○	×
	균형성의 원칙	×	○	×	×
	상대적 최소침해의 원칙	○	○	○	×
적합성	사회윤리적 제약	○	○	○	○

Ⅵ. 정당행위

1. 의의 및 체계적 지위

정당행위란 법령에 의한 행위, 정당한 업무로 인한 행위, 이 밖에도 법질서 전체의 정신이나 사회윤리에 비추어 용인될 수 있는 정도의 행위를 의미한다. 형법 제20조는 정당행위에 관하여 "법령에 의한 행위 또는 업무로 인한 행위 기타 사회상규에 위배되지 아니하는 행위는 벌하지 아니한다."고 규정하고 있다.

정당행위에 있어서 '사회상규에 위배되지 않는 행위'의 체계적 지위에 대하여는 첫째, 이는 형법 제20조상의 포괄적 위법성조각사유로서 법령 또는 업무로 인한 행위는 사회상규에 위배되지 않는 행위의 예시적 열거에 불과하다고 보는 견해,[1] 둘째, 법령 또는 업무로 인한 행위와 병렬적이고 독자적인 위법성조각사유에 해당한다고 보는 견해[2]가 있다.

생각건대, '사회상규에 위배되지 않는 행위'의 체계적 지위는 형법 제20조 내에서 구할 것이 아니라 전체 위법성조각사유의 틀에서 찾을 필요가 있다. 정당행위 규정은 다른 위법성 조각사유와 달리 일반적이고 포괄적인 성격을 갖는 것으로, 앞서 살펴본 정당방위, 긴급피난 등이 특별법규에 해당한다면 사회상규에 위배되지 않는 행위는 일반법규에 해당하므로 특별법과 일반법의 적용순서가

1) 정성근/박광민, 222면.
2) 박상기/전지연, 100면.

그대로 적용된다고 보아야 할 것이다. 이러한 전제 하에서는 법령 또는 업무로 인한 행위는 독자적인 위법성조각사유에 해당하는 것으로 보아야 하고, 법령에 의한 행위 또는 업무로 인한 행위가 아니라 하더라도 어떠한 행위가 구성요건에 해당함에도 불구하고 그것이 사회상규에 위배되지 않는다면 그 행위의 위법성을 조각시키는 초법규적위법성조각사유의 법규화 규정으로 이해함이 타당하다.

즉, 형법 제20조부터 제24조의 개별 사유에 해당하지 않는 독자적 위법성조각사유가 발견되더라도 이는 사회상규에 반하지 않음으로써 위법하지 않다는 규범적 평가가 이루어지는 것이므로, 모든 위법성조각사유는 제20조 후단에 의하여 법규적 위법성조각사유로 인정되기 때문에 초법규적 위법성조각사유는 존재하지 않게 된다.

2. 법령에 의한 행위

법령에 근거하여 행하는 행위를 뜻하며 공무원의 직무집행행위를 비롯하여 모든 법령에 의하여 요구되거나 인정되는 행위를 모두 포함하는 폭넓은 개념이다.

여기에서 법령이라 함은 법률에 국한되는 것이 아니라 '총체적 법률상태'로 이해하여야 한다. 따라서 법률을 비롯한 대외적 기본권침해작용은 법규명령뿐만 아니라, 법률해석의 근거가 되는 하위법령들을 모두 포함한다. 또한 법령은 적법할 것을 요한다. 법령에 의한 행위는 몇 가지 사례들로 유형화할 수 있다.

판 례

1970년대부터 부랑인 단속 · 수용 · 보호를 빌미로 불법감금, 노동착취 등을 자행하였던 이른바 '형제복지원 사건'으로 불리는 불법감금죄에 대한 비상상고사건[1]에서, 대법원은 "원판결이 이 사건 (내무부) 훈령이 상위법령에 저촉되어 무효임을 간과하였다는 점은 형법 제20조의 적용에 관한 전제사실을 오인하였다는 것에 해당하고"라고 하여 내무부 훈령이 정당행위로서 '법령에 의한 행위'를 판단하는 전제사실에 불과하다고 판시하였다. 그러나 대외적 기본권침해조항을 둘 수 없는 내부규칙에 불과한 내무부 훈령에 감금행위의 법적 근거를 둔 것은 명백히 무효이며, 총체적 법률상태가 무효인 경우 형법 제20조의 적용근거로서 '적법한' 법령이 아니므로 정당행위가 될 수 없다고 해석하여야 한다.

1) 대판 2021. 3. 11, 2018오2.

(1) 공무원의 직무집행행위

법령의 규정상 일정한 공무원의 직무(또는 직무상)으로 되어 있는 행위를 말한다. 이에는 공무원이 직접 법령에 의하여 행하는 행위는 물론 권한 있는 자(상관)의 명령에 의하여 행하는 행위도 포함된다. 그러므로 구속력이 있는 적법한 명령에 복종하는 행위는 직무집행행위로서 위법하지 않다.

공무원의 직무집행행위의 예로서는 형사소송법에 의한 각종의 강제처분, 형벌의 집행, 민사소송법이나 세법상의 강제집행 등을 들 수 있다.

외견상 공무원의 직권(또는 직무)의 실행인 것처럼 보이는 행위일지라도 그 진실에 있어서 법률의 정신에 위배되어 직권의 남용에 해당될 경우에는 위법을 면하지 못한다. 판례도 공무원의 위법한 직무집행행위에 대하여는 정당행위가 가능하다고 본다.[1] 이러한 원리는 다른 법령에 의한 행위에도 공통된다.

(2) 징계행위

징계행위는 공무원의 직무집행행위로서 허용되는 경우와 사인에게 허용되는 경우의 두 가지가 있다. 전자에 속하는 예로는 각 학교의 장이 교육상 필요할 때에 학생에게 행할 수 있는 초·중등교육법 제18조에 의한 징계, 소년원장이 수용 중인 소년의 규율위반시 위반자에게 행할 수 있는 보호소년 등의 처우에 관한 법률 제15조에 의한 징계 등을 들 수 있고,[2] 후자에 속하는 예로는 고등교육법 제13조에 따른 사립대학교 장의 학생징계를 들 수 있나. 징계행위는 적정한 한계 내에서 행하여져야 하며 그 범위를 벗어날 경우에는 권리남용으로서 위법하다.

(3) 사인의 현행범인체포

현행범인은 누구든지 영장 없이 체포할 수 있다(형사소송법 제212조). 그러므로 사인이 현행범인을 체포하는 행위도 법령에 의한 행위에 해당된다. 그러나 일정한 한계를 벗어나는 체포행위는 그 부분에 관한 한 법령에 의한 행위로 볼 수 없으며, 이것이 다른 위법성조각사유에 해당되지 않으면 위법을 면할 수 없

---

1) 대판 2009. 6. 11, 2009도2114는 경찰관들의 위법한 제재행위에 대항하기 위한 행위라면 정당행위가 될 수도 있지만, 경찰관들을 때리고 장비를 빼앗는 등의 폭행행위를 한 것은 소극적 방어행위를 넘어서 공격의 의사를 포함하므로 정당행위나 정당방위에 해당하지 않는다고 판시하였다.

2) 이러한 징계행위는 공무원의 직무집행행위로 볼 수도 있음은 물론이다.

다. 또한 사인에 의한 현행범체포는 제3자의 권리를 침해할 수 없다. 예컨대, 사인이 현행범을 체포하기 위하여 타인의 주거에 무단으로 침입해서는 안 된다. 다만, 이 경우에도 긴급피난이 가능할 수 있다.

(4) 정신질환자의 입원 강제행위

정신질환자(정신건강증진 및 정신질환자 복지서비스 지원에 관한 법률 제43조) 또는 정신질환으로 자신의 건강 또는 안전이나 다른 사람에게 해를 끼칠 위험이 있다고 의심되는 사람을 발견하였거나 정신질환자로 의심되는 사람에 대하여 자신의 건강 또는 안전이나 다른 사람에게 해를 끼칠 위험이 있어 그 증상의 정확한 진단이 필요하다고 인정한 경우(동법 제44조)에는 일정한 절차에 의하여 정신의료기관 등에 입원을 시킬 수 있다. 다만, 자발적인 입원이 아니므로 법률이 정한 요건과 절차를 반드시 준수하여야 하며, 그 경우에는 법령에 의한 행위가 된다.

(5) 승마투표권, 복권의 발매

한국마사회법 제6조에 의하여 마사회가 경마를 개최할 때에 승마투표권을 발매하는 행위라든가, 복권 및 복권기금법 제4조에 의하여 복권을 발매하는 행위는 법령에 의한 행위로서 형법 제248조 및 사행행위 등 규제 및 처벌특례법의 적용을 받지 않는다.

(6) 노동쟁의행위

헌법 제33조 제1항은 근로자의 자주적인 단결권, 단체교섭권 및 단체행동권을 보장하고 있고 이에 근거하여 노동조합 및 노동관계조정법 제37조 이하는 쟁의행위에 관한 규정을 두고 있다. 이와 같은 법의 테두리 내에서 행하는 노동쟁의행위는 법령에 의한 행위로서 위법성이 조각된다.

쟁의행위가 법령에 의한 행위로서 정당행위가 되기 위하여는 첫째, 그 주체가 단체교섭의 주체가 될 수 있는 자일 것, 둘째, 그 목적이 근로조건의 향상을 위한 노사간의 자치적 교섭을 조정하는데 있을 것, 셋째, 법령이 규정한 절차에 의할 것, 넷째, 그 수단과 방법이 사용자의 재산권과 조화를 이루어야 하고 폭력의 행사가 아닐 것 등이 요구된다.[1] 그러나 기존의 대법원 판례들은 근로자

---

1) 대판 2022. 10. 27, 2019도10516; 대판 2020. 7. 29, 2017도2478; 대판 2008. 9. 11, 2004도746;

들이 집단적으로 근로의 제공을 거부하여 사용자의 정상적인 업무운영을 저해하고 손해를 발생하게 한 행위가 당연히 위력에 해당하는 것을 전제로 노동관계 법령에 따른 정당한 쟁의행위로서 위법성이 조각되는 경우가 아닌 한 업무방해죄를 구성한다고 판시하였다.[1] 하지만, 집단적 근로의 제공을 거부하여 사용자의 정상적인 업무운영이 저해되고 손해가 발생하였다는 것만으로는 당연히 업무방해죄의 위력에 해당하는 것은 아니고, 쟁의행위가 정당화될 수 있는 바,[2] 다음의 세 단계로 구분할 필요가 있다. 첫째, 법률에 따라 적법하게 행한 파업은 헌법상 보장된 근로자의 기본권으로서 근로조건 향상을 위한 자주적인 단결권·단체교섭권 및 단체행동권을 가지므로(헌법 제33조 제1항), 단순히 근로계약에 따른 노무의 제공을 거부하는 부작위에 그칠 때에는 업무방해죄의 '위력'에 해당하지 않기 때문에 구성요건해당성이 배제된다고 보아야 하며, 위법성조각의 문제가 아니다.

둘째, 이를 넘어서서 사용자에게 압력을 가하여 근로자의 주장을 관철하고자 집단적으로 노무제공을 중단하는 실력적 행사를 하였을 때에만 업무방해죄의 위력에 해당하므로 법령에 의한 행위로서 위법성조각 여부가 문제된다.

셋째, 파업이 업무방해죄의 실력적 행사로서 위력에 해당할 경우, 전후 사정과 경위 등에 비추어 사용자가 예측할 수 없는 시기에 전격적으로 이루어져 사용자의 사업운영에 심대한 혼란 내지 막대한 손해를 초래하는 등으로 사용자의 사업계속에 관한 자유의사가 제압·혼란될 수 있다고 평가할 수 있는 경우에 비로소 집단적 노무제공의 거부는 위법성이 조각되지 않으므로 업무방해죄가 성립한다.[3] 따라서 그 정도에 이르지 않는 때에는 위력에 해당하더라도 위법성이 조각된다고 보아야 할 것이다.

(7) 모자보건법에 의한 임신중절수술

모자보건법 제14조는 본인 또는 배우자에게 대통령령으로 정하는 우생학적 또는 유전학적 정신장애·신체질환, 전염성질환이 있는 경우, 강간·준강간으로

대판 2007. 12. 28, 2007도5204; 대판 2003. 11. 13, 2003도687; 대판 2001. 6. 12, 2001도1012; 대판 1996. 2. 27, 95도2970 등.

1) 대판 2006. 5. 25, 2002도5577; 대판 2006. 5. 12, 2002도3450; 대판 2004. 5. 27, 2004도689; 대판 1991. 11. 8, 91도326; 대판 1991. 4. 23, 90도2771 등.

2) 대판 2011. 3. 17, 2007도482 전원합의체 판결; 대판 2011. 10. 27, 2010도7733.

3) 대판 2011. 3. 17, 2007도482.

임신된 경우, 법률상 혼인할 수 없는 혈족 또는 인척간에 임신된 경우 및 임신의 지속이 보건의학적 이유로 모체의 건강을 심히 해하고 있거나 해할 우려가 있는 경우에 의사는 본인과 배우자(사실상의 혼인관계에 있는 자 포함)의 동의를 얻어 인공임신중절수술을 할 수 있다고 규정하고 있는데, 이 규정에 의한 낙태행위는 법령에 의하여 허용된다. 동법 제28조가 "이 법에 따른 인공임신중절수술을 받은 자와 수술을 한 자는 형법 제269조 제1항, 제2항 및 동법 제270조 제1항의 규정에 불구하고 처벌하지 아니한다."라고 선언한 것은 당연한 사실을 명백히 해두려는 주의적 규정이다.

(8) 특정 질병에 대한 의사의 신고

예컨대 후천성 면역결핍증 예방법 제5조는 이를 인지한 의사에게 신고의무를 규정하고 있는데, 이와 같은 의사의 신고는 형법 제317조(업무상 비밀누설)에도 불구하고 법령에 의한 행위로서 위법성이 조각된다. 이 때, 의사의 신고의무와 형법상 비밀누설금지의무는 외관상 양립할 수 없는 의무처럼 보이지만, 법규간의 경합에 의하여 의사의 신고의무가 우선한다고 보아야 한다. 따라서 의무의 충돌에 해당하지 않는다.

(9) 안락사와 의사의 연명의료 중단

1) 안락사의 의의

안락사(Sterbehalf)란 회복할 수 없거나 임종 중에 있는 중환자의 고통을 덜어주기 위하여 치료를 중단하거나 기타의 방법으로 생명의 마지막단계를 인위적인 조치에 의하여 앞당기는 행위를 의미한다.

인간의 생명을 다루는 의사는 치료의무가 있고, 치료의무를 이행하지 않는 부작위 또는 치료장치의 제거행위는 형법 제24조에 해당하는 피해자의 승낙으로서의 환자의 동의나 관련자의 강한 의지가 있더라도 그 자체가 형법 제252조 제1항의 촉탁·승낙에 의한 살인죄 또는 제2항의 자살방조죄가 성립할 수 있다.[1] 그러나 국가에게 국민의 생명보호의무가 있다고 하더라도, 존엄한 생의 마감을 원하는 환자의 생명에 대한 자기결정권보다 언제나 국가의 생명보호의무

---

1) 대판 2004. 6. 24, 2002도995. 일명 보라매사건에서 판례는 치료를 하지 않는 부작위나 연명의료장치를 적극적으로 제거하거나 의학적 권고에 반하는 환자의 퇴원(discharge against medical advice)은 모두 범죄에 해당한다고 보았다.

가 우선한다고 단정할 수는 없다.

2) 안락사의 유형

안락사는 간접적 안락사와 직접적 안락사로 구분되고, 직접적 안락사는 다시 소극적 안락사와 적극적 안락사로 세분된다. 간접적 안락사란 환자의 고통을 제거하기 위한 의술행위가 부수적인 효과로서 간접적으로 생명단축의 효과를 수반하는 경우이다. 예컨대, 고통제거를 위한 몰핀의 사용은 간접적으로 생명의 종기를 앞당기는 효과를 가진다. 간접적 안락사는 직접적인 사망원인이 아니므로 구성요건해당성을 인정할 필요가 없다.

직접적 안락사란 치료행위가 직접 환자의 사망시점을 앞당기는 경우이다.

이 중에서 소극적 안락사는 의사가 환자의 생명유지 또는 연장에 요구되는 의료행위를 행하지 않아서 환자를 사망에 이르게 하는, 소위 '존엄사'를 의미한다. 소극적 안락사는 촉탁·승낙에 의한 살인죄의 구성요건에 해당하지만, 위법성을 조각시켜야 한다고 봄이 통설이다. 다만, 이를 피해자의 승낙에 의한 위법성 조각으로 보거나 업무로 인한 행위 또는 기타 사회상규에 해당하는 행위로 보는 등 그 근거에 있어서는 차이가 있다. 그러나 피해자의 승낙이 있다고 하더라도, 법률에 특별한 규정이 있으므로 이를 예외적으로 허용할 수 있는가는 원칙적으로 입법적 해결이 가장 바람직하다.

적극적 안락사는 환자의 사망 시기를 앞당길 목적으로 적극적인 죽음에 이르도록 하는 작위행위를 통하여 사망에 이르는 경우이다. 이를 촉탁·승낙에 의한 살인죄로 보는 견해[1]와 제20조 사회상규에 위배되지 않는 행위로서 위법성이 조각된다는 견해[2]가 있다. 생각건대, 안락사라는 영역 자체가 환자가 회복불가능한 상태에 있을 것을 요한다는 점, 치료라는 행위 자체가 단순히 일회성으로 끝나는 것이 아니어서 이를 소극적이거나 적극적으로 쉽게 구분하기 어렵다는 점, 환자에게 본인의 의사에 반하여 고통스러운 치료행위를 강제하는 것이 오히려 인간의 존엄과 가치를 해한다는 점 등에서 제20조 기타 사회상규에 위배되지 않는 행위로 봄이 타당할 것이다.

1) 박상기, 107면; 배종대, 229면; 이재상 외, 283면.
2) 오영근, 248면.

판 례

소극적 안락사와 관련하여 판례는 의학적으로 환자가 의식의 회복가능성이 없고 생명과 관련된 중요한 생체기능의 상실을 회복할 수 없으며 환자의 신체상태에 비추어 짧은 시간 내에 사망에 이를 수 있음이 명백한 경우에 이루어지는 연명치료는, 원인이 되는 질병의 호전을 목적으로 하는 것이 아니라 질병의 호전을 사실상 포기한 상태에서 오로지 현 상태를 유지하기 위하여 이루어지는 치료에 불과하므로, 그에 이르지 아니한 경우와는 다른 기준으로 진료중단 허용 가능성을 판단하여야 한다고 본다. 이 때에는 죽음을 맞이하려는 환자의 의사결정을 존중하여 환자의 인간으로서의 존엄과 가치 및 행복추구권을 보호하는 것이 사회상규에 부합되므로 환자의 자기결정권을 존중하여 연명치료 중단이 허용될 수 있다. 그러므로 회복불가능한 사망의 단계에 이른 후에 환자가 인간으로서의 존엄과 가치 및 행복추구권에 기초하여 자기결정권을 행사하는 것으로 인정되는 경우에는 특별한 사정이 없는 한 연명치료의 중단이 허용될 수 있다.[1] 이는 사전에 명확히 환자의 의사가 있는 때는 물론 그렇지 않을 때에도 가능하다. 판례는 사전의사가 있는 때에는 피해자의 승낙으로, 없는 때에는 추정적 승낙으로 보고 있다.[2]

3) 연명의료 중단

그간의 존엄사 및 개인의 자기결정권에 대한 사회공동체의 가치관의 변화는 2016년 2월에 제정[3]된 호스피스·완화의료 및 임종과정에 있는 환자의 연명의료결정에 관한 법률(연명의료결정법)로 이어졌고, 동법이 정하는 일정한 경우 의사가 연명의료를 중단함을 법으로 허용하고 있다. 여기에서 '연명의료중단 등 결정'이란 임종과정에 있는 환자에 대한 연명의료를 시행하지 아니하거나 중단하기로 하는 결정을 의미한다(동법 제2조 제5호).

연명의료 중단결정을 하기 위해서는 사전연명의료의향서, 연명의료계획서 등

1) 대판 2009. 5. 21, 2009다17417 전원합의체 판결. 다만 동 판결은 민사재판이므로 연명치료 중단이 허용됨이 위법성조각사유 중 구체적으로 어느 사유에 해당하는지는 판시하고 있지 아니하다.

2) 대판 2009. 5. 21, 2009다17417 전원합의체 판결은 환자의 사전의료지시가 없는 상태에서 회복불가능한 사망의 단계에 진입한 경우에는 환자에게 의식의 회복가능성이 없으므로 더 이상 환자 자신이 자기결정권을 행사하여 진료행위의 내용 변경이나 중단을 요구하는 의사를 표시할 것을 기대할 수 없지만, 환자의 평소 가치관이나 신념 등에 비추어 연명치료를 중단하는 것이 객관적으로 환자의 최선의 이익에 부합한다고 인정되어 환자에게 자기결정권을 행사할 수 있는 기회가 주어지더라도 연명치료의 중단을 선택하였을 것이라고 볼 수 있는 경우에는, 그 연명치료 중단에 관한 환자의 의사를 추정할 수 있다고 인정하는 것이 합리적이고 사회상규에 부합된다고 판시하고 있다.

3) 동법은 2017년 8월 발효되어 일정기간 시범운영되다가 2018년 2월부터 시행되었다.

환자의 사전 의사가 명백하여야 하며, 그렇지 않을 때에는 별도의 법적 절차를 거쳐야 한다.[1] 이를 포함하여 동법이 요구하는 일정한 절차를 반드시 거쳐야 하며, 이를 위반한 때에는 정당행위가 되지 않는다. 그러나 법적 절차를 준수한 연명의료 중단행위는 법령에 의한 행위에 해당되어 위법성이 조각된다.

연명의료중단 결정은 회생의 가능성이 없고, 치료에도 불구하고 회복되지 않으며, 급속도로 증상이 악화되어 사망에 임박한 상태에 있는 임종과정에 있는 환자를 대상으로 하기 때문에 안락사 중에서는 소극적 안락사, 즉 존엄사를 대상으로 한다. 따라서 본 법 시행 이후에도 적극적 안락사가 위법성이 조각될 것인가는 여전히 논란이 있다.

3. 업무로 인한 행위

업무라 함은 사람이 사회생활에 있어서 계속・반복의 의사로써 행하는 사무(영업 또는 업무)를 말한다. 비록 법문에 표현되지는 않았으나 업무가 사회통념(또는 사회상규)에 비추어 정당한 것이어야 하며, 다음은 이러한 예이다.

(1) 치료행위 포함 여부

치료행위는 사람의 건강을 유지・촉진시키는 행위로서, 행위주체가 의사이건 아니건 타당하다고 인정되는 범위 내에서는 위법성이 조각된다. 치료행위에는 산파・침구사 등의 행위도 포함되며, 엄격한 조건하의 안락사의 시행[2]도 문제된다. 다만 치료행위가 범죄가 되지 않는 이유에 관하여는 견해의 대립이 있다. 우선 치료행위는 건강을 촉진하는 것이므로 위법성조각을 논할 필요도 없이 상해죄의 구성요건에 해당하지 않는다는 견해가 있지만, 구성요건이란 객관적인

---

1) 동법 제17조 제3호에 따르면 19세 이상의 환자가 의사를 표현할 수 없는 의학적 상태인 경우 환자의 연명의료중단등 결정에 관한 의사로 보기에 충분한 기간 동안 일관하여 표시된 연명의료중단등에 관한 의사에 대하여 환자가족 2명 이상의 일치하는 진술(환자가족이 1명인 경우에는 그 1명의 진술을 말한다)이 있으면 담당의사와 해당 분야의 전문의 1명의 확인을 거쳐 이를 환자의 의사로 본다.

2) 안락사가 위법성을 조각시키는 조건으로서는 흔히 1962년의 일본 나고야 高判(昭 37. 12. 22)의 판시 내용이 인용된다. 이에 의하면 ① 환자가 불치의 병으로 사기에 임박해 있을 것, ② 환자의 고통이 극심할 것, ③ 환자의 고통을 완화하기 위한 목적으로 시술할 것, ④ 환자의 의식이 명료한 때에는 본인의 진지한 촉탁이나 승낙이 있을 것, ⑤ 원칙적으로 의사에 의하여 시행되고 그 방법이 윤리적으로 타당할 것이 그 조건으로 되어 있다. 안락사에 관한 상세한 내용은 이형국, 형법각론연구 Ⅰ, 16면 이하 참조.

행위로 판단할 뿐이지 그 행위의 목적이나 동기를 고려하는 것은 아니다.

위법성조각에 있어서도 이를 업무로 인한 행위로 보는 견해도 있지만, 피해자의 승낙에 의한 행위(제24조)로서 위법성이 조각된다고 봄이 타당하다. 이는 피해자의 권리보호에도 영향을 미치는데, 업무로 인한 행위로 이해하면 의사 등 시술자의 설명의무가 필요 없고, 그 행위로 인한 책임이 조각될 여지가 있다. 그러나 피해자의 승낙으로 본다면 의사 등에게는 반드시 설명의무의 이행이 필요하고, 피해자가 이해하고 유효한 승낙을 하였을 때에만 위법성이 조각된다는 점에서 피해자의 권리를 보다 강화할 수 있다.

(2) 변호사 또는 성직자의 직무집행행위

변호사가 법정에서 변호의 필요상 부득이 타인의 명예를 훼손하는 사실을 적시하거나, 업무처리중 알게 된 타인의 비밀을 누설하는 행위는 정당한 업무로 인한 행위에 해당한다. 성직자가 직무상 알게 된 타인의 범행을 고발하지 않는 경우도 이와 같다. 그러나 이를 넘어서서 적극적으로 범인을 은닉, 도피하게 하는 행위는 위법하다는 것이 판례의 입장이다.[1)]

(3) 운동경기를 통한 법익침해 포함 여부

씨름・권투・레슬링 등 사회통념상 스포츠로서 용인되는 행위를 통하여 타인의 법익을 침해한 경우에는 그 행위가 일반적으로 인정되는 경기규칙에 반하지 않는 한 위법하지 않다고 본다. 그러나 이러한 행위는 허용된 위험으로서 사회상당성을 벗어나지 않으므로 이미 구성요건을 조각한다고 보아야 할 것이다.

이상의 예들을 검토해 볼 때 변호사 또는 성직자의 직무수행행위가 업무로 인한 행위로서 위법성이 조각되는 가장 적절한 예이다.

4. 기타 사회상규에 위배되지 아니하는 행위

(1) 사회상규의 의의

형법 제20조 후단은 "기타 사회상규에 위배되지 아니하는 행위는 벌하지 아니한다."라고 규정한다. 이로 인하여 초법규적 위법성조각사유는 인정될 수 없다. 개별적 위법성조각사유 이외의 모든 정당화 사유들은 기타 사회상규에 위배되지 아니함을 근거로 제20조를 적용하여야 하기 때문이다. 사회상규는 법령에

---

1) 대판 1983. 3. 8, 82도3248.

규정되어 있는 행위뿐만 아니라 법령에 규정되어 있지 않은 모든 행위의 위법성 판단에 있어서 가장 원천적이고 일반적인 척도로 평가된다. 이는 우리 형법의 독특한 규정으로, 구성요건에 해당하는 행위가 형식적으로 위법하더라도 사회가 내리는 공적 평가에 의하여 용인될 수 있다면 그 행위를 실질적으로 위법한 것으로는 평가할 수 없다는 취지에서 도입된 일반적 위법성조각사유이다.[1)]

'사회상규'는 그 어의 상으로 볼 때 사회생활에 있어서 일반적으로 인정되는 일상적(또는 정상적)인 규칙을 의미하고, "사회상규에 위배되지 아니하는 행위"라는 말은 바로 이러한 규칙의 테두리를 벗어나지 아니하는 행위를 뜻하는 것이지만, 형법 제20조의 성격에 비추어 볼 때에 이러한 행위는 법질서전체의 정신이나 그 배후를 이루는 사회윤리에 비추어 용인될 수 있는 범위 내의 행위를 의미한다고 볼 수 있다. 그러나 판례는 이를 소극적으로 해석한다. 즉, 어떠한 행위가 범죄구성요건에 해당하지만 사회상규에 위배되지 않아서 위법성이 조각된다는 것은 그 행위가 적극적으로 용인, 권장된다는 의미가 아니라 단지 특정한 상황하에서 그 행위가 범죄행위로서 처벌대상이 될 정도의 위법성을 갖추지 못하였다는 것을 의미한다고 본다.[2)] 이러한 판례의 태도는 구성요건해당성은 범죄성립의 적극적 요건이고 위법성조각은 소극적 요건이기 때문에, 존재하는 구성요건행위의 적법성을 인정하는 것이 아니라 소극적으로 위법성이 부인되므로 불법성을 인정할 수 없다는 취지이다.

따라서 행위가 법규정의 문언상 범죄구성요건에 해당된다고 보이는 경우에도 그것이 극히 정상적인 생활형태의 하나로서 역사적으로 생성된 사회생활질서의 범위 안에 있는 경우에는 사회상규에 위배되지 않으므로 위법성이 조각된다. 즉, 어떠한 법규정이 처벌대상으로 하는 행위가 사회발전에 따라 일반적으로 전혀 위법하지 않다고 인식되고 그 처벌이 무가치할 뿐 아니라 사회정의에 반한다고 생각될 정도에 이른 경우나, 자유민주주의 사회의 가치에 비추어 이를 실현하기 위해 사회적 상당성이 있는 수단으로 행해졌다는 평가가 가능한 경우에는 사회상규에 위배되지 않는다.[3)]

견해에 따라서는 사회상규 내지 이에 위배되지 아니하는 행위를 ① 인류의

1) 대판 2024. 8. 1, 2021도2084.
2) 대판 2021. 12. 30, 2021도9680.
3) 대판 1983. 2. 8, 82도357.

사회공동생활에 있어서 준수해야 할 준칙규범, ② 행위 당시의 문화규범, ③ 법질서나 그 기저를 이루고 있는 사회윤리를 모두 포괄하는 의미의 사회상당성, ④ 법 전체의 정신에 비추어 초법규적으로 보아 실질적으로 위법이 아닌 정당한 행위, ⑤ 조리 또는 공서양속에 위배되지 않는 행위, ⑥ 사회통념상 정당시되는 행위 등 다양하게 표현하고 있으나, 그 의미는 대동소이하다. 사회상규와 비슷한 용어로서 사회상당성이라는 개념이 있으나 이미 언급했듯이 이것은 구성요건해석의 보조수단 내지 구성요건조각사유로서 거론되는 개념이므로 위법성조각사유의 일반적 척도로서 이해되는 우리 형법의 사회상규와 구분된다고 보아야 한다.

(2) 거론되는 사례

사회상규에 위배되지 아니하는 행위로는 의사 아닌 자의 치료행위, 우생학적 단종, 장기이식, 자손행위, 허용된 위험 등 다양한 예들이 거론된다. 그러나 이들은 다른 법리에 의하여 설명될 수 있으므로 적절한 예라고 보기 어렵다. 다만 허용된 위험을 사회상당성에 포함시키지 않고 위법성조각사유로 보는 견해는 우리 형법의 체계상 이를 기타 사회상규에 위배되지 아니하는 행위로 이해하게 될 것이다. 그러나 허용된 위험은 구성요건 배제사유로 봄이 타당하다.

사회상규에 위배되지 아니하는 행위로서 적절한 예는 주로 판례에 나타나고 있는바 행위동기를 용인할 만하고 법익침해나 위태화의 정도가 경미한 행위라고 판단된다. 여기에 해당하는 예로는 주문자의 예정가격 내에서 무모한 경쟁을 방지하려는 의도 아래 행한 공사입찰의 담합[1], 손해배상청구권에 기한 행위로서 사회통념상 인정되는 범위를 일탈하지 않은 경우[2], 일정한 요건을 갖춘 무면허 수지침 시술행위[3], 지휘관이 야간에 소란행위를 제지하기 위하여 술에 취하여 신병에게 행패를 부리는 부하에 대하여 경미한 폭행을 가한 경우[4], 어떤 법규정이 처벌대상으로 하는 행위가 사회발전에 따라 전혀 위험하지 않다고 인식되고 그 처벌이 오히려 무가치하고 사회정의에 반하는 경우[5] 등을 들 수 있

1) 대판 1971. 4. 20, 70도2241; 대판 1969. 7. 22, 65도1166; 대판 1960. 8. 4, 4292형상96 등.
2) 대판 1980. 11. 25, 79도2565.
3) 대판 2000. 4. 25, 98도2389.
4) 대판 1978. 4. 11, 77도3149.
5) 대판 1994. 11. 8, 94도1657.

다. 의료행위에 해당하는 어떠한 시술행위가 무면허로 행하여졌을 때에는 그 시술행위의 위험성 정도, 일반인들의 시각, 시술자의 시술 동기, 목적, 방법, 횟수, 시술에 대한 지식수준, 시술경력, 피시술자의 나이, 체질, 건강상태, 시술행위로 인한 부작용 내지 위험발생 가능성 등을 종합적으로 고려하여, 법질서 전체의 정신이나 그 배후에 놓여 있는 사회윤리 내지 사회통념에 비추어 용인될 수 있는 행위에 해당한다고 인정되는 경우에만 위법성이 조각된다.[1)]

판 례

1. 사회상규에 위배되지 않는 행위에 해당하는 경우

기자 갑이 작성한 기사가 인터넷 포털 사이트에 게재되자, 피고인이 "이런걸 기레기라고 하죠?"라는 댓글을 게시한 경우, '기레기'는 모욕적 표현에 해당하나, 위 댓글의 내용, 작성 시기와 위치, 위 댓글 전후로 게시된 다른 댓글의 내용과 흐름 등을 종합하면 위법성이 조각된다고 본 경우(대판 2021. 3. 25, 2017도17643), 실내 어린이 놀이터에서 자신의 어린 딸이 다시 얼굴에 상처를 입지 않도록 보호하기 위하여 돌발적인 공격을 막기 위해 밀친 행위(대판 2014. 3. 27, 2012도11204), 연립주택 아래층에 사는 피해자가 위층 피고인의 집으로 통하는 상수도관의 밸브를 임의로 잠근 후 이를 피고인에게 알리지 않아 하루 동안 수돗물이 나오지 않은 고통을 겪었던 피고인이 상수도관의 밸브를 확인하고 이를 열기 위하여 부득이 피해자의 집에 들어간 경우(대판 2004. 2. 13, 2003도7393), 지방의회의원이 음식물 등 제공에 사용한 돈이 지방의회의 예산에 편성되어 있는 업무추진비에서 예산집행절차를 거쳐 지급되었는데 그것이 법률상 규정된 의례적 행위나 직무상 행위에 해당되지 않더라도 지극히 정상적인 생활형태의 하나로서 역사적으로 생성된 사회질서의 범위 안에 있는 경우(대판 2017. 4. 28, 2015도6008), 골프클럽 경기보조원들의 구직편의를 위해 제작된 인터넷 사이트 내 회원 게시판에 특정 골프클럽의 운영상 불합리성을 비난하는 글을 게시하면서 위 클럽담당자에 대하여 한심하고 불쌍한 인간이라는 등 경멸적 표현을 한 경우(대판 2008. 7. 10, 2008도1433), 건설업체 노조원들이 '임·단협 성실교섭 촉구 결의대회'를 개최하면서 차도의 통행방법으로 신고하지 아니한 삼보일배 행진을 하여 차량의 통행을 방해한 경우(대판 2009. 7. 23, 2009도840),

---

1) 대판 2022. 12. 29, 2017도10007. 호스피스 의료기관에서 근무하는 의사인 피고인이 부재중에 입원환자가 사망한 경우 간호사인 피고인들에게 환자의 사망 여부를 확인한 다음 사망진단서를 작성하여 유족들에게 발급하도록 한 행위에 대하여 판례는 위법성이 조각되지 않는다고 보아 무면허 의료행위로 인한 의료법위반 및 이에 대한 교사를 인정하였다.

총학생회 간부인 피고인들이 총장 을을 직접 찾아가 면담하는 이외에는 다른 방도가 없다는 판단 아래 을과 면담을 추진하는 과정에서 총장 을과의 면담을 요구하면서 총장실 입구에서 진입을 시도하거나, 교무위원회 회의실에 들어가 총장의 사퇴를 요구하면서 이를 막는 학교 교직원들과 실랑이를 벌인 행위(대판 2023. 5. 18, 2017도2760).

2. 정당행위로 볼 수 없는 경우

상사계급의 피고인이 부대원들에게 40-50분간 얼차려를 지시한 행위(대판 2006. 4. 27, 2003도4151), 소유자인 피고인으로부터 사용승낙을 받지 아니한 채 통로를 활용하여 공사차량을 통행하게 함으로써 피고인의 영업에 다소 피해가 발생하자 공사차량을 통행하지 못하도록 자신 소유의 승용차를 통로에 주차시켜 놓은 행위(대판 2005. 9. 30, 2005도4688), 감독관청의 허가 없이 사회복지법인의 기본재산을 처분한 대가로 수령한 보상금을 사용한 행위(대판 2006. 11. 23, 2005도5511), 인터넷 포털사이트 뉴스 댓글 난에 연예인인 피해자를 '국민호텔녀'로 지칭하는 댓글을 게시한 행위(대판 2022. 12. 15, 2017도19229)

(3) 판단기준과 적용원칙

① 사회상규에 위배되는가 여부에 관한 판단기준으로서는 법익형량원칙, 목적과 수단의 정당성, 사회상당성, 이익흠결의 원칙 등이 거론된다. 생각건대 문제되는 행위 그 자체와 그 행위로 인한 법익침해적 결과를 살펴보고 기타의 제반정황도 함께 고려하여 종합적인 관점에서 사회상규위배 여부를 판단하는 총체적 평가의 방법이 불가피하다고 본다.

행위 자체에 관하여서는 범행의 동기, 행위자의 의사, 목적과 수단 등이, 결과에 관하여서는 법익침해적 결과나 법익에 대한 위태화의 정도 등이 고려될 수 있다. 그리하여 행위 자체가 용인될 만하고 이로 인한 결과가 경미할수록 사회상규에 위배되지 아니한다는 판단가능성이 커진다고 볼 수 있다. 이익형량도 이익충돌적 상황이 문제되는 경우에는 결과면의 판단에 중요한 척도를 제공한다. 이처럼 행위와 결과의 양면을 살펴본 후에는 여타의 정황도 함께 고려하여 그러한 행위가 법질서 전체의 정신이나 그 배후에 놓여 있는 사회윤리에 비추어 용인될 수 있는가 여부를 결정해야 할 것이다. 판례는 첫째, 그 행위의 동기나 목적의 정당성, 둘째, 행위의 수단이나 방법의 상당성, 셋째, 보호이익과 침해이익과의 법익균형성, 넷째, 긴급성, 다섯째 그 행위 외에 다른 수단이나 방법이 없다는 보충성 등의 요건을 요구한다.[1] 다만 '긴급성'과 '보충성'은 다른 실효성 있는 적법한 수단이 없는 경우를 의미하지 '일체의 법률적인 적법한 수단이 존재하지 않을 것'을 의미하지는 않는다.[2]

판 례

위의 판단기준을 구체적인 사례에 적용하면 다음과 같다. 언론기관의 불법한 감청·녹음에 의한 수집임을 알면서도 보도하는 행위가, 첫째 보도의 목적이 불법 감청·녹음 등의 범죄가 저질러졌다는 사실 자체를 고발하기 위한 것으로 그 과정에서 불가피하게 통신 또는 대화의 내용을 공개할 수밖에 없는 경우이거나, 불법 감청·녹음 등에 의하여 수집된 통신 또는 대화의 내용이 이를 공개하지 아니하면 공중의 생명·신체·재산 기타 공익에 대한 중대한 침해가 발생할 가능성이 현저한 경우 등과 같이 비상한 공적 관심의 대상이 되는 경우에 해당하여야 하고, 둘째 언론기관이 불법 감청·녹음 등의 결과물을 취득할 때 위법한 방법을 사용하거나 적극적·주도적으로 관여하여서는 아니 되며, 셋째 보도가 불법 감청·녹음 등의 사실을 고발하거나 비상한 공적 관심사항을 알리기 위한 목적을 달성하는 데 필요한 부분에 한정되는 등 통신비밀의 침해를 최소화하는 방법으로 이루어져야 하고, 넷째 언론이 그 내용을 보도함으로써 얻어지는 이익 및 가치가 통신비밀의 보호에 의하여 달성되는 이익 및 가치를 초과하여야 한다. 여기서 이익의 비교·형량은, 불법 감청·녹음된 타인 간의 통신 또는 대화가 이루어진 경위와 목적, 통신 또는 대화의 내용, 통신 또는 대화 당사자의 지위 내지 공적 인물로서의 성격, 불법 감청·녹음 등의 주체와 그러한 행위의 동기 및 경위, 언론기관이 불법 감청·녹음 등의 결과물을 취득하게 된 경위와 보도의 목적, 보도의 내용 및 보도로 인하여 침해되는 이익 등 제반 사정을 종합적으로 고려하여 정하여야 한다.[3]

② 사회상규에 위배되지 아니하는 행위는 가장 원천적이고 포괄적인 척도를 갖는 위법성조각사유이므로 관점에 따라서는 이미 형법에 유형화되어 있는 정당방위, 긴급피난, 자구행위, 피해자의 승낙까지도 포용한다고 볼 수 있다. 그러나 제20조 후단이 포괄성을 갖는다고 하여 위법성조각이 문제되는 행위에 먼저

1) 대판 2003. 9. 26, 2003도3000; 대판 2001. 2. 23, 2000도4415.
2) 대판 2023. 11. 2, 2023도10768; 대판 2023. 5. 18, 2017도2760.
3) 대판 2011. 3. 17, 2006도8839 전원합의체 판결.

이 규정을 적용하려 한다면 이는 위법성조각사유를 되도록 상세하게 유형화시킨 형법의 근본정신에 합치하는 태도가 아니다. 먼저 문제되는 행위가 어떤 유형의 위법성조각사유에 해당될 수 있는가를 검토해 본 후에 그 해당사항은 없지만 실질적 관점에서 위법성조각을 검토해야 할 필요성이 남아 있다고 판단될 때, 그 행위가 제20조 소정의 "기타 사회상규에 위배되지 아니하는 행위"인가 여부를 살펴보아야 한다.

이와 관련하여 판례는 소극적 저항행위를 모두 정당행위로 본다.[1] 소극적 저항행위란 상대방의 불법한 공격으로부터 자신을 보호하고 이를 벗어나기 위한 저항수단으로, 판례는 이를 사회상규에 위배되지 않는 행위로 보지만, 제20조가 보충적 규정임을 고려한다면 정당방위 성립여부를 우선 심사하여야 한다.[2]

제 3 절 책 임

§1. 책임의 기초이론

Ⅰ. 책임의 개념

1. 서 설

구성요건에 해당하는 위법한 행위(형법상의 불법행위)라 할지라도 행위자에게 그러한 행위에 대한 책임이 인정될 수 있을 때 비로소 그 행위는 범죄가 된다. 위법성은 행위가 어떠한 전제 하에 법질서에 반하는가의 문제를 다루며 그 판단척도에 행위자의 특성은 고려되지 않는다. 한편 책임(Schuld)은 위법한 행위를 한 행위자를 개인적으로 비난할 수 있느냐의 문제를 다루며 그 판단에는 행위자의 특성이 당연히 고려된다.

책임은 오늘날 일반적으로 행위자에게 과하여지는 행위의 비난가능성이라고 정의된다. 그리고 최근의 규범적 책임론은 행위에서 드러난 법적으로 비난받을

---

1) 대판 1996. 5. 28, 96도979; 대판 1990. 1. 23, 89도1328; 대판 1986. 7. 22, 86도751 등.
2) 김성돈, §21/325; 손동권/김재윤, 269면.

만한 행위자의 심정(심정적 반가치)을 책임판단에 관련되는 객체로서 고려해야 한다고 본다.

2. 책임개념의 발전

책임의 개념 내지 본질이 무엇인가에 관하여서는 심리적 책임론, 규범적 책임론, 답책성이론 등이 거론되고 있는데 이들은 모두 책임개념의 발전과정에서 등장한 이론들이다.

책임개념의 단서는 이미 이탈리아형법학, 독일보통법 시대의 법학에서 찾아볼 수 있으나 책임개념이 본격적으로 형법이론의 체계 속에 정착된 것은 19세기 후반 심리적 책임개념이 등장하기 시작한 이후의 일이다.

(1) 심리적 책임론

심리적 책임개념은 주로 리스트(Liszt)의 지도 하에 형성된 자연주의적인 체계적 책임개념으로서 규범적 책임개념이 나올 때까지 지배적이었다.

당시의 범죄론에서는 모든 객관적이고 외적인 것은 위법성에 그리고 모든 주관적이고 내적인 것은 책임에 속하는 것으로 이해되었으며, 따라서 책임은 결과에 대한 행위자의 심적 관계라야 한다고 보았다. 행위자의 심적 관계는 상이한 두 종류, 즉 고의 또는 과실로서 나타난다. 책임은 고의, 과실의 상위개념(類概念)이고 고의와 과실은 다 같이 책임의 하위개념(種概念)이다. 책임능력은 범행에 대한 행위자의 심적 관계에 속하지 않으므로 책임의 구성부분이 아니고 책임의 전제일 뿐이다. 심리적 책임개념에 의하면 책임의 전제인 책임능력이 있고 고의 또는 과실만 있으면 행위자의 책임은 인정된다.

이러한 심리적 책임론에 대하여서는 다음과 같은 비판이 있다.

① 심리적 책임개념은 어떠한 심적 관계가 중요하고 왜 그것이 책임을 지우며 그것이 없으면 책임이 조각되는가에 대하여 어떤 근거도 제시하지 않는다.

② 책임능력의 전제하에 고의 또는 과실만 있으면 책임은 인정되므로 책임조각사유(예컨대 강요된 행위나 일정한 조건하의 과잉방위 등)가 있을 경우 어째서 책임이 없다고 하는가를 설명하지 못한다.

③ 인식 없는 과실에 있어서는 결과에 대한 행위자의 심적 관계가 없기 때문에 심리적 책임개념에 의해서는 책임을 인정하기 어렵다.

(2) 규범적 책임론

1) 규범적 책임개념의 형성과 기대가능성

심리적 요소뿐만 아니라 규범적 요소까지도 책임개념에 포함시킨 규범적 책임론은 1907년부터 프랑크(Frank), 골트슈미트(Goldschmidt), 프로이덴탈(Freu-denthal) 등에 의하여 활발히 전개되었다. 프랑크는 책임을 비난가능성으로 보면서 책임개념에 책임능력, 고의 또는 과실 이외에도 행위정황의 규범적 성질이 포함된다고 보았고, 골트슈미트는 규범적 책임요소로서 의무규범의 침해를 강조하였으며, 프로이덴탈은 책임에 행위자가 달리 행동해야 하였고 달리 행할 수 있었음에도 불구하고 그렇게 행하였다는 비난이 포함되어야 하는데, 행위자가 달리 행할 수 있었다는 것은 부수적 정황에 의존된다고 보았다. 그리고 적법행위에의 기대불가능성이 과실행위뿐만 아니라 고의행위에서도 일반적 의미를 갖는다고 보아 기대가능성을 책임개념의 핵심으로 삼았다.

프랑크, 골트슈미트, 프로이덴탈 등을 거쳐 정립된 기대가능성을 중심으로 삼는 규범적 책임론은 책임의 본질을 행위의 비난가능성으로 본다. 책임능력은 책임의 전제조건으로서 법에 합치하는 행위의사형성을 위한 전제조건으로 이해되며 유책한 행위의사 그 자체는 고의 또는 과실이라는 책임형식으로서 나타난다. 위법성인식은 대체로 고의의 요소로 인정되며 책임조각사유는 부수적 정황의 비정상성이라는 관점에서 설명된다.

2) 순수한 규범적 책임론

목적적 행위론은 행위의 심적 구성부분인 고의를 가치판단의 개념인 책임으로부터 배제하는 한편, 종래 고의의 요소로 취급되었던 위법성인식을 규범적 성격을 지닌 독자적 책임요소로서 인정함으로써 이른바 순수하게 규범적인 책임개념(Der rein normative Schuldbegriff)을 형성하였다.

목적적 행위론에 의하면 고의는 행위의 구성부분임과 동시에 불법구성요건의 구성부분으로 된다. 고의가 불법구성요건의 영역으로 넘어감으로써 고의의 한 요소로 취급되었던 위법성인식은 의무위반성의 기초로 되는 규범적 요소라는 관점에서 고의로부터 분리되어 독자적 책임요소로서 책임영역에 그대로 남게 된다(책임설).

과실은 고의와 더불어 불법구성요건에 속하게 되지만 행위자가 자신의 행태의 위법성(주의의무위반성)을 인식했느냐 또는 인식할 수 있었느냐 여부의 문제는 책임론에 그대로 남게 된다.

궁극적으로 목적적 행위론은 행위의사형성의 당위성을 불법의 영역에서 문제삼는 한편 행위의사형성의 가능성을 책임영역에서 문제로 삼는다. 그리하여 당위적 행위의사의 형성이 가능하였음에도 불구하고 그렇게 하지 않았다는 의미의 '비난가능성'이 책임의 본질로 이해된다. 그리고 책임능력과 위법성인식가능성은 비난의 전제조건이 된다.

동 이론을 따르는 견해에 의하면, 책임은 심리적 활동에 대한 비난가능성이고, 심리적 사실인 고의·과실은 책임평가 그 자체가 아니라 평가의 객체가 될 뿐이므로 이를 책임에서 제외하면, 순수한 규범적·평가적 요소만이 책임의 요소가 된다고 본다.

3) 최근의 규범적 책임론

목적적 행위론에 의하여 형성된 이른바 순수한 규범적 책임론에 있어서는 행위의사가 불법영역에 있어서는 그렇게 해서는 아니되는 것(금지된 것)으로서 평가되는 한편, 책임영역에 있어서는 비난가능한 것으로서 평가되기 때문에 위법성판단의 객체와 책임판단의 객체가 동일하다는 문제점이 있다. 그러므로 최근의 규범적 책임론은 이를 극복하기 위하여 "행위에서 드러난 법적으로 비난되는 행위자의 심정"을 책임판단의 관련객체(Bezugsobjekt)로서 제시한다. 이를 통하여 당위적 요청에 반하는 행위 그 자체는 위법성 판단의 대상으로 되는 한편, 그 위법한 행위 속에서 드러난 법적으로 비난될 만한 행위자의 심정은 책임판단의 객체로 되어 위법성판단의 객체와 책임판단의 객체가 사리에 맞게 구분된다. 행위자의 심정적 반가치로서의 고의는 책임형식으로서 책임의 영역에 속하는 한편, 행위방향으로서의 고의는 구성요건요소로서 이해되어 고의의 이중적 기능이 인정된다.[1] 그러므로 행위방향으로서의 고의가 있었던 경우라도 심정적 반가치로서의 고의가 결여되면 고의책임은 탈락된다. 과실도 행위형식과 책임형식으로서 이중적 성격을 갖는다. 책임은 "행위에서 드러난 법적으로 비난되는 행위자의 심정을 고려한 행위의 비난가능성"이라고 정의된다. 그리고 책임개념에

1) 김혜정 외, 209면; 이재상 외, 311면; 임웅, 305면; 오영근, 254면.

는 책임의 전제인 책임능력, 위법성인식가능성, 행위자의 심정적 반가치에 상응하는 책임형식으로서의 고의와 과실, 책임조각사유의 부존재, 행위정황의 정상성 등이 포함된다.

규범적 책임개념이 오늘날 통설적 지위를 차지하고 있지만 어떠한 의미의 규범적 책임개념을 취할 것인가에 관하여서는 아직도 견해가 일치되어 있지 않다. 책임판단의 관련객체를 마련한 최근의 이론이 합일태적 범죄론체계에 부합한다는 점에서 보다 합리적이다.

(3) 인격적 책임론

인격적 책임론은 소질과 환경에 영향을 받으면서도 어느 정도 상대적으로 자유의사를 가진 인간을 전제로, 책임의 근거를 행위자의 배후에 놓여 있는 인격에서 찾고자 한다. 대체로 행위와 함께 행위의 배경이 된 행위자의 생활영위책임, 생활결정책임, 또는 행위자의 인격형성책임으로부터 책임의 근거를 찾고자 한다. 인격형성책임이란 행위란 행위하는 인간의 인격의 현실화 또는 외면화이므로 책임판단의 1차적 대상은 불법행위이지만, 2차적으로는 행위자의 인격형성과정을 고려하여 책임비난의 대상으로 삼는다는 의미이다.

이처럼 행위자의 인격에 가해지는 도덕적·윤리적 비난을 책임이라고 보면서,[1] 행위자가 현재의 인격을 형성하는 과정을 자유롭게 구축하여 왔으므로, 행위자에게 책임의 근거로서 자신의 인격체계를 외적으로 범죄행위의 형태로 발현시킨 것에 대한 인격형성책임을 물을 수 있다고 한다.

그러나 책임주의는 인간의 의사결정의 자유를 논리적 전제로 하고, 책임론은 그와 같이 인격적 존재인 인간이 자유의사를 기초로 범죄행위로 나아감에 있어서 행위자를 비난하는 본질이 무엇인가를 찾는데 있다. 그러나 인격적 책임론은 인간이 의사결정의 자유를 가졌다는 점 또는 인간이 인격적 존재라는 점에 비난의 근거를 두고 있다는 점에서 동어반복이 아닌가 한다.

(4) 예방적 책임론(답책성 이론)

최근에는 또한 "달리 행위할 수 있었다."(Andershandelnkönnen)는 의미의 책임은 형법적 책임부담에 있어서 결정적인 것이 아니고 답책성(負責性, Verant-

1) 신동운, 385면.

wortlichkeit)의 범주는 형사정책적 관점 하에 개개의 경우에 있어서 일반예방과 특별예방이라는 형벌목적에 따라 결정되어야 한다는 견해도 주장되고 있다. 그리하여 일반예방적 관점과 특별예방적 관점에서 처벌할 필요가 없을 때에는 답책성이 결여되어 범죄가 성립하지 않는다고 보게 된다. 이처럼 이 견해는 책임에 예방적 관점을 관련시킨다는 의미에서 예방적 책임론이라고도 한다.

이 밖에도 책임개념을 범죄예방이라는 형벌목적 달성을 위한 수단으로 보는 기능적 책임개념, 적극적 일반예방의 목적이 책임의 내용을 구성한다는 이론 등도 있다.

심 화 **기능적 책임개념**(funktionaler Schuldbegriff)

규범적 책임개념에 대한 비판으로 제기된 기능적 책임개념은 형법의 기능을 적극적 일반예방으로 이해하면서, 루만의 체계이론에 기초하여 형벌이론을 사회학적으로 재구성하고자 한다. 적극적 일반예방론을 주장한 대표적 학자인 야콥스(G. Jacobs)는 형벌과 책임의 관계를 실질적으로 설정하고자 하면서, 형법상의 책임개념은 형식적이기 때문에 책임을 예방으로 대체하고, 규범안정화(Normstabilisierung)나 체계안정화에 대한 일반인의 기대보장이라는 의미에서 적극적 일반예방이 형벌목적이며 책임의 실질적 내용을 제공한다고 본다.

루만의 체계이론은 기본적으로 규범이란 사회 내에 존재해온 일정한 행위기대를 당위적인 것으로 구조화한 것이므로, 법 역시 일정한 사회적 체계의 한 구조라고 본다. 그리고 분화된 사회에서 기대안정화는 범죄자에 대한 제재를 통해 이루어지는데, 이처럼 사회안정화 속에서 생성된 일정한 행위기대를 저버리는 행위에 대한 제재를 통해 일반인의 기대를 보장해 준다는 점에 형법 및 형벌의 목적이 있는 것으로 본다. 따라서 행위자의 규범위반에 대한 책무란, 일차적으로 일반인의 규범효력에 대한 신뢰를 동요시켰다는 점에 있고, 책임의 근거는 그와 같은 규범질서의 구속성을 일반인들에게 확증시켜주는데 있으며, 형벌의 양은 법규범 준수의 훈련이라는 예방적 관점에서 결정되어 진다. 그 결과 책임은 단지 일반예방의 변형인 것이다.

결과적으로 야콥스의 책임개념에서 기능적이란 규범안정화라는 사회체계유지기능을 의미하며, 개인에 대한 비난가능성이 아니다. 그리고 책임을 예방으로 대체함으로써, 형벌목적은 적극적 일반예방으로 대체되고 그와 같은 형벌목적을 벗어나는 책임은 어떠한 내용도 실질도 가지지 못하는 형식적 개념에 불과하다고 본다. 이와 같은 기능주의적 관점에서 접근하게 되면 어떠한 행위자가 어떤 행위를 하였는가는 문제되지 않는다. 다만 그로 인하여 형벌목적의 관점에서 규범의 안정화가 깨어졌는가, 일반인의 기대보장이 또는 신뢰가 와해되었는가 등에 의존하게 되는 바, 자의적 형벌부과의 우려가 제기된다. 또한 사회체계 또는 가치관의 동적 변화에 따라 보호해야할 일반인의 신뢰 또는 기대 역시 변하게 되므로 형법의 보장적 기능이 와해되는 결과를 초래한다. 더욱이 형법이 규범안정화라는 자기목적적 또는 자기보장적 기능만을 수행하면서, 행위자를 오로지 규범확증을 위한 수단으로 전락시킨다는 비판이 가능하다.

Ⅱ. 책임의 기초

1. 책임주의

행위의 불법이 인정된다고 하더라도, 형벌은 그와 같은 행위를 한 자에 대한 사회윤리적 비난을 통해서 목적을 달성하고자 하는 것이므로 형벌부과는 행위자의 책임에 근거하여야 한다. 이를 책임주의(Schuldprinzip)하고 한다. "책임 없으면 형벌 없다."(Keine Strafe ohne Schuld)라는 말로 표현되는 책임주의는 형법의 기본원칙이다.

책임주의는 책임이 없으면 형벌이 없다는 것에 그치지 않고, 처벌함에도 행위자가 자기의 책임에 따라 행한 것보다 형벌이 무거워서는 안된다는 의미도 가지는데 전자를 형벌근거적 책임이라고 하고 후자를 형벌제한적 책임이라고 한다. 비록 헌법이나 형법에 명문의 규정은 없지만 당연히 인정되는 원칙으로서, 이를 통해 국가형벌권의 자의적 행사나 남용을 막고 개인의 자유를 보장하는 법치국가의 원리로서 작용하게 된다.

책임주의는 의미없는 형벌은 피고인이나 사회에서 기능하지 못한다는 관점에서는 형사정책의 기초를 이루고, 실무상 법적용에 있어서는 양형원칙으로 작용하며, 나아가 수형자의 재사회화도 자신의 형사책임을 이해하고 개선하기 위해 노력할 때 가능하다는 관점에서는 행형과도 관련된다.

2. 법적 책임

형사책임은 법적 책임(Rechtsschuld)이지 윤리적 책임(sittliche Schuld)이 아니다. 형법의 요구규범과 금지규범이 윤리규범과 합치하는 경우가 많고 적어도 전자가 후자에 배치되지 않을 것이 요청되지만 이 때문에 법적 책임과 윤리적 책임이 동일시될 수는 없다. 형사책임은 어디까지나 법적 책임으로서 법규범에 관계되고 법적 척도에 의하여 측정되며 그 척도는 필연적으로 형식적이라야 하고 법원에서 법적 절차에 따라 확정된다.

3. 개별행위책임과 인격책임

개개의 행위가 행위자의 인격과 밀접한 관계가 있는 것이지만 형법상의 책임은 개별적인 행위에 관계된다. 책임비난의 대상이 되는 불법은 어떤 특정한 법질서에 의하여 금지된 행위나 명령에 반하는 부작위로 인하여 성립되고 비난받을 만한 행위자의 인격으로 인한 것이 아니기 때문이다.

그러므로 책임판단의 대상은 개별적인 행위이지 행위자의 인격이 아니다. 그러나 인격이 형법상의 책임과 전혀 무관한 것은 아니다. 누범, 금지착오에 있어서의 정당한 이유의 판단, 양형 등에 있어서는 행위자의 인격이 중요한 의미를 갖는다.

4. 도의적 책임론과 사회적 책임론

흔히 책임의 근거와 관련하여 거론되는 도의적 책임론과 사회적 책임론의 대립은 자유의사의 문제에 연결된 신구학파논쟁의 산물이다.

구파의 도의적 책임론은 자유의사를 전제로 하여(의사비결정론) 책임은 스스로 위법한 행위를 한 자에게 가하여지는 도의적 비난이라고 보았다. 위법한 의사형성이 비난된다는 의미에서 의사책임론, 개개의 위법행위에 따라 책임을 문제 삼는다는 의미에서 행위책임론이라고도 불리어졌다.

신파의 사회적 책임론은 자유의사를 부정하고 행위는 행위자의 소질과 환경에 의하여 필연적으로 지배된다고 보았으며(의사결정론), 책임의 근거는 행위 그 자체가 아니라 행위자의 반사회적 성격에서 구해야 하고(성격책임) 이러한 자로부터 사회를 방위해야 할 필요가 있는데 이 때문에 행위자가 사회방위처분을 받아야 할 지위가 책임이라고 하였다.

비결정론과 결정론의 어느 것도 일방적으로 관철되거나 증명될 수 없고, 신구학파의 논쟁 자체가 이미 형법사의 한 부분이라는 점에서 도의적 책임론과 사회적 책임론의 대립문제는 단지 역사적 의미를 지니고 있는데 불과하다고 판단된다. 오늘날 형사책임에 있어서 자유의사는 비록 소질과 환경에 의하여 제한을 받지만 행위의 의미와 내용을 알고 이에 따라 결단을 내릴 수 있는 능력, 즉 인격적 자기결정능력이라는 의미에서 긍정되고 있을 뿐이다.

5. 형벌근거적 책임과 양형상의 책임

형벌근거적 책임이란 행위자에게 실정법에 의한 형벌의 부과를 근거짓거나 배제하는 넓은 의미로서의 책임, 즉 책임에 관련되는 모든 표지의 총체적 개념으로서의 책임을 말한다. 예컨대 범죄는 구성요건에 해당하는 위법, 유책한 행위라는 범죄의 정의에서 책임은 바로 이러한 의미의 책임인 것이다.

한편 양형상의 책임이란 법적용의 영역에 있어서의 책임을 의미한다. 양형의 기초는 행위자의 책임이며 행위자는 자기의 책임의 범위 내에서만 처벌을 받는다. 양형의 기본원리인 예방의 목적(특별예방과 일반예방)도 행위자의 책임의 범위 내에서만 고려되어야 한다(형벌제한적 책임).

6. 책임형식(고의책임과 과실책임)

고의불법과 과실불법에 상응하여 고의책임과 과실책임이 인정된다. 불법은 책임의 전제이기 때문에 책임은 언제나 불법에 관련되고 불법의 경중은 책임비난의 비중에 영향을 미친다.

행위자가 고의적으로 또는 과실로 행위했는가 여부는 불법내용에서뿐만 아니라 책임에서도 차이를 드러내며 여기에서 그 이중적 기능이 인정된다. 책임형식으로서의 고의는 행위에서 드러난 심정적 반가치를 나타내는 존재이고 과실책임은 법질서의 주의요구에 대한 행위자의 부주의한 태도에 있다. 형법에 있어서의 책임형식은 이처럼 고의책임과 과실책임의 두 가지로 드러나며 무과실책임이라든가 여타 형식의 형사책임은 존재하지 않는다.

§2. 책임의 표지

책임의 표지로서는 합일태적 범죄론 체계에 따라 책임의 전제조건으로서의 책임능력, 규범적 요소로서의 위법성인식과 금지착오, 책임고의, 기대가능성 등을 들 수 있다.

우선 책임능력이 책임의 전제조건인 것은, 행위자에게 책임무능력사유가 존재하면 다른 책임표지를 살펴볼 필요 없이 책임이 부정되기 때문이다. 그리고 나머지 규범적 요소들은 적극적인 심사를 요하는 것이 아니라 일반적으로는 이를 판단하지 않지만 특별한 정황으로 인하여 소극적으로 그것이 부존재하는 경우 책임이 조각되는 소극적 심사요소라고 보아야 한다.

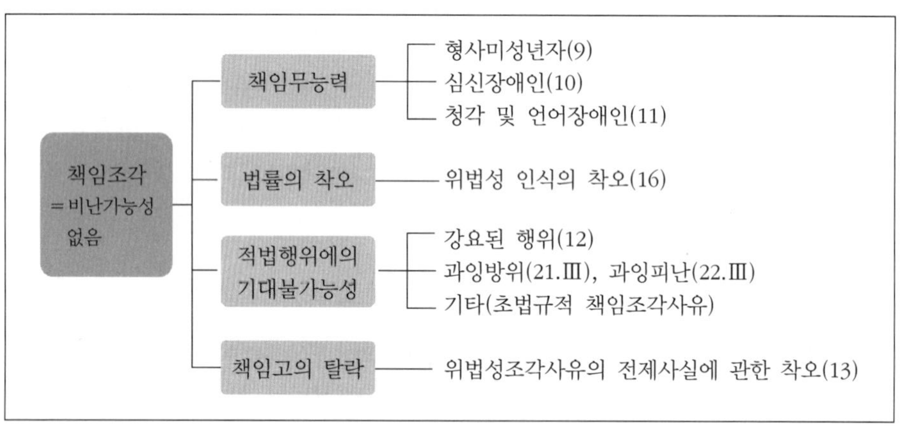

Ⅰ. 책임능력

1. 의 의

책임능력(Schuldfähigkeit)이란 일반적으로 행위의 불법을 통찰하거나 이에 따라 행위를 조종할 수 있는 행위자의 능력을 의미한다.

행위시에 행위자에게 책임능력이 없으면 아무리 다른 요건이 구비되어 있다고 할지라도 행위자에게 형사책임을 지울 수 없다. 그러므로 형사책임을 논할 때에는 먼저 행위자에게 책임능력이 있는가를 살펴보아야 한다.

형법은 책임능력의 의미에 대한 일반규정은 두지 않되, 제9조(형사미성년자), 제10조(심신장애자), 제11조(청각 및 언어 장애인)에 걸쳐 책임능력결함자에 관하여 규정하고 있다. 이들 규정에 비추어 볼 때 우리 형법은 행위자가 일정한 생물학적 성숙의 단계에 이르러야 한다는 관점에서 책임능력을 연령에 결부시키는 한편 행위자의 정신적·심리적 상태에 결부시키고 더 나아가 신체적 불완전성을 드러내는 한 경우인 청각 및 언어 장애인에게도 관련시키고 있다. 그리고 책임능력결함자의 양태로서는 책임무능력자(형사미성년자 및 심신상실자)와 한정책임능력자(심신미약자 및 청각 및 언어 장애인)의 두 가지를 인정하고 있다.

2. 본 질

책임능력의 본질에 관하여 전통적으로 고전학파는 도의적 책임론의 견지에서 이를 유책행위능력 내지 범죄능력으로 보는 한편 근대학파는 이를 수형능력 내지 형벌적응능력으로 보았다. 한편 양자를 결합하여 책임능력을 이해하려는 견해도 나타났다.

(1) 유책행위능력 내지 범죄능력으로 보는 견해

이 견해는 책임능력을 행위의 시비를 변별하고 이에 따라 행위할 수 있는 능력이라는 의미에서 유책행위능력이라고 본다. 행위자에게 이러한 능력이 있어야 범죄가 성립된다는 의미에서 유책행위능력은 또한 범죄행위능력으로 이해된다. 이러한 능력이 행위 시에 있어야만 불법을 행한 행위자를 비난할 수 있다는 관점에서 책임능력을 유책행위능력으로 보는 다수설이 타당하다. 유책하게 행위할 수 있는 능력이 형법상의 행위능력을 의미하는 것은 아니므로 형법상 책임능력이 없는 자에게도 행위능력이 인정된다.

(2) 형벌적응능력으로 보는 견해

이 견해는 책임능력을 형벌에 적응할 수 있는 능력, 즉 수형능력(Strafempfänglichkeit)이라고 본다. 책임능력은 수형능력이라는 견해에 대하여서는 다음과 같은 비판이 있다.

① 행위 시에 책임무능력상태에 있던 자라도 수형 시에는 책임능력자로 될 수 있다는 모순이 있고, 수형 시에만 책임능력이 있으면 족하고 행위 시에는 없

어도 된다면 책임능력규정을 형법에 둘 필요가 없다.

② 상습범인의 범행이 유책하다는 점을 설명하기 어렵다.

③ 수형능력은 형의 집행을 받을 능력이므로 형법상의 책임능력과 그 정도에 있어서 반드시 일치한다고 볼 수 없고, 행위 시가 아니라 형의 집행 시에만 존재하면 되므로 책임능력과 수형능력은 구분되는 개념이다.

(3) 유책행위능력인 동시에 수형능력이라는 견해

이에는 책임능력을 죄를 범할 주관적 적격(범죄능력)인 동시에 그 범죄에 대하여 형벌을 받을 형벌적응성(수형능력)이라는 견해와, 원칙적으로 유책행위능력이지만 소년에 있어서는 이에 대한 수정으로서 형벌적응성이라고 보는 견해가 있다. 이 견해도 수형능력으로 보는 견해와 같은 비판점이 있다.

3. 책임능력판단의 기준

형사미성년자(형법 제9조)나 청각 및 언어 장애인(제11조)의 경우처럼 형법이 일정한 객관적 기준에 의하여 책임능력을 배제하거나 제한하는 경우가 있지만 이 밖에 일반적인 경우에 있어서는 무엇을 책임능력판단의 기준으로 할 것인가가 문제된다.

이에는 정신병과 같은 생물학적 요인에 중점을 두는 생물학적 방법, 행위자의 시비변별능력 내지 의사결정능력이라는 심리적 상태에 중점을 두는 심리적 방법과 양자를 혼합적으로 고찰하는 혼합적 방법이 있다. 정신의학적 판단에 의존하는 생물학적 판단이나 심리학적 판단에만 의존하는 심리적 방법의 어느 하나에만 근거하여 책임능력을 판단하는 것은 불완전하다. 비록 생물학적 장애가 있다고 할지라도 그것이 구체적인 행위에 있어서 시비변별이나 의사결정에 어느 정도로 영향을 미쳤는가 하는 점이 검토되어야 할 것이고, 인식능력 위주의 심리학적 방법만을 고집하여 심리에 미치는 생물학적 제약요인을 무시하는 것도 타당하지 않기 때문이다. 그러므로 오늘날 혼합적 방법이 장점을 갖는 것으로 평가되고 있으며 선호되고 있다. 우리 형법 제10조, 독일형법 제20조, 미국모범형법전 제4장 제1조 제1항 등이 혼합적 방법을 택하고 있다.

책임능력의 유무를 판단함에 있어서는 일반적으로 정신의학자, 심리학자 등 전문가의 도움(감정)을 필요로 하지만, 그 판단의 책임은 궁극적으로 법관에게 돌아가므로 책임능력판단의 문제는 결국 법률문제라고 볼 수 있다. 그러므로 법관이 반드시 전문가의 감정에 구애될 필요는 없고, 행위의 전후사정, 목격자의 증언 등을 함께 참고하여 판단할 수 있다.[1)]

그러나 형사소송법상 자유심증주의의 성격이 합리적 심증주의 내지 과학적 심증주의이고, 판결이유에 증거요지가 명시되지 아니하거나 이유에 모순이 있는 때에는 절대적 항소이유로 되는 점(형사소송법 제361조의5)에 비추어 볼 때 책임능력판단에 있어서 전문가의 감정은 중요한 의미를 갖는다.

4. 책임능력결함자

(1) 형사미성년자(형사책임연령)

형법 제9조는 형사미성년자에 관하여 “14세 되지 아니한 자의 행위는 벌하지 아니한다.”라고 규정한다. 특히 책임조각사유를 정리하면 다음과 같다.[2)]

사람의 정신적·신체적 발육은 개인에 따라 차이가 있으나 형법은 개별적 발육상태를 고려함이 없이 14세 미만의 자를 책임무능력자로 취급한다. 이러한 형법의 태도는 정신적·신체적 성장과정으로 보아 14세에도 이르지 아니한 자에게는 형사책임을 지울 수 없다는 형사정책적 고려에 기초한 것이다. “벌하지 아니한다.”는 의미는 행위에 대한 책임이 배제되어 그 행위를 범죄로 평가하지 않음으로써 처벌할 수 없다는 의미로 해석된다.

14세라는 연령을 산정함에 있어서는 역수(曆數)에 따라 계산하고(형법 제83조 및 민법 제160조), 출생일을 산입한다(민법 제158조). 연령의 산정은 사실문제이므로 공적 서류가 절대적인 것은 아니고 다른 증거가 실제의 연령을 인정하는 자료로 될 수 있다고 본다.

14세 미만의 소년에게도 소년법에 의한 보호처분이 가능한 경우는 있다. 형벌법령에 저촉되는 행위를 한 10세 이상 14세 미만의 소년(촉법소년)과 장래 일

---

1) 대판 1993. 12. 7, 93도2701; 대판 1982. 7. 27, 82도1014.
2) 2022년 12월 28일 정부는 형사미성년자의 연령기준을 14세에서 13세로 낮추는 개정안을 제출하였다. 그리고 “최근 더욱 흉포화되어 사회적으로 심각한 문제가 되고 있는 청소년범죄로부터 국민들을 보호하고, 우리나라의 학제와 청소년의 육체적·정신적 발달 정도를 고려하여 형사미성년자의 연령 기준을 현실화하여야 한다는 사회적 요청에 부응하기 위함(의안번호 2119216)”을 제안이유로 제시하였다. 그러나 그와 같은 형사정책적 필요가 형법적 범죄성립을 좌우하는 유일한 근거로서 타당한지는 의문이다.

정한 사유에 비추어 형벌법령에 저촉되는 행위를 할 우려가 있는 10세 이상의 소년(우범소년)에 대하여서는 보호처분을 할 수 있다(소년법 제4조 제1항 2·3호). 14세 이상 19세 미만의 자에게는 책임능력이 인정되지만 소년법에 의한 특별한 취급을 받는다. 장기 2년 이상의 유기형에 해당하는 죄를 범한 때에는 장기는 10년, 단기는 5년을 초과하지 아니하는 범위 내에서 부정기형을 선고하고(소년법 제60조 제1항), 범행 당시 18세 미만인 소년에 대하여서는 사형 또는 무기형으로 처할 것을 15년의 유기징역으로 한다(소년법 제59조).

(2) 심신장애자

심신장애자는 일반적으로 심신상실자(형법 제10조 제1항)와 심신미약자(제10조 제2항)로 나누어지는데 전자는 책임무능력자로 후자는 한정책임능력자로 취급된다.

1) 심신상실자

형법 제10조 제1항은 "심신장애로 인하여 사물을 변별할 능력이 없거나 의사를 결정할 능력이 없는 자의 행위는 벌하지 아니한다."라고 규정한다. 이 규정은 책임능력판단에 있어서 혼합적 방법을 취하고 있는 것으로 이해된다.

① 심신장애는 생물학적 요인으로서의 정신적 장애를 뜻한다. 구체적으로 무엇이 이에 속하는가에 관하여 우리 형법은 아무런 규정을 두고 있지 않으므로 이 문제는 학설과 판례에 일임된 것으로, 다음과 같은 유형적 설명이 가능하다. 그리고 정신장애가 있는 자라 하더라도 행위 당시에는 정상적인 사물변별능력이나 행위통제능력이 있었다면 심신장애로 볼 수 없다.[1]

첫째, 병적 정신장애를 들 수 있다. 이는 정신병학상의 정신병과 일치하는 개념으로서 일정한 신체적 질병의 과정을 거치는 정신질환이다. 이에는 내인성 정신병인 정신분열증, 조울증, 간질 등과 외인성정신병인 창상성뇌손상, 알콜 등에 의한 중독, 기타 감염성 정신병환 등이 속한다. 우리 판례는 간질,[2] 정신분열증[3] 등을 이유로 심신상실을 인정하고 있다.

둘째, 심한 의식장애를 들 수 있는데 이는 위에서 언급한 병적 장애가 아닌 이유에서 자아의식 또는 외계에 대한 의식에 심한 손상 내지 단절이 있는 경우

---

1) 대판 2018. 9. 13, 2018도7658.
2) 대판 1969. 8. 26, 69도1121.
3) 대판 1980. 5. 27, 80도656; 대판 1970. 7. 28, 70도1358.

로서 최면적 혼미상태, 심한 흥분이나 충격, 심한 과로상태, 음주에 의한 명정(酩酊) 등이 이에 속한다. 이들 중 가장 현실적인 문제는 음주에 의한 명정의 문제이다. 알콜 부담능력은 개인에 따라 상이하기 때문에 책임능력이 배제될 정도의 명정이었는가 여부는 행위자의 개별적 특성과 구체적 행위와의 관계를 고려하여 종합적으로 판단될 수밖에 없다. 판례도 일반적으로 명정이 책임능력에 관련됨을 인정하지만[1] 음주했다고 반드시 심신장애가 있는 것은 아니고,[2] 기분이 좋을 정도로 술이 취한 경우에도 심신장애를 인정할 수 없다고 하여,[3] 명정을 음주 그 자체로서가 아니라 사물의 변별능력 내지 의사결정능력과의 관련 하에서 평가하고 있다.

셋째, 선천적 지능박약을 의미하는 정신박약으로서 뇌장애, 유전적 이상 등으로 지능이 낮은 정신장애를 의미한다.

넷째, 기타의 심한 정신 변성(變性)을 들 수 있는데, 이에는 타고난 성격이상을 의미하는 정신병질, 심한 신경쇠약, 충동장애 등이 속한다.

마지막으로 충동조절장애, 소아기호증 등과 같은 성격적 결함이 심신장애가 될 수 있는가의 문제가 있다. 충동을 억제하지 못하고 범죄로 나아가는 성격적 결함자라 하더라도 법을 준수할 것을 요구할 수 있다는 점에서 심신장애에 해당하지 않는다고 보아야 한다.[4] 그러나 성격적 결함이라 하더라도 그것이 매우 심각하여 원래의 의미의 정신병을 가진 사람과 동등하다고 평가할 수 있는 경우에는 심신장애로 본다.[5]

② 제10조 제1항은 심리적 요인으로서 사물을 변별할 능력이나 의사를 결정할 능력을 규정한다. 여기에서 사물을 변별할 능력이란 일반적 의미로는 시비선악을 구별할 능력, 합리적 판단력 등으로 이해할 수 있겠으나, 형법상의 관점으로는 무엇보다도 행위의 불법을 통찰할 수 있는 능력이라는 것이 중요하다. 사물을 변별할 능력은 심리적 요인 중에서도 지적 요소에 속한다고 볼 수 있다. 의사를 결정할 능력이란 사물의 변별(불법의 통찰)에 따라 자신의 행위를 조종할

1) 대판 1977. 9. 28, 77도2450; 대판 1974. 1. 15, 73도2622.
2) 대판 1967. 6. 13, 67도645.
3) 대판 1966. 12. 27, 66도1572.
4) 대판 1995. 2. 24, 94도3163. 다만 대판 2011. 2. 10, 2010도14512에 따르면 그와 같은 성격적 결함과 다른 심신상애사유가 결합할 때에는 책임능력결함을 인정할 수 있다.
5) 대판 2007. 2. 8, 2006도7900; 대판 2002. 5. 24, 2002도1541.

수 있는 능력으로서 심리적 요인 중 의지적 요소라고 볼 수 있다. 사물을 변별하거나 의사를 결정할 능력이 있는가 여부는 행위시를 기준으로 모든 정황을 고려하여 판단해야 할 것이다. 위의 지적 요소와 의지적 요소가 모두 결여되는 경우는 물론이고 그 중 어느 하나만 결여되어도 심신상실자로 된다.

심신상실 여부를 판단함에 있어서 의심이 있는 때에는 "의심이 있는 때에는 피고인의 이익으로"(in dubio pro reo)라는 원칙이 적용되어야 할 것이다.

③ 심신상실자는 책임무능력자이기 때문에 책임이 배제되어 처벌받지 않는다. 그러나 치료감호 등에 관한 법률에 의하여 보안처분의 대상이 될 수 있다. 동법은 「형법」 제10조 제1항에 따라 벌할 수 없는 자가 치료감호시설에서 치료를 받을 필요가 있고 재범의 위험성이 있는 자인 경우에는 치료감호에 처할 수 있다(제2조, 제12조).

2) 심신미약자

형법 제10조 제2항은 "심신장애로 인하여 전항의 능력(사물을 변별할 능력이나 의사를 결정할 능력)이 미약한 자의 행위는 형을 감경할 수 있다."라고 규정한다.

형의 필요적 감경사유였던 본 조항은 2018년 개정을 통해 형의 임의적 감경사유로 그 효력이 변경되었다. 사회적 가치관의 변화로 인하여 심신미약을 이유로 한 범죄의 감경에 대한 비판이 거세어지고, 일부 범죄자들이 심신미약을 감형의 수단으로 악용하고자 함에 대한 비난의 여론이 법의 개성으로 이어신 것이다. 그 결과 심신미약자에 대한 필요적 감경규정을 임의적 감경규정으로 개정하여 형법상 책임원칙을 부정하지 않으면서, 감형 여부는 법관의 재량과 사건의 경중 등에 따라 유연하게 적용할 수 있도록 하고자 하였다. 비교법적으로도 독일과 같이 심신미약 또는 한정책임능력을 임의적 감경사유로 규정하거나, 특정범죄에 제한적으로 감경사유로 두고 있다.[1)]

① 여기에서 심신장애의 의미는 제10조 제1항의 경우와 사실상 다를 것이

---

1) 독일형법 제21조는 행위불법을 변별하거나 변별에 따라 행위할 능력이 범행 당시 제20조의 심신장애사유에 따라 현저히 미약한 경우 형을 감경할 수 있다고 규정한다. 한편, 영국은 중살인죄에 대하여 심신미약을 항변사유로 제시할 수 있다. 미국의 경우에는 주법에 따라 이를 달리 규정하고 있는데, 캘리포니아주의 경우 심신미약자에 대한 '부분책임(Partial Responsibility)'을 인정하여 고의책임을 부정하기 위한 '정신박약(Mini－Insanity)' 항변을 제출할 수 있다. 영미국가에 대한 자세한 설명은 탁희성 외, 뇌과학의 발전과 형법적 패러다임전환에 관한 연구(Ⅱ), 한국형사정책연구원 연구총서, 2014 참조.

없다. 관점에 따라 생물학적 비정상성이 다소 경한 경우가 포함된다는 설명은 가능할 것이다.

② 사물을 변별할 능력 또는 의사를 결정할 능력의 의미도 앞에서 설명한 것과 같으나 그 정도에 있어서는 차이가 있다. 심신상실의 경우에는 이러한 능력이 없어야 하지만 심신미약에 있어서는 이러한 능력이 미약할 것을 요한다. 그리고 이러한 상태는 행위 시에 있어야 한다.

③ 심신미약자는 한정책임능력자로서 그 형이 감경될 수 있다(형의 임의적 감경사유). 심신미약자도 보안처분의 대상으로 될 수 있다. 치료감호 등에 관한 법률에 따르면, 제10조 제2항에 따라 형을 감경할 수 있는 심신장애인으로서 금고 이상의 형에 해당하는 죄를 지은 자로서, 치료감호시설에서 치료를 받을 필요가 있고 재범의 위험성이 있는 자에게는 치료감호에 처할 수 있다(제2조, 제12조). 그리고 「형법」 제10조 제2항에 따라 형을 감경할 수 있는 심신장애인으로서 금고 이상의 형에 해당하는 죄를 지은 자가 통원치료를 받을 필요가 있고 재범의 위험성이 있다면, 형의 선고 또는 집행을 유예하는 경우에는 치료기간을 정하여 치료를 받을 것을 명할 수 있다(제2조의3, 제44조의2).

(3) 청각 및 언어 장애인

형법 제11조는 "듣거나 말하는 데 모두 장애가 있는 사람의 행위는 형을 감경한다."라고 규정한다. 여기에는 청각기능과 언어기능이 동시에 결여된 자만을 의미한다. 이러한 장애가 선천적이든 후천적이든 불문한다. 이는 주로 신체장애로 이해되지만 정신발육에도 지장을 주기 때문에 이를 특별취급하여 형을 감경한다. 다만 입법론상으로는 삭제하자는 주장이 다수이다.

5. 책임능력의 존재시기

형법상 책임능력은 유책행위능력임과 동시에 범죄능력인바, 일반적인 행위자의 능력을 의미하는 것이 아니므로 구체적인 범죄행위를 전제로 판단하여야 한다. 따라서 책임능력은 실행행위시에 존재하여야 하는데, 이를 '책임능력과 행위의 동시존재의 원칙'이라고 한다. 따라서 만일 행위 시에 책임능력이 없으면 책임이 배제되어 범죄가 성립하지 않는다.

다만 형법은 두 가지 예외를 인정하고 있는데, "원인에 있어서 자유로운 행위(형법 제10조 제3항)"와 성폭력처벌법상 음주 또는 약물로 인한 심신장애상태에서의 성범죄(제20조)가 그것이다. 양자 모두 스스로 책임능력결함상태를 만들었다는 점에 대한 비난을 반영한 것으로, 비록 행위 당시에는 심신장애상태였다고 하더라도 책임능력이 있는 것으로 간주하게 된다. 다만 전자는 필요적임에 반해 후자는 임의적 간주규정인 점에서 차이가 있다. 또한 특정범죄 가중처벌 등에 관한 법률상의 위험운전치사상죄(제5조의11)는 음주 또는 약물로 인한 심신장애상태에 스스로 빠진 자에 대하여 가중처벌하고 있다.

6. 원인에 있어서 자유로운 행위

(1) 의 의

원인에 있어서 자유로운 행위(actio libera in causa)라 함은 책임능력 있는 행위자가 자의(自意)로 자기를 심신장애(심신상실 또는 심신미약)의 상태에 빠지게 한 후 이 상태에서 고의 또는 과실로 범죄를 실현하는 행위를 말한다. 책임이 행위자의 심적 태도에 대한 비난가능성을 의미한다는 점에서, 스스로 자신을 심신장애상태로 만들었다는 것이 비록 범죄행위는 아니더라도 그와 같은 상태를 범죄에 이용하였다는 점에서는 규범에 반하는 방향으로의 심적 태도의 형성이라는 반가치적 형상을 드러내는 것이다.

이는 원인이 자유로운 행위 또는 원인에서 자유로운 행위 등으로 불리기도 하며, 각국의 입법례에 따라 규정방식이 다르다.[1)]

참고 연혁

원인에 있어서 자유로운 행위가 형법상의 문제로 활발히 논의되기 시작한 것은 18세기 이후의 일이라고 볼 수 있다. 즉 18세기 말에 이르러 "actio libera in causa"라는 라틴어 용어가 독일의 클라인슈로트(Kleinschrod)에 의하여 처음으로 사용되었으며 포이에르바흐(Feuerbach)는 자기의 잘못으로 정신의 혼란상태를 초래하고 이 상태에서 행한 범죄에 대해서는 과실의 책임을 진다는 주장을 내세웠다. 실정법상으로도 프로이센 일반국법(ALR, Teil Ⅱ, Tit 20, §§22, 78), 바이에른형법 제40조 등에 원인에 있어서 자유로운 행위가 규정되었다.

---

1) 원인에 있어서 자유로운 행위에 대한 입법례로는 우리 형법 제10조 제3항 이외에도 스위스 형법 제13조, 이탈리아 형법 제92조 제2항, 그리스 형법 제35조 등을 열거할 수 있다. 독일과 일본 형법에 있어서는 이에 관한 규정이 없으나 학설과 판례에 의하여 인정되고 있다.

(2) 특 성

원인에 있어서 자유로운 행위는 원인설정행위(책임능력결함상태의 조성행위)와 실행행위(책임능력결함상태 하에서의 구성요건해당적 행위)를 별개로 고찰할 경우에는 행위 시에는 책임이 없고(책임무능력상태일 경우) 원인설정행위 자체만으로는 아직 행위가 있지 않다는 문제점을 지닌다. 그러나 원인에 있어서 자유로운 행위는 고의나 과실에 의하여 책임능력결함상태를 만들었다는 점에서, 이것 없이 책임능력결함상태에 빠져 그 상태에서 범죄의 결과를 발생하게 하는 경우와는 분명히 구별된다.

자신의 책임무능력상태를 이용하여 범행하는 경우에는 비록 이용되는 도구가 자기 자신이기는 하지만 타인의 이러한 상태를 도구로 이용하는 간접정범과 그 이론적 구조에 있어서 유사한 점이 있다. 그러나 이 때문에 양자를 전적으로 동일시하는 것은 타당하지 않다. 양자간에는 차이점도 있기 때문이다. 예컨대 자수범(eigenhändiges Delikt)에 대한 간접정범은 성립될 수 없으나 이에 대한 원인에 있어서 자유로운 행위는 가능하다. 간접정범에 있어서의 도구는 처벌되지 않거나 과실범으로 처벌되는 자이며 그 도구가 반드시 책임능력의 결함에 관련될 필요는 없다. 그러므로 책임무능력자인 정신병자를 충동하여 방화하게 한 경우에 간접정범이 성립되는 것과 똑같이 책임능력자이지만 정을 모르는 간호사로 하여금 독약을 주게 하여 환자가 사망하도록 한 경우에도 간접정범이 된다. 이와는 대조적으로 원인에 있어서 자유로운 행위는 반드시 그 도구[自己]가 책임능력의 결함상태와 관련되어야 하며, 이 때문에 형법은 원인에 있어서 자유로운 행위를 책임능력의 영역에서 다루고 있다.

(3) 가벌성의 문제

원인에 있어서 자유로운 행위의 가벌성을 인정할 것인가, 인정한다면 그 근거는 무엇인가에 관하여 견해가 대립되어 있다.

1) 가벌성 부정론

책임능력 결여를 이유로 가벌성을 부정하는 견해이다.[1)]

---

1) 원인에 있어서 자유로운 행위의 가벌성을 부정하는 견해는 19세기 후반에서 20세기 초에 이르기까지 사비니(Savigny), 릴리엔탈(Lilienthal), 칼첸슈타인(Katzenstein) 등에 의하여 주장된 소수설이다.

칼첸슈타인은 책임능력의 결함상태에서 행한 행위의 책임을 추궁하는 것은 근대 형법학의 기본원칙인 행위와 책임능력의 동시존재의 원칙에 반하며, 이러한 상태에 들어가기 전에 행한 행위에 대해서만 그 책임을 물을 수 있는데 책임능력의 결함상태를 초래하는 행위는 단순한 예비행위에 불과하다고 보았다.

2) 가벌성 긍정론

① 가벌성의 근거를 원인설정행위에서 찾는 견해

이 견해는 행위자의 책임능력결함상태의 조성행위, 즉 책임능력시의 조종행위에서 가벌성의 근거를 찾는다. 그리고 원인에 있어서 자유로운 행위에 있어서는 그 위법(불법)의 중점이 원인설정행위에 있다고 설명한다.

② 가벌성의 근거를 책임능력결함상태에서의 실행행위에서 찾는 견해

이 견해는 원인설정행위를 단순한 예비행위로 보면서 위법의 중점이 책임능력결함상태가 생긴 이후의 실행행위에 있다고 설명한다. 그런데 이 견해는 책임능력결함상태의 행위에 대하여 어떠한 이유로 가벌성을 인정할 수 있느냐 하는 문제와 관련하여 다시 다음과 같은 두 가지 입장으로 나누어진다.

(가) 관습 내지 법감정을 이유로 제시하는 설 이 설은 원인설정행위(actio praecedens)를 단순한 예비행위로 보고 책임능력결함상태에서의 실행행위를 가벌적인 것으로 인정하면서, 이는 관습 내지 법감정에서 인정되는 "행위와 책임능력의 동시존재의 원칙에 대한 실제적 예외"라고 설명한다.

(나) 심리학적 견지에서 유책한 행위로 긍정해야 할 근거를 찾을 수 있다는 설 이 설은 현대심리학상 의식과 무의식의 관계는 일도양단적 관계가 아니라 일종의 반무의식상태(penumbra situation)하에 있는 것이라고 전제한 후, 원인설정행위를 예비단계에 불과한 것이라고 인정하면서 무의식상태에서 행한 실행행위를 인정할 근거가 있다고 주장한다.

③ 가벌성의 근거를 원인설정행위와 실행행위의 불가분적 연관에서 찾는 설

이 설은 행위자의 책임이 책임능력결함상태 하에서 특정한 행위를 범했다는 데에만 관련되는 것이 아니라 이와 같은 책임능력결함상태를 초래했다는 사실에도 함께 관련된다고 주장한다.

이상의 세 가지 견해를 살펴볼 때에 ①의 견해는 책임능력결함상태를 야기한 단계에서 아직 더 벗어나지 못한 원인행위 자체에 대하여 너무 무거운 책임

을 지운다는 난점이 있다. ②의 견해는 원인행위와 실행행위의 내적 연관을 간과하고 있다는 비판을 받는다. 결과적으로 원인행위와 실행행위의 불가분적 연관을 전제로 가벌성 인정의 정당성을 주장하는 ③의 견해가 타당하다.

(4) 유 형

원인에 있어서 자유로운 행위는 그 행위가 고의적인 경우와 과실로 인한 경우로 나누어 살펴볼 수 있다.

1) 고의적인 경우

행위자가 의도적으로 자신의 책임능력결함상태를 야기시키고 이 상태 하에서 의도했던 구성요건해당적 행위를 하는 경우이다. 예컨대 특정인을 상해하려고 음주한 후 취중에 이를 행한 경우나 전철수가 열차를 충돌시킬 의도로 음주하고 잠드는 경우 등이 여기에 해당된다. 행위자는 책임능력결함상태를 형성하려는 의도와 아울러 이 상태 하에서 일정한 행위를 하려는 고의를 가져야 하므로, 행위자가 단지 음주하면 폭력행위로 나아갈 성향이 있음을 인식한 데 불과하거나 행위자의 주관을 표준으로 한 때에 책임능력결함상태의 초래와 이 상태에서의 행위 사이에 비난가능한 의사관련이 없었을 때에는 고의적으로 원인에 있어서 자유로운 행위를 범한 것이라고 볼 수 없다.

실행의 착수시점에 관하여서는 고의적 작위범과 고의적 부작위범의 경우를 나누어 살펴볼 수 있다.

① 고의적 작위범에 있어서는 (i) 원인설정행위시에 실행의 착수가 있다고 보는 설, (ii) 행위자가 자신을 책임능력결함상태로 만드는 과정을 완료한 시점에 실행의 착수를 인정하려는 설, (iii) 책임능력결함상태에서 실행행위를 개시하는 시점에 실행의 착수가 있다고 보는 설이 있다. (i)과 (ii)설에 의하면 살해의 의사로 다량의 술을 마셨으나 너무 취하여 그대로 쓰러진 채 잠들어버린 경우도 살인미수로 보게 되어 구성요건의 정형성을 무시하게 된다는 문제점이 있다. 그러므로 (iii) 설이 타당하다. (iii) 설은 원인에 있어서 자유로운 행위의 가벌성을 원인설정행위와 책임능력결함상태에서의 행위의 불가분적 연관에서 찾는 입장에도 합치된다.

② 고의적 부작위범에 있어서는 행위자의 의무이행 지연이 보호법익에 직접적인 위험이 생기도록 하거나 위험의 발생을 증대시킨 시점에 실행의 착수가 있

다고 보아야 할 것이다.

2) 과실에 의한 경우

이는 행위자가 책임능력결함상태에서 행한 행위를 예견할 수 있었음에도 불구하고 부주의로 예견하지 못한 경우를 말한다. 그렇지만 책임능력결함상태 자체가 반드시 과실로 이루어질 필요는 없다. 왜냐하면 행위자가 의도적으로 자기를 책임능력결함상태에 빠지게 하였다고 하더라도 이 상태에서 과실범의 구성요건을 실현했다면 과실로 인한 원인에 있어서 자유로운 행위로 볼 수 있기 때문이다.

과실로 인한 원인에 있어서 자유로운 행위는 음주운전에서 흔히 발생된다.[1] 이와 관련하여 특정범죄 가중처벌 등에 관한 법률 제5조의11은 음주 또는 약물의 영향으로 정상적인 운전이 곤란한 상태에서 자동차를 운전하여 사람을 사상에 이르게 한 사람에게 가중처벌[2]을 한다. 위험운전치사상죄가 음주 또는 약물로 인하여 심신미약의 상태에서 행한 과실범임에도 불구하고 형법상 업무상과실치사상죄에 비하여 매우 가중하여 처벌하는 입법이유를 원인에 있어서 자유로운 행위의 법리에서 찾을 수 있을 것으로 보인다. 음주 또는 약물을 복용하여 정상적인 운전이 곤란한 상태를 스스로 설정한 후에 행한 치사상의 결과이므로, 심신미약에 의한 감경을 하지 않고 오히려 가중처벌을 하는 것이다.

반면 행위자가 충분한 예방수단을 강구했음에도 불구하고 알지 못했던 사실때문에 뜻밖의 결과를 초래한 경우는 과실로 인한 원인에 있어서 자유로운 행위가 아니다.

(5) 형법 제10조 제3항의 해석

형법 제10조 제3항은 "위험의 발생을 예견하고 자의(自意)로 심신장애를 야기한 자의 행위에는 전2항의 규정(심신상실로 인한 면책 또는 심신미약으로 인한 형의 임의적 감경)을 적용하지 아니한다."라고 규정하고 있다.

---

1) 대판 1996. 6. 11, 96도857; 대판 1994. 2. 8, 93도2400; 대판 1992. 7. 28, 92도999 등은 음주할 때 교통사고를 일으킬 수 있다는 위험성을 예견하면서 자의로 심신장애를 야기한 경우에는 심신미약으로 인한 형의 감경을 할 수 없다고 판시한다.

2) 동 조에 의하면 치상에 이르게 한 사람은 1년 이상 15년 이하의 징역이나 1000만원 이상 3000만원 이하의 벌금에 처하고, 사망에 이르게 한 사람은 무기징역이나 3년 이상 유기징역에 처한다.

1) 위험의 발생에 대한 예견

여기에서 위험은 '범행에의 위험', 즉 구성요건적 결과의 실현을 말한다. 예견에는 행위자가 책임능력결함상태에 빠지면 의도했던 범죄를 행할 것이라는 예견은 물론, 비록 범행을 의도하고 있지는 않더라도 책임능력결함상태에 빠지면 과실로 인하여 범죄의 결과를 발생시킬지도 모른다는 예견까지도 포함된다.

2) 자의에 의한 심신장애의 야기

자의로 심신장애를 야기한다는 말은 행위자가 책임능력이 있는 상태 하에서 스스로 심신장애의 결과를 일으킴을 말한다. 자의의 의미에 대하여, 자의가 표현하는 의지적 요소에 기하여 자의를 고의로 한정하는 견해[1)]와 자의에는 고의뿐만 아니라 과실도 포함된다는 견해[2)]가 있다. 심신장애의 야기가 범죄가 아닌 이상 범죄의 주관적 요건에 해당하는 고의 또는 과실이라는 용어를 사용하여 혼동할 우려를 배제하기 위하여 '자의'라는 용어를 선택한 것은 아닌가 한다.[3)]

자의라는 표현 때문에 제10조 제3항이 고의에 의한 경우만을 규정하고 있다고 보는 것은 타당하지 않다. 왜냐하면 이미 설명했듯이 '위험발생에 대한 예견'에 고의범뿐만 아니라 과실범의 결과를 초래할지도 모른다는 예견까지도 포함된다고 보아야 하고, 자의로 초래한 책임능력결함상태에서의 행위가 모두 고의범으로 되는 것이 아니라 과실범으로도 될 수 있기 때문이다. 따라서 제10조 제3항이 규정하고 있는 원인에 있어서 자유로운 행위는 고의범과 과실범의 두 경우가 모두 포함된다고 보아야 할 것이다.

이와 같이 심신장애를 야기하는 행위의 고의 또는 과실 및 심신장애상태 하에서의 실행행위의 고의범 또는 과실범의 네 가지 유형이 일반적이다.[4)] 이 때 고의로 심신장애를 야기하는 행위와 그로 인한 고의의 결과실현행위만이 고의범이 되고 나머지는 과실범이 성립한다. 따라서 과실범이 성립하는 경우란 첫째, 과실범을 실현할 것을 예견할 수 있었음에도 과실에 의하여 심신장애상태를

1) 배종대, 322면; 오영근, 269면; 이재상 외, 332면; 이정원, 220면.
2) 김일수/서보학, 274면; 손동권/김재윤, 306면; 신동운, 416면; 임웅, 329면.
3) 신동운, 394면.
4) 여기에서는 고의와 과실로 구분하였으나, 그와 같은 구분에 대하여 자의개념도 예견개념도 행위자의 행위가 고의행위인지 과실행위인지를 판단하는데 아무런 역할을 하지 않는다는 점을 지적하는 견해로는 김성돈, §24/76 참조.

스스로 야기하고 과실범을 실현한 경우, 둘째, 과실범을 실현할 것을 예견할 수 있었음에도 고의로 심신장애 상태를 스스로 야기하고 과실범을 실현한 경우, 셋째, 심신장애상태에서 행할 범죄의 실현고의가 있었지만 심신장애상태는 과실로 야기하고 의도한 결과를 실현한 경우이다.[1] 이를 정리하면 다음과 같다.

원인설정행위	실행행위	범죄성립여부
고 의	고의행위	고의범 성립
과 실	과실(예견가능성 있음)	과실범 성립
고 의	과실(예견가능성 있음)	과실범 성립
과 실	원인설정행위시 범죄 실행고의 있음	과실범 성립

최근에는 장애상태의 야기 그 자체의 고의 또는 과실, 장애상태 하에서 하게 될 행위, 장애상태 하에서 실제로 행한 고의 또는 과실의 실행행위 등의 조합을 통해 8유형이나[2] 12유형까지도 세분화하는 견해가 있다.[3]

또한 심신장애에는 심신상실과 심신미약이 모두 포함된다.

3) 효 과

원인에 있어서 자유로운 행위는 책임능력이 결여된 상태(심신상실의 상태)에서의 행위라 할지라도 면책되지 않으며 한정책임능력의 상태(심신미약의 상태)에서의 행위라 할지라도 형이 감경되지 않는다.[4]

심 화 책임요소의 소극적 심사

규범적(순수 규범적) 책임개념은 고의 또는 과실이라는 행위자의 심리적 태도가 아닌, 규범적 요소로서 비난가능성을 평가적 요건으로서 책임의 하위개념으로 본다. 구성요건 판단이 적극적인 성립요건에 대한 판단이라면 위법성 단계에서는 소

1) 이재상 외, 331면.
2) 임웅, 332면.
3) 오영근, 271면.
4) 또한 '아동·청소년의 성보호에 관한 법률' 제19조 및 '성폭력범죄의 처벌 등에 관한 특례법' 제20조는 음주 또는 약물로 인한 심신장애 상태에서 성폭력범죄를 범한 때에는 형법 제10조 제1항 및 제2항을 적용하지 아니 할 수 있다고 임의적 적용배제규정을 두고 있다.

극적으로 위법성 조각사유의 존재 여부를 판단하는 것과 같이, 책임 판단 역시 책임의 전제조건으로서의 책임능력을 포함하여 소극적으로 책임을 배제시키는 요소가 무엇인가를 판단하여야 한다. 책임비난의 대상은 인간의 자유의사인바, 외부적으로 이에 관한 적극적 존재를 증명하는 것이 불가능하다면, 반대로 책임을 구성하는 요소들의 부존재 사유가 존재하는가를 판단하여 책임을 완성하여야 하기 때문이다. 따라서 책임 판단은 규범적일 수밖에 없다.

그 결과, 후술하는 책임의 요소들은 엄밀히 지적하면 모두 소극적으로 책임을 배제하는 사유들에 대한 규범적 심사라고 보아야 한다. 위법성 인식 역시 적극적으로 그것이 존재하여야만 범죄가 성립할 것이 아니라, 예외적으로 위법성인식이 없다고 판단해야 할 경우를 심사하는 것이다. 즉, 행위자의 부지이든 착오이든 간에 정당한 사유로 인하여 위법성인식이 없는 경우 책임을 조각하기 위한 책임요소로서, 위법성인식을 이해하여야 한다. 책임고의 역시 마찬가지이다. 일반적으로 고의의 이중적 지위를 인정하는 한, 사실관계를 인식하고 의욕하는 구성요건고의가 존재하는 한 책임고의를 함부로 부정할 수 없다. 다만, 특별한 사정이 있는 경우에는 행위자가 그러한 행위를 선택한 심적 태도를 비추어보아 범죄에로 향하고자 하는 심적 형성이 무가치하다고 규범적으로 판단할 수 있을 때에만(심정적 반가치) 예외적으로 책임고의가 부정된다고 보아야 한다.

마지막으로, 일반적으로 의사자유란 규범적으로 가정되어 있어서, 인간이라면 합리적으로 적법행위에로의 행위선택의 가능성이 선제되어 있음을 전제한다. 즉, 의사의 자유가 있어서 개인의 합리적인 행위선택을 통하여 적법행위에로 나아갈 수 있음을 형법은 기대하고 있는바, 적법행위의 기대가능성은 '타행위가능성(Anders-Handeln-Können)'이라고 일컬어지기도 한다.

이처럼 행위자가 적법행위라는 타행위가능성이 존재함에도 불구하고 범죄행위에로 나아갔다면 비로소 행위자에게 비난가능성이 있다고 하는 규범적 판단이 가능한 것이다. 반대로, 행위자에게 처음부터 적법행위에의 타행위가능성이 존재하지 않았다면, 비록 행위자가 불법행위를 선택하였더라도 형법은 그를 비난할 수 없다. 물론 기대가능성의 판단이 적극적인가 소극적인가에 관하여는 견해가 대립되고 있지만, 소극적으로 판단함이 타당하다. 즉, 일반적인 정황 하에서 행위자에게는 적법행위를 할 것이 기대가능하지만, 예외적이고 비정상적인 정황으로 인하여 행위자가 불법함을 알면서도 어쩔 수 없이 불법행위로 나아갈 수밖에 없었음에 대한 판단이기 때문에 타행위가능성이 희박하였다거나 없었다는 점을 예외적으로 판단해야 하는 것이다. 그리고 책임요소임에도 불구하고 이는 엄밀한 의미에서 정황판단이라고 하여야 한다.

이처럼 책임요소들은 적극적으로 그 존재여부에 대한 심사를 하기보다는 규범적인 면에서 부존재 여부에 대한 심사가 이루어진다고 봄이 타당할 것이다.

Ⅱ. 위법성인식(불법인식)과 금지착오(법률의 착오)

위법성인식이란 자기가 행한 행위가 법령에 의하여 죄가 되는지 또는 허용되는 행위인지에 대한 인식을 의미한다. 따라서 위법성인식이 행위의 불법성에 대한 인식이라면 그 인식에 있어서 착오가 발생하는 것을 법률의 착오(금지착오, 위법성인식의 착오)[1]라고 한다.

위법성인식(Bewußtsein der Rechtswidrigkeit) 또는 불법인식(Unrechtsbewußt-sein)은 형법상 다음의 두 가지 측면에서 고려된다. 첫째, 위법성인식(불법인식)의 체계적 지위에 관한 것인데 여기서는 위법성인식이 고의의 요소인가 독자적 책임요소인가 하는 것이 문제된다. 둘째, 위법성인식이 결여되는 경우인데 금지착오(법률의 착오)의 문제이다.

1. 위법성인식의 의의 및 내용

위법성인식이 무엇인가에 관하여서는 다양한 표현이 제시되고 있으나[2] 일반적으로 자신의 행위가 실질적으로 위법하다는 행위자의 의식이라고 할 수 있다.

위법성인식의 내용을 이해함에는 다음과 같은 점에 유의해야 한다.

(1) 인식의 정도

행위자가 실질적 의미의 위법성을 인식하고 있는 한 그에 의하여 침해되는 법규의 종류라든가 그 행위의 가벌성 등에 대한 인식은 문제되지 않는다. 법률전문가가 아닌 일반국민에게 구체적인 법규범의 인식까지 요구하는 것은 합당하지 않기 때문이다. 그러므로 위법성인식은 행위자에 의하여 명확하게 표상된 법규범이 아니더라도 어떠한 법규범에 반한다는 의식이 있으면 긍정되며 이러

---

1) 대판 2002. 1. 25, 2000도1696은 형법 제16조를 "일반적으로 범죄가 되는 경우이지만 자기의 특수한 경우에는 법령에 의하여 허용된 행위로서 죄가 되지 아니한다고 그릇 인식"하는 것으로 본다.

2) 예컨대 "사회질서의 요청에 모순", "반조리성의 인식", "사회상규에 반한다는 인식" 등 그 표현이 다양하다.

한 의식은 비전문가의 수준에 따른 평가에 의하여 형성되면 족하다. 그러나 한편 행위자가 자신의 행위를 단순히 비윤리적인 것으로만 인식했을 때에는 위법성인식이 있다고 보아서는 안 된다.

실질적 의미의 위법성을 의식함에 있어서는 행위가 법질서의 보호를 받는 법익 내지 공동사회의 가치를 침해한다는 행위자의 인식이 그 기초를 형성한다.

(2) 인식의 내용

위법성인식은 언제나 구성요건에 관계되어 있어야 한다. 행위자는 비록 비전문가적인 소박한 판단이라 할지라도 법에 반하는 일정한 범행(예컨대 살인 · 절도 등)을 했다는 의식을 가져야 한다. 즉 위법성인식은 문제되는 범죄양태의 특유한 불법내용을 포함해야 한다. 이를 결여하고 따라서 개개의 구성요건의 구체적 보호기능이 도외시된 추상적 위법성인식이란 있을 수 없다. 행위자가 수개의 구성요건을 실현한 경우에는 위법성의 인식은 그 모든 구성요건의 실질적 불법내용에 관계되어야 한다. 그러므로 수죄가 경합(실체적 또는 상상적 경합)관계에 있을 때에는 위법성인식은 분리될 수 있다. 만일 행위자가 결과적 가중범의 구성요건을 실현한 경우에는 기본범죄에 대한 위법성인식이 있어야 함은 물론 기본적 범죄를 넘어선 가중적 불법내용에 대하여서도 위법성의 인식을 가져야 한다.

(3) 확신범과 양심범의 경우

행위자가 만일 자신의 행위가 어떤 형식적으로 유효한 법규범에 반한다는 인식만 있으면 이로써 위법성인식은 긍정된다. 일반적으로 법의 효력은 어떠한 양심의 유보 하에 있는 것이 아니기 때문에 법의 내용이 언제나 양심의 소리와 반드시 일치한다고 보기는 어렵다. 그러므로 비록 확신범(Überzeugungstäter)이나 양심범(Gewissenstäter)이 자신의 행위를 사회적 가치가 있는 행위라고 믿었다 할지라도, 만일 그 행위가 현행법에 위배되고 그 법이 일반적 구속성을 갖는다는 사실을 알고 행위한 경우에는 위법성인식이 있는 것으로 보게 된다. 확신범 내지 양심범에게 금지착오는 행위자가 그의 행위에 의하여 위배되는 법규범이 무효인 것으로 착오를 일으킨 경우에만 인정된다.

(4) 미필적 위법성 인식

법적으로 금지되어 있음을 거의 모든 사람이 아는 범행(예컨대 살인 · 절도 ·

방화·위증 등)에서는 행위자는 명확한 위법성의 인식을 가지고 행위하는 것으로 볼 수 있다. 위법성인식의 존재형태에는 이처럼 직접적(또한 확정적)인 경우도 있고 미필적인 경우(예컨대 자기의 행위가 금지된 것일지도 모른다는 행위자의 인식)도 있다. 또한 현재적인 위법성인식과 더불어 잠재적 위법성인식도 긍정된다.

2. 위법성인식의 체계적 지위에 관한 제 학설

(1) 고의설

고의설은 행위자가 구성요건실현의 인식, 인용뿐만 아니라 위법성의 의식을 가지고 행위할 때 고의행위가 성립된다고 본다. 이 설은 위법성인식을 고의의 요건으로 보므로 만일 위법성인식이 결여되는 경우에는 과실범으로 처벌될 수 있는가 하는 문제만 남게 된다. 또한 착오와 관련시켜 볼 때에도 위법성인식이 결여되면 고의가 부정되므로 착오를 구성요건적 착오(사실의 착오)와 금지착오(법률의 착오)로 구분해야 할 필요성이 없으며 오직 하나의 기준, 즉 위법성을 인식하지 못했다는 착오만이 고의를 조각하는 것으로서 의미를 갖는다.[1)]

위법성인식이 결여되면 언제나 예외 없이 고의의 성립을 조각시킬 것인가 또는 일정한 제한 하에서는 고의의 성립을 인정할 것인가 여하에 따라 엄격고의설(die strenge Vorsatztheorie)과 제한적 고의설(die eingeschränkte Vorsatztheorie)로 나누어진다.

1) 엄격고의설

엄격고의설은 고의의 성립에 언제나 현실적으로 위법성인식을 필요로 한다고 보며 이 때문에 다음과 같은 비판을 받는다.

① 법무관심적 태도를 가진 자, 도의심이 박약한 자, 상습범·확신범·격정범 등은 자신의 행위가 위법함을 의식하지 못하는 경우가 많으므로 고의가 없다고 보아야 하고, 더욱이 과실범 처벌규정이 없는 경우에는 행위자를 처벌할 수 없게 되어 형사정책적으로 만족스럽지 못하다.

② 평가의 대상인 구성요건해당의 외적 사실에 대한 인식과 대상을 평가하는 위법성의 인식은 본질적으로 그 성질이 다름에도 불구하고 고의설은 부당하

1) 대판 1974. 11. 12, 74도2676; 대판 1970. 9. 22, 70도1206 등은 위법성의 착오가 범의를 조각한다고 하여 고의설의 입장을 취하고 있다.

게도 양자를 같은 심리적 사실로서 공통의 성질을 가진 것으로 본다.

2) 제한적 고의설

형사정책적 결함을 시정하기 위하여 등장한 제한적 고의설은 위법성인식이 결여되면 원칙적으로 고의가 성립되지 않지만 행위자에게 위법성인식이 법적대성(Rechtsfeindschaft) 또는 법맹목적성(Rechtsblindheit) 때문에 결여된 경우에는 고의가 성립된다고 주장한다. 제한적 고의설을 위법성인식가능성만 있으면 고의가 성립된다는 위법성인식가능성설로 보기도 한다.[1)]

또한 관점에 따라서는 제한적 고의설에 앞에서 살펴본 두 가지 견해와 법과실준고의설(法過失準故意說)까지 세 가지를 모두 포함시키는 입장도 있다.

제한적 고의설에 대하여서는 고의설로서의 이론적 출발점을 포기해야만 성립될 수 있는 이론이고, 법적대성 또는 법맹목적성도 막연한 개념이라는 비판이 있다.

(2) 책임설

책임설[2)]은 위법성인식을 고의와 독립된 독자적 책임요소라고 보는데, 이 설에 의하면 위법성인식이 결여되는 경우는 금지착오의 문제로서 고의의 성립과는 관계없이 오직 책임조각만이 문제된다고 본다. 그리고 이러한 착오의 법적 효과는 그 회피가능성에 좌우되므로, 위법성인식의 결여가 불가피했을 때(불가피적 금지착오의 경우) 즉 회피가능성이 없는 때에는 책임이 배제된다.

책임설은 위법성조각사유(정당화사유)에 관한 착오를 어떻게 볼 것인가라는 문제와 관련하여 엄격책임설(strenge Schuldtheorie)과 제한적 책임설(eingeschränkte Schuldtheorie)로 나누어진다.

1) 엄격책임설

주로 목적적 행위론자에 의하여 주장되는 엄격책임설은 행위의 위법성에 관한 모든 착오를 금지착오로 본다. 위법성조각사유에 관하여서도 그 객관적 전제조건과 위법성조각사유의 존재 그 자체 내지 허용한계에 관한 착오를 구분하지

1) 신동운, 437면; 이재상 외, 337면.

2) 책임설은 부쉬(Busch), 벨첼(Welzel) 등 목적적 행위론자에 의하여 주장된 이론으로서 위법성인식을 고의의 요소가 아닌 독자적 책임요소로 본다. 책임설은 1952년 3월 18일 독일연방법원판결(BGHSt 2, 194)에 의하여 채택된 후 독일연방공화국 형법 제17조(금지착오)에도 명문으로 규정되어 있다.

않고 모두 금지착오로 인정한다.

이 설이 위법성조각사유의 전제조건에 관한 착오를 금지착오로 인정하는 점에 대하여서는 그 오인에 정당한 이유가 없는 경우에 고의범의 책임까지 묻게 되어 법감정에 맞지 않는다는 비판이 있다.

2) 제한적 책임설

제한적 책임설은 위법성조각사유에 관한 착오를 두 가지 측면으로 나누어 고찰한다. 위법성조각사유의 전제조건에 관한 착오는 구성요건적 착오 그 자체는 아니지만 행위자의 심정에 비추어 고의책임을 조각한다고 보고, 위법성조각사유의 존재 그 자체 내지 법적 허용한계에 관한 착오는 금지착오라고 본다.

위법성인식을 고의로부터 분리하여 독자적인 책임요소로 보는 책임설이 보다 체계적이며, 그 중에서도 위법성조각사유의 전제조건에 관한 착오를 구성요건 착오와는 분리하여 그 독자적 구조를 인정하고 과실범으로 구성하고자 하는 제한적 책임설이 가장 타당하다.

(3) 기 타

1) 위법성인식불요설

위법성인식불요설은 구성요건실현에 관한 인식·인용만 있으면 고의가 성립되고 위법성인식은 필요하지 않다는 견해이다. 위법성인식불요설은 위법성인식에 대하여 형법적 의미(체계적 지위)를 인정하지 않는다.

이 설은 위법성인식의 결여가 불가피한 경우에도 고의범으로서의 책임을 행위자에게 지우게 되기 때문에 책임주의에 반한다는 비판을 받는다.

한편 이 설에 대응하는 학설로서 위법성인식필요설이 있지만 이는 엄격고의설과 내용상 같다.

2) 위법성인식가능성설

위법성인식가능성설은 고의의 성립에 현실적인 위법성이 반드시 필요한 것은 아니고 위법성인식의 가능성만 있으면 된다는 견해이다. 이 설에 의하면 위법성인식의 가능성이 없을 때에 고의가 조각된다. 이 설에 대하여서는 위법성의 인식이 가능함에도 불구하고 부주의로 인하여 이를 인식하지 못한 경우, 즉 위법성에 관한 과실에 대하여 고의의 책임을 지우게 함으로써 고의에 과실적 요소를 도입한다는 비판이 있다.

3) 법과실준고의설

제한적 고의설의 하나로 취급되기도 하고 위법성인식가능성설과 동일시되기도 하는 법과실준고의설은 고의의 성립에 위법성의 인식이 필요하지만 그 결여에 과실이 있는 경우에는 고의와 똑같이 취급하려는 견해이다. 이 설에 대하여서는 법과실을 고의와 동일시해야 할 이론적 근거가 불명확하고, 과실범의 일부를 고의범에 준하게 하는 것은 이론체계상 자기모순이라는 비판이 있다.

4) 자연범·법정범 구별설

자연범·법정범 구별설은 자연범(형사범)은 그 행위의 내용 자체가 반사회적인 것이므로 구성요건실현에 대한 인식·인용만 있으면 위법성인식은 당연히 있는 것으로 추정되기 때문에 고의의 성립에 위법성인식은 필요하지 않다고 한다. 한편 법정범(행정범)의 경우에는 행위 그 자체가 반사회적인 것은 아니지만 국가의 행정적 목적에 따라 그러한 행위를 금지시키는 구성요건이 설정됨으로 인하여 그 행위의 반사회성이 인정되기 때문에 고의의 성립에 위법성인식이 필요하다고 한다. 즉 이 설은 자연범의 경우에는 위법성인식불요설을, 법정범의 경우에는 위법성인식필요설을 각각 취한다.

이 설에 대하여서는 ① 자연범과 법정범의 구분이 반드시 명확한 것은 아니고, ② 자연범의 경우에는 위법성인식불요설, 법정범의 경우에는 위법성인식필요설에 대한 비판이 그대로 유효하다는 문제점이 제기된다.

3. 금지착오(법률의 착오)

행위자가 무엇을 행하는가 알았지만 그것이 위법함을 알지 못한 경우, 즉 위법성인식이 결여된 경우를 일반적으로 금지착오(법률의 착오)라고 부른다. 금지착오는 위법성의 착오라고도 정의된다.

(1) 금지착오의 종류

금지착오는 일반적으로 직접적 착오와 간접적 착오로 나뉘는데 각각의 태양은 다음과 같이 구분된다.

종 류	구체적 태양	내 용	법적 효과
직접적 착오 (위법성인식)	법률의 부지	법률의 존재에 대한 인식 없음	고의범(판례)
	포섭의 착오	규범의 적용범위에 대한 착오	제16조 적용
	효력의 착오	규범의 적용한계(법이 무효라고 오인) 착오	제16조 적용
간접적 착오(위법성조 각사유)	존재의 착오	존재하지 않는 허용규범이 존재한다고 착오	제16조 적용
	한계의 착오	위법성조각사유의 적용 범위의 착오	제16조 적용
	객관적 정황의 착오	위법성조각사유의 전제사실에 관한 착오	책임고의 탈락 (제한적 책임설)

1) 직접적 착오

행위에 대하여 직접적으로 적용되는 금지규범 그 자체를 알지 못하였기 때문에 행위자가 자신의 행위를 허용되는 것으로 여긴 경우를 말한다. 행위자가 금지규범을 인식하지 못한 경우인 법률의 부지와 행위자가 구성요건적 표지의 사리적 내용을 인식했으나 그 법적 의미에 대하여 착오를 일으키고 이 때문에 자신의 행위가 법적으로 허용된다고 믿은 경우인 포섭의 착오 및 일반적 구속력이 있는 법규범의 적용한계를 정확히 알지 못하여 자신의 행위에 의하여 침해되는 법규범이 무효라고 여긴 경우인 효력의 착오가 모두 속한다. 그러나 행위자가 자신에 의하여 침해되는 법규범을 법질서 이외의 근거(예컨대 단순한 주관적 가치관)에 의하여 구속력이 없는 것으로 여긴 경우에는 금지착오에 해당하지 않는다.

2) 간접적 착오

행위자가 비록 금지 그 자체를 알았으나 구체적인 정황에서 법적으로 인정되는 위법성조각사유가 존재하지 않음에도 불구하고 이것이 존재하는 것으로 알았거나, 위법성조각사유의 법적 한계를 잘못 알았기 때문에 자신의 행위가 허용(정당화)된다고 판단한 경우가 이에 해당한다. 또한 위법성이 조각되는 객관적 정황이 존재하지 않음에도 불구하고 그러한 정황이 있다고 오인하고 위법성조각사유에 해당하는 행위를 한 경우인 위법성조각사유의 전제조건(전제사실)에 대한 착오도 여기에 포함된다.

(2) 형법 제16조의 해석

우리 형법 제16조는 법률의 착오(금지착오)에 관하여 "자기의 행위가 법령에 의하여 죄가 되지 아니하는 것으로 오인한 행위는 그 오인에 정당한 이유가 있는 때에 한하여 벌하지 아니한다."라고 규정한다.

이 규정은 전술한 위법성인식에 관한 학설 중 책임설, 법과실준고의설, 위법성인식가능성설에 의하여서는 각각 설명이 가능하다. 제16조의 해석과 관련하여 책임설은 착오가 회피할 수 없는 경우에는 책임이 배제되고 회피할 수 있는 경우에는 처벌된다고 보며, 법과실준고의설은 위법성인식의 결여에 과실이 없으면 책임이 배제되나 과실이 있으면 고의범으로서 처벌된다고 보게 되고, 위법성인식가능성설은 인식가능성이 없는 경우에는 처벌되지 않지만 있는 경우에는 고의가 성립되어 처벌된다고 본다.[1] 이들 중 어느 설에 따를 것인가는 해석자의 주관에 따라 달라지겠으나 책임설, 특히 위법성조각사유에 관한 착오와 관련하여 제한적 책임설의 입장이 타당하다.

1) 자기의 행위가 법령에 의하여 죄가 되지 아니하는 것으로 오인한 행위

이는 위법성인식이 결여된 상태에서 행한 행위를 의미한다. 여기에서 법문이 '오인한 행위'라는 표현을 사용하여 법률의 착오가 적극적으로 착오를 일으킨 경우만을 의미하는 것처럼 보이나 소극적으로 법률을 알지 못했던 경우(법률의 부지)도 이에 포함된다고 해석함이 타당하다. 판례는 법률의 부지를 금지착오로 보지 않는다.[2] 그러나 법률의 부지를 금지착오의 유형에서 제외하면 법률의 부지에 정당한 이유가 있는가에 대한 심사기회를 박탈함으로서 피고인에게 불리한 결과를 초래할 뿐만 아니라, 그와 같은 정당한 이유가 있음에도 불구하고 행위자에게 책임을 부과한다면 책임주의의 원칙에 반할 수 있다.[3]

포섭의 착오로 인하여 위법성인식이 결여된 경우와 효력의 착오가 이에 포함됨은 물론이다. "죄가 되지 아니하는 것으로"는 "위법하지 아니한 것, 즉 허용되는 것으로"라는 의미로 이해된다.

---

1) 권문택, 「법률의 착오」, 고시계, 1972. 9, 70면 및 김종원, 「금지착오」, 형사법강좌 Ⅱ, 1984, 521면 참조.
2) 대판 2015. 1. 15, 2014도9691; 대판 2011. 10. 13, 2010도15260; 대판 2007. 5. 11, 2006도1993; 대판 2006. 2. 10, 2005도3490; 대판 1992. 4. 24, 92도245; 대판 1961. 10. 5, 4294형상208 등. 판례의 일관된 태도로, 단순한 법률의 부지에 불과하고 특히 법령에 의하여 허용된 행위로서 죄가 되지 않는다고 적극적으로 그릇 인식한 경우가 아니어서 제16조를 적용할 수 없다고 본다.
3) 김성돈, §24/126.

2) 정당한 이유

법률의 착오로 인한 행위가 처벌받지 아니하려면 그 오인에 정당한 이유가 있어야 한다.

어떠한 경우에 정당한 이유가 있다고 볼 것인가에 관하여서는 일반인의 능력으로서는 위법하지 않는다고 믿는 것이 무리가 아닐 때, 상당한 이유가 있었던 때, 행위자의 과실에 기인하지 않은 때, 착오를 피할 수 없는 때, 비난할 수 없는 때 등 다양한 견해가 있으나 그 의미는 사실상 다를 것이 없다. 정당한 이유를 판단할 때에는 행위 당시의 제반사정을 종합하여 구체적으로 고찰해야 하며, 특히 행위자의 주관적·객관적 제 사정을 고려해야 한다. 판례의 태도도 대체로 구체적인 경우의 제반정황에 비추어 착오에 상당성이 있는가를 판단의 척도로 삼고 있다.[1)]

판 례

형법 제16조의 오인에 정당한 이유가 있는지 여부는, 행위자에게 자기 행위의 위법의 가능성에 대해 심사숙고하거나 조회할 수 있는 계기가 있어 자신의 지적능력을 다하여 이를 회피하기 위한 진지한 노력을 다하였더라면 스스로의 행위에 대하여 위법성을 인식할 수 있는 가능성이 있었음에도 이를 다하지 못한 결과 자기 행위의 위법성을 인식하지 못한 것인지 여부에 따라 판단하여야 할 것이며, 이러한 위법성의 인식에 필요한 노력의 정도는 구체적인 행위정황과 행위자 개인의 인식능력 그리고 행위자가 속한 사회집단에 따라 달리 평가되어야 한다.[2)]

정당한 이유의 판단에는 다음과 같은 사항이 고려된다.

① 행위자에게 자기 행위의 위법의 가능성에 대해 심사숙고하거나 조회할 수 있는 계기가 있어 자신의 지적능력을 다하여 이를 회피하기 위한 진지한 노력을 다하였더라면 스스로의 행위에 대하여 위법성을 인식할 수 있는 가능성이 있었음에도 이를 다하지 못한 결과 자기 행위의 위법성을 인식하지 못한 것인지 여부에 따라 판단하여야 할 것이고, 이러한 위법성의 인식에 필요한 노력의 정

1) 대판 1976. 1. 13, 74도3680; 대판 1971. 10. 12, 71도1356; 대판 1961. 4. 12, 4292형상769 등.
2) 대판 2017. 7. 11, 2017도2793; 대판 2008. 2. 28, 2007도5987; 대판 2006. 9. 28, 2006도4666.

도는 구체적인 행위정황과 행위자 개인의 인식능력 그리고 행위자가 속한 사회집단에 따라 달리 평가되어야 한다.[1] 따라서 행위자가 그의 양심을 기대가능한 방법으로 긴장시키지 않았다면 오인에 정당한 이유가 있다고 보기 어렵다.

② 만일 행위가 법위반뿐만 아니라 심한 반윤리성을 드러낼 때에는 양심의 긴장을 통하여 이를 쉽게 인식할 수 있으므로 일반적으로 오인에 정당한 이유가 있다고 볼 수 없다.

③ 행위자는 만일 그에게 알려진 규정의 효력이 의심스러우면 자기에 유리하게 보이는 관점에 따르지 말고 필요한 정보(또는 충고)를 얻도록 힘써야 한다. 만일 행위자가 권한 있는 관청에 조회했음에도 불구하고 잘못된 정보를 얻었기 때문에 착오를 일으킨 경우에는 오인에 정당한 이유가 있다고 본다.

판 례

1. 금지착오에 해당하는 경우(책임조각)

도교육청의 지시로 초등학교 교장이 교과식물을 비치하기 위하여 학교화단에 양귀비종자를 식재한 경우(대판 1972. 3. 31, 72도64), 허가 없이 십전대보초를 제조 · 판매하다 검거되어 검사로부터 '혐의없음'의 사유로 불기소처분을 받은 경험이 있는 자가 다시 전과 동일한 방법으로 허가 없이 제조 · 판매한 경우(대판 1995. 8. 25, 95도717), 별도의 허가를 요하지 않는다는 "허가담당 공무원의 잘못된 답변을 믿고" 산림훼손 허가 없이 산림을 훼손한 경우(대판 1993. 9. 14, 92도1560) 및 구청의 질의회신(대판 1983. 2. 22, 81도2763), 담당공무원 및 소송담당 변호사에게의 문의(대판 1976. 1. 13, 74도3680), 허가를 담당하는 공무원에게의 조회(대판 1993. 10. 12, 93도1888; 대판 1992. 5. 22, 91도2525), 구의원들이 관할 선거관리위원회 소속 공무원에게 자문을 구한 경우(대판 2005. 6. 10, 2005도835) 등

2. 금지착오에 해당하지 않는 경우(범죄성립)

변리사로부터 상표와 관련한 자문을 받은 경우(대판 1995. 7. 28, 95도702), 부동산중개업자가 부동산중개업협회의 자문을 받은 경우(대판 2000. 8. 18, 2000 도2943) 국회의원이 보좌관을 통해 선거관리위원회 직원에게 문의한 경우(대판 2006. 3. 24, 2005도3717), 비록 피고인이 국어에 능숙하지 못한 외국인이라도 학교 설립 · 운영 협약의 당사자에 불과한 관할청의 소속 공무원들이 참석한 갑 학교 학교운영위원

1) 대판 2006. 3. 24, 2005도3717.

회에서 을 학교에 대한 자금 대여 안건을 보고만 한 경우(대판 2017. 3. 15, 2014도12773.) 담배사업법 개정 전에 니코틴용액 제조에 대하여 검사의 불기소결정이 있었고, 개정 후에 담당 주무부인 기획재정부에 허가여부에 대하여 문의하여 해당 행위가 허가대상임에 대한 회신을 받았음에도 허가 없이 제조행위를 한 경우(대판 2018. 9. 28, 2018도9828), 정비사업관련 공개의무가 있는 조합임원이 자문변호사로부터 조합원의 전화번호와 신축건물 동호수 배정결과를 공개하지 않는 것이 좋겠다는 자문을 받았다는 사정이 있는 경우(대판 2021. 2. 10, 2019도18700), 법률 위반 행위 중간에 일시적으로 판례에 따라 그 행위가 처벌대상이 되지 않은 것으로 해석되었던 적이 있었던 경우(대판 2021. 11. 25, 2021도10903) 등

④ 새로운 법규를 해석할 때에는 규정의 의미가 그 법문 자체에서 분명히 인정될 수 없는 경우에는 오인에 정당한 이유가 있는 것으로 취급된다. 서로 모순되는 판결이 있는 때에는 행위자가 상급심의 판결을 신뢰한 경우나 같은 심급의 판결 중 새로운 판결을 신뢰한 경우에는 정당한 이유가 긍정된다.

(3) "벌하지 아니한다"의 의미

제16조는 법률의 착오(금지착오)를 원칙적으로 처벌하지만 예외적으로 "오인에 정당한 이유가 있는 때에 한하여 벌하지 아니한다."고 규정한다. "벌하지 아니한다."라는 의미는 책임을 배제한다는 뜻으로 해석된다.

반대로 제16조는 오인에 정당한 이유가 없는 금지착오를 어떻게 특별히 취급할 것인가에 관하여서는 규정하고 있지 않다. 이를 반대해석하면 오인에 정당한 이유가 없는 때에는 책임이 조각되지 않으므로 모두 고의기수범으로 처벌하게 되는데, 착오에 대한 행위자의 과실여부에 대한 고려 없이 범죄성립만을 인정함은 타당한 입법태도는 아니다. 따라서 입법론적으로는 착오의 회피가능성 여부에 따라 감경규정을 둠이 타당할 것이다. 다만 해석론상 형법 제51조(양형의 조건) 소정의 '범행의 동기'로서 양형에 참작될 수 있음은 별개의 문제이다.

4. 위법성조각사유의 전제사실(전제조건)에 관한 착오

(1) 의 의

앞서 위법성인식과 관련된 간접적 착오란 위법성조각사유에 관한 착오라고

보았다. 위법성조각사유에 관한 착오는 다시 두가지로 나뉘는데, 첫째는 위법성조각사유에 관한 착오이다. 이는 다시 법적으로 인정되는 위법성조각사유 그 자체가 없음에도 있는 것으로 잘못 알거나(위법성조각사유의 존재의 착오) 그 법적 한계를 잘못 알아서 위법성이 조각되지 않음에도 조각된다고 잘못 알고 있는 경우(위법성조각사유의 한계의 착오)인데 이들은 모두 일반적으로 금지착오로 보아 형법 제16조를 적용한다. 따라서 오인에 정당한 이유가 있는 때에는 책임이 조각된다.

다른 하나는 위법성조각사유에 해당하기 위하여 필요한 객관적 정황(객관적 전제조건)이 존재하지 않는데도 이것이 있다고 오인하여 행위를 한 경우로 위법성조각사유의 전제사실(전제조건)에 관한 착오이다. 예컨대, 애인관계에 있는 갑이 을과 함께 있는 것을 성추행한다고 오인하여 방위행위를 한 경우가 이에 해당한다. 즉, 방위행위를 하려면 '자기 또는 타인의 현재의 부당한 침해상황(객관적 정황)'이 존재하여야 하는데, 사실은 그렇지 않은 경우이다. 그런데 위법성조각사유의 객관적 정황을 오인한 경우는 형법 제16조의 금지착오에는 해당되지 않는다. 금지착오는 규범에 대하여 그릇되게 인식함을 전제로 하지만, 객관적 정황에 대한 오인은 정황이라는 사실에 대한 그릇된 인식을 의미하기 때문이다.

(2) 형법상의 체계 및 효과

착오란 인식과 발생과의 불일치를 의미하는바, 인식이란 다시 구성요건 사실에 대한 인식과 규범에 대한 인식으로 나뉜다. 전자의 불일치를 구성요건의 착오(사실의 착오)라고 하고, 후자의 불일치를 금지착오(법률의 착오)라고 하게 된다. 그런데 위법성조각사유의 객관적 전제조건에 관한 착오는 객관적 정황이라는 사실관계의 착오이지만 구성요건사실에 관련된 착오가 아니므로 구성요건착오라고 할 수 없고, 위법성조각사유(위 사례의 경우 정당방위)와 관련되어 있지만 규범의 이해에 관한 착오가 아니라 사실관계에 관한 착오이므로 금지착오의 범주도 아니다.

따라서 이에 관하여는 학설에 따라서 이해할 수 밖에 없는데, 학설은 크게 세 가지로 나뉘게 된다. 결론적으로 구성요건착오를 차용할 것인가 금지착오를 차용할 것인가 아니면 독자적인 법형상으로 보아 독립된 착오로 볼 것인가의 문제이다.

유 형	학 설	내 용	해 결
고의문제로 해결	구성요건유추적용설	사실관계에 관한 착오이므로 구성요건 착오로 이해	고의조각(고의범 성립 불가/과실범 가능)
	소극적 구성요건표지론	주관적 정당화요소는 주관적 구성요건요소이므로 구성요건 착오로 이해	
책임문제로 해결	엄격책임설	모든 위법성관련 착오는 금지착오	책임조각(형법 제16조 적용)
	고의설	위법성인식은 고의의 요소+고의는 책임요소(고전적 범죄론체계)	책임조각(고의탈락/과실범 가능)
독자적 해결	법효과제약적 책임설	심정적 반가치태도로서의 책임고의 탈락	책임조각(책임고의 탈락/과실범 가능)

1) 고의설

위법성인식을 고의의 성립요소로 보는 고의설은 위법성조각사유에 대한 착오가 있으면 위법성인식이 없다고 이해하여 고의의 성립을 부정한다. 따라서 위법성조각사유의 객관적 전제조건에 대한 착오의 경우에는 과실범의 문제가 될 뿐이다.

고전적 범죄론 체계는 모든 심리적이고 주관적인 것을 책임요소인 고의로 보았기 때문에 위법성인식의 체계적 지위도 고의의 일부가 되므로, 위법성인 인식이 없는 경우에는 고의가 없으므로 고의범이 성립될 수 없다고 본다. 따라서 과실범처벌규정이 있는 경우에만 과실범으로 처벌될 수 있을 뿐이다.

2) 소극적 구성요건표지론

소극적 구성요건표지론은 2단계 범죄론체계를 취할 때에만 성립가능하다. 이에 따르면 총체적 불법구성요건단계는 적극적 표지와 소극적 표지로 구성되고, 위법성조각사유를 총체적 불법구성요건의 소극적 표지로 보기 때문에 위법성조각사유의 전제조건에 대한 착오는 당연히 구성요건적 착오로 보며 고의가 조각되는 경우로 이해한다. 즉, 구성요건착오는 적극적 표지로서 객관적 구성요건의 착오와 소극적 표지로서 주관적 정당화요소와 관련한 착오를 모두 포함한다. 따라서 고의범이 성립할 수 없고, 행위자에게 과실이 있고 과실범처벌규정이 있을 경우에 한하여 과실범이 성립된다고 논한다.[1)]

---

1) 이와 유사하게 이를 구성요건착오의 반전된 형태로서 허용구성요건의 착오로 구성하고, 따라서

이 견해에 대하여서는 상대방에 대한 침해행위를 인식·인용했음에도 불구하고 고의가 조각된다고 보는 것은 타당하지 않으며 이로 인하여 이 착오에 관련되는 공범의 성립까지 인정할 수 없게 되므로 부당하다는 비판이 있다.

3) 엄격책임설

엄격책임설은 위법성과 관련된 모든 착오를 예외없이 금지착오로 파악하므로, 위법성인식은 물론 위법성조각사유의 모든 경우가 금지착오가 된다. 그리고 그 근거로서 행위자가 모든 정황을 인식하였으므로 고의는 조각되지 않으며, 착오(잘못된 표상)로 인하여 위법성을 인식하지 못했다는 점을 든다.[1] 따라서 행위자에게 위법성의 인식가능성이 있으면 책임이 감경되고, 위법성인식의 가능성이 없으면(착오에 과실이 없으면) 책임이 조각되어 무죄가 된다. 그리고 그와 같은 판단의 기준은 형법 제16조의 정당한 이유의 존부가 된다.

이 설은 행위사정과 행위 자체의 허용여부에 대한 평가가 본질적으로 다른 점을 간과하였고 단지 착오의 회피가능성만을 이유로 착오에 빠진 자를 고의범으로 처벌한다는 것은 법감정에 맞지 않다는 비판을 받고 있다.

4) 제한적 책임설

① 구성요건유추적용설

이 견해는 위법성조각사유의 전제조건에 대한 착오가 바로 구성요건적 착오는 아니지만 이와 구조적으로 유사하기 때문에 구성요건적 착오처럼 취급된다고 주장한다.

위법성조각사유의 객관적 정황 또는 전제사실이 행위자에게 인식대상이 되고, 이와 같이 사실관계에 대한 인식과 존재하는 사실과의 불일치라는 점에서 사실의 착오(구성요건착오)와 유사한 구조를 가진다는 점을 포착한다. 따라서 구성요건착오를 유추적용하면, 결과적으로 고의가 조각되므로 행위자에게 과실범의 처벌가능성만을 인정한다.

그러나 고의범의 행위반가치가 의도반가치에만 있는 것은 아니므로 의도반

형법 제13조를 유추적용하자는 견해가 있다. 이에 따르면 법규에 존재하지 않는 사유에 형법 제13조를 적용하는 것은 유추해석금지의 원칙에 반하지 않는다. 따라서 유추해석을 통하여 형법 제13조를 근거로 이를 해결하고자 하는데, 이를 유추적용책임설이라고도 한다. 이정원, 236면 참조.

1) 권오걸, 342면; 김종원, 「정당화사정의 착오에 관한 일고찰」, 고시연구, 1993. 8, 14면 이하; 손동권/김재윤, 203면; 오영근, 301면; 정성근/정준섭, 195면.

가치가 없다고 해서 구성요건고의가 조각될 수는 없는 것이며, 구성요건적 고의가 조각된다고 할 때에는 이에 대한 공범성립도 불가능하게 되므로 처벌의 공백이 발생함을 면치 못한다는 비판이 있다.[1]

② 법효과제약적 책임설

법효과제약적 책임설(rechtsfolgeneinschränkende oder rechtsfolgenverweisende Schuldtheorie)은 고의의 이중적 지위를 인정하는 전제하에서 구성요건적 고의는 성립하되 책임요소로서의 고의가 부정된다고 보아, 책임고의의 법적 효과를 제약함으로써 범죄가 성립하지 않는다고 본다.

여기에서는 제한적 책임설(법효과제약적 책임설)의 입장[2]을 취하면서 이 문제를 다음과 같이 이해하고자 한다. 우선 구성요건해당성 단계에서 행위자는 비록 착오가 있기는 하지만 안중에 둔 객체에 일정한 침해행위를 한다는 사실에 대한 인식・인용이 있으므로 그의 고의는 조각되지 않고 따라서 이러한 착오는 구성요건 착오로 될 수 없다.

다음으로 위법성 단계에서 위법성조각의 요건인 행위자의 외부세계에 객관적으로 존재하여야 하는 객관적 정황이 존재하지 않으므로, 그 행위는 형법상 위법성이 조각될 수 없고 따라서 불법행위가 된다. 그러므로 이에 관련하여 공범이 성립될 수도 있고 그 행위의 상대방은 정당방위를 할 수도 있다.

마지막으로 책임단계에서는, 이처럼 불법까지 인정한다 하더라도 행위자의 착오를 고려하면 고의범으로서의 책임까지 지울 만한 행위자의 심정적 반가치를 인정할 수 없다. 책임고의란 행위자의 심정적 반가치태도에 대한 평가로서, 행위자가 그러한 심적태도를 형성함이 무가치하다고 판단할만한가의 문제가 된다. 이 경우 행위자는 위법성조각사유의 전제사실이 있고 따라서 적법행위를 하겠다는 심적 태도를 형성하고 있기 때문에 책임고의가 탈락되는 것이다. 그러므로 구성요건적 고의는 인정되지만 책임형식으로서의 고의는 부정된다.[3] 이로써

1) 이재상 외, 347면.
2) 김성천/김형준, 285면; 김혜정 외, 270면; 박상기, 178면; 배종대, 331면; 이재상 외, 347면; 임웅, 362면; 정영일, 213면; 최호진, 393면.
3) 오영근, 301면은 책임고의라는 개념 자체가 불분명하다고 하여 책임고의를 인정하지 않고자 한다. 이 뿐만 아니라 책임고의를 인정할 경우 법률의 착오도 책임고의 탈락으로 이해하여야 한다고 주장한다. 그러나 앞서 합일태적 범죄론체계에서 살펴보았듯이 고의의 이중적 지위를 인정하는 이상 책임고의는 범죄성립의 요소로 이해된다.

고의범의 성립문제는 종결된다.

사람의 행위는 복합적일 수 있기 때문에 고의범으로서의 행위가 거론되는 곳에 과실도 함께 존재할 수 있다. 위법성조각사유의 전제조건에 관한 착오에 해당되어 비록 책임고의의 탈락으로 인하여 고의범의 성립이 부정되어도 이와 별도로 행위자에게 과실이 있었다면 과실범으로 처벌됨은 당연하다.[1)]

이러한 과실범 처벌에 대하여 고의가 인정되는 자에게 과실범을 성립시키는 것은 체계모순이라는 비판이 있다.[2)] 그러나 오상방위에서 행위자가 가지는 고의는 오로지 구성요건사실로서 상대방을 가격하겠다는 점에 대한 인식과 인용에 한정된다. 그리고 주의의무는 위법성조각사유의 전제사실이 존재하는가에 대하여 살펴보아야 할 주의의무, 즉 행위정황을 살펴서 실제로 현재의 부당한 침해상황인지 여부에 대하여 주의하여 판단해야 하는 의무이다. 구성요건에 해당하는 행위를 함에도 불구하고 적법행위로서 법적 평가를 받을 혜택의 부여는 반대로, 그것이 적법행위로서 용인되기 위하여 필요한 조건들의 존재 유무를 주의 깊게 판단하여야 하는 의무이행을 충실히 이행한 자에게 부여되므로 이를 이행하지 않은 자는 그 의무불이행이 주의의무위반이라는 과실범의 요건을 충족하는 것이다. 따라서 고의범이 성립되지 않는 자에게 과실범의 죄책을 묻는 것이 아니라, 서로 구성요건의 구조가 다른 고의범의 요건을 독자적으로 판단하고, 그와 별개로 과실범의 성립요건을 독자적으로 판단하는 것이다.[3)]

이상과 같이 이해하는 것이 고의의 이중적 기능을 인정하는 합일태적 범죄론 체계에도 가장 잘 합치된다.

5) 판례의 태도

판례는 위법성조각사유의 전제사실의 착오문제를 '죄가 되지 않는 것으로 오인한 것에 대하여 정당한 이유' 유무를 판단한다. 즉, 행위자가 주관적으로 그 정당성에 대한 인식 하에 이루어진 것이라고 보기에 충분하다면 그 오인에 정당한 이유가 있는 것으로 보아 형법 제16조에 의하여 책임이 조각된다고 함으로써 금지착오로 해결한다.

---

1) 따라서 제한적 책임설이 고의범의 불법에 대하여 과실책임을 묻는다고 보는 것은 오해이다.
2) 정성근/박광민, 형법총론, 357면.
3) 이용식, "위법성조각사유의 전제사실의 착오에 대한 대법원의 이해구조", 형사판례연구 제24권, 2016, 164면은 "예견가능성은 고의와 과실에 공통되는 요건"이라고 한다.

그러나 행위자의 오인은 법규의 내용이나 해석과 관련한 인식에 관한 것이 아니다. 단지 위법성이 조각될 수 있는 정황이 있다고 오인한 것으로 사실관계에 관한 오인이므로 형법 제16조의 정당한 이유를 판단함은 타당하지 않다. 형법 제16조는 '법령에 의하여' 죄가 되지 아니한 것으로 오인한 행위를 대상으로 하기 때문이다.

판 례

"술집에서 맥주병을 깨 다른 사람의 목을 찌르고 현재 자기집으로 도주하여 칼로 아들을 위협하고 있다."는 상황을 고지받고 현장에 도착한 피고인으로서는, 갑이 칼을 소지하고 있는 것으로 믿었고 또 그렇게 믿은 데에 정당한 이유가 있었다고 할 것이므로, 피고인과 을이 갑과의 몸싸움에 밀려 함께 넘어진 상태에서 칼을 소지한 것으로 믿고 있었던 갑과 다시 몸싸움을 벌인다는 것은 피고인 자신의 생명 또는 신체에 위해를 가져올 수도 있는 위험한 행동이라고 판단할 수밖에 없을 것이고, 따라서 피고인이 공포탄 1발을 발사하여 경고를 하였음에도 불구하고 갑이 을의 몸 위에 올라탄 채 계속하여 을을 폭행하고 있었고, 또 갑이 언제 소지하고 있었을 칼을 꺼내어 을이나 피고인을 공격할지 알 수 없다고 피고인이 생각하고 있던 급박한 상황에서 을을 구출하기 위하여 갑을 향하여 권총을 발사한 것이므로, 이러한 피고인의 권총 사용이, 경찰관직무집행법 제10조의4 제1항의 허용범위를 벗어난 위법한 행위라거나 피고인에게 업무상과실치사의 죄책을 지울만한 행위라고 선뜻 단정할 수는 없다.[1)]

동 사안을 위법성조각사유의 전제사실에 관한 착오를 적용하여 살펴보면 다음과 같다. 경찰관인 피고인이 행한 권총발사행위가 경찰관직무집행법상 무기사용으로서 형법 제20조의 법령에 의한 행위가 되기 위하여는, 동법 제10조의4 1항 2호 라목의 범인이나 소요를 일으킨 사람이 위험한 물건을 지니고 계속 항거한다는 객관적 정황이 존재하여야 한다. 그러나 갑은 칼을 소지하고 있지 않았으므로 객관적 정황이 존재하지 않는다. 따라서 형법 제20조에 해당될 수 없고 위법성은 인정된다. 다만, 그러한 정황으로 오인하고 경찰관으로서 을 및 자신의 생명을 구하기 위하여 무기를 사용하고자 한 행위자의 태도가 법에 반하는 심정적 반가치태도를 드러내는 것으로 평가할 수 없기 때문에 책임고의가 조각된다. 또한 동 사안에서는 칼로 아들을 위협한다는 신고를 받고 현장에 간 것이므로 오인에 과실이 없다고 판단되므로 과실범으로도 처벌되지 않는다.

1) 대판 2004. 3. 25, 2003도3842.

또 다른 사례는 갑은 관장 을이 운영하는 복싱클럽에 회원등록을 하였던 자로서 등록을 취소하는 문제로 을로부터 질책을 들은 다음 약 1시간이 지난 후 다시 복싱클럽을 찾아와 을에게 항의하는 과정에서 을이 갑의 멱살을 잡아당기거나 바닥에 넘어뜨린 후 목을 조르는 등 을과 갑이 뒤엉켜 몸싸움을 벌였는데, 코치인 피고인이 이를 지켜보던 중 갑이 왼손을 주머니에 넣어 불상의 물건을 꺼내 움켜쥐자 갑의 왼손 주먹을 강제로 펴게 함으로써 갑에게 손가락 골절상을 입힌 경우이다.[1] 피고인은 갑이 칼과 같은 흉기를 꺼내는 것으로 오인하였으나, 실제로는 소형녹음기였다. 대법원은 피고인의 행위가 적어도 '주관적으로는 그 정당성에 대한 인식하에 이루어진 것이라고 보기에 충분'하므로, 피고인이 당시 죄가 되지 않는 것으로 오인한 것에 대해 '정당한 이유'를 인정하였다.

§3. 기대가능성

Ⅰ. 기대가능성의 일반이론

1. 의 의

책임이 행위자에 대한 비난가능성이라고 할 때 규범에 반하는 행위를 선택한 점에 대한 비난은 행위자의 반가치적 심적태도와 함께 정황적 요소도 고려하여야 한다. 즉, 위법성인식이 있거나 인식할 수 있는 상태였음에도 불구하고 행위자가 규범위반의 방향으로 나아간다면, 특정한 상황하에서 적법행위를 할 것이 가능하였겠는가에 관한 규범적 평가가 필요하게 된다. 이를 기대가능성이라고 한다. 일반적으로는 행위자는 규범에 부합하는 행위를 할 것이라는 '적법행위의 기대가능성'(Zumutbarkeit normgemäßen Verhaltens)이 있는 것으로 보지만, 특히 적법행위에의 기대가능성이 없는 경우를 '기대불가능성'(Unzumutbarkeit) 또는 기대가능성의 부존재라고 표현한다.

1) 대판 2023. 11. 2, 2023도10763.

참고 연혁

기대가능성론의 단서는 이미 1897년의 독일제국법원(Reichsgericht)의 한 판결(RGSt 30, 25; Leinenfängerfall)에서 찾아볼 수 있다(이 판결에서 독일 제국법원은 피고인인 마부가 고용주에게 수차 악습있는 말의 교체를 요청하였으나 거절당하였고 해고당하면 생계의 위협을 받게 될 마부의 처지에서 그 악습있는 말을 사용치 아니할 것을 기대할 수 없다는 점을 고려하여 그 말의 사용으로 인하여 발생한 과실치사죄의 성립을 부정하고 무죄의 판결을 선고하였다). 프랑크(Frank)는 이 사건을 토대로 하여 책임에 있어 고의, 과실 외에도 부수사정의 통상성을 강조함으로써, 그리고 골트슈미트(Goldschmidt)는 의무위반성을 고의·과실과 병립하는 규범적 요소로 내세움으로써 각각 기대가능성론의 기초를 닦았는데 이 이론이 본격적으로 전개된 것은 규범적 책임론이 책임론의 전면에 나타난 1920년대와 1930년대 초반의 일이라고 볼 수 있다. 특히 프로이덴탈(Freudenthal)은 기대가능성이 언제나 필요한 책임개념의 고유한 요인이고, 행위자가 달리할 수 있다는 것은 부수적 사정에 의존하며 기대가능성이 없을 때에는 책임비난의 가능성도 결여되고 기대불가능성은 과실뿐만 아니라 고의에 있어서도 일반적 의미를 갖는다고 주장하였다. 이러한 주장은 그 후 슈미트(Eb. Schmidt)를 비롯한 많은 학자들의 지지를 얻었으나 1930년대 초반부터 쇠퇴하기 시작하여 오늘날 독일에 있어서 기대가능성의 원리는 적어도 고의적 작위범(vorsätzliches Begehungsdelikt)에 관한 한 단지 실정법 해석상의 보완 내지 교정의 기능을 갖는 원리로 인정되고 있다. 우리나라나 일본에 있어서도 기대가능성론이 도입되었는데 독일의 경우와는 달리 이를 모든 경우에 있어서 초법규적 책임조각사유로 인정하는 것이 다수설이다.

2. 기대가능성의 체계적 지위

(1) 독자적 책임요소설

기대가능성이 책임능력, 고의·과실과는 구분되어 병렬적 위치에 있는 책임요소라고 주장하는 견해이다.[1] 이 설은 책임의 규범적 요소인 기대가능성을 인간의 생리적 특성을 전제로 하는 책임능력, 책임의 심리적 요소인 고의·과실과 구분하여 여기에 독자성을 인정한다는 데 그 특성이 있다. 이 설은 명령규범위반(책임상황)이 발생한 후에 별도로 그러한 규범위반에 대한 비난가능성이 검토되어야 하기 때문에 책임능력, 고의·과실과 독립된 제3의 책임요소로 이해한다.

(2) 고의·과실의 구성요소설

이 설은 기대가능성을 고의·과실의 구성요소로 이해하는데, 이 때문에 부수

1) 손동권/김재윤, 333면; 오영근, 275면; 임웅, 367면.

사정에 관련된 규범적 요소인 기대가능성을 내부적 주관적 세계에 깊이 관련되는 심리적 요소인 고의·과실에 포섭시킴은 부당하다는 비판을 받고 있다.

(3) 소극적 판단설

기대가능성을 책임의 적극적 요소로 보지 않고, 책임능력과 고의·과실이 있으면 원칙적으로 책임을 인정하되 예외적으로 기대가능성이 없으면 책임이 조각된다고 주장한다.[1] 이 설은 기대가능성의 소극적 측면, 즉 기대가능성의 부존재가 책임조각의 기준으로서 형법적 의미를 갖는 점을 중시하여 단지 그 부존재를 책임조각사유로 보면 족하다고 본다.

(4) 소 결

이 밖에도 제22조 제1항의 긴급피난을 위법성조각적 긴급피난과 책임조각적 긴급피난으로 이원화하고자 하는 견해에 의하면 기대가능성은 제22조 제1항에 실정법적 근거를 둔 규정으로 보기도 한다.[2] 그러나 형법의 조문체계상 이를 인정하지 않는 입장에서는 여전히 책임요소인가 여부를 판단하여야 할 것이다.

그 결과 이상의 세 학설 중 고의의 구성요소로 보는 견해는 논리적 타당성이 없다. 다만 첫 번째와 세 번째 학설은 결과적으로 다를 것이 없으나 첫 번째 학설이 규범적 요소로서의 기대가능성의 특징을 가장 뚜렷하게 설명하고 있다는 점에서 이 설이 타당하다. 그렇다고 모든 범죄에 있어서 적법행위에의 기대가능성을 적극적으로 판단할 필요는 없다. 다만, 예외적으로 구체적인 정황 하에서 즉 행위자에게 적법행위를 할 것을 기대불가능한가 여부를 판단하여 책임을 조각시키는 요소로만 이해할 것이 아니라는 의미에서는 반드시 소극적 판단만을 요구하는 것은 아니다. 경우에 따라서는 행위자에게 적법행위에의 기대가능성이 범죄성립을 보다 확증하는 방향으로 작용할 수 있다.

3. 기대가능성의 판단기준

(1) 행위자표준설

행위자표준설은 행위 당시에 있어서 행위자가 처했던 구체적 사정 하에서 그

1) 권오걸, 365면; 김성돈, §24/205; 김일수/서보학, 291면; 박상기, 180면; 배종대, 341면; 이재상 외, 361면; 정성근/정준섭, 201면.

2) 신동운, 466면 이하.

의 능력을 표준으로 할 때 위법행위 대신에 적법행위를 할 것이 기대될 수 있는가를 판단해야 한다고 주장한다.

이 설은 책임비난은 행위자에게 가능한 것을 한도로 함을 내세우는데, 인간은 누구나 행위외적 사정에 의하여 지배를 받기 때문에 극단적인 경우 어떠한 행위자에게도 기대가능성이 없다는 결과가 되어 책임판단이 불가능하게 된다는 비판을 받는다. 그러나 행위자를 표준으로 할 경우 다른 행위에의 가능성이 없다고 하는 전제는 부당하고 행위자 자신의 구체적 사정을 고려할 때에도 행위자의 주관뿐만 아니라 행위자의 능력을 객관적으로 판단하여 책임능력에 관한 일반적 규정이 전제로 되어 있는 이상 기대불가능성의 인정범위가 우려하듯이 넓지는 않을 것이라는 반론이 있다.

(2) 평균인표준설

평균인표준설은 행위 당시의 구체적 정황 하에 평균인(일반인)을 행위자의 입장에 둘 경우 그에게 위법행위 대신에 적법행위로 나왔을 가능성이 있었느냐의 여부를 기대가능성판단의 표준으로 삼는 견해이다.[1)]

이 설은 기대불가능성을 이유로 일반적·초법규적 책임조각을 인정한다는 것을 전제로 할 때 그 범위의 확대를 객관적 표준으로서의 평균인을 기준으로 제약한다는 의미를 갖는다. 그러나 행위자에게 가할 책임비난에 행위자 아닌 평균인을 척도로 끌어들이는 것은 부당하고, 평균인의 관념이 불명확하여 이를 표준으로 하는 기대가능성 유무의 판단도 모호해진다는 비판을 받는다.

그러나 평균인은 책임비난의 법적 기준이 되는 요소이고 이에 의하여 책임비난을 받는 것은 행위자이기 때문에 평균인표준을 인정하는 것은 행위자 이외의 타인에 대한 책임을 인정하는 것이 아니고, 평균인개념이 불명확하다고 하는 비판도 사회적 유형개념으로서의 평균인에게는 타당하지 않다는 반론이 있다.

(3) 국가표준설

국가표준설은 적법행위를 기대하는 측인 국가가 법질서 내지 현실을 지배하는 국가이념에 따라 기대가능성의 유무를 판단해야 한다고 주장하는 견해인데 법과 국가의 요구의 변화에 따라 기대가능성의 표준도 달라진다는 특징을 갖는

---

1) 김성돈, §24/221.

다. 이 설은 형사책임의 일반원칙에도 벗어날 뿐만 아니라 사실상 뚜렷한 표준도 제공하지 못하기 때문에 학설로서 존재기반을 잃고 있다.

위의 세 가지 학설을 비교할 때 국가표준설은 부당하고 평균인표준설과 행위자표준설은 각각 그 장단점이 있지만, 형사책임의 일반원칙과 기대가능성의 본질에 비추어 행위자가 처했던 구체적 사정뿐만 아니라 행위자의 능력까지도 종합적으로 고려해야 한다는 관점에서 행위자표준설이 타당하다고 생각된다. 판례는 평균인 표준설의 입장이다.[1)]

판 례

피고인에게 적법행위를 기대할 가능성이 있는지 여부를 판단하기 위해서는 행위 당시의 구체적인 상황하에 행위자 대신에 사회적 평균인을 두고 이 평균인의 관점에서 그 기대가능성 유무를 판단하여야 한다.[2)]

4. 형벌법규해석상의 보정원칙 및 입법원리로서의 기대가능성

기대가능성의 관념은 책임조각의 근거를 밝혀주는 가장 기본적인 원리이다. 이러한 기대가능성은 무엇보다도 개개의 형벌규정을 해석함에 있어서 보완 내지 교정의 기능을 담당하고 특히 재판관에게 구체적인 경우에 중요한 모든 정황을 고려하게 하여 정확한 판결을 할 수 있도록 해 준다.

현행 형법과 관련하여 기대가능성의 부존재 내지 감소는 책임의 조각 및 감경에 폭넓게 작용하는 것으로 이해된다. 형법총칙에서는 제12조의 강요된 행위, 제21조 제3항의 과잉방위, 제22조 제3항의 과잉피난이 기대불가능성에 근거하여 책임의 조각을 인정하고 있는 규정으로 이해된다. 이는 반대로 같은 위법성조각사유이면서도 자구행위에는 과잉행위에 대한 책임조각규정이 없는 것과 비교된다. 자구행위는 이미 침해가 완료된 상태에서 적극적으로 행위자가 타방에게 공격을 가하는 행위이므로 행위자가 불안스러운 상태 하에서 과잉행위로 나아갈 것을 예정하기 어렵기 때문에 기대불가능성에 근거한 책임조각규정이 있을 수 없다. 또한 제21조 제2항의 경우도 기대가능성과 관련하여 형이 감경 또

1) 대판 2008. 10. 23, 2005도10101; 대판 2004. 7. 15, 2004도2965; 대판 1966. 3. 22, 65도1164.
2) 대판 2015. 11. 12, 2015도6809; 대판 2008. 10. 23, 2005도10101.

는 면제되는 규정으로 볼 수 있다.

형법각칙에서는 범인의 친족 등이 본인을 위하여 행한 범인은닉 또는 증거인멸(제151조 제2항, 제155조 제4항)은 기대불가능성을 반영한 규정이고, 본인 자신이 도주하는 단순도주죄(제145조)가 도주원조죄보다 경하게, 위조통화취득후지정행사죄(제210조)가 보통행사죄(제207조 제4항)보다 경하게 처벌되는 것은 기대가능성의 감소에 의하여 책임이 감경된 것이라고 이해된다.

책임조각 내지 감경을 인정하는 입법에서는 기대가능성의 관념이 그 기반을 이루는 중요한 척도로서 작용한다.

5. 초법규적 책임조각사유로서의 기대불가능성

과실범과 부작위범에서는 기대불가능성이 일반적 초법규적 책임조각사유로 인정되고 있으나 고의적 작위범에도 기대불가능성을 초법규적 책임조각사유로 볼 것인지 여부에 관하여 부정설(실정법설)과 긍정설(초법규설)이 대립된다.

(1) 부정설(실정법설)

기대불가능성에 근거한 초법규적 책임조각을 부정하고 실정법의 테두리 안에서만 책임조각을 인정하는 부정설(실정법설)[1]은 책임개념의 심한 상대화와 시민에게 부과된 의무이행요구의 심한 감소 및 판결의 자연법화 그리고 더 나아가 형법의 일반예방적 작용을 약화시키고 법의 적용상의 불균형을 가져오며 결과적으로 형법의 해체를 초래한다는 점을 들고 있다.

부정설은 기대가능성의 형법적 기능을 실정법의 테두리 안에서 보완·교정의 역할을 담당하는 것으로 국한시킨다.

(2) 긍정설(초법규설)

기대불가능성을 초법규적 책임조각사유로 인정하는 긍정설(초법규설)[2]은 그 논거로서 형법해석의 엄격성은 주로 구성요건의 확장해석에 대한 것이지 책임조각에까지 타당한 것은 아니며 사회생활의 복잡성은 법규만으로 규율되기 어

---

1) 박상기, 180면; 이정원, 257면.

2) 권오걸, 365면; 김성돈, §24/214; 김성천/김형준, 303면; 김일수/서보학, 291면; 김혜정 외, 283면; 손동권/김재윤, 333면; 오영근, 275면; 이재상 외, 361면; 임웅, 371면; 정성근/정준섭, 201면; 정영일, 220면 등.

려운 예측불가능한 사태의 발생을 초래할 수 있는데 실정법만 고집하는 것은 스스로를 구속하게 된다는 점을 논거로 한다.

두 학설을 살펴볼 때 부정설의 논거에 주목할 만한 점이 많다고 생각하나 미비점이 적지 않다고 느껴지는 우리의 실정법, 급변하는 우리 사회 등 제반여건을 생각하면 초법규적 책임조각을 일정한 한계 내에서 긍정하지 않을 수 없다.

판 례

판례는 입학시험응시자가 우연한 기회에 출제될 문제를 알게 되어 그 해답을 암기하였다가 답안을 작성한 사실이 업무방해죄로 기소된 사건과 관련하여 그렇게 하지 아니할 것을 일반시험응시자에게 기대할 수 없다는 이유로 무죄를 선고하였다.[1] 또한 사용자가 모든 성의와 노력을 다했어도 임금이나 퇴직금의 체불이나 미불을 방지할 수 없었다는 것이 적법행위에의 기대가능성이 없어 근로기준법 위반죄는 책임이 조각된다고 본다.[2] 이처럼 사회통념상 긍정할 정도가 되어 더 이상의 적법행위를 기대할 수 없거나 불가피한 사정이었음이 인정되면 책임이 조각된다.

6. 초법규적 책임조각의 구체적 기준

초법규적 책임조각사유로서 적법행위에의 기대불가능성을 인정한다고 하더라도, 일반예방의 효과나 법적용의 형평성, 법규 이외의 범죄불성립사유의 인정에 따른 해석의 자의성 우려 등을 고려한다면 이를 위한 구체적 기준이 필요할 것이다. 이를 유형화하면 다음과 같은 사례들은 기대불가능성에 근거하여 초법규적 책임조각이 인정될 수 있다.

① 자기나 친족, 그리고 자기와 밀접한 관계에 있는 사람의 생명·신체·자유에 대한 현재의 위난을 피하기 위한 행위는 비록 형법 제22조(긴급피난)의 상당성 판단의 중요 척도인 이익(법익)형량의 원칙에는 벗어난다 할지라도, 제반정황을 고려할 때 그러한 행위를 하지 않을 것을 도저히 기대할 수 없을 때

② 의무의 충돌에 있어서 의무자가 저가치의무임을 알면서도 이에 관련된 부득이한 사정을 도저히 극복할 수 없어서 고가치의무를 방치한 때(예컨대 응급실에 부모와 보다 중한 상해를 입은 일반인이 동시에 입원한 경우 의사의 치료의무)

1) 대판 1966. 3. 22, 65도1164.
2) 대판 2015. 2. 12, 2014도12753.

③ 수명자가 상관이 내린 직무명령이 위법한 것을 알면서도 그가 처해 있는 제반정황이 도저히 이에 항거할 수 없어서 위법한 명령을 이행한 경우에는 이것이 강요된 행위(제12조)에 해당되지 않는 경우일지라도 이에 준할 정도의 강제상태 하에서 부득이 행한 것으로 판단되는 경우

④ 생명·신체 이외의 법익에 대한 위해라 할지라도 그 비중이 큰 경우, 예컨대 막대한 재산에 대한 위해가 협박의 내용으로 된 강제상태 하에서 부득이 행한 행위의 경우

⑤ 이 밖에도 당해 행위와 관련하여 기대불가능성에 기한 면책규정이 없는 것이 입법의 불비라고 판단될 정도의 정황일 경우

7. 기대가능성에 대한 착오

적법행위에의 기대가 불가능한 사정이 없음에도 불구하고 있는 것으로 오신하여 행위한 경우는 책임조각적 행위정황에 대한 착오로 볼 수 있다. 이 경우를 금지착오(법률착오)에 유사한 것으로 보아 오인에 정당한 이유가 있는 때에 한하여 책임이 배제된다고 보는 견해가 있다.[1] 또 다른 견해에 의하면 책임을 조각하는 행위사정에 대한 착오는 착오의 이유를 묻지 않는 구성요건적 착오가 아니라 고유한 종류의 착오라고 한다.[2]

그러나 이 경우는 오히려 위법성조각사유의 객관적 전제조건에 대한 착오와 유사한 경우로서 행위자에게 고의범으로서의 심정적 반가치가 탈락하여 고의책임을 지울 수 없다고 보는 것이 타당할 것이다.[3] 따라서 행위자에게 과실이 있었고 과실범처벌규정이 있는 경우에는 과실책임은 별도로 남게 될 것이다.

Ⅱ. 강요된 행위

1. 의 의

형법 제12조는 "저항할 수 없는 폭력이나, 자기 또는 친족의 생명, 신체에 대한 위해를 방어할 방법이 없는 협박에 의하여 강요된 행위는 벌하지 아니한

1) 김혜정 외, 282면; 임웅, 373면.
2) 이재상 외, 364면.
3) 배종대, 340면.

다."라고 하여 강요된 행위를 규정하는데, 이는 적법행위에 대한 기대불가능성에 기한 책임조각을 명문화한 것이다.

이는 입법론상 독일구형법 제52조(Nötigungsstand)의 영향을 받은 것이나 독일형법에서는 이미 삭제되었고, 일본 형법에도 그 흔적을 찾아볼 수 없다. 그러나 우리나라 판례는 부득이한 국가보안법 내지 반공법 위반행위[1]와 어로작업 중 납북된 어부들이 연금된 상태에서 국가보안법을 위반한 행위[2]에 여러 차례 적용하면서 그 사례를 남기고 있다.

2. 법적 성질

강요된 행위는 긴급피난과 유사한 성격을 갖는다. 강요된 행위에는 비록 긴급피난의 긴급상태에 비교되는 강제상태(Zwangslage)가 있고 정당한 이익간의 충돌(강요된 자 또는 그의 친족의 생명, 신체의 안전이라는 이익과 강요된 자에 의하여 침해당하는 제3자의 이익)이 있으며 행위자의 상황에 대한 인식과 행위의사도 있다. 이러한 관점에서 강요된 행위는 긴급피난에 종속하는 한 경우로 이해되기도 한다. 그렇지만 양자는 다음과 같은 관점에서 구분된다.

① 긴급피난의 긴급상태는 반드시 부당한 원인에 의하여 발생될 것을 요하지 않지만, 강요된 행위의 강제상태는 폭행 또는 협박을 수단으로 하는 부당한 강요에 의하여 발생되어야 한다.

② 긴급피난에 있어서는 상충하는 이익 사이의 형량이 핵심적인 문제이지만, 강요된 행위는 행위자가 위협받는 법익과 행위자의 행위로 인하여 침해되는 제3자의 법익 간의 이익형량을 요구하지 않는다. 강요된 행위에서는 강제상태 하에서 피강요자에게 적법행위로 나올 것이 기대될 수 있었느냐 여부가 특히 중요하다.

---

1) 대판 1956. 3. 6, 4288형상392; 대판 1954. 12. 24, 4287형상49, 대판 1954. 9. 28, 4286형상109.

2) 대판 1976. 9. 14, 75도414; 대판 1972. 3. 28, 71도1558; 대판 1971. 12. 14, 71도1657; 대판 1969. 2. 18, 68도1809; 대판 1968. 12. 17, 68도1319; 대판 1968. 12. 6, 68도1329; 대판 1968. 11. 5, 68도1334; 대판 1961. 7. 13, 4293형상194; 대판 1960. 10. 7, 4292형상829.

3. 요　　건

(1) 강제상태

행위자는 저항할 수 없는 폭력이나 자기 또는 친족의 생명, 신체에 대한 위해를 방어할 방법이 없는 협박에 의하여 강압된 상태에 있어야 한다. 이러한 강제상태는 원칙적으로 피강요자의 책임 있는 사유에 의하여 발생한 것이 아님을 요하지만 이러한 요구는 절대적인 것은 아니다.

1) 저항할 수 없는 폭력

저항할 수 없는 폭력이란 피강요자가 대항할 수 없는 정도의 폭력을 의미한다.

① 폭력의 의미

폭력이란 일반적으로 어떠한 저항을 억압하기 위하여 행사하는 힘을 의미하는 것으로서 그 강도에 따라 절대적 폭력과 강제적 폭력의 두 가지 유형으로 나누어 진다.

절대적 폭력(vis absoluta)이란 사람을 육체적으로 저항할 수 없게 하는 폭력을 말한다. 절대적 폭력을 당하는 사람은 의사 없는 기계적인 도구로서 사용될 뿐이다.[1] 이러한 피강요자의 행위는 형법상의 행위로 볼 수 없다.

강제적 폭력(vis compulsiva)이란 피강요자의 심리에 작용하여 그로 하여금 강요된 사실을 행하게 하는 심리적 폭력을 말한다. 심리적 폭력에 의한 행위는 단순한 도구로서의 행위가 아니며 본조에서 말하는 폭력은 바로 이러한 폭력을 의미한다. 폭력사용의 수단에는 아무런 제한이 없다. 저항할 수 없는 폭력은 심리적 의미에 있어서 육체적으로 어떤 행위를 절대적으로 하지 않을 수 없게 하는 경우뿐만 아니라 윤리적 의미에서 강압된 경우도 포함된다.[2]

② 저항할 수 없는 폭력의 표준

폭력행사에 저항할 수 있었는가 여부의 판단에 관하여 평균인의 관점에서 판단해야 한다는 견해도 있으나[3] 구체적 정황과 피강요자의 능력을 표준으로 결정해야 할 것이다. 여기에서의 폭력이란 심리적 폭력을 의미하므로 피강요자의

---

1) 예컨대 강제로 손을 붙들려 무인(拇印)을 찍거나 약한 여인이 강한 남자에게 손목을 잡힌 채 끌려가는 것 등이 여기에 속한다.

2) 대판 2007. 6. 29, 2007도3306.

3) 신동운, 470면.

심리상태가 저항가능하였겠는가의 문제로 귀결되기 때문이다.

2) 자기 또는 친족의 생명, 신체에 대한 위해를 방어할 방법이 없는 협박

협박이란 일반적으로 사람을 외포시킬 만한 해악의 고지를 말하는데, 비록 협박자가 협박을 실현할 의도가 없거나 실현이 불가능하더라도 그 협박이 진지하다는 사실을 상대방에게 일깨워 주는 한 협박이 성립된다. 본조의 협박에는 그 내용이 자기 또는 친족의 생명, 신체에 대한 위해를 고지하는 것이라야 하고 달리 방어할 방법이 없어야 한다는 제약이 따른다.

① 자기 또는 친족의 생명, 신체에 대한 위해

위해는 위험과 해악을 모두 포함하는 개념이며 그 대상이 되는 법익은 엄격히 자기 또는 친족의 생명, 신체에 국한된다. 본조가 위해의 대상이 되는 법익을 이처럼 매우 한정적으로 규정한 것은 타당한 입법은 아니다. 다만, 해석상으로는 생명, 신체 이외의 법익에 대한 위해가 협박의 내용일 때에는 경우에 따라 적법행위에의 기대불가능성에 의한 초법규적 책임조각이 문제될 수 있다.

친족의 범위는 형법에 규정되어 있지 않으므로 민법규정(제777조)에 의하여 정할 수밖에 없을 것이나 내연의 처나 부, 사생자도 친족에 준하여 해석함이 타당할 것이다.[1] 이러한 관계의 유무는 강요된 행위 당시를 표준으로 하여 판단하여야 한다.

② 위해의 방어불가능성

위해를 방어할 방법이 없다는 것은 고지된 위해를 저지할 수 없거나 강요에 굴복하여 구성요건에 해당하는 위법한 행위를 하는 방법 이외에 달리 위해를 피할 가능성이 없음을 뜻한다. 친족의 생명, 신체에 대한 위해가 고지된 경우에는 그 친족 자신은 위해를 피할 수 있더라도 피협박자에게는 방어할 방법이 없는 위해가 될 수 있다. 피협박자에게 고지된 위해가 방어할 방법이 있었는가의 여부는 피협박자 능력은 물론 구체적 정황을 참작하여 종합적으로 판단한다.

(2) 강요당한 행위의 요건

행위강제상태에서 부득이 강요당한 행위는 다음의 두 가지 요건을 갖추어야

---

1) 권오걸, 375면; 김혜정 외, 289면; 박상기, 183면; 배종대, 352면; 오영근, 281면 등 통설의 입장이다. 반면 임웅, 378면은 이를 초법규적 책임조각사유로 이해한다.

한다. 피강요자는 강요된 상태에서 부득이 위난을 피한다는 인식을 가지고 행동할 것을 요하는데, 이는 원칙적으로 긴급피난에서의 피난의사에 비교될 수 있다. 피강요자의 행위는 구성요건에 해당하는 위법한 행위일 것을 요한다. 아무리 강요되어 행한 행위라 할지라도 위법하지 않으면 책임을 논할 필요가 없기 때문이다.

4. 효 과

강요된 행위는 적법행위의 기대가능성이 없기 때문에 피강요자의 책임이 조각된다. 강요된 행위는 불법행위이지만 책임이 조각되는 경우이므로, 강요된 행위의 상대방은 정당방위가 가능하다.

강요자는 피강요자에게는 형법 제324조의 강요죄가 성립하고, 강요된 행위의 상대방에게는 강요된 행위의 간접정범으로서 처벌된다고 보는 것이 통설의 입장이다. 한편 철저한 제한적 종속형식을 취한다는 관점에서 강요자는 간접정범이 될 수 없고 오히려 교사범으로서의 책임을 진다고 보는 견해가 있으나 형법 제34조(간접정범)의 해석과 관련하여 살펴본다면 통설의 입장이 타당하다. 형법 제324조의 강요죄와 강요된 범죄의 간접정범은 상상적 경합관계에 있다.

Ⅲ. 일정한 요건하의 과잉방위와 과잉피난

1. 제21조 제3항의 과잉방위

과잉방위란 방위행위가 그 정도를 초과하여 상당성을 벗어난 경우를 말한다. 형법 제21조 제3항은 이러한 과잉방위가 “야간 기타 불안한 상태에서 공포 · 경악 · 흥분 · 당황하였기 때문에 그 행위를 하였을 때에는 벌하지 아니한다.”라고 규정한다.

여기에서 “야간”이란 일반적으로 일몰 후 일출 전까지를 의미하며 “기타 불안스러운 상태”란 비록 야간은 아니지만 정상적 판단에 따른 행위를 기대하기 어려운 외적 정황을 의미한다. 공포 · 경악 · 흥분 또는 당황이란 행위자가 정신적 또는 심리적으로 충격을 받고 있는 행위자의 내적 불안상태를 지칭한다.

이상과 같은 외적 · 내적 불안상태가 동시에 존재하는 상황 속에서 이루어진

과잉방위는 벌하지 아니한다. 여기에서 벌하지 아니한다는 말은 책임조각의 의미로 이해되며 면책근거는 무엇보다도 그 행위정황이 상당한 이유가 있는 방위행위(정당방위), 즉 적법한 행위를 기대할 수 없다는 점(기대불가능성)에 있다.

2. 제22조 제3항에 의하여 제21조 제3항이 준용되는 과잉피난

피난행위가 그 정도를 초과하여 상당성을 벗어난 경우를 과잉피난이라고 부르는데 이러한 과잉피난이 야간 기타 불안한 상태에서 공포·경악·흥분 또는 당황으로 인한 경우에는 위에서 살펴보았듯이 기대불가능성에 근거하여 면책된다.

Ⅳ. 위법한 직무명령에 따른 행위와 그 형사책임

1. 서 언

공무 내지 군무 상의 명령에 대한 복종의무(Gehorsamspflicht)는 사법상의 윗사람의 명령에 대한 복종의무보다 훨씬 더 강력하게 그 준수가 요구된다. 공무 또는 군무 상의 명령에 복종할 의무는 명시적으로 요구되고 있을 뿐만 아니라 이러한 복종의무를 위반하는 자는 형사책임 내지 징계의 대상자가 된다.

이처럼 강한 명령복종관계 속에서 직무에 관한 명령에 따르는 행위는 자기행동의 적법성에 대하여 스스로 책임지는 여타의 행위와 구분되지 않으면 안 된다. 그리고 이러한 구분은 위법한 명령을 이행한 경우에만 그 의미를 갖게 된다. 적법한 직무상의 명령은 국가기관의 정당한 의사의 실현을 의미하므로, 그 행위가 타인의 법익을 침해하더라도 정당행위로서 위법성이 조각됨은 당연하다.

2. 위법한 명령의 구속성 문제

상관의 명령에 따른 행위의 책임문제와 관련하여 해당 명령의 구속성이 문제된다. 이 구속성을 어떠한 관점에서 이해할 것인가에 대하여서는 견해가 대립되나, 크게 보아 명령이 적법해야만 구속성이 있다는 견해와 명령이 위법해도 구속성이 있다는 두 가지 입장으로 나누어진다.

구속성을 논하는 이유가 명령에 따른 행위의 위법성조각문제보다는 책임조각문제에 그 중점을 두고 있다는 견지에서 명령자와 수명자 사이에 엄격한 명령복종관계가 있고, 명령이 직무의 범위를 벗어나지 않는다고 판단되는 한 그 명령은 구속성이 있다고 봄이 타당할 것이다.

3. 책임조각의 근거

(1) 수명자가 직무상의 명령이 위법함을 몰랐을 경우

이때에 수명자의 행위는 금지착오(법률의 착오)에 해당된다. 그러므로 그 오인에 정당한 이유가 있는 때에 한하여 형법 제16조에 의하여 책임이 배제된다. 오인에 정당한 이유가 있는가를 판단함에는 일반 공무원의 경우와 군인의 경우가 달리 취급되어야 할 것이다. 왜냐하면 군인에게는 일반 공무원보다 더 강한 복종의무가 강조되는 반면 그 명령에 대한 심사권은 인정될 수 없기 때문이다. 일반 공무원의 경우에는 명령의 위법성(특히 가벌성)을 알 수 있었을 때에는 그 오인에 정당한 이유가 있다고 보기 어렵다. 그러나 군인의 경우에는 명령의 이행을 통하여 범죄를 행한다는 적극적 인식이 있었거나 그가 알았거나 알 수 있었던 정황에 비추어 명령의 형법위반성(Strafrechtswidrigkeit)이 분명했을 때에만 그 오인에 정당한 이유가 없다고 볼 수 있을 것이다.

(2) 수명자가 명령의 위법함을 알면서도 부득이 이를 행한 경우

수명자가 명령의 위법함을 알면서 이를 행하였을 경우에는 원칙적으로 책임이 조각되지 않지만 수명자에게 위법한 명령에 항거할 것이 기대될 수 있었는가 하는 문제가 제기된다.

만일 상관의 위법한 직무상의 명령이 강요된 행위(형법 제12조)의 요건을 충족할 때에는 수명자의 행위가 이에 따라 책임이 조각됨은 물론이다. 그러나 이것이 비록 강요된 행위에는 해당되지 않더라도, 이에 준할 정도의 강제상태에서 행위자의 능력과 명령복종관계에 수반하는 제반정황에 비추어 행위자가 이에 저항할 것으로 기대될 수 없을 때에 한하여 기대불가능성에 근거한 초법규적 책임조각사유가 될 수 있다고 보아야 할 것이다.

판 례

소위 '박종철 고문치사사건'에서, 판례는 공무원이 그 직무를 수행함에 있어 상관은 하관에 대하여 범죄행위 등 위법한 행위를 하도록 명령할 직권이 없는 것이고 하관은 소속 상관의 적법한 명령에 복종할 의무는 있으나, 그 명령이 참고인으로 소환된 사람에게 가혹행위를 가하라는 등과 같이 명백한 위법 내지 불법한 명령인 때에는 이는 벌써 직무상 지시명령이라 할 수 없으므로 이에 따라야 할 의무가 없다고 전제한다. 그리고 설령 대공수사단 직원은 상관의 명령에 절대 복종하여야 한다는 불문율이 있다 할지라도, 고문치사와 같이 중대하고도 명백한 위법행위에 대하여는 적법행위에 대한 기대가능성이 없는 경우에 해당한다고 볼 수 없다고 판시하였다.[1)]

심 화 **위법한 국가작용의 책임귀속과 행위자의 기대불가능성 심사기준**

면책요소로서의 적법행위에의 기대불가능성을 인정하기 위해서는, 위법한 상관의 명령행위에 대한 절대적 복종관계라는 엄격한 심사를 요구하여 왔다. 그러나 대부분의 지시들은 명백히 법률에 위반되기보다는 외형상 직무범위 내라고 할지라도 잠재적으로 불법한 결과를 초래할 위험성이 있거나 또는 내용상 적법과 불법의 경계에 존재하는 경우가 많다. 특히 그러한 직무집행이 대국민적 사항이면서 국민의 이익을 침해할 우려가 있는 행위일 경우에는 더욱 그러하다. 행정대집행이라든가 경찰의 직무집행의 경우가 그 예이다. 불법적인 살수차[2)]에 의한 국민의 사망에서,[3)] 시위진압을 하는 지위가 국가기관 중 어느 위치에 속하는가가 명령전달에서 중요할 뿐이지 그러한 지위에 누가 현재 위치해 있는가는 중요하지 않다. 그와 같은 지위를 점하는 자는 언제든지 무한하게 바뀔 수 있고, 변경된 그 자가 그러한 명령의 수행을 하기만 하면 국가기능은 여전히 그리고 지극히 '정상적'으로 운영되기 때문이다. 다시 말해서 행위자를 업무상 과실치사죄로 처벌하는 경우에, 그 자가 범죄를 범한 것이 아니라, 누구든지 살수요원이라는 지위에 있기만 하면 동일한 행위와 결과를 범할 수밖에 없다.[4)]

1) 대판 1988. 2. 23, 87도2358.
2) 헌재결 2018. 5. 31, 2015헌마476은 법률에 근거를 두지 않은 혼합살수행위는 법률유보원칙에 위배된다고 보아 물포 발포행위를 위헌확인하였다.
3) 경찰의 시위진압용 물포에 의한 소위 '백남기 농민 사망사건'. 2015년 11월 14일 제1차 민중총궐기에서 경찰의 살수차 물포에 맞고 쓰러진 백남기 씨가 사망하자, 백씨 가족측이 전 경찰청장을 비롯한 관련자 7명을 살인미수, 경찰관직무집행법위반죄 등으로 고발하였다.
4) 실제로 고 백남기 농민 사망사건에서 기소된 관련자들 중에서 고위의 국가기관에 해당하는 서울

그러한 구조에서 지위를 통해 실제로 불법한 국가명령을 수행한 자는 당해 행위에 대한 결정권한이 거의 없다고 보아야 한다.[1] 지위의 무한 대체가능성은 개인의 직업과 심지어 생존을 위협하게 되고, 생존을 위해서라면 설령 내용상 적법하지 않은 명령이라 하더라도 이를 거부할 수 있는 현실적 가능성 또는 행위의 선택가능성이 거의 없다. 따라서 국가기관의 하위 소속자로서 국가권력작용을 수행하는 행위자가 잠재적으로 폭력을 내재하는 국가작용을 행하는 과정에서 타행위가능성 즉, 행위의 선택가능성이 없었다면 형법은 그러한 행위자를 비난할 수 없다.

권력적 조직구조 하에서 직접 행위자는 언제든지 교체가능한 도구에 불과하고, 따라서 간접정범의 정범표지인 '의사지배'는 도구에 대한 정신적 지배가 아니라 도구의 무제한적인 대체가능성이 된다. 일반적으로 지휘체계 내에서 하급자인 공무원은 무한한 대체가능성이 있고, 특정인이 아닌 지위가 행위수행의 근거가 되기 때문에 행위자의 자율적 판단이 행위기제가 되지 않는 경향이 있다. 따라서 이와 같은 무제한적 대체가능성이 있는 지위에 기하여 행한 명령복종행위가 범죄성립의 전제조건으로 작용할 때에는 정범의 '적법행위에의 기대가능성'을 스스로의 의지에 의한 '행위 판단 또는 선택가능성'으로 대체할 가능성이 있는지 고려해보아야 할 것이다. 이러한 의미에서 국가기관의 일부로서 대체가능성이 무한한 지위가 특정한 업무를 수행하도록 하게 할 경우, 그러한 업무를 수행하는 자는 스스로의 의지에 의한 자율적인 행위판단가능성이 희박하다는 점에서, 일반화된 타행위가능성을 기대하기 어렵다. 따라서 그와 같은 지위가 업무수행을 법률로서 요구한다면, 비록 그것이 범죄의 결과를 초래하였다고 하더라도 행위자에 대한 비난가능성을 판단할 때에는 적법행위에의 기대가능성을 대신하여 '국가기관의 의사결정구조 하에서 스스로의 의지에 의한 타행위 선택가능성'이라는 완화된 기준으로 대체할 필요가 있는 것이다. 여기에서 의미하는 완화된 기준이란, 의사의 자유가 결정되어 있지 않아서 개인의 합리적인 행위선택을 통하여 적법행위에로 나아갈 수 있음을 형법이 기대한다면, 직무의 속성상 스스로 의사결정구조 내에의 관여가 매우 희박한 하급의 공무원에게는 개인의 합리적인 행위선택의 폭이 좁다는 점에서 적법행위에의

경찰청장만 무죄판결을 받고, 실제 현장에 있던 살수요원들만 유죄판결을 받은 법원판결은 이러한 현실을 자명하게 보여준다. 2018년 6월 5일 서울중앙지법 형사합의24부는 현장지휘관이었던 제4기동단장에게는 벌금을, 살수요원 한모경장에게는 징역 8개월 및 집행유예 2년을, 그리고 살수요원 최모 경장에게는 벌금 700만원의 유죄를 선고하면서 전 서울경찰청장의 업무상과실치사혐의는 무죄를 선고하였다. 가장 수뇌부에 있는 고위 국가기관의 장에게는 무죄를 선고한 반면, 실제 행위자들만을 유죄로 처벌한 것이다.

1) 간접정범에서 후술할 정범배후정범에 관한 이론이기는 하나, 조직지배이론의 첫 번째 조건으로서 직접 행위자의 대체가능성(Fungibilitä der unmittelbar Ausfürenden)은 이와 관련하여 시사하는 바가 크다.

기대가능성 역시 좁게 해석하여야 한다는 의미이다. 즉, 형법의 비난이 객관적으로 존재하는 법익침해의 결과보다도 자율적인 의사로 규범에 반하는 행위에로 향하는 심정적 반가치 태도에로 향한다면, 국가기관의 의사결정구조로 인하여 또는 하위 법규로서 국가기관 내적 규칙에 의하여 행위선택이 제한되는 행위자에게는, 자율적이고 합리적인 행위선택의 가능성이 제한되는 타율적인 의사결정구조가 책임단계에서 반드시 고려되어야 한다.

그 결과 굳이 형법 제12조의 강요된 행위가 아니더라도, 그리고 반드시 형식적으로 위법한 상관의 명령이 아니더라도 타율적인 의사결정구조는 대체가능성이 무한한 지위에 있는 행위자의 행위선택의 자율성을 제한함으로 인하여, 실제 행위자에게 책임을 면제하거나 최소한 감경할 수 있는 사유로 작용하여야 한다. 적법행위에의 기대가능성을 대체하는 '국가기관의 의사결정구조 하에서 스스로의 의지에 의한 타행위 선택가능성'이 대체가능한 지위의 속성에 종속된 공무원의 책임판단의 기준이 되어야 하기 때문이다. 반면 그와 같이 실제 행위자의 책임이 감면되더라도 자율적인 의사결정구조를 가지는 국가기관 자체의 책임은 별개의 문제로서 다루어야 한다. 결론적으로 그와 같은 구조 하에서 행위자의 행위는 책임이 면책되지만, 의사결정기관으로서의 국가 또는 지시결정자의 범죄는 반드시 책임을 부과해야 할 것이다.

즉, 위법한 상관의 명령에 대하여 타행위 선택가능성이 현실적으로 없었던 행위자는 적법행위에의 기대가능성이 없으므로 책임이 조각된다. 반면 불복종이 현실적으로 불가능한 위법한 명령을 내린 상관은 어느 행위로 인하여 처벌되지 아니하는 자를 이용하여 자신의 범죄를 범한 것으로서 해당 범죄행위의 간접정범이 성립됨과 동시에 위법한 명령의 지시 그 자체는 관련 법률 위반에 대한 직접정범이 될 것이다.

제 3 장

범죄의 특수형태

제1절 개　　관

Ⅰ. 의　　의

앞서 제2장에서 고의적 작위범이라는 표제 하에 범죄성립요소들을 살펴보았다. 우리 형법상 범죄의 형태는 일반적으로 고의범이자 작위범이기 때문이다. 따라서 본 장에서 범죄의 특수형태란 고의범이 아닌 경우와 작위범이 아닌 경우를 의미한다.

고의범이 아닌 경우란 과실범을 의미한다. 형법 제14조는 과실이라는 표제 하에 고의 없는 행위에 의한 결과발생에 관하여 법률에 특별한 규정이 있는 경우에 한하여 처벌하도록 규정하고 있다. 또한 각칙상 고의가 있는 기본범죄행위를 하였으나 고의 없이 기본범죄행위로부터 중한 결과가 발생하는 경우가 규정되어 있는데 이를 결과적 가중범이라고 한다. 형법총칙상으로는 '결과 때문에 형이 무거워지는 죄'(제15조 제2항)에서 그 단서를 찾을 수 있다. 결과적 가중범은 고의의 기본범죄와 과실의 중한 결과의 결합형태이므로 중한 결과의 영역은 과실범이 기본이다.

작위범이 아닌 경우란 부작위범을 의미한다. 형법 제18조는 부작위범이라는 표제 하에 일정한 의무가 있거나 위험을 야기한 자에게 위험발생을 방지할 특별한 의무를 부과하고, 그와 같은 작위의무의 불이행을 처벌하고 있다. 후술하는 바와 같이 이를 부진정부작위범이라 한다. 부작위범에는 제18조 이외에도 형법 각칙상 범죄의 구성요건행위의 특성으로 인하여 부작위가 범죄가 되는 경우가 있는데 이를 진정부작위범이라 한다.

Ⅱ. 논의의 실익

고의적 작위범과 구별하여 범죄의 특수형태라는 표제 하에 과실범, 결과적 가중범과 부작위범을 별도로 논하는 이유는 범죄성립구조의 차이에 있다. 일반적으로 고의적 작위범은 구성요건해당성, 위법성, 책임의 순차적 단계에 있어서 첫째, 구성요건해당성의 충족 여부는 객관적 요건으로서 주체, 객체, 행위, 인과관계 및 객관적 귀속을, 주관적 요건으로서 고의와 초과주관적 구성요건의 요부를 판단한다. 둘째, 위법성 판단에 있어서는 위법성조각사유의 존부를, 셋째, 책임판단에 있어서는 책임의 전제조건으로서 책임능력, 심정적 반가치판단으로서 책임고의, 위법성인식, 기대가능성의 존부를 판단한다.

그러나 고의적 작위범이 아닌 특수형태들은 이와 같은 일반적 요건들의 충족 여부로는 범죄성립 여부를 판단할 수 없다. 그 고유의 범죄속성과 구조로 인하여 성립요건이 다르기 때문이다. 따라서 이하에서는 각각의 범죄의 형태들에 요구되는 특수한 성립요건을 다루기로 한다.

특히 과실범은 사회가치와 과학기술의 발전의 영향을 받아 적용범위나 이론들이 매우 다양하게 변화·축적되어가고 있어서 그 논의의 전개가 단순하지 않다. 또한 과실범과 결과적 가중범은 형법보다는 많은 특별법의 양산으로 인하여 주요하게 다루어지기도 한다. 부작위범 역시 분화되고 복잡해진 사회영역들이 새로운 의무를 창출해냄으로써 그 적용범위가 넓어지고 있는 추세이다.

제2절 과 실 범

Ⅰ. 서 설

1. 과실의 의의

(1) 의 의

형법 제14조의 과실이란 사회생활상 요구되는 정상의 주의를 게을리 함으로 인하여 범죄의 구성요건사실을 깨닫지 못한 행위라고 할 수 있다. 다만, 제14조의 문언은 마치 형법이 구성요건실현의 인식이 전혀 없었던 경우(인식 없는 과실)만을 과실로 인정하고 있는 것처럼 보이지만, 그 의미를 보다 폭넓게 이해하여 구성요건의 실현을 의무위반적으로 인식하지 못했던 경우는 물론 구성요건의 실현을 인식했더라도 그 결과가 발생하지 않을 것이라고 의무위반적으로 신뢰하여 행한 경우(인식 있는 과실)까지도 포함하는 것으로 보아야 한다.

형법 제14조를 통하여 고의범이 원칙적으로 처벌되고 과실범은 법률에 특별한 규정이 있는 경우에 한하여 예외적으로 처벌됨을 알 수 있는데,[1] 그 법정형은 개개의 조문에 규정되어 있고 그 형이 고의범에 비하여 경하게 되어 있다.[2]

과실은 결코 고의의 완화된 형태가 아니다. 과실범은 고의범과 달리 행위자의 의사가 아닌 부주의를 통하여 법의 요구에 위반하기 때문에 그 불법과 책임내용이 고의범의 그것보다 적다고 볼 수 있으며, 고의범으로 확정되면 과실은 별도로 처벌의 대상으로 고려되지 않는다. 그러나 고의에 대한 혐의가 있으나 확증되지 않았다고 바로 과실범의 책임을 물을 수는 없으며 과실범의 전제조건이 갖추어져 있을 경우에만 가능하다.

(2) 종 류

구성요건 사실의 인식여부에 따라서 사실관계에 대한 인식조차 없는 인식 없는 과실(die unbewußte Fahrlässigkeit, negligentia)과 인식은 있되 인용(의지적 요소)이 없는 인식 있는 과실(die bewußte Fahrlässigkeit, luxuria)로 구분할 수 있으나 형법상 법적 실익은 없다. 다만, 인식 있는 과실이 인식 없는 과실보다 그 비난의 정도가 높다는 점에서 양형상의 참작사유는 될 수 있을 것이다. 또한 중요한 것은 인식 있는 과실과 미필적 고의의 구분이다(미필적 고의 참조).

업무자인가 여부에 따라서 일반과실과 업무상 과실로 구분할 경우,[3] 후자가 형이 가중되는 사유에 관하여는 일반과실보다 업무자의 경우 전문가로서의 예견가능성이 크기 때문에 책임이 가중된다고 보는 견해[4]와 일반과실보다 구성요건적 객관적 주의의무의 내용이 가중된다고 보는 견해[5] 및 불법과 책임이 모두 가중된다는 견해[6] 등이 있다. 업무상 과실죄는 형법 각칙상의 범죄로 업무가 구성요건요소로 규정되어 있다는 점에서 구성요건적 객관적 주의의무의 가중으

---

1) 대판 1983. 12. 13, 83도2467 참조.
2) 과실범 처벌규정으로는 실화(제170조), 업무상실화, 중실화(제171조), 과실로 인한 폭발물파열(제172조 제2항), 과실일수(제181조), 과실, 업무상 과실, 중과실로 인한 교통방해 등(제189조), 과실상해(제266조), 과실치사(제267조), 업무상과실, 중과실치사상(제268조), 업무상과실, 중과실장물취득(제364조)이 있다.
3) 업무상과실교통방해(제189조), 업무상실화(제171조), 업무상과실치사상(제268조), 업무상과실장물취득(제364조) 등에서 업무상 과실이 인정되며 일반과실의 경우에 비하여 형이 가중된다.
4) 이재상 외, 192면; 정성근/정준섭, 341면.
5) 신동운, 234면; 이정원, 405면; 임웅, 536면.
6) 김일수/서보학, 318면.

로 해석함이 타당할 것이다.

주의태만의 정도에 따라 경과실과 중과실로 구분할 경우, 중과실은 조금만 주의를 했더라면 충분히 구성요건적 결과의 발생을 인식할 수 있었음에도 불구하고 그조차 하지 않아 결과가 발생한 경우이다.[1] 판례에 따르면, 양자의 구분은 구체적인 경우에 사회통념을 고려하여 결정해야 한다.[2] 현행 형법에서는 중과실과 업무상 과실을 동일하게 취급한다.

판 례

판례는 업무상 과실에 관하여는 "수행하는 직무 자체가 위험성을 갖기 때문에 안전배려를 의무의 내용으로 하는 경우는 물론 사람의 생명·신체의 위험을 방지하는 것을 의무의 내용으로 하는" 것으로 보아, 업무의 징표를 업무에 부과되는 객관적 의무를 중심으로 파악한다는 점에서 업무상과실의 중한 처벌을 구성요건에 해당하는 객관적 주의의무로 이해하는 듯하다.[3] 그러나 건물 소유자가 안전배려나 담당하는 지위를 가지지 않은 채 단지 건물을 비정기적으로 수리하거나 건물의 일부분을 임대하였다는 사정만으로는 건물 소유자의 위와 같은 행위가 업무상과실치상죄의 '업무'에 해당한다고 보기 어렵다고 판시하였다(대판 2017. 12. 5, 2016도16738).

중과실에 대하여는 "약간의 주의만 하더라도 쉽게 예견할 수 있음에도 그러한 결과에 대하여 주의를 다하지 않아 사람을 죽음으로까지 이르게 한 행위는 중대한 과실"이라고 본다.[4]

2. 과실의 체계적 지위

(1) 책임요소설

고전적, 신고전적 범죄론체계를 따르는 전통적 이론은 과실을 책임형식 내지 책임요소로만 이해하였다. 이 설은 책임요소로서의 과실이 성립하려면 첫째, 범죄사실의 인식, 인용이 없어야 하고, 둘째, 부주의에 의하여 구성요건적 결과가

1) 중과실죄로는 중실화죄(제171조), 중과실교통방해죄(제189조), 중과실치사상죄(제268조), 중과실장물죄(제364조)가 있다.
2) 대판 1989. 10. 13, 89도204.
3) 대판 2022. 12. 1, 2022도11950; 대판 2009. 5. 28, 2009도1040.
4) 대판 1997. 4. 22, 97도583.

발생해야 한다고 보았고 위법성의 실체는 법익침해에서 찾았다.

이 설에는 무엇보다도 과실의 독자적 구조를 간과한 문제점이 있으며, 책임의 단계에 와서야 고의 또는 과실의 문제가 제기되므로 구성요건해당성과 위법성의 단계에서는 고의범과 과실범의 구분이 불가능하다는 문제점도 제기된다.

(2) 구성요건 내지 위법성요소설

목적적 범죄론체계에 기초를 둔 이 이론은 과실을 종래 책임의 단계에서 다루던 것과는 달리 구성요건해당성 내지 위법성의 단계에서 다룬다. 이 설은 책임요소설의 단점을 극복하기 위하여 등장한 것이나 과실의 이중적 성격을 간과하고 있다.

(3) 이중적 지위설

이 설은 과실에서 객관적으로 요구되는 주의의무는 불법구성요건의 영역에 속하고 행위자에게 가능한 주의는 책임의 영역에 속한다고 보는데, 합일태적 범죄론 체계를 전제로 한다.

과실의 이중적 지위를 인정하는 이 설에 의하면 과실범의 문제는 다음과 같은 2단계의 심사를 거친다고 본다. 먼저 불법구성요건의 범위 내에서 행위자에게 객관적으로 요구되는 주의의 태만이 있었는가 하는 점이 검토된다. 이것이 결여되면 문제되는 행위는 불법하지 않은 것이다. 객관적으로 요구되는 주의의무의 태만이 긍정되면, 다음에는 책임영역에서 행위자가 그의 개인적 능력에 의하면 객관적으로 요구된 주의의무를 이행할 수 있었는가 여부가 심사되며, 이것이 긍정되면 비로소 그 유책성이 인정된다. 이 견해가 타당하다.

Ⅱ. 과실범의 성립요건실버 번호

1. 과실과 주의의무에 관한 기본이해

과실이란 보호법익에 대한 위험을 인식하고 이를 피해야 하는 주의의무를 전제로 하여, 고의 없이 그와 같은 주의의무를 행하지 않은 그 자체를 의미한다. 이를 위해서는 우선 주의의무의 존재와 그 내용을 인식하고 있어야 하는데, 이를 사전심사의무 또는 결과예견의무라고 한다. 또한 주의의무를 인식하였다면 주의의무를 위반하지 않도록, 즉 주의의무 위반으로 인하여 법익에 대한 위험이 현실화되지 않도록 방지해야 할 의무가 부과되는데, 이를 결과회피의무라고 한다. 판례 역시 과실을 인정하려면 결과발생을 예견할 수 있고 또 회피할 수 있었어야 한다고 보아 예견의무와 회피의무 양자를 모두 요구한다.[1)]

이와 같은 주의의무는 과실범의 성립요건으로서 법적 의미를 가지는데, 이때의 법적이란 과실범의 법적 근거가 된다는 의미로, 그 근거되는 법령이 무엇인가를 불문할 뿐만 아니라 반드시 특정 규정에 근거하여 발생하는 것도 아니며, 과실범 규정 그 자체로부터도 발생한다. 그리고 본질적으로 생명, 신체 등의 법익에 위험을 초래할 수 있는 고유의 속성을 가진 의무이다. 예컨대 도로교통법상의 제한속도준수의무, 안전거리확보의무, 의료법상의 진료의무, 설명의무 등이 이에 해당한다. 그런데 그와 같은 의무위반은 그 자체로 해당 법률위반이 범죄가 될 수도 있고 행정상의 제재대상이 될 수 있음은 물론이다. 나아가 그것이 형법상 과실범이 성립하려면 형법상의 보호법익에 대한 침해 또는 위태화가 그와 같은 의무위반으로부터 비롯되어야 한다. 이 때 형법상 과실범의 성립은 의무위반 그 자체로부터 발생하고, 법익침해 또는 위태화의 결과에 대하여는 별도의 고의를 가지지 않기 때문에 '과실범'이라고 하게 된다.

물론 주의의무위반 그 자체는 고의일 수도 있고 과실일 수도 있지만, 중요한 것은 의무위반으로 발생하는 결과에 대하여 고의가 없어야 한다는 점이다. 주의의무 그 자체에 대하여 고의가 있는 경우라도, 예컨대 의도적으로 도로를 무단횡단하는 사람을 치여 사망케 할 고의로 제한속도를 위반하게 되면 그 자체는 고의범인 살인죄가 된다. 그러나 무단횡단을 할 사람이 없다고 생각하고 목적지에 빨리 도착하고자 고의로 제한속도준수의무를 위반하였는데, 의도치 않게 지나가는 행인을 치어 사망에 이르게 하였다면 도로교통법상 고의에 의한 규정속도위반(죄)은 별론으로 하고, 사망이라는 결과에 대하여 고의가 없으므로 과실치사죄가 되는 것이다. 제한속도준수의무를 과실로 위반하였는데, 의도치않게 행인을 치였다 하더라도 사망의 결과에 고의가 없으므로 과실치사죄가 됨은 물론이다. 그러나 의무위반 그 자체가 존재하지 않는다면 법익침해의 결과가 발생하더라도 과실범이 아니다. 과실범은 의무의 존재를 전제로 하기 때문이다.

1) 대판 2018. 5. 11, 2018도2844.

2. 구성요건해당성

(1) 객관적 주의의무위반

1) 의 의

과실범 처벌법규는 구성요건의 실현을 회피하도록 객관적으로 요구된 주의의무를 이행할 것을 모든 사람에게 요구한다. 만일 객관적 주의의무의 침해가 없었다면 비록 법익침해적 결과나 법익침해에의 위험성이 야기되었을지라도 과실범의 구성요건해당성이 조각된다.

객관적 주의의무의 침해가 과실범의 행위불법에 관련되지만 과실범의 미수는 인정되지 않으므로, 이로 인한 구성요건적 결과가 발생하지 않는 한 객관적 주의의무의 침해 그 자체만으로는 과실범이 성립되지는 않는다. 개개의 과실범 처벌규정은 요구되는 주의에 어떠한 것이 있고 그 척도가 무엇인가를 이론적으로 검토할 수밖에 없다.

주의의무란 "구체적 행태로부터 발생할지도 모르는 보호법익에 대한 위험을 인식하고 이러한 행태를 그만두거나 충분한 위험방지 조치 하에서만 행하도록 하는 것"이 그 내용을 이룬다고 볼 수 있을 것이다. 주의의무는 그 형식상 작위의무로 나타날 수도 있고 부작위의무로 나타날 수도 있다.

2) 내적 주의와 외적 주의

객관적으로 요구되는 주의는 내적 주의(die innere Sorgfalt)와 외적 주의(die äußere Sorgfalt)로 나누어 살펴 볼 수 있다.

① 내적 주의

사전심사의무(Vorprüfungspflicht)라고도 불리어지는 내적 주의의무는 사전에 주의력을 집중하여 보호법익에 대한 위험을 인식하고 정확하게 판단해야 할 의무를 말한다. 이러한 의무는 인식했던 위험, 예상되었던 행위경과, 기타 부수적 사정 등 행위가 행하여진 제반조건의 고려 하에서 인정되는데, 위험의 근접 여부, 위험에 처한 법익의 가치 등이 그 척도가 된다.

② 외적 주의

위험이 발생할 가능성을 인식했을 때에는 구성요건적 결과의 발생을 회피하기 위한 타당성이 있는 외적 행태를 취할 의무, 즉 외적 주의의무가 인정된다.

(가) 인수책임 과실범의 구성요건을 실현하기 쉬운 위험스러운 행위로부터는 이를 행하지 아니할 주의의무가 성립된다. 기술 없는 자가 위험한 기계를 다루지 말아야 할 의무가 그 예라고 볼 수 있다. 이러한 주의의무를 침해하는 특별한 경우로서 인수책임(引受責任)이라는 것이 제시된다. 예컨대 갑이 을에게 특수한 기계를 다루는 기술이 있다고 신뢰하고 그 작동을 부탁한 경우에 을이 그러한 기술이 없음에도 불구하고 그 부탁을 받아들였다면 이미 이러한 인수행위 속에 객관적 주의의무위반성은 존재하는 것으로 평가된다.

현대사회에는 빠른 교통수단, 공장에서의 위험한 기계의 사용 등 비록 위험스럽기는 하지만 생활상 불가결한 행위가 많이 있다. 이러한 행위와 관련되는 주의의무는 결코 행위 그 자체를 그만두어야 한다는 관점에서 인정할 수 없다.[1] 오히려 행위의 수행을 전제로 하고 그 행위에 결부된 위험을 제거하거나 일정한 한계를 지키도록 모든 필요한 조치를 취해야 한다는 관점에서 주의의무가 인정되어야 할 것이다. 이러한 주의의무를 위험상황에서의 신중한 행위를 해야 할 의무라고도 부른다. 이상과 같은 주의의무를 수행함에도 불구하고 남게 되는 위험을 일반적으로 허용된 위험이라고 부르며, 도로교통과 관련하여 판례와 학설을 통하여 발전된 신뢰의 원칙(Vertrauensgrundsatz)도 같은 관점에서 인정된다.

(나) 위험성이 있는 행위 위험성이 있는 행위는 그 실행에 앞서 위험의 발생을 방지하기 위한 준비를 해야 할 의무와 위험에 관련된 정보를 수집해야 할 의무(탐색의무)가 요구된다.

(다) 여러 사람이 공동작업을 하는 경우 주의의무이행의 한계에 관하여 작업분배의 원칙이 존중되는데, 이에 의하면 상급자는 그와 함께 일할 자를 주의깊게 선정하여 인도하고 감독해야 할 의무를 지는 한편,[2] 하급자는 자기에게 배당된 지시의 정확성을 믿고 행동하는 한 의무위반은 없는 것이다.

(라) 어떠한 행위를 할 때에 주의의무는 하나일 수도 있고 다수의 주의의무가 중첩되어 부과되는 경우도 있다. 이때 중첩된 주의의무 중 일부는 위반하고 다른 일부는 위반하지 않는 경우라도 결과가 발생하면 주의의무위반으로 인한 과

1) 일본에서는 공해범죄 등 현대의 특수범죄와 관련하여 결과발생의 막연한 위구감만 있는 경우에도 이로 인한 결과발생회피의무를 인정하는 위구감설(이른바 신신과실론)이 있으나 과실책임의 범위를 지나치게 확대하므로 형사책임의 원리에 합치된다고 보기 어렵다.
2) 대판 1987. 11. 10, 87도1213 참조.

실범으로 보아야 한다. 판례[1] 역시 운전자가 '전방 및 좌우 주시의무'는 위반하고 '신호준수의무'는 위반하지 않는 경우라도 업무상과실치사상죄가 성립한다고 본다.

3) 객관적 주의의무의 판단기준

위험을 인식할 때에 정상의 주의를 하였는가 여부, 즉 요구된 주의의 척도가 무엇인가에 관하여서는 세 가지 견해가 대립되는데, 주관설(행위자표준설)은 도의적 책임론의 입장에서 주장된 학설로서 행위자 본인의 주의능력을 표준으로 하여 주의의무위반의 유무를 판단해야 한다고 본다. 반면 객관설은 사회적 책임론에 의하여 주장된 것으로 일반인의 주의능력을 표준으로 하여 주의의무위반의 유무를 판단해야 한다고 본다. 절충설은 주의의 정도는 일반인을 표준으로 하여 객관적으로 결정하고 주의력(결과예견가능성)은 행위자의 주의능력을 표준으로 해야 한다고 주장하는데, 그 근거로는 규범이 일반인의 주의능력 이상의 것을 요구할 수 없고 또한 행위자에게 불가능한 것을 강요할 수 없다는 것을 근거로 한다.

객관적 주의의무는 수범자 일반에게 요구된 것이므로 객관설의 입장이 타당하다. 객관설에 있어서 판단의 표준이 되는 일반인은 통찰력 있는 사람, 또는 양심적이고 신중한 사람을 의미한다. 판단의 관점은 평균인인 행위자의 사회적 역할과 구체적으로 행위자가 처했넌 정황 속에 있었다면 어떠했을 것인가 하는 사전판단이라고 보아야 할 것이다.

판 례

의료과오사건에서 의사의 과실을 인정하려면 결과 발생을 예견할 수 있고 또 회피할 수 있었는데도 예견하거나 회피하지 못한 점을 인정할 수 있어야 한다. 의사의 과실이 있는지는 <u>같은 업무 또는 분야에 종사하는 평균적인 의사가 보통 갖추어야 할 통상의 주의의무를 기준으로 판단</u>하여야 하고, 사고 당시의 일반적인 의학 수준, 의료환경과 조건, 의료행위의 특수성 등을 고려하여야 한다.[2] 이처럼

1) 대판 2011. 7. 28, 2011도3630.

2) 대판 2018. 5. 11, 2018도2844. "의사가 진찰·치료 등의 의료행위를 할 때는 사람의 생명·신체·건강을 관리하는 업무의 성질에 비추어 환자의 구체적 증상이나 상황에 따라 위험을 방지하기 위하여 요구되는 최선의 조치를 해야 한다. 의사에게 진단상 과실이 있는지를 판단할 때는

판례도 해당 분야의 평균인을 기준(객관설)으로 주의의무를 판단하며 행위당시의 사정을 고려하여 사전판단을 하는 것으로 보인다.

4) 주의의무의 근거

현대사회의 발달은 다양한 영역에서 주의의무를 양산한다. 이와 같은 주의의무는 법적 근거 위에 기초할 수도 있지만, 특정 영역의 고유한 특성으로 인하여 발생할 수도 있다. 법적 주의의무로서 예컨대, 도로교통법 제44조(안전운전의 의무), 약사법 제37조 이하의 각종 의약품 제조·관리·보관 등의 의무 등이 있다. 또 주의의무는 일정한 직업에 대한 판례(예컨대 도로교통상의 신뢰의 원칙), 생활경험 등에 기초를 둘 수 있다.

그리고 과실범규정 그 자체에서도 주의의무가 인정된다. 왜냐하면 과실범규정들은 모든 수명자에게 각각의 처지에서 보호법익의 침해를 회피하도록 행위할 의무를 부과하고 있다고 보아야 하기 때문이다.

판 례

1. 객관적 주의의무가 인정되는 사례

골프와 같은 개인 운동경기에 참가하는 자는 자신의 행동으로 인해 다른 사람이 다칠 수도 있으므로, 경기 규칙을 준수하고 주위를 살펴 상해의 결과가 발생하는 것을 미연에 방지해야 할 주의의무가 있고, 이러한 주의의무는 경기보조원에 대하여도 마찬가지이다. 피고인이 골프장에서 골프경기를 하던 중 피고인의 등 뒤 8m 정도 떨어져 있던 경기보조원을 골프공으로 맞혀 상해를 입힌 경우(대판 2008. 10. 23, 2008도6940). 골프 카트의 좌우가 개방되어 있어 승객들이 떨어져서 다칠 우려가 있으므로 골프카트 운전자는 충분히 서행하면서 안전하게 좌회전이나 우회전을 하여야 할 업무상 주의의무가 있다고 본 경우(대판 2010. 7. 22, 2010도1911). 폐쇄병동의 병원관리자에게 자살 등을 방지하기 위한 창문의 유리창 보호철망, 창

의사가 비록 완전무결하게 임상진단을 할 수는 없을지라도 적어도 임상의학 분야에서 실천되고 있는 진단 수준의 범위에서 전문직업인으로서 요구되는 의료상의 윤리, 의학지식과 경험에 기초하여 신중히 환자를 진찰하고 정확히 진단함으로써 위험한 결과 발생을 예견하고 이를 회피하는 데에 필요한 최선의 주의의무를 다하였는지를 따져 보아야 한다. 나아가 의사는 환자에게 적절한 치료를 하거나 그러한 조치를 하기 어려운 사정이 있다면 신속히 전문적인 치료를 할 수 있는 다른 병원으로 전원시키는 등의 조치를 하여야 한다." 대판 1996. 11. 8, 95도2710 또한 같다.

틀 등 건물 유지·보수·관리책임이 있다고 본 경우(대판 2017. 4. 28, 2015도12325). 공사도급계약의 경우 원칙적으로 도급인에게는 수급인의 업무와 관련하여 사고방지에 필요한 안전조치를 취할 주의의무가 없으나, 법령에 의하여 도급인에게 수급인의 업무에 관하여 구체적인 관리·감독의무 등이 부여되어 있거나 도급인이 공사의 시공이나 개별 작업에 관하여 구체적으로 지시·감독하였다는 등의 특별한 사정이 있는 경우(대판 2010. 12. 23, 2010도1448; 대판 2009. 5. 28, 2008도7030). 운전자가 1단 기어를 넣은 상태에서 시동열쇠를 끼워놓은 채 차에서 떠난 경우 손브레이크를 채운 뒤 시동열쇠를 빼야 하는 의무(대판 1986. 7. 8, 86도1048). 함께 술을 마신 후 만취된 피해자를 촛불이 켜져 있는 방안에 혼자 눕혀 놓고 촛불을 끄지 않고 나오는 바람에 화재가 발생하여 피해자가 사망한 경우 촛불을 끄거나 양초가 쉽게 넘어지지 않도록 적절하고 안전한 조치를 위하여야 할 주의의무(대판 1994. 8. 26, 94도1291). 버스운전사의 전날밤에 주차해둔 버스를 그 다음날 아침에 출발하기에 앞서 차체 밑에 장애물이 있는지 여부를 확인하여야 할 주의의무(대판 1988. 9. 27, 88도833).

2. 객관적 주의의무가 부정되는 사례

현장소장이 현장에서의 공사감독을 전담하였고 사장은 그와 같은 감독을 하게 되어 있지 않은 경우 사장에게 안전대책을 강구하여야 하는 구체적이고 직접적인 주의의무가 없다고 본 사례(대판 1989. 11. 24, 89도1618). 교사가 징계의 목적으로 회초리로 학생들의 손바닥을 때리기 위해 회초리를 들어올리는 순간 이를 구경하기 위해 옆으로 고개를 돌려 일어나는 다른 학생의 눈을 찔러 그로 하여금 우안실명의 상해를 입게 한 경우, 직접 징계당하는 학생의 옆에 있는 다른 학생이 징계당하는 것을 구경하기 위하여 고개를 돌려 뒤에서 다가 선다던가 옆자리에서 일어나는 것까지 예견할 수는 없다고 할 것이고 교사가 교육의 목적으로 학생을 징계하기 위하여 매질하는 경우에 반드시 한 사람씩 불러내어서 해야 할 주의의무도 없다고 본 사례(대판 1985. 7. 9, 84도822).

3. 업무상 과실이 부정되는 사례

건물소유자가 건물을 비정기적으로 수리하거나 건물의 일부분을 임대하였다는 사정만으로는 안전관리사무에 계속적으로 종사하였다고 보기 어려우므로 업무가 아니라는 점에서 일반과실치상죄를 인정한 사례(대판 2017. 12. 5, 2016도16738).

5) 객관적 주의의무의 제한원리

발생근거가 어디에 기초하든, 주의의무를 발생시키는 위험원의 속성으로 인하여 불가피하게 수반되는 일정한 정도나 내용의 주의의무에 대하여는 이를 예외적으로 허용할 수밖에 없는 경우가 있다. 대표적인 경우가 허용된 위험과 신뢰의 원칙이다. 이에 관하여는 이 장의 마지막 부분에서 후술하기로 한다.

6) 다수인의 업무 분담의 경우

복잡하고 전문화된 현대사회에서는 분업적 업무가 증가함으로 인하여 다수인이 종사하는 업무로 인하여 과실에 의한 결과가 발생할 경우 업무자들 간의 주의의무위반을 어떻게 평가할 것인가의 문제가 제기된다. 예컨대 의사 및 간호사들이 다수 가담한 수술과정에서 환자에게 치사상의 결과가 발생한 경우 주의의무 위반 여부는 각각 판단할 필요가 있다. 물론 과실범의 공동정범을 인정하는 판례의 입장에서는 전체 과실로 인하여 결과가 발생하였다고 판단할 수 있겠으나, 특히 각자가 맡은 업무와 그 내용이 서로 다를 경우 주의의무 위반 여부는 개별적으로 판단함이 타당하다.

우선 분업적 행위를 통하여 업무가 이루어지는 경우에는 구체적인 해당 업무의 특수성을 고려하여 주의의무의 준수 또는 위반이 있었는지는 특정 영역에 따라서 개별적으로 판단하여야 한다. 그리고 서로 대등한 지위에서 영역을 나누어 분담하였다면, 다른 분업자의 과실로 발생한 결과에 대하여는 타방에게 이를 전가할 수 없다.

다만 업무자 간에 직책 · 지위 또는 지휘 · 감독상 수직적 분업 또는 상하관계에 있는 경우에는, 상급자가 하급자의 업무행위 내용이 적절한 것인지 여부를 확인하고 감독하여야 의무는 업무상 주의의무의 내용이 된다. 또한 전문업무에서 주된 업무자가 지휘 · 감독관계에 있는 타방에게 위임한 경우에도 마찬가지이다. 반면 타방에게 전적으로 위임된 업무인 경우에는 비록 수직적 분업이라 하더라도 전문성에 기하여 분업을 한 것과 마찬가지로 보아 위임자는 위임받은 자의 과실로 발생한 결과에 대하여 책임이 없다고 보아야 한다.

판 례

의사가 환자에 대하여 주된 의사의 지위에서 진료하는 경우라도, 자신은 환자의 수술이나 시술에 전념하고 마취과 의사로 하여금 마취와 환자 감시 등을 담당토록 하거나, 특정 의료영역에 관한 진료 도중 환자에게 나타난 문제점이 자신이 맡은 의료영역 내지 전공과목에 관한 것이 아니라 그에 선행하거나 병행하여 이루어진 다른 의사의 의료영역 내지 전공과목에 속하는 등의 사유로 다른 의사에게 그 관련된 협의진료를 의뢰한 경우처럼 서로 대등한 지위에서 각자의 의료영역을 나누어 환자 진료의 일부를 분담하였다면, 진료를 분담받은 다른 의사의 전적인 과실로 환자에게 발생한 결과에 대하여는 책임을 인정할 수 없다.

수련병원의 전문의와 전공의 등의 관계처럼 의료기관 내의 직책상 주된 의사의 지위에서 지휘·감독 관계에 있는 다른 의사에게 특정 의료행위를 위임하는 수직적 분업의 경우에는, 그 다른 의사에게 전적으로 위임된 것이 아닌 이상 주된 의사는 자신이 주로 담당하는 환자에 대하여 다른 의사가 하는 의료행위의 내용이 적절한 것인지 여부를 확인하고 감독하여야 할 업무상 주의의무가 있고, 만약 의사가 이와 같은 업무상 주의의무를 소홀히 하여 환자에게 위해가 발생하였다면 주된 의사는 그에 대한 과실 책임을 면할 수 없다. 이때 그 의료행위가 지휘·감독 관계에 있는 다른 의사에게 전적으로 위임된 것으로 볼 수 있는지 여부는 위임받은 의사의 자격 내지 자질과 평소 수행한 업무, 위임의 경위 및 당시 상황, 그 의료행위가 전문적인 의료영역 및 해당 의료기관의 의료 시스템 내에서 위임하에 이루어질 수 있는 성격의 것이고 실제로도 그와 같이 이루어져 왔는지 여부 등 여러 사정에 비추어 해당 의료행위가 위임을 통해 분담 가능한 내용의 것이고 실제로도 그에 관한 위임이 있었다면, 그 위임 당시 구체적인 상황하에서 위임의 합리성을 인정하기 어려운 사정이 존재하고 이를 인식하였거나 인식할 수 있었다고 볼 만한 다른 사정에 대한 증명이 없는 한, 위임한 의사는 위임받은 의사의 과실로 환자에게 발생한 결과에 대한 책임이 있다고 할 수 없다.[1)]

반면 판례는 대규모 조선소 작업 현장에서 크레인 간 충돌 사고로 여러 명의 근로자들이 사망하거나 부상당하여 사업주인 갑 주식회사와 협력업체 대표 을이 (구)산업안전보건법위반죄로 기소된 사안에서, 산업안전사고 예방에 합리적으로 필요한 정도의 동법상 안전조치의무가 부과되었음에도 불구하고, 작업계획서에 충돌사고를 방지할 수 있는 구체적인 조치를 포함시키지 않는 등 그 의무를 다하지 아니하였다고 보아 책임을 인정하였다.[2)] 그러나 동 판결에서 사업주 갑회사 등에게

1) 대판 2022. 12. 1, 2022도1499.
2) 대판 2021. 9. 30, 2020도3996.

> 는 하급자의 주의의무위반에 대한 지휘·감독 책임에 따른 의무위반이 아니라 사업주로서의 안전조치의무 위반이라는 고유의 의무위반이 있었던 것이다.

(2) 결과의 발생(야기)

구성요건적 결과가 발생해야 한다. 과실범은 결과발생을 요구한다는 점에서는 기본적으로 결과범(결과관련적 과실범)이다. 그러나 형법상으로는 과실교통방해죄(제189조)처럼 과실로 인하여 육로, 수로, 교량을 손괴 또는 불통케 하기만 하면 범죄가 성립하는 경우가 있다. 이는 기본범죄인 교통방해죄가 추상적 위험범으로서 행위만 있으면 범죄가 성립하는 거동범 형태로 구성됨으로 인하여, 과실에 의한 그와 같은 행위도 결과발생을 요구하지 않게 되는 것이다. 실화죄(제170조 제1항)나 과실일수죄(제181조) 또한 같다. 이를 행위(거동)관련적 과실범이라고 한다. 그러나 행위관련적 과실범은 극히 드물어서, 형법상 과실범은 과실치사상죄(제266조)처럼 대부분 결과범에 해당한다.

또한 결과의 발생은 작위뿐만 아니라 부작위에 의해서도 가능하다.

(3) 인과관계와 객관적 귀속

1) 인과관계와 객관적 귀속의 척도

과실범 역시 인과관계와 객관적 귀속을 성립요건으로 요구한다. 이 때의 양 요건은 고의적 작위범에서의 요건과 동일한 의미이다. 따라서 인과관계는 행위자의 객관적 주의의무위반으로부터 법익침해의 결과가 발생하였는가를 묻는 사실판단이다. 이와 같은 사실판단은 합법칙적 조건설에 의하여 결정한다.

나아가 판례는 주의의무를 다하지 못한 것이 결과발생의 직접적 원인이 되었다면, 주의의무위반자의 행위가 아닌 피해자의 직접적 행위로 인하여 결과가 발생하였다고 하더라도 인과관계를 인정한다. 예컨대, 자동차의 운전자가 통상 예견되는 상황에 대비하여 결과를 회피할 수 있는 정도의 주의의무를 다하지 못한 것이 교통사고 발생의 직접적인 원인이 되었다면, 비록 자동차가 보행자를 직접 충격한 것이 아니고 보행자가 자동차의 급정거에 놀라 도로에 넘어져 상해를 입은 경우라고 할지라도, 업무상 주의의무 위반과 교통사고 발생 사이에 상당인과관계를 인정할 수 있다.[1]

---

1) 대판 2022. 6. 16, 2022도1401.

과실범의 객관적 귀속은 마찬가지로 발생한 법익침해의 결과를 행위자의 주의의무위반에 귀속시킬 수 있는가에 관한 규범적이고 귀납적 판단이다. 객관적 귀속의 척도에 관하여는 여전히 논란이 있지만, 과실범의 경우에는 대체로 결과의 예견가능성, 주의의무위반관련성 및 규범의 보호목적관련성이라는 세 가지 척도가 주요 기준으로 작용한다.

2) 결과의 예견가능성

결과 내지 구성요건실현에 대한 객관적 예견가능성이 필요한 이유는, 행위시에 객관적으로 예견할 수 없었던 결과의 발생은 행위자에게 귀속시킬 수 없기 때문이다. 결과의 예견가능성은 행위자의 지배가능성이기도 하는데, 사건경과에 대한 지배가능성이 없는 경우에는 객관적 귀속이 부정된다.

인식 있는 과실에서는 행위자가 비록 결과의 불발생을 의무위반적으로 신뢰했다고 하더라도 그 위험을 인식했다는 점은 분명하기 때문에 구성요건적 결과에 대한 예견가능성이 있었다는 점에 이론의 여지가 없다. 그러나 인식 없는 과실에서는 예견가능성 유무에 대한 판단기준이 무엇인가 하는 문제가 제기되는데, 여기에서는 "행위자가 속한 사회의 양심적이고 신중한 구성원의 판단능력"이라는 객관적 척도가 그 표준이 된다.

객관적 귀속의 척도로서 결과의 예견가능성 여부는 행위자의 행위시점뿐만 아니라 행위 후의 사정을 고려하여 규범적이고 귀납적으로 판단하여야 하므로, 당연히 판단시점은 사후판단이다.[1]

3) 주의의무위반관련성

행위자가 만일 주의의무를 준수하였더라면 결과의 발생을 방지할 수 있었을 것인가의 문제이다. 이를 적법한 대체행위라고[2] 표현하기도 하는데, 적법한 대체행위란 행위자가 주의의무를 다하여 적법한 행위를 하였을 때에도 결과가 발생하였을 것인가를 묻는다. 만일 주의의무를 다하였다거나 적법한 대체행위를

---

1) 김성돈, §16/102는 객관적 예견가능성을 객관적 척도인 경우와 객관적 주의의무의 인정기준인 경우로 구분하여 전자는 인과관계 판단과 관련한 사안이므로 결과발행 후의 시점에서 행하는 '사후판단'이지만, 객관적 주의의무의 인정기준으로서의 객관적 예견가능성은 평균인이 행위자가 행위당시 처해 있는 상황을 기준으로 삼아 판단하는 '사전판단'이라는 점에서 구별된다고 한다.

2) 신동운, 191면은 과실범에서의 객관적 귀속의 척도를 적법한 대체행위 이론과 규범의 보호범위이론으로 양분한다.

하였다고 하였을 경우에도 결과가 여전히 발생한다고 판단되면 객관적 귀속은 부정된다.

그런데 주의의무를 다하였다면 결과가 발생하지 않았을 것인가의 판단 자체의 가상성 또는 모호성으로 인하여 확실하고 객관적인 판단기준을 도출하기 매우 어려운 경우가 발생한다. 이에 관하여는 주의의무위반행위가 상당한 정도로 위험을 증대시켰을 때부터 양자 사이의 인과관계를 인정할 수 있다고 보는 견해(절충설)[1], 의심스러운 때에는 피고인의 이익으로 해석하여야 하므로 과실범 성립을 부정하는 견해(무죄추정설)[2], 적어도 주의의무위반행위가 인정되면 법익침해의 위험이 증대된 것이므로 인과관계를 인정해야 한다고 보는 견해(위험증대설)[3] 등이 있다. 절충설에 대하여는 상당인과관계를 전제로 하지만, 상당인과관계의 판단에 대하여 '상당한 정도'를 요구함으로써 동어반복이라는 비판을 피할 수 없고,[4] 위험증대설에 대하여는 과실이 존재할 경우 결과발생위험을 추정 또는 간주하는 결과가 되므로 거증책임법리에 반할 우려가 있다. 반면 주의의무위반관련성의 판단은 예측에 해당한다고 하더라도 현재사실에 근거한 미래 사실에 대한 판단이므로 그 존부는 사실판단과 동일하게 보아야 한다. 따라서 그것이 확실하지 않다면 행위자에게 이익이 되도록 판단하여야 한다는 점에서 무죄추정설이 타당하다.

4) 규범의 보호목적관련성

어떠한 결과가 그 행위를 통하여 침해되는 규범의 보호영역 밖에서 이루어진 경우에는 객관적 귀속이 부정된다. 과실범에서의 주의의무의 근거가 되는 법규는 그 규정을 통해서 보호하고자 하는 목적이 있고, 만일 주의의무위반이 그 보호목적의 외계에서 발생하였을 때에는 그와 같은 주의의무 위반으로 인해 법규가 침해되었다고 판단할 수 없다.

규범의 보호목적관련성은 특히 교통법규 등에서 주된 척도가 된다.

---

1) 신동운, 261면.
2) 김성돈, §16/167; 김일수/서보학, 120면.
3) 손동권/김재윤, 358면. 이는 주의의무에 합치되는 행위를 하였더라도 결과가 발생하였을 가능성 정도만으로는 인과관계를 부정할 수 없고, 결과발생 가능성이 확실하거나 확실성에 근접하는 고도의 개연성이 있을 때에만 인과관계와 객과적 귀속을 본다. 따라서 반대로 과실이 있다면 결과발생의 위험을 증대시킨 것이므로 이를 인정하여야 한다고 해석한다.
4) 김성돈, §16/166.

판 례

판례는 인과관계와 객관적 귀속에 관하여 "선행 교통사고와 후행 교통사고 중 어느 쪽이 원인이 되어 피해자가 사망에 이르게 되었는지 밝혀지지 않은 경우 후행 교통사고를 일으킨 사람의 과실과 피해자의 사망 사이에 인과관계가 인정되기 위해서는 후행 교통사고를 일으킨 사람이 주의의무를 게을리하지 않았다면 피해자가 사망에 이르지 않았을 것이라는 사실이 입증"되어야 한다고 본다.[1] 판례가 상당인과관계설의 입장에서 인과관계 판단을 하고 있지만, 주의의무위반관련성에 대한 객관적 척도의 관점에서는 주의의무를 다하였다면 결과를 회피할 수 있었는가에 대한 판단이다. 그리고 판단기준은 무죄추정설로 해석된다.[2]

규범의 보호목적관련성과 관련하여서는, 승객의 추락방지의무(교통사고처리특례법 제3조 제2항 단서)는 타고 있는 사람이나 타고내리는 사람을 운전자가 보호하여야 함을 목적으로 하는 규정이기 때문에, 승객이 도로에 발을 딛고 선 뒤에 일어 난 사고까지 동 규범이 보호하고자 하는 것은 아니므로 동법 위반이 아니라고 본다.[3]

의료과실과 관련하여서는 피고인의 주사치료와 피해자의 상해 발생 사이에 인과관계가 인정된다는 등의 사정만을 이유로 피고인의 업무상과실은 물론 그것과 피해자의 상해 사이의 인과관계까지도 추정해서는 안 된다고 보아,[4] 치료행위와 결과 사이의 인과관계가 업무상 과실과 결과사이의 연관성을 대체할 수 없다고 본다.

3. 위 법 성

(1) 위법성의 판단요소

과실범의 위법성은 고의범과 마찬가지로 위법성조각사유에 의하여 배제된다. 다만 과실범과 관련하여서는 첫째, 과실행위의 위법성조각은 고의행위에 의해서도 위법성이 조각되는 경우에 한정된다. 즉 그와 같은 결과가 고의로 인하여 발생하여도 위법성이 조각되는 경우에 과실로 인한 결과발생도 위법성이 조각될 수 있다. 둘째, 주관적 정당화요소의 요부문제로서, 고의범에서는 주관적 정당화요소 결여 시에 불능미수를 인정하지만 과실범은 미수가 성립할 수 없기 때문에

1) 대판 2007. 10. 26, 2005도8822. 이와 동일한 취지의 의료과실에 관한 판례로는 대판 1996. 11. 8, 95도2710; 대판 1990. 1. 11, 90도694 참조.
2) 신동운, 262면.
3) 대판 1997. 6. 13, 96도3266.
4) 대판 2023. 1. 12, 20022도11163.

문제된다.

(2) 주관적 정당화요소

과실범에 있어서 위법성조각에 주관적 정당화요소가 필요한가에 관하여서는 다음과 같은 세 가지 견해가 대립되어 있다.

1) 긍정설

이 설은 과실범에 있어서도 고의범의 경우처럼 주관적 정당화요소가 있어야 위법성이 조각된다고 본다.[1] 불법이란 결과불법뿐만 아니라 행위불법도 요구하며, 주관적 정당화요소는 행위반가치를 상쇄하기 때문이라고 한다.

2) 부정설

이 설은 과실행위의 위법성조각에는 위법성조각사유의 객관적 전제조건만 있으면 충분하고 주관적 정당화요소는 불필요하다고 본다.[2] 위법성조각사유의 전제조건이 있으면 결과불법이 탈락되는데 과실범에 있어서는 미수가 없기 때문에 고의범의 경우와 달리 행위불법만으로서는 불가벌적이라는 점을 들고 있다. 즉, 위법성조각사유의 정황이 존재하되 주관적 정당화요소가 결여된 경우 결과반가치만 탈락되고 행위반가치는 여전히 남아있으므로 (불능)미수라고 하여야 하나, 과실범은 미수범 처벌이 없기 때문에 논의의 실익이 없다고 본다.

한편 주관적 정당화요소 필요여부에 대한 논박과 관계없이 주관적 정당화요소가 없으면 불가벌이라는 점에서는 결론이 같다고 보는 견해[3]도 있다.

3) 결론(절충설)

절충설은 결과관련적 과실범과 행위관련적 과실범의 경우를 구분하여 전자는 주관적 정당화요소를 부정하는 부정설의 논리가 타당하지만, 거동만으로 구성요건을 충족하는 후자에서는 행위적 측면이 정당화될 요건을 갖추지 않는 한 위법성조각을 인정할 수 없으므로 그 위법성조각에는 객관적 전제조건뿐만 아니라 주관적 정당화 요소까지 갖추어야 한다고 본다. 기본적으로는 부정설이 타당하나, 형법상 극히 드물지만 행위관련적 과실범의 존재를 부정할 수 없는 이상, 과실범의 구체적 표상을 고려한다는 점에서는 이 설이 타당하다. 그러나 대

---

1) 김성돈, §16/194; 오영근, 188면; 임웅, 570면.
2) 김혜정 외, 152면; 박상기, 199면; 이재상 외, 206면.
3) 이용식, 65면.

표적인 행위관련적 과실범에 해당하는 과실교통방해죄(제188조)와 과실일수죄(제181조) 및 실화죄(제170조) 모두 미수범이 처벌되지 않는다. 즉, 형법상 행위관련적 과실범에 미수범 처벌규정이 적용되는 경우는 없으므로 (불능)미수도 인정할 수 없다는 측면에서는 부정설과 실질적으로 결론을 같이한다. 다만 행위관련적 과실범에 미수처벌규정의 존재가 불가능하지 않다는 이론적인 면에서는 절충설이 의미가 있다.

(3) 위법성조각사유

일반적으로 논의되는 과실범의 위법성조각사유로서는 정당방위, 긴급피난, 피해자의 승낙, 추정적 승낙을 들 수 있다. 과실에 의한 위법성조각은 기본적으로 고의에 의한 행위도 위법성이 조각될 수 있는 객관적 정황 하에서 가능하다.

1) 정당방위

과실행위도 정당방위가 되면 위법성을 조각한다. 방위행위가 요구되는 범위 내에서 상당한 이유가 있다고 인정되는 때에는, 행위자가 원하지 않았고 요구되는 주의를 했더라면 피할 수 있었던 침해적 결과가 발생한 경우에도 그 행위가 정당방위로서 위법성을 조각한다. 예컨대 위법한 침해를 받은 자가 그 방위를 위하여 단지 경고사격을 하려 했으나 부주의로 침해자에게 상해를 입혔는데 그것이 만일 행위자가 고의적으로 행하였더라도 정당방위로 되었을 경우가 이에 해당된다.

위와 같은 의미의 정당방위를 논함에는 언제나 높은 위험의 인용이 정당방위권의 남용으로 되는가 여부를 검토해야 하며 이것이 긍정되면 정당방위가 성립되지 않는다. 침해자 아닌 무관한 제3자가 침해당하면 이 부분에 관한 한 정당방위는 성립할 수 없고, 경우에 따라 긴급피난 여부가 문제될 뿐이다.

2) 긴급피난

과실행위가 긴급피난으로 되는 경우는 주로 도로교통과 관련하여 논의되며 이익형량의 원칙을 요구함에 따라서, 행위자가 교통위반을 통하여 보존하려 한 이익이 교통안전준수에 대한 이익을 초과하느냐 하는 것이 중요한 판단기준이 된다. 예컨대 생명의 위험에 직면한 위급한 환자를 병원에 급송하기 위하여 도로교통에 요구되는 주의에 반하는 과속운행을 한 경우에는 긴급피난이 성립된다.

3) 피해자의 승낙 및 추정적 승낙

과실행위는 피해자의 승낙 또는 추정적 승낙을 통하여 정당화될 수 있다. 승낙이 유효하려면 승낙자가 위태롭게 되는 법익의 주체이고 승낙능력을 가져야 하며, 당해 법익은 승낙이 가능한 것이고 승낙은 사전 또는 행위 시에 있어야 하는 등 고의범의 경우와 똑같은 전제조건을 필요로 한다. 피해자의 승낙에 의한 행위는 행위자가 의무위반적 행위를 하려는 사실을 피해자가 인식하면서 이로써 자기가 위태로워지는 것을 승낙한 경우에 긍정된다. 예컨대 운전자가 음주한 것을 인식하고 동승했는데 사고가 발생한 때, 과중하게도 4인이 오토바이를 탔다가 이로 인하여 상해의 결과가 발생한 경우, 피해자가 고의적 상해에 동의하였는데 행위자가 부주의로 이러한 상해를 입혔을 경우에는 피해자의 승낙에 의한 행위로서 위법성이 조각된다.

추정적 승낙의 예로서는 의사가 자신의 개입이 의식 없는 환자의 생명을 구하기 위한 유일한 가능성이라고 생각하고 불충분한 의료수단으로써 환자를 수술하는 경우를 들 수 있다.

4. 책 임

(1) 본 질

과실범에서의 책임은 고의범의 경우와 마찬가지로 "법적으로 비난되는 행위자의 심정"이라는 관점에서 살펴볼 수 있으며 이를 "과실구성요건에 해당하고 위법한 행위의 비난가능성"이라고 표현할 수 있다.

과실범의 책임은 책임의 일반적 전제조건인 책임능력, 위법성 인식과 더불어 구체적인 경우에 있어서 행위자에게 주의의무의 준수를 기대할 수 있었고, 어떤 가능한 결과가 예견될 수 있었음에도 불구하고 그에게 가능한 주의를 하지 아니했다는 사실에 근거한 행위자의 개인적 비난을 전제로 한다.

(2) 책임능력

과실범에 있어서도 고의범의 경우와 마찬가지로 행위자의 연령(형사미성년자), 정신건강(심신장애)에 결부된 책임능력이 책임판단에 있어 첫 번째 표지이며 책임무능력자는 과실행위에 의해서도 유책하게 행위할 수 없음은 물론이다.

(3) 위법성인식

과실범에서도 위법성인식이 결여되면 금지착오(법률착오)가 성립되고 착오에 정당한 이유가 있으면 책임이 조각된다. 위법성인식은 잠재적인 것으로 족하다. 과실에 있어서는 위법성인식의 결여와 예견의 결여가 함께 나타나는 경우가 많다. 그러나 위법성인식은 행위자가 객관적 주의요구에 있어서 윤리적 요구가 아닌 순수한 법적 의무가 문제되고 있음을 알고 있어야 한다는 점에 그 독자적 의미가 있다. 위법성인식은 사실상 인식 있는 과실에서 고려될 수 있는 것이지만 인식 없는 과실, 즉 행위자가 자기의 주의의무를 인식하지 못한 경우에도 행위자에게 그 주의의무가 법적 의무로서 인식될 수 있는 가능성이 있어야 한다.

(4) 주관적 주의의무

객관적 주의의무에 대한 행위자의 인식가능성과 이행가능성 및 결과와 인과경과에 대한 주관적 예견가능성을 의미한다. 이를 구체적으로 살펴보면 다음과 같다.

1) 행위자의 인식가능성과 이행가능성

과실범에서 책임비난은 행위자의 개인적인 능력에 의하면 행위자가 객관적 주의의무를 인식하고 이행할 입장에 있을 때에 가능하다. 그 가능성유무의 판단에는 행위자의 능력, 경험, 힘, 인식 등 '행위자 자신'이라는 주관적 척도가 표준이 된다. 행위자를 비난할 수 없는 정황으로서는 신체적 결함, 이해력 결핍, 지식과 경험의 부족, 반사능력 결함, 뜻밖에 나타난 노쇠 등을 들 수 있다. 행위자에게 비록 지식과 능력이 결여되는 경우라 할지라도 전술한 인수책임의 경우에는 책임비난이 가능하다.

2) 결과관련적 과실범

결과관련적 과실범은 구성요건적 결과와 인과경과에 대한 주관적 예견가능성이 있어야 책임비난이 가능하다. 이러한 예견가능성의 판단은 주관적 척도에 의하여 이루어져야 한다.

(5) 기대가능성

행위자 자신에게 놓여 있는 정황 이외에도 만일 외적 정황이 행위자에게 객관적 주의의무의 이행을 기대할 수 없는 것으로 나타날 때에는 책임비난이 탈락된다. 과실범에서 기대가능성은 특히 결과관련적 과실범과 관련하여 행위자가 비록 객관적 주의의무의 위반을 알았거나 알 수 있었음에도 불구하고 행위자에게 주의의무의 이행이 불이익을 초래하기 때문에 그 이행을 기대할 수 없을 때 중요한 의미를 갖게 된다. 그리고 이러한 측면에서 기대불가능성은 초법규적 책임조각사유로서 작용한다.[1]

기대불가능성이 인정되는 한계는 개개의 경우에 구체적인 정황을 고려하여 결정해야 할 성질의 것이나, 일반적 관점에서 본다면 행위자에 대한 불이익이 클수록 그리고 행위를 통하여 초래되는 위험성은 적을수록 행위자가 면책될 가능성은 커진다고 볼 수 있다.

Ⅲ. 과실범 성립의 제한원리

1. 허용된 위험

(1) 의 의

현대사회의 과학기술의 발전으로 인한 유용성이, 그것을 필요에 의하여 이용하는 일정한 생활범위에서 예견가능하고 회피가능하더라도 전적으로 금지할 수 없는 위험의 영역을 양산하였는데, 이를 허용된 위험이라 한다. 예컨대, 에너지 생성을 위한 원자력발전소의 운영, 건설공사, 자동차운행 등과 같은 생활영역은 언제나 일정하게 수반되는 예견가능한 위험이 있지만, 그 자체가 사회생활에 유용한 활동이므로 이를 허용할 수밖에 없다. 이 영역에서는 그 행위의 필요성으로 인하여 허용되는 정도의 위험을 넘어서는 경우에 비로소 불법하다고 보게 된다. 다만 그 체계적 지위에 대하여는 견해의 대립이 있다.

(2) 체계적 지위와 법적 효력

1) 부정설

허용된 위험은 범죄론 체계상 독자성을 가진 원칙이라고도 할 수 없는 집합개념이므로, 과실범의 주의의무범위를 제한하는 기능을 하는 것 자체를 부정하

1) 독일제국법원의 벽마사건(Leinenfängerfall)에 관한 유명한 판례(RGSt 30, 35)도 이러한 면을 드러낸 것으로 볼 수 있다.

는 견해이다.[1] 우선 개념의 불명확성을 근거로 한다. 지나치게 광범위한 위험성의 존재로 인하여 허용된 위험이라는 이유만으로 주의의무를 면제시키면 그 범위가 너무 넓어진다고 본다. 또한 이를 부정하더라도 일반화된 위험행위로 인한 결과발생에 대하여는 주의의무의 일반적 한계를 정하는 바에 따라 해결될 수 있다고 본다.

2) 구성요건배제사유설

허용된 위험을 사회적 상당성과 동일한 범주로 보고, 허용된 위험에 의한 행위는 사회적으로 상당하고 거래질서에 부합되는 행위라고 본다. 따라서 객관적 귀속이 부정되어 구성요건해당성이 배제된다고 보거나,[2] 인과관계를 논할 필요도 없이 구성요건행위라 할 수 없다고 본다.[3]

3) 위법성조각사유설

허용된 위험이 독자적 위법성조각사유라고 보거나[4] 형법 제20조 정당행위 중 기타 사회상규에 위배되지 않는 행위가 된다고 본다.[5]

4) 결 론

부정설은 허용된 위험이 주의의무와 관련된 점을 인정하면서도 그 지위를 부정하는바, 개별적으로 어느 영역에 위치하는가에 따라서 그 구체적인 주의의무의 내용을 확인할 수 있음에도 불구하고 그 자체를 부정하는 것은 타당하지 않다. 위법성조각사유설에 대하여는, 객관적 주의의무를 제한 또는 그것의 전제되는 허용된 위험은 주의의무의 내용임에도, 구성요건해당성을 언제나 인정하고 위법성 판단의 심사대상으로 삼는 것은 그 체계적 지위에 대한 적합한 판단이라고 보기 어렵다.

따라서 허용된 위험은 객관적 주의의무위반여부를 판단하는 객관적 귀속의 한 원리로 보아, 구성요건을 배제함이 타당할 것이다.

---

1) 박상기, 192면.
2) 김성돈, §16/120; 이정원, 407면; 임웅, 560면. 김혜정 외, 129면은 주의의무의 내용을 규제하는 원칙으로 본다.
3) 오영근, 127면.
4) 차용석, 522면.
5) 김일수/서보학, 455면.

2. 신뢰의 원칙

(1) 의 의

신뢰의 원칙(Vertrauensgrundsatz)은 도로교통과 관련하여 판례에 의하여 형성된 원칙이다. 전통적으로 이 원칙은 스스로 규칙을 준수하면서 도로교통에 참여하는 자는 특별한 사정이 없는 한 다른 교통참여자가 교통규칙을 지켜서 행동할 것을 신뢰해도 좋다는 원칙으로 이해되어 오고 있다.

최근에 이르러서는 도로교통에만 관련되었던 이 원칙이 의료행위, 공장의 작업과정 등과 같이 분업적 공동작업이 필요한 모든 경우에 적용된다는 견해가 점차 보편화되어 가고 있다. 이러한 추세에 따라 신뢰의 원칙에 대한 정의도 위험을 수반하나 사회생활상 필요한 일에 있어서 스스로 주의 깊게 행동하는 자는 특별한 사정이 없는 한 이에 관여하는 타인도 주의 깊게 행동할 것을 신뢰해도 좋다는 원칙으로 표현되기에 이르렀다. 그리고 이러한 원칙의 테두리 내에서 발생되는 법익침해적 결과는 허용되는 것으로 이해된다.

신뢰의 원칙은 일정한 사고의 발생에 대하여 상호신뢰를 전제로 하는 수인의 행위가 영향을 미친 경우, 각자에게 그 기여한 바에 따라 적절한 위험부담을 분배한다는 적정한 위험분배의 법리를 배경으로 삼고 있는 원칙으로서, 허용된 위험의 한 특별한 경우에 해당하며 과실범의 객관적 주의의무를 제한해 준다.

참고 연혁

신뢰의 원칙은 1935년 12월 9일 독일제국법원의 한 판결(RGSt 70, 71)에 의하여 최초로 인정되었다. 이 판결이 있기 이전에는 교통참여자가 타인의 교통 규칙준수를 기대해서는 안 된다는 불신의 원칙이 인정되고 있었다. 그러나 자동차교통의 양적 증가와 고속도화, 도로의 정비 등 교통사정의 변화, 도로교통의 원활과 능률이라는 사회적 요청, 행위자의 주의의무부담을 합리화해야 될 필요성 등이 신뢰의 원칙을 형성시킨 배경을 이루게 되었다.

그 후 독일의 제 판례는 도로교통참여자는 다른 참여자가 교통규칙을 지킬 것을 신뢰해도 좋으며 타인이 교통규칙을 위반하여 행동하리라는 것을 행위의 지침으로 삼을 필요가 없다는 태도를 취하여 신뢰의 원칙을 견지하였으며 학설도 이러한 입장을 지지하였다. 독일의 판례는 또한 구체적인 경우와 관련하여 이 원칙의 적용한계를 밝힘으로써 신뢰의 원칙의 내용을 더욱 구체화하였다.[1)]

1) 독일에 이어 스위스, 오스트리아 등에서도 이 원칙을 인정하였다. 일본에서는 1950년 후반에 신

판 례

우리나라에 있어서는 대판 1957. 2. 22, 4289형상330이 피해자인 기관조수견습생이 잘못하여 야기된 사고에 있어서 이 사고가 기관사의 업무상 과실에 기인한 것이 아니라고 하여 신뢰의 원칙을 인정하였고, 1971년에는 고속도로상의 교통에 있어서 이 원칙이 인정되었으며[1] 그 이후에는 시내에서의 자동차교통에 있어서도 이원칙을 인정하기에 이르렀다.[2] 예컨대, 판례는 자동차 전용도로를 운행하는 자동차의 운전자로서는 특별한 사정이 없는 한 무단횡단하는 보행자가 나타날 경우를 미리 예상하여 급정차할 수 있도록 운전해야 할 주의의무는 없다고 본다.[3]

그리고 그 영역을 확대하여 현재는 도로교통뿐만 아니라 의료행위,[4] 일상생활상의 게임행위[5] 등에도 적용한다.

특히 의료행위의 경우에는 그 특성상 분업적인 공동작업 가담자들 간의 신뢰의 원칙이 주로 문제된다. 예컨대, 의사와 간호사의 관계에 있어서는, 의사 스스로 직접 주사를 하거나 또는 직접 주사하지 않더라도 현장에 입회하여 간호사의 주사행위를 직접 감독할 것까지 요하지 않는다고 본다.[6] 또한 종합병원에서 외과수술을 공동으로 행하는 의사는 다른 의사가 주의의무를 다하였음을 신뢰하고 자신의 주의의무를 다하면 족하다고 본다.[7]

(2) 법적 성격

1) 허용된 위험과의 관계

신뢰의 원칙은 허용된 위험의 한 경우이다. 허용된 위험이란 비록 위험을 수반하는 행위라고 할지라도 그 행위를 금지하는 것은 사회생활을 영위하기에 적절하지 못하기 때문에 위험을 최소한도로 줄이도록 요구하면서, 그 행위를 허용

뢰의 원칙이 학계에서 주목이 되었고 1966년 판례(日最判 昭和 41.6.14, 刑集 20-5-449)에서 인정된 이래 계속하여 판례와 학설의 지지를 받아왔다.

1) 대판 1971. 9. 21, 71도623.

2) 대판 1995. 5. 12, 95도512; 대판 1993. 1. 15, 92도2579; 대판 1985. 1. 22, 84도1493; 대판 1983. 8. 23, 83도1288 등.

3) 대판 1989. 3. 28, 88도1484.

4) 대판 2003. 1. 10, 2001도3292; 대판 1998. 2. 27, 97도2812; 대판 1996. 11. 8, 95도2710; 대판 1994. 12. 9, 93도2524; 대판 1994. 4. 26, 92도3283 등.

5) 대판 1992. 3. 10, 91도3172. 동 판결은 소위 '러시안 룰렛게임'에 관하여 보통사람의 상식으로서는 함께 수차에 걸쳐서 흥겹게 술을 마시고 놀았던 일행이 갑자기 자살행위와 다름없는 위 게임을 하리라고는 쉽게 예상할 수 없음이 신뢰의 원칙이라고 판시하였다.

6) 대판 2003. 8. 19, 2001도3667.

7) 대판 2003. 1. 10, 2001도3292.

하는 경우에 불가피하게 나타날지도 모르는 위험을 의미한다. 신뢰의 원칙도 위험이 수반되는 행위(주로 도로교통)와 관련하여 행위자가 스스로 지켜야 할 규칙을 준수하면서 타인의 규칙준수를 신뢰하고 행위할 때, 법익침해적 결과가 발생하더라도 특별한 사정이 없는 한 이를 허용하는 원칙이므로, 허용된 위험의 법리에 포함된다고 볼 수 있다. 다만 신뢰의 원칙은 허용된 위험의 한 특별한 경우로 이해할 수 있다. 왜냐하면 이 원칙은 과실범(주로 교통사고)에 있어서 특수한 사정의 고려 하에서 허용되는 원칙이기 때문이다.

따라서 허용된 위험의 한 경우로서의 신뢰의 원칙에 따른 행위는 당해 과실범의 구성요건을 배제한다.

2) 객관적 주의의무의 제한원리

신뢰의 원칙은 객관적 주의의무를 제한해주는 한 원칙이다. 신뢰의 원칙이 주의의무의 내용의 어떠한 측면에 관련되는가에 대하여서는 견해의 대립이 있다.

객관적 주의의무를 사전에 주의력을 집중하여 보호법익에 대한 위험을 인식하고 정확히 판단해야 할 의무인 내적 주의의무와, 구성요건적 결과의 발생을 회피하기 위한 사리적 타당성 있는 외적 행태를 취할 의무인 외적 주의의무로 나누어 볼 때, 신뢰의 원칙은 행위자 자신이 규칙을 준수할 것을 요구하고 있다는 관점에서 내적 주의의무의 이행을 전제조건으로 하여 외적 주의의무에 제한을 가해주는 하나의 척도가 된다.

(3) 적용한계

신뢰의 원칙은 이미 언급했듯이 도로교통뿐만 아니라 분업적 공동작업이 행하여지는 모든 곳에 적용되는 추세를 보이고 있다. 그렇지만 신뢰의 원칙은 특별한 사정이 있으면 어느 곳에서나 그 적용이 제한된다. 이러한 적용제한은 대체로 다음과 같이 나누어서 살펴볼 수 있다.

1) 스스로 규칙에 위반하여 행위한 경우

교통규칙에 위반하는 행위를 하는 자는 자기가 불러일으킨 위험을 타인이 극복할 것이라고 신뢰해서는 안 된다.

그렇지만 이러한 요구는 절대적인 것은 아니고, 행위자의 규칙위반이 결과발생의 결정적 요인이 아닌 때에는 정황에 따라 신뢰의 원칙이 인정될 수 있다.

예컨대, 판례[1]는 "같은 방향으로 달려오는 후방차량이 교통법규를 준수하여 진행할 것이라고 신뢰하여 우측전방에 진행 중인 손수레를 피하기 위하여 중앙선을 약간 침범하였다 하더라도, 도로교통법 제11조 소정의 규정을 위반한 점에 관한 책임이 있음은 별론으로 하고, 후방에서 오는 차량의 동정을 살펴 그 차량이 무모하게 추월함으로써 야기될지도 모르는 사고를 미연에 방지하여야 할 주의의무까지 있다고 볼 수 없다."고 판시하여 신뢰의 원칙을 인정하였다. 또한 운전자가 알콜을 섭취하였다고 할지라도 주의 깊게 적절한 속도를 유지하여 운행하는 중에 자전거가 급작스럽게 선순위통행을 하려다가 사고가 발생한 경우에도 신뢰의 원칙은 배제되지 않는 것으로 이해된다.

2) 상대방의 규칙위반을 인식했거나 규칙준수가능성을 신뢰할 수 없었던 경우

교통참여자에게 타자의 교통규칙위반적 행태가 분명히 인식될 수 있는 곳 혹은 교통위반이 빈번히 발생하기 때문에 이에 유의해야 할 장소에서는 신뢰의 원칙이 제한된다. 예컨대 교통에 서투른 노인이나 아동들이 많이 이용하는 버스정류장에서는 운전자는 급히 통행하거나 사려 없이 길을 건너는 자가 있을 것을 고려해야 한다. 교통사고가 빈발하는 지역임을 운전자가 알거나 그러한 표지를 보았을 때는 이를 고려하여 운행해야 한다. 신체적 결함자, 노약자, 소년 등에게 교통규칙에 합당한 행태가 기대될 수 없음을 교통참여자가 인식할 수 있는 경우에는 신뢰의 원칙은 배제된다. 교통과 관련하여 어린이들에 관하여서는 특별한 주의를 필요로 하며 특히 취학기 이전의 아동들에게는 고도의 주의가 요구된다. 주행시 앞차의 운전자가 술에 취해 있다는 것을 운전방법을 통하여 확인할 수 있는 한 추월시에 앞차 운전자가 원칙에 맞는 운행을 할 것을 신뢰해서는 안 되며, 술 취한 보행자에 대하여서도 그러하다. 어떤 특수한 정황이 도로교통의 위험을 가중시키고 있거나 전망하기 어려운 도로건널목에서도 신뢰의 원칙은 배제된다. 다수인이 참가한 축제행렬에서도 그 참가자들의 규칙에 맞는 행태를 신뢰해서는 안 된다.

---

1) 대판 1970. 2. 24, 70도176.

판 례

선박은 원칙적으로 정박선이 항행선과의 충돌 위험을 회피하기 위하여 먼저 적극적으로 피항조치를 하여야 할 주의의무를 부담하는 것은 아니지만 이미 충돌 위험이 발생한 상황에서 항행선이 스스로 피항할 수 없는 상태에 처해 있다면 정박선으로서도 충돌 위험을 회피하는 데 요구되는 적절한 피항조치를 하여야 할 주의의무가 인정된다.[1] 또, 과실범에 관한 이른바 신뢰의 원칙은 상대방이 이미 비정상적인 행태를 보이고 있는 경우에는 적용될 여지가 없고, 이는 행위자가 경계의무를 게을리하는 바람에 상대방의 비정상적인 행태를 미리 인식하지 못한 경우에도 마찬가지이다.[2]

편도 2차로의 고속도로 1차로 한가운데에 정차한 피고인은 현장의 교통상황이나 일반인의 운전 습관·행태 등에 비추어 고속도로를 주행하는 다른 차량 운전자들이 제한속도 준수나 안전거리 확보 등의 주의의무를 완전하게 다하지 않을 수도 있다는 점을 알았거나 충분히 알 수 있었던 경우에는[3] 신뢰의 원칙을 적용할 수 없고 교통방해치사상죄가 성립한다.

3) 상대방과의 사이에 보호감독 또는 감시의 관계에 있는 경우

예컨대 의사가 환자를 처우할 때에는, 의료조치가 중대한 결과를 나타낼 수 있고 또한 환자는 일반적으로 치료의 합목적성과 그 결함을 판단할 수 없다고 보아야 하므로 특별한 주의가 요구된다. 그러므로 의사가 환자의 적절한 행동을 신뢰하는 것은 제한된다. 정신장애자를 감호할 책임이 있는 자나 어린이를 보호할 책임이 있는 자에게도 피감호자, 피보호자의 행위에 관련하여 신뢰의 원칙이 제한된다. 업무분담자 사이에 지휘, 감독의 관계가 있는 경우에도 감독에 대한 주의의무가 있는 한 감독자에게 신뢰의 원칙이 적용되지 않는다. 따라서 다수참여자 사이에 수평적 분업관계인 경우에는 통상 신뢰의 원칙이 적용되지만, 수직적 분업관계인 때에는 상급자는 하급자와의 관계에서 신뢰의 원칙이 적용되지 않는다. 반면 하급자가 상급자를 신뢰하고 상급자의 지시에 따랐다면 신뢰의 원칙이 적용되어 과실범이 성립하지 않는다.

---

1) 대판 1984. 1. 17, 83도2746.
2) 대판 2009. 4. 23, 2008도11921.
3) 대판 2014. 7. 24, 2014도6206.

제 3 절 결과적 가중범

Ⅰ. 의 의

결과적 가중범이란 일반적으로 기본범죄로 인하여 행위자가 예견하지 못한 중한 결과가 발생한 경우에 그 중한 결과를 이유로 형이 가중되는 범죄를 말한다.

우리 형법 제15조 제2항은 결과적 가중범과 관련하여 "결과 때문에 형이 무거워지는 죄의 경우에 그 결과의 발생을 예견할 수 없었을 때에는 무거운 죄로 벌하지 아니한다."라고 규정하고 있다. 형법 각칙에는 상해치사죄(제259조)를 비롯한 결과적 가중범의 구성요건을 두고 있다. 독일형법이 실화치사(§309), 과실일수치사(§314) 등 기본범죄가 과실범인 경우를 설정하고 있는 것과 달리 우리 형법은 예외 없이 기본범죄가 고의범인 경우만을 규정하고 있다. 따라서 결과적 가중범이란 고의에 기한 범죄행위로 인하여 과실로 예견하지 못한 중한 결과가 발생한 경우에 그 중한 결과 때문에 형이 가중되는 범죄이다.

결과적 가중범은 고의범과 과실범이 하나의 구성요건 속에 복합된 것이므로 중한 결과는 구성요건요소이며 구성요건의 외부에 존재하는 객관적 처벌조건과 혼동되어서는 안 된다. 또한 결과적 가중범의 형벌은 고의적인 행위와 그 속에 포함된 과실행위에 대한 통일적인 형벌이므로 과실범과의 상상적 경합이 고려될 수 없다.

결과적 가중범은 본질적으로 법이론적인 결과라기보다는 형사정책적 목적을 달성하기 위한 규정이다. 즉, 하나의 행위로 인한 고의범과 과실범의 상상적 경합관계의 처단형은 중한 죄에 정한 형을 따르게 되므로 과실범의 경한 법정형으로 인해 결과적으로 기본범죄의 법정형을 적용하게 됨으로써, 중한 과실의 결과를 발생시킨 자와 그렇지 아니한 자 사이의 처벌이 동일해지는 결과, 결과불법이 처벌에 반영되지 않는 문제점을 해결하기 위한 규정이다. 따라서 기본범죄로 인하여 중한 결과가 발생할 수 있는 영역 중에서 어느 범죄를 결과적 가중범으로 규정할 것인가는 법리적 귀결이 아니라 형사정책적 결단의 문제가 된다.

참고 연혁

결과적 가중범의 연원은 교회법(카논법)의 「Versari in re illicita」 이론에서 찾아볼 수 있는데 이 이론은 허용되지 아니한 행위를 한 자는 그 행위에서 발생된 모든 결과에 대하여 책임을 진다는 것을 의미하였다.

이러한 결과책임사상은 독일보통법시대 그리고 그 후대에 이르기까지 영향을 미쳤으나 점차 결과적 가중범의 문제는 인과관계에서 결과책임의 엄격성을 완화하는 방향으로 이해되기 시작하였다. 처음에는 조건설이 우세하여 이것이 독일과 일본의 판례의 입장이었으나 이 설의 문제점 때문에 상당인과관계설이 등장하였다. 그럼에도 불구하고 중한 결과에 관하여서는 책임주의의 예외가 인정되고 있었다. 결과적 가중범에 있어서 책임주의를 관철하려는 노력은 우리나라의 경우 1953년에 현행 형법 제15조 제2항의 "…그 결과의 발생을 예견할 수 없었을 때에는 중한 죄로 벌하지 아니한다."는 규정을 통하여 나타났고, 독일에 있어서는 1953년 새로 규정된 형법 제56조(현행형법 제18조)에 행위결과에 연결된 특히 중한 형벌은 행위자에게 그 결과에 대하여 최소한도 과실이 있을 때에 한하여 인정된다는 규정을 두게 하였다. 이러한 결과로서 전근대적인 결과책임사상은 형법에서 배제되었다.

Ⅱ. 결과적 가중범의 분류

1. 진정 결과적 가중범과 부진정 결과적 가중범

(1) 진정 결과적 가중범

진정 결과적 가중범이란 행위자가 고의적으로 기본범죄를 범하였으나, 과실로 말미암아 그 이상의 결과를 초래하고, 따라서 그 결과에 대해서는 고의가 결여되기 때문에 비록 결과에 대하여 고의범으로서는 책임지지 않지만 그 결과로 인하여 가중된 형벌이 과해지는 경우를 말한다.

폭행치사상죄, 상해치사죄 등 대부분의 결과적 가중범이 이에 해당한다.

(2) 부진정 결과적 가중범

부진정 결과적 가중범은 기본범죄를 범한 점에서는 전자와 동일하지만, 중한 결과가 과실뿐만 아니라 고의에 의해서도 발생되는 경우이다.

예컨대 현주건조물방화치사상죄(제164조 후단), 교통방해치상죄(제188조) 등이 이에 해당한다. 부진정 결과적 가중범을 인정하지 않는 견해[1)]도 있으나 형법의 해석상 타당하다고 볼 수 없다. 예컨대, 살해의 의사로써 현주건조물에 방화하여 그 목적을 달성한 경우에 있어서 부진정 결과적 가중범을 인정하지 않는 견해는 현주건조물방화죄와 살인죄의 상상적 경합으로 해결하여 결과적으로 살인죄의 법정형을 적용하게 될 것이나, 이는 현주건조물방화죄와 과실치사죄의 결합유형으로서의 현주건조물방화치사의 경우보다 법정형이 오히려 경한 결과가 되어 고의범보다 과실범이 중하게 처벌되므로 형평상 타당하다고 볼 수 없다.

그런데 이 경우 법정형의 형평성을 위하여 중한 결과에 대한 고의범에게도 결과적 가중범을 인정하게 되면 중한 결과에 대한 과실범과 고의범이 적용법조와 적용 형량이 동일하게 된다. 이 역시도 불법성의 정당한 평가라고 하기 어렵다. 이 때에는 죄수관계 및 경합론으로 해결할 수 있는데, 결과적 가중범 규정만을 적용할 경우 중한 결과에 대한 고의에 관하여는 여전히 법적 평가가 이루어지지 않았으므로 중한 결과에 대한 고의범의 성립을 인정하고 결과적 가중범과의 상상적 경합이 된다고 봄으로써 적정한 법적 평가가 가능해진다.

(3) 구별방법

부진정 결과적 가중범은 중한 결과에 대한 고의범이 기본범죄를 통해 이를 실현시켰음에도 불구하고 중한 결과에 대한 과실에 의한 결과적 가중범보다 경하게 처벌되는 경우, 이와 같은 법정형의 불합리를 시정하기 위하여 요구되는 개념이다. 따라서 진정 결과적 가중범과 부진정 결과적 가중범은 오로지 법정형의 비교를 통해서만 구별할 수 있다(자세한 내용은 후술하는 심화 부분 참조).

이를 간략히 살펴보면 다음과 같다.

유형	기본범죄	중한 결과	법적 효력	중한 결과 미수
진정 결과적 가중범	고의	과실	결과적 가중범	기본범죄
부진정 결과적 가중범	고의	과실 또는 고의	결과적 가중범과 중한 결과의 고의범의 상상적 경합	기본범죄와 중한 결과의 (고의)미수범의 상상적 경합

(4) 판례의 태도

판례는 기본범죄와 중한 결과의 고의범 간의 법정형을 비교하여, 두 가지로 구분한다. 우선 고의로 중한 결과를 발생하게 한 행위가 별도의 구성요건에 해

1) 권문택, 「결과적 가중범」, 고시계, 1972/7, 62면; 권오걸, 401면.

당하고 그 고의범에 대하여 결과적 가중범에 정한 형보다 더 무겁게 처벌하는 규정이 있는 경우에는 그 고의범과 결과적 가중범이 상상적 경합관계에 있지만, 고의범의 법정형이 더 무겁지 않은 경우에는 결과적 가중범이 고의범에 대하여 특별관계에 있으므로 결과적 가중범만 성립하고 이와 법조경합의 관계에 있는 고의범에 대하여는 별도로 죄를 구성하지 않는다고 본다.[1)]

하지만 이 경우 결과적 가중범보다 중한 결과 고의범이 더 무거운 경우에는 부진정 결과적 가중범을 인정할 필요가 없다. 이 때에는 형의 불균형이 발생하지 않으므로 고의범과 결과적 가중범의 상상적 경합이 아니라, 기본범죄와 중한 결과 고의범의 상상적 경합을 인정하여야 한다. 또한 고의범의 법정형이 더 무겁지 않은 후자의 경우에도 결과적 가중범만 성립하게 되면 중한 결과에 대한 고의의 법적 평가가 이루어지지 않으므로, 결과적 가중범과 중한 결과 고의범의 상상적 경합을 인정하여야 한다.

2. 기본범죄가 없는 특수한 형태의 결과처벌 규정

(1) 중대재해처벌법상 산업재해치사상죄의 법적 성격

업무상 과실치사상죄와 결과적 가중범은 형법뿐만 아니라 많은 특별법에 산재하여 있다. 대표적인 예가 산업안전보건법과 중대재해처벌 등에 관한 법률(이하 중대재해처벌법)이다. 그런데 양자는 기본범죄의 처벌 규정 존부에 차이가 있다. 산업안전보건법은 의무위반이라는 기본범죄를 처벌하면서 그로 인하여 사망이라는 중한 결과가 발생한 경우에는 결과적 가중범으로 처벌한다(제167조). 반면 중대재해처벌법(산업재해치사상죄)은 의무위반행위는 처벌규정이 없고, 의무위반으로 인하여 치사상의 결과가 발생할 경우 처벌한다(제6조). 이러한 특수한 구조로 인하여 산업재해치사상죄의 법적 성격에 관하여는 견해의 대립이 있다.

과실범설은 경영책임자의 안전조치 의무의 위반은 고의이든 과실이든 상관없으며, 중한 결과에 대한 과실을 요구한다고 보면서, 이러한 해석이 의무내용을 포괄적으로 인정할 수 있는 장점이 있다고 한다.[2)] 결과적 가중범설은 고의

1) 대판 2008. 11. 27, 2008도7311. 따라서 직무를 집행하는 공무원에 대하여 위험한 물건을 휴대하여 고의로 상해를 가한 경우에는 특수공무집행방해치상죄만 성립할 뿐, 중한 결과 고의범의 법정형이 더 무겁지 않으므로 이와는 별도로 폭력행위 등 처벌에 관한 법률 위반(집단 · 흉기 등 상해)죄를 구성하지 않는다고 판시하였다.

2) 최정학, “중대재해처벌법－기업 경영자 처벌의 논리”, 노동법연구 제51호, 2021, 10면 이하.

에 의한 의무위반을 고의범으로 '가정'한 결과적 가중범이라고 한다.[1] 특수한 결과적 가중범설은 의무위반에 관한 처벌규정이 없이 중한 결과의 발생만을 처벌하므로 결과적 가중범 구조와 완전히 동일하지는 않으므로 특수한 형태라고 본다.[2]

(특수한) 결과적 가중범설에 대하여는 다음과 같은 비판이 가능하다. 첫째, 형법상으로도 고의의 기본범죄로부터 발생하는 중한 결과에 대한 법정형은 매우 높다는 점에서 일반 형법과의 법정형의 차이를 논거로 할 수는 없다. 둘째 산업안전보건법상 의무위반은 처벌규정이 존재하므로 과실범에 대한 처벌규정이 별도로 없는 한 기본범죄는 고의범으로 봄이 타당하다. 그러나 중대재해처벌법은 의무위반에 대한 처벌규정이 없고, 의무내용만을 규정하고 있다는 점에서 의무위반이 반드시 고의범에 한정된다고 할 수 없다. 그것이 범죄인 때에만 고의범 처벌이 기본원칙이 되지만, 중대재해처벌법은 중대재해 예방을 목적으로 하는 행정(형)법이므로 행정법상 처벌규정이 없는 의무위반은 고의 · 과실여부를 불문한다고 보아야 한다. 셋째, 의무위반을 고의범으로만 한정하게 된다면 중대재해 예방이라는 입법목적을 달성하기 어렵다. 중대재해처벌법에서는 고의여부보다 의무위반과 치사상이라는 결과 사이의 인과관계 판단이 더욱 중요하다.

우리 형법은 독일과 달리 과실의 기본범죄에 대한 결과적 가중범을 인정하지 않는다. 따라서 의무위반에 과실까지 포함시키게 되면 이는 일반 형법이 인정하지 않는 예외적인 과실범의 결과적 가중범을 인정하는 결과가 된다. 그러나 결과적 가중범의 전제조건은 기본범죄의 존재이다. 따라서 기본범죄가 존재하지 않으면 결과적 가중범이라고 할 수 없다. 이처럼 기본범죄가 존재하지 않을 때에는 결과적 가중범을 인정할 수 없다는 의미에서 산업재해치사상죄는 과실범이라고 봄이 타당하며, 의무위반 또한 고의이든 과실이든 치사상의 결과와 인과관계 및 객관적 귀속이 인정되면 성립한다고 보아야 할 것이다.[3]

---

1) 박채은, 산업안전보건법과 중대재해처벌법 비교–처벌을 중심으로–", 노동법논총 제56집, 한국비교노동법학회, 2022/12, 123–125면.

2) 김성돈, §17/36; 김재윤, "형사법적 관점에서 보는 중대재해처벌법의 발전방향", 형사법연구 제34권 제3호, 한국형사법학회, 2022/9, 204–205면.

3) 의무위반을 고의로 한정하는 산업안전보건법과 달리 고의 · 과실 모두 포함시키는 이유는 첫째, 산업안전보건법은 의무위반 처벌규정이 존재하지만 중대재해처벌법은 의무만 규정되어 있을 뿐 위반죄가 존재하지 않는 점, 둘째, 산업안전보건법은 해당 사업장의 의무이행자가 실무자이지만, 중대재해처벌법은 사업주 또는 경영책임자 등과 같이 해당 사업의 대표이자 총괄 판단권자이므

(2) 업무상 과실치사상죄와의 관계

판례는 산업안전보건법과 중대재해처벌법이 사람의 생명·신체의 보전을 보호법익으로 한다는 공통점이 있고 이는 사람의 생명·신체의 보전을 보호법익으로 하는 형법상 업무상과실치사상죄도 마찬가지인 점, 의무위반이 모두 같은 일시·장소에서 같은 피해자의 사망이라는 결과 발생을 방지하지 못한 부작위에 의한 범행에 해당하여 각 법적 평가를 떠나 사회관념상 1개의 행위로 평가할 수 있다는 점, 근로자 사망으로 인한 산업안전보건법 위반죄와 업무상과실치사죄는 업무상 주의의무가 일치한다는 점 등을 고려하여 중대재해처벌법 위반(산업재해치사)죄와 산업안전보건법 위반죄 및 업무상 과실치사죄는 모두 상상적 경합관계라고 본다.[1)]

우선 중대재해처벌법상 의무와 산업안전보건법상 의무는 그 내용을 달리하지만 그로 인하여 치사상의 결과가 발생하였다는 결과발생의 동일성이 인정되므로 상상적 경합이 가능하다. 그러나 이들 범죄와 형법상 업무상과실치사상죄의 관계는 특별법과 일반법의 관계에 해당하므로 전자가 성립하면 후자는 법조경합에 의하여 성립하지 아니한다고 봄이 타당하다. 형법상 업무상과실치사상죄의 주의의무는 업무로부터 발생되는 것이며, 해당 업무상의 주의의무는 산업안전보건법 및 중대재해처벌법상 규정된 (주의)의무이기 때문이다.

Ⅲ. 성립요건

1. 구성요건해당성

결과적 가중범의 구성요건해당성이 인정되려면 고의의 기본행위가 있어야 하고, 이로 인하여 중한 결과가 발생하여야 하며 양자 사이의 인과관계 및 결과의 객관적 귀속이 인정되어야 하고, 중한 결과의 발생에 대한 예견가능성이 있어야 한다.

로 산업안전보건법상 의무자와는 그 성격이 다른 점, 마지막으로 산업안전보건법이 있음에도 불구하고 중대재해처벌법을 새로이 규정한 이유가 바로 그러한 총괄대표자에 대한 보다 엄중한 책임을 귀속시키기 위한 점에 있기 때문이다.

1) 대판 2023. 12. 28, 2023도12316.

(1) 고의의 기본범죄

결과적 가중범은 고의의 기본범죄로부터 비롯된다. 고의에 의한 실행의 착수가 존재하면 행위가 기수일 뿐만 아니라 미수인 경우도 포함된다. 다만, 가벌적 미수여야 하므로 미수범처벌규정이 존재하는 때에만 고의의 기본'범죄'가 인정된다. 미수범처벌규정이 없는 때에는 범죄 자체가 성립하지 않기 때문이다. 예컨대, 제269조 제1항 낙태죄는 미수범처벌규정이 없으므로 낙태미수는 무죄가 된다. 따라서 제269조 제3항의 낙태치사상죄에서 기본범죄인 낙태는 기수범만 포함된다.

(2) 중한 결과의 발생

고의 또는 과실에 의한 중한 결과가 발생하여야 한다. 이는 결과반가치의 내용을 이루며 법익침해의 결과 또는 구체적 위험의 발생을 의미한다. 즉, 결과적 가중범은 결과범이지만, 반드시 침해범만을 의미하는 것은 아니고 중상해죄(제258조 제1항)나 중권리행사방해죄(제326조)와 같은 구체적 위험범도 포함된다. 중한 결과의 발생은 기본범죄로부터 직접 도출되어야 하고, 이를 위한 별도의 행위를 요구하지 않는다. 만일 중한 결과의 발생을 위한 기본범죄행위 이외의 추가적인 행위가 개입되었다면 결과적 가중범이 아닌 실체적 경합이 성립한다고 보아야 한다.

(3) 인과관계와 객관적 귀속

결과적 가중범에 있어서도 합법칙적 조건설에 의한 인과성 유무의 판단과 객관적 귀속척도에 의한 결과의 귀속이라는 종합적 고찰이 타당하다. 그리하여 궁극적으로 결과의 객관적 귀속이 부정되면 비록 중한 결과가 발생되었다고 할지라도 구성요건해당성조차 논할 여지가 없다. 따라서 중한 결과를 초래한데 대한 과실유무를 거론할 필요도 없다.

1) 인과관계

모든 결과범에는 행위와 결과 사이의 인과관계, 궁극적으로는 행위자에 대한 결과의 객관적 귀속이 불법구성요건의 객관적 표지의 하나로서 당연히 요청되는 것이므로 결과적 가중범도 이것이 필요함은 물론이다. 형법 제15조 제2항이 결과발생의 예견가능성을 규정하고 있으므로 인과관계의 문제를 논할 필요가 없다는 주장이 있으나, 인과관계의 문제와 예견가능성의 문제는 이론상 별개의 것으로 이해함이 타당하다.

판례는 상당인과관계설을 취하고 있다. 예컨대 폭행치사죄에 관하여 "폭행행위와 피해자의 사망사이에는 원인관계가 있다."[1]고 하거나 강도치상죄에서 "강취행위와 이를 피하려다 피해자가 상해에 이르게 된 사실과는 상당인과관계가 있다."[2]고 본다.

2) 객관적 귀속의 척도로서 직접성의 원칙

중한 결과의 발생은 고의의 기본범죄에 객관적으로 귀속되어야 하는데, 지배가능성의 원칙과 위험실현의 원칙이라는 객관적 귀속의 기준이 충족되어야 한다. 특히 결과적 가중범에 있어서 중한 결과의 발생은 기본범죄행위가 내포하는 전형적인 위험의 발현이어야 한다는 점에서 직접성의 원칙을 요한다. 결과적 가중범의 기본범죄행위는 이미 사람의 생명 또는 신체에 위해를 가할 위험을 그 고유의 속성으로 내포하고 있는데, 그와 같은 속성이 현실적으로 발현된 것이 결과적 가중범이기 때문이다.

직접성이란 중한 결과가 피해자 또는 제3자의 개입이나 다른 외부적인 행위의 개입 없이 직접 기본범죄로부터 도출되어야 한다는 원칙이다.[3] 다만, 기본범죄행위를 피하기 위하여 행한 피해자의 행위가 개입되어 결과가 발생한 경우[4]에는 객관적 귀속이 인정된다. 그러나 피해자가 범죄피해로 인한 절망감 등으로 자살한 경우에는 기본범죄 자체에 대한 피해자의 개입행위가 아니므로 객관적 귀속이 부정된다.[5]

---

1) 대판 1990. 10. 16, 90도1786.
2) 대판 1996. 7. 12, 96도1142.
3) 배종대, 533면은 이를 부정하지만, 상당인과관계설은 사실판단과 규범판단을 분리하지 않는 결과 객관적 귀속을 별도로 요구하지 않을 뿐이다. 즉, 상당인과관계의 판단을 함에 있어서 이미 객관적 귀속이 포함되는 것이다.
4) 대판 1990. 10. 16, 90도1786.
5) 대판 1982. 11. 23, 82도1446. 이 경우 판례는 강간을 당한 피해자가 절망감과 수치심 등으로 자살하였을 경우, 강간행위와 피해자의 자살행위 사이에 인과관계를 부정하였다. 판례는 상당인과관계설을 취하므로 인과관계에 관한 사실판단과 객관적 귀속에 관한 규범판단을 분리하지 않기 때문이다. 그러나 합법칙적 조건설을 취할 때에는 이 때에도 인과관계는 인정되지만 객관적 귀속이 부정된다고 본다.

판 례

피고인이 자신의 학원에 피해자를 채용하고 학습교재를 설명하겠다는 구실로 유인하여 호텔 객실에 감금한 후 강간하려 하자, 피해자가 완강히 반항하던 중 피고인이 대실시간 연장을 위해 전화하는 사이에 객실 창문을 통해 탈출하려다가 지상에 추락하여 사망한 사안에서, 피고인의 강간미수행위와 피해자의 사망과의 사이에 상당인과관계가 있다.[1] 또한 피해자의 하차 요구를 무시한 채 운전하여 피해자를 차량에서 내리지 못하게 한 행위는 감금죄에 해당하고, 피해자가 그와 같은 감금상태를 벗어날 목적으로 차량을 빠져 나오려다가 길바닥에 떨어져 상해를 입고 그 결과 사망에 이르렀다면 역시 상당인과관계가 있다.[2]

즉, 피해자의 직접적인 행위로 인하여 사망에 이르렀더라도, 이는 범죄를 피하기 위한 행위이므로 직접성의 원칙에 따르더라도 객관적 귀속이 인정된다.

(4) 중한 결과에 대한 예견가능성(과실)

종전의 판례[3]는 기본적 범행과 중한 결과 사이에 인과관계만 있으면 중한 결과에 대한 책임을 지울 수 있다고 보아 책임조건을 별도로 고려하지 않았다. 그러나 이러한 태도는 명백히 책임주의에 합치되지 않는다. 이 때문에 중한 결과에 대한 과실을 필요로 함이 타당하고 현재는 판례[4]도 이를 반영하고 있다.

우리 형법 제15조 제2항은 "…그 결과의 발생을 예견할 수 없었을 때"라고 규정하고 있는데 이것은 '과실이 없었을 때'라는 의미로 해석되고 있으며 이렇게 이해함이 타당하다. 결과적 가중범에 있어서 과실은 무엇보다도 결과의 예견가능성에 귀착되는 것이고 여타의 과실의 표지인 결과발생 및 인과관계와 객관적 귀속은 이미 기본적 범행 속에 포함되어 있기 때문이다.

2. 위법성 및 책임

고의적인 기본행위가 위법하고 중한 결과와 관련하여 과실범으로서의 위법성이 동시에 인정될 때 결과적 가중범의 위법성이 긍정된다.

만일 고의적 기본행위에 위법성조각사유가 존재하면, 중한 결과에 대한 과실

1) 대판 1995. 5. 12, 95도425.
2) 대판 2000. 2. 11, 99도5286.
3) 대판 1968. 4. 30, 68도365.
4) 대판 1988. 4. 12, 88도178; 대판 1980. 5. 27, 80도796.

범의 문제만 남게 된다. 반면, 고의적 기본행위는 위법하지만 중한 결과의 발생에 과실이 없으면 고의적 기본행위만이 범죄가 된다.

책임의 표지는 일반범죄와 동일하다.

Ⅳ. 관련문제

1. 결과적 가중범의 미수

(1) 기본원칙

결과적 가중범의 미수는 진정 결과적 가중범과 부진정 결과적 가중범으로 나누어 살펴볼 수 있다. 진정 결과적 가중범은 중한 결과에 대한 과실범이므로 해석상 결과적 가중범의 미수가 인정되지 않는다. 반면 부진정 결과적 가중범에서 중한 결과가 고의범인 때에는 기본범죄를 범하였으나 중한 결과가 미수가 된 경우가 가능하다. 이 때에는 결과적 가중범이 될 수 없고 고의의 기본범죄 기수와 고의의 중한 결과 미수의 상상적 경합을 인정하여야 한다.

(2) 결과적 가중범에서 미수의 유형

결과적 가중범의 미수는 기본범죄의 미완성과 중한 결과의 미완성의 조합으로서 각각의 미수범처벌규정이 존재하는 경우와 그렇지 않은 경우의 법적 효력에 관한 문제가 된다.

1) 진정결과적 가중범의 중한 결과에 대한 미수처벌 규정이 있는 경우

진정결과적 가중범은 과실에 의한 중한 결과가 발생할 것이 성립요건이므로, 본질상 고의범과 과실범의 결합범에 해당하므로 중한 결과의 미수는 법리상 불가능하다. 이때에도 기본범죄의 미수와 중한 결과의 미수가 동일한 미수범처벌규정에 의하여 적용을 받는 경우 해당 미수범처벌규정이 양자 중 어느 미수를 의미하는지 문제된다. 예컨대 인질치상죄(제324조의3), 인질치사죄(제324조의4)에 적용되는 미수범(제324조의5) 처벌규정은 기본범죄인 인질강요죄(제324조의2)에도 적용되고, 강도치상죄(제337조), 강도치사죄(제338조)에 적용되는 미수범(제342조)은 기본범죄인 강도죄(제333조) 등에도 동일하게 적용된다. 이는 진정결과적 가중범의 중한 결과 미수범이 성립할 수 있는가의 문제이다.

이에 관하여는 견해의 대립이 있다. 우선 부정설[1]의 입장에서는 그와 같은 조문들은 강간상해, 강도상해, 강도살인 등의 미수만을 규정한 것이고 강간치사상이나 강도치사상죄의 미수를 규정한 것은 아니라고 한다. 결과적 가중범의 미수란 중한 결과가 발생하지 않은 경우이므로 결과적 가중범은 성립하지 않고 기본범죄만이 성립하기 때문이라고 본다. 반면 긍정설[2]은 문리해석상 결과적 가중범의 성립을 인정하여야 하는데, 이때에는 중한 결과의 미수란 있을 수 없고 기본범죄의 미수가 결과적 가중범의 미수범이 된다고 한다. 즉, 긍정설은 기본범죄가 미수범이면 진정결과적 가중범의 미수범이 성립된다고 보는 것이다.

생각건대, 부정설이 타당하며 이는 우리 형법조문 체계상의 입법적 오류이다. 우리 형법은 일반적으로 중한 결과에 대한 고의의 결합범과 과실의 결과적 가중범을 같은 조문에 두고 있다. 예컨대, 제301조의 강간치상죄는 중한 결과에 대한 고의범으로서 강간죄와 상해죄의 결합범인 강간상해죄와 중한 결과에 대한 과실범으로서 결과적 가중범인 강간치상죄를 하나의 조문에 편재한다. 그 결과 결합범에 대한 미수범처벌규정이 결과적 가중범까지 대상으로 하는 법률상 오류가 초래된다. 그러나 그와 같은 입법상의 오류를 입법적으로 해결함은 별론으로 하고, 이를 적용하여서는 안 될 것이다.[3]

판 례

판례는 강간치상죄에 대하여 기본범죄행위의 미수에 따른 결과적 가중범의 미수를 인정하지 않는다.[4] 이에 따르면, 행위자가 피해자를 폭행하여 강간하려다가 미수에 그치고 피해자에게 과실로 상해를 입힌 사실을 인정하고, 성폭력범죄의 처벌 및 피해자보호 등에 관한 법률상의 특수강간치상죄의 기수에 해당한다고 보았

1) 김성돈, §17/108; 김일수/서보학, 345면; 배종대, 514면; 신동운, 547면; 오영근, 138면. 이재상 외, 389면; 이정원, 427면; 정성근/정준섭, 359면.
2) 권오걸, 409면; 김혜정 외, 141면; 박상기, 208면; 손동권/김재윤, 383면; 이용식, 68면; 임웅, 567면; 정영일, 130면.
3) 한편 중상해죄(제258조)와 같이 기본범죄 이외에 중한 결과가 별도의 범죄가 되지 아니하는 경우에는 미수가 가능한가의 문제가 제기될 수 있다. 즉, 중한 결과에 대한 고의가 있음에도 불구하고 중한 결과가 발생하지 않은 경우 중상해죄의 미수 성립의 문제이다. 그러나 이 때에도 기본범죄인 상해죄(제257조)의 성립만을 인정함이 타당할 것이다.
4) 유사하게 기본범죄인 강도는 미수이지만 강도치상죄를 인정한 판례로는 대판 1985. 10. 22, 85도 2001.

다. 즉, 기본범죄가 미수라도 중한 결과가 발생하면 결과적 가중범의 기수가 된다.

그리고 동법 제9조 제1항에 의하면 같은 법 제6조 제1항에서 규정하는 특수강간의 죄를 범한 자뿐만 아니라, 특수강간이 미수에 그쳤다고 하더라도 그로 인하여 피해자가 상해를 입었으면 특수강간치상죄가 성립하는 것이고, 같은 법 제12조에서 규정한 위 제9조 제1항에 대한 미수범 처벌규정은 제9조 제1항에서 특수강간치상죄와 함께 규정된 특수강간상해죄의 미수에 그친 경우, 즉 특수강간의 죄를 범하거나 미수에 그친 자가 피해자에 대하여 상해의 고의를 가지고 피해자에게 상해를 입히려다가 미수에 그친 경우 등에 적용된다고 본다.[1] 즉, 특수강간치상죄가 특수강간상해죄와 특수강간치상죄를 모두 포함하지만, 미수범처벌규정은 특수강간상해죄에만 적용된다고 본 것이다. 이처럼 판례는 부정설의 입장이다.

2) 부진정 결과적 가중범에서 기본범죄와 중한 결과에 모두 미수규정이 있는 경우

부진정 결과적 가중범에서 기본범죄의 미수규정과 부진정결과적 가중범의 미수 규정이 동시에 존재하는 경우이다. 예를 들어 현주건조물일수죄(제177조 제1항)를 기본범죄로 하는 현주건조물일수치상죄(제177조 제2항)는 중한 결과에 대한 고의범인 상해죄보다 법정형이 무거우므로 해석상 부진정결과적 가중범으로 보아야 한다. 그런데 해당 구성요건체계의 미수범 처벌규정(제182조)은 제1항과 제2항을 구분하지 않고 제177조의 미수범을 처벌하도록 하고 있으므로 기본범죄의 미수범과 중한 결과의 미수범 성립이 해석상 모두 가능하게 된다.

따라서 이 경우에는 기본범죄가 미수이면서 중한 결과가 발생한 경우, 기본범죄가 기수이면서 중한 결과인 상해고의가 미수가 된 경우, 기본범죄는 기수이면서 상해 고의로 인한 중한 결과는 기수가 된 경우, 기본범죄가 미수이면서 동시에 상해 고의로 인한 중한 결과도 미수인 경우, 기본범죄가 미수이면서 중한 결과가 과실에 의하여 발생한 경우, 기본범죄가 미수이면서 과실에 의한 중한 결과도 미수인 경우, 기본범죄가 기수이면서 과실에 의한 중한 결과가 미수인 경우 등을 상정할 수 있다. 그러나 마지막 두 사례는 중한 결과의 과실을 구성요건으로 하므로 성립 자체가 불가능하다. 그럼에도 불구하고 부진정결과적 가중범의 기본범죄와 중한 결과에 모두 미수처벌규정이 존재하므로 해석상 논란이 있다.

---

1) 대판 2008. 4. 24, 2007도10058.

생각건대, 미수규정이 기본범죄와 부진정 결과적 가중범에 모두 적용되는 경우에는 기본범죄의 가·미수는 결과적 가중범 성립요건으로서 차이가 없으므로 중한 결과의 미수가 부진정 결과적 가중범의 미수라고 보아야 할 것이다. 그 결과, 위의 현주건조물일수치상죄의 경우 미수범이란 현주건조물일수죄의 기수범이 상해 미수가 된 경우, 현주건조물일수죄의 미수범이 상해 미수가 된 경우를 의미한다.

3) 기본범죄 미수처벌 규정이 부진정결과적 가중범 규정 뒤에 존치하는 경우

부진정결과적 가중범으로서 기본범죄 미수처벌규정은 있지만, 법체계상 결과적 가중범 규정의 다음에 편재되어 있어서 기본범죄의 미수도 결과적 가중범의 법문상 "…의 죄를 범하여"에 포함시켜서 결과적 가중범의 성립범위를 확장할 수 있겠는가의 문제이다. 예컨대 현주건조물방화치상죄(제164조 제2항 전단)는 중한 결과에 고의가 있는 상해죄보다 법정형이 중하므로 해석상 부진정결과적 가중범으로 분류된다. 그런데 결과적 가중범 처벌규정은 제164조 제2항에 편재되어 있고, 기본범죄의 미수처벌규정은 그 다음인 제174조에 위치하면서 제164조 제2항을 제외하고 기본범죄인 현주건조물방화죄만을 그 적용대상으로 하고 있다. 이와 같이 편재된 경우 "(제164조) 제1항의 죄를 범하여"라는 결과적 가중범의 법문이 제174조를 포섭할 수 있겠는가의 문제이다.

생각건대, 기본범죄 미수처벌 규정이 존재한다면 그것이 부진정결과적 가중범 규정보다 후에 위치하고 있더라도, 기본범죄에는 기수뿐만 아니라 미수도 당연히 포함된다고 보아야 한다. 하나의 구성요건체계 내에서 미수범처벌규정은 가장 하단에 존재하는 것이 일반적이어서, 이는 단지 편재상의 문제일 뿐 법적 효력을 제약하는 것은 아니라고 보아야 한다.

4) 진정결과적 가중범의 기본범죄 미수처벌 규정이 존재하지 않는 경우

진정결과적 가중범으로서 기본범죄에 대한 미수처벌규정 자체가 존재하지 않음에도 불구하고 중한 결과가 발생한 경우에도 결과적 가중범으로 볼 수 있는가의 문제이다. 예컨대 낙태치상죄(제279조 제3항)는 그 법정형이 상해죄보다 낮으므로 진정결과적 가중범에 해당한다. 그런데 기본범죄에 해당하는 동의낙태죄(제269조 제2항)는 미수범 처벌규정이 없는 바, 낙태가 미수가 되었음에도 과실로 상해의 결과에 이른 때에 이를 낙태치상죄라고 할 수 있는가의 문제이다.

이는 앞서 살펴본 바와 같이 기본범죄의 미수처벌 규정이 없으면 기본범죄 자체가 존재하지 않으므로 결과적 가중범이 성립할 수 없다고 보아야 한다. 그 결과, 낙태가 미수가 되고 치상의 결과가 발생하였다면, 낙태치상죄가 성립할 수 없고 과실치상죄(제266조)만 문제될 뿐이다.

이를 정리하면 다음과 같다.

유형	사례	미수처벌 규정 유무	법적 효력
진정 결과적 가중범	인질치상죄(제324조의3), 인질치사죄(제324조의4), 강도치상죄(제337조), 강도치사죄(제338조)	기본범죄 및 중한 결과 모두 단일의 미수처벌 규정 적용	진정 결과적 가중범 미수처벌 규정 적용 불가
부진정 결과적 가중범	현주건조물일수치상죄(제177조 제2항)	기본범죄 및 중한 결과 모두 단일의 미수처벌 규정 적용	중한 결과의 미수만이 부진정 결과적 가중범의 미수
부진정 결과적 가중범	현주건조물방화치상죄(제164조 제1항)	결과적 가중범 규정 뒤에 기본범죄 미수처벌 규정 존치	기본범죄 기수 및 미수 모두에 대한 결과적 가중범 가능
진정 결과적 가중범	낙태치상죄(제279조 제3항)	기본범죄의 미수처벌 규정 부존재	기본범죄 기수만이 결과적 가중범 가능

2. 결과적 가중범과 공범

(1) 결과적 가중범과 공동정범

결과적 가중범의 공동정범의 성립에 관한 긍정설[1)]은 행위공동설을 기본으로 하여, 공동의 주의의무위반이 있으면 성립한다고 본다. 제한적 긍정설[2)]은 기본범죄를 공동으로 하고 중한 결과에 대하여 예견가능성이 있을 때에는 공동정범을 인정한다. 반면 부정설은[3)] 범죄공동설에 기초하여 공동정범의 공동의 의사는 고의범에 한정된다고 본다.

공동정범의 정범성 표지인 기능적 행위지배는 고의범에서만 성립하며, 과실범의 공동정범을 인정하지 않는 것이 본서의 입장이다. 따라서 결과적 가중범의 공동정범은 원칙적으로 성립하지 않는다고 봄이 타당하다. 그 결과 기본범죄를

1) 손동권/김재윤, 556면; 이용식, 69면; 이재상 외, 214면; 정성근/정준섭, 360면.
2) 김혜정 외, 359면.
3) 권오걸, 556면; 김일수/서보학, 617면; 박상기, 207면; 배종대, 542면; 이정원, 425면; 임웅, 584면.

공동으로 하였더라도 중한 결과를 과실로 초래한 자만이 결과적 가중범이 되고, 타방은 기본범죄의 공동정범이 성립할 뿐이다. 만일 가담자 모두에게 과실이 있다고 하더라도, 각자를 결과적 가중범으로 처벌하면 족할 뿐, 공동정범을 인정할 실익도 필요도 없다.

판 례

과거의 판례들은 기본범죄행위의 공동만 있으면 족하고, 다른 공범자가 그 결과의 인식이 없더라도[1], 또는 중한 결과에 공모하지 않았다 하더라도[2] 공동정범의 책임이 있다고 보았다.

그러나 최근에는 "결과적 가중범의 공동정범은 기본행위를 공동으로 할 의사가 있으면 성립하고 결과를 공동으로 할 의사는 필요 없는바, 특수공무집행방해치상죄는 단체 또는 다중의 위력을 보이거나 위험한 물건을 휴대하고 직무를 집행하는 공무원에 대하여 폭행·협박을 하여 공무원을 사상에 이르게 한 경우에 성립하는 결과적가중범으로서 행위자가 그 결과를 의도할 필요는 없고 그 결과의 발생을 예견할 수 있으면 족하다."고 보아, 제한적 긍정설의 입장에서 중한 결과에 대한 예견가능성만 있으면 결과적 가중범의 공동정범을 인정한다.[3]

(2) 교사범과 종범의 성립여부

결과적 가중범의 기본범죄를 교사하거나 방조한 자에게 중한 결과에 대한 책임까지도 인정할 수 있는가의 문제이다. 피교사자 또는 피방조자가 중한 결과를 발생시켰을 경우, 그와 같은 중한 결과에 교사 또는 방조자에게 과실이 있었다면 결과적 가중범의 교사 또는 방조범도 성립가능하다. 이때 과실여부는 정범에 종속하는 것이 아니라, 중한 결과에 대한 교사자 또는 방조자 자신의 과실에 한정되므로 책임원칙에 부합한다.

1) 대판 1984. 2. 14, 83도3120.
2) 대판 1998. 4. 14, 98도356; 대판 1990. 12. 26, 90도2362; 대판 1987. 5. 26, 87도832 등.
3) 대판 2012. 5. 24, 2010도11381; 대판 2010. 7. 23, 2010도1189; 대판 2008. 6. 26, 2007도6188; 대판 2002. 4. 12, 2000도3485.

판 례

판례도 교사자가 피교사자에 대하여 상해 또는 중상해를 교사하였는데 피교사자가 이를 넘어 살인을 실행한 경우 일반적으로 교사자는 상해죄 또는 중상해죄의 교사범이 되지만 이 경우 교사자에게 피해자의 사망이라는 결과에 대하여 과실 내지 예견가능성이 있는 때에는 상해치사죄의 교사범으로서의 죄책을 지울 수 있다고 본다.[1)]

심 화 **결과적 가중범의 원리와 구체적 구별방법**

결과적 가중범은 고의범과 과실범의 결합형태이다.

예컨대 형법 제281조의 체포·감금치상죄라는 결과적 가중범규정이 없다면, 체포·감금행위로 인하여 사람을 치상에 이르게 한 자는 제276조 체포·감금죄와 제266조 과실치상죄의 상상적 경합에 해당하는 결과, 상상적 경합원리에 따라 중한 죄에 정한 형인 제276조 체포·감금죄의 법정형이 처단형이 된다. 그 결과 기본범죄인 체포·감금죄를 범한 자와 이를 통해 중한 결과를 야기한 자 사이에 적용되는 형량은 차이가 없게 된다. 이처럼 기본범죄 이외에 보다 중한 결과의 불법성에 대한 정당한 평가가 이루어졌다고 볼 수 없는 경우, 오로지 중한 결과를 가중처벌하기 위하여 결과적 가중범으로 규정하게 된다. 즉, 행위반가치는 기본범죄와 동일하되 중한 결과에 대한 결과반가치 측면의 가중평가를 목적으로 하게 된다.

그런데 결과적 가중범으로 규정한다고 하더라도 다시, 중한 결과에 대하여 고의가 있는 자와 과실이 있는 자 사이에서 불법성에 대한 정당한 평가가 이루어졌다고 볼 수 없는 경우가 발생한다. 예컨대 형법 제281조의 체포·감금치상죄와 체포·감금치사죄를 살펴보면 다음과 같다.

체포·감금치상죄에서 치상의 결과가 과실로 발생하였다면 제281조를 적용함으로써 법정형은 1년 이상의 유기징역이다. 만일 중한 결과가 고의로 발생하였다면 기본범죄인 제276조 체포·감금죄와 중한 결과인 제257조 상해죄는 체포·감금행위 단일의 행위로 성립되므로 상상적 경합에 해당하는 결과, 중한 죄에 정한 형인 7년 이하의 유기징역에 해당한다. 그 결과 감금상해라는 중한 결과에 대한 고의범이 결과적 가중범인 체포·감금치상죄보다 경하게 처벌되므로 고의범과 과실범간의 법정형의 불균형이 초래된다. 이 경우에는 결과적 가중범에 중한 결과에 대한

1) 대판 1993. 10. 8, 93도1873.

고의범을 포함시킴으로서 부진정 결과적 가중범이 되고, 이로써 불균형을 시정하는 것이다.

반면 체포·감금치사죄에서 치사의 결과가 과실로 발생하였다면 제281조 후단을 적용함으로써 법정형은 3년 이상의 유기징역이다. 만일 치사의 결과가 고의로 발생하였다면 기본범죄인 제276조 체포·감금죄와 중한 결과인 제250조 살인죄는 역시 상상적 경합에 해당하므로, 중한 죄에 정한 형인 사형, 무기징역 또는 5년 이상의 징역에 해당한다. 그 결과 체포·감금살인이라는 중한 결과에 대한 고의범이 결과적 가중범인 체포·감금치사죄보다 중하게 처벌되므로 고의범과 과실범간의 법정형의 불균형은 발생하지 않는다. 이 경우에는 결과적 가중범의 중한 결과에는 과실범만을 포함시킴으로써 체포·감금치사죄는 진정 결과적 가중범이 된다.

그러나 양자의 법정형이 동일할 때에는 원칙에 따라 고의의 기본범죄와 고의의 중한 결과의 상상적 경합을 인정하여야 한다. 예컨대, 제164조 제2항에서 일반인에 대한 고의의 현주건조물방화치사죄와 존속에 대한 고의의 현주건조물방화치사를 비교하면 다음과 같다. 우선 전자의 경우 현주건조물에 방화하여 거주하는 일반인을 살해한 경우에는 제164조 제1항 현주건조물방화죄와 제250조 제1항의 보통살인죄의 상상적 경합이 되어, 사형, 무기, 5년 이상의 징역에 해당한다. 그러나 이는 현주건조물에 방화하여 과실로 치사에 이른 자에 대한 현주건조물방화치사죄의 법정형인 사형, 무기, 7년 이상보다 경하게 되므로, 현주건조물방화치사죄는 중한 결과에 대하여 고의가 있는 경우도 포함하여야 하므로 부진정 결과적 가중범이 된다. 반면 그 대상이 존속인 경우에는 제164조 제1항 현주건조물방화죄와 제250조 제2항의 존속살해죄의 상상적 경합이 되어, 사형, 무기, 7년 이상의 징역에 해당한다. 이는 현주건조물방화치사죄의 법정형과 동일하다. 이처럼 최소한 중한 결과에 대한 과실범과 고의범의 법정형이 동일해 진다면 중한 결과에 대한 고의범을 결과적 가중범에 포함시킬 수 없으므로 진정 결과적 가중범이 된다. 그 결과 존속에 대하여 고의로 현주건조물방화를 하여 살해하면, 현주건조물방화치사죄가 아니라 제164조 제1항의 현주건조물방화죄와 제250조 제2항의 존속살해죄의 상상적 경합이 성립한다고 보아야 한다.

이처럼 결과적 가중범이란 법정형을 통한 불법성의 정당한 평가라는 측면에서 이해하여야 한다.

제 4 절 부작위범

Ⅰ. 부작위범의 일반이론

1. 부작위의 의의

부작위(Unterlassen)는 작위와 더불어 행위의 한 기본형태를 이루는 것으로서 형법적 중요성을 갖는다. 학자에 따라서는 부작위는 작위와 달리 전혀 현실성을 갖지 않는 '존재론적 무(無)'(ontologisches Nichts)이므로 행위에 속할 수 없다고 주장한다. 그러나 부작위는 단순한 무위(無爲)와는 달리 당연히 행할 것으로 기대되는 그 무엇인가를 행하지 않는 것으로서 행위에 포함된다.

부작위가 국가의 형벌법규에 반하는 범죄로 평가될 때 이를 부작위범(Unterlassungsdelikt)이라고 부른다.

2. 작위와 부작위의 구별

어떤 하나의 행위만이 문제로 될 때에는 그것이 작위에 의한 것인지 부작위에 의한 것인지 쉽게 구별된다. 예컨대 타살은 작위에 의한 것이고 굶어 죽게 한 것은 부작위에 의한 것이다. 그러나 경우에 따라서는 작위와 부작위가 다 같이 문제되는 다양한 행태가 있을 수 있는데 이때에 비로소 작위, 부작위 중 어느 것에 의한 범행인가를 구분해야 할 필요성이 생긴다. 작위와 부작위를 구별하는 데에는 무엇을 그 척도로 삼는가에 따라 여러 가지 방법이 있겠으나 과실범의 경우와 고의범의 경우로 나누어 다음과 같이 구분함이 타당할 것이다.

(1) 과실범의 경우

과실범에 있어서는 일반적으로 주의의무에 반하는 행위가 작위의무에 따른 작위를 행하지 않은 것(의무위반적 부작위)으로 평가될 수 있기 때문에 작위와 부작위가 동시에 고려의 대상으로 될 수 있다. 즉, 과실범은 객관적 주의의무가 구성요건요소이기 때문에 주의의무를 이행하지 않았다는 부작위가 그 속성으로 내포되어 있다. 그러한 예로는 약제사가 의무위반적으로 독약을 교부한 경우,

공장주가 양모를 소독하지 아니한 채 공원에게 가공하도록 넘겨주어 여공들이 병균에 감염되어 사망한 경우, 건축자가 법령에 위배하여 화재발생의 위험이 있는 굴뚝을 세운 경우 등이 거론된다. 이 경우 독약을 교부하지 말아야 할 주의의무, 소독하지 않은 양모를 넘겨주지 말아야 할 주의의무, 그와 같은 위험이 있는 굴뚝을 세우지 말아야 하는 주의의무를 이행하지 않았다는 의미로서 부작위인가의 문제이다.

그러나 이와 같이 객관적 주의의무가 구성요건요소라 하더라도 행위의 중점은 결과를 야기하는 적극적인 작위행위에 있고, 객관적 주의의무의 불이행은 그러한 작위행위로 인하여 수반되는 결과적 측면이라고 보아야 한다. 따라서 과실범에 있어서는 일반적으로 그 중점이 작위에 있다고 판단된다. 그러므로 작위에 의한 것인가 부작위에 의한 것인가 의심스러울 때에는 작위에 의한 것으로 판단함이 타당하다. 위의 예들은 부작위에 의한 것이 아니라 의무위반적 작위에 의한 범죄로 이해된다.

(2) 고의범의 경우

1) 학설의 대립

① 작위 우선판단설

작위를 우선 판단하여야 한다는 견해[1]에 따르면 범죄의 일반적인 형식은 작위이고 부작위는 예외적 현상인 바, 부작위는 작위에 대하여 보충관계에 있기 때문이라고 본다. 따라서 작위인지 부작위인지 의심스러울 때에는 작위를 우선적으로 판단하고, 작위범이 성립하지 않을 때에만 보충적으로 다시 부작위의 성립을 검토하여야 한다고 본다.

② 자연과학적 척도설

자연적 관찰방법 또는 자연과학적 척도에 따라 판단하여야 한다는 견해[2]에 따르면 작위와 부작위가 혼재되어 있을 때에는 가치중립적인 구별척도를 사용하는 것이 타당하다고 본다. 여기에는 다시 인과관계설과 에너지투입설이 있다. 인과관계설은 작위란 조건설적 입장에서 외부세계를 변화시키거나 결과발생을 야기하는 행위이고 부작위란 사건이 진행되는데 있어서 행위자가 이를 그대로

1) 이재상 외, 125면.
2) 김성돈, §18/12; 박상기, 53면; 손동권/김재윤, 395면; 오영근, 160면.

놔두거나 결과발생과 구체적으로 인과관계가 없는 행위라고 한다.[1] 에너지투입설은 결과발생이라는 일정한 방향성을 가지고 에너지를 투입하는 경우에는 작위이지만, 그렇지 않은 때에는 부작위라고 한다.

③ 규범적 척도설

평가적 관찰방법 또는 규범적 척도에 따라 판단하여야 한다는 견해[2]로 행위의 사회적 의미를 고려하는 관점과 법익침해를 중심으로 파악하려는 관점이 있다. 사회적 의미를 고려하는 관점은 행위의 사회적 중요성 또는 인간행위의 사회적인 의미를 고려할 것을 요청한다. 법익관련설은 법익침해의 형상이 어떻게 이루어지는지를 파악하는 것으로 이해된다. 법익 존중의 요구가, 법익의 위태화를 야기할 수 있는 침해를 하지 않을 것을 요구함에도 불구하고 침해를 하면 작위가 되고 법익의 개체에 이미 발생한 위험을 제거할 것을 요구하는 형태임에도 불구하고 제거하지 않으면 부작위라고 한다.

2) 결 론

작위를 우선 판단하는 견해는 왜 그러하여야 하는가에 대한 법적 근거를 제시하지 않고 있고, 무엇을 근거로 양자가 보충관계인지에 대한 설명을 제시하기가 어렵다.

평가적 관찰방법은 행위와 결과의 인과관계라는 사실판단과 그 사실관계에 대한 법적 판단을 구분하지 않는다는 점에서 타당하지 않고, 규범적 척도의 경우 법적 비난의 중점은 어느 행위로 인하여 결과가 발생하였는가를 우선 판단한 후에 제시될 필요가 있다. 또한 이 중 사회적 의미를 고려하는 관점은 사회적 중요성 또는 사회적 의미란 행위론 중에서도 사회적 행위론의 관점이기 때문에 작위와 부작위의 상위개념에 대한 해석문제이고, 또한 사회적 의미라는 기준 자체가 추상적이기 때문에 작위와 부작위 구별의 구체적인 기준을 제시할 수 없다는 비판이 있다.[3] 또한 법익관련설은 사회적 의미라는 기준을 법익으로 대체하여 구체화하려는 시도에는 해당하지만 실질적으로는 작위와 부작위를 구별하는

1) 문채규, "부진정 부작위범의 가벌성에 관한 고찰", 고려대학교 박사학위논문, 1993, 21면 이하 참조.
2) 권오걸, 415면; 김일수/서보학, 348면; 신동운, 136면; 이정원, 437면; 임웅, 587면; 정성근/정준섭, 364면.
3) 양화식, "작위와 부작위의 구별", 성균관법학 제14권 제1호, 성균관대학교 법학연구원, 2002, 17면은 이를 비난중점설이라고 한다.

구체적인 기준은 없는 것과 마찬가지라는 비판이 있다.

사회적 의미 또는 유의미한 사회적 행태는 인간행위의 사회적 중요성을 고려하려는 규범적 시도이기는 하지만 이는 작위와 부작위의 구별기준이 아니라 양자를 포괄하는 상위개념으로서, 형법상 행위의 의미를 어떻게 파악할 것인가의 문제이다. 또한 주관적 관점에서 행위의 사회적 의미를 파악하려는 시도는 부작위와 관련하여 법적 행위기대가 무엇인지를 파악할 수 있도록 해 주는 기준은 될 수 있지만, "인간의 의사에 의하여 지배되거나 지배 가능한 사회적으로 중요한 행태"라고 할 때에는 인과관계를 완전히 배제하는 것도 아니고 사실상 자연과학적 방법과 규범적 방법을 모두 고려한 전 구성요건적 행위의 의미에 대한 접근이라고 판단된다.

자연과학적 척도설 중 인과관계설과 에너지투입설은 모두 에너지투입에 의한 외부적 신체변동을 전제로 한다는 점에서는 차이가 없고, 에너지투입설에서의 부작위의 정의 자체가 부작위범의 명령규범 위반을 의미한다는 점에서, 작위·부작위 구별은 결과적으로 작위범과 부작위범의 구별기준과 혼재되거나 이를 대체하는 것이다. 또한 양자 모두 조건설 또는 합법칙적 조건설적 관점에서 결과발생과 연결되어 있는 유의미한 신체활동(거동)을 작위로 본다는 점에서, 결과범의 객관적 구성요건으로서 인과관계의 문제와 행위의 형상 판단의 문제를 구별하고 있지 않다. 그리고 인과관계란 작위범에서도 부작위범에서도 필요로 하는 성립요건이므로 인과관계가 인정되지 않으면 부작위범도 성립할 수 없다고 보아야 할 것이므로 작위와 부작위의 구별기준으로는 적합하지 않다고 판단된다. 아무것도 하지 않는 무위가 형법적인 의미를 가지는 이유는 바로 그 무위가 결과발생의 원인이어야 하기 때문이다.

결론적으로 형법적 의미를 떠나서 순수한 작위와 부작위의 구별은 무용하며, 형법상 부작위를 논할 때에는 이미 보증의무를 전제하고 해당 요건을 갖춘 자의 부작위만을 평가한다는 점에서 일반적으로 행할 수 있는 작위행위와 규범적으로 특정인에게 의무지워진 작위의무의 불이행으로서 부작위 행위가 범죄성립요건으로서의 행위개념을 충족하는가가 논의의 대상이 되어야 할 것이다. 따라서 작위와 부작위의 구별이라기보다는 작위범과 부작위범의 구별, 보다 엄밀하게는 규범에 반하는 작위행위와 규범합치적인 작위의무의 존재 및 법익침해 결과발생과의 인과성의 구별 또는 판단이라고 봄이 보다 적절할 것이다.

다만, 작위와 부작위 중에서 어느 행위로 결과가 발생하였는가는 사실판단의 문제이지 규범판단의 대상이라고 할 수 없다. 즉, 사실판단과 규범판단을 구분할 때, 어느 행위로 결과가 발생하였는가는 연역적인 인과관계의 문제가 되므로 자연과학적 척도에 따라야 할 것이다.

예컨대 물에 빠진 을을 구조해야 할 의무가 있는 갑이 구명용 고무보트를 제거하여 을을 익사하게 한 경우에는 고무보트를 제거했다는 작위보다 결과발생 방지의무를 이행하지 아니한 부작위에 그 중점이 있다. 갑이 우물에 빠진 을을 구조하기 위하여 밧줄을 우물 아래로 던져주고 난 후에 을이 자기의 적임을 알게 되자 을이 밧줄을 잡기 전에 속히 끌어올려 을을 사망하게 한 경우에는 부작위에 의한 범죄로 볼 수 있는 반면, 이미 을이 붙잡고 있는 밧줄을 위로 당겨 올리던 중 밧줄을 손에서 놓아 을이 다시 물 속에 빠져 죽은 경우에는 작위로 인한 범죄로 보아야 할 것이다.

판 례

작위와 부작위의 구별에 관한 판례의 태도는 이른바 '보라매 병원 사건'에서 명확히 제시되었다. 제1심[1]은 의사에게 환자의 생명과 신체를 보호해 할 보증인적 지위의무를 지정하여 '부작위' 범죄로 보았지만, 의사인 피고인은 의사의 생명유지의무는 형법상 작위의무가 될 수 없다고 항소하였다.[2]

이에 항소심은 형법상의 행위는 규범적으로 금지된 일정한 동작을 한다는 적극적 태도로서의 작위와 규범적으로 요구 또는 기대된 일정한 동작을 하지 아니한다는 소극적 태도로서의 부작위가 있고, 작위와 부작위의 구별은 단순한 자연과학적,

1) 서울지법 남부지원 1998. 5. 15, 98고합9. 피해자는 1997. 12. 4. 14 : 30 술에 취한 채 화장실을 가다가 중심을 잃어 기둥에 머리를 부딪치고 시멘트 바닥에 넘어지면서 다시 머리를 바닥에 찧어 경막 외 출혈상을 입고 병원으로 응급후송되었다. 피해자는 피고인들을 포함한 의료진에 의하여 수술을 받고 중환자실로 옮겨져 의식이 회복되고 있었으나 뇌수술에 따른 뇌 부종으로 자가호흡을 할 수 없는 상태에 있었으므로 호흡보조장치를 부착한 채 계속 치료를 받고 있었다. 그러나 피해자의 처가 퇴원을 요구하였고, 담당의사들은 결국 퇴원조치를 취함으로써 호흡보조장치를 제거하여 피해자의 사망에 이르렀다.

2) 서울고법 2002. 2. 7, 98노1310. 구체적으로 계약관계에 의한 보증인의무는 보호자의 퇴원요구에 따라 퇴원함으로써 계약관계가 법적으로 종료하여 사망의 결과가 발생한 시점에서는 계약에 의한 보증인 의무가 소멸하였고, 사회상규의 측면에서 보면 오늘날 의료현실에서 의사와 환자 사이의 관계는 서비스계약관계로 이해하는 것이 타당하고, 환자가 의식불명의 상태에 있고 보호자가 치료중단을 진지하게 요구하는 경우 의사의 윤리적인 생명유지의무를 형법적인 작위의무로 볼 수 없다고 주장하였다.

인과적인 분류가 아니라 구성요건의 해석과 적용을 고려한 법적 평가의 문제라고 전제하였다. 그리고 치료중단을 요구한 피해자의 처에게는 피해자가 사망할 위험을 예상하고도 그 위험발생을 방지하기 위한 조치를 취하지 않음으로 인하여 사망이라는 결과를 야기한 점에 있는 것이고, 인공호흡장치 등의 제거는 치료중단이라고 하는 행위수행의 한 내용을 이룰 뿐이라고 하여 부작위의 범죄를 인정하였다. 의사에 대하여는 치료중단이라는 부작위에 의한 살해행위가 아니라, 피해자의 처가 피해자에 대한 치료를 중단시켜 살해하고자 하는 행위에 대하여 피해자에 대한 퇴원조치(작위)를 함으로써 그 실행을 용이하게 한 작위의 방조행위로 보았다.

대법원[1]은 원심의 취지에 동조하였다. 즉, 어떠한 범죄가 적극적 작위에 의하여 이루어질 수 있음은 물론 결과의 발생을 방지하지 아니하는 소극적 부작위에 의하여도 실현될 수 있는 경우에, 행위자가 자신의 신체적 활동이나 물리적·화학적 작용을 통하여 적극적으로 타인의 법익 상황을 악화시킴으로써 결국 그 타인의 법익을 침해하기에 이르렀다면, 이는 작위에 의한 범죄로 봄이 원칙이고, 작위에 의하여 악화된 법익 상황을 다시 되돌이키지 아니한 점에 주목하여 이를 부작위범으로 볼 것은 아니며, 나아가 악화되기 이전의 법익 상황이, 그 행위자가 과거에 행한 또 다른 작위의 결과에 의하여 유지되고 있었다 하여 이와 달리 볼 이유가 없다고 판시하였다.

이러한 대법원의 태도는 자연적 관찰방법 또는 자연과학적 척도에 따른 것이다.

그런데 최근의 판례에서는 "자연적 의미에서의 부작위는 거동성이 있는 작위와 본질적으로 구별되는 무(無)에 지나지 아니하지만, 위 규정에서 말하는 부작위는 법적 기대라는 규범적 가치판단 요소에 의하여 사회적 중요성을 가지는 사람의 행태가 되어 법적 의미에서 작위와 함께 행위의 기본 형태를 이루게 된다."고 보아, 규범적 척도를 고려하여 평가(평가적 관찰방법)하는 것으로 이해된다.[2]

3. 부작위범의 구조

(1) 종 류

부작위범은 구성요건상 부작위로 범할 것을 내용으로 하는 진정부작위범(echte Unterlassungsdelikte, delicta ommissiva)과 부작위를 통하여 작위적 구성요건을 실현하는 부진정부작위범(unechte Unterlassungsdelikte, delicta commissiva per omissionem)으로 구분된다.

---

1) 대판 2004. 6. 24, 2002도995.
2) 대판 2015. 11. 12, 2015도6809 전원합의체 판결.

양자를 비교하면 다음과 같다.

첫째, 진정부작위범은 구성요건행위태양으로 부작위만을 요구하는 거동범으로, 요구되는 행위를 하지 않으면 결과발생 여부와 관계없이 기수가 된다. 반면 부진정부작위범은 일반적인 구성요건행위태양은 작위형태이고, 특정한 자가 부작위를 통하여 구성요건적 결과를 발생시킴으로써 기수가 된다.

둘째, 진정부작위범은 인과관계와 객관적 귀속을 요구하지 않는다. 또한 부작위만 존재하면 기수가 되므로 미수도 없다. 반면 부진정부작위범은 통상 인과관계와 객관적 귀속을 구성요건으로 요구하고 이것이 충족되지 않거나 부작위에도 불구하고 결과가 발생하지 않으면 미수가 된다.

셋째, 진정부작위범은 구성요건요소로서 특정한 행위정황을 요구한다. 예컨대 퇴거불응죄는 권리자의 퇴거요구라는 행위정황을, 다중불해산죄는 단속 권한 있는 공무원으로부터의 3회 이상의 해산명령이 있는 정황을 요구하는데, 이는 객관적 구성요건요소이다. 반면 부진정부작위범의 작위의무 이행을 요구하는 행위정황은 사실관계로부터 구체적으로 발생할 뿐 법문에 명시되지 않는다.

넷째, 진정부작위범은 일반범으로 누구든지 그와 같은 특정한 행위정황에서 요구받는 작위를 하지 않으면 범죄가 성립한다. 반면 부진정부작위범은 일정한 신분을 요하는 진정신분범이므로, 신분이 없는 자는 행위주체가 될 수 없다.

다섯째, 진정부작위범은 개별범죄 조문에 명시되어 있다.[1] 반면 부진정부작위범의 법적 근거는 형법총칙 제18조이고 구체적인 행위는 통상 작위범의 구성요건요소에 따른다.

여섯째, 진정부작위범은 법익의 침해 또는 위태화가 이미 적법하게 선행된 행위자의 행위로부터 비롯되므로, 그 이후에 비로소 작위의무를 부담할 뿐이다. 반면 부진정부작위범은 위법한 선행행위로 인하여 결과발생방지라는 적극적 의무를 지거나 보증인 지위라는 규범적 내용이 그 의무가 된다. 따라서 진정부작위범의 의무는 소극적 협조의무 또는 소극적 회복의무에 불과하지만, 부진정부작위범의 의무는 적극적 작위의무 이행을 통한 법익 회복의 결과를 요구한다.

---

1) 형법각칙상으로는 전시군수계약불이행죄(제103조 제1항), 전시공수계약불이행죄(제117조 제2항), 다중불해산죄(제116조), 집합명령위반죄(제145조 제2항), 퇴거불응죄(제319조 제2항) 등이 있다.

(2) 구별기준

1) 학설의 대립

실질설[1]은 범죄의 내용과 성질을 통해 진정부작위범과 부진정부작위범을 실질적인 관점에서 구별하고자 한다. 전자는 범죄의 구성요건이 규정하고 있는 행위를 하지 아니함으로써 범죄가 성립하는 것이라고 본다. 이에 따라 진정부작위범은 순수한 거동범에 해당하고, 부진정부작위범은 결과범에 해당한다고 본다.

형식설[2]은 형법각칙상의 조문형식을 통하여, 그것이 부작위에 의하여 구성요건을 실현하도록 규정되어 있다면 진정부작위범이고, 형법각칙상 별도의 규정이 없지만 작위범의 구성요건을 부작위로도 할 수 있는 경우는 부진정부작위범이라고 한다.

2) 결 론

이와 같은 구별은 실질적으로 견해에 따른 법적 효력이나 그 성립의 범위에 차이가 발생하지는 않는다. 그렇지만 실질설과 같이 모든 부진정부작위범이 결과범에 해당하는 것은 아니다. 예컨대 개인적 법익에서의 폭행죄나 모욕죄 또는 사회적 법익의 대부분들은 거동범이지만 그렇다고 하여 부진정부작위범이 성립하지 않는다고 볼 수 없다. 예컨대 모욕죄(제311조)의 경우 욕설을 하는 등 작위에 의해서도 가능하지만, 많은 사람들 앞에서 상급자에게 경례를 하지 않은 부작위에 의해서도 가능하다(각칙, 제3장 제1절 Ⅳ. 2. 2)행위 참조). 그러한 의미에서는 형식설에 따라 형법각칙상의 조문형식으로 양자를 구분함이 보다 명확한 구분방법이 될 것이다.

Ⅱ. 부작위범의 공통 성립요건

1. 의 의

부작위범의 공통 성립요건이란 진정부작위범의 성립요건이자 동시에 부진정부작위범에서도 요구되는 성립요건이다. 부진정부작위범은 이와 같은 공통의 성

1) 이정원, 435면.
2) 권오걸, 419면; 김성돈, §18/23; 배종대, 551면; 손동권/김재윤, 393면; 신동운, 140면; 오영근, 163면; 이재상 외, 127면; 임웅, 589면; 정성근/정준섭, 366면; 정영일, 75면.

립요건 이외에도 구성요건의 특성상 작위와의 행위정형의 동가치성과 행위주체의 요건으로서 보증인적 지위를 요구한다.

부작위범의 공통적인 구성요건적 부작위의 요건으로는 구성요건적 행위정황, 명령규범이 요구하는 행위의 부작위, 개별적 행위가능성이 있다.

그리고 부작위범의 성립요건을 다루기 전에 일반적 작위행위가능성이 전제가 되어야 한다.

2. 일반적 작위행위가능성(일반적 행위정황)

진정부작위범이든 부진정부작위범이든 행위자의 특별한 능력이나 속성과 상관없이 행위의 외적 사정상 요구되는 작위행위의 가능성이 정황적으로 존재하여야 한다. 이를 일반적 (작위)행위가능성이라고 하는데, 일반인 누구든지 그와 같은 사정 하에서 사회통념상 작위의무의 이행이 가능한가라는 가설적 판단이다.

예컨대, 어린 아들이 부산에서 수영을 하다가 익사하는 순간에 그의 아버지가 서울 출장 중이었던 경우에는 아버지에게 수영능력이 있는가, 구조의사가 있었는가 여부와 같은 구체적이고 개별적인 사유와 관계없이 이러한 정황은 행위의 가능성의 결여로 판단되어야 한다. 이를 일반적 행위능력의 결여라고 표현하기도 한다.

3. 구성요건적 부작위

(1) 객관적인 구성요건적 정황

작위행위가 요구되는 구성요건적 정황이 외계에 존재하여야 한다. 진정부작위범은 형법각칙상 명령규범이 요구하는 작위행위가 필요한 객관적 정황이 객관적 구성요건요소로 규정되어 있고, 부진정부작위범은 구체적인 행위정황에 따라 작위의무의 이행이 요구되는 정황을 개별적으로 판단하여야 한다.

예컨대, 진정부작위범인 퇴거불응죄(제319조 제2항)에서는 권리 없는 자가 타인의 주거에 적법 또는 과실로 들어갔다가 일정한 사유로 인하여 퇴거해야 하는 상황에서 권리자가 퇴거를 요구하는 행위정황이 객관적으로 존재하여야 한다. 마찬가지로 부진정부작위범의 경우, 예컨대 위의 사례에서 어린 아들이 부산에서 수영을 하다가 안전조치가 풀려 익사할 위험에 처하였다는 객관적 정황이 존재하여야 한다. 이러한 객관적 구성요건적 정황은 구체적으로 특정인에게 작위의무를 발생시키는 근거가 된다.

(2) 요구되는 행위의 (고의의) 부작위

객관적으로 작위행위가 요구되는 정황 하에서 요구되는 행위를 하지 않음이 구성요건행위가 된다. 진정부작위범의 경우에는 요구되는 행위가 구성요건행위로 형법상 규정되어 있지만, 부진정부작위범은 어떠한 객관적 구성요건적인 정황이 발생하였는가에 따라서 요구되는 행위는 서로 다르다. 다만, 진정부작위범이든 부진정부작위범이든 요구되는 행위는 다르다 하더라도 그것을 하지 않는 부작위가 범죄가 된다는 점에서는 공통된다.[1)]

부작위범에 있어서의 고의는 모든 불법구성요건의 객관적 표지에 미쳐야 하는데, 그 대상에는 부작위범의 구조적 특성에서 생겨나는 구성요건의 불문적 표지(예컨대 부진정부작위범에 있어서 보증인적 지위)도 포함된다. 이들 구성요건의 객관적 표지에 대한 착오는 구성요건적 착오로서 고의를 조각한다.

(3) 개별적 행위가능성

부작위가 범죄가 되기 위해서는 객관적으로 작위행위가 요구되는 정황이 존재하더라도, 특정 의무를 부담하는 자에게 의무지워진 행위를 할 수 있는 개인적인 능력이 있어야 한다. 이를 개별적 (작위)행위가능성이라고 한다. 행위자의 가능성이란 특별한 능력이 요구되는 행위라면 그러한 능력이 있는지 여부로 나타나는데, 이는 물리적, 신체적, 정신적이든 작위의무의 구체적인 성질에 따라 달라진다. 그리고 개별적 행위가능성의 존부는 평균인의 입장에서 사전판단을 하여야 한다.

예컨대, 앞서 진정부작위범의 퇴거요구를 받은 자나 부진정부작위범에 해당하는 어린 아들이 익사사고가 난 현장에 있는 아버지가 타인의 도움 없이는 이동할 수 없는 신체적 결함이 있는 때에는 개별적 행위가능성이 없으므로 구성요건해당성이 탈락된다.

---

1) 과실범에도 부작위범이 있을 수 있다. 예컨대 아버지가 부주의로 그의 어린 아들이 사망의 위험에 처한 것을 몰랐거나 그 가능성을 알았지만 그런 결과가 발생하지 아니할 것으로 믿었던 경우가 이에 해당한다. 이러한 경우에 객관적 주의의무, 구성요건적 결과에 대한 객관적 예견가능성, 결과의 발생, 결과의 행위자에 대한 객관적 귀속 등이 구성요건의 표지임은 작위에 의한 과실범의 경우와 같다.

4. 위 법 성

(1) 일반적 위법성조각사유

부작위범의 구성요건에 해당되면 위법성조각사유가 존재하지 않는 한 위법성이 인정된다. 위법성조각사유의 여부는 일반 작위범과 동일하다.

(2) 의무의 충돌

1) 의의 및 특성

부작위범에 특별히 관련되는 위법성조각사유로서는 의무의 충돌을 들 수 있다. 의무의 충돌(Pflichtenkollision)은 의무자에게 동시에 이행해야 할 둘 또는 그 이상의 법적 의무가 존재하여 의무자가 그 중 어느 한 의무를 이행하고 타 의무를 이행하지 못한 것이 형벌법규에 저촉되는 경우를 의미한다. 예컨대 두 어린 아들이 동시에 물에 빠진 상황 하에서 아버지가 부득이 한 아들만 구하는 사이에 다른 아들은 익사한 경우가 이에 해당한다.

작위행위자가 가지는 부작위의무는 행위를 하지 않음으로 인하여 다수의 부작위의무가 중첩되더라도 이를 모두 이행할 수 있기 때문에 작위범의 경우 의무의 충돌이 문제되지 않는다. 반면 부작위행위자가 가지는 작위의무는 다수가 존재할 경우 동시에 이를 모두 이행할 수 없기 때문에 의무의 충돌이 발생할 경우 부작위행위자에 대하여 불법하다는 비난이 가능한가 문제된다.

의무의 충돌은 이익충돌(협의의 긴급피난)과 더불어 넓은 의미의 긴급피난에 속하지만 이익충돌의 경우와는 다른 독자적 특수성도 있다.[1] 즉 의무충돌은 의무자가 의무위반 대신에 모든 법익손상을 스스로 감수한다는 것이 불가능하고, 둘 이상의 법적 요구에 대하여 현실적으로 어느 한쪽만을 택할 수밖에 없는 갈등적 입장의 행위강제 하에 놓이게 된다. 또한 이익충돌은 작위·부작위범과 모두 관련되지만, 의무충돌은 부작위범의 성립 여부만 관련된다.

2) 분 류

① 논리적 충돌과 실질적 충돌

논리적 충돌은 법규 사이의 모순, 저촉으로 인하여 법규상의 의무가 논리적으로 충돌하는 경우를 말하고, 실질적 충돌은 단지 행위자의 일신적 사정에 관

---

1) 긴급피난과 의무충돌의 비교에 관하여서는 이형국, 연구 Ⅰ, 337면 이하 참조.

련하여 둘 이상의 의무가 충돌하는 경우를 의미한다.[1] 전자의 예로서는 후천성면역결핍증 예방법 제5조에 의한 의사의 신고의무와 형법 제317조 업무상비밀누설죄에 근거한 비밀준수의무의 충돌을 들 수 있고, 후자의 예로서는 동일인이 같은 일시에 두 법원으로부터 증인으로 소환받은 경우를 들 수 있다. 논리적 충돌은 법규간의 경합에 의하여 해결되므로, 의무의 충돌은 실질적 충돌만을 의미한다. 예컨대 위 사례에서는 일반법인 형법상 의무보다 특별법상의 신고의무가 법리상 우선하므로 신고의무의 이행으로 비밀준수의무의 불이행은 문제되지 않는다. 그러나 후자의 경우 두 법원에의 출석의무는 우열을 판단할 수 없으므로 충돌이 발생하게 된다.

② 해결할 수 있는 충돌과 해결할 수 없는 충돌

전자는 충돌하는 의무 사이에 형량이 가능한 경우를 말하고, 후자는 사람의 생명을 구해야 할 의무가 충돌하는 경우처럼 의무형량에 있어 그 우열을 가릴 수 없는 충돌을 의미한다. 해결할 수 없는 의무의 충돌도 동가치적 의무의 충돌에 속한다고 볼 때 위와 같은 구분은 결국 이가치적 의무의 충돌과 동가치적 의무의 충돌과의 문제와 마찬가지로 볼 수 있다.

3) 요 건

① 객관적 정황(법적 의무의 충돌)

둘 또는 그 이상의 법적 의무의 실질적인 충돌이 있어야 한다.

법적 의무는 실정법과 관습상으로 인정되는 것뿐만 아니라 법질서가 명시적으로나 묵시적으로 법적 효력을 부여하는 한 폭넓게 인정된다. 그렇지만 단순한 도덕적·종교적 의무는 포함되지 않는다.

의무의 충돌은 실질적이라야 하므로 외견상 의무의 충돌이 있는 것처럼 보일지라도 어느 한 의무를 이행한 후에 다른 의무를 이행할 수 있거나, 충돌하는 모든 의무를 동시에 이행할 수 있거나(예컨대 동시에 존재하는 둘 이상의 부작위의무), 어느 한 의무가 다른 의무에 종속되는 관계인 경우 등에는 의무의 충돌은 존재하지 않는다. 충돌사태가 행위자에게 책임 있는 사유로 발생된 것이 아닐 것을 요하지만 이러한 요청은 자초위난의 경우처럼 절대적인 것은 아니며, 경미한 과실에 의하여 발생하는 충돌사태까지 부정되지는 않는다.

---

1) 독일의 프랑크(Frank)에 의한 분류이다.

② 주관적 정당화요소

작위자는 충돌사태에 존재하는 다수의 의무를 인식하고 진지한 양심에 따라 그 중 어느 의무를 이행한다는 인식을 가지면 족하고, 이는 주관적 정당화요소로 이해된다.

③ 상당성(의무의 형량)

행위자는 실제로 고가치 또는 대등한 가치의 의무 중 어느 하나를 이행해야 한다. 충돌하는 의무 중 어느 것이 고가치인가를 판단하기 위하여서는 의무형량(Pflichtenabwägung)이 필요하다. 의무형량에서는 의무의 이행에 의하여 보전되는 이익의 크기와 이를 위협하는 위험의 정도 기타 제반정황을 종합적으로 고려하여야 하며, 같은 조건에서는 보증의무가 단순한 협조의무보다 우선한다.

의무충돌의 구조적 특수성에 비추어 동가치의무를 이행한 경우(생명 대 생명의 관계처럼 형량이 불가능한 경우를 포함하여)에도 위법성조각을 인정해야 한다고 봄이 타당하다. 이를 엄격한 의무형량을 통하여 긴급피난에서의 이익형량의 원칙과 같이 해결하고자 한다면,[1] 의무의 충돌이라는 법적 영역을 인정할 실익이 현저히 감소된다. 또한 의무자의 진지한 양심에 따라 동가치 의무 중에서 선택한 경우에는 이를 불법한 행위라고 할 수 없다. 이러한 결과는 국가가 개인에게 양립불가능한 의무이행을 부담지우는 것이므로 타당하지 않다.

4) 관련문제

① 의무의 가치에 대한 착오

의무충돌에서 저가치의 의무를 이행하고 고가치의 의무를 방치한 경우는 위법하지만 행위자가 충돌하는 의무의 법적 서열을 오인한 때에는 금지착오(법률의 착오)에 해당하며, 그 오인에 정당한 이유가 있으면 책임이 조각된다.

② 저가치의무의 이행과 기대불가능성

행위자가 저가치의 의무임을 알면서도 이를 행한 경우에는 관련된 제반사항에 비추어 행위자에게 고가치의 의무를 이행하는 것이 기대될 수 없는 경우에 한하여, 기대불가능성에 기한 초법규적 책임조각이 가능하다.

---

1) 만일 긴급피난의 이익형량의 원칙과 동등한 정도를 요구하게 된다면, 동가치의무간의 선택에 의한 의무불이행은 기대불가능성에 의한 초법규적 책임조각사유에 해당할 것이다.

5. 책 임

책임의 문제는 원칙적으로 작위범의 경우와 같다.

부작위범에서 위법성의식은 작위의무자가 당해 작위를 법적 이유에서 방임해서는 안 된다는 점을 인식하는데 있다. 또한 부작위범에 있어서 작위의무에 대한 금지착오(법률착오)로 취급된다. 예컨대 아버지가 그의 어린 아들이 생명의 위험에 처한 것을 인식하지 못했을 때에는 보증인적 지위의 표지에 대한 착오로서 구성요건적 착오이지만, 위험에 처한 것을 인식했으나 작위의 필요성이 없다고 오인했던 경우에는 금지착오(법률착오)의 규정에 따라 그 오인에 정당한 이유가 있는 경우에 한하여 면책될 수 있을 뿐이다.

적법행위에의 기대가능성은 부작위범에서도 일반적으로 책임요소로 인정되며 기대불가능성은 초법규적 책임조각사유가 된다.

6. 고의적 부작위범에 있어서의 미수

(1) 진정부작위범의 경우

의무지워진 행위의 지연이 곧 기수로 나타나는 진정부작위의 경우에는 원칙적으로 미수의 성립을 생각할 수 없다.[1)]

우리 형법규정 중 진정부작위범의 미수를 처벌하는 경우로는 퇴거불응죄(제319조 제2항)의 미수(제322조)를 들 수 있다. 적용긍정설은 퇴거에 어느 정도의 시간이 소요된다는 전제하에 그 소요되는 시간 중 퇴거불응의 의사나 태도가 나타났을 때에 실행의 착수가 있고, 그 시점에서 비자의적으로 퇴거당했을 경우에 미수가 성립된다고 본다.[2)] 그러나 퇴거불응죄는 퇴거요구에 응하지 않는 의사의 표현이 불응의 부작위로 드러나고 이 시점에서 바로 기수가 되므로, 그 이후 비자의적으로 퇴거당하였는가 여부는 기수이후의 문제일 뿐이다. 따라서 미수범규정은 적용할 수 없다. 다만, 작위범인 주거침입죄와 동일 조문에 편재됨으로써 미수규정의 적용범위 내에 있으므로, 입법론상 삭제함이 타당하다.

(2) 부진정부작위범의 경우

부진정부작위범에서는 작위의 개시에 비교될 만한 뚜렷한 요인이 없기 때문

---

1) 권오걸, 435면; 신동운, 572면; 정성근/정준섭, 378면.
2) 손동권/김재윤, 각론, 236면; 오영근, 각론, 218면.

에 언제 실행의 착수가 있다고 볼 것인가를 확정하기 어렵다. 그러나 고의적 작위범에서의 실행착수의 원리가 그 의미에 맞게 부진정부작위범에도 적용된다고 보아야 할 것이다. 따라서 부진정부작위범의 실행착수는 작위의무자가 작위의무를 이행하지 않을 결심 하에 이를 지연시킨 것이 보호법익에 직접적인 위험이 생기도록 하거나, 위험의 발생을 증대시킨 시점에 있다고 보게 된다. 이 시점 이후 결과발생이 이루어지지 않으면 미수범이 성립된다.

여기에서도 착수미수(미종료미수)와 실행미수(종료미수)의 구분은 가능하다. 착수미수는 행위자의 표상에 의하면 본래 의무지어진 행위의 회복을 통하여 아직도 결과를 방지할 수 있을 때의 미수를 의미한다. 예컨대 어머니가 그의 자식을 굶어 죽게 하려는 경우에 어머니의 표상에 의하면 음식물 공급의 재개를 통하여 자식의 생명을 유지할 수 있는 한 착수미수이다. 한편 실행미수(종료미수)는 행위자의 표상에 따르면 본래 의무지워진 행위의 회복만을 통하여서는 구성요건적 결과가 방지되지 않고 기타 다른 조치가 필요한 경우에 성립된다.

부진정부작위범의 미수에 있어서도 결과가 발생되지 않은 이유가 어디 있었는가에 따라 그 미수의 양태가 협의의 장애미수(제25조), 중지미수(제26조), 불능미수(제27조)로 나누어질 수 있음은 작위범과 동일하다.

7. 부작위와 공범

부작위범에 있어서의 공범의 문제는 대체로 그 행위의 성질상 작위를 통한 부작위범에의 공범과 부작위를 통한 작위범 또는 부작위범에의 공범으로 나누어 볼 수 있다.

(1) 공동정범

진정부작위범은 객관적 정황으로 인하여 의무가 지워진 자의 부작위가 기수가 되므로 의무자 상호간에 공동정범이 성립하지 않고 각자 정범이 된다. 또한 의무가 없는 자가 의무자의 부작위를 기능적으로 분담하거나 공동으로 실행할 수 없기 때문에 역시 공동정범은 성립할 수 없고, 방조범만 가능하다.

부진정부작위범에서 보증인적 지위자가 다수이더라도 자신의 의무불이행으로 족하므로 각자가 정범이 된다고 봄이 타당하다. 또한 적극적인 고의적 작위범의 행위에 이를 방지해야할 보증인의 가담은 기능적 행위분담이라고 할 수 없어서 원칙적으로 방조범에 해당한다.

그 결과 진정부작위범과 부진정부작위범 모두 공동정범의 성립은 부정된다.

판 례

판례는 부작위범 사이의 공동정범은 다수의 부작위범에게 공통된 의무가 부여되어 있고 그 의무를 공통으로 이행할 수 있을 때에만 성립한다고 본다.[1] 즉, 공중위생관리법 위반죄는 구성요건이 부작위에 의하여서만 실현될 수 있는 진정부작위범이라고 보면서, 신고의무자가 아닌 자는 동죄의 공동정범이 성립할 수 없다고 보았다. 위 사안은 진정부작위범이자 진정신분범에 해당하는 행위주체에 대한 공동정범의 성립요건을 제한한 것이다. 원칙적으로 진정신분범에 해당하는 제33조 본문에 의하여 비신분자는 신분자에 가담하여 공동정범이 될 수 있다. 그러나 판례는 해당 사안이 진정부작위범, 즉 부작위를 공동으로 할 경우 "공통 이행의무의 존재"가 아무것도 하지 않는 부작위의 "공동실행의 요건"이라고 본 것이다. 진정부작위범의 공동정범 성립을 제한하고 있다는 점에서 의미가 있으나, 본질적으로 "공통 이행의무"라는 것이 "공통"으로 하지 않으면 의무를 이행할 수 없다는 의미인지, 의무있는 자라면 누구든지 부작위를 "공동"으로 할 수 있다는 것인지는 명확하지 않다. 다만, 앞서 언급한 바와 같이 부작위의 본질상 "공동의 실행행위분담"이라는 것을 부작위를 통해서는 찾을 수 없음을 판례도 인정한 것으로 보인다.

심 화 **부작위범의 공동정범 부정의 논거**

1. 진정부작위범

진정부작위범은 신분범은 아니지만, 객관적 정황이 특정인을 지목하여 이행명령을 부과하기 때문에 의무자 이외의 자는 원칙적으로 정범이 될 수 없다. 따라서 진정부작위범의 공동정범성립과 관련하여서는 다음의 점을 주의하여야 한다. 우선, 비의무자의 부작위는 어떤 방식으로든 범죄가 될 수 없다. 비의무자는 정범적격이 없는 자이며, 정범적격이 없는 자는 원칙적으로 공범도 될 수 없다. 다음으로, 진정부작위범에서 비의무자의 작위가 정범이 되는 경우는 없으므로 비의무자가 작위적으로 가담하였다 하더라도 형법 제33조의 신분범 규정을 통하지 않고는 공동정범의 성립을 인정할 수 없다. 그러나 진정부작위범은 신분범이 아니기 때문에 신

1) 대판 2008. 3. 27, 2008도89.

분자에 가담하는 비신분자의 공동정범 성립문제로 해결할 수 없다. 진정부작위범은 다른 일반범과 달리 이행명령을 받은 자로 정범이 한정되고 구조적으로 '그'의 부작위만으로 구성요건을 완전히 충족하며, 불법의 본질은 명령의 불이행에 있다는 점에서 비의무자가 지배범에서처럼 범행에 공동으로 기여를 하였다거나 공동의 행위분담이 있다고 평가할만한 그 어떤 사정도 존재하지 않는다. 따라서 진정부작위범을 자수범으로 보는 한, 의무자든 비의무자든 공동정범이 성립될 수 없다. 다만, 가담정도에 따라 방조범만 가능하다.

진정부작위범에서 작위의무자 상호간에도 공동정범은 성립될 수 없다. 진정부작위범은 부진정부작위범과 달리 의무의 공동을 통해 실현될 수 있는 성질의 것이 아니며, 공동의 의무가 있는 자들 간에 상호보증의무를 부과할 수도 없으므로 각자 정범이 된다.

2. 부진정부작위범

공동정범 긍정설은 행위지배설을 원용하여 부진정부작위범에 있어서 결과발생방지가능성의 대소 또는 사건의 장악의 정도에 따라 부작위범 상호간에도 정범과 공범을 구별할 수 있다고 본다.[1] 물론 부작위범에서의 행위지배란 잠재적 행위지배에 불과하다는 점에서 결과발생방지가능성의 강약 또는 대소를 구분할 수 없다는 비판이 제기된다.[2] 또 다른 견해에 의하면 결과발생방지 가능성의 강약이 아닌, 보증인 의무내용의 강약에 따라 구분하고자 한다.[3] 또한 보증인 상호간에, "단독의 작위로는 결과를 방지할 수 없다."는 사정 하에 공동정범을 인정하면서 결과발생방지에 대한 상호보증의무를 인정하기도 한다.[4]

그러나 부진정부작위범 상호간은 각자가 정범이 된다고 보아야 할 것이다. 행위와 결과간의 현실적인 관련성이 존재하지 않는 상태에서 잠재적 관련성만으로는

---

1) 이용식, "부작위 상호간에 있어서 정범과 공범의 구별 및 공동정범의 성립 가능성", 서울대학교 법학 제52권 제1호, 서울대학교 법학연구소, 2011/3, 156면은 동 학설에 대하여, 부작위도 행위라는 점에서는 작위와 동일하므로, 행위지배여부에 따라 정범과 공범을 구별할 수 있으며, 행위지배를 수중에 장악하였는가 여부가 보증인들 간의 정범과 공범을 구별하는 기준으로 작용한다고 소개하고 있다. 그리고 잠재적 행위지배라고 해도 강약의 차이가 반드시 없다고만 단언할 수 없다고 본다.

2) Roxin, Täterschaft und Tatherrschaft, 8. Aufl., 2006, 464면 이하.

3) 자세한 내용은 이용식, 앞의 논문, 157－160면; 전지연, "부작위에 의한 정범과 공범－대법원 1997.3.14. 선고 96도1639 판결－", 저스티스 통권 제76호, 한국법학원, 2003, 304－305면 참조.

4) 이용식, 앞의 논문, 178면은 "중요한 것은 '다른 보증인에 의한 결과발생의 가능성'이 아니라 '당해 보증인의 의무에 위반한 부작위 그 자체'"임을 근거로, 복수의 보증인의 협력이 불가결한 상황에서, 보증인이 결과의 발생을 단독으로는 방지할 수 없다는 사정에 의하여 부작위의 형사책임이 처음부터 배제되는 것은 아니라고 본다.

작위범의 정범척도인 범행지배를 부작위범에 그대로 원용할 수 없고,[1] 부작위범의 영역에서는 단일정범개념이 보다 부합된다. 또한 결과발생의 방지를 위하여 협력자의 존재를 필요로 할 경우, 작위의무 내에 타 협력자의 의무이행행위를 자신의 의무이행과 같은 정도로 이끌어내야 할 상호보증의무가 본질적으로 내재되어 있다고 한다면, 왜 부작위범은 작위범보다 더 많은 의무를 부담해야 하는지에 대한 논리적 근거를 찾아야 할 것이다.

다만, 부진정부작위범에서의 보증인은 신분범이므로 형법 제33조에 의하여 보증인에 가담한 비보증인이 결과발생에 어느 정도 기여하였는가에 따라서 정범과 공범의 구별가능성의 여지가 남아 있게 된다. 그러나 작위범에 가담한 보증인의 부작위는 적극적인 작위행위로 인한 결과발생이 있으므로, 방조범만 성립할 뿐이다. 반대로 보증인의 부진정부작위범에 가담한 일반인의 작위는 이를 통해서 보호법익에의 위험의 직접적 증대를 실현시킬 수는 있어도 보호법익의 침해결과는 부작위로만 가능한 것이므로 기능적 행위지배라고 할 수 없어서 역시 방조범에 해당한다고 보아야 할 것이다.

(2) 간접정범

만일 작위의무자를 강제 또는 기망하여 의무이행을 불가능하게 함으로써 작위의무를 방치시킨 경우에는 간접정범이 성립된다. 그러나 정신병자를 감호하는 자가 정신병자의 위험한 행동을 방치한 경우에는 부작위의 간접정범이 아니라 직접적인 부작위범(부작위의 직접정범)이다.

(3) 교사범

작위를 통한 부작위범에의 교사는 가능하다. 의무자에게 작위의무를 이행하지 않을 결의를 고의적으로 초래하게 하고 구성요건해당적 인식 속에서 부작위에 머물게 하면 교사범이 성립된다.

한편 부작위를 통한 교사는 불가능하다. 왜냐하면 교사자는 심적으로 영향을 주는 방법으로 행위자의 행위결심을 불러일으켜야 하기 때문이다.

(4) 종 범

작위에 의한 부작위범에의 방조는 가능하다. 예컨대 작위의무자가 자신의 결

---

1) Grünwald, GA 1959, 112면.

심 속에서 부작위에 머물도록 고무해 주는 것이 이에 해당한다.

방조하는 자에게 일정한 작위를 행할 보증의무가 있는 한 종범은 부작위를 통하여서도 성립될 수 있다. 이 경우에 방조자가 종범인가 정범인가 하는 문제가 제기될 수 있으나 원칙적으로 종범이 된다. 행위지배가 있는 적극적인 고의적 작위범의 곁에서 그 행위를 방지해야 할 보증인의 소극적인 부작위를 통한 행위분담이란 원칙적으로 방조범의 의미를 가질 뿐이기 때문이다.

Ⅲ. 부진정부작위범

1. 의 의

부진정부작위범이란 형법상의 작위적 구성요건을 부작위를 통하여 실현하는 것으로서 작위의무자의 부작위에 의한 범행이 작위를 통한 법적 구성요건의 실현에 상응하는 경우를 말한다.

부진정부작위범을 어떠한 조건 하에서 작위범과 동일시할 수 있는가에 관하여서는 논란이 있었으나, 첫째 작위적 구성요건이 있어야 하고, 둘째 작위의무(보증의무)가 있어야 하고, 셋째 부작위를 통한 법적 구성요건의 실현이 작위를 통한 그것에 상응해야 한다고 봄이 일반적이다.

부진정부작위범을 체계적으로 논하려면 부진정부작위범의 의의 내지 본질, 그 성립요건으로서의 구성요건해당성, 위법성, 책임 등을 차례로 살펴보아야 하겠지만 이에 관련된 일반적 사항은 이미 개관했으므로 여기서는 부진정부작위범의 특수한 문제, 즉 부진정부작위범과 죄형법정주의의 관계, 인과관계와 객관적 귀속 및 보증인적 지위, 작위범과의 상응성(또는 동가치) 문제에 중점을 두어 살펴보기로 한다.

2. 부진정부작위범과 죄형법정주의

진정부작위범은 고유한 구성요건 속에 어떠한 부작위를 가벌적이라고 규정한 경우이므로 별다른 문제점이 없으나, 부진정부작위범은 단지 아무것도 하지 않은 부작위가 작위적 구성요건에 유추되어 구성요건을 충족하는 경우이므로 과연 죄형법정주의의 유추해석금지의 원칙에 합치될 수 있는지 문제된다.

이 때문에 종래 관습적으로 인정되어 오던 부진정부작위범을 이론적으로나 입법적으로 일정한 척도의 제시를 통하여 합리적으로 뒷받침하기 위한 노력이 계속되어 왔다. 오늘날은 작위적 구성요건을 전제로 하여 보증의무 내지 보증인적 지위와 작위에의 상응성이 있으면 부진정부작위범을 긍정하는 것이 일반화되었고, 부진정부작위범에 일정한 조건하에 작위적 구성요건을 실현한 책임을 인정하는 규정이 제정됨으로써 입법적 뒷받침도 마련되고 있다. 우리 형법 제18조, 독일 형법 제13조 등도 이러한 관점에서 이해된다. 이로써 죄형법정주의 위배여부에 대한 의문과 쟁점은 사실상 해소되었다.

그러나 부수적인 문제점들은 불가피하게 남는다. 작위범에 있어서는 언제든지 기술이 가능한 '작위'가 있으나 부진정부작위범에 있어서는 부작위 그 자체가 구성요건해당적으로 되는 정황 내지 분위기를 서술할 수 있을 뿐이고 그러한 정황은 매우 다양하게 나타난다. 즉, 진정부작위범은 작위의무가 요청되는 객관적 정황이 구성요건에 기술되어 있어서 그 범위를 한정할 수 있지만, 부진정부작위범은 작위행위(예컨대, 살해, 폭행, 모욕 등)만이 기술되어 있을 뿐이고 구성요건상으로는 어떠한 정황 하에서 아무 것도 하지 않는 무위가 범죄가 되는지는 확인할 수 없다.

이처럼 부진정부작위범의 구성요건의 표지는 작위범이나 진정부작위범의 그것처럼 명확하게 드러나지 않는다. 예컨대 부진정부작위범에서 보증인적 지위는 구성요건의 불문적 표지로서 법령뿐만 아니라 기타의 여러 가지 다양한 근거를 토대로 하여 인정된다. 또한 부진정부작위범은 그 행위수단에서 드러나는 바 행위불법이 작위범의 행위불법과 전적으로 일치된다고는 보기 어려운 면이 있다. 예컨대 사람을 살해할 때 흉기로 타살하는 것과 단지 작위의무자가 음식을 제공하지 않아서 굶어 죽게 하는 경우는 살인이라는 본질적인 면이 있어서는 반드시 같다는 평가를 하기 어렵다. 그러므로 입법론상 부진정부작위범을 형의 임의적 감경사유로 할 필요가 있다.

3. 부진정부작위범의 특별한 (추가)성립요건

앞서 살펴본 바와 같이, 부작위범의 전제조건으로서 일반적 행위가능성, 객관적 구성요건요소로서 객관적 구성요건적인 행위정황, 구성요건적 부작위, 개별적 행위가능성은 부진정부작위범에서도 공통되는 성립요건이다. 여기에서는 부진정부작위범이 추가적으로 요구하는 성립요건에 관하여 살펴보고자 한다.

(1) 결과의 발생

형법 第18조의 부진정부작위범은 결과발생을 방지할 의무 있는 자의 부작위를 요건으로 한다. 즉, 결과의 발생이 요구되므로, 결과범의 일반적 요건인 결과의 발생 및 부작위와 결과간의 인과관계 및 객관적 귀속을 요건으로 한다.

(2) 인과관계와 객관적 귀속

거동범에 상응하는 성격을 가진 진정부작위범에 있어서는 인과성을 판단할 필요가 없다. 그러므로 부작위의 인과성과 객관적 귀속의 문제는 결과범에 상응하는 성격을 갖는 부진정부작위범의 문제이다.

1) 인과관계에 관한 제 학설

① 타행행위설

이 설은 부작위의 인과성을 부작위 자체가 아닌 부작위시에 있었던 작위의무자의 다른 행동에서 구한다.[1] 예컨대 어머니가 유아에게 모유를 주지 않고(부작위) 대신 놀러갔을 경우(작위), 놀러간 행위와의 인과성을 찾는 것이다. 그러나 인과성은 구성요건행위와 결과사이에서 찾아야 하며, 그 대체행위(작위)는 구성요건과 아무런 관련이 없고 무정형적이다.

② 선행작위원인설

이 학설은 부작위의 인과성을 그 부작위에 선행했던 작위에서 찾는다.[2] 예컨대, 상해(선행행위) 후 적당한 조치를 하지 않고 방치하여(부작위) 피해자가 사망한 경우에 상해행위가 이에 해당한다. 그러나 사망의 결과는 직접적으로 방치한 행위로부터 비롯된 것이며, 타행행위설과 마찬가지로 부작위 자체가 아닌 다른 요소에서 인과성을 찾기 때문에 이론상 행위책임원칙에도 모순된다.

③ 간섭설

간섭설(Interferenztheorie)은 부작위 자체에서 인과적 요소를 찾으려는 것으로,[3]

---

1) 타행행위설은 루덴(Luden), 치르클러(Zirkler) 등에 의하여 주장된 것이다.
2) 선행작위원인설은 크루크(Krug), 글라저(Glaser), 메르켈(Merkel) 등에 의하여 주장되었다.
3) 이 학설은 빈딩(Binding), 뷩거(Bünger), 헬쉬너(Hälschner), 오르트만(Ortmann) 등에 의하여 주장되었다.

결과방지를 지향하는 선량한 동기를 법에 적대하는 방법으로 억누르는 작위의 무자의 심적 작용(간섭)에서 부작위의 인과성이 발견된다고 주장한다. 그러나 이처럼 순수한 내적(심리적) 과정은 과실의 부작위에 있어서는 분명히 존재하지 않고 고의의 부작위에 있어서도 그 설명이 어려울 뿐만 아니라, 이와 같은 내적 과정의 처벌은 형법의 근본원리에도 모순된다는 비판이 있다.

④ 전면적 부정설

부작위의 인과성을 전적으로 부정하는 견해로,[1] 벨첼에 의하면 부작위는 작위의 중단이므로 존재론적 입장에서 볼 때 부작위 자체는 결코 행위가 아니며 따라서 부작위는 인과성을 갖지 않는다고 한다.

⑤ 법적 인과성설

법적 인과성설은 부작위의 인과성 문제를 부작위의 법적 결과에 연결시켜 해결하려고 시도하였다.[2] 그리하여 부작위의 인과성을 결과방지에의 법적 의무와 동일시하고, 의무위반적 부작위가 있을 때에 부작위의 법적 인과성이 존재하는 것으로 보았다. 이 설에 대하여서는 작위의무위반과 인과관계를 동일한 것으로 보는 개념적 혼동을 범하고 있다는 비판이 가하여진다.

⑥ 긍정설

부작위의 인과성을 긍정하는 설은 일반적으로 작위범에서의 인과성이 부작위범에서도 똑같이 유효하다고 본다.[3] 형법적 부작위가 "단순한 무위가 아닌 그 무엇인가를 하지 아니하는 것"(kein einfaches "nichts tun", sondern ein "etwas nicht tun")이라는 점을 강조하고, "만일 그 무엇인가가 이 결과를 지지했더라면" 하는 경우에 부작위는 일정한 결과에 대하여 인과적이라고 한다.

부작위의 인과성을 작위의 그것과 같은 차원에서 인정하는 한 구체적으로 어떠한 학설에 입각하여 인과관계를 확정할 것이냐 하는 것도 대체로 작위의 경우와 그 보조를 같이 한다고 볼 수 있다.

2) 결 론

작위범의 경우와 마찬가지로 부작위와 결과 사이에 합법칙적 조건설에 의한

1) 이 학설은 리스트(Liszt), 겔란트(Gerland), 벨첼(Welzel) 등에 의하여 주장되었다.
2) 이 설은 바(v. Bar), 회프너(Höpner), 콜러(Kohler) 등에 의하여 주장되었다.
3) 특히 메츠거(Mezger), 블라이(Blei) 등이 주장한 이론이다.

인과성이 있어야 한다고 보며, 이것이 긍정되면 다시 객관적 귀속의 척도에 따라 그 결과가 작위의무자에게 객관적으로 귀속되는가를 검토해야 할 것이다.

다만 자연관찰적으로 무위에 해당하는 부작위와 결과 사이에 인과관계를 논한다는 것은 가정적 문제가 될 수밖에 없다. 그렇다 하더라도 부작위에서 인과관계란 요구되는 행위를 하였더라면 결과가 발생하지 아니하였을 것이라는 가설적 제거를 작위범과 동일하게 기본으로 하되, 그 성립영역을 합법칙적으로 제한할 수 있다. 그리고 객관적 귀속의 척도는 주의의무위반관련성과 규범의 보호목적 관련성이 주요한 판단기준이 된다.

(3) 행위태양의 동가치성

부진정부작위범은 작위로 행할 수 있는 범죄를 부작위로 행하는 것이므로, 그와 같은 부작위가 적극적인 작위에 의한 법익침해와 동등한 형법적 가치를 가짐으로써 그것이 범죄의 실행행위라고 평가될만한 작위행위와의 동가치를 가져야 하는데, 이를 상응성이라고도 한다. 따라서 보증인적 지위에 있는 자가 보증의무를 이행하지 않았더라도 그 부작위가 작위에 의한 법적 구성요건의 실현에 상응한다고 볼 수 없으면 구성요건해당성이 없다.

상응성 유무의 문제는 일반이론에 의하여 확정될 수 있는 것이 아니고 각칙의 작위적 구성요건 속에 규율된 작위의 양태와 관련하여 부작위를 그것에 유추할 수 있는가 여부에 따라 결정된다. 즉 부작위가 작위에 비교될 만한 형상을 가졌는가 하는 점이 검토된다. 그러므로 상응성의 확정문제는 총칙의 문제가 아니라 각칙의 문제이다.

특히 각칙과 관련하여, 어떠한 범죄들은 각칙상 요구되는 특별한 구성요건유형과 동등한 가치가 있을 것을 요하는데, 이를 '행위관련적 결과범(verhalt-ensgebundene Delikte)'이라고 한다. 예컨대, 사기죄(제347조)는 기망에 의하여 타인을 속여서 재물 또는 재산상의 이익을 얻을 것을 요구하기 때문에, 부작위에 의한 당해 범죄는 부작위가 작위행위로 타인을 기망하는 것과 동등한 가치평가를 받아야 한다.

판 례

살인죄와 같이 일반적으로 작위를 내용으로 하는 범죄를 부작위에 의하여 범하는 이른바 부진정부작위범의 경우에는 보호법익의 주체가 법익에 대한 침해위협에 대처할 보호능력이 없고, 부작위행위자에게 침해위협으로부터 법익을 보호해 주어야 할 법적 작위의무가 있을 뿐 아니라, 부작위행위자가 그러한 보호적 지위에서 법익침해를 일으키는 사태를 지배하고 있어 작위의무의 이행으로 결과발생을 쉽게 방지할 수 있어야 부작위로 인한 법익침해가 작위에 의한 법익침해와 동등한 형법적 가치가 있는 것으로서 범죄의 실행행위로 평가될 수 있다고 본다.[1] 이러한 행위정형의 동가치성은 "형법이 금지하고 있는 법익침해의 결과발생을 방지할 법적인 작위의무를 지고 있는 자가 그 의무를 이행함으로써 결과발생을 쉽게 방지할 수 있는데도 결과발생을 용인하고 방관한 채 의무를 이행하지 아니한 것이 범죄의 실행행위로 평가될 만한 것"이라고 표현되기도 한다.[2]

이처럼 판례는 살인죄 이외에도, 횡령죄[3]나 업무방해죄,[4] 공무상비밀표시무효죄[5] 등 행위관련적 결과범이 아닌 모든 일반범죄의 부진정부작위범에서 부작위와 작위와의 동가치성을 요구한다.

(4) 보증인적 지위

부진정부작위범은 작위의무를 지는 보증인적 지위자만이 범할 수 있다. 보증인적 지위는 의무와 함께 이중적 의미를 가지므로 다음에서 설명한다.

4. 보증인적 지위와 작위의무

(1) 보증인적 지위

보증인적 지위(Garantenstellung)는 부진정부작위범의 주체를 한정하는 구성요건의 불문적·객관적 표지이다. 따라서 이것이 결여되면 구성요건해당성이 조각된다. 보증인적 지위는 객관적 구성요건요소에 해당하므로 고의의 인식대상이 되며, 이에 관한 착오는 구성요건적 착오가 된다. 특히 보증인적 지위가 있는 자만이 범죄의 주체가 될 수 있으므로 보증인적 지위는 진정신분범에서의 신분

1) 대판 2015. 11. 12, 2015도6809 전원합의체 판결(세월호사건).
2) 대판 2023. 3. 9, 2002도16120.
3) 대판 1996. 9. 6, 95도2551.
4) 대판 2017. 12. 22, 2017도13211.
5) 대판 2005. 7. 22, 2005도3034.

에 해당한다. 다만 보증인적 지위가 있는 자의 부작위범에 가담하는 보증인적 지위 없는 자의 행위는 공동정범이 될 수는 없고, 종범만이 문제된다. 이 경우 보증인적 지위 없는 자가 부작위로 기능적인 행위 분담을 하였다고 규범적 평가를 내릴 수는 없기 때문이다.

보증인적 지위는 첫째, 보호법익의 주체에게 위협적 침해에 대한 보호능력이 없고, 둘째, 작위불이행자에게 위험으로부터 그 법익을 보호할 의무가 있고, 셋째, 작위불이행자가 이러한 보호적 지위를 토대로 하여 법익침해를 일으킬 사태를 지배하고 있다는 세 가지 요인에 의하여 특징지워진다.[1]

보증인적 지위란 그로 인하여 발생하는 작위의무의 존재를 의미하는 것으로, 작위의무가 없으면 보증인적 지위는 발생되지 않고 보증인적 지위가 있으면 작위의무가 따르므로, 양자는 그 성립과 존속에서 밀접불가분의 관계에 있게 된다. 그러나 양자의 형법적 지위는 동일하지 않아서, 보증인적 지위는 구성요건의 표지이지만 작위의무는 위법성의 표지이다.

(2) 작위의무의 체계적 지위

1) 위법성요소설

위법성요소설은 부진정부작위범의 위법성이 작위의무위반에 있는 것으로 보고 작위의무를 위법성의 요소로 인정하며 작위의무를 "작위(또는 행동)에의 법적 의무"라고 표현한다.

이 설은 작위의무위반과 관련하여 부진정부작위범을 위법성의 문제로 취급하기 때문에 그 이전의 단계인 구성요건해당성의 문제를 소홀히 하고, 보증인적 지위에 있지 않은 자의 부작위까지도 구성요건해당성이 있는 것으로 볼 수 있게 되어 불합리한 결과를 초래한다.

2) 구성요건요소설

이 설은 작위의무를 구성요건요소로 보면서 종래 작위에의 법적 의무라는 용어 대신에 보증의무, 그리고 이와 관련하여 보증인, 보증인적 지위 등의 용어를 사용한다. 이 때문에 이 설은 보증인설(Garantentheorie)라고도 불리어진다.[2] 이 설에 의하면 부진정부작위범의 모든 부작위가 작위범의 구성요건에 해당하는

---

1) 독일의 Rudolphi에 의하여 주장된 견해이다.
2) 독일의 나글러(Nagler)에 의하여 주장된 견해이다.

것이 아니라, 구성요건적 결과의 발생을 방지해야 할 작위의무자(보증인)의 부작위만이 구성요건에 해당하고, 이때의 보증의무와 그 기초가 되는 제반정황은 구성요건요소가 되며 그 당연한 결과로서 작위의무에 대한 착오는 구성요건적 착오(사실착오)로 취급된다고 본다.[1)]

그러나 작위의무를 구성요건요소로 보는 설은 작위의무의 위치가 구성요건의 영역에서 다루어지는 것은 다른 법적 의무(예컨대 작위범에 있어서의 부작위의무)가 위법성의 영역에서 취급된다는 점에 비추어 볼 때 수긍하기 어렵다는 비판을 받고 있다.

3) 이분설

보증인설의 수정형태이기도 한 이분설은 보증의무자체와 그 기초가 되는 정황 내지 보증인적 지위를 구분하여 전자를 위법요소에, 후자를 구성요건요소에 속하는 것으로 이해한다.

이 설에 의하면 보증인적 지위에 있는 자의 부작위만이 구성요건에 해당되므로 위법성요소설에서 볼 수 있는 약점이 보완된다. 한편 이 설은 보증의무 자체를 위법성요소로 봄으로써 보증인적 지위만을 구성요건요소로 보기 때문에, 다른 법적 의무와의 균형을 맞추지 못하는 구성요건요소설의 문제점도 아울러 극복하고 있다. 이상과 같은 관점에서 이 설이 보다 합리적이다.

(3) 보증인적 지위 내지 작위의무의 근거

형법 제18조는 “위험의 발생을 방지할 의무가 있거나 자기의 행위로 인하여 위험발생의 원인을 야기한 자가 그 위험발생을 방지하지 아니한 때에는 그 발생된 결과에 의하여 처벌한다.”라고 규정하여 그 전단에서 “위험의 발생을 방지할 의무”라는 폭넓은 의미의 작위의무를 예정하고 후단에서는 이러한 작위의무의 하나가 될 수 있는 선행행위로 인한 작위의무를 예시하고 있을 뿐이다. 따라서 작위의무의 구체적인 근거에 관한 문제는 이론에 의하여 해결할 수밖에 없다. 이에 관한 이론으로는 법원설(Rechtsquellenlehre), 기능설(Funktionenlehre), 그리고 절충설이 있다.

1) 김성돈, §18/92; 정영일, 81면.

1) 법원설(형식설)

법원설은 형식적 법의무설이라고도 하며, 법적 의무의 실질적인 내용보다는 그 형식에 중점을 두어 개개의 성립요건에 따라 작위의무를 확정하려는 견해이다. 이는 다시 법령에 의한 작위의무, 계약·사무관리 등으로 인한 작위의무, 선행행위로 인한 결과발생방지의무, 특별한 신뢰관계에서 오는 작위의무로 세분된다.

2) 기능설(실질설)

법원설은 보증의무의 형식을 중요하게 다루지만 그 내용을 도외시하는 측면이 있기 때문에, 보증의무를 실질적 관점에서 결정하려는 견해를 기능설 또는 실질설이라고 한다.[1] 기능설은 법원적 합법성보다는 그때 그때의 보증인의 과제의 내용과 방향에 따라 보증의무의 한계를 지우려 하고 보증의무를 보호의무와 안전의무로 나누어 고찰하는데, 전자는 특정한 법익에 대한 보증기능 속에서 성립하는 보증의무를 의미하고, 후자는 위험원에 대한 감독책임이 있는 경우의 보증의무를 의미한다.

3) 절충설

위 두 견해 중 법원설은 형식적 방법에 의존하여 보증인적 지위를 축소시키는 한편 기능설은 실질적 방법에 의한 것으로서 보증의무를 확대시키는 경향이 있다고 비판하면서, 형식적인 관점과 실질적 관점을 연결시키는 절충적 방법이 타당하다고 한다.[2]

4) 결 론

형식설은 보호의무를 형식에 중점을 두는 결과 실질적으로 의무가 부과되는 경우를 누락시킬 우려가 있다. 절충설에 대하여는, 법원설과 기능설은 그 방법을 달리 하지만 사실상의 내용은 큰 차이가 없기 때문에 설득력 있는 절충적 방안이 무엇인지 의문이다.

기능설은 작위의무를 특정한 법익에 대한 보호의무와 위험원에 대한 보증의무로 구분함으로써 그 이론적 우월성을 인정할 수 있다. 형법 제18조는 위험발

1) 이 설은 카우프만(Armin Kaufmann)에 의하여 제기되었다.
2) 하프트(Haft)에 의하여 제기되었으나, 그 연결방법은 제시되고 있지 않다.

생 방지의무라는 법적인 의무를 부여하고 있지만 이를 무한정 확대하게 된다면 죄형법정주의에 반할 우려가 있으므로 제한해석할 필요가 있으며, 작위의무 인정에 의문이 있는 때에는 피고인에게 유리하게 해석하여야 할 것이다.

기능설에 따른 보호의무와 보증의무를 세분하면 다음과 같다.

① 특정한 법익에 대한 보호의무

(가) 법령 또는 긴밀한 자연적 연분에 근거하는 경우　작위의무가 법령에 근거를 두는 경우를 말하는 것으로서 법령에는 법률, 명령, 복무규정 및 관습법이 모두 포함되며 그 범위는 공·사법의 전 영역에 걸친다. 친권자의 보호의무(민법 제913조), 친족간의 부양의무(민법 제974조), 경찰관의 보호조치의무(경찰관직무집행법 제3조) 등이 이러한 의무에 속한다. 긴밀한 자연적 연분에는 부부, 직계혈족, 사생아와 그 친부, 형제 자매, 약혼관계 등이 이에 속한다.

(나) 밀접한 생활 또는 위험공동체에 근거하는 경우　이 의무는 밀접한 생활관계로 인한 의무라고도 불리어지는데,[1] 밀접한 가족관계나 생활공동체관계에 근거하여 인정되는 의무가 여기에 속한다. 같은 집에서 살고 있는 부모와 성장한 자녀간의 관계에서 인정되는 의무, 조부모가 함께 있는 손자를 돌보아야 할 의무, 사생자에 대한 부의 양육의무 등이 그 예이다. 특히 등산, 탐험, 해저잠수 등과 같이 일정한 목적 내지 신뢰관계를 통하여 서로 협조하고 염려해야 하는 관계와 그 범위 내에서도 보증인적 지위가 인정된다. 단순한 집합체에 지나지 않는 경우라든가 한 집에서의 사실상의 공동생활만으로는 부족하다.

공서양속이나 신의성실의 원칙에서 오는 의무도 특별한 신뢰관계에서 나오는 의무의 하나로 인정하거나, 특별한 신뢰관계 대신에 사회상규에서 기대되는 의무를 제시하기도 한다.

(다) 보증의무의 자의적 인수에 근거한 경우　이는 인수자와 피해자 사이의 종속과 보호관계를 근거지울 신뢰행위에 의하여 성립된다. 이는 자의적 인수에 기한 작위의무(Handlungspflicht auf freiwilliger Übernahme), 사무처리상 인정되는 작위의무라고도 불리어진다. 타인의 보증의무를 자의로 인수받은 자는 이 의무에 의하여 혜택을 받는 자를 위한 보증인적 지위에 있게 된다. 그리고 이러한 자의적 인수가 주로 계약이나 사무관리를 통하여 이루어지는 것이 보통이다. 고

1) 독일의 판례에 의하여 일반화된 작위의무이다.

용계약에 의한 보호의무, 위임에 기하지 않고 환자를 인수한 자의 간호의무 등이 이러한 예에 속한다. 계약에 의한 인수의 경우 계약이 민법상 반드시 유효할 필요는 없다. 일단 성립된 계약이 무효 또는 취소사유가 존재하거나 유효기간이 종료되더라도 사실상의 보호하에 있다면 보증인 지위는 여전히 인정된다.

② 특정한 위험원에 대한 책임이 보증의무의 근거로 되는 경우

(가) 선행행위로 인한 경우 　의무에 위반하여 제3자의 법익에 대하여 직접적으로 위험스러운 선행행위를 한 경우로서 형법 제18조 후단은 자기의 행위로 인하여 위험발생의 원인을 야기한 자에게 위험발생방지의무를 부과한다. 예컨대 운전사가 과실로 사람을 상해했을 경우에는 그를 병원에 데리고 가서 치료할 의무가 있으며 잘못하여 사람을 방에 감금한 자는 그를 석방할 의무를 진다. 선행행위는 자기의 행위에 국한되지만, 적법한 선행행위는 보증인적 지위를 발생시키지 않고 단지 협조의무를 발생시킬 뿐이다. 선행행위는 자기의 행위에 국한되므로 타인의 행위로 인하여 위험발생의 원인이 야기된 경우에는 그 위험발생을 방지할 의무가 없음은 당연하다. 선행행위는 작위, 부작위를 불문하며 그 행위가 의무위반적 유책행위이든 책임 없는 행위이든 불문한다. 이에 대하여는 후술한다.

(나) 위험원에 대한 감독책임이 있는 경우 　건물, 대지, 차량, 기타 위험한 시설의 소유주는 자기의 지배영역 내에 있는 소유물로부터 발생하는 위험이 타인의 법익을 침해하지 않도록 방지해야 할 의무를 진다.

(다) 타자를 감독해야 할 책임이 있는 경우 　정신병자의 감호자, 자녀에 대한 부모 등의 관계처럼 일정한 자를 돌봐야 할 책임 있는 자에게 위험의 발생을 방지해야 할 의무가 인정될 수 있다.

이와 같은 기능설의 두 영역 사이에는 중복이 있을 수 있고, 개개의 사안에서 상이할 보증인적 지위가 발생할 경우도 있다.

(4) 형법 제18조 후단의 선행행위로 인한 보증의무

1) 선행행위의 제한 필요성

형법 제18조가 명문으로 선행행위를 보증의무 발생근거로 규정한 이상 선행행위로부터 보증의무가 발생함을 부인할 수는 없지만, 모든 스스로의 선행행위로부터 결과발생을 야기할 위험원을 제거해야 할 작위의무가 발생한다고 하면,

타인의 위법한 침해로부터 스스로를 방위하기 위하여 적법하게 정당행위를 한 자와 같이 규범이 허용한 행위로부터도 법익침해의 결과발생을 방지해야 할 의무가 도출된다는 모순된 논리가 도출된다.

예컨대, 자신의 생명·신체를 공격하는 자를 제압하기 위하여 가격을 한 사람이 타인을 가격하였다는 선행행위로부터 이로 인하여 실신한 자를 구조해야 할 구조의무(보증의무)가 발생하고, 만일 이를 고의 또는 과실로 방치하여 사상에 이른 경우 후행 구조의무 불이행을 근거로 처벌한다면 규범이 선행행위를 허용하면서도 다시 이를 처벌의 근거로 삼는 양립할 수 없는 결과가 초래된다. 그렇지만 반대로 방어적 긴급피난이나 책임 없는 교통사고 등의 피해자에 대하여 행위자에게 구호의무를 부과하지 않는다면 비록 선행행위가 적법하더라도, 선행행위로 인하여 법익침해를 받은 당사자 역시 스스로에게 위험발생에 하등의 책임이 없음에도 불구하고 법익침해로부터 구호가능성을 법적으로 완전히 차단당할 뿐만 아니라 귀책사유 없는 법익침해를 감수할 것을 형법이 강제하는 결과를 초래하게 된다. 따라서 선행행위를 어떻게 제약할 것인가에 대한 논의들은 선행행위를 작위로 한정하면서, 그것이 자기책임의 원칙으로부터 벗어나지 않으면서 결과와의 인과성을 고려할 것을 요청함이 일반적이라고 평가된다.

2) 선행행위로 인한 보증의무발생의 전제조건

선행행위에 의한 보증의무발생에 관하여 몇 가지 전제조건을 요구해야 할 것이다. 첫째, 선행행위에 근거한 보증의무는 선행행위가 법익침해의 결과발생에 직접적인 인과성이 있음을 전제로 한다. 따라서 법익침해와 무관한 행위는 선행행위에서 당연히 배제된다.

둘째, 선행행위와 무관하게 당해 법익귀속자의 법익침해의 결과발생을 방지해야 할 보증의무자인 경우에는 선행행위자가 자신이든 타인이든 본래의 보증의무자이므로 선행행위에 근거한 보증의무자라고 할 필요가 없다.

셋째, 비록 선행행위를 하였더라도 피해자가 스스로 위험창출에 적극적으로 가담하여 위험을 자의적으로 인수한 것으로 판단되면, 선행행위자에게 이로 인한 작위의무(결과발생 방지의무)를 귀속시킬 수 없다. 예컨대 생명·신체에 위협이 될 수 있음을 알면서도 마약을 판매한 자는 매수자가 이를 알면서도 스스로 이를 과다복용하였더라도 위험원을 판매하였다는 선행행위로 인하여 매수자의 생명을 구호해야 할 후행의 작위의무가 발생한다고 할 수 없다.

넷째, 고의 또는 과실로 이미 규범에 반하는 심적 태도를 형성하여 범죄로 나아간 자에게 해당 범죄행위를 선행행위로 하여 이로부터 인과적으로 결과발생을 방지하여야 할 보증의무가 발생함은 부정되어야 한다. 따라서 고의범 및 과실범의 해당 범죄행위가 법익침해 결과와 인과적으로 연결되어 있는 한, 이를 근거로 하여 결과발생 방지의무라는 작위의무(보증의무)를 법적으로 인정할 수 없다.

3) 선행행위의 위법성 여부

① 위법성 불요설

위법성 불요설은 선행행위가 반드시 위법할 필요가 없다고 본다.[1] 이에 따르면 선행행위로부터 직접 위험이 발생되기만 하면, 반드시 위법할 필요없이 적법한 경우라도 작위의무가 인정될 수 있다고 본다. 예컨대 갑이 초등학생 을에게 심부름을 시켰는데 도중에 다쳐서 구조가 필요한 상태가 되면 선행행위가 적법하더라도 작위의무를 인정할 필요가 있다고 본다.[2] 그러나 이는 선행행위의 적법 여부의 문제라기보다는 신의칙이나 조리에 의한 작위의무의 인정여부의 문제로 이해함이 보다 적절할 것이다. 자신의 이익을 위하여 타인에게 의무 없는 일을 시킨 자는 신의칙상 선행행위로 인한 작위의무가 발생한다는 의미로 해석할 필요가 있으며, 심부름을 시키는 행위의 적법/불법을 논할 필요는 없다.

또한 법률에 의하여 허용되는 위험의 범위를 초과하여 행한 선행행위에 대하여는 결과발생을 방지하도록 함이 "합리적"이라고 본다.[3] 그러나 허용된 위험의 범위를 초과하였다는 점은 구성요건해당성을 배제할 수 있는 영역을 벗어난 행위라는 의미로서, 이미 이는 적법의 영역이 아니므로 적법한 선행행위의 논거가 되기 어렵다. 또한 행위자에게 "객관적으로 귀속"되는 선행행위와 결과발생 방지의 의무인정은 선행행위의 적법성의 판단이 아닌 인과성을 전제로 한 객관적 귀속이라는 규범적 판단의 문제이다.

나아가 형법 제18조는 '위법한 선행행위로 인하여'라고 규정하지 않고 있으

1) 신동운, 판례백선 형법총론, 86면; 오영근, 167면; 임웅, 598면.
2) 오영근, 168면.
3) 이세화, "보증의무의 전제로서의 선행 행위에 대한 제한", 비교형사법연구 제9권 제2호, 한국비교형사법학회, 2007, 234면.

므로, 이를 해석으로 제한 또는 축소해석할 필요가 없다고 주장한다.[1] 그러나 죄형법정주의의 기본원리상 행위자에게 불리한 해석은 금지되지만, 형법 제18조의 선행행위를 제한하는 축소해석은 보증의무의 성립범위를 제한함으로써 행위자에게 유리한 해석이 되므로 반드시 금지할 필요는 없다.

② 위험부담설

선행하는 행위의 적법이나 불법여부와 관계없이, 일반적인 생활경험칙에 의하면 해당 행위가 법익침해의 결과로 이어질 위험이 있음이 예견가능한 경우, 그와 같은 위험을 스스로 부담한 자에 대하여는 결과발생에 대한 책임을 부과하는 것이 일반적인 법감정에 부합한다는 측면에서 결과발생 방지의무를 부과할 수 있다고 본다. 즉, 처음부터 경험칙상 예견가능한 특정한 법익침해의 위험을 내포한 행위를 선택한 자는 행위에 후속하여 결과발생을 방지하여야 할 의무를 지게 된다고 본다.[2]

그러나 예견가능성이라는 기준은 보증의무의 발생근거라기 보다는 행위와 결과 간의 객관적 귀속의 관점이라고 봄이 타당하다. 즉, 행위 속에 결과발생의 위험이 내포되어 있는가 여부는 법익침해의 결과를 해당 행위자의 행위로 인한 것이라고 규범적으로 판단할 수 있는가의 문제이지, 행위에 후속되는 작위의무의 근거라고 하기는 어렵다. 또한 법익침해 결과발생의 위험이 있음을 알면서도 행위를 선택하였다는 점은 특별하게 발생하는 보증의무의 문제가 아닌, 일반적인 모든 범죄에 대하여 자기책임의 원칙에 의한 제한원리에 불과한 것이라고 판단된다. 또한 이에 따르면 허용된 위험의 경우 결과발생 위험이 예측가능하면서도 법이 허용하는 영역과 그렇지 않은 영역을 구분하기 어렵게 된다. 따라서 도로 위의 운전이나 건설산업현장과 같이 허용되는 행위가 언제나 결과발생의 위험을 내포하고 있는 경우에도 구성요건해당성 자체를 배제하는 경우와 동일한 정황에서 후속하는 보증의무로 인하여 부작위범이 성립하는 경우를 구별하는

1) 오영근, 168면.
2) 이에 따르면 위법불요설에서 예시하는 어린 아이에게 심부름을 시키는 행위(선행행위)는 그 행위 자체로는 아이가 도중에 다칠 위험(법익침해 결과발생의 위험)이 경험칙상 예측가능한 것은 아니므로 부진정 부작위범으로서 보증의무가 발생한다고 볼 수 없을 것이다. 반면 위법불요설에서 예시하는 정당방위의 경우에는 정당방위의 방법으로 공격자의 생명 · 신체에 위해를 가하는 방어행위(선행행위)는 통상적인 경험칙상 치사상(법익침해 결과발생의 위험)이 예측가능하므로 이에 후속하는 구호의무라는 보증의무가 발생하는 것으로 볼 수 있을 것이다.

새로운 기준을 제시해야 한다는 점에서 타당하지 않다.

③ 의무위배설(긍정설)

의무위배에 해당하지 않는 선행행위로부터는 작위의무가 발생하지 않는다고 보는 견해이다.[1] 기본적으로는 선행행위를 제한하고 형법의 보장적 기능을 부작위범에서 확증한다는 점에서는 의무위배설이 타당하다. 형법은 적법행위를 한 자에게는 형법의 개입을 저지한다는 점을 보장한다는 점에서 일반인의 마그나 카르타로서 기능을 하는 바, 그 어떠한 의무위배도 없는 자에게 형법이 보증의무를 부과하고 의무불이행을 이유로 범죄로 처벌함은 형법의 기능과는 양립할 수 없는 해석이 되기 때문이다.

판 례

판례는 특별히 어떠한 학설을 지지하는 것은 아니지만, 보증인적 지위의 발생근거를 "여기서의 작위의무는 법령, 법률행위, 선행행위로 인한 경우는 물론, 신의성실의 원칙이나 사회상규 혹은 조리"라고 열거하고 있어서, 형식설에 가깝게 해석하고 있다.[2]

판례는 보증인적 지위의 근거에 관하여, "피고인이 자신이 운영하는 주점에 손님으로 와서 수일 동안 식사는 한 끼도 하지 않은 채 계속하여 술을 마시고 만취한 피해자를 주점 내에 그대로 방치하여 저체온증 등으로 사망에 이르게 하였다는 내용으로 예비적으로 기소된 사안에서, 피고인은 피해자에게 생명 또는 신체에 대한 위해가 발생하지 아니하도록 필요한 조치를 강구하여야 할 계약상의 부조의무"를 부담한다고 보아 유기치사죄를 인정한 바 있고(대판 2011. 11. 24, 2011도12302), 또한 "인터넷 포털 사이트 내 오락채널 총괄팀장과 위 오락채널 내 만화사업의 운영 직원인 피고인들에게, 콘텐츠제공업체들이 게재하는 음란만화의 삭제를 요구할 조리상의 의무(대판 2006. 4. 28, 2003도4128)"가 있다고 보아 작위의무를 보다 넓게 인정하고 있다.

1) 김성돈, §18/126; 김일수/서보학, 499면; 이재상 외, 131면; 임웅, 598면 등 다수설의 입장이다.
2) 대판 2015. 11. 12, 2015도6809.

제 4 장

미 수 범

제 1 절 범죄실현의 제 단계와 예비 · 음모죄

Ⅰ. 범죄실현의 단계

행위자의 범죄의사의 실현인 고의적 범행은 일정한 단계를 거쳐 이루어진다. 이러한 단계를 범죄실현의 단계라고 부른다. 범죄실현의 시작점은 범죄의 결심(범죄의사)이다. 이것이 외적으로 발현하여 범죄실현의 준비행위에 이르면 예비 · 음모로, 실행에 착수한 후에는 경우에 따라 미수 또는 기수로 나타나며 궁극적으로 범죄의 종료에 이르게 된다.

모든 고의적인 범죄가 이와 같은 일련의 과정을 빠짐없이 거쳐서 이루어지는 것은 물론 아니다. 순간적으로 범의가 발생하고 예비 · 음모의 단계 없이 바로 실행의 착수로 들어가서 미수나 기수에 달하는 경우는 얼마든지 있을 수 있으며, 범죄의 성격상 실행행위에 들어가면 곧 기수로 되는 범죄도 있고, 기수가 곧 범죄의 종료를 의미하는 범죄가 있는가 하면, 기수와 범죄의 종료를 구분하여 논해야 할 범죄도 있다. 이것을 순서대로 살펴보면 다음과 같다.

1. 범죄의 결심(범죄의사)

범죄의 결심(범죄의사)은 범행을 실현하려는 의지를 말한다. 행위자의 결심이 비록 행위자 자신의 생각으로는 범행의 결심이라고 할지라도 형법상 범죄로 될 수 없는 내용을 실현하고자 하는 의지라면 여기에서 말하는 범죄의 결심이 될 수 없으며, 이를 외적으로 실현하는 행위는 형법상 불가벌적 환각범(Wahnverbrechen) 또는 오상범(Putativdelikt)의 문제가 될 뿐이다. 범죄의사는 또한 범행을 '실현'하고자 하는 의사이므로 이러한 의지적 요소가 결여된 일정한 사실에 대한 단순한 인식, 범죄에의 환상이나 공상 등은 제외된다.

범죄의 결심은 심리적인 것으로서 내적 의사이므로 그것이 외부에 표시되지 않는 한 다른 사람이 알 수 없고 문제 삼을 수도 없다. 그러므로 아직 행위를 통하여 외부에 드러나지 않은 단순한 범의 그 자체는 도덕 또는 종교의 세계에는 속할지언정 법률의 세계에는 속하지 않으며 형법이 간섭할 대상이 아니다.

로마 이래로 "누구도 생각으로 인하여 처벌되지는 아니한다."(Cogitationis poenam nemo pacitur)라는 법언이 전해온다.

또한 고의는 행위 시에 존재하여야 하므로 행위 전에 범죄의사를 가졌다고 하더라도 그것이 고의가 될 수는 없다. 형법상 의미를 찾고자 한다면 단순히 범죄의 계획 또는 동기에 불과할 뿐이다.

2. 범죄의사의 표시

범죄의사의 표시는 원칙적으로 범죄가 되지 않는다. 헌법상 표현의 자유는 형법에도 예외가 아니어서, 범죄의사를 외부로 드러내는 행위 자체가 형법상 처벌의 대상이 될 수는 없다. 그러나 예외적으로 범의의 표시 그 자체가 불법구성요건의 내용으로 되는 경우, 예컨대 상대방의 면전에서 살해의 의사를 표시하는 경우에는 협박죄(형법 제283조)를 구성할 수도 있다.

3. 예비 · 음모

예비 · 음모란 범죄의 실현을 위한 준비단계로서 아직 실행의 착수에 이르지 않은 시점이다. 예비란 외적으로 드러나는 준비행위를, 음모란 2인 이상의 자들 간의 범죄모의를 의미한다. 예비 · 음모는 원칙적으로 처벌하지 않으며 법률에 특별한 규정이 있는 경우에 한하여 예외적으로 처벌한다(제28조). 법률에 처벌규정만 있는 것으로는 부족하고, 반드시 법정형도 규정되어야 한다.[1)]

4. 실행의 착수

범죄의 구성요건으로 요구되는 행위를 시작하는 시점이다. 행위란 통상 불가분적으로 연속되어 이루어지므로, 반드시 구성요건에 해당하는 행위 그 자체가 존재할 것을 의미하는 것은 아니다. 실행의 착수는 예비 · 음모와 미수를 구분하는 기준이 된다.

---

1) 대판 1979. 12. 26, 78도957; 대판 1977. 6. 28, 77도251. 부정선거관련자처벌법 제5조 제4항에 동법 제5조 제1항의 예비음모는 이를 처벌한다고만 규정하고 있을 뿐이고 그 형에 관하여 따로 규정하고 있지 아니한 이상 죄형법정주의의 원칙상 위 예비음모를 처벌할 수 없다.

5. 미　　수

미수(Versuch)란 범죄의 실행에 착수하여 행위를 종료하지 못하였거나 결과가 발생하지 아니한 경우를 말한다(형법 제25조). 미수는 형법각칙상 개별범죄에 특별한 규정이 있는 경우에 한하여 처벌하지만, 총칙에 처벌례를 두고 있기 때문에 각칙상 별도의 법정형을 두고 있지는 않다.

6. 기　　수

기수(Vollendung)란 행위가 범죄구성요건의 모든 요소(표지)를 충족하는 경우를 말한다. 형법은 기수를 범죄의 기본형으로 한다. 범죄마다 그 특성이 다르기 때문에 기수 시기 문제에 대하여 모든 범죄에 공통되는 일정한 이론적 표준을 세우는 것은 불가능하다. 그러므로 각 범죄의 기수 시기는 그 범죄의 구성요건의 해석에 따라 구체적으로 결정된다.

7. 범행의 종료

범행은 기수에 달함으로써 바로 끝나버리는 것이 아니라 구성요건에 의하여 보호되는 법익에 대한 손상이 실제로 행위자가 원하는 범위 내로 들어갔을 때에 비로소 이루어진다. 이를 기수와 구분하여 범행의 종료(Beendigung der Straftat)라고 한다.[1]

대부분의 범죄는 기수와 종료가 일치되지만 일치하지 않는 경우도 있는데,[2] 특히 후자의 경우에 기수와 종료의 구분은 그 실질적인 의미를 갖는다고 볼 수 있다. 범행의 기수와 종료를 구분하는 실익으로서는 범죄가 기수로 된 후에도 범죄의 종료 이전까지는 공범의 성립이 가능하고, 공소시효의 기산점은 기수 시가 아닌 범행의 종료 시부터 진행되며, 범죄 후 법률의 변경과 관련하여 행위시법은 종료시까지이고, 기수 후라도 범죄의 종료가 이루어진 상태가 아닌 한, 방위행위를 통하여 피해의 전부 또는 일부의 회복이 가능한 범주 내에서 정당방위

---

1) 범행의 기수와 종료의 구분에 시사를 준 학자는 Welzel이다. 그는 기수를 형식적 기수와 실질적 기수로 나누고 전자는 구성요건의 충족이 있으면 이루어지나 후자는 범죄적 의도의 달성이 있어야 비로소 이루어진다고 하였다.

2) 예컨대 감금죄(형법 제276조)는 피감금자를 감금함으로써 기수가 되지만, 범행의 종료는 피감금자의 신체의 완전한 해방이 이루어졌을 때이다.

를 할 수 있다는 점을 들 수 있다.

Ⅱ. 예 비 죄

1. 의 의

예비죄란 예비행위가 범죄로서 처벌되는 경우를 말한다. 형법 제28조는 “범죄의 음모 또는 예비행위가 실행의 착수에 이르지 아니한 때에는 법률에 특별한 규정이 없는 한 벌하지 아니한다.”라고 규정하여 예비행위를 처벌함에는 특별한 규정이 필요함을 밝히고 있다. 이에 따라 형법 각칙에는 일정한 범죄의 예비행위를 처벌하는 규정을 두고 있다.[1)]

(1) 예 비

예비란 범죄의 실현을 위한 준비행위로서 아직 실행의 착수에 이르지 않은 경우를 말한다. 예컨대 살인을 위하여 독약을 구입하거나 방화를 위하여 인화물질을 준비하는 행위, 범행하려는 장소를 미리 답사하여 지형을 익혀 두는 행위 등이 이에 속한다.

예비죄가 성립하려면 주관적으로는 기본범죄(예컨대 살인예비죄에 있어서는 살인죄)를 범하려는 고의가 있어야 한다. 그러므로 우리 형법의 해석상 기본범죄에 대한 고의가 없는 단지 예비행위만을 실행하려는 의사의 예비는 있을 수 없

1) 형법상 예비·음모가 처벌되는 범죄는 다음과 같다: 내란죄(제87조), 내란목적의 살인죄(제88조), 외환유치죄(제92조), 여적죄(제93조), 모병이적죄(제94조), 시설제공이적죄(제95조), 시설파괴이적죄(제96조), 물건제공이적죄(제97조), 간첩죄(제98조), 일반이적죄(제99조), 외국에 대한 사전(私戰)죄(제111조), 도주원조죄(제147조), 간수자의 도주원조죄(제148조), 현주건조물 등에의 방화죄(제164조), 공용건조물 등에의 방화죄(제165조), 일반건조물 등에의 방화죄(제166조 제1항), 폭발물파열죄(제172조), 현주건조물 등에의 일수죄(제177조), 공용건조물 등에의 일수죄(제178조), 일반건조물 등에의 일수죄(제179조 제1항), 기차·선박 등의 교통방해죄(제186조), 기차 등의 전복죄(제187조), 음용수의 사용방해죄(제193조 제2항), 수도불통죄(제195조), 통화위조 등의 죄(제207조 제1, 3항), 유가증권위조 등의 죄(제214조), 자격모용에 의한 유가증권작성죄(제215조), 우표·인지 위조 등의 죄(제218조 제1항), 살인·존속살해죄(제250조), 위계 등에 의한 촉탁살인 등의 죄(제253조), 미성년자 약취·유인죄(제287조), 인신매매죄(제289조), 강간죄(제297조), 유사강간죄(제297조의2), 준강간죄(제299조), 강간상해죄(제301조), 미성년자간음죄(제305조), 강도죄(제333조), 특수강도죄(제334조), 약취강도죄(제336조), 해상강도죄(제340조) 및 강도와의 결합유형의 죄(제337, 338, 339조) 등. 이 밖에도 예비·음모가 처벌되는 범죄는 국가보안법, 군형법 등 특별법에서도 찾아볼 수 있다.

다. 객관적으로는 외적으로 드러나는 준비행위가 있어야 한다. 이 행위는 아직 실행의 착수에 이르지 않은 것이라야 하며 그 행위방법 여하는 불문한다.

(2) 음 모

음모란 2인 이상의 자 사이에 이루어지는 일정한 범죄실행의 모의를 말하며 범죄실현에 관한 의사의 교환과 합의라는 요소가 음모의 중심을 이루는 것이므로 단순한 범죄의사의 표시라든가 일방적인 범죄의사의 전달과는 다르다. 음모죄의 성립에도 주관적으로는 당해 기본범죄를 범하려는 고의(목적)가 있어야 하며 객관적으로는 2인 이상의 자 사이에 모의가 있어야 하는데, 이 모의가 최소한도 실행의 착수 이전 단계에 있어야 함은 물론이다.

(3) 예비와 음모의 구분

예비와 음모의 구분점에 관하여서는 음모가 예비행위에 선행하는 범죄발전의 단계라는 것,[1] 방법상 음모는 심리적인 준비행위이나 예비는 비심리적 준비행위라는 것 등이 제시된다. 이처럼 양자는 개념상 구분되지만 극소수의 예외를 제외하면 예비처벌 시 빠짐없이 음모도 처벌하기 때문에 양자를 구분할 실익은 거의 없다. 예비와 음모는 시간적으로도 선후관계가 없지만[2] 판례는 음모가 예비에 선행하는 범행의 단계라고 본다.[3]

2. 성 격

(1) 기본범죄와의 관계

1) 발현형태설

발현형태설은 예비를 기본범죄의 발현형태로 본다.[4] 따라서 예비죄는 기본적 구성요건의 수정형식으로 이해되고, 기본적 구성요건에 관한 고의가 있어야 한다.

---

1) 김혜정 외, 291면.
2) 김성돈, §25/10; 김일수/서보학, 407면; 배종대, 382면; 손동권/김재윤, 477면; 임웅, 378면 등.
3) 대판 1986. 6. 24, 86도437.
4) 권오걸, 491면; 김성돈, §29/16; 김성천/김형준, 362면; 김혜정 외, 293면; 박상기, 216면; 손동권/김재윤, 478면; 신동운, 577면; 오영근, 350면; 이재상 외, 425면; 이정원, 310면; 임웅, 393면; 정성근/정준섭, 209면; 정영일, 247면; 최호진, 415면.

2) 독립범죄설

독립범죄설은 예비죄를 일종의 독립범죄로 본다.[1] 예비죄는 각칙상 "…를 범할 목적으로 예비한 자"라고 하여 목적범으로서 구성되어 있고, 행위태양 및 독자적 법정형을 규정하고 있으므로 독자적인 불법의 실질을 갖추고 있다고 본다.

3) 이분설

이분설은 예비죄를 일정한 기준에 따라 발현형태로서의 예비죄(종속예비죄) 또는 독립예비죄로 구분한다. 이러한 구분은 일본의 경우처럼 예비죄 간에 그 규정형식이 다른 것을 이유로 하는데, 예를 들면 일본형법 제210조(살인예비죄), 제237조(강도예비죄) 등과 같이 "…죄를 범할 목적으로…"라고 규정된 것은 기본적 구성요건을 확장 내지 수정하여 만든 구성요건이기 때문에 종속예비죄이고, 제153조(통화위조예비죄)의 "위조 또는 변조에 사용할 목적을 가지고 기계 또는 원료를 준비하는 자"의 경우처럼 '준비'라고 하는 독자의 행위유형으로 되어 있는 것을 독립예비죄라고 한다. 이분설은 그 구분의 기준과 근거가 불명확하고 그 실익도 없다는 비판을 받는다.

4) 소 결

예비행위는 독자적인 불법형상을 갖추고 있지 않아서 범죄의사의 외부적 표출여부를 확정하기 어려울 뿐만 아니라, 일반적인 일상생활과 구분하기도 매우 어렵다. 예컨대 살인을 준비하기 위해 칼을 구입하는 행위와 식사를 준비하기 위하여 행하는 동일한 행위가 외적으로 구분되기는 어렵다. 또한 그 행위 자체만으로는 법익에 해를 가할 위험성을 선불리 판단할 수도 없다. 따라서 비록 각칙상 규정이 있다고 하더라도 그것의 독자적 불법의 실질을 찾아내기란 쉽지 않다. 또한 우리 형법상의 예비죄 규정을 살펴보면 이들은 한결같이 "…의 죄를 범할 목적으로…"라는 형식을 취하고 있는 점도, 주관적 요소로서의 행위자의 내심의 의사를 한정하여 객관적 요소인 불명확한 행위정형을 한정하고자 하는 입법취지라고 보아야 할 것이다. 따라서 기본적 구성요건의 수정형태(기본범죄의 발현형태)로서의 성격을 지니고 있다고 판단된다.

다만 형법이 이들에게 독자적인 법정형을 설정하여 그 불법구성요건에 해당하는 위법, 유책한 행위를 처벌하는 한, 비록 그것이 어떤 기본범죄의 전단계적

---

1) 김일수/서보학, 407면; 배종대, 398면.

행태라고 할지라도 형법상의 범죄로 되는 데에는 아무런 지장이 없는 것이라고 보아야 할 것이다.

(2) 예비죄의 실행행위성

발현형태설에 의하여 예비죄를 인정하는 경우에도, 예비행위 자체가 일상생활과 구분되는 전형적인 불법성을 드러내지 않는 이상 처벌의 범위가 확장되지 않도록 제한적으로 해석하는 장치가 필요하다. 이와 관련하여 예비죄의 실행행위성을 인정할 것인가의 문제가 제기된다.

1) 실행행위 긍정설

예비죄에 관하여 독립범죄설을 취하는 견해에 따르면 당연히 실행행위성을 긍정한다.[1] 또한 예비죄의 공범성립의 문제를 위해서도 필요하다고 본다.[2] 한편 발현형태설을 취하면서도 실행행위성을 긍정하는 견해가 있다.[3] 미수가 기본범죄의 수정형식인 것과 마찬가지로 예비·음모행위도 기본범죄의 수정형식이기 때문이라고 본다.

2) 실행행위 부정설

발현형태설을 취하면서 예비·음모행위의 실행행위성을 부정하는 견해에 따르면[4] 실행의 착수 이전에 위치하는 예비·음모행위는 실행행위의 성질을 가질 수 없다고 본다.

생각건대, 예비·음모행위는 그 부정형성으로 인하여 실행행위성을 인정할 수 없고 실행행위라 함은 범죄의 구성요건행위를 지칭하므로 예비죄를 독자적 실행행위를 가진 구조라고 할 수도 없다. 이 뿐만 아니라, 만일 이를 인정하게 되면 예비의 미수도 처벌하고 후술할 타인예비죄 역시 인정하여야 할 것인 바, 처벌의 범위를 확장하지 않도록 제한해석을 할 수 없게 되는 결과를 초래한다. 따라서 실행행위성을 부정함이 타당하다.

(3) 타인예비죄의 인정 여부

예비죄를 자기예비죄와 타인예비죄로 나누어 전자는 자기가(혹은 타인과 공동

---

1) 김일수/서보학, 407면.
2) 배종대, 401면.
3) 권오걸, 492면; 김성돈, §29/22; 이재상 외, 426면; 정성근/정준섭, 210면.
4) 김혜정 외, 336면; 신동운, 579면; 오영근, 351면; 임웅, 396면; 정영일, 248면.

하여) 실행행위를 할 목적으로 예비를 행하였던 경우에 한하여 성립하고(예컨대 살인예비죄, 강도예비죄 등), 후자는 타인의 범죄실행을 위한 예비행위까지도 포함하는 경우(예컨대 일본형법 제153조 통화위조예비죄)에 성립하는 것으로 인정하는 견해는 일본 형법학의 소산이라고 볼 수 있다.[1)]

우리 형법은 전술한 것처럼 예외 없이 "…죄를 범할 목적으로…"라는 규정형식을 취하여 일본에 있어서와 같은 타인예비죄의 개념이 성립될 수 없다.

그 결과, 타인의 범죄를 위한 예비행위는 예비단계로 그칠 때에는 예비죄가 성립하지 않고 처벌할 수도 없다. 다만, 그 타인이 예비의 단계를 넘어 실행의 착수에 이르면 타인예비행위는 공범종속성설에 따라 방조범이 성립한다.

3. 성립요건

예비죄가 성립하려면 다음의 요건을 갖추어야 한다.

(1) 주관적 요건(이중의 고의)

형법상 범행의 모든 단계는 범행의 완성이라는 동일한 방향으로 향해 있다. 행위자의 내심의 의사방향 역시 범죄를 완성시키고자 하는 지향점의 면에서는 예비·음모시점부터 실행의 착수, 기수 및 범죄의 종료시점까지 모두 일치한다. 따라서 기본범죄를 범하려는 고의는 그것이 정범이든 공범이든, 범죄실현의 어느 단계이든 존재하여야 한다.

따라서 예비죄를 범하려는 자 또한 주관적으로 기본범죄(예컨대 살인예비죄에 있어서는 살인죄)를 범하려는 고의가 있어야 한다. 그러므로 우리 형법의 해석상 기본범죄에 대한 고의 없이 단지 예비행위 그 자체만을 실행하려는 의사의 예비란 있을 수 없다.

우리 형법상 예비·음모죄의 규정이 "…죄를 범할 목적으로"라고 되어 있는 것도 기본범죄를 범할 고의가 있어야 한다는 것을 분명하게 드러낸다. 이러한 법문을 근거로 예비·음모죄가 모두 기본범죄를 범할 목적이 있어야만 하는 목적범이라고 하는 견해가 있다.[2)] 그러나 이는 목적범의 구조와 동일한 초과주관

1) 일본에서 '타인예비죄'라는 개념이 나타나게 된 것은 무엇보다도 일본형법 제153조(통화위조예비죄)가 "화폐, 지폐 또는 은행권의 위조 또는 변조에 이용할 목적으로 기계 또는 원료를 준비한 자…"라고 규정함으로써 타인의 통화위조의 목적을 위하여 기계 또는 원료를 준비하는 행위도 포함할 수 있도록 하고 있다는 조문해석에 기인한다.

적 구성요건이라고 할 수 없고, 기본범죄로 향하는 내적 의사의 강한 정도, 즉 고의 중에서도 확정적 고의 정도보다 강한 의지적 표현으로서의 '목적'을 의미한다고 보아야 한다. 즉, 그 고의의 정도가 직접고의 중에서도 의지적 요소가 가장 강한 의도적 고의로서의 '목적'을 의미하며, 막연히 일정한 범죄를 하겠다는 의사만으로는 그와 같은 강한 내심의 의사를 인정할 수 없다는 의미이다. 만일 이를 초과주관적 구성요건이라고 보게 된다면 기본범죄의 전 단계에서 보다 많은 구성요건요소를 요구하는 불합리한 결과가 될 뿐만 아니라, 원칙적 불가벌의 영역을 원칙적 처벌의 영역(미수와 기수)보다 까다롭게 구성하는 결과를 초래한다.

그리고 그와 같은 기본범죄에 대한 강한 의지적 요소로서의 고의(고의의 한 유형인 '목적') 이외에 예비행위 자체에 대한 고의도 요한다. 앞선 기본범죄에로 향하는 고의 이외에도 준비행위 그 자체에 대한 인식과 인용을 의미한다. 예비죄를 기본범죄의 발현형태로서의 수정형태라고 이해할 때, 그와 같은 수정적 요건 자체에 대한 고의이다. 따라서 예비죄는 이중의 고의가 요구된다.

이처럼 예비·음모죄에서 "…를 범할 목적"은 고의의 한 형태로서의 목적이므로 목적범이 아니다. 따라서 목적범의 예비·음모죄가 성립하려면 기본범죄의 고의 이외에도 당해범죄가 요구하는 목적이 있어야 한다. 예컨대 통화위조예비죄에 있어서는 통화위조에 대한 고의뿐만 아니라 통화를 위조하여 행사할 목적까지 있어야 통화위조예비죄가 성립한다. 그러므로 모든 예비·음모죄를 전부 목적범으로 보는 것은 타당하지 않다. 살인예비·음모죄, 강도예비·음모죄 등은 목적범이 아니지만, 통화위조예비·음모죄, 내란예비·음모죄 등은 목적범이라고 볼 수 있다.

(2) 객관적 요건(준비행위)

객관적으로는 외적으로 드러나는 준비행위가 있을 것을 요한다. 객관적으로 드러나는 준비행위가 있어야 한다는 점에서 이것이 결여되는 단순한 범행의 결심이나 범의의 표시와 예비는 구분된다. 그리고 준비행위의 성격과 그 정도여하에 따라 예비와 음모가 구분되지만 그 실익이 거의 없다는 점은 기술한 바와 같다. 행위의 방법 여하는 불문한다.

---

2) 권오걸, 492면; 김성돈, §29/40; 김성천/김형준, 364면; 김일수/서보학, 408면; 김혜정 외, 295면; 손동권/김재윤, 480면; 오영근, 355면; 이재상 외, 427면; 임웅, 395면; 정영일, 249면; 최호진, 417면. 반면 목적범으로 보지 않는 견해로는 박상기, 271면; 신동운, 580면; 정성근/정준섭, 210면.

그러나 물적 준비행위와 같이 적극적인 예비와 달리 음모는 내심의 의사를 외부로 표출하는 합의에 불과하다. 합의 자체는 행위로 표출되지 않은 당사자들 사이의 의사표시에 불과한 만큼 실행행위로서 정형이 전혀 없다. 따라서 음모죄의 성립범위가 과도하게 확대되면 국민의 기본권인 사상과 표현의 자유가 위축되거나 그 본질이 침해되는 등 죄형법정주의 원칙이 형해화될 우려가 있으므로 엄격하게 제한하여야 하며, 그와 같은 합의에 실질적인 위험성이 인정되어야만 할 것이다.[1)]

준비행위는 또한 실행의 착수에 이르지 않는 단계에 머물러야 한다. 따라서 실행의 착수는 예비와 미수를 구분하는 척도로 평가된다.

(3) 각칙상 처벌규정의 존재

법률에 특별한 규정(처벌규정)이 있어야 한다.[2)] 모든 범죄의 예비행위가 예비죄로서 되는 것이 아니라 법률에 특별한 규정이 있는 경우에만 예비죄로서 처벌의 대상이 된다(제28조). 이 특별한 규정은 일정한 범죄의 예비를 처벌한다는 취지뿐만 아니라 구체적으로 어떠한 법정형이 적용되는가를 밝히고 있어야 한다.[3)]

4. 처 벌

예비행위는 원칙적으로 처벌되지 않는다. 왜냐하면 예비 또는 음모는 기수에 달하려면 아직 먼 거리에 있을 뿐만 아니라 구성요건에서 정한 행위도 아니고 그 가능성도 불확정적이며 상대적으로 위험성이 적고 그 범죄적 내용도 불충분하여 일반인의 법감정을 진지하게 동요시키기에는 미흡하고 범죄의 고의도 명확히 증명되기는 어렵기 때문이다. 그러나 형법은 일정한 법익(특히 중요한 법익)을 폭넓게 보호한다는 관점에서 예외적으로 예비행위를 처벌한다. 어떤 범죄의 예비행위를 어떻게 처벌할 것인가는 입법정책의 문제이지만 가능한 한 그 범위

1) 대판 2015. 1. 22, 2014도10978 전원합의체 판결.

2) 예비가 처벌될 경우 음모가 같이 처벌됨은 어느 규정(특별법 포함)에 있어서나 예외가 없다. 그런데 형법상 예비, 음모 이외에도 선동이 함께 처벌되는 경우가 있고(제120조: 폭발물사용의 예비) 더 나아가 선전까지 폭 넓게 처벌되는 경우도 있다(제90조: 내란의 죄의 예비 및 제101조: 외환의 죄의 예비). 특별법에 있어서는 군형법 제16조에 의한 군대 및 군용시설제공, 군용시설 등 파괴, 간첩, 일반이적의 경우가 이와 같다.

3) 대판 1977. 6. 28, 77도251은 "예비, 음모는 이를 처벌한다고 규정하였을지라도 예비, 음모는 미수범의 경우와 달라서 그 형을 따로 정하여 놓지 아니한 이상 이를 본범이나 미수범에 준하여 처벌한다고 해석함은 죄형법정주의의 원칙상 허용할 수 없다"고 판시하였다.

를 최소화하고 형도 경하게 함이 바람직하다.

각 예비죄의 법정형은 당해 각 규정에 명시되어 있으며 그 기본범죄에 비하여 상대적으로 경하게 되어 있다. 형의 가중감면사유, 양형조건 등은 예비죄에도 적용된다. 일부예비죄(제90조, 제101조, 제111조 제3항, 제120조, 제175조, 제213조)의 경우에 한하여 자백이 필요적 감면사유로 인정된다.

우리 형법상의 예비죄규정은 어떤 범죄의 예비를 처벌할 것인가에 대하여 대체로 "제××조 또는 전조의 죄를 범할 목적으로…"라고 규정하여 당해 기본범죄를 명확하게 지적하고 있다. 다만 강도살인의 예비의 경우는 강도예비죄(제343조)와 살인예비죄(제255조)의 상상적 경합이 된다.

그 자체로서 가벌적인 예비행위라 할지라도 그것이 미수로 발전되었을 때는 별도로 성립하지 않고 후자에 흡수된다(법조경합 중 보충관계). 이러한 경우의 예비·음모를 불가벌적 사전행위(Straflose Vortat)라고도 한다.

5. 기타 관련문제

(1) 예비죄의 중지

1) 의 의

예비죄의 중지란 예비죄의 미수의 중지를 의미하지는 않는다. 이론상으로 볼 때에는 예비의 미수라는 개념도 가능하다고 한다. 예컨대 타인을 살해하기 위하여 독약을 구입하면 살인예비죄이지만 약국에 주문한 단계에서 그만두면 살인예비의 미수라고 한다. 그러나 무정형적인 예비행위는 그것의 완성이라는 것이 있을 수 없고, 일단 예비를 시작하면 예비행위는 존재하는 것으로 보아야 한다. 또한 형법은 일정한 범죄의 기수범을 기본으로 하여 이에 대한 미수나 예비를 논하며 예비죄의 미수를 처벌하는 규정도 두지 않으므로 예비의 미수라는 개념은 형법상 아무런 의미가 없다.

따라서 예비죄의 중지는 예비행위를 진행시켜 이미 예비죄에는 해당되는 자가 아직도 더 진행시키려던 예비행위를 자의로 중단하거나 일단 예비행위를 마친 자가 자의적으로 실행의 착수를 하지 아니한 경우를 의미한다.

2) 중지미수규정의 준용문제

어떤 범행의 실행에 착수한 후에 자의로 중지하면 중지미수범규정(제26조)에 의하여 형의 필요적 감면이 인정되는 반면, 실행의 착수 이전 단계에서 자의로 중지할 경우에는 필요적 감면이 부정된다면 형의 균형상 문제가 있다. 그런데 형법에는 예비죄의 중지에 관한 규정을 두고 있지 않다. 이 때문에 중지미수의 규정을 예비죄의 중지에도 적용할 것인가의 문제가 제기된다.

이에 관한 부정설은 예비죄의 중지라는 개념 그 자체를 부정하면서, 다만 예비를 범죄로 처벌하는 경우에는 형의 균형을 고려하여 당해 범죄의 중지미수범에 대하여서도 형의 면제를 허용하지 않는 것으로 해석해야 한다고 주장한다. 또는 부정설을 취하면서 예비행위자가 자수에 이르렀거나 능동적 후회의 표현에 이르렀을 때에 비로소 자수에 관한 필요적 감면규정을 유추적용해야 한다고 보거나,[1] 입법취지에 비추어 보아 유추적용도 인정할 수 없다고 본다.[2]

긍정설은 형의 균형이라는 견지에서 예비죄의 경우에도 중지미수범의 규정(형법 제26조)을 준용해야 한다고 보는데, 여기에도 그 준용방법과 관련하여 제26조를 예비죄의 형에 그대로 적용한다는 입장[3]과, 중지미수에 대한 형이 그 예비죄의 형보다 경할 때에는 형의 균형상 예비죄의 중지에 대하여서도 중지미수의 규정을 준용한다는 입장[4]의 두 가지가 있다. 한편 우리나라의 판례는 예비·음모를 처벌하는 경우에 있어서는 중지범의 관념을 인정할 수 없다는 태도를 취하고 있다.[5]

입법론적으로 볼 때 예비행위를 계속하고 있는 자가 자의로 이를 중지하거나 예비·음모후 자의로 실행에 착수하지 아니한 자는 형을 감면한다는 규정을 설정함이 바람직하다. 이러한 규정이 없는 현행법 하에서는 불법성에 비례하는 형의 균형상 중지미수에 대한 형이 당해 예비죄의 형보다 경할 경우에는 예비죄의 중지에 대하여서도 중지미수의 규정을 준용함이 타당할 것이다.

(2) 예비죄에 대한 공범

아직 기본범죄의 실행에 착수하지 않은 단계에서의 공범, 즉 일정한 범죄를 공동으로 실현하려 했으나 가벌적 예비단계에 그친 경우에 그 공동자들은 예비

---

1) 김성돈, §29/47; 김일수/서보학, 411면.
2) 신동운 517면.
3) 권오걸, 471면; 김성천/김형준, 348면; 오영근, 335면; 임웅, 399면; 정영일, 238면.
4) 박상기, 241면; 배종대, 384면; 이재상 외, 406면; 이정원, 314면; 정성근/정준섭, 212면.
5) 대판 1999. 4. 6, 99도424; 대판 1966. 7. 12, 66도617; 대판 1966. 4. 21, 66도152.

죄의 공동정범으로 처벌되는가, 또한 정범이 실행에 착수할 것을 예상하고 교사 또는 방조를 하였으나 정범의 행위가 단지 가벌적 예비행위에 그친 경우에 그 교사자나 방조자를 예비죄의 교사범 또는 종범으로 처벌할 수 있는가 하는 문제가 예비죄의 공범의 문제이다.

1) 예비죄의 공동정범

예비죄의 공동정범이란 2인 이상의 자가 공동하여 범죄를 실현하고자 하였으나 가벌적 예비행위의 단계에 그친 경우를 말한다. 예비죄의 공동정범개념을 인정할 것인가에 관한 부정설은 기본범죄 이외의 범죄에는 구성요건을 실현하는 실행행위를 인정할 수 없다는 사고에 근거한다. 또한 다수인이 가담할 경우 각자를 예비죄의 단독범으로 처벌하면 족하다거나[1)] 타인예비를 인정하지 않는 이상 공동정범을 인정할 수 없다고 본다.[2)]

긍정설은 예비죄에도 구성요건이 있고 그 구성요건은 실행행위를 통하여서만 실현될 수 있는데 여기에서 2인 이상의 자의 실행행위도 가능하므로 예비죄의 공동정범이 가능하다고 보거나, 준비행위의 분담이 가능하기 때문이라고 한다.[3)] 판례도 예비죄의 공동정범을 인정하고 있다.[4)]

생각건대, 예비죄의 공동정범을 인정할 실익이 있는가의 문제로 접근하여야 할 것이다. 이를 두 가지 경우로 나누어 살펴보면 다음과 같다.

첫째, 예비죄의 공동정범에 해당하는 자가 모두 장래 본범의 공동정범이 되려는 자들인 경우이다. 이 경우에는 예비행위에의 가담자 모두 실행의 착수로 나아간다면 본범의 공동정범이 될 수 있는 자들로 한정하여야 하는데, 실행의 착수가 없는 예비단계에서 정범으로 나아갈 자를 확정할 수 없다는 문제점이 있다. 또한 예비죄는 정형적인 실행행위가 존재하지 않으므로 본범을 공동으로 하려는 자들이 예비행위를 분담하였다면, 각자를 예비죄의 단독범으로 처벌해도 법적 효력은 예비죄의 공동정범을 인정하는 것과 동일하므로 예비죄의 공동정범을 인정할 실익이 없다.

1) 이정원, 310면. 한편 임웅, 396면은 모두 음모죄로 처벌함이 타당하다고 본다.
2) 오영근, 356면.
3) 권오걸, 494면; 김성천/김형준, 368면; 김일수/서보학, 411면; 박상기, 218면; 배종대, 401면; 손동권/김재윤, 483면; 신동운, 585면; 이재상 외, 429면; 정성근/정준섭, 213면.
4) 판례는 예비죄의 종범은 부정하나 공동정범은 인정하고 있다. 대판 1976. 5. 25, 75도1549 참조.

둘째, 예비행위를 공동으로 한다는 의미가 예비행위만을 공동으로 한다는 의미이고 이 중 일부만이 정범이 되는 경우이다. 이 경우에는 타인예비죄를 인정하지 않는 우리 형법에 부합하지 않는다. 즉, 정범이 실행의 착수를 하지 않은 한, 타인의 예비행위에만 가담한 자는 타인예비가 되므로 예비죄가 성립할 수 없다. 반면 정범이 실행에 착수한다면, 예비행위만을 공동으로 하고 실행행위로 나아가지 않은 자는 정범의 실행행위 착수 후 방조범이 성립하므로 예비죄를 인정할 실익이 없다. 따라서 그 어떤 경우에도 예비죄의 공동정범은 부정된다.

2) 예비죄에 대한 방조범

예비죄에 대하여 방조범(종범)이 성립하는 것을 인정할 수 있느냐에 관하여서는 긍정설과 부정설이 대립된다.

① 긍정설

예비죄에 대한 방조범이라는 관념을 긍정하고 그 가벌성을 인정하는 견해이다.[1] 긍정설의 논거로서는 종범이 예비로서도 처벌될 정도의 위험을 발생시킨 이상 방조에 의하여 이러한 위험을 발생시켰던 자도 그 예비죄의 방조범으로서 처벌하는 것이 종속성의 원칙에 비추어 자연스러운 일이고, 예비죄가 각 본조에 구성요건을 통하여 범죄로서 규정되어 있는 한 예비행위는 이러한 구성요건을 실현하는 실행행위이므로 이에 대한 공범은 가능하며, 행위단계로서의 예비와 미수의 구분은 가벌적 행위의 한계를 구획하는 문제이고 공범의 가능성을 다루는 문제와는 구분되어야 한다는 점 등이 제시되고 있다.

② 부정설

예비죄에 대한 종범의 성립을 부정하는 견해[2]는 종범의 성립에는 정범의 실행행위가 그 전제로 되는데 예비죄에는 미수범에 있어서의 실행과 동일한 의미인 기본적 구성요건을 실현하는 실행행위가 없고, 형법이 협의의 공범의 성립 및 가벌성에 관하여 겸억적(謙抑的)인 태도를 취하고 있다는 관점에서 예비죄에

---

1) 권문택, 「예비죄의 종범」, 황산덕 박사 화갑기념논문집, 1979, 166면; 김종원/8인공저, 366면; 김일수/서보학, 413면. 예비행위의 대상 내지 방법을 구성요건에 구체화하고 있는 독일에 있어서도 예비죄에 대한 종범은 일반적으로 인정되고 있다.

2) 권오걸, 495면; 김성천/김형준, 369면; 박상기, 219면; 배종대, 387면; 손동권/김재윤, 484면; 신동운, 587면; 오영근, 357면; 이재상 외, 430면; 이정원, 310면; 임웅, 397면; 정성근/정준섭, 213면, 차용석, 「예비죄」, 고시계, 1985. 5, 75면; 황산덕, 「예비죄」, 고시계, 1966. 7, 91면.

대한 종범은 성립된다고 볼 수 없으며, 예비죄의 실행행위는 무정형·무한정하므로 이에 대한 종범의 처벌까지 인정할 수 없고, 예비죄의 처벌 자체도 사회통념상 법감정을 무시한 것인데 예비·음모의 방조를 처벌함은 너무도 사회와 분리된 용납할 수 없는 결과를 초래한다는 점 등을 논거로 한다.[1)]

③ 결 론

이는 궁극적으로 예비죄에 있어서도 구성요건에 해당하는 실행행위라는 개념을 인정하느냐 여부에 달려 있다. 또한 전형적인 불법의 형상을 띠지 않고 일상생활과 구분되지 않는 예비단계에 대한 방조까지도 성립을 인정하게 된다면 법적 안정성을 매우 해할 뿐만 아니라, 죄형법정주의에도 반할 우려가 있다. 따라서 부정함이 타당하다. 판례도 이를 부정한다.

3) 예비죄에 대한 교사범

예비죄의 교사범이란 범의를 가지고 있지 않는 자에게 범의를 불러일으키면서 예비행위를 교사하는 경우와 이미 범의를 가지고 있는 자에게 예비행위를 교사하는 경우를 상정할 수 있다. 전자의 경우에는 범의를 가지고 있지 않은 자에게 범의를 유발하였지만 실행행위로 나아가지 않고 예비행위에 그친 결과가 된다. 따라서 형법 제31조 제2항의 효과 없는 교사에 해당하므로 교사자를 예비 또는 음모에 준하여 처벌하면 된다.[2)] 반면 후자의 경우에는 방조범과 동일한 구조이므로 이를 부정함이 타당하다. 판례도 이를 부정한다.

판 례

판례는 우선 예비죄의 준비행위란 물적인 것에 한정되지 않지만, 단순히 범행의 의사 또는 계획만으로는 안 되고 객관적으로 보아서 살인죄의 실현에 실질적으로 기여할 수 있는 외적 행위를 필요로 한다고 본다.[3)] 그렇더라도 강도예비·음모죄에는 준강도를 범할 목적은 포함되지 않는다.[4)]

---

1) 이 외에도 이분설은 일본의 일부 학자들에 의하여 주장되는 견해로서 구성요건이 독립죄로 평가되는 이른바 독립예비죄(예컨대 일본형법 제153조)의 경우에는 교사범이나 종범이 성립하지만, 구성요건의 수정형식으로써의 예비죄에 있어서는 그 성립이 인정되지 않는다고 본다. 이 학설은 취하는 견해는 없다.
2) 신동운, 586면; 임웅, 397면.
3) 대판 2009. 10. 29, 2009도7150.
4) 대판 2006. 9. 14, 2004도6432. 준강도는 절도가 폭행·협박을 하는 것이기 때문에 만일 준강도

공범성립과 관련하여서는, 예비의 단계에 그친 경우에는 이에 가공하는 행위가 예비의 공동정범이 되는 경우를 제외하고는 종범의 성립을 인정할 수 없다[1])고 본다.

제2절 미수범의 일반이론

Ⅰ. 미수범의 의의

1. 의 의

미수범이란 범죄실현의 의사로써 실행에 착수하여 행위를 종료하지 못하였거나 결과가 발생하지 아니한 경우를 말한다.

미수(Versuch)는 범행이 기수에 이르는 제 단계의 하나로서 구성요건적 실행행위를 개시했다는 점에서 그 이전의 단계인 예비·음모와 구분되고, 구성요건의 내용을 충족시키지 못한 단계에 속한다는 점에서 구성요건의 모든 내용의 충족을 의미하는 기수와 구분된다.

참고 연혁

로마법에서도 개개의 가벌적 행위와 관련하여 미수의 문제가 거론되었으나 미수의 일반적 개념은 형성되지 아니하였다. 미수의 개념은 중세 이탈리아 법학에 이르러 거론되었고 1532년의 독일 카롤리나 형법전에 규정되었으며 19세기에 들어와서는 미수가 기수의 특별한 범죄형태로서 인정되고 예비와 미수의 한계, 미수의 처벌근거, 중지미수, 불능미수 등의 문제가 다루어졌다. 1810년의 프랑스 형법전, 1851년의 프로이센 형법전, 1871년의 독일제국 형법전 등은 각각 미수범 규정을 두었다. 오늘날 대부분의 국가가 미수범 처벌규정을 두고 있으며 미수론은 형법이론의 중요한 한 부분으로 되어 있다.

를 범할 목적까지 강도예비·음모죄에 포함된다면 흉기휴대 등의 특수절도준비행위는 거의 대부분 강도예비죄로 처벌될 수 밖에 없고, 정당한 이유 없이 흉기 기타 위험한 물건을 휴대하는 행위는 폭처법 제7조에 규정되어 있기 때문이라고 본다.

1) 대판 1976. 5. 25, 75도1549.

Ⅱ. 미수범의 가벌성의 근거

1. 객 관 설

객관설은 미수범의 가벌성이 오직 구성요건을 통하여 보호되는 객체(보호법익)에 대한 위험 속에 존재한다고 본다.

포이에르바흐(Feuerbach) 이래의 전통적 학설이기도 한 이 설은 모든 주관적인 것은 책임에 귀속시키는 한편 불법은 구체적 위험 또는 침해로서 객관적으로만 근거지워진다고 보았던 리스트(Liszt)와 벨링(Beling)의 범죄개념(고전적 범죄론체계)을 그 토대로 삼고 있다. 이 설에 의하면 고의는 모든 행위의 단계(예비, 미수, 기수)에서 같은 것이므로 예비행위와 미수의 구분점은 행위객체의 영역 위에서 발견되고 미수범의 가벌성도 행위자의사가 아닌 구성요건적 결과의 실현에 대한 근접한 위험, 즉 결과불법 발생의 높은 개연성 속에 놓여 있는 것으로 이해되었다.

결과불법을 전면에 내세운 객관설은 결과불법의 결여를 이유로 미수범에 대한 형의 감경을 강조하는 한편 절대적 불능미수의 불가벌성을 주장하였다.

2. 주 관 설

주관설에 의하면 미수범의 가벌성의 근거는 범죄적 의지 내지 법적대적 심정의 실행에 있다고 한다. 즉, 행위반가치 측면에서 행위자의 법적대적 의사표현에 의하여 법적 평온을 해한 이상, 보호법익에 대한 직접적 위험이 존재하지 않는다고 하더라도 원칙적으로 처벌되어야 한다고 보는데, 주관주의 범죄이론의 입장이다.

주관설은 그 척도로서 행위를 통한 법익의 위태화가 아니라 드러난 범행의 고의 속에서 실현된 행위불법을 내세우고, 가벌적 미수의 영역을 확대하며 절대적 불능미수의 가벌성도 인정하고 미수와 기수는 법적대적 의사에서 그 차이가 없으므로 처벌도 원칙적으로 같아야 한다고 하였다.

3. 절 충 설

절충설은 행위자의 의지에 중점을 두면서도 객관적 요소를 여기에 연결시킨다. 여기에서 객관적 요소를 어떻게 보느냐에 따라 절충설도 다음의 두 가지 입장으로 나누어진다.

인상설(印象說, Eindruckstheorie)[1)]에 의하면 미수의 가벌성은 법적대적 의지의 실행이 이를 인식하는 자(일반인)에게 법질서의 효력에 대한 신뢰와 법적 안정감을 동요시킨다는 점에서 인정된다고 한다. 반면 행위자설(行爲者說, Täter-theorie)은 미수범의 가벌성을 행위자의사(행위자의 위험성)와 아울러 행위의사 속에 놓여 있는 보호법익에 대한 위태화에 있다고 본다.

4. 형법의 해석

객관설은 결과불법의 발생가능성의 정도에 차등을 두고 있으므로, 미수는 반드시 필요적 감경을 하여야만 한다. 또한 불법의 본질은 규범에 반하는 행위자의 심적 태도에도 있음을 간과하였다. 주관설은 행위자의 법적대적 의사만을 포착하므로 불능범도 처벌의 대상이 되어야 하며, 행위자의 법적대적 의사가 드러나는 모든 행위태양은 법익과 무관하게 기수범과 동일하게 처벌되어야 하는 바, 심지어 예비·음모 행위조차도 기수범과 동일한 불법을 인정하는 결과를 초래한다.

따라서 세 가지 학설 중에서, 행위불법과 결과불법의 불가분적 관련 하에 미수범의 가벌성을 인정해야 한다는 관점에서 절충설이 타당하다. 다만 절충설내의 두 견해를 다음과 같이 나누어 살펴봄이 바람직하다고 생각한다.

보호법익에 대한 위태화를 인정할 수 있는 가능미수에 있어서는 행위자설이 타당하다. 형법 제25조는 장애미수의 경우 임의적 감경이라는 법적 효력을 부여하고 있는데, 행위의사 속에 놓여 있는 보호법익의 현실적인 위태화를 고려한다면 기본적으로 기수와 동일하게 처벌하되 기수보다 결과발생의 가능성이 약화된 점을 반영하여 임의적으로 감경할 수 있도록 규정하고 있다. 또한 중지미수(제26조)는 자의로 행위를 중지하고 적극적으로 결과발생을 방지한 행위자의 의

---

1) 권오걸, 447면; 김성천/김형준, 320면; 김일수/서보학, 378면; 박상기, 214면; 손동권/김재윤, 430면; 이정원, 263면; 임웅, 389면.

사와 그와 같은 행위의사 속에 놓여 있는 보호법익의 위태화의 중단결과를 통해 필요적 감면을 인정한 것으로 볼 수 있다.

그러나 결과불법과 연관하여 단지 보호법익의 만족상태에 대한 일반인의 법감정을 동요시킴에 불과한 불능미수(제27조)의 가벌성(위험성)에 관한 설명으로서는 인상설이 타당하다.

따라서 미수범의 가벌성의 근거는 행위자의 범죄 내지 법적대적 의지의 실행이 보호법익을 위태롭게 하거나 법질서의 효력에 대한 신뢰와 법적 안정감을 동요시킨다는 점에 있다.

Ⅲ. 성립요건

미수범이 성립되려면 주관적 요소로서 범죄구성요건의 실현에 대한 결심이 있어야 하고, 객관적 요소로서 구성요건실현에의 직접적인 개시(실행의 착수)가 있어야 하며, 개념 필연적 요소로서 범행이 기수에 이르지 않을 것이 요청된다. 이러한 세 가지 요소는 언제나 어떤 특정한 구성요건에 관련되어야 한다.

1. 주관적 구성요건

미수범에서도 고의는 기수범에 있어서와 마찬가지로 모든 객관적 구성요건표지를 향해야 한다. 따라서 행위자의 고의는 미수범만의 고의가 아니라 기수의 고의일 것을 요한다. 과실로 행위한 자에게는 고의가 결여되기 때문에 미수란 있을 수 없다.

범죄의 양태에 따라서는 특별한 주관적 구성요건을 필요로 하는 경우가 있는데, 이 때에는 그 구성요건이 요구하는 특별한 주관적 구성요건요소(예컨대 통화위조죄에 있어서는 행사할 목적)까지 갖추어야 한다.

2. 실행의 착수

(1) 의 의

실행의 착수란 구성요건을 실현하는 행위를 개시함을 의미한다. 실행의 착수는 미수와 예비·음모를 구분하는 척도이고 공범의 성립도 정범의 행위가 최소한도 실행의 착수단계에 이르렀을 때 가능하게 된다.

참고 연혁

'실행의 착수'라는 개념은 프랑스에서 1796년(프랑스혁명력 4년)의 법률에서 나타났고 이것이 1810년의 프랑스 형법전(Code pènal) 제2조에도 규정되었다. 프랑스 형법 제2조의 "실행의 개시"(Commencement d'exècution)라는 표현은 1851년의 프로이센 형법(제31조)에 실행의 착수(Anfang der Ausfährung)라는 용어로 받아들여지고 이것은 다시 1871년의 독일 구형법 제43조에 그대로 규정되었다. 1975년부터 발효된 독일의 현행형법 제22조에는 종래의 "실행의 착수"라는 용어 대신에 "소위(所爲)에 관한 행위자의 표상에 따르면 구성요건의 실현을 직접적으로 개시한 자"라고 표현되어 있다. 한편 일본에서는 일본제국 형법초안 제34조에 처음으로 실행의 착수라는 용어가 쓰였고 명치(明治) 34년의 형법 초안 제55조에 현행형법 제43조와 동일한 규정형식이 채택되어 입법화됨으로써 오늘에 이르고 있다. 우리나라에서는 구법시대에 일본형법이 의용되어(구형법 제43조) 미수범의 요건이 범죄의 실행의 착수와 범죄의 미완수로 되어 있었고, 현행형법 제25조는 이러한 구형법 제43조의 전단 규정을 사실상 그대로 계승한 것이다.

(2) 실행의 착수에 관한 학설

1) 객관설

객관설은 객관적인 행위를 표준으로 하여 실행의 착수로 인정하려는 견해인데, 형식적 객관설(die foral objektive Theorie)과 실질적 객관설(die materiell objektive Theorie)로 나누어진다.

① 형식적 객관설

형식적 객관설은 독일의 구학설로서 엄격한 의미에서 구성요건해당적 행위가 개시되었을 때 실행의 착수가 있다고 주장한다. 이 설은 너무 늦은 시점에서 실행의 착수를 인정한다는 비판을 받는다. 예컨대 이 설에 따를 경우 서랍 속에 있는 물건을 절취하는 경우에 그 서랍을 여는 행위로는 아직 절취행위가 개시되었다고 볼 수 없고, 주거침입에서도 출입문의 핸들을 잡고 돌리는 행위는 아직 신체의 일부가 주거 내에 들어간 것이 아니므로 침입행위의 개시가 있다고 보기 어렵게 된다.

② 실질적 객관설

엄격한 형식보다는 실질적 관점에서 객관적 실행행위의 개시 여부를 판단하려는 실질적 객관설은 다음의 두 가지 견해로 나누어진다.

첫 번째, 프랑크 공식(Frankische Formel)은 자연스럽게 관찰할(naürliche Auffassung) 경우 구성요건적 행위의 구성부분으로 보이는 모든 행동에서 실행의 착수가 인정된다고 본다. 두 번째의 견해는 행위가 보호되는 객체(법익)에 대하여 직접적인 위험을 야기시킬 때에 실행의 착수가 있다고 주장한다.

그러나 형식적 객관설보다는 타당하지만, 직접적 위험의 야기나 밀접한 행위 등 그 판단기준이 불명확하여 자의적 판단의 우려가 있고 행위자의 개별적인 범죄계획을 모르는 관찰자의 입장에서 실행의 착수시점을 판단함은 부당하다고 비판된다.

2) 주관설

주관설은 행위자의 표상에 따라 실행의 착수유무를 판단해야 한다고 본다. 예컨대, 범죄적 의사의 표현만으로써 곧 실행의 착수가 있다고 보지 아니하고 범의가 그 수행적 행위를 통하여 확정적으로 표현될 때(牧野英一), 범의의 비약적 표동이 있었던 때(宮本英脩) 또는 범의가 취소불가능한 확실성을 드러내는 행위가 있었을 때(木村龜二)에 실행의 착수가 있다고 본다. 이러한 견해는 행위자의 표상만을 척도로 내세운 이른바 순수한 주관설과는 다소 다른 측면을 갖지만 행위자의 주관에 중점을 두고 있다는 의미에서 주관설의 범주 내에 들어가는 것으로 볼 수 있다.

주관설에 대하여서는 미수의 인정 범위가 넓어져 미수가 예비의 영역으로 확대될 우려가 있고, 범죄유형은 객관적 요소를 떠나서는 거론될 수 없음에도 불구하고 범의라는 주관적 요소에만 의존하여 예비와 미수의 구별의 표준을 세우려는 것은 무리한 일이라는 비판이 있다.[1] 비록 주관설이 '범의의 수행적 행위를 통한 확정적 표현 또는 범의의 비약적 표동'을 척도로 할지라도 이로써 미수와 예비를 명확히 구분할 수 있을 것인가는 의문이다.

3) 절충설(주관적 객관설)

주관적 관점과 객관적 관점을 결합한 견해를 절충설(die vermittelnde Theorie), 주관적 객관설(die gemischte subjektiv-objektive Theorie) 또는 개별적 객관설(die individuell-objektive Theorie)이라고 일컫는다.

---

1) 김혜정 외, 297면; 배종대, 354면; 신동운, 481면; 임웅, 384면.

이 설[1])은 실행의 착수 유무판단의 척도로서 '행위자의 표상'(개별적 범행계획)과 '보호되는 객체에 대한 공격의 직접성'을 동시에 고려함으로써, 주관설이나 객관설의 어느 한 쪽에만 의존할 때 나타나는 문제점을 극복하려는 데 이 설의 장점이 있다. 이 설이 다른 설에 비해 타당하다.

판 례

판례의 입장은 일률적으로 어느 것이라고 단정할 수 없다. 왜냐하면 판례 중에는 객관설을 취한 것도 있고[2]) 그 태도가 분명하지 않은 것도[3]) 있기 때문이다. 그러나 대체로 실질적 객관설에 해당하는 이른바 '밀접행위시설' 또는 '물색행위시설'을 취하는 경우가 다수인 것으로 보인다. 예컨대, '타인의 재물에 대한 사실상 지배를 침해하는데 밀접한 행위가 개시되'[4])거나 '재물을 물색하기 시작'[5])하면 실행의 착수가 있는 것으로 본다.

(3) 실행의 착수가 문제되는 경우

1) 일반적인 판단기준

실행의 착수를 절충설적 입장에서 판단함에 있어서도 구체적인 범죄의 특수성에 따른 고찰이 필요하다. 우선 구성요건적 행위의 일부분을 실현한 때에는 실행의 착수가 인정된다. 특히 결합범의 경우 행위의 일부가 개시되어도 실행의 착수가 인정된다.

또한 개별적 범행계획을 고려하여야 하기 때문에, 객관적으로 구성요건실현에 직접 연결되는 행위일지라도 행위자의 범행계획과 무관하면 실행의 착수로 인정하기 어렵다. 반면 보호되는 객체에 대한 공격의 직접성을 요구하기 때문

1) 권오걸, 447면; 김성돈, §26/17; 김혜정 외, 298면; 김성천/김형준, 325면; 김일수/서보학, 379면; 박상기, 224면; 손동권/김재윤, 434면; 신동운, 506면; 오영근, 312면; 이재상 외, 381면; 이정원, 268면; 임웅, 384면; 정성근/정준섭, 219면; 정영일, 228면.

2) 대판 1974. 12. 12, 74도2662; 대판 1974. 6. 11, 73도2319; 대판 1971. 3. 23, 71도246; 대판 1968. 7. 30, 68도754; 대판 1966. 9. 27, 66도1317; 대판 1956. 11. 30, 4289형상217 등.

3) 대판 1961. 9. 28, 4294형상236은 피고인이 간첩의 목적으로 우리나라 해안에 상륙한 이상 주관설, 객관설의 어느 설에 따르든 실행에 착수한 것이라고 판단한 것은 정당하다고 하였다. 같은 취지: 대판 1984. 9. 11, 84도1381.

4) 대판 2009. 9. 24, 2009도5595; 대판 1985. 4. 23, 85도464; 대판 1983. 3. 8, 82도2944.

5) 대판 2009. 12. 24, 2009도9667; 대판 2003. 6. 24, 2003도1985, 2003감도26; 대판 1992. 9. 8, 92도1650, 92감도80.

에, 행위와 구성요건 실현 사이에 적어도 하나 이상의 다른 중간행위가 존재하면 직접성이 인정되지 않으므로 실행의 착수가 아닌 예비행위로 보아야 한다.[1] 예컨대 주거침입죄의 경우, 주거에 사람이 있는지를 확인하기 위하여 그 집의 초인종을 누른 행위만으로는 침입의 현실적 위험성을 포함하는 행위를 시작하였다거나, 주거의 사실상의 평온을 침해할 객관적인 위험성을 포함하는 행위를 한 것으로 볼 수 없다.[2] 즉, 주거침입죄에서의 공격의 직접성이 인정되지 않고, 실행의 착수를 하기 위해서는 신체 일부의 침입이라는 제3의 행위가 추가적으로 요구되기 때문에 실행의 착수를 인정할 수 없다.

판 례

결합범의 경우 판례는 결합되는 범죄의 일부만이라도 실행에 착수하면 전부의 실행의 착수를 인정한다.[3] 다만, 야간주거침입절도죄는 야간에 이루어지는 주거침입행위의 위험성에 주목하여 가중처벌하는 범죄이므로 주거침입이 주간에 이루어진 경우에는 제330조에 해당하지 않고 주거침입도 야간에 시작되어야만 실행에 착수한 것으로 본다.[4] 만일 주간에 주거에 침입하여 야간에 절취하기 위하여 숨어 있다가 발각된 경우, 행위자가 주간절취를 계획하였다고 하면 이는 결합범이 아니므로 절도죄는 실행의 착수에도 이르지 아니하여 주거침입죄만 성립하지만, 반대로 행위자가 야간절취를 계획하였다고 하면 결합범의 일부의 실행의 착수가 시작되었으므로 야간주거침입절되죄 미수가 되는 불합리한 결과가 초래되기 때문이다.

또한 결합범이라 하더라도 범죄의 표상에 따른 특수성으로 인해 일부의 실행만으로 실행의 착수를 인정할 수 없는 경우도 있다. 예컨대 인질강도죄와 인질강요죄는 피해자를 약취·유인하여 인질로 삼은 시점에서는 어떤 범죄를 하고자 하였는지 객관적으로 판단할 수 없다. 따라서 결합되는 후자의 행위가 시작되는 시점을 실행의 착수로 보아야 한다. 유사하게 판례는 준강도죄의 기수와 미수를 협박 또는 폭행행위가 아닌 절도행위를 기준으로 판단한다.[5]

한편 판례는 주거침입강간죄나 주거침입강제추행죄를 결합범으로 보지 않고 주거에 침입한 자만이 행할 수 있는 성범죄로 보아서 일종의 신분범으로 이해한다.

1) 김성돈, §26/17.
2) 대판 2008. 4. 10, 2008도1464.
3) 대판 2006. 9. 14, 2006도2824.
4) 대판 2011. 4. 14, 2011도300, 2011감도5.
5) 대판 2004. 11. 18, 2004도5074 전원합의체 판결.

그 결과, 주거침입행위로 신분이 성립한 이후에 실제로 강간죄나 강제추행죄의 실행행위로 나아간 때가 비로소 실행의 착수시기라고 본다.[1] 따라서 반대로 선후가 바뀌어 강간죄를 범한 자가 그 피해자의 주거에 침입하면 강간죄와 주거침입죄의 실체적 경합범이 된다고 본다.

2) 간접정범

간접정범의 경우에는 전통적으로 이용자가 이용행위를 개시한 때에 실행의 착수를 인정하는 견해와 피이용자가 실행행위를 개시했을 때에 실행의 착수를 인정하는 견해가 대립되며, 최근에는 피이용자가 선의의 도구인 경우에는 이용행위를 개시한 때에, 악의의 도구인 경우에는 피이용자의 실행행위가 개시될 때에 각각 실행의 착수가 있다는 견해도 주장되고 있다.

간접정범도 보호법익을 직접적으로 위태롭게 하는 실행행위 없이 실행의 착수를 인정하기는 어렵기 때문에 피이용자가 범죄의 실행행위를 개시했을 때에 실행의 착수가 있다고 봄이 타당하다.[2]

3) 원인에 있어서 자유로운 행위

여기에는 원인설정행위시에 실행의 착수가 있다는 견해, 행위자가 자기를 책임능력결함상태로 만드는 과정을 완료한 때에 실행의 착수가 있다는 견해, 책임능력결함상태하에서 실행행위를 개시한 때에 실행의 착수가 인정된다는 견해 등이 있다.

고의적 작위범의 경우에는 당해 법익에 대한 직접적인 위험이 초래되는 시점, 즉 책임능력결함상태 하에서 실행행위를 개시한 때에 실행의 착수가 있다. 고의적 부작위범의 경우에는 의무불이행에 의하여 보호법익에 대한 직접적인 위험이 초래되거나 그 위험을 증대시킨다고 볼 수 있는 시점에 실행의 착수가 있다고 보아야 할 것이다.

4) 부작위범

부작위범의 경우는 그 태양에 따라, 의무이행의 지연이 바로 기수로 나타나

---

1) 대판 2021. 8. 12, 2020도17796.

2) 독일에 있어서는 최근 간접정범이 자신의 표상에 따르면 당해 법익을 위태롭게 하는 것이 피이용자를 통하여서는 더 이상 조종될 수 없다고 인정되는 시점에 이미 실행의 착수가 있다는 견해가 있다.

는 진정부작위범은 구성요건에서 요구하는 부작위의 존재가 실행의 착수이자 동시에 기수가 되므로, 미수범의 처벌규정이 드물고 미수의 성립 그 자체가 부정된다. 퇴거불응죄(제319조 제2항)의 경우처럼 미수범 처벌규정을 두는 예가 있으나 입법론적 재검토를 요한다. 부진정부작위범은 행위의 개시에 비교될 만한 요인이 없기 때문에 언제 실행의 착수가 있는가를 확정하기 어려우나, 작위의무 이행의 지연으로 인하여 보호법익에 직접적인 위험이 초래되거나 위험의 발생을 증대시키는 시점에 실행의 착수가 있다고 볼 수 있다.

5) 공동정범

공동정범의 경우에는 공동행위 결의의 테두리 내에 있는 어느 한 사람이 직접적으로 구성요건의 실현행위를 개시할 때 모든 공범자에게 실행의 착수가 있는 것으로 인정된다.

판 례

강제집행절차를 통한 소송사기에서 실행의 착수 시기는 집행절차의 개시신청을 한 때 또는 진행 중인 집행절차에 배당신청을 한 때이고 부동산에 관한 소유권이전등기청구권에 대한 강제집행절차에서, 소송사기의 실행의 착수 시기는 허위 채권에 기한 공정증서를 집행권원으로 하여 채무자의 소유권이전등기청구권에 대하여 압류신청을 한 때이다(대판 2015. 2. 12, 2014도10086). 그러나 보험사기의 경우 하자 있는 보험계약을 체결한 행위만으로는 기망행위의 실행에 착수한 것으로 볼 수 없다(대판 2013. 11. 14, 2013도7494). 또한 주간에 절도의 목적으로 타인의 주거에 침입하였다고 하여도 아직 절취할 물건의 물색행위를 시작하기 전이라면 주거침입죄만 성립할 뿐 절도죄의 실행에 착수한 것으로 볼 수 없고(대판 2012. 9. 27, 2012도9386), 마약등 매매죄에서 단순히 필로폰을 구해 달라는 부탁과 함께 대금 명목으로 돈을 지급받은 것에 불과한 경우에는 실행의 착수가 아니다(대판 2015. 3. 20, 2014도16920).

또한 향정신성의약품수입죄는 발신국의 우체국 등에 향정신성의약품이 들어 있는 우편물을 제출할 때에 실행의 착수가 있고, 단지 필로폰을 받을 국내 주소를 알려준 것만으로는 예비행위에 불과하다(대판 2019. 5. 16, 2019도97).

3. 행위가 기수에 이르지 아니할 것

행위가 구성요건을 충족시키는 단계에는 이르지 않아야 한다. 형법 제25조 제1항은 이러한 상태를 "범죄의 실행에 착수하여 행위를 종료하지 못하였거나 결과가 발생하지 아니한 때"라고 표현하여 기수와 구분하고 있다.

실행행위 자체가 종료되지 않은 경우의 미수를 착수미수 또는 미종료 미수(unbeendeter Versuch)라 하고, 실행행위는 종료되었지만 결과가 발생하지 않은 경우의 미수를 실행미수 또는 종료미수(beendeter Versuch)라고 부른다. 실행미수의 종료 여부에 따라 미수의 형태를 착수미수와 실행미수로 구분하는 실익은 무엇보다도 중지미수와 관련하여 실행행위가 아직 끝나지 않은 시점에서는 행위자가 실행행위를 자의적으로 중지하면 되지만, 실행행위가 종료된 시점에서는 행위자가 자의에 따라 적극적이고도 진지한 태도로 결과의 발생을 방지해야만 중지미수로 된다는 점에 있다.

범행이 미수의 단계를 넘어서서 기수로 인정되는 시기(구성요건의 완성)가 언제인가 하는 것은 범죄마다 그 특성이 다르기 때문에 당해 범죄구성요건의 해석에 따라 구체적으로 결정될 수밖에 없다.

Ⅳ. 미수의 제 형태

1. 유형의 분류

(1) 착수미수(미종료미수)와 실행미수(종료미수)

행위자가 실행행위를 종료했는가 여부에 따라 착수미수와 실행미수로 구분된다. 착수미수는 행위자가 실행행위에 착수하였으나 이를 종료하지 않은 실행행위 미종료의 미수이고, 실행미수는 아직 구성요건적 결과가 발생되지 않았을 뿐 실행행위는 이미 종료된 미수를 말한다. 미수란 기수에 이르지 않는 단계를 의미하므로, 범죄가 완성되지 아니한 시점에서 그것이 착수미수인지 실행미수인지 판단함에는 견해의 대립이 있다.

1) 객관설(개별행위설)

미수가 되는 시점에서 존재하는 행위 그 자체의 속성으로 인하여 구성요건적 결과를 발생시킬 수 있는가 여부를 기준으로 착수미수와 실행미수를 구분한다. 행위자의 범행계획 또는 주관적 사정을 고려하지 않고 미수단계에서 객관적으로 존재하는 행위만으로 판단한다는 점에서 객관설이라고 한다. 객관설에 의하면 만일 존재하는 행위 자체의 속성만으로는 결과발생이 불가능하면 착수미수에 해당하고, 반대로 그 행위로부터 구성요건이 완성될 수 있다고 판단되면 실행미수에 해당한다.

2) 주관설

행위자의 구체적인 범행계획에 비추어, 존재하는 행위 이후에도 행위자의 표상에 따르면 구성요건을 완성하기 위하여 요구되는 행위가 여전히 남아있다고 여긴다면 착수미수에 해당한다. 반면 비록 구성요건적 결과가 발생되지 아니한 시점이라 할지라도 행위자의 범행계획에 따른 모든 행위가 종료된 시점이라면 실행미수에 해당한다.[1)]

또는 행위자의 범행계획을 기초로 하되 행위자가 일정한 행위를 하다가 중지하고 실제로 다른 행위로 나아간 경우에는, 선행행위와 그 이후에 계속된 행위가 한 개의 단일행위를 구성한다면 착수미수로 인정하고, 계속된 행위가 그 이전행위에 대해 새로운 행위라면 이전 행위는 종료미수라고 보는 이른바 전체적 고찰설[2)]도 주관설의 수정된 한 형태로 분류할 수 있다.

3) 절충설

행위 당시의 객관적 상황과 이에 대한 행위자의 인식을 종합적으로 고려하는 견해이다.[3)] 즉, 행위 시점의 객관적 상황과 행위자의 주관적 인식을 종합하여 구성요건적 결과발생에 필요한 행위가 끝났으면 실행미수이지만 그렇지 않은 때에는 착수미수라고 한다.

4) 소 결

각각의 학설의 차이는 구성요건이 완성되기 이전의 시점에서 행위자에 의하여 행해진, 존재하는 행위만으로 결과발생가능성을 판단할 것인가 아니면 그 시

---

1) 김성천/김형준, 343면; 손동권/김재윤, 451면; 신동운, 525면; 이재상 외, 400면.
2) 김성돈, §28/22.
3) 권오걸, 466면; 김일수/서보학, 403면; 김혜정 외, 276면; 배종대, 382면; 오영근, 327면; 임웅, 411면; 정성근/정준섭, 229면; 정영일, 234면.

점에서 행위자의 최초의 범행계획에 비추어 보아 계획된 행위가 모두 완성되었는가 여부로 판단할 것인가에 놓여 있는 것처럼 보인다. 그러나 행위시점의 객관적 정황이 구성요건의 완성이 가능한 상태라 하더라도 아직 구성요건 결과가 발생되지 않은 상태에서 행위자의 범행계획을 포함한 내심의 의사를 무시하고 착수미수인지 실행미수인지를 구분하는 것이 법적으로 어떤 의미가 있는가를 확인하여야 한다. 실제로 착수미수와 실행미수는 미수라는 점에서는 아무런 차이가 없다.

오히려 후술할 중지미수에서의 법적 효력과 관련이 있는 바, 중지미수는 자의적으로 행위를 중단하고 결과발생을 방지하기 위하여 노력하였다는 행위자의 심적 태도로부터 행위반가치를 평가하여야 함에 핵심이 있다. 즉, 착수미수이든 실행미수이든 결과반가치 측면에서는 동일한 평가가 이루어진다는 점에서는 객관적 정황으로 양자를 구분하는 것은 법적인 의미가 없다.

따라서 행위자의 범행계획에 비추어 구분하는 주관설이 타당하다. 전체적 고찰설 역시 행위자의 범행계획에 비추어 보아 전후 행위의 범의를 연속선상에 놓을 수 있는가 여부를 고찰한다는 점에서 주관설과 다를 바 없다고 보여 진다.

(2) 가능미수와 불능미수

실행의 수단 또는 대상의 성질에 비추어 구성요건적 결과의 발생이 가능했던 경우는 가능미수(tauglicher Versuch)이고 그것이 불가능했던 경우는 불능미수(untauglicher Versuch)이다. 양자를 구분하는 실익으로는, 가능미수는 제25조를 적용하여 임의적 감경을 하지만 불능미수는 제27조를 적용하여 임의적 감면을 한다. 양자는 행위자의 행위반가치 측면에서는 차이가 나지 않으나, 구성요건적 결과의 발생이 가능하였다는 점은 법익침해의 가능성을 의미하므로 결과반가치는 가능미수가 불능미수보다 크다.

(3) 장애미수와 중지미수

일반적으로 행위자가 자의에 따라 실행행위를 중지하거나 자의에 따라 진지하게 결과의 발생을 방지한 경우는 중지미수(Rücktritt vom Versuch), 그렇지 않은 경우는 장애미수(fehlgeschlagener Versuch)로 구분된다. 결과발생방지와 관련하여 행위자의 관여 없이 결과가 발생되지 아니함을 행위자가 모르고 진지하게 결과발생방지를 위한 노력을 행한 경우도 중지미수로 취급함이 타당하다.

위에서 살펴본 강학상의 용어와는 달리, 형법은 장애미수를 미수범(제25조), 중지미수를 중지범(제26조), 불능미수를 불능범(제27조)이라고 표현하고 있다.

2. 실제의 출현형태

위에서는 세 가지 척도에 의한 미수범의 유형을 살펴보았지만 실제로 나타나는 미수범의 형태는 복합적 성격을 갖는 것으로서 매우 다양하다. 예컨대 시한폭탄장치를 하던 중 이를 완료하기 이전에 발견되어 뜻을 이루지 못한 경우는 가능미수이고 착수미수이며 장애미수이다. 이처럼 실제로 나타나는 미수형태는 세 가지 척도에 따른 미수범 유형의 복합형태인 것이다.

Ⅴ. 기타 관련문제

1. 미수범과 처벌

미수범을 처벌할 죄는 각칙의 해당 죄에서 정하도록 되어 있으므로(형법 제29조) 각칙에 개별적 처벌규정이 없는 한 어떤 형태의 미수로도 처벌되지 않는다. 형법은 예비·음모죄에 비하여 미수범을 폭넓게 처벌하고 있다.[1)]

미수범의 처벌에는 기수범의 경우와 동일한 법정형이 적용되지만 중지미수범(제26조)은 형의 필요적 감면사유, 불능미수범(제27조)은 형의 임의적 감면사유, 그 밖의 미수범(제25조)은 형의 임의적 감경사유가 된다.

2. 미수범의 성립이 문제되는 제 경우

(1) 고의범의 미수 성립기준

우선 거동범은 일정한 실행행위만 있으면 족하고 결과의 발생을 필요로 하지 않기 때문에, 이론상 미수가 발생할 수 없으므로 대체로 미수범 처벌규정이 없지만, 미수범 처벌규정이 있다고 하더라도 미수가 성립하지 않는다. 따라서 결과범의 경우에만 미수가 거론된다.

---

1) 형법은 낙태, 유기, 명예, 비밀침해, 장물, 신용업무에 관한 죄, 풍속을 해하는 죄, 도박, 복표에 관한 죄, 위증, 증거인멸, 무고의 죄, 국기에 관한 죄 등 비교적 경하거나 거동범이나 추상적 위험범과 같이 성격상 미수범처벌이 적절하지 못한 경우를 제외하고 대부분의 범죄에서 그 미수범을 처벌하고 있다.

둘째, 보호법익의 추상성으로 인하여 실제로 법익침해의 결과발생을 확증하기 어려운 범죄는 미수범 처벌규정을 두지 않음이 일반적이다. 예컨대, 명예훼손죄(제307조)는 외적 명예라는 개인의 법익이 실제로 범죄행위로 인하여 침해되었는지 여부를 객관적으로 확증할 수 없기 때문에, 구체적 사실의 적시만 있으면 기수가 된다. 개인적 법익 중에서도 보호법익이 추상적인 명예, 업무 등이 해당된다.[1] 반대로 국가적 법익이나 사회적 법익은 그 보호법익의 추상성으로 인하여 그것이 개인의 법익침해와 직접적 연관성이 있지 않는 한 미수범 처벌규정을 두지 않는 것이 일반적이다.

(2) 부작위범

부진정부작위범의 미수가 가능함은 물론이나 진정부작위범의 미수는 불가능하다는 것이 다수의 입장이다. 다만 퇴거불응죄의 경우에는 미수범처벌규정이 있으나, 이는 입법상 주거침입죄와 같은 조문에 편재되면서 주거침입죄의 미수규정이 적용되는 입법상의 오류에 해당된다고 보거나 불능미수와 같이 관념상으로만 인정할 수 있다고 보아야 할 것이다.

(3) 과실범과 결과적 가중범

미수는 고의범의 영역이다. 따라서 과실범이나 고의의 기본범죄와 중한 과실을 요건으로 하는 결과적 가중범의 미수는 원칙적으로 인정할 수 없다. 다만, 강도치상죄나 강도치사죄와 같이 진정결과적 가중범에 해당함에도 미수범처벌규정이 있는 경우가 문제된다. 입법적 오류임에 명백하나, 해석론상으로는 논의의 여지가 있다(이에 대하여는 결과적 가중범 부분 참조).

---

1) 한편, 판례는 협박죄를 추상적 위험범적으로 해석하면서도 그 미수범 처벌규정에 대하여 미수성립 가능성을 제시하고 있다. 이는 협박죄의 법익이 의사결정의 자유이지만, 실제로 상대방에게 공포심을 유발하였는가 여부를 기준으로 한다면 범죄성립여부가 행위자의 행위가 아닌 피해자의 심리상태에 의존하기 때문이다. 대판 2007. 9. 28, 2007도606 전원합의체 판결 참조.

제3절 현행 형법상의 미수범의 유형

Ⅰ. 제25조의 미수범

제25조는 미수범에 관하여 "① 범죄의 실행에 착수하여 행위를 종료하지 못하였거나 결과가 발생하지 아니한 때에는 미수범으로 처벌한다. ② 미수범의 형은 기수범보다 감경할 수 있다."라고 규정한다.

이 규정은 문언상으로 보면 모든 형태의 미수범에 공통되는 요건만을 규정하고 있기 때문에 장애미수, 중지미수, 불능미수에 모두 관련되는 포괄적인 규정이라고 볼 수 있다. 그러나 제26조가 중지범(중지미수)을, 제27조가 불능범(불능미수)을 각각 규정하고 있기 때문에, 이들을 제외하면 제25조 제2항의 미수범에는 구성요건적 결과의 발생은 가능했지만 비자의적인 장애 때문에 미수로 된 경우만이 남게 된다.

이러한 제25조의 미수범은 가능미수이자 장애미수로서 착수미수인 경우와 실행미수인 경우를 모두 포함한다고 볼 수 있으며 그 성립요건은 미수범의 일반이론에서 살펴본 것과 동일하다. 이는 넓은 의미의 장애미수(비자의적 미수)로부터 불능미수를 제외한 장애미수라는 의미에서 협의의 장애미수라고도 한다.

Ⅱ. 중지미수(中止未遂)

1. 의 의

중지미수(Rücktritt vom Versuch)란 범죄의 실행에 착수한 자가 자의로 그 행위를 중지하거나 그 행위로 인한 결과의 발생을 방지한 경우를 말한다(형법 제26조). 우리 형법은 미수의 유형 중에서 중지미수를 가장 관대하게 취급한다.

참고 연혁

중지미수는 로마법, 카롤리나 형법전, 독일보통법에서 각각 인정되었고 포이에르바흐를 비롯한 많은 학자들에 의하여 거론되었으며 오늘날 각국 형법에 규정되고 있다.

우리나라의 구형법 제43조(일본형법 제43조)는 "범죄의 실행에 착수하고 이를 완수하지 못한 자는 그 형을 감경할 수 있다. 단, 자기의 의사에 의하여 이를 정지한 때에는 그 형을 감경 또는 면제한다."고 하여 중지미수를 장애미수에 덧붙여 간단하게 규정하였다. 1953년 10월 3일부터 발효된 형법 제26조는 중지미수를 장애미수의 규정과 분리시켜 그 유형에 있어서도 자의로 실행에 착수한 행위를 중지한 경우(착수중지)와 행위로 인한 결과의 발생을 방지한 경우(실행중지 또는 실행방지)의 두 가지 경우를 제시하였으나, 중지미수의 형법적 취급에 있어서는 구형법 제43조 단서와 마찬가지로 형의 필요적 감면으로 하였다.[1)]

2. 법적 성격

중지미수를 특별히 관대하게 취급하는 이유가 무엇인가 하는 문제가 바로 중지미수의 본질 내지 그 법적 성격의 문제이다.

(1) 형사정책설

형사정책설(Kriminalpolitische Theorie)은 중지미수에 대하여 관대한 취급을 하는 것은 이미 범죄의 실행에 나아간 자에게 범죄가 완성되기 전에 이를 중지하게 하거나, 경우에 따라서는 범죄의 결과의 발생을 방지하도록 자극을 줌에 그 의미가 있다고 본다. 이 설은 범행으로부터 적법한 세계로 되돌아오기 위한 황금의 다리를 놓아준다는 리스트(Liszt)의 표현 때문에 황금교설(황금의 다리 이론)이라고도 불리어진다.[2)]

(2) 법률설

법률설(Rechtstheorie)은 중지미수가 관대하게 취급되는 이유를 범죄론의 테두리, 즉 중지의 법적 성격에서 찾으려는 학설로서 이는 다시 위법성감소소멸설

---

1) 독일형법 제24조는 중지미수의 불가벌성, 실행행위의 자의적 중지와 결과발생의 방지라는 전통적 유형을 규정하는 이외에도 공범에 있어서의 중지문제, 중지자의 관여 없이도 범죄가 완성되지 아니하는 경우에 있어서의 중지문제 등도 포괄적으로 규정하고 있다.

2) 이 설에 대하여서는 ① 중지미수를 유리하게 취급한다는 사실도 결정적인 순간에서 행위자의 결심에 영향을 미치지 못하며 더욱이 이러한 약속이 국민에게 널리 알려져 있지 않는 한 그 효과가 없고, ② 중지미수가 처벌되지 않는 독일의 법제와는 달리 그 취급이 필요적 감면에 불과한 우리 형법에 있어서는 그 정책적 효과가 크지 아니 하다고 비판한다. ③ 또한 형사정책설은 형의 면제를 전제로 하여 전개된 학설로서 이 설에 의하여 우리나라의 중지범 규정을 설명할 경우 행위자에게 형의 감경과 면제라는 상이한 법적 효과를 어떠한 기준에 따라 귀속시킬 것인가 하는 점이 밝혀지지 아니한다는 비판이 있다.

과 책임감소소멸설로 나누어진다.

1) 위법성감소소멸설

위법성감소소멸설은 범행에의 결의는 그 행위를 위법하게 하는 주관적 요소인 반면, 범죄의 중지 내지 방지에의 결의는 그 행위의 위법성을 감소 내지 소멸시킨다고 본다. 그리하여 중지미수에 있어서는 범죄를 행하려는 결의가 그 효력을 발생하기 전에 반대결의의 실현을 통하여 전체적으로 그 행위의 위법성이 감소 내지 소멸되며 이것이 중지미수를 관대하게 취급하는 이유가 된다고 한다.[1)]

2) 책임감소소멸설

책임감소소멸설은 일단 행하여진 위법행위에 대한 평가는 변경될 수 없으나, 자의적 중지나 결과발생의 방지를 통하여 행위자에 대한 책임비난이 감소 내지 소멸되고 이 때문에 중지미수가 관대한 취급을 받는다고 본다.[2)]

(3) 결합설

결합설은 대체로 중지미수범의 형의 면제에 대하여서는 형사정책설의 입장을 취하는 한편 형의 감경에 대하여서는 법률설의 입장을 취하는 경향을 가지며, 그 결합방법에 따라 ① 형사정책설과 위법성감소설의 결합, ② 형사정책설과 책임감소설의 결합,[3)] ③ 형사정책설과 위법성감소설 및 책임감소설의 결합[4)] 등 세 가지 형태로 나누어진다. 결합설에 대한 비판으로는 이 설이 중지미수의 법적 성격을 일관성 있게 설명하지 못한다는 사실과 형사정책설의 약점이 부분적으로나마 결합설에도 미친다는 점을 들 수 있다.

---

1) 위법성감소소멸설에 대하여서는 ① 이미 발생된 위법성이 후에 소멸될 수 있다는 사고를 전제로 하고 있으나 논리적으로는 수긍하기 어렵고, ② 행위의 객관적 위법성이 소멸 또는 감소되는 것으로 보기 때문에 중지미수에 대한 관대한 처분은 공범독립성설을 취하지 않는 한 중지자에게는 물론 공범에게도 미치는 것으로 해석해야 하는데 이는 중지미수에 대한 관대한 처분이 중지자의 일신에 전속한다는 원리에 어긋나며, ③ 위법성이 소멸되는 경우에는 당연히 범죄의 성립이 배제되어 무죄로 되나, 중지미수의 경우 유죄판결의 일종인 형의 면제판결을 해야 한다는 것은 모순이라는 비판이 있다.

2) 김성돈, §28/11. 한편 이 설에 대하여서는 ① 책임의 감소만으로 형의 면제를 설명하기 어렵고, ② 중지에 의하여 이미 발생한 책임이 소멸될 수는 없으며, ③ 책임이 소멸된다면 무죄판결을 해야 할 것이나 이는 형의 면제를 규정하고 있는 형법의 태도에 합치되지 아니한다는 비판이 있다.

3) 김일수/서보학, 397면; 김혜정 외, 311면; 임웅, 402면; 진계호, 504면; 황산덕, 232면.

4) 오영근, 321면.

(4) 형벌목적설

형벌목적설(Strafzwecktheorie)은 중지미수가 처벌되지 아니함을 형벌목적의 탈락으로 설명한다.[1] 이 설에 의하면 행위자가 자의로 범죄의 완성을 중지한다면 이는 그의 범죄실행의사가 범죄의 완성에 충분할 만큼 강하지 못함을 보여주는 것이므로 특별예방이나 일반예방의 근거에서 볼 때에도 형벌이 요청되지 않고, 정의도 또한 이러한 경우에 형벌을 요구하지 않는다고 한다. 이 설은 실행에 착수할 당시의 행위자의 의사는 범죄의 완성에 충분할 만큼 강할 수 있고, 행위자의 위험성도 일반적으로 중지 때문에 반드시 적어지는 것은 아니라는 비판을 받는다.

(5) 은사설(공적설)

은사설(Gnadentheorie), 보상설(Prämientheorie) 또는 공적설(Verdienstlichkeit-stheorie)로 불리어지는 이 설에 의하면 비록 자의로 범죄의 완성을 중지한 사실이 어느 한도까지 그 책임을 상쇄시키기는 하지만, 궁극적으로 그 가벌성이 없어지게 되는 것은 중지자의 공적이 관용을 받을 가치가 있으므로 불벌의 보상을 받게 되기 때문이라고 한다.[2]

(6) 결 론

이상에서 소개한 학설 중 어느 설을 취한다 하더라도 중지미수의 성격을 만족스럽게 설명하기는 어려우나,[3] 형의 경중과 면제를 선택적으로 규정한 형법 제26조와 관련시켜 볼 때에 다음과 같이 결론짓는 것이 타당하지 않을까 한다. 중지미수범의 형이 감경됨은 자의적으로 이미 착수한 범죄의 실행을 중지하거나 결과발생을 방지한 사실에 의하여 그 책임이 감소되기 때문이며, 그 형이 면제됨은 형사정책적 고려라는 면이 아주 없는 것은 아니나, 그보다 오히려 자의적으로 중지 내지 방지한 공적에 대하여 중지자에게 불벌로 보답하기 때문이라는 보상설(은사설)의 입장에서 이해할 수 있다.

결과적으로 중지미수의 법적 성격은 자의적으로 이미 착수한 범죄의 실행을 중지하거나 그 행위로 인한 결과의 발생을 방지한 노력 때문에 책임이 감소되거

1) 김성천/김형준, 334면; 손동권/김재윤, 445면; 원형식, 277면.
2) 이재상 외, 393면; 정성근/정준섭, 224면.
3) 종합적 고려를 주장하는 견해로는 박상기, 228면.

나 불벌로 보답되기도 하여 그 형이 감경 또는 면제(소멸)되는 인적 형벌감면사유(persönlicher Strafaufhebungs und milderungsgrund)로 볼 수 있다.

3. 성립요건

중지미수범의 성립에도 미수범의 성립에 필요한 요건이 갖추어져야 하며, 이 밖에도 자의성과 실행의 중지 또는 결과발생의 방지라는 특수한 요건이 요청된다. 여기서는 이들 특수한 요건만을 살펴보기로 한다.

(1) 자의성(自意性)

착수한 실행행위의 중지나 종료된 행위로 인한 결과발생의 방지는 모두 행위자의 자의에 의하여 이루어질 것을 요한다. 이 자의성(Freiwilligkeit)의 유무는 중지미수와 장애미수를 구분하는 척도가 된다. 그런데 이러한 자의성을 어떠한 관점에서 이해할 것인가에 대하여서는 견해의 대립이 있다.

1) 외적 사정, 내적 원인 구별설(객관설)

이 설은 외부적 사정과 내부적 동기를 엄격하게 구분하여 외부적 사정으로 인한 범죄의 미완성은 장애미수가 되고, 내부적 원인으로 인한 범죄의 미완성만이 중지미수가 된다고 주장하는데 객관설이라고 불리어진다.[1][2] 이 설은 인간의 내심의 의사는 어떠한 외적 자극에 의하여 유도됨이 일반적이므로 어떤 행위가 외부적 사정으로 인한 것인가 내부적 원인으로 인한 것인가를 구별하기 곤란하고, 해석 여하에 따라 중지미수를 인정하는 범위가 지나치게 확대될 우려가 있다는 비판을 받는다.

2) 윤리적 동기설(주관설)

이 설은 회오, 동정, 연민 기타 이와 비슷한 윤리적 동기에 의하여 중지한 경우만을 중지미수라고 하고 기타의 경우는 장애미수로 본다. 주관설이라고도 하

---

1) 신동운, 519면은 객관설을 일반인의 경험 또는 통상의 판단에 의하여 범행의 중지가 범죄의 기수를 방해할 정도의 것 또는 저지할 수 있는가를 기준으로 자의성을 판단하는 견해라고 본다. 즉, 일반인의 경험칙에 비추어 중지행위로부터 결과발생이 저지된다고 봄이 상당한가의 판단이라고 설명한다.

2) 오영근, 325면은 법적 효력이 독일과 같이 필요적 면제를 하는 것이 아닌 이상, 자의성의 범위를 좁혀서 해석할 필요가 없기 때문에 객관설을 취하여 보다 넓게 해석하거나 절충설을 취하더라도 객관설에 가깝게 해석하여야 한다고 본다.

며, 중지미수를 인정하는 범위가 지나치게 좁고 형법적 비난이 곧 윤리적 비난과 같을 수 없다는 비판을 받는다.

3) 사회통념설(절충설)

사회통념설에 의하면 사회의 일반적 경험에 비추어 범죄수행에 장애가 될 만한 사정이 있는 경우에는 장애미수로 되지만 장애가 될 만한 사정이 없었으면 중지미수가 성립한다고 본다. 이 설은 더 나아가 비록 장애가 될 만한 사정이 있었던 경우에도 행위자의 표상에 의하면 그러한 사정을 인식하지 못하고 임의로(자율적으로) 실행행위를 중지하거나 결과의 발생을 방지한 경우에는 중지미수로 보게 된다.[1] 예컨대 낙엽이 떨어지는 소리를 경찰관이 오는 것으로 잘못 알고 중지한 경우는 장애미수인 반면, 사실은 경찰관이 오고 있는데 이를 단순히 낙엽이 떨어지는 소리로 알고 임의로 그만둔 경우는 중지미수가 되며, 낙엽소리를 사실대로 인식하고 임의로 중지한 경우도 물론 중지미수가 된다. 또한 절도범인이 물건을 찾다가 발견한 재물의 가치가 낮은 것에 실망하여 중지한 경우도 중지미수가 된다. 그러나 준비해 간 금고 열쇠가 맞지 않거나, 갑자기 경찰이 나타났거나, 행위자에게 예기치 못했던 급한 사정변경으로 절취를 중단하는 경우는 행위자의 자율적 동기와 무관한 것으로서 장애미수에 해당될 뿐이다. 이처럼 사회통념설은 행위자의 자율적 판단을 강조한다.[2]

다만 그 척도인 사회통념을 확정하기 어렵고 그 불명확성으로 인하여 사회통념의 기준을 다시 제시하여야만 한다거나, 사회통념이라는 외계에 존재하는 사실에 의존하므로 행위자의 내적 의사를 도외시한다는 비판이 제기된다.

4) 프랑크 공식

프랑크 공식은 "내가 비록 그것을 할 수 있지만 하고 싶지 않아서" 그만두는 경우가 자의에 의한 중지이고, "내가 그것을 하려 해도 이룰 수가 없어서" 그만두는 경우는 자의적 중지가 아니라고 한다.

이 설은 "할 수 있다"는 것이 어떠한 가능성을 의미하는지 분명하지 못하다는 비판을 받는다. 또한 자의성과 가능성을 혼동하고 있으며, 행위자의 내적 심

---

1) 이를 심리적·규범적 절충설로 구분하는(신동운, 520면) 등의 견해가 있으나 내용상으로는 사회통념설과 같다.
2) 김성천/김형준, 337면; 김혜정 외, 312면; 배종대, 377면; 손동권/김재윤, 448면; 이재상 외, 396면; 이정원, 278면; 정영일, 234면 등.

리상태에 의존하므로 자의성의 범위가 지나치게 확대될 우려가 있다.

5) 자율적 동기설

이 설은 자율적 동기로 범행을 중지하거나 결과의 발생을 방지한 경우에는 중지미수로 되고 타율적인 경우에는 장애미수가 성립된다고 보는 입장이다.[1] 따라서 후회, 동정심이나 범행의욕의 상실 등과 같은 심리적 상태는 자율적 동기이므로 자의성이 긍정되지만, 그 밖의 외부적 사정에 의한 경우에는 자의성이 부정된다.

그러나 이 설은 자의성을 사실상 같은 의미의 용어인 자율성으로 바꾸어 놓은데 불과하다는 비판을 받고 있다. 또한 중지의 동기가 자율적인지 타율적인지의 구분은 매우 모호하다. 앞선 후회, 동정심, 범행의욕의 상실 등도 외계에 존재하는 타율적 사정에 의하여 변화되는 행위자의 심리상태일 수 있기 때문이다. 이 설은 내용상 사회통념설과 거의 다를 바 없다.

6) 규범설(범죄이성설)

규범설은 자의성을 규범적 관점에서 판단한다.[2] 규범설을 범죄이성설(犯罪理性說)이라고 함은, 동 학설이 위에서 설명한 모든 학설들을 심리학적 이론이라고 보기 때문이다. 동 학설은 범죄자의 이성적 판단에 근거하여, 발각과 처벌의 위험을 이성적으로 판단하여 중지했으면 비자의적으로 보고 그렇지 않은 중지는 자의적으로 본다. 또한 법에 합치하는 태도로 돌아가려는 생각으로 중지한 경우는 자의적 중지로, 그렇지 않은 경우는 비자의적 중지로 보게 된다. 결과적으로 범행의 중지가 이성적 판단에 의한, 불법으로부터 합법으로의 회귀일 때 형의 감면이라는 보상이 가능하다고 본다. 따라서 이 설은 궁극적으로 범의의 포기를 전제로 한다고 볼 수 있다.

이 설은 중지미수를 불가벌로 하지 않고 형의 필요적 감면으로 하고 있는 현행법의 해석상 적절하지 않는다는 비판을 받는다.[3]

---

1) 권오걸, 462면; 김혜정 외, 314면은 자율적 동기설 또는 절충설로 구분된다.
2) 김일수/서보학, 400면; 박상기, 231면; 정성근/정준섭, 227면.
3) 임웅, 408면은 규범설이 윤리적 동기설을 규범적 관점에서 재조명한 학설에 불과하다고 평가한다.

판 례

1. 판례의 중지미수 판단기준

대체로 판례는 "그 범죄가 완수되기 전에 자기의 자유로운 의사에 따라 범죄의 실행행위를 중지한 경우에 그 중지가 일반 사회통념상 범죄를 완수함에 장애가 되는 사정에 의한 것"(대판 2011. 11. 10, 2011도10539; 대판 1999. 4. 13, 99도640)인지를 판단하여야 한다거나 "사회통념상 자기의 자유로운 의사에 따라 중지한 것"(대판 1986. 1. 21, 85도2339)인지를 기준으로 중지미수를 판단한다는 점에서 사회통념설(절충설)의 입장을 취하는 것으로 보인다.

2. 중지미수의 자의성을 인정한 경우(중지미수)

피고인이 피해자를 강간하려다가 피해자의 다음번에 만나 친해지면 응해 주겠다는 취지의 간곡한 부탁으로 인하여 그 목적을 이루지 못한 후 피해자를 자신의 차에 태워 집에까지 데려다 준 경우(대판 1993. 10. 12, 93도1851)

3. 중지미수의 자의성을 부정한 경우(장애미수)

갑이 을에게 위조한 주식인수계약서와 통장사본을 보여주면서 50억 원의 투자를 받았다고 말하며 자금대여를 요청하였고, 이에 을과 함께 입금여부를 확인하기 위해 은행에 가던 중 은행 입구에서 차용을 포기하고 돌아간 경우(대판 2011. 11. 10, 2011도10539; 범행이 발각될 것이 두려워 중지한 것으로 판단), 피고인이 피해자를 살해하려고 그의 목 부위와 왼쪽 가슴 부위를 칼로 수 회 찔렀으나 피해자의 가슴 부위에서 많은 피가 흘러나오는 것에 놀라거나 두려움을 느낀 경우(대판 1999. 4. 13, 99도640), 장롱 안에 있는 옷가지에 불을 놓아 건물을 소훼하려 하였으나 불길이 치솟는 것을 보고 겁이 나서 물을 부어 불을 끈 경우(대판 1997. 6. 13, 97도957), 피해자가 수술한 지 얼마 안 되어 배가 아프다면서 애원하는 바람에 그 뜻을 이루지 못한 경우(대판 1992. 7. 28, 92도917), 강간을 시도하는 과정에서 그 수단이 된 폭행에 의하여 피해자가 상해를 입자 자의로 실행에 착수한 행위를 중지한 경우(대판 1988. 11. 8, 88도1628; 피해자가 상해를 입으면 강간치상죄는 기수가 됨), 범행당일 미리 제보를 받은 세관직원들이 범행장소 주변에 잠복근무를 하고 있어 그들이 왔다 갔다 하는 것을 본 피고인이 범행의 발각을 두려워한 나머지 자신이 분담하기로 한 실행행위에 이르지 못한 경우(대판 1986. 1. 21, 85도2339); 피고인이 대마 2상자를 사가지고 돌아오다 이 장사를 다시 하게 되면 내 인생을 망치게 된다는 생각이 들어 이를 불태운 경우(대판 1983. 12. 27, 83도2629), 타인의 재물을 공유하는 자가 공유자의 승낙을 받지 않고 공유대지를 담보에 제공하고 가등기를 경료하였다가 스스로 가등기를 말소한 경우(대판 1978. 11. 28, 78도2175; 가등기를 경료한 시점에 이미 횡령죄는 기수가 됨) 등.

7) 결 론

사회통념설(절충설)의 입장이 타당하다. 그리고 행위자의 자의적 동기는 반드시 윤리적인 것일 필요가 없다. 따라서 후회하여 중지하는 경우뿐만 아니라 용기상실이나 형벌에의 공포 때문에 중단하는 경우도 자의적 중지로 본다. 그러나 범행발각 시의 처벌 등에의 두려움 때문이거나 범행이 발각될 것이 두려워 범행을 중지한 경우[1]에는 자의적 중지가 아니다. 또한 일반의 경험칙상 범죄행위를 수행함에 장애가 되는 외부적 사정에 의한 경우에도 자의적 중지로 볼 수 없다.[2]

(2) 착수한 실행행위의 중지 또는 종료된 행위로 인한 결과발생의 방지

1) 실행에 착수한 행위의 중지(착수중지)

행위자가 이미 착수한 범죄실행행위를 범죄의 완성에 요구되는 모든 것을 다 하지 아니했다고 생각하는 시점에서 중지함을 말한다. 이 때에는 행위자가 자의적으로 범행을 중단(행위계속의 포기)하는 것만으로 중지미수가 성립된다.

실행행위의 종료 여부는 중지미수에서 착수한 행위의 중지와 종료된 행위로 인한 결과발생의 방지를 구분하는 척도가 되는데 어느 시점에서 실행행위의 종료가 있는가에 관하여서는 학설상의 대립이 있다. 주관설은 행위자의 의사여하에 따라 그 종료시기를 정하고, 객관설은 객관적으로 결과발생의 가능성이 있는 행위가 있었을 경우에 실행행위가 종료한 것으로 보며, 절충설은 행위자의 범행계획을 고려하면서 행위당시의 객관적 사정과 이에 대한 행위자의 인식을 결합하여 결과발생에 필요한 행위가 끝났다고 인정되는 때에 실행행위가 종료된다고 주장한다.

양자를 구분하는 취지가 자의적 중지와 방지의 합당한 구분점을 찾는 데 있고 자의성은 행위자의 표상을 떠나서는 거론될 수 없다는 관점에서 행위자의 표상에 따라 구성요건의 실현에 필요한 모든 행위를 하였으나 아직 결과가 발생되지 않은 경우에는 실행행위가 종료된 미수, 즉 실행미수(beendeter Versuch)로 되고, 행위자의 표상에 따르면 구성요건의 실현에 아직도 계속적인 행위를 필요로 하는 시점에서 행위가 중단된 경우에는 실행행위가 종료되지 않은 미수, 즉

---

1) 대판 2011. 11. 10, 2011도10539; 대판 1997. 6. 13, 97도957.
2) 대판 1992. 7. 28, 92도917.

착수미수(unbeendeter Versuch)로 된다는 견해(주관설)가 타당하다.

2) 종료된 행위로 인한 결과발생의 방지(실행중지)

이는 행위자가 실행행위를 종료했으나 자의로 그 결과의 발생을 방지한 경우로서 착수중지보다 더 엄격한 조건이 요구된다.

행위자는 자의에 따라 결과의 발생을 적극적이고 진지한 태도로 방지해야 한다. 행위자 스스로가 방지하는 것과 동일시될 정도로 진지한 노력을 하는 한, 행위자가 직접 방지행위를 하지 않고 타인의 협력을 얻어 이를 행하여도 무방하다. 예컨대 비록 독살의 의사로써 음독을 시킨 자가 진지한 태도로 의사에게 부탁하여 그의 협력으로 해독을 시켜 사망의 결과발생을 방지한 경우는 중지미수가 된다. 그러나 자기가 음독시킨 자를 병원에 데려다 주고 곧 도망쳐 버린 경우라든가, 방화 후에 불길에 공포심을 일으켜 이웃에게 불을 꺼달라고 부탁하고 도주한 경우는 행위자가 스스로 방지하는 것과 동일시될 정도의 진지한 노력이 결여된 것이므로 중지미수가 아니다.

3) 양자의 구별

착수중지와 실행중지의 구별에 관하여는 전술한 Ⅳ. 미수의 제 형태 1. 유형의 분류 (1) 착수미수와 실행미수와 같다. 따라서 행위반가치 측면에서, 주관설에 따라 행위자의 범행계획에 비추어 보아 양자를 구분함이 타당하다.

(3) 결과의 불발생

착수중지이든 실행중지이든 결과가 발생되지 않아야 한다. 실행의 착수이후 행위자가 범행에 요구되는 행위를 모두 완수하지 않은 착수중지라 하더라도 결과가 발생하면 기수가 된다. 실행중지 역시 행위자가 비록 적극적이고 진지하게 결과발생의 방지를 위하여 노력했다고 하더라도 결과가 발생되면 기수가 될 뿐이다.

결과불발생과 중지행위(결과발생방지를 위한 노력) 사이에는 원칙적으로 인과관계와 객관적 귀속이 있어야 한다. 그리하여 중지행위만으로는 결과발생의 방지가 불확실한 상황 하에서 중지행위 아닌 다른 요인에 의하여 결과발생이 방지된 경우에는 중지미수가 될 수 없다. 반면 결과의 발생이 본래 가능한 것이었고 행위자가 결과발생의 방지를 위하여 자의적으로 진지하게 노력하였으나 행위자가 알지 못하는 사이에 제3자가 이미 결과의 발생을 방지했던 경우에는 중지미수에 포함시킴이 타당하다.

(4) 범행결의의 종국적 포기

중지미수는 행위자가 범행의 중지를 외부로 표현하고 결과발생 방지를 위한 적극적 노력까지도 요구한다. 따라서 행위자의 범행결의는 확정적이고 종국적으로 포기되어야 한다. 단순하게 범행의 실현을 보다 나은 다음의 기회로 연기하거나 범행을 잠정적으로 중단하고자 하는 것은 중지미수의 필요적 감면의 혜택을 받을 수 없다.

문제는 범의의 종국적 포기가 범의의 완전한 포기를 의미하는 것인지 아니면 범의를 일시적으로 중단하면 족한 것인지이다. 예컨대, 범행을 중단하고 사후에 범행을 다시 결의하거나 행하는 것이 종국적 포기에 해당하는가의 문제가 제기된다. 그러나 중지미수가 반드시 중지 이후에 일체의 범행을 하지 않겠다는 총체적 포기일 필요는 없다.[1] 그러한 면에서는 범의의 완전한 포기를 요하지는 않는다고 봄이 타당하다.[2] 이는 착수미수와 실행미수를 구분하는 견해와도 유사한 면이 있다.

따라서 주관설의 입장에서 행위자의 범행계획에 비추어 보아, 행위자가 일정한 행위를 중지하고 있다가 사후에 다른 행위로 나아간 경우 전후행위가 범의의 연속선상에 있다고 판단된다면 이는 종국적 포기가 아니고 전후의 행위를 포괄해서 일죄가 된다고 보아야 할 것이다. 그러나 사후의 행위가 새로운 범의에 의한 행위의 개시라고 판단된다면 이전의 행위는 종국적 포기로서 중지미수에 해당하고 후의 행위는 새로운 범의에 의한 새로운 범죄의 실행의 착수로 보아야 할 것이므로 양자는 실체적 경합이 된다고 봄이 타당하다.

4. 처 벌

우리 형법 제26조는 착수한 행위를 중지한 경우와 행위로 인한 결과발생을 방지한 경우의 두 가지 형태를 중지미수에 포함시키면서도 처벌은 양자를 구분

---

1) 신동운, 504면.

2) 중지미수를 불가벌로 보는 독일에서는 이를 긍정하는 견해가 있다. 따라서 범의의 종국적 포기가 없는 범행의 단순한 지연은 자의적 중지로 되지 아니하며 심한 불이익을 예상하여 범행을 중단한 경우에도 중지미수가 성립되지 않는다고 본다. 그렇지만 중지미수에 대하여 불가벌인 독일의 경우와 달리 형의 감면만을 인정하는 우리 형법의 규정을 고려할 때 이처럼 범의의 포기를 엄격하게 요구할 필요는 없을 것이다.

하지 않고 다같이 형을 감경 또는 면제하고 있다(형의 필요적 감면사유). 이 점은 스위스나 그리스의 형법이 전자보다 후자를 더 무겁게 취급하고 있는 입법례와 대조된다. 또한 형의 필요적 면제로 규정한 독일 형법과도 다르다.

형의 감면과 관련하여 다음과 같은 점에 유의할 필요가 있다.

첫째, 중지미수로 형이 면제되는 경우에도 그 행위의 가벌성은 기정사실로 인정되므로 면책사유로 보아서는 안 된다. 이는 행위자의 사후행동(중지)에 의하여 그 당벌성이 구체적인 경우에 그 행위자에게 소멸됨에 불과한 인적 처벌소멸사유(persönlicher Strafaufhebungsgrund)로 이해되어야 할 것이다.

둘째, 중지미수의 효력으로서 필요적 감경을 하는 경우에도, 그 밖에 다른 감경사유가 있다면 거듭 감경할 수 있는 것은 당연하다.

셋째, 어떤 경우에 중지미수범의 형이 면제되고 어떤 경우에 그 형이 감경될 것인가는 구체적인 경우에 법관이 제반정황을 고려하여 결정할 문제이다. 다만 그 결정에서 중지의 동기여하, 중지한 범죄의 경중, 중지 시까지 실행행위를 통하여 피해자에 입힌 손상 등은 중요한 참작사유가 될 것이다.

5. 관련문제

(1) 예비의 중지

예비죄의 해당부분 참조.

(2) 불능미수의 중지미수

처음부터 결과의 발생이 불가능한 경우에서 행위자가 결과발생의 방지를 위하여 적극적이고도 진지한 노력을 하였을 때에는 중지미수를 인정할 수 있는가에 관하여서는 적극설과 소극설이 대립된다. 적극설은 불능미수이므로 처음부터 결과발생이 불가능하였다고 하더라도 결과발생을 위한 진지한 노력이 있다면 중지미수의 혜택을 부여하여야 한다고 본다. 불능미수가 임의적 감면인데 반해 중지미수는 필요적 감면의 법적 효력이 있기 때문이다.[1] 반면 소극설은 중지행위와 결과발생 사이의 인과관계가 처음부터 부존재하므로 이를 부정한다.[2]

---

1) 권오걸, 469면; 김성천/김형준, 345면; 김일수/서보학, 404면; 박상기, 237면; 배종대, 383면; 손동권/김재윤, 456면; 신동운, 532면; 오영근, 329면; 이재상 외, 403면; 이정원, 287면; 임웅, 413면; 정성근/정준섭, 230면.

2) 김성돈, §28/68.

적극설이 타당하다. 예컨대 소화제를 청산가리로 오인하고 살해의 의사로써 이를 타인에게 복용시킨 자가 자기의 행위를 후회하고 진지하게 해독을 위한 조치를 한 경우는, 실제로 청산가리를 먹여 고통에 빠지게 한 후 진지하게 해독시킨 경우와 비교할 때 그 행위불법은 마찬가지이나 결과불법은 오히려 경하다고 볼 수 있다. 그럼에도 불구하고 청산가리를 먹인 자는 중지미수범으로 취급하고 소화제를 먹인 자는 그보다 불리한 불능미수범으로 취급한다면 형평에 벗어난다고 보아야 하기 때문이다. 결과발생의 위험성이 더 큰 중지미수에게 불능미수의 임의적 감면보다 더 많은 필요적 감면의 혜택을 법적으로 부여함으로써 형의 불균형이 생길 때에는, 불능미수에 대하여도 중지미수의 법적 효력을 부여하여 이를 시정하여야 할 것이다.

또한 불능미수는 관념상의 미수라는 점에서 인과관계를 상정할 수 없는 바, 구조상 인과관계가 처음부터 존재하지 않는 미수의 영역에 그것이 없기 때문에 중지미수를 적용할 수 없다고 한다면 형법이 규범적 평가의 영역임을 고려하지 않는 지적이라고 보여 진다. 양 미수의 법적 효력의 차이는 결국에는 관념상의 위험과 현실상의 위험에 대한 규범적 평가의 결과이기 때문이다.

(3) 공범과 중지미수

공동정범과 관련하여서는 그 중 한 사람이 자의로 자기의 실행행위를 중지하거나 자기가 분담한 부분의 결과발생을 방지하였다고 하더라도 다른 공동자 전원의 실행을 중지시키거나 모든 결과의 발생을 방지하지 않는 한 중지미수가 아니다.[1] 공동자 전원의 실행을 중지시키거나 모든 결과의 발생을 방지한 경우에도 중지범으로서의 혜택은 자의적으로 중지한 자에게만 국한되며 나머지 공동자는 장애미수의 책임을 지게 된다.[2] 포괄일죄의 일부의 실행후 공범관계를 이탈하였으나 다른 공동자에 의하여 범행이 이루어진 경우에도 중지미수가 인정되지 않으므로 이탈자가 관여하지 않은 부분인 이후 나머지 공범들의 행위에 대한 죄책도 부담한다.[3]

협의의 공범과 관련하여서는 정범이 자의로 실행을 중지하거나 결과의 발생

1) 대판 2005. 2. 25, 2004도8259.
2) 대판 1986. 3. 11, 85도2831.
3) 대판 2011. 1. 13, 2010도9927.

을 방지한 경우 정범만이 중지미수가 되고 그 공범(교사범이나 종범)은 장애미수의 공범이 된다. 한편 공범이 정범의 실행을 중지시키거나 결과의 발생을 방지한 경우에는 그 효과는 정범에게 미치지 않으므로, 중지자인 공범은 중지미수의 공범으로 취급되지만 정범은 장애미수가 될 뿐이다.

(4) 가중적 미수의 문제

살인의 미수가 이미 상해의 기수를 내포하는 경우처럼 일정한 범죄의 미수가 이미 다른 범죄의 구성요건을 충족하는 이른바 가중적 미수(qualiflzierter Versuch)에서는 중지미수 속에 그보다 경한 죄의 기수가 내재하는 것을 어떻게 취급할 것인가 하는 사실이 문제이다.

중지미수를 형의 필요적 감면사유로 하는 우리 형법의 입장에서는 경죄의 기수를 별도로 처벌할 필요 없이 중한 죄의 중지미수에 포함시켜 취급함이 타당할 것이다.[1] 예컨대, 중한 범죄인 살인죄의 중지미수가 경한 범죄인 상해죄의 기수를 포함하고 있는 경우에는 법조경합에 의하여 중한 범죄인 살인죄의 중지미수만 성립시키면 족하다. 한편, 가중적 미수의 사례로서 공무집행방해의 의사로 공무원의 상해에 착수하였다가 중지한 경우를 상정하는 경우가 있지만,[2] 상해죄와 공무집행방해죄는 결과적 가중범이 아닌 이상 가중적 미수의 사례에 해당하지 않는다. 이 때에는 처단형의 문제로서, 수죄의 경합의 일반원리에 의해 해결함으로써 족하다.[3]

---

1) 중지미수를 불가벌로 하고 있는 독일에서는 중지미수로 된 범행 그 자체만은 불가벌적인 것으로 보기 때문에 가중적 미수에 대하여는 중지미수에 내재하는 경죄의 기수는 이를 중지미수와 관계없이 별도로 처벌하는 것이 일반적이다.

2) 신동운, 535면; 임웅, 415면.

3) 이 경우 공무집행방해죄는 거동범이므로 상해의 시도는 공무집행방해의 기수에 이르는 요인이 된다. 따라서 공무집행방해죄는 기수가 되고, 상해죄는 실행의 착수 이후 자의로 중지하였으므로 중지미수가 된다. 상해의 시도라 함은 반드시 상해죄의 실행의 착수로 나아갈 것을 요하지 않고, 상해의 위협 등으로 족하다. 따라서 양자는 경우에 따라 실체적 경합이 될 수도 있고 상상적 경합이 될 수도 있다.

Ⅲ. 불능미수(不能未遂)

1. 의　의

불능미수(untauglicher Versuch)란 일반적으로 행위의 성질상 행위자의 표상과는 달리 그 어떤 정황 하에서도 기수로 될 수 없는 경우를 말하는데 이는 기수로 되는 것이 가능했지만 미수에 그친 가능미수에 대응하는 개념이다.

우리 형법 제27조는 이에 관하여 "불능범"이라는 표제 하에 "실행의 수단 또는 대상의 착오로 인하여 결과의 발생이 불가능하더라도 위험성이 있는 때에는 처벌한다. 단, 형을 감경 또는 면제할 수 있다."라고 규정하여 위험성을 그 처벌요건으로 하고 있다.

불능미수는 성질상 구성요건에도 해당하지 않는 행위라는 점에서 현실적인 실행의 착수조차 인정되지 않는다. 예컨대, 시체를 사람으로 오인하고 칼로 찌른 경우 '살해행위'의 실행의 착수는 존재하지도 않음에도 불구하고 시체를 사람으로 오인한 행위에의 위험성을 평가한다는 점에서, 이를 관념적 미수라고도 한다. 즉, 실제로는 미수라고 할 수 없으나, 규범적 평가의 측면에서 관념적으로만 당해 행위를 실행행위로 보아 행위반가치를 인정하되 결과가 발생하지 않았다는 점에 관한 결과반가치의 탈락을 고려하여 미수로 평가하는 것이다.[1)]

2. 형법 제27조의 성격

형법 제27조의 성격을 어떻게 볼 것인가에 관하여서는 견해의 대립이 있다.

(1) 미수범과 불능범 구별규정

제27조가 위험성을 기준으로 하여 미수범과 불능범을 구분하는 규정이라는 견해가 있다. 이 견해에 의하면 비록 실행의 수단 또는 대상의 착오로 인하여 결과의 발생이 불가능하더라도 위험성이 있는 때에는 불능범이 아닌 미수범이 성립될 뿐이고, 위험성까지도 없는 경우가 불능범으로 인정되는데 불능범은 불

1) 불능미수범의 가벌성의 문제는 로마법, 독일보통법 등에서 다루어졌으나 일반적인 원리가 성립되지 아니하였고 19세기 이후 독일형법학에서 본격적으로 거론되어 오늘에 이르고 있다. 보다 상세한 연혁에 관하여서는 이형국, 형법총론연구 Ⅱ, 538면 이하 참조.

가벌적인 것임은 물론 범죄가 아니라고 본다. 그러나 제27조는 분명히 "불능범"이라는 표제 하에 비록 결과의 발생이 불가능하더라도 위험성이 있으면 처벌하겠다는 적극적인 규정형식을 취하고 있으며, 불능범을 처벌하지 않겠다는 소극적 형식의 규정은 아니다. 그러므로 이 규정을 불능범 불벌의 소극적 의미로 이해하는 것은 타당하지 않다.

(2) 불능미수 규정

앞에서 살펴본 견해와는 달리 제27조가 제25조와는 다른 별개의 미수형태를 규정하고 있다는 견해가 있다. 이 견해는 다시 설명방법에 따라 여러 가지로 나누어진다.

1) 준불능범설

준불능범설은 불능범을 행위의 성질상 범죄실현의 가능성이 없고 형법상 범죄행위로서 평가될 수 없는 것이라고 전제하고, 결과의 발생이 불가능하더라도 위험성이 있을 때에는 형을 감면할 수 있다는 규정과 관련하여, 바로 이 위험성이 있는 경우가 불능범과 미수범의 중간에 위치하는 별개의 개념인 준불능범이라고 한다. 이 견해는 제27조의 유형적 특성을 명확히 밝히고 있다고 보기 어려우며 준불능범이라는 용어사용 그 자체가 타당한가도 의문이다.

2) 흠결미수설

흠결미수설은 제27조의 "실행의 수단 또는 대상의 착오"라는 것이 곧 "실행의 수단 또는 대상의 흠결"을 의미하는 것으로 해석하고, 같은 장애미수이지만 제25조의 범죄정형과 제27조의 그것이 서로 다른 것은 전자가 실행의 수단 또는 대상이 존재함에도 불구하고 범죄의 실행에 착수하였다가 자의에 의하지 아니하고 이를 완성하지 못한 일반적인 경우를 말하는 반면, 후자는 특별히 실행의 수단 또는 대상의 부존재, 즉 흠결로 인하여 실행에 착수한 범죄를 자의에 의하지 않고 완성하지 못한 경우라고 한다. 그리하여 양자가 구별되는 핵심점은 "실행의 수단 또는 대상의 부존재", 즉 흠결이냐 존재냐 하는 점에 있고 따라서 제27조의 범죄정형은 흠결미수라고 불린다고 본다.

이 견해에 대하여서는 제27조가 사실의 흠결(구성요건의 흠결)에 있어서의 수단·객체의 흠결의 경우만을 규정한다면 흠결미수라는 표현도 상관없지만, 제27조가 구성요건요소가 아닌 수단·대상의 착오의 경우에도 적용되므로 흠결미수라는 표현은 타당하지 않다는 비판이 있다.

3) 불능미수설

불능미수설은 제27조가 제25조의 협의의 장애미수, 제26조의 중지미수와는 다른 별개의 미수형태인 "불능미수"를 규정하고 있다고 보면서 실행의 수단 또는 대상의 착오로 인하여 결과의 발생이 불가능하더라도 위험성이 있는 경우를 불능미수범이라고 본다.[1] 이 설이 타당하다.

3. 다른 개념과의 구별

(1) 불능미수와 환각범

불능미수는 행위자가 실제로 존재하지 않는 불법구성요건의 객관적 요소를 있는 것으로 받아들이는 것, 즉 반전된 구성요건적 착오의 경우이나 환각범은 행위자가 실재하지 않는 금지착오에 자기의 행위가 해당하는 것으로 잘못 아는 경우, 즉 반전된 금지착오의 경우를 지칭하는 것이다. 환각범은 불가벌적인 것으로서 다음과 같은 유형이 있다.

1) 반전된 위법성의 착오

행위자가 금지규범 그 자체의 존재를 잘못 아는 경우이다. 즉, 존재하지 않는 범죄구성요건을 존재한다고 오인하고 그것을 위반하려는 경우이다. 예컨대 동성애자가 동성애를 형법에 위반하는 것으로 잘못 알고 있는 사례가 이에 해당한다.

2) 반전된 허용의 착오

위법성조각사유의 정당화기능을 잘못 안 경우로서, 행위자가 자신이 행한 행위가 위법성조각사유에는 해당하지만 그 한계 또는 범위를 오인하여 자신의 행위는 위법성조각사유에 해당하지 않는다고 해석하는 경우이다. 예컨대 의사가 의학적 견지의 낙태를 가벌적인 것으로 잘못 알고 있는 사례가 이에 해당한다.

3) 반전된 포섭의 착오

정황 자체는 바로 파악하였으나 이에 정향된 규범의 적용범위를 자기에게 불리하도록 확장한 경우이다. 즉, 구성요건사실 및 그 의미를 알고 있지만, 행위자

---

1) 반면 배종대, 388면은 불능범과 불능미수를 같은 의미로 이해한다. 그리고 신동운, 551면은 광의의 불능범과 협의의 불능범으로 구분하여 협의의 불능범이 불능범이고 광의의 불능범은 형법 제27조와 협의의 불능범을 포함한 것으로 보아, 형법 제27조에 해당하는 유형을 불능범이라 명칭한다.

자신에게 불리하게 구성요건의 범위를 확장한 경우이다. 예컨대 행위자가 실재하지 않는 보증의무를 있는 것으로 잘못 알아서 자신이 보증의무를 위반하는 범죄를 범하였다고 오인하는 사례가 이에 해당한다.

4) 반전된 가벌성의 착오

행위자가 자기에게 유리하게 관련되는 형사정책적 성격의 인적 처벌조각사유의 존재에 관하여 이를 알지 못했기 때문에 자기의 행위를 가벌적인 것으로 여긴 경우이다. 예컨대 자식이 아버지의 물건을 훔치면서 친족상도의 예가 적용됨을 몰랐다면 이에 해당한다.

(2) 불능미수와 미신범

미신범(Der irreale oder abergubische Versuch)은 비과학적인 미신을 믿고 괴력 또는 초자연력에 의존하여 범죄를 실현하려는 행위를 말한다. 미신범은 불가벌적인 것으로서 불능미수와는 구별된다.

미신범은 미수영역 밖에 있는 것으로 전혀 미수가 아니다. 미신범은 행위자가 현실성의 한계를 벗어나서 비현실적 수단이나 비현실적 영향력을 금지된 행위의 현실에 사용하려는 경우에 인정되는 것이며, 이처럼 행위자가 그 결과를 오직 희망했을 뿐인 경우에는 이미 그 고의가 결여되는 것으로 평가된다.

4. 성립요건

형법 제27조의 불능미수범이 성립되기 위하여서는 최소한도 그 행위가 외견상 실행행위의 착수단계에 이르러야 하고 실행의 수단 또는 대상의 착오로 인하여 결과의 발생이 불가능해야 하며 더 나아가 위험성이 있어야 한다. 이를 나누어 살펴보면 다음과 같다.

(1) 실행의 착수

미수의 한 형태인 불능미수에서도 가능미수의 경우와 마찬가지로 외견상 그 행위가 최소한도 실행의 착수가 있다고 판단되는 단계에 이를 것을 요한다. 여기에서 말하는 실행착수의 단계란 만일 그 행위가 가능했더라면 실행의 착수를 드러내는 것을 의미한다. 즉, 범죄구성요건상 실행의 착수에 해당하는 행위는 아니지만, 객체나 수단의 요건이 구비되었다면 실행의 착수라고 할 수 있는 행위가 존재하여야 한다. 이와 같이 현실적으로는 구성요건적 실행의 착수가 존재하지는 않는다는 점에서 불능미수를 '관념상 미수'라고 지칭한다. 그리고 행위가 이러한 단계에도 이르지 못했다면 불능미수의 문제는 거론될 여지가 없을 것이다. 그러므로 비록 이 요건이 제27조의 법문에는 직접 표현되어 있지는 않지만 논리필연적으로 요청된다고 보아야 할 것이다.

(2) 결과발생의 불가능

불능미수가 가능미수와 구분되는 결정적인 척도는 행위가 그 성질상 기수로 될 수 없다는 점에 있는데 제27조는 이를 "실행의 수단 또는 대상의 착오로 인하여"라고 규정하고 있다.

1) 수단의 착오

수단의 착오란 행위자가 선택한 수단으로서는 결과의 발생이 불가능하여 행위가 기수로 될 수 없다는 사실, 즉 수단의 불가능성(Untauglichkeit des Mittels)을 뜻한다. 예컨대 두통약을 사용하여 낙태시키려고 한 행위라든가, 소화제를 독약으로 잘못 알고 이를 사용하여 살인하려 했던 행위 등이 이에 해당한다.

이러한 의미의 수단의 착오는 수단 그 자체에 착오가 있는 경우이기 때문에 행위가 행위자의 예상과는 달리 다른 객체에 작용되는 경우, 예컨대 갑에게 발사한 총탄이 을에게 명중한 경우와 같은 구성요건적 착오(사실의 착오)에서의 방법의 착오와는 엄격히 구분되는 개념이다. 즉, 구성요건 착오에서 방법의 착오란 행위방법이 행위자의 인식과 달리 작동되어 의도하였던 객체 이외의 객체에 결과가 발생함을 의미하지만, 수단의 착오는 행위자가 선택한 행위수단으로는 처음부터 결과발생이 불가능할 뿐 행위자가 의도하였던 객체에 가해진다는 점에서 차이가 있다.

2) 대상의 착오

대상의 착오란 행위자가 범죄의 객체로서 인식했던 대상이 행위자의 표상과는 달리 당해 범죄의 객체로 될 수 없는 경우, 즉 객체의 불가능성(Untauglichkeit des Objekts)을 말한다. 그러므로 제27조의 대상의 착오는 구성요건적 착오에서 논의되는 객체의 착오, 즉 행위객체의 동일성에 관한 착오와는 성질이 다르다. 즉, 구성요건 착오에서 객체의 착오란 행위객체가 행위자의 인식과 달리

의도하였던 객체와 다른 성질의 것임을 의미하지만, 대상의 착오는 행위자가 인식한 객체이지만 그 속성이 범죄성립을 불가능하게 하는 것임을 의미한다.

객체의 불가능성은 사실상의 근거에서 나타날 수도 있고 법적 근거에 연유될 수도 있다. 예컨대 시체에 대한 살인미수는 전자에 속하고, 소유자의 승낙이 있었으나 이를 모르고 그 사람의 재물을 손괴한 경우는 후자에 해당한다.

3) 주체의 착오

착오란 인식과 사실 간의 불일치를 의미하고, 착오의 대상은 모든 객관적 구성요건요소가 된다. 그렇지만 불능미수에 해당하는 제27조의 규정은 행위방법에 해당하는 수단의 착오 및 행위객체에 해당하는 대상의 착오만을 규정하고 있을 뿐 행위주체의 착오에 대하여는 명문의 규정을 두고 있지 않다.

따라서 수단과 대상의 착오 이외에도 주체의 착오로 인하여 결과의 발생이 불가능한 경우, 예컨대 진정신분범에 해당하는 뇌물죄에서 공무원이 아닌 자가 자신을 공무원으로 착오한 사례도 제27조의 불능미수범에 포함시킬 것인가에 관하여서는, 제27조의 "수단과 대상의 착오"를 예시적 규정으로 보아 이를 긍정하는 견해[1)]와 제한적 규정으로 보아 이를 부정하는 견해[2)]의 대립이 있다. 긍정설은 객관적 구성요건표지들이 가지는 가치의 동등성에 주목한다. 이에 의하면 제27조 불능미수의 처벌의 본질은 행위의 위험성에 놓여 있고, 구성요건요소로서의 실행의 주체, 객체, 행위는 서로 대등한 관계이므로 법적 취급에서 전혀 차이가 없다고 본다. 따라서 진정신분범의 주체가 될 수 없는 자가 주체가 된다고 오인한 경우에도 불능미수가 성립할 수 있다.

반면 부정설의 입장에서는 입법자가 명시하지 않는 착오는 처벌하지 않는다는 입법자의 결단이 반영된 것으로 본다. 즉, 입법자가 불능미수가 되는 경우를 명시적으로 제한하고 있으며, 주체가 구성요건표지라 하여 주체의 착오도 인정한다면 불능범이 될 자에게 불능미수를 인정함으로써 행위자에게 불리한 유추해석이 된다고 본다. 또한 주체의 착오는 규범의 존재를 잘못 이해하여 자신이 주체가 된다고 오인한 경우로서 결과적으로 환각범과 다를 바 없기 때문에 처벌

---

1) 박상기, 245면; 신동운, 546면; 이정원, 298면.
2) 권오걸, 481면; 김성돈, §27/19; 김성천/김형준, 354면; 김일수/서보학, 390면; 김혜정 외, 325면; 배종대, 390면; 손동권/김재윤, 468면; 오영근, 341면; 이용식, 126면; 이재상 외, 416면; 임웅, 420면; 정성근/정준섭, 235면; 정영일, 241면.

대상이 될 수 없다고[1] 한다.

구성요건요소 사이에는 대등한 법적 가치가 있다는 점을 고려하고, 객체나 수단의 불가능성을 결과발생 불가능의 예시적 조건으로 보는 한 주체의 불능도 포함시키는 것이 법적 논리에는 맞는다고 볼 수 있을 것이다. 그러나 불능미수란 원칙적으로는 범죄구성요건에 해당할 수 없는 사정에 관하여 위험성을 조건으로 하여 처벌대상으로 삼고 있는 형법규정 형식에 비추어 볼 때, 처벌의 범위를 확대할 필요는 없을 것으로 보인다. 더욱이 행위주체를 포함시킴으로써 결과적으로 행위자에게 불리한 해석을 하게 되어 죄형법정주의에 반할 우려가 있다는 점도 고려되어야 할 것이다.[2]

(3) 위험성

1) 위험성의 의미

제27조는 결과발생의 가능성, 즉 기수가 될 가능성이 없더라도 '위험성'이 있으면 불능미수범으로서 처벌됨을 밝히고 있다. 여기에서 위험성은 "형법적 평가상의 구성요건실현가능성"[3]이라든가 "일반예방상 일반인에게 위험을 느끼게 하는 것" 또는 "행위의 사회적 의미에 따른 가설적 위험성"[4] 등으로 이해된다.

형법 제27조는 "실행의 수단 또는 대상의 착오로 인하여 결과의 발생이 불가능하더라도"라고 규정하여 사실(현실)상의 결과발생의 위험은 처음부터 없을 것을 그 전제로 삼는다. 그럼에도 불구하고 동조가 '위험성'이 있는 때에는 처벌한다고 덧붙이고 있는데 이 위험성의 의미는 과연 무엇인가? 즉, 모든 가벌적인 미수의 영역은 범죄실현의 위험성이 있기 때문에 기수에 이르지 아니함에도 불구하고 불법의 영역이라고 보기 때문에, 다른 미수와 달리 불능미수에서 요구하는 위험성이란 특별한 의미가 있는가의 문제이다.

---

1) 김일수/서보학, 390면.
2) 독일에 있어서는 독일형법 제23조 제3항이 "객체 또는 수단의 성질상 미수가 결코 기수에 이를 수 없음을"이라고만 표현하고 있음에도 불구하고 여기에 주체의 착오(주체의 불가능성), 예컨대 공무원 아닌 자가 자기를 공무원으로 오인하고 수뢰죄를 범하는 경우를 포함시킬 것인가에 관하여 논의가 있다. 부정설은 주체의 불가능성의 경우에 행위자는 당해 신분범 규정의 수명자가 될 수 없고 단지 환각범이 될 뿐이라고 주장한다. 그러나 다수설인 긍정설은 주체의 불가능성을 객체의 불가능성과 똑같이 취급하여 주체의 불가능성으로 인한 불능미수를 긍정한다.
3) 정성근/정준섭, 238면; 김종원/8인공저, 302면.
4) 배종대, 392면.

이에 관하여 자연과학적·사실적 판단설은 범죄실현의 가능성 여부의 판단은 규범적 판단이고, 불능미수의 위험성(가능성)은 자연과학적이고 사실적 법칙에 따라 법관의 객관적이고 사후적 판단에 의하여야 한다고 본다.[1] 그러나 자연과학적으로 결과발생이 불가능하지만 규범적으로는 결과발생의 위험성이 있다고 평가한다고 봄으로써 해석상 모순이 있다. 불능범개념 불필요설에 의하면 불능미수는 범죄실현에 대한 구체적 위험이 없더라도 실행착수로 추상적 위험이 인정되므로 불능범과 불능미수는 동의어라고 본다.[2] 미수범의 처벌근거로서의 결과발생의 사실상 가능성과 불능미수의 위험성은 본질적으로 다른 개념이라고 보는 견해들[3]은 그 논거에서는 일치하지 않는다.

생각건대 가능미수는 '결과불발생'에도 불구하고 범죄실현의 가능성이 있으므로 범죄실현의 위험성이 인정된다. 그러나 불능미수의 위험성은 사실적으로 존재하는 결과발생의 가능성이 아니다. 즉, 결과발생의 사실적이고 자연과학적 가능성은 가능미수와 불능미수의 구별기준이 되는 것이고, 불능미수의 위험성은 결과발생이 불가능하여 처음부터 결과반가치가 존재할 수 없음에도 불구하고 수단이나 대상의 착오를 제거한다면 결과발생의 가능성이 있었을 것이라는 가정하에 판단되는 규범적 위험성 평가일 수밖에 없다고 판단된다.

즉, 이 위험은 결과발생의 사실상의 위험이 아니라 행위의사 속에 내포된 법익침해에의 위험과 관련하여 내려지는 형법적 가치평가로서의 위험성이다. 객관적·사후적으로 판단할 때 모든 미수의 유형은 결과발생의 위험성이 있음에도 불구하고 그것이 현실화되지 않은 점에서는 공통된다. 그러므로 불능미수는 이와 같은 공통의 위험성과 달리 독자적인 위험성을 내포하고 있는데, 이는 사실상의 위험이 아닌 가치평가로서의 위험인 것이다. 이러한 점은 후술하는 위험성 판단과도 관련되는 바, 행위자의 행위 속에서 드러나는 법적대적 의사가 사회일반에 부여하는 위험(이자 행위자의 법위반의지의 표출에 의한 위협)이면서 행위자의 행위당시의 시점을 기준으로 판단되는 위험이다. 따라서 위험의 판단시점과 위험의 내용이 다른 미수와 구별되는 독자적 의미를 가진다고 할 수 있다.

1) 권오걸, 457면.
2) 이정원, "불능미수에서 범죄실현의 불가능과 위험성", 형사정책연구 제18권 제4호, 2007, 24면.
3) 김성돈, §27/26; 배종대, 378면; 신동운, 481면.

2) 위험성판단의 기준에 관한 전통적인 제 학설

① 구객관설(Die ältere objektive Theorie)

구객관설[1]은 행위가 객관적으로 결과발생의 가능성을 갖는가를 판단할 때 절대적 불능과 상대적 불능의 구분이 가능한 것으로 보고 후자의 경우만이 가벌적이라고 보았다. 이 설은 시체에 대한 살해미수는 객체에의 절대적 불능이고 방탄복을 입은 자에 대한 살해미수는 객체에의 상대적 불능이며, 독살에 있어서 비소 대신 설탕물을 사용한 것은 수단에의 절대적 불능이고, 독살에 있어서 치사량 미달의 독을 사용한 경우는 수단에의 상대적 불능이라고 본다. 이처럼 이 설은 절대적 불능과 상대적 불능을 구분하기 때문에 절대적 불능・상대적 불능설(Die Theorie der absoluten oder relativen Untauglichkeit)이라고도 불리어지며 그 구분의 관점은 사후에 이를 판결하는 재판관의 관점이라고 볼 수 있다.

구객관설은 결과발생가능성을 판단하기 위해서 일체의 구체적 사정을 제거하고 추상적으로 그 가능성 유무를 파악하는 점에 특징이 있지만 절대적 불능과 상대적 불능의 구분이 명확하지 못하다는 비판을 받는다. 예컨대 살해의 고의로서 발포했던 당시에 피해자는 이미 사망해 있었다는 사실이 사후에 증명되었다고 할지라도 행위 시에 생존가능한 인간에게 발포했던 행위였다는 상황을 고려에 넣으면 절대적 불능이 아니라 상대적 불능으로 될 수 있고, 피해자가 방탄조끼를 착용했던 이유로 탄환이 관통하지 못했던 경우에도 그 구체적인 객체에 중점을 두어 관찰하는 한 상대적 불능이 아니라 절대적 불능이라고 볼 수 있을 것이다. 또한 객체에 관한 불능과 수단에 관한 불능의 구분도 명확한 것은 아니다. 예컨대 착탄거리 밖에 있는 사람을 그 안에 있다고 믿고 발포한 경우에는 수단에 대한 불능으로도 볼 수 있다.

② 사실적 불능 및 법률적 불능설(impossibilité de fait et impossibilité de droit)

불능을 사실적 불능과 법률적 불능으로 구분하는 견해는 프랑스 학자들에게서 찾아볼 수 있는데, 루(Roux)는 이것이 전술한 상대적 불능과 절대적 불능의 구분과 같은 것으로 이해하였고, 가로(Garraud)는 '법률적 불능'을 독일에서 거론되었던 '구성요건의 흠결'과 같은 의미로 보았다.

---

1) 포이에르바흐(Feuerbach)에 의하여 창시되고 미터마이어(Mittermaier), 아벡(Abegg), 베르너(Berner) 등에 의하여 주장된 이론이다.

이 학설도 결과적으로 사실적 불능과 법률적 불능의 구분이 불명확하다는 비판 내지 구성요건의 흠결이론에 가하여지는 비판을 면하기 어려울 것이다.

③ 구성요건(사실)의 흠결론(Die Lehre vom Mangel am Tatbestand)

구성요건의 흠결론은 구객관설의 이른바 절대적 불능과 상대적 불능의 자리에 구성요건의 흠결을 불가벌성의 척도로 대체하며 등장한 이론이다.[1)]

이 이론은 행위자·행위객체·행위수단 등에 구성요건적으로 요구되는 특성이 결여되면 이미 개념적으로 미수가 배제되어 불가벌이 된다고 본다. 예컨대 공무원 아닌 자가 공무원으로 오신하고 행하는 진정공무원범죄(구성요건적 행위주체에 대한 흠결), 자기의 물건을 타인의 것으로 잘못 알고 절취한 경우(구성요건적 객체에 대한 오신), 사기죄가 문제되는 곳에서 기망행위가 있다고 볼 수 없는 경우(구성요건적 행위수단에 대한 흠결) 등은 미수가 부정된다는 것이다.

이 설에 대하여서는 불능범과 논리상 구별될 수 없고 당벌적인 것과 불가벌적인 것의 한계가 명확하지 않기 때문에 이론적으로 찬성할 수 없으며 제27조의 해석에도 이 이론이 적절하지 못하다는 비판이 있다.

④ 구체적 위험설(Die Theorie der konkreten Gefährlichkeit)

신객관설이라고도 불리어지는 구체적 위험설[2)]에 의하면, 행위 당시에 행위자가 인식한 사정 및 일반인이 인식할 수 있었던 사정을 기초로 하여 일반적 경험법칙(편견 없는 재판관의 평가 내지 통찰력이 있는 인간의 판단)에 비추어 그 행위에 객관적·구체적인 위험성이 인정되면 가벌적인 것으로 보게 된다.[3)] 그리하여 예컨대 제3자가 몰래 탄환을 빼어버린 총기에 탄환이 들어 있는 것으로 보고 행한 살인미수의 경우에는, 구객관설에 의하면 절대적 불능미수로 되지만 신객관설에 의할 경우에는 미수(가벌적)로 된다고 한다. 그리고 여기에서 위험성판단은 사후적인 것이다.

이 설은 구객관설이 추상적 위험성의 유무만을 확정하려고 하여 구체적인 사정은 도외시하는 결함을 수정하기 위하여 등장한 학설인데 행위자가 인식한 사

1) 이 이론은 도나(Dohna), 프랑크(Frank), 리스트(Liszt), 자우어(Sauer) 등에 의하여 주장된 것이다.
2) 이 이론은 리스트(Liszt)에 의하여 만들어지고, 비르크마이어(Birkmeyer), 릴리엔탈(V. Lilienthal), 힙펠(v. Hippel) 등에 의하여 계승되었다.
3) 김일수/서보학, 394면; 김혜정 외, 330면; 박상기, 236면; 배종대, 394면; 이재상 외, 418면. 임웅, 421면은 일반인의 위치에 전문가로서의 과학적 일반인으로 구체화하면서 행위자가 인식한 사정과 전문가로서 과학적 일반인이 인식할 수 있었던 사정의 차이를 비교하여 착오 여부를 판단한다.

정과 일반인이 인식한 사정이 일치하지 아니하는 경우 어느 쪽의 사정을 기초로 하여 위험성을 판단할지 명확하지 못하다는 비판을 받는다. 이러한 비판에 대하여서는 원칙적으로 일반인이 알 수 있는 사정을 기초로 삼되 행위자가 특히 알고 있는 사정이 있었을 경우에는 이를 기초로 삼으면 된다는 반론이 있다.

⑤ 추상적 위험설(Die Theorie der abstrakten Gafährlichkeit)

법률질서에 대한 위험설이라고도 불리어지는 추상적 위험설은 위험성판단의 기초를 행위자가 인식했던 주관적 사정에 두고 이를 일반인의 입장에서 관찰하여 추상적으로 결과발생의 위험성이 있는가 여부를 판단한다.[1] 예컨대 행위자가 치사량미달의 독약을 투여한 경우라든가 설탕을 독약과 혼동하여 투여한 경우에는 행위자가 의도했던 독약의 투여가 일반인의 입장에서 보면 결과발생의 위험을 느끼게 하는 것이지만 행위자가 처음부터 설탕을 다량으로 투여하면 사람이 죽을 것이라고 믿고 이를 투여했던 경우에는 일반인의 관점에서 보면 위험성을 느끼지 않는다고 본다.

이 설은 판단의 기초를 행위자가 알고 있는 사정에 국한하므로 행위자가 경솔하게 잘못 안 경우에도 그 사정만을 기초로 삼아서 위험성을 판단하게 되어 부당하다는 비판을 받고 있다.[2]

⑥ 주관설(Die subjektive Theorie)

주관설(또는 순주관설)은 범죄를 실현하려는 의사가 있고 이를 표현하는 행위가 있으면 미수범으로서 처벌하지만 미신범의 경우만 예외로 취급한다. 그리고 미신범이 예외로 되는데 관하여서는 미신범에게는 고의가 결여된다든가(牧野英一), 방임행위라든가(宮本英脩), 초자연력에 의뢰하는 것이기 때문에 법률적 평가의 대상이 아니라는 이유(江家義男) 등을 들고 있다.

이 설에 대하여서는 미신범과 불능미수범과의 한계를 합리적으로 설명하지 못하고 미신범만을 예외적으로 취급하여 자기 주장을 관철하지 못하며, 객관적인 면을 도외시하기 때문에 행위자 개인의 밖에 있는 요소를 설명할 수 없다는 비판이 있다.

---

1) 권오걸, 485면; 김성돈, §27/30; 김성천/김형준, 358면; 정성근/정준섭, 239면; 정영일, 244면.

2) 추상적 위험설과 주관적 위험설이 같은 학설인가 여부에 관하여서는 의견의 차이가 있다. 다른 학설로 보는 견해는 그 차이점에 관하여 추상적 위험설은 구성요건의 흠결을 인정하고 이 경우를 불가벌적인 것으로 보나 주관적 위험설은 이를 부인한다고 설명한다.

판 례

1. 판례의 판단기준

판례는 불능범과 불능미수라는 용어를 구분하지 않고,[1] "불능범은 범죄행위의 성질상 결과발생 또는 법익침해의 가능성이 절대로 있을 수 없는 경우"[2]라고 하여 결과발생의 현실적 가능성을 기준으로 하여 불능미수와 기타의 미수를 구분한다.[3]

그리고 위험성 판단에 대하여는 행위자가 행위당시에 인식한 사정을 놓고 객관적으로 일반인의 판단으로 보아 결과발생의 가능성을 따져야 한다고 보면서,[4] 일반인이란 '법률적 지식을 가진' 자[5]이거나 객관적으로 제약방법을 아는 일반인(과학적 일반인)[6]이라고 한다.

이와 같은 판례의 태도에 대하여 구체적 위험설을 취한다거나[7] 구객관설의 입장[8]이라고 보기도 하지만, 추상적 위험설의 판단기준에 가장 유사한 것으로 보인다.

2. 위험성이 인정되는 경우(불능미수)

권총에 탄환을 장전하여 발사했으나 탄환이 불량하여 불발에 그친 경우(대판 1954. 1. 3, 4286형상103), 우물물에 치사량미달의 악취가 심한 농약(스미치온)을 타서 살해하려고 한 경우(대판 1973. 4. 30, 73도354), 사람을 살해하기 위하여 요구르트 한 병에 1.6cc의 농약을 혼입하여 피해자에게 먹인 경우(대판 1984. 2. 28, 83도3331), 염산페트린 또는 에페트린 및 수종의 약품을 교반하여 히로뽕제조를 시도하였으나 그 약품배합미숙으로 완제품을 제조하지 못한 경우(대판 1985. 3. 26, 85도206), 금품이 들어 있지 않은 빈주머니에 소매치기를 시도한 경우(대판 1986. 11. 25, 86도2090) 치사량의 농약이 든 원비-D병을 교부하고, 피해자를 살해하기 위해 승용차의 브레이크 호스를 잘라 브레이크액을 유출시켜 주된 제동기능을 상실시킨 경우(대판 1990. 7. 24, 90도1149) 등에는 위험성이 있어서 불능미수에 해당한다고 본다. 또한 준강간죄(제299조)에 있어서, 피고인이 피해자가 심신상실 또는 항거불능의 상태에 있다고 인식하고 그러한 상태를 이용하여 간음할 의사를 가지고 간음

1) 대판 2014. 6. 26, 2014도753.
2) 대판 2007. 7. 26, 2007도3687; 대판 1998. 10. 23, 98도2313.
3) 대판 2007. 7. 26, 2007도3687. 일정량 이상을 먹으면 사람이 죽을 수도 있는 '초우뿌리'나 '부자' 달인 물을 마시게 하여 피해자를 살해하려다 (피해자가 이를 토해버림으로써) 미수에 그친 행위가 불능범이 아닌 살인미수죄에 해당한다고 보았다.
4) 대판 2005. 12. 8, 2005도8105; 대판 1978. 3. 28, 77도4049.
5) 대판 2005. 12. 8, 2005도8105.
6) 대판 1978. 3. 28, 77도4049.
7) 신동운, 555면.
8) 이재상 외, 419면.

하였으나, 실행의 착수 당시부터 피해자가 실제로는 그러한 상태에 있지 않았다면, 실행의 수단 또는 대상의 착오로 준강간죄의 기수에 이를 가능성이 처음부터 없으므로 불능미수가 된다(대판 2019. 3. 28, 2018도16002 전원합의체 판결; 대판 2024. 4. 12, 2021도9043).

3. 위험성이 없는 경우(불능범)

소송비용을 편취할 의사로 소송비용의 지급을 구하는 손해배상청구의 소를 제기한 경우(대판 2005. 12. 8, 2005도8105; 민사소송법상 소송비용의 청구는 소송비용액 확정절차에 의하도록 규정하고 있으므로, 위 절차에 의하지 아니하고 손해배상금 청구의 소 등으로 소송비용의 지급을 구하는 것은 소의 이익이 없는 부적법한 소로서 허용될 수 없으므로 사기죄 불능범에 해당)

3) 위험성의 의미와 인상설

불능미수의 위험은 결과발생의 사실상의 위험이 아니라 행위의사 속에 내포된 법익침해에의 위험과 관련하여 내려지는 형법적 가치평가로서의 위험성이며, 그 실질은 일반인에게 법질서의 효력에 대한 신뢰와 법적 안정감을 동요시키는 법적대적 의지의 실행이라고 보아야 할 것이다. 이러한 의미의 위험성은 불능미수의 가벌성과 동일한 의미를 갖는다고 보아야 할 것이다.

이러한 관점에서 불능미수범의 위험성의 본질 내지 가벌성의 근거를 설명해 주는 견해로서는 인상설이 적절하다고 판단된다. 이 설은 불능미수도 법적대적 의지의 실증을 통하여 법질서에 대한 침해의 인상을 일깨우고 이를 통하여 법적 평화(안정)에 대한 법률공동체의 신뢰를 동요시키기 때문에 그러한 한 가벌적이라고 설명한다.

이 설은 주관설에 중점을 두면서도 그 객관적인 측면을 형벌의 일반예방적 목적과 관련하여 법적 평화에 대한 법률공동체의 신뢰(일반인의 법의식)를 동요시키는 그 침해적 인상에 결부시킨다. 그러므로 이 설에 의할 경우 위험성 판단의 기준은 법적대적 의지의 실행을 전제로 하여 그 행위가 일반인의 법적 안정감을 동요시켰는가 여부에 의존된다. 이 설에 대하여 위험성판단이 일반인의 감정판단으로 환원되거나 법적 안정감 등이 추상적이어서 자의적 판단의 우려가 있다는 비판이 제기되기도 하지만,[1] 위험성의 존부는 사실판단이 아닌 규범판

1) 김성돈, §27/33; 김혜정 외, 329면.

단이므로 규범판단이 가지는 기본적인 추상성으로서의 법적대적 의지의 존부, 법적 안정감의 동요 여부 등을 확정하기 위한 척도는 별도로 검토의 대상이 될 수 있을 것이다.

5. 처 벌

(1) 임의적 감면

제27조는 불능미수범을 형의 임의적 감면사유로 인정함으로써, 형의 필요적 감면사유인 중지미수보다는 무거우나 단지 형의 임의적 감경사유인 협의의 장애미수보다는 가볍게 취급하고 있다. 불능미수범의 처벌도 형법 각 본조에 당해 미수범을 처벌한다는 규정이 있을 때에만 문제된다.

(2) 불능미수와 공범

교사자의 의도와 관계없이 피교사자(정범)의 행위가 불능미수가 되면 공범종속성의 원칙에 따라 교사자는 불능미수의 교사범의 죄책을 지고, 피방조자(정범)의 행위가 불능미수에 그친 경우에 방조자는 불능미수의 종범이 된다.

반대로 교사자가 불능미수에 해당하는 행위를 교사한 경우, 처음부터 불능미수가 될 것을 알면서 교사하였다면 미수의 교사가 된다. 이 경우 피교사자가 불능미수의 정황을 모르고 행위를 하였다면 당해 범죄의 불능미수범으로 처벌됨은 당연하다. 반면 교사자는 구성요건적 결과의 발생을 인식·인용하지 않았던 경우가 되므로 교사의 고의가 없는 것으로 보아 교사자는 불가벌이 된다.

심 화 **장애미수와 중지미수, 불능미수의 구별**

미수의 세 가지 형태는 서로 개념이 명확히 구분되면서도, 실제 사례에의 적용에는 다소 논란이 있다. 예컨대, 소매치기가 빈 호주머니에 손을 넣어 재물을 절취하였으나 돈이 없어서 스스로 그만둔 경우를 가정해 보자. 주관적으로 목적한 재물이 존재하지 않아서 실패하였기 때문에 장애미수인지, 스스로 그만두었다는 점에서 중지미수인지, 또는 존재하지 않는 객체를 존재한다고 오인함이 대상의 착오에 해당되어 불능미수가 되는지의 문제이다.

이 경우 장애미수와 불능미수의 차이는 결과발생의 현실적 가능성이다. 불능미수에서 대상의 착오란 객체에 관한 인식과 현실의 불일치와 마찬가지로, 행위자가 선택한 행위객체에 흠결이 있거나 침해될 수 없는 상태에 놓여서 의욕한 결과발생을 현실적으로 실현시킬 수 없는 경우이다. 여기에서 인식과 현실의 불일치 측면을 포착한다면 마치 구성요건의 착오처럼 보이지만, 구성요건의 착오란 인식사실과 발생결과가 모두 범죄의 구성요건에 해당하는 경우여야 한다. 따라서 이를 장애미수라고 보는 견해[1)]는 타당하지 않다.

한편 만일 인식한 사실도 재물이지만, 현실적으로 존재하는 객체의 가치가 인식사실에 비해 현저히 미달하여 스스로 그만둔 경우에는 다시 장애미수와 중지미수의 구분이 문제된다. 이 때에는 자의성을 어느 범위까지 허용하는가의 판단기준의 문제로 귀결된다. 존재하는 객관적 사정으로 인하여 행위자에게 선택가능성이 없었다고 볼 경우 또는 존재하는 장애사유가 사회통념상 행위자로 하여금 결과달성을 하지 못하도록 할 정도에 이른다면 이는 중지미수가 아닌 장애미수로 보아야 할 것이다. 즉, 현존하는 행위 객체의 성질 그 자체로 인한 목적 미달성은 장애미수로, 행위과정에서의 외부적 사정변경 또는 외부적 사정변경으로 인한 행위자의 심적 태도의 변화로 인한 경우는 중지미수로 보아야 할 것이다. 따라서 위의 사례는 목적한 개체의 부존재로 인한 불능미수가 된다.

---

1) 천진호, 718면의 견해로, 이에 따르면 대판 1986. 11. 25, 86도2090, 86감도231 판결이 "소매치기가 피해자의 주머니에 손을 넣어 금품을 절취하려고 한 경우 비록 그 주머니 속에 금품이 들어있지 않았었다 하더라도 위 소위는 절도라는 결과발생의 가능성을 충분히 내포하고 있으므로 이는 절도미수에 해당한다."라고 판시한 사항을 장애미수로 이해한다.

제 5 장

범죄의 다수참가형태

제1절 서　　설

Ⅰ. 공범의 개념

1. 범죄의 참가형식과 그 취급

범죄는 그 주체가 한 사람인가 두 사람 이상인가에 의하여 단독범과 다수참가형태로 구분된다. 후자를 흔히 넓은 의미의 공범이라고 칭한다. 한편 범죄의 참가형식은 범행에 대한 행위자의 입장에 따라 정범과 공범으로 구분한다. 범죄의 다수참가형태를 간단히 정리하면 다음과 같다.

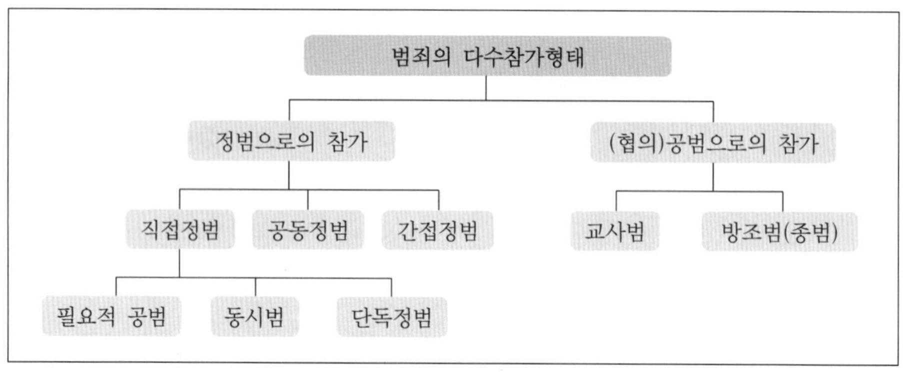

범죄의 다수참가형식의 취급에는 두 가지 방법이 있다.

(1) 단일정범개념

근대학파 특히 의사형법(Willensstrafrecht)에 의한 단일정범개념(Einheitstäterbegriff)은 전체적 사건 속에서 각 참여자의 공동작용이 어떠한 의미를 갖는지를 고려하지 않고 구성요건의 실현에 원인적 기여를 행한 모든 참여자를 정범으로 본다. 행위의 형법적 중요성을 가늠하는 척도는 오직 인과성이며 종속성의 요청은 무시된다. 이러한 단일정범개념은 가벌성을 부당하게 확대하기 때문에 타당하지 않으며 공동정범, 교사범, 종범 등을 구분하여 규정한 우리 형법의 해석에 부합하지 않는다.

(2) 정범 · 공범구분론

범죄의 다수참가형식을 참여자의 행위기여가 지니는 비중에 따라 차등있게 정범과 공범을 구분하는 견해로, 우리 형법의 해석에 합치된다. 이에 의하면 공범이란 타인(정범)의 범행에 고의적으로 가담하는 자로 가담형태에 따라 교사범과 종범을 의미하며, 이를 협의의 공범이라고도 한다.

2. 임의적 공범과 필요적 공범

본래 1인에 의해서도 가능한 범죄에 2인 이상이 협력했는가, 구성요건상 당연히 두 사람 이상의 공동작용이 예정된 경우였는가에 따라 임의적 공범(전자)과 필요적 공범(후자)이 구분된다. 이 양자를 합하여 최광의의 공범이라고도 부른다.

(1) 임의적 공범

형법상 구성요건행위란 일반적으로 1인의 고의 · 기수범을 예정하고 규정된다. 따라서 단독으로 행위의 불법을 실현시킬 것이 기대되는데, 이와 같은 행위에 다수인이 가담하는 형태를 임의적 공범이라 한다.

임의적 공범은 광의의 공범이라고 불리어지며 필요적 공범에 대응하는 개념으로 사용되는데 이에는 다수정범(동시범과 공동정범), 교사범 및 종범이 포함된다. 여기에서 다수정범은 한 범행에 정범이 2인 이상임을 나타낼 뿐 본래의 의미의 공범은 아니다. 그러므로 임의적 공범(광의의 공범)에서 다수정범을 제외한 교사범과 종범을 본래의 공범(협의의 공범)이라고 한다.

(2) 필요적 공범

1) 의 의

필요적 공범이란 구성요건행위의 실현이 단독으로는 불가능하고 반드시 어떠한 형태이든 2인 이상의 관여가 요구되는 범죄이다. 여기에서 '필요적'이란 반드시 2인 이상이 범죄가 성립하거나 처벌될 것을 요하는 것은 아니다. 단지 1인의 불법의 실현에 다수의 행위자가 필요불가결하게 요구됨을 의미할 뿐, 다수인의 범죄성립을 실현시키기 위한 개념이라고 해서는 안 된다. 따라서 필요적 공범은 1인의 범죄를 성립시키기 위하여 다수인이 가공하되, 입법자의 결단에 따라 1인만 범죄가 되거나 관여자 모두 범죄가 되기도 한다. 또한 후자의 경우에도 각각 처벌의 양을 달리할 수 있다.

2) 필요적 공범의 분류

일반적으로 필요적 공범(Die notwendige Teilnahme)은 집합범과 대향범 및 합동범으로 구분된다.

유 형	처벌의 예	형법상 범죄유형
집합범	동일한 법정형	소요죄(제115조), 다중불해산죄(제116조), 특수(단체 또는 다중의 위력을 보이는 형태의 폭행에서 단체 또는 다중의 위력을 보이는 형태로서의 특수공무집행방해죄(제144조)를 비롯한 폭행(제261조), 체포·감금(제278조), 협박(제284조), 주거침입(제320조), 손괴(제369조))를 수단으로 하는 죄, 해상강도죄(제340조)
	차등적 법정형	내란죄(제87조)
대향범	동일한 법정형	도박죄(제246조), 자기낙태죄(제269조 제1항)와 동의낙태죄(제269조 제2항),아동혹사죄(제274조), 부녀매매죄(제288조 제2항), 인신매매죄(제289조)
	차등적 법정형	수뢰죄(제129조)와 증뢰죄(제133조), 자기낙태죄(제269조 제1항)와 업무상 동의낙태죄(제270조 제1항), 배임수증죄와 수재죄(제357조)
	일방만 처벌	음화등 반포죄(제243조), 업무상 비밀누설죄(제317조)
합동범	동일한 법정형	특수도주죄(제146조), 특수절도죄(제331조 제2항), 특수강도죄(제334조 제2항)

① 집합범

집합범은 다수의 행위자가 동일한 목표를 향하여 같은 방향에서 공동으로 작용하는 경우를 의미한다. 이를 집단범 또는 다중범이라고 하거나[1] 군집범이라고[2] 표현하기도 한다.

구성요건상 단체 또는 다중의 위력을 보일 것을 요구하는 특수공무방해죄(제144조)[3]나 소요죄(제115조)의 경우처럼 참여한 모든 자에 대하여 동일한 법정형을 규정한 것[4]과 내란죄(제87조)의 경우처럼 관련된 행위의 태양과 정도에 따라

1) 임웅, 441면
2) 신동운, 751면.
3) 특수상해죄(제258조의2), 특수폭행죄(제261조), 특수체포·감금죄(제278조), 특수협박죄(제284조), 특수주거침입죄(제320조), 특수손괴죄(제369조) 등이 이에 해당한다.
4) 소요죄 이외에도 다중불해산죄(제116조)가 이에 해당한다.

상이한 법정형을 규정하는 예가 있다.

② 대향범

대향범은 2인 이상의 참여자가 서로 다른 의사방향(대립, 대향의 방향)에서 동일한 목표를 실현하는 경우를 말한다. 대향범은 구성요건 자체에서 2인 이상의 서로 대향된 행위의 존재를 요구하므로, 구성요건상으로는 단독으로 실행할 수 있는 형식으로 되어 있는데 단지 그것이 대향범의 형태로 실행되는 경우일 뿐이면 대향범이 아니다.[1)]

대향범에는 아동혹사죄(제274조) 등과 같이 대향자 쌍방의 법정형이 같은 경우[2)], 수뢰죄(제129조)와 증뢰죄(제133조)의 관계처럼 법정형이 서로 다른 경우[3)], 음화 등 반포죄(제243조)의 경우처럼 대향자의 일방만 처벌하는 경우[4)]가 있다.

③ 합동범

2인 이상이 합동하여 범행을 하는 경우를 구성요건화한 경우이다. 합동범은 이미 개별 구성요건에 "2인 이상"을 요구하고 있기 때문에 임의적인 공동의 형태와는 다르고, 이로 인하여 처음부터 1인 이상이 행하는 범죄에 대한 가중적인 구성요건이라고 할 필요도 없다.[5)] 예컨대 특수도주죄(제146조), 특수절도죄(제331조 제2항) 및 특수강도죄(제334조 제2항)가 이에 해당된다.

3) 법적 효력

① 내부관여자 간의 효력

필요적 공범의 내부관여자 사이에서는 형법총칙상의 공범규정이 적용되지 않는다. 따라서 집합범이든 대향범이나 합동범이든 내부관여자들이 모두 행위주

---

1) 대판 2022. 6. 30, 2020도7866. 판례는 마약거래방지법 제7조 제1항에서 정한 '불법수익 등의 출처 또는 귀속관계를 숨기거나 가장하는 행위'는 처벌규정의 구성요건 자체에서 2인 이상의 서로 대향된 행위의 존재를 필요로 하지 않으므로 정범의 이러한 행위에 가담하는 행위에는 형법 총칙의 공범 규정이 적용된다고 판시한다.

2) 그 밖에도 도박죄(제246조), 국외이송목적 약취·유인죄(제288조 제2항), 국외이송목적 매매죄(제289조 제4항) 등이 이에 해당한다.

3) 낙태죄에서 의사(제270조 제1항)과 임부(제269조 제1항), 배임수증죄에서 배임수재자(제357조 제1항)과 배임증재자(제357조 제2항) 등이 이에 해당한다.

4) 범인은닉·도피죄(제151조 제1항)의 은닉 또는 도피시킨 자와 범죄자의 경우, 범죄자는 자기부죄거부(自己負罪拒否)의 특칙에 따라 죄가 되지 아니하므로 이 유형에 해당한다고 볼 수 있다.

5) 반면 배종대 307면은 필요적 공범을 진정필요적 공범과 부진정필요적 공범으로 나누어, 전자는 본래적인 필요적 공범이고 후자는 합동범이라고 설명한다. 그러나 이러한 분류가 가지는 법적 실익이 없으므로 그렇게 구분할 필요도 없다고 판단된다.

체로서 정범적격이 인정되므로 각각을 해당 범죄의 정범이 성립되는 것으로 보아야 한다.

내부관여자들 사이에서는 상대방에게 교사행위나 방조행위를 하였더라도 형법총칙상 임의적 공범으로서 교사범이나 방조범은 성립하지 않는다. 이는 음화 등 반포죄처럼 일방만 처벌되는 범죄도 예외는 아니어서, 불처벌되는 대향자가 비록 교사나 방조 또는 기능적 행위분담을 하였더라도 일체의 공범은 성립되지 않는다. 예컨대, 음화를 매수하려는 자가 매도를 교사하는 경우, 매수자의 매수행위는 범죄가 아니므로 교사 역시 범죄가 되지 않는다. 이에 반하여 대향범의 일방만 처벌되는 범죄에 가담한 내부의 타방행위에 대하여 교사 또는 방조 등 공범규정이 적용된다고 보는 견해가 있다.[1] 그러나 음화를 매수하고자 하는 자가 판매를 교사하였다고 하더라도 대향범 내부자의 관계이므로 매수자에게 교사범이 성립되지 않는다고 보아야 한다.[2] 입법자가 입법적 결단으로 정범성립을 부정한 자에게 공범으로서의 지위를 부여할 필요는 없다.[3] 더욱이 정범이 성립될 수 없는 자는 공범도 될 수 없다고 보아야 한다. 대향범 내부자 중 범죄로 되지 않는 타방당사자는 정범이 될 수 없는 자이기 때문에 공범 역시 될 수 없다.

판 례

노동조합법 제91조, 제43조 제1항은 사용자에게 쟁의행위 기간중 그 쟁의행위로 중단된 업무수행을 위하여 당해 사업과 관계없는 자를 채용 또는 대체하는 행위를 처벌한다. 그러나 동 조항들은 사용자의 행위를 처벌하도록 규정하고 있으므로, 사용자에게 채용 또는 대체되는 자에 대하여 위 법조항을 바로 적용하여 처벌할 수 없음은 문언상 분명하다. 나아가 채용 또는 대체하는 행위와 채용 또는 대체되는 행위는 2인 이상의 서로 대향된 행위의 존재를 필요로 하는 관계에 있음에도 채용 또는 대체되는 자를 따로 처벌하지 않는 노동조합법 문언의 내용과 체계, 법 제정과 개정 경위 등을 통해 알 수 있는 입법 취지에 비추어 보면, 쟁의행위 기간 중 그 쟁의행위로 중단된 업무의 수행을 위하여 당해 사업과 관계없는 자를 채용 또는 대체하는 사용자에게 채용 또는 대체되는 자의 행위에 대하여는 일반적인 형법총칙상의 공범 규정을 적용하여 공동정범, 교사범 또는 방조범으로 처벌할

1) 김성돈, §30/42; 이정원, 336면. 배종대, 398면은 방조범 성립은 부정하나 교사범은 성립한다고 본다.
2) 배종대, 543면.
3) 같은 취지로 김혜정 외, 347면; 신동운, 754면; 임웅, 442면.

수 없다.

나아가 대체근로 중이던 갑을 쟁의행위중이던 피고인들이 뒤쫓아가 붙잡으려는 과정에서 갑이 상해를 입었다면, 피고인들이 갑을 체포하려던 것은 현행범인 체포의 요건을 갖추지 못하므로, 피고인들은 형법 제20조의 법령에 의한 행위로서 정당행위를 주장할 수 없다.[1)]

② 외부관여자에 대한 효력

필요적 공범의 외부관여자는 내부관여자가 아니기 때문에 총칙상의 임의적 공범규정이 모두 적용된다. 따라서 외부에서 기능적인 행위분담을 하면 필요적 공범의 공동정범, 필요적 공범에 해당하는 행위를 교사하거나 방조한 자는 교사범 또는 방조범이 성립한다. 이는 필요적 공범의 일방이 진정신분범(예: 수뢰죄의 공무원, 업무상 동의낙태죄의 의사 등)이라 할지라도 신분에 종속되어 신분 없는 자도 당연히 공범이 성립할 수 있다.

판 례

판례 역시 직무상 비밀을 누설한 행위와 그 비밀을 누설 받은 행위는 대향범 관계에 있으므로, 처벌규정이 없는 직무상 비밀을 누설 받는 자에 대하여는 공범에 관한 형법총칙 규정이 적용될 수 없다[2)]고 보아 이를 부정한다. 또한 2인 이상의 서로 대향된 행위의 존재를 필요로 하는 관계에 있어서는 공범이나 방조범에 관한 형법총칙 규정의 적용이 있을 수 없다. 따라서 금품 등을 공여한 자에게 따로 처벌규정이 없는 이상, 그 공여행위는 그와 대향적 행위의 존재를 필요로 하는 상대방의 범행에 대하여 공범관계가 성립되지 아니하고, 오로지 금품 등을 공여한 자의 행위에 대하여만 관여하여 그 공여행위를 교사하거나 방조한 행위도 상대방의 범행에 대하여 공범관계가 성립되지 않는다고 본다.[3)]

이 외에도 직접 진찰하지 않고 처방전을 발급·교부하는 의사의 행위만 처벌하는 의료법상 처방전을 교부받은 자(대판 2011. 10. 13, 2011도6287), 미등록 중개행위

1) 대판 2020. 6. 11, 2016도3048.

2) 대판 2009. 6. 23, 2009도544; 대판 2007. 10. 25, 2007도6712. 또한 대판 2001. 12. 28, 2001도5158도 매도, 매수와 같이 2인 이상의 서로 대향된 행위의 존재를 필요로 하는 관계에 있어서는 공범이나 방조범에 관한 형법총칙 규정의 적용이 있을 수 없고, 따라서 매도인에게 따로 처벌규정이 없는 이상 매도인의 매도행위는 그와 대향적 행위의 존재를 필요로 하는 상대방의 매수범행에 대하여 공범이나 방조범관계가 성립되지 아니 한다고 본다.

3) 대판 2014. 1. 16, 2013도6969.

를 처벌하는 공인중개사법상 이에 대한 중개의뢰행위를 한 자(대판 2013. 6. 17, 2013도3246) 등도 대향범 중 일방만 처벌하는 규정이므로 형법총칙상 공범규정을 적용할 수 없다.

Ⅱ. 공범의 본질

1. 공범에서의 공동의 의미

공범에서의 공동이 무엇을 의미하는가에 관하여서는 범죄공동설과 행위공동설의 대립이 있다.

범죄공동설은 객관주의적 입장에서 공범은 수인이 특정한 범죄를 공동하여 실현하는 것이라고 이해하며, 행위공동설은 주관주의적 입장에서 공범은 수인이 행위를 공동으로 하여 각자가 의도한 범죄를 실현하는 것이라고 이해한다.

양설의 대립은 협의의 공범과 정범 사이의 공동성보다, 공동정범에 있어서의 공동성에 관련하여 논의된다(§3. 공동정범 Ⅱ. 본질 참조).

2. 공범의 종속성

(1) 서 론

협의의 공범으로서의 교사범과 종범은 정범의 존재를 그 전제조건으로 하는데 이를 일반적으로 공범의 종속성(die Akzessorietät der Teilnahme)이라고 부른다.[1] 공범의 종속성은 공범의 독립성에 대응하는 개념이며 종속성 인정여부에 관하여서는 공범종속성설과 공범독립성설이 대립되어 있고, 공범의 종속성을 인정함에 있어서도 견해의 대립이 있다.

(2) 공범종속성설과 공범독립성설

1) 공범종속성설

이 설은 교사범이나 종범이 성립하려면 최소한도 정범이 구성요건에 해당하는 행위로 나아가야 한다고 본다. 이 설에 의하면 어디까지나 범행은 정범에 의

---

1) 과거에는 공동정범의 종속성을 인정하는 견해(김종원, 「공범의 구조」, 형사법강좌 Ⅱ, 663면)가 일부 있었으나, 공동정범에서 공동행위자들 상호간에는 종속성이라기보다는 실행행위의 기능적 분담을 통한 불가분적 관련이 있을 뿐이다.

하여 행하여지고 공범은 그의 범행에 가담하는 자일 뿐이다. 그러므로 정범의 실행행위가 없는 한 공범의 교사행위나 방조행위 그 자체는 예비·음모의 단계를 벗어나지 않는다. 따라서 미수범의 공범은 가능하나 공범의 미수는 있을 수 없으며 공범과 간접정범은 구분된다. 공범의 처벌근거도 공범이 정범의 행위를 야기시키거나 촉진했다는 관점에서 찾는다.

공범종속성설은 전통적으로 객관주의 범죄론의 입장에서 범죄의 실행행위를 이해하고 범죄의 구성요건적 정형을 중시한다. 그리하여 예컨대 살인을 교사, 방조하는 행위는 살인죄의 구성요건상의 행위인 살해행위 그 자체가 아니므로 양자를 동일시함은 부당하다고 본다.

2) 공범독립성설

공범독립성설은 범죄를 반사회성의 징표라고 이해하는 주관주의 범죄론의 입장에서 실행행위를 이해한다. 이 설은 교사 또는 방조행위 그 자체가 반사회성을 드러내는 행위이므로 정범의 실행행위가 없어도 독자적으로 범죄(미수범)를 구성한다고 본다. 그러므로 미수의 공범뿐만 아니라 공범의 미수(교사행위 또는 방조행위 그 자체가 미수로 끝난 경우)까지도 미수범으로 처벌받아야 한다고 보게 되며 간접정범과 교사범을 구분할 필요성을 부정하고 간접정범에서의 배후이용자를 공범으로 본다.

(3) 양 학설과 형법의 해석

1) 제31조 제1항 및 제32조 제1항

공범종속성설은 제31조 제1항의 "타인을 교사하여 죄를 범하게 한 자"와 제32조 제1항의 "타인의 죄를 방조한 자"의 법조문이 모두 정범의 존재를 전제로 하고 이에 종속하여 공범을 처벌하려는 취지의 규정으로 본다. 공범독립성설을 취하면서 제31조 제1항의 "타인을 교사하여 죄를 범하게 한 자"의 해석을 "타인을 교사하여 자기의 죄를 범하게 한 자"라고 하는 한편, 제32조 제1항의 "타인의 범죄를 방조한 자"를 "타인의 범죄를 방조하여 자기의 죄를 범한 자"로 해석하는 견해[1)]가 있었으나, 이처럼 법문에 없는 '자기의'라는 표현을 추가하는 것은 설득력이 없는 해석이다.

---

1) 염정철/8인공저, 325면.

2) 第31조 第2항 및 第3항

공범종속성설의 입장에서는 제31조 제2항과 제3항이 예비 또는 음모에 준하여 처벌한다고 규정한 것은 교사범의 처벌이 아닌 특별규정으로 이해한다.

한편 공범독립성설의 입장에서는 이들 규정을 공범독립성설에 근거한 것으로 보거나, 공범이 정범의 실행행위를 요건으로 하지 않고 독립하여 성립할 수 있다는 공범독립성을 밝힌 것이고, 완전히 공범독립성설에 입각했다고 할 수는 없을지라도 주관주의의 입장에서 어느 정도 공범독립성설에의 방향을 시사하고 있다고 본다.

3) 第33조

공범과 신분을 규정한 제33조와 관련하여 공범종속성설은 신분의 연대성을 규정한 본문을 당연한 규정이라고 보나, 공범독립성설은 신분의 개별성을 규정한 단서가 공범의 독립성을 규정한 원칙규정이고 본문이 예외규정이라고 본다.

4) 第34조 第1항

제34조 제1항은 간접정범에 관한 규정으로, 공범종속설은 타인을 도구로 이용하는 배후자의 정범성을 인정하고 간접정범을 긍정한다. 그러므로 형법이 간접정범을 두고 있는 것은 공범종속성의 논리에 합치된다.

한편 공범독립성설은 교사행위 또는 방조행위만 있으면 이로써 공범은 성립될 수 있으므로 간접정범개념을 부정하고 배후의 이용자도 공범으로 본다.

제34조 제1항이 간접정범형식의 교사범 및 간접정범형식의 방조범을 규정함으로써 실제로는 제31조(교사범) 및 제32조(종범)로 처벌하는 일종의 공범형태를 명문화한 것이라는 견해[1]도 있다.[2]

5) 第252조 第2항

제252조 제2항의 자살관여죄 규정과 관련하여 공범종속성설은 자살이 범죄가 아님에도 불구하고 그 교사자, 방조자를 처벌하는 것을 형법이 특별규정을 설정했다는 관점에서 이해한다. 한편 공범독립성설은 공범의 독립성에 기초한 규정으로 이해하고 있다.

---

1) 차용석, 「간접정범」, 형사법강좌 II, 703면.
2) 신동운, 694면은 형법이 간접정범을 정범으로 규정하고 있지 않은 점에 대하여 지적한다.

	공범종속성설	공범독립성설
제31조 제1항, 제32조 제1항	정범의 존재를 전제, 이에 종속하여 공범처벌	'타인을 교사하여 자기의 죄를 범하게 한 자'로 해석
제31조 제2, 3항	교사범의 처벌이 아닌 특별규정	공범독립성설에 근거한 당연규정
제33조	신분의 연대성을 규정한 본문이 원칙	신분의 개별성을 규정한 단서가 원칙
공범의 미수	미수의 공범은 가능하나 공범의 미수는 불가	미수의 공범, 공범의 미수 가능
제34조 제1항	공범과 간접정범 구별	간접정범개념을 부정하고 배후의 이용자도 공범
제252조 제2항	특별규정으로 이해	공범의 독립성을 기초한 당연규정

6) 결 론

이론적으로 볼 때 공범의 본질은 타인의 범죄실현에 가공한다는 사실과 분리될 수 없으며 현행 형법의 해석과 관련하여 볼 때 부분적으로 예외규정이 있기는 하지만 제31조, 제32조에서 찾아볼 수 있듯이 형법은 공범의 종속성을 인정하고 있다고 판단된다. 그러므로 이론적으로 보나 해석상으로 보나 공범의 종속성을 인정하는 것이 타당할 것이다. 판례의 입장도 이와 같다.[1)]

판 례

교사범이 성립하기 위해서는 교사자의 교사행위와 정범의 실행행위가 있어야 하는 것이므로, 정범의 성립은 교사범의 구성요건의 일부를 형성하고 교사범이 성립함에는 정범의 범죄행위가 인정되는 것이 그 전제요건이 된다.[2)]

(4) 종속성의 정도

공범의 종속성을 인정할 경우 정범이 어느 정도의 범죄성립요건을 구비할 때 공범이 성립되는가 하는 것이 종속성의 정도에 관한 문제인데 이와 관련하여 엠에 마이어(M. E. Mayer)의 네 가지 종속형식이 논의된다.

1) 대판 2000. 2. 25, 99도1252; 대판 1998. 2. 24, 97도183; 대판 1979. 5. 22, 79도552; 대판 1979. 2. 27, 78도3113; 대판 1978. 2. 28, 77도3406; 대판 1977. 5. 18, 77도541; 대판 1970. 3. 10, 69도2492 등.
2) 대판 2000. 2. 25, 99도1252.

1) 최소종속형식

최소종속형식(minimal akzessorische Form)에 의하면 정범의 행위가 구성요건에 해당하기만 하면 공범은 성립되고 정범이 위법·유책할 것을 필요로 하지 않는다. 이 형식은 타인에게 구성요건행위를 교사하거나 방조하기만 하면 적법한 행위일지라도 공범이 성립됨으로써, 공범의 성립범위를 가장 넓게 인정한다. 반면 간접정범의 성립가능성은 상대적으로 줄어든다.

2) 제한종속형식

제한종속형식(limitiert akzessorische Form)은 정범의 행위가 구성요건에 해당하고 위법하기만 하면 공범이 성립된다는 종속형식으로서 정범이 반드시 유책할 것을 필요로 하지 않는다.[1] '제한적'이라 함은 정범의 책임에는 종속되지 않는다는 점에서 공범의 종속범위가 제한된다는 의미이다.[2]

3) 극단종속형식

극단종속형식(extrem akzessorische Form)은 정범의 행위가 구성요건에 해당하고 위법, 유책해야만 공범이 성립된다는 종속형식이다.[3]

이 형식은 우리 형법 제31조(교사범)의 "타인을 교사하여 죄를 범하게 한 자", 제32조(종범)의 "타인의 범죄를 방조한 자"라는 문언(죄 또는 범죄)이 정범의 행위의 완전한 범죄성을 전제로 한다는 관점을 전제로 한다.

4) 초극단종속형식

초극단종속형식(hyperakzessorische Form)은 공범이 성립하려면 정범의 행위가 구성요건에 해당하고 위법, 유책함은 물론이고 정범의 신분관계로 인한 형벌의 가중, 감경의 정황, 기타 처벌조건 까지도 공범에게 귀속되는 종속형식이다. 현행 형법의 해석론으로서는 적합하지 않다.

---

1) 김성천/김형준, 381면; 김일수/서보학, 478면; 박상기, 261면; 배종대, 417면; 손동권/김재윤, 569면; 이재상 외, 448면; 이정원, 322면; 임웅, 454면; 정성근/정준섭, 259면; 정영일, 263면.

2) 독일에 있어서는 제한적 종속성의 원칙이 독일 형법 제26조와 제27조에 명문으로 인정되고 있다.

3) 권오걸, 526면; 오영근, 388면. 신동운, 655-658면은 해석론상 우리 형법 제정 당시 입법자는 극단적 종속형식을 취하였다고 평가한다. 이 형식은 독일에서는 1943년 제한종속형식이 도입되기까지 형법에서 인정되었었다.

5) 결 론

이상에서 살펴본 학설들 중 이미 언급한 바와 같이 초극단종속형식은 그 타당성을 논할 대상에서 제외된다.

최소종속형식 역시 취하기 어렵다. 이에 따르면 정범의 행위가 반드시 형식적인 범죄성립요건을 모두 갖출 필요 없이, 그저 가담자에 대한 공범의 인정가능성만 있으면 족하다고 한다. 그리고 이로 인하여 처벌의 범위가 부당하게 확대되는 것이 아니라 공범성립의 가능성이 넓어지는 것뿐이라고 한다.[1] 그러나 적법한 행위, 즉 불법의 영역에 존재하지도 않는 행위에 대한 공범을 인정하는 것은 공범종속이 아닌 공범독립성을 인정하는 결과를 초래한다. 또한 동 이론에 따르면 타인의 적법한 행위, 예컨대 정당방위를 하도록 권유하거나 자신의 생명보호를 위해 긴급피난을 하게 한 경우까지도 교사범으로 보게 되는데, 이처럼 타인의 적법한 행위를 이용하는 경우는 현행 형법상 간접정범이 성립될 수 있으므로 정범성립의 영역까지 공범성립을 인정할 필요는 없다. 또한 정범에 종속하는 공범을 성립시킴으로써 공범을 처벌하고자 하는 취지에도 부합하지 않는다.

극단적 종속형식의 경우에는 정범의 행위가 반드시 책임요건까지도 구비하여야 하므로 정범의 책임에 공범이 종속하는 결과를 초래함으로써, 책임개별화라는 형사책임의 대원칙에 반하게 된다. 극단적 종속형식을 취할 때에는 어느 행위로 인하여 처벌되는 자에게는 공범, 처벌되지 않는 자에게는 간접정범이 성립되므로 양자의 성립범위를 명확히 구분할 수 있을 것이다. 그러나 그와 같이 해석한다면 간접정범은 피이용자가 스스로 완전히 구성요건해당성, 위법성, 책임의 범죄성립요건을 갖추었는가 아닌가에 따라서 성립이 종속되는 결과, 반대로 간접정범의 종속성을 인정하는 결과를 초래한다.

따라서 제한적 종속형식이 다음과 같은 관점에서 타당하다.

첫째, 공범의 처벌근거는 정범의 구성요건에 해당하고 위법한 행위(형법상 불법한 행위)를 야기 또는 촉진했다는 데 있으므로 정범의 불법한 행위가 있는 한 공범은 정범의 책임 유무에 관계없이 성립한다고 봄이 타당하고, 이렇게 보는 것이 개인책임의 원칙에도 합치된다.

둘째, 제31조의 "죄", 제32조의 "범죄"라는 의미도 넓게 보면 형법상의 불법

---

1) 김성돈, §32/33.

이라는 의미로 이해할 수 있다. 그러므로 이러한 표현이 반드시 정범의 구성요건에 해당하고 위법, 유책한 행위를 전제로 하는 극단적 종속형식을 취했다는 논거라고 보아서는 안 된다.

셋째, 제34조의 "어느 행위로 인하여 처벌되지 아니하는 자"에 책임없는 자가 포함됨은 물론이다. 그러나 이 규정 때문에 책임없는 자를 교사 또는 방조하는 모든 경우가 간접정범으로 된다고 단정할 수는 없다. 책임없는 자가 도구로서 이용되지 않고 스스로 행위지배를 했다고 볼 수 있는 한 배후의 교사자나 방조자는 간접정범이 아니라 교사범 또는 종범으로 보는 것이 이론적으로는 물론 현행 형법의 해석상으로도 타당하다.

6) 제한적 종속형식과 간접정범의 성립

이와 같이 제한적 종속형식을 취하면, 공범과 간접정범의 성립이 중첩되는 경우가 있다. 우선 구성요건에 해당하지만 위법하지 않은 자에게 교사 또는 방조행위를 하면 공범은 성립할 수 없고 간접정범만 성립한다. 제한적 종속형식을 취하면 정범은 최소한 불법하여야 하므로 정범성이 인정되지 않는 자에게 종속하여 공범이 성립할 수는 없지만, 구성요건에만 해당하는 자는 어느 행위로 인하여 처벌되지 않는 자에 해당하므로 이에 대한 간접정범은 성립할 수 있다.

반면 구성요건에 해당하고 위법하지만 책임이 없는 자를 교사 또는 방조한 자에게는 공범뿐만 아니라 간접정범도 성립할 수 있다. 따라서 이때에는 후술하는 바와 같이 구성요건에 해당하고 위법하지만 책임이 없는 자의 의사를 장악하여 의사지배에 이른 자는 간접정범이 되지만, 그에 이르지 않는 자는 공범이 성립한다.

다음으로 구성요건에 해당하고 위법하며 책임까지도 있는 자를 교사 또는 방조한 자에게는 공범만 성립할 뿐 간접정범은 성립할 수 없다. 간접정범은 어느 행위로 인하여 처벌되지 아니하는 자에 대한 개입이므로 범죄가 성립하여 정범성이 인정되는 자에게는 간접정범은 성립할 수 없고 공범만이 성립 가능하기 때문이다.

3. 공범의 처벌근거

공범은 정범에 종속하여 성립된다. 그럼에도 불구하고 공범을 처벌한다면 이는 정범에 대한 형벌확장사유이므로 그 가벌성은 특별한 근거를 요한다. 공범(교사범 · 종범)의 처벌근거에 관한 학설로서는 다음과 같은 것이 있다.

(1) 책임가담설(책임공범설)

이 설은 공범이 행위자의 유책한 범행을 야기하기 때문에 처벌된다고 본다.[1] 이 설은 공범의 종속성에 대하여 극단적 종속형식에 잘 합치되지만, 제한종속형식에는 부합하지 않는다.

(2) 불법가담설(불법공범설)

이 설에 의하면 공범의 처벌근거는 정범의 위법한 행태를 가능하게 한 데 있다고 한다. 여기에서 타인(정범)의 범행은 공범자의 행위로 인한 것이고 정범의 불법도 공범자의 행위로 인한 결과가 된다. 그러므로 정범에 의하여 침해되는 법익은 간접적으로 문제될 뿐이고 따라서 이 설에 대하여서는 정범의 범행결과에 대한 공범의 독자적 관계가 경시된다는 문제점이 제기되고 있다.

(3) 순수야기설

이 설은 공범(교사범 · 종범)의 불법을 정범의 불법에서 찾지 않고 이와 분리된 공범 그 자체의 구성요건, 즉 공범구성요건(Teilnahmetatbestände)을 인정한다. 따라서 공범은 타인의 범행을 촉진하기 때문이 아니라 자신의 구성요건적 불법에 대하여 책임을 진다고 하며, 그 가벌성의 정범의 범행에 대한 의존관계는 순수하게 사실적 성격(rein faktische Natur)을 갖는데 불과하다고 한다.

(4) 종속성을 기초로 한 야기설 및 촉진설

이 설은 공범의 처벌근거는 공범이 타인(정범)의 범행을 야기시키거나(교사범의 경우) 촉진하는 데 있으며(종범의 경우) 공범불법의 근거와 정도가 모두 정범의 범행에 의존된다고 본다.[2] 이러한 주장을 통하여 이 설은 공범의 불법이 정범의 규범침해에 공동으로 작용한다는 사실 속에 성립함을 명확히 함과 아울러 공범자의 고의는 정범의 범행실현을 향해야 한다는 것을 밝히고 있다.

---

1) 극단적 종속형식을 취하는 신동운, 658면 이하는 그 논리적 귀결로서 책임가담설과 불법가담설이 의미가 있다고 본다.

2) 김성천/김형준, 383면; 박상기, 263면; 배종대, 418면; 이재상 외, 451면; 이정원, 320면; 정영일, 257면.

아무런 수식없이 야기설(Verursachungstheorie) 내지 촉진설(Förderungstheorie)이라고 표현하는 경우는 일반적으로 종속성에 기초한 야기설을 지칭한다고 볼 수 있다. 이 설이 타당하다고 본다.

(5) 혼합적 야기설

위에 열거한 학설 이외에도 순수야기설과 종속적 야기설을 합하여 종속적 법익침해에서 가벌성을 찾는 혼합적 야기설이 있다. 더 나아가 관점에 따라서는 공범이 그 자체로 정범의 범죄실현에 원인을 제공하거나 촉진하기도 한다는 점에서 책임가담설 또는 불법가담설에 포함시켜 종합적으로 고찰하는 설 등이 있다.[1)]

(6) 행위반가치 · 결과반가치설

최근에는 공범의 행위반가치는 공범 자신의 교사 · 방조행위에서 독립적으로 인정되고 결과반가치는 정범에 종속한다는 행위반가치, 결과반가치 구별설도 주장되고 있다.[2)] 이에 따르면 공범처벌의 독자성과 종속성을 구별한 후에, 그 각각의 근거를 불법내용의 각각의 요소에서 도출해 내어야 한다고 본다. 그 결과 공범의 독자적 처벌근거는 공범 자신의 행위반가치에 있고, 공범의 종속적인 처벌근거는 정범의 결과반가치에 있다고 본다. 그러나 반가치라함은 결과반가치이든 행위반가치이든 하나의 단일한 행위에 속하는 서로 다른 두 속성임에도 불구하고 각각 공범과 정범 양자의 별개의 행위로부터 하나씩 도출하였다는 점에서 타당성을 인정하기 어렵다.[3)]

제 2 절 정범과 공범의 구별

우리 형법은 정범의 출현형태인 공동정범(제30조)과 간접정범(제34조)을 규정하는 한편 공범인 교사범(제31조)과 종범(제32조)에 관한 규정을 두고 있다. 이러한 점에 비추어 우리 형법은 범죄의 참가형식의 취급을 정범과 공범으로 구별하는 이원적 체제를 택하고 있다.

---

1) 권오걸, 519면; 김일수/서보학, 476면; 손동권/김재윤, 572면.
2) 김성돈, §32/54; 임웅, 457면; 정성근/정준섭, 262면.
3) 신동운, 648면.

Ⅰ. 정범과 공범의 구별

어떠한 이론적 기준에 의하여 정범과 공범을 구별할 것인가에 관하여서는 제한적 정범개념을 기초로 하는 객관설, 확장적 정범개념을 기초로 하는 주관설, 객관적 척도와 주관적 척도의 합일태적 결합을 바탕으로 하는 행위지배설의 대립이 있다.

1. 제한적 정범개념을 기초로 한 객관설

제한적 정범개념(restriktiver Täterbegriff)에 의하면 정범은 구성요건해당적 행위를 스스로 실행한 자이고 여타의 다른 행위를 통하여 결과를 단지 공동으로 야기시킨 경우는 정범이 아니라고 한다. 그리하여 교사범이나 종범같은 공범형태의 설정은 구성요건의 밖에 있는 행위까지 확장하는 것을 의미하므로 공범은 형벌확장사유(Strafausdehnungsgrund)로 이해된다. 또한 정범과 공범도 객관적 척도에 따라 구분할 것을 요구하므로 제한적 정범개념은 객관설과 불가분적으로 결합된다. 객관설은 관점에 따라 형식적 객관설과 실질적 객관설로 구분된다.

(1) 형식적 객관설

형식적 객관설(Die formal-objektive Theorie)은 구성요건적 행위를 스스로 실행한 자만이 정범이고 그 외에는 공범이 될 수 있을 뿐이라고 한다.[1] 이 설은 그 척도가 명확하다는 장점을 지니고 있으나 지나치게 법조문에 집착하여 정범의 개념을 너무 좁게 이해하므로 간접정범을 설명할 수 없으며 작업분담적 공동정범을 제대로 파악하지 못한다는 비판을 받는다.

(2) 실질적 객관설

실질적 객관설(Die materiell-objektive Theorie)은 행위기여의 위험성의 정도에 따라 정범과 공범을 구별하려고 하는데, 결과에 대한 결정적 조건을 중시하거나 우세한 영향력에 역점을 두거나 시간적 연관을 척도로 삼거나 인과관계가 어떻게 매개되었는가를 중시하는 등 다양한 견해가 제시되고 있다.

---

1) 이 설은 독일에서 1930년까지는 통설적 위치에 있었다.

1) 필요설

필요설(Notwendigkeitstheorie)은 결과발생에 대하여 필요불가결한 행위를 한 자는 정범이고 여타의 자는 공범이 될 수 있을 뿐이라고 본다.[1] 인과관계론의 원인설에 그 출발점을 둔 이 설에는 원인설에 대한 비판이 그대로 적용된다. 이 밖에도 이 설은 교사범과 간접정범을 설명할 수 없다는 비판을 받는다.

2) 동시설

동시설은 실행행위 시에 공동으로 작용하는 모든 자를 정범으로 보며 실행행위 전이나 후에 가담한 자는 공범으로 이해한다. 이 설은 시간적 동시성만을 강조하므로 행위기여의 사리적 비중을 무시하게 되어 불합리한 결론을 낳게 하며, 언제나 피이용자의 행위 이전에 존재하게 되는 간접정범의 정범성을 설명할 수 없다는 비판을 받는다.

3) 우세설

우세설(Überordnungstheorie)은 공동정범과 종범을 구별하기 위하여 구체적 사건의 정황을 고려해 볼 때 우월적, 동가치적 또는 종속적 영향을 미쳤는가를 그 척도로 삼는다. 그리하여 그 영향력이 타자의 행위와의 관계에서 우월하거나 동가치적일 때에는 공동정범이 성립되고 종속적일 때에는 종범이 성립되는 것으로 본다. 이 설은 너무나 추상적이어서 우열판단에 어려움이 따르고, 공동정범과 교사범의 구별에 관하여서는 아무런 기준을 제시하지 못한다는 비판이 있다.

4) 인과성의 매개방법구별설

인과성의 매개방법구별설(Die Lehre von der physisch und psychisch vermit-telten Kausalität)은 거동범과 결과범을 구분하여 거동범에 관한 한 형식적 객관설을 취하고, 결과범에 있어서는 물리적으로 매개된 인과성(예컨대 칼로 찔러 죽인 경우의 사망과 행위 사이의 인과성)이 인정되면 정범이 성립되고, 심리적으로 매개된 인과성(예컨대 고무·격려한 사실과 범행결과 사이의 인과성)일 경우에는 공범이 성립된다고 보았다. 이 설은 간접정범을 설명하는데 난점이 있고 간접정범과 종범의 구별에 있어서도 문제가 있다.

---

1) 특히 독일의 리프만은 결정적 조건을 그 척도로 제시하였다.

2. 확장적 정범개념을 기초로 한 주관설

확장적 정범개념(extensiver Täterbegriff)은 단일정범개념과 일맥상통하며 그러한 범위 내에서는 결과를 야기한 모든 조건의 동가치성을 인정하는 조건설적 사고를 그 바탕으로 한다. 확장적 정범개념에 의하면 구성요건적 결과를 공동으로 야기한 모든 자가 정범이므로 교사범과 정범도 정범이지만 공범규정의 설정을 통하여 달리 취급하는데 지나지 않으며 따라서 교사범과 종범은 형벌축소사유라고 한다. 확장적 정범개념을 따를 경우 모든 행위기여는 객관적으로 동가치이므로 정범과 공범의 구별은 주관적 척도에 의해서만 가능하며 이 때문에 확장적 정범개념은 주관설과 결합된다.

주관설은 극단적 주관설과 제한적 주관설로 양분하여 살펴볼 수 있다.

(1) 극단적 주관설

극단적 주관설(Die extrem subjektive Theorie)은 전적으로 행위자의 주관적 요소를 척도로 하여 정범과 공범을 구별하려는 견해인데 의사설(고의설)과 이익설로 나누어진다.

1) 의사설(또는 고의설)

의사설(Dolustheorie)은 정범의사(자기의 죄를 범하려는 의사: animus auctoris)로써 행위한 자는 정범이고, 공범의사(타인의 범죄에 가담하려는 의사: animus socii)로써 행위한 자는 공범으로 본다. 의사설에 대하여서는 조건설에 의하여 주장된 모든 조건의 동가치성은 결과귀속에만 관계되는 것이지 정범과 공범의 구별에는 관계가 없고, 정범과 공범을 거의 임의로 바꿔놓을 수 있는 개념으로 만들며(가담자들이 서로 방조의사만 가졌을 경우), 정범 없는 공범만 성립되는 불합리한 결과가 나온다는 비판이 있다.

2) 이익설

이익설(Interessentheorie)은 범행의 결과가 자기의 이익을 위한 것이면 정범, 타인의 이익을 위한 것이면 공범이라고 본다. 이익설은 의사설의 한계를 넘지 못하는 것으로 설득력 있는 척도를 제시하지 못한다. 또한 이 설은 현행 형법의 해석에도 합치되지 않는다. 왜냐하면 현행 형법에 의하면 제3자로 하여금 재물이나 재산상의 이익을 취득하게 하는 경우(즉 제3자의 이익을 위한 경우)에도 강도죄(제333조), 사기죄(제347조), 공갈죄(제350조) 등이 성립되기 때문이다.

(2) 제한적 주관설

제한적 주관설(Die eingeschränkt-subjektive Theorie)은 극단적인 주관적 척도를 적절히 제한해 보려는 것으로서 주관적 척도에 객관적 징표를 결합시키고자 한다. 주관적으로는 범행결과에 대한 자신의 이익을 통하여 정범의사가 징표되지만 이것만으로는 충분하지 못하고 정범의사에 대한 객관적 징표로서 행위 중과 행위 후에 그 사람의 행태, 구성요건실현계획에 대한 영향력, 사건경과의 지배 등이 고려되어야 한다고 본다. 이 설은 극단적 주관설보다 합리적이지만 주관설의 단점을 본질적으로 벗어나지는 못했다고 판단된다.

3. 행위지배설

객관설이나 주관설의 어느 하나로써는 정범과 공범을 만족스럽게 구별할 수 없다. 이 때문에 행위지배라는 개념을 중심으로 하여 객관적 척도와 주관적 척도의 합일태를 형성하여 정범과 공범을 보다 설득력 있게 구분하는 이론이 등장하였는데 이것이 바로 행위지배설(Tatherrschaftslehre)이다. 행위지배설에 의하면 행위지배가 있는 경우에는 정범, 없는 경우에는 공범이 성립될 수 있을 뿐이다.

행위지배설의 내용에는 다양한 견해가 있지만, 여기서는 특히 벨첼과 록신의 행위지배설을 중점적으로 살펴보고자 한다.

(1) 벨첼의 행위지배설(목적적 행위지배설)

벨첼(Welzel)은 정범의 일반적 표지가 목적적 행위지배(die finale Tatherrshcaft)이고 자신의 의사결정을 근거로 하여 목적적으로 범행을 실행하는 자가 범행의 지배자라고 보면서, 계획적으로 조종되는 실현의사를 통한 범행의 형성이 행위자를 범죄의 지배자로 만들기 때문에 목적적 실현의사(구성요건적 고의)가 바로 행위지배의 일반적 요소라고 주장한다.

고의범에서 정범은 사건에 대한 목적적 행위지배를 통하여 공범과 구분되는데 공범은 정범이 목적활동적으로 지배하는 범행을 지원하거나 범의를 자극할 뿐이라고 한다.

구성요건적 고의와 동일시되는 목적적 실현의사가 행위지배의 일반적 요소라면 고의적으로 활동하는 공범에게도 행위지배가 있다고 볼 수 있으므로 정범과 공범의 구별은 어렵게 된다. 그러므로 목적적 행위지배설의 입장에서도 목적적 행위지배는 단순한 구성요건실현의사(고의)에 그치는 것이 아니라 그와 같은 의사의 객관화까지를 포함한다고 강조한다.

(2) 록신의 행위지배설

록신(Roxin)은 정범개념의 다양성에 착안하여 행위지배의 개념을 유형화하고 있다. 그리하여 그는 범죄를 의무범과 지배범으로 구분하고 의무범(Pflichtendelikte)에서는 의무침해 그 자체를 중시하고 지배범(Herrschaftsdelikte)에서는 행위지배를 다음과 같이 구분하여 설명한다.

1) 실행행위지배

직접정범은 스스로 행위를 하는 자가 언제나 정범이므로 행위지배는 실행행위지배(Handlungsherrschaft)의 형태로 나타나며, 실행정범이라고도 한다. 직접정범은 모든 주관적이고 객관적인 구성요건요소를 직접 스스로 충족하지만 반드시 단독정범을 의미하는 것은 아니다. 다수의 가담자가 각각 구성요건요소를 모두 스스로 충족하면 실행행위지배가 인정되는데, 예컨대 동시범이 이에 해당한다.

2) 의사지배

간접정범은 피이용자를 도구로서 이용하는 배후자의 의사지배(Willensherrschaft)로서 결정된다. 간접정범의 경우에는 도구처럼 이용되는 피이용자와 그를 도구처럼 이용하여 자신의 범죄를 실현시키는 이용자(배후자)를 필요로 한다. 이때 외관상 구성요건행위를 하는 자는 피이용자이지만, 여러 사유로 인하여 범죄성립의 요건을 충족시키지 못하여 직접정범이 될 수 없는 자이다. 그리고 배후에서 우월한 의사와 인식으로 피이용자를 도구처럼 이용한 이용자가 의사지배를 통해 사태를 장악함으로써 간접적으로 정범이 된다.

3) 기능적 행위지배

공동정범은 행위지배가 분업적으로 행위하는 각 공동행위자의 기능적 행위지배로 결정된다. 여기에서 기능적이라 함은 반드시 구성요건행위의 수행을 의미하는 것은 아니고 구성요건행위의 실현에 필요불가결한 행위를 분담함을 의미한다.

즉 각 가담자가 분업적(기능적)으로 역할을 분담하여 공동으로 작용함으로써 범행의 전체적 계획을 실현함에 있어 불가결한 기여를 한 경우에는 각자에게 기능적 행위지배가 인정되어 공동으로 정범이 된다.

4. 결 론

(1) 지배범의 정범성 표지(행위지배설)

객관설이나 주관설보다는 행위지배설에 의하여 정범과 공범을 구분하는 것이 더 설득력이 있으며, 행위지배설 중에서도 정범개념의 다양성을 고려하여 직접정범, 간접정범, 공동정범의 특성에 합치하도록 행위지배의 개념을 유형화하는 견해가 가장 타당한 것으로 판단된다.

특히 록신의 행위지배설은 정범이 되는 특성을 정확히 포착하였을 뿐만 아니라, 구성요건행위를 스스로 수행하지 않고서도 범행을 장악하는 경우에도 정범으로 봄으로써 정범의 개념을 지나치게 좁게 해석하는 객관설과 반대로 넓게 해석하는 주관설의 단점을 극복할 수 있다. 또한 사건의 진행을 장악하는 중심인물의 유형에 따른 지배형태를 구분함으로써 특히 지배범의 정범성을 포착함에 타당하다.

행위지배설을 기초로 우리 형법상 조문을 정리하면 다음과 같다.

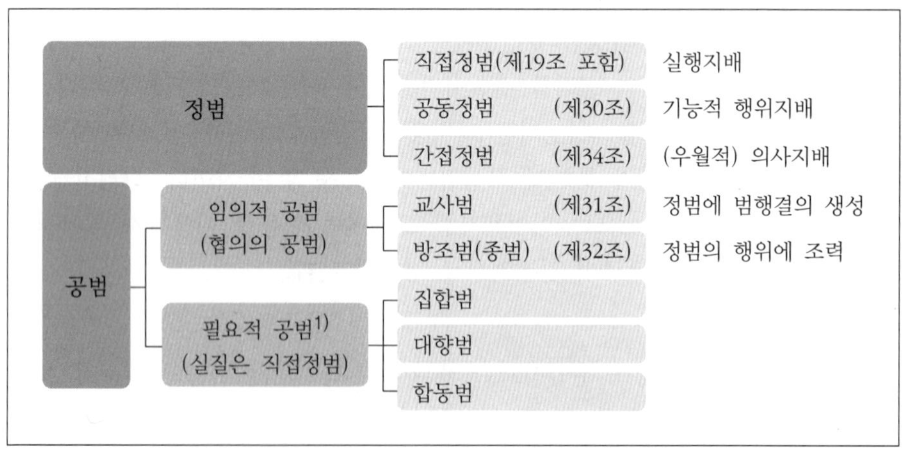

1) 필요적 공범은 실질은 다수참가형태로서는 직접정범이지만, 임의적 공범에 대응하는 개념이기도 하다.

(2) 지배범이 아닌 경우의 정범성 표지

위에서 살펴본 실행행위지배, 의사지배 및 기능적 행위지배는 지배범의 영역에서의 정범성을 결정하는 표지가 된다. 그러나 정범이 되는가 여부가 행위지배설에 의하여 결정될 수 없는 범죄군이 있다. 이 때에는 정범을 결정하는 특별한 표지를 통해서만이 정범이 될 수 있는데, 신분범, 의무범, 자수범이 이에 해당된다.

① 신분범

신분범이란 행위자에게 특별한 인적 표지로서의 특수한 성질, 지위 또는 상태가 있어야만 행위의 주체가 되는 범죄를 말한다. 신분범은 정범의 주체를 한정하는 요소이므로, 이러한 신분이 있는 자만이 정범이 될 수 있고, 신분이 없는 자는 신분이 있는 자에 종속하여 범죄가 성립할 수 밖에 없으므로 공범만이 가능하다. 예컨대, 수뢰죄(제129조)는 공무원 또는 중재인만이 범죄의 주체가 될 수 있으므로, 이에 가담한 비신분자는 공범만 될 수 있다. 따라서 신분자를 이용하는 비신분자는 신분범의 간접정범이 될 수 없으므로 비신분자는 신분자를 이용하여 간접정범이 될 수 없는 반면, 신분자는 비신분자를 이용하여(행위의 주체적격이 인정되지 않아서 처벌되지 않는 자에 해당) 간접정범이 될 수 있다.

② 의무범

형법외적 특별의무가 있는 자만이 범죄의 주체가 될 수 있으므로, 정범적격성이 의무가 있는가로 판단되는 범죄를 의미한다. 형법외적 특별의무란 형법에서 부과하지 않지만, 다른 법률이나 계약 등에 의하여 특정인에게 주어지는 의무를 말한다. 예컨대, 횡령죄(제355조)는 '타인의 재물을 보관하는 자'라고 주체를 명시하고 있으므로 신분범에 해당하는 것 같지만, 타인의 재물을 형법외적 특별의무로서 보관하는 자이기 때문에 의무로부터 비롯되는 특별한 신뢰관계가 있는 자로 주체가 한정된다. 이 경우에도 범죄의 주체는 형법외적 특별의무 있는 자로 한정되기 때문에, 행위지배여부로 정범성을 판단할 수 없게 된다. 따라서 형법외적 특별의무가 없는 자는 간접정범이 성립될 수 없다.

다만, 의무범에서 주장하는 형법외적 특별의무가 무엇인지 그 범위를 확정하기 어렵고, 법리적으로는 신분범과 법적 효력에서 차이가 발생하지 않으며, 의무범은 모두 의무있는 자라는 신분범에 해당하므로 이를 인정할 실익을 찾기는 어렵다.

③ 자수범

자수범은 행위자 자신의 신체를 통해서만이 범죄를 행할 수 있거나 자신이 직접 행하지 않으면 구성요건 실현이 불가능한 범죄를 의미한다. 따라서 행위자 자신의 행위만이 정범성의 표지가 된다는 점에서 간접정범은 물론 타인과 공동정범의 형태로도 정범이 될 수 없고, 오로지 단독정범의 형태로만 정범이 가능하다. 그 결과 자수범에 가담한 자들은 모두 교사범이나 방조범만 될 수 있고, 어떠한 형태의 정범도 될 수 없다.

Ⅱ. 정범의 출현형태

1. 단독정범과 공동정범

단독정범(Alleintäterschaft)이란 공동정범에 대응하는 개념으로서 타자의 가담 없이 스스로 구성요건을 충족시키는 자이다. 공동정범(Mittäterschaft)은 2인 이상이 공동의 범죄의사로써 분업적으로 범죄를 공동하여 실행하는 함을 의미한다.

2. 직접정범과 간접정범

직접정범(unmittelbare Täterschaft)은 간접정범(mittelbare Täterschaft)에 대응하는 개념으로서 타인을 도구로 이용함이 없이 행위자가 직접 범죄를 실행하는 경우를 말한다. 간접정범은 타인을 도구로 이용하여 간접적으로 범죄를 실현하는 경우를 의미한다.

3. 동 시 범

(1) 의 의

동시범(Nebentäterschaft)은 2인 이상의 행위자가 그들 사이에 공동의 행위결의 없이 각자 같은 행위객체에 대하여 구성요건적 결과를 실현한 경우를 말한다. 동시범은 공동정범과 더불어 다수정범에 속하는 것으로 이해되기도 하는데, 공동의 행위결의(공동의 의사연락)가 없다는 점에서 공동정범과 구분되고 타행위자가 단순한 도구가 아니라는 점에서 간접정범과 구분된다.

동시범은 고의범과 과실범의 경우에 모두 가능하다. 타인의 범행계획을 자기가 의도하는 범행에 이용하는 경우(정범배후의 정범의 한 형태 중 정을 모르는 정범의 행위를 이용한 경우)에 이것이 동시범인가 간접정범인가에 관하여서는 논란이 있다. 타인의 과실행위를 자신의 고의범행에 이용하는 경우에는 우리 형법(제34조)의 해석상으로는 간접정범이 된다고 보아야 한다.

동시범은 수인의 행위에 공동정범 · 간접정범 또는 공범이 결여되는 경우에 비로소 논의되며, 동시범은 단독정범의 우연한 중첩이 문제될 뿐이기 때문에 이론적으로 독자적 가치를 지니지 못한다.

동시범은 단독범의 경우처럼 각자는 자기 자신이 행위한 바에 따라 처벌된다. 동시범을 처벌하는 데에 문제가 되는 것은 결과발생의 원인된 행위가 밝혀지지 않은 경우에 어떻게 취급할 것인가 하는 점이다. 이 경우에는 "의심 있는 때에는 피고인의 이익으로"(in dubio pro reo)라는 원칙에 따라 각자를 미수로 취급함이 타당하다. 즉, 동시범에 해당하는 각자의 행위는 각각 구성요건해당성 충족여부를 판단하건대, 행위를 하였음에도 불구하고 인과관계가 판명되지 아니하였다는 점은 인과관계라는 객관적 구성요건이 결여되어 기수가 될 수 없으므로 각자는 미수가 될 뿐이다. 우리 형법은 동시범에 대하여 원인된 행위가 판명되지 아니한 경우의 문제를 제19조(독립행위의 경합)를 통하여 입법적으로 확인하는 한편 제263조(동시범)에는 그 예외규정을 두고 있다.

(2) 제19조(독립행위의 경합)

형법 제19조는 결과발생의 원인된 행위가 판명되지 아니한 동시범의 경우를 "독립행위의 경합"이라는 용어로 표현하면서 "동시 또는 이시(異時)의 독립행위가 경합한 경우에 그 결과발생의 원인된 행위가 판명되지 아니한 때에는 각 행위를 미수범으로 처벌한다."라고 규정한다.

1) 요 건

① 법문에 직접 표현되어 있지는 않지만 2인 이상의 실행행위가 있어야 한다.

② 행위자들 사이에는 범행을 공동으로 실행하려는 의사의 연락이 없어야 한다. 이를 법문은 독립행위가 경합한 경우라고 표현한다. 이것이 의사의 연락을 요하는 공동정범과 구분되는 점이다. 공동정범에서 의사의 연락(공동의사)의 내용을 어떻게 볼 것인가 하는 점은 상대적으로 동시범의 성립범위에 영향을 미

치게 된다. 예컨대 행위공동설의 주장처럼 과실의 공동정범, 고의범과 과실범의 공동정범까지도 인정한다면 범죄공동설의 입장보다 동시범을 인정하는 범위가 좁아지게 될 것이다. 하나의 결과발생에 대하여 다수인의 가담이 있지만 이들에게 의사연락이 없어서 공동정범이 인정되지 않는다면 각자가 단독정범으로서 동시범 성부가 문제되고, 그 결과 발생된 결과와의 인과관계를 개별적으로 판단해야 할 것이다. 여기에서 말하는 의사의 연락(또는 공동의 행위결의)은 최소한도 범행의 공동실행 내지 기능적 분담에 관하여 공동자들 사이에 서로 양해되어야 함을 의미하므로 이른바 편면적 공동정범은 동시범으로 보아야 한다.

③ 행위객체가 동일할 것을 요한다. 행위의 객체가 동일하면 족하고 각 행위가 모두 구성요건적으로 동일할 필요는 없다. 그러므로 예컨대 살인과 상해의 동시범도 가능하다.

④ 행위의 장소와 시간이 반드시 동일할 필요는 없다. 이시는 시간적 전후관계로서, 결과발생의 원인이 판명되지 아니하는 행위 속에 포함되는 한 타 행위와의 시간적 간격을 엄격하게 문제 삼을 필요는 없다. 장소도 반드시 동일한 장소일 것을 요하지 않으며, 범행 장소가 서로 상당히 떨어져 있는 경우에도 동시범이 성립될 수 있다.

⑤ 결과발생의 원인된 행위가 판명되지 않아야 한다. 이는 예컨대 갑과 을이 서로 의사의 연락 없이 살해의 고의로써 동시에 병에게 총탄을 발사하였는데 병이 어느 총탄에 맞아 사망했는지 알 수 없는 경우처럼, 구성요건적 결과를 발생시킨 자가 누구인지 판명되지 않아야 한다. 누구의 행위가 원인된 행위였는가를 입증(거증)해야 할 책임은 검사에게 있다.

2) 법적 효과

각 행위자는 자기 자신의 구성요건적 행위의 척도에 따라 책임을 지되 발생된 결과에 대하여서는 미수범으로서의 책임을 진다. 예컨대 갑과 을이 독립하여 살의로서 병에게 총을 쏘아 병이 죽었으나 어느 총탄에 맞아 사망한 것인지 불분명하면 갑과 을은 모두 살인미수의 책임을 진다. 그러나 갑은 살인의 고의로써, 을은 단지 상해의 고의로써 각각 병에게 돌을 던져 병이 사망했는데 원인된 행위가 판명되지 않았다면 갑은 살인미수, 을은 상해미수의 죄책을 진다.

동시범은 형사소송법상 관련사건으로 취급된다(형사소송법 제11조 제3항).

(3) 제263조(상해죄의 동시범)

1) 의의 및 취지

형법 제263조는 "독립행위가 경합하여 상해의 결과를 발생하게 한 경우에 있어서 원인된 행위가 판명되지 아니한 때에는 공동정범의 예에 의한다."라고 규정하여 제19조에 대한 예외를 설정하고 있다.

동시범에 있어서는 각 행위자는 각각 단독정범으로서 자기 자신의 행위에 의하여 발생된 결과에 대하여서만 책임을 진다. 그리고 원인된 행위가 판명되지 아니한 경우에는 '의심 있는 때에는 피고인의 이익으로'라는 원칙과 무죄추정의 법리, 거증책임의 검사부담의 원칙 등에 따라 구성요건적 결과가 행위자의 행위에 의하여 발생하였다는 사실에 대한 검사의 입증(거증)이 없는 한 미수의 책임을 진다. 그럼에도 불구하고 형법이 제19조에 대한 중대한 예외를 상해죄의 경우에 인정한 것은 상해죄가 일상생활에 있어 빈번하게 발생하고 그 인과성 입증에 어려움이 많기 때문에 이를 구제하려는 정책적 고려에 의한 것이다. 그러나 입법론적으로는 피고인에게 불리한 예외규정은 폐지하는 것이 바람직하다.

2) 제263조의 적용요건

독립행위가 경합해야 하고 상해의 결과가 발생해야 하며 원인된 행위가 판명되지 아니하여야 한다. 원인된 행위가 판명된 경우에는 이에 따라 책임을 질 뿐이다.

3) 제263조의 법적 성질

① 법률상 책임추정설

법률상 책임추정설에 의하면 본조는 각 행위자의 행위가 결과발생의 원인인 것으로 추정하는 규정이라고 한다.[1]

② 거증책임전환설

거증책임전환설은 제263조는 입증의 곤란을 구제하기 위한 정책적 예외규정으로서 거증책임을 피고인에게 전환하는 것이라고 본다.

---

1) 일제시의 판례(조고판 1918. 10. 14)와 일부 학자(小野清一郎)에 의하여 주장되었던 설이나 오늘날 그 지지자를 찾아 보기 어렵다.

③ 이원설

이원설은 제263조를 절차상으로는 거증책임의 전환규정인 동시에 실체법상으로는 공동정범의 범위를 확장시키는 일종의 의제라고 본다. 이 설은 특히 상해를 초래하지 않았다는 사실을 입증하면 상해미수 또는 폭행의 책임만 지게 되나, 입증하지 못하면 의사연락이 없어 공동정범이 아님에도 불구하고 공동정범으로 처벌하므로 이원설을 취해야 한다고 설명한다.

④ 간주규정설

간주규정설은 본 규정이 상해의 증명이 불가능한 경우를 해결하기 위하여 복수의 단독범을 하나의 공동정범으로 보자는 간주규정이라고 이해한다.

⑤ 소 결

인과관계의 존부는 사실판단의 문제이므로 이를 입증 없이 추정할 수 없다는 점에서 법률상 책임추정설은 타당하지 않다. 법률상 간주란 입증에 의하여 번복될 수 없으므로 간주규정설도 타당하다고 볼 수 없기 때문에 이원설 역시 타당하지 않다. 따라서 거증책임전환설로 봄이 타당하다. 더욱이 폐지되어야 할 규정의 적용범위를 최대한 축소하기 위해서도 형법상의 효력을 인정하기보다는 소송법적 효과로 국한하여 해석함이 타당할 것이다.[1)]

4) 제263조의 적용범위

제19조와 달리 제263조의 특례규정은 '동시 또는 이시'라는 규정이 없다. 따라서 동시에 발생한 상해만이 해당하는지 동시 또는 이시의 행위 모두에 적용되는지 다소 견해의 대립이 있다. 전자는 제263조가 예외규정이므로 적용범위를 확대해서는 안 되며, 만일 제19조 규정 상의 문언을 차용하면 유추해석 금지의 원칙에 반한다고 본다. 반면 후자는 제19조가 일반법이라면 제263조는 특별법에 해당하므로 일반법의 모든 요건을 충족하여야 한다고 본다. 또한 입증의 어려움을 구제하기 위한 규정이라는 입법목적을 살펴보면 이시의 행위들의 경합을 배제할 이유가 없다고 본다. 판례는 이시의 경합범을 인정한다.[2)] 그러나 행위자에게 불리한 특별규정의 확대는 죄형법정주의 원칙(유추해석 금지)상 타당하지 않

1) 박상기, 286면. 오영근, 456면. 이에 관하여 형법총론, 제4판에서는 이원설을 취하였으나 이를 변경하고자 한다.
2) 대판 2000. 7. 28, 2000도2466.

으므로 동시의 경합행위만을 대상으로 한다고 보아야 할 것이다.

본조의 적용범위에 관하여서는 엄격히 상해의 결과를 발생한 경우에만 적용된다는 견해와 상해뿐만 아니라 상해치사 내지 폭행치사의 경우에도 제15조 제2항(결과적 가중범)과 인과관계의 범위 내에서 책임을 진다는 견해가 있다. 판례는 폭행치상죄, 폭행치사죄, 상해치사죄에도 동 조항을 적용한다.[1] 다만 강간치상죄,[2] 강도치상죄 등은 기본범죄행위의 성질이 다르므로 적용해서는 안 된다. 제263조가 형사법의 기본원리에 합치되지 않는 예외적 규정이라고 볼 때 엄격하게 상해의 결과를 발생하게 한 경우로 그 적용범위를 제한함이 타당하다.

5) 법적 효과

법문에 "공동정범의 예에 의한다."라고 표현되어 있는데 이는 비록 행위자들 사이에 의사연락이 없어도 각자를 모두 기수의 공동정범의 예에 따라 정범의 형으로 처벌함을 의미한다. "예에 의한다."라고 함은 범죄의 성립이 아닌 처벌의 문제일 뿐이다.

판 례

이미 부상을 입어 누워있던 피해자를, 갑은 2시간 남짓한 시간적 간격을 두고 두 번째 가해행위인 피해자를 밀어 땅바닥에 떨어지게 함으로써 사망에 이르게 하였다. 이처럼 시간적 차이가 있는 독립된 상해행위나 폭행행위가 경합하여 사망의 결과가 일어나고 그 사망의 원인된 행위가 판명되지 않은 경우, 판례는 갑을 폭행치사죄의 동시범으로 보고 공동정범의 예에 의하여 처벌하였다.[3]

---

1) 대판 2000. 7. 28, 2000도2466; 대판 1985. 5. 14, 84도2118; 대판 1981. 3. 10, 80도3321.
2) 대판 1984. 4. 24, 84도372 역시 강간치상죄에는 적용할 수 없다고 본다.
3) 대판 2000. 7. 28, 2000도2466.

제3절 공동정범

Ⅰ. 의 의

형법 제30조는 공동정범에 관하여 "2인 이상이 공동하여 죄를 범한 때에는 각자를 정범으로 처벌한다."라고 규정하며 이에 따라 공동정범(Mittäterschaft)은 일반적으로 '2인 이상이 공동하여 죄를 실행하는 것'이라고 정의된다.

공동정범은 행위지배에 근거한 정범의 한 형태이지만 그 행위지배가 2인 이상에 의하여 공동적으로 이루어진다는 점에서 단독정범과 구별된다. 공동행위자는 자기를 위하여 타자의 행위를 이용한다는 점에서 간접정범과 비슷한 점이 있으나, 각 공동행위자 사이에 어느 누구도 타자의 도구가 아니고 따라서 간접정범의 이용자에게서 볼 수 있는 의사지배가 공동정범에게는 결여된다. 이러한 관점에서 공동정범은 간접정범과 구별된다. 공동정범의 각 공동행위자에게는 공동의 범행의사(공동가공의 의사)가 있어야 하므로 공동정범은 이것이 결여되는 동시범과 구별된다. 공동정범은 또한 1인으로도 실현이 가능한 구성요건을 2인 이상 실현하는 임의적 공범이라는 점에서 처음부터 구성요건상 2인 이상이 실현할 것이 요청되는 필요적 공범과 구별되고, 2인 이상이 기능적 행위지배를 통하여 정범을 실현한다는 관점에서 단지 타인의 범죄에 가담하는 협의의 공범인 교사범, 종범과도 구별된다.

공동정범에서 각 공동행위자는 혼자서 구성요건을 충족시킬 사건을 모두 지배하는 것이 아니라 타공동행위자와 이를 분배한다. 그러나 각 공동자는 전체로서의 결과에 대한 책임을 진다(일부실행 · 전부책임). 공동자 서로 간에 '다른 사람의 행위를 이용하여 자기의 의사를 실행에 옮기는 것'[1]이기 때문이다. 따라서 이를 인정하기 위해서는 단순한 가담으로 족하지 않고 '범죄에의 본질적 기여를 통한 기능적 행위지배가 존재'하여야 한다.[2]

공동정범은 작업분담적 행동의 원리와 기능적 역할분담의 원리 위에 기초하

1) 대판 2004. 6. 24, 2002도995; 대판 2003. 3. 28, 2002도7477.
2) 대판 2009. 6. 23, 2009도2994; 대판 2007. 4. 26, 2007도235; 대판 2000. 4. 7, 2000도576 전원합의체 판결.

고 있다. 작업 내지 기능적 역할분담에 의하여 각자가 담당하는 과제는 전체로서의 범죄실현이라는 테두리 내에서 필요한 것이라야 함은 물론 공동의 범행의사를 통하여 각 공동자들 사이에 연결되어 있어야 한다. 이상과 같은 작업 내지 기능의 분담이 1인으로써는 불가능했던 범행을 가능하게 하거나 용이하게 하고 범행에 따르는 모험(Tatrisiko)을 감소시켜 주기 때문에 공동정범은 단독정범과 다른 범죄적 특성을 지닌 것으로 볼 수 있다.

공동정범은 정범의 한 형태이기 때문에 전체로서의 범죄실현에 있어서 타분담부분에 관하여서도 행위자로 되는 것이 가능할 때에만 성립될 수 있다. 그러므로 자수범이나 진정부작위범에서는 공동정범이 성립되지 않는다.

Ⅱ. 본 질

공동정범에서 '공동'이 무엇을 의미하는가에 관하여 전통적으로 범죄공동설과 행위공동설의 대립이 있으며 그 외에 종합설도 있다.

1. 범죄공동설

범죄공동설은 수인이 공동으로 특정한 범죄를 행하는 것이 공동정범이라고 본다. 전통적인 견지에서 이 설은 객관적으로 특정한 범죄를 예상하고 이를 2인 이상이 행하는 경우를 공동정범으로 이해하며, 따라서 각 공동행위자의 고의까지도 동일한 범죄사실에 속할 것이 요구된다.[1)] 예컨대 갑과 을이 1개의 범죄인 살인죄를 공동으로 행한 경우에는 공동관계가 인정되나, 갑은 살해의 의사로써, 을은 강도의 의사로써 단지 폭행행위만을 공동으로 한 경우에는 공동관계가 부정된다.

그런데 전통적인 견해에서 보다 발전하여, 동일한 고의범만을 공동으로 실행하는 것이 공동정범이라고 보는 고의공동설, 공동정범의 성립을 객관적 구성요건충족의 관점에서 인정한 후 그 책임은 각자의 고의의 범위 내에서 개별적으로 논하는 구성요건공동설, 수인의 공동행위자의 죄가 각각 별개인 경우에도 구성요건적으로 중첩하는 범위 내에서 공동정범의 성립을 인정하는 부분적 범죄공

1) 오영근, 371면. 신동운, 603면도 이 견해를 지지하며, 형법의 보장적 기능을 강조한다.

동설 등이 제시되고 있다.

범죄공동설의 타당근거로서는 무엇보다도 형법 제30조의 "2인 이상이 공동하여 죄를 범한 때"라는 법문에 범죄공동설이 가장 잘 합치된다는 점을 든다.

2. 행위공동설

행위공동설은 공동정범의 공동성을 수인이 행위를 공동으로 하여 각자의 범죄를 수행하는 것이라고 이해하는데, 이에 의하면 특정한 객관적 구성요건에 관계없이 사실적 행위 자체에 관하여 공동성을 논하므로 공동으로 행하는 사실이 하나의 범죄사실에 속하건 수개의 범죄사실에 속하건 불문하며, 공동행위자들에게 반드시 동일한 고의가 있을 것을 필요로 하지 않고, 공동으로 행한 사실의 범위 내에서 공동책임을 인정하면 족하다고 본다.[1] 이 설에 의하면 고의범 상호간은 물론 고의범과 과실범 내지 과실범 상호간에도 공동정범이 성립된다.

이 설에 대하여서는 "전구성요건적, 전법률적 혹은 자연적인 단순한 행위를 공동으로 하는데 불과한 것"이므로 부당하다는 비판이 있으나, 행위공동설의 입장에서는 행위공동설에서의 공동행위는 각자 개개 구성요건에 해당하는 실행행위의 공동을 의미하고, 이러한 의미에서 행위공동설은 바로 구성요건적 행위공동설[2]이라는 반론을 제시한다.

또한 형법 제30조의 "2인 이상이 공동하여 죄를 범한 때"라는 표현도 "2인 이상이(행위를) 공동하여 (각자의) 죄를 범한 때"라고 읽음으로써 행위공동설이 실정법상의 근거를 가질 수 있다는 견해가 주장되고 있다.

3. 결　　론

생각건대 범죄공동설과 행위공동설의 어느 쪽에 의하더라도 공동정범의 주관과 객관의 모든 면을 만족스럽게 설명할 수 없다. 예컨대 범죄공동설은 공동정범의 성립범위를 너무 제약하는 한편 행위공동설은 너무 확대시킨다. 더욱이 오늘날 부분적 범죄공동설, 범죄공동설적 입장에서 승계적 공동정범이나 과실범

---

1) 임웅, 464면 및 대판 1994. 5. 24, 94도660; 대판 1994. 3. 22, 94도35; 대판 1982. 6. 8, 82도781; 대판 1962. 3. 29, 61형상589 등 일부 판례의 태도이기도 하다. 예컨대 판례는 '결과적 가중범인 상해치사죄의 공동정범은 폭행 기타의 신체침해 행위를 공동으로 할 의사가 있으면 성립되고 결과를 공동으로 할 의사는 필요 없다'고 판시한다(대판 2000. 5. 12, 2000도745).

2) 이재상 외, 471면; 정영일, 265면.

의 공동정범을 취하는 입장 등이 출현하여 범죄공동설과 행위공동설의 대립은 사실상 그 의미를 잃어가고 있다. 결과적으로 이들 학설이 공동정범의 본질을 설명함에 있어 중요한 의미를 가지고 있다고 생각하기 어려우며 따라서 필연적으로 두 학설 중 어느 하나를 선택해야 할 이유도 없다. 한편, 최근의 판례는 범죄에 대한 본질적 기여를 통한 기능적 행위지배[1]라거나 분업적 역할분담에 의한 기능적 행위지배설의 입장을 취하는데,[2] 이 역시 양자 중 택일의 문제로 보지 않고자 하는 태도로 보인다.

Ⅲ. 성립요건

공동정범의 성립에는 그 고유한 요건으로서 주관적으로 공동실행의 의사(공동의 범행의사, 의사의 연락 또는 공동가공의 의사)가 있어야 하고 객관적으로는 공동의 실행행위가 있어야 한다.

1. 주관적 요건

(1) 공동실행의 의사 또는 공동의 범행의사(Der gemeinsame Tatentschluß)

각 공동행위자에게는 공동의 범행계획에 따라 공동으로 범행하려는 의사가 있어야 한다. 공동가공의 의사는 타인의 범행을 인식하면서도 이를 용인하는 것만으로는 부족하고, 함께 범죄를 실행한다는 공동실행의 의사를 의미한다.

공동실행의 의사는 공동행위자들 사이에 상호적으로 있어야 하는데 이는 결의된 행위를 통해서뿐만 아니라 묵시적 양해를 통하여도 형성될 수 있다. 의사연락의 방법은 직접적이건 간접적이건 불문하며, 비록 전체의 모의과정이 없었다고 하더라도 수인 사이에 순차적 또는 암묵적으로 이루어져도 무방하다.[3]

공동행위자는 다른 공동행위자가 공동의 범행계획 하에 작용하고 있음을 인식하면 족하고 공동행위자들 상호간에 면식이 있어야 할 필요는 없다. 또한 공동행위자는 다른 공동행위자의 행위내용을 일반적으로 파악하면 족하고 이를 세부적으로 미리 알고 있어야 할 필요도 없다.

---

1) 대판 2018. 4. 19, 2017도14322 전원합의체 판결.
2) 대판 2013. 1. 10, 2012도12732; 대판 2011. 5. 13, 2011도2021.
3) 대판 2011. 12. 22, 2011도9721; 대판 2004. 12. 24, 2004도5494 등.

각 공동행위자는 자기가 인식·인용했던 공동의 행위계획의 테두리 내에서만 다른 공동행위자의 행위에 대한 책임까지도 지게 된다. 다른 공동행위자의 공동의 행위계획을 벗어난 과잉행위에 대해서는 책임을 지지 않는다.

판 례

판례는 공동가공의 의사를 "공동의 의사로 특정한 범죄행위를 하기 위하여 일체가 되어 서로 다른 사람의 행위를 이용하여 자기의 의사를 실행에 옮기는 것을 내용으로 하는 것이어야 한다."고 판시한다.[1] 또한 공모자들이 공모한 범행을 수행하거나 목적을 달성하고자 나아가는 도중에 부수적인 다른 범죄가 파생되리라고 예상하거나 충분히 예상할 수 있는데도 그러한 가능성을 외면한 채 이를 방지하기에 충분한 합리적인 조치를 취하지 않고 공모한 범행에 나아갔다가 결국 그와 같이 예상되던 범행들이 발생하였다면, 비록 그 파생적인 범행 하나하나에 대하여 개별적인 의사의 연락이 없었더라도 당초의 공모자들 사이에 그 범행 전부에 대하여 암묵적인 공모는 물론 그에 대한 기능적 행위지배가 존재한다고 보아야 한다.[2]

(2) 편면적 공동정범

공동실행의 의사는 공동행위자들 상호간에 있어야 하므로 어느 일방에게만 공동실행의 의사가 있는 이른바 편면적 공동정범(einseitige Mittäterschaft)의 개념은 부정된다. 일방적 공동의사에 의한 행위는 경우에 따라 동시범 또는 종범(편면적 방조범)이 될 수 있다.

(3) 공동의사로부터의 이탈

공동행위자 중 일부가 실행행위 착수 이전에 공동의 범행계획에서 이탈한 후에 일탈자의 의사에 관계없이 타자가 범행을 한 경우는 공동의 의사연락 하에서 행하여진 범행이라고 할 수 없으므로 이탈자는 공동정범이 아니다. 그러나 공모공동정범 관계에 있는 자들인 때에는 다른 공모자가 실행행위에 이르기 전에 공모관계에서 이탈한 때에도 공동정범으로서의 죄책을 면할 수 없다[3](공모공동정

1) 대판 2019. 8. 29, 2018도2738 전원합의체 판결; 대판 2001. 11. 9, 2001도4792; 대판 2000. 4. 7, 2000도576.
2) 대판 2018. 4. 19, 2017도14322.
3) 대판 2008. 4. 10, 2008도1274.

범에서 후술).

공범자 중 어느 일방이라도 실행행위를 착수한 이후라면 일부가 일방적으로 범행계획으로부터 이탈하였다 하더라도 전부의 실행행위의 완성을 막지 않는 한 이탈자는 공동정범이 된다. 반대로 전부의 실행행위를 저지하였다면 이탈자는 중지미수, 다른 공범자들은 장애미수가 성립한다.

(4) 포괄일죄의 일부 가담

포괄일죄는 다수의 독립된 행위가 포괄하여 하나의 범죄가 되므로, 포괄일죄의 일부의 범행에 가담한 공범자의 죄책이 문제된다. 이는 두 가지로 구분하여 살펴볼 필요가 있다. 우선 최초의 행위부터 가담하였으나 도중에 이탈한 자의 경우에는 전체 행위가 하나의 범죄가 되므로, 이탈한 이후에 다른 공범자에 의하여 나머지 범행이 이루어진 경우에는 이탈한 이후에 행해진 행위도 포괄일죄의 일부를 구성하므로 관여하지 않는 부분에 대하여도 공동정범이 성립한다. 포괄일죄란 일죄이기 때문에 중간에 이탈한다고 하더라도 전체 행위가 하나의 범죄가 성립하기 때문이다.

반대로 최초의 행위로부터는 가담하지 않았으나 포괄일죄의 일부의 행위가 이미 이루어진 이후에 도중에 새로이 가담한 경우에는 가담할 당시에 이미 그 이전의 행위에 대하여 인식하고 있었다고 하더라도 가담 이후의 공동의 의사를 가지고 실제로 행한 행위에 대하여서만 공동정범으로서의 책임이 있다. 이는 후술하는 승계적 공동정범의 문제로서, 후 가담자는 가담 이후의 행위에 대해서만 공동실행의 의사와 행위분담이 인정되기 때문이다.

판 례

1. 최초의 행위부터 가담한 자가 중도 이탈한 경우

피고인이 다른 공범들과 특정 회사 주식의 시세조종 주문을 내기로 공모한 다음 시세조종행위의 일부를 실행한 후 공범관계로부터 이탈하였고, 다른 공범들이 그 이후의 나머지 시세조종행위를 계속한 사안에서, 피고인이 다른 공범들의 범죄실행을 저지하지 않은 이상 그 이후 나머지 공범들이 행한 시세조종행위에 대하여도 공동정범으로서의 죄책을 부담한다(대판 2011. 1. 13, 2010도9927).

2. 포괄일죄의 행위 도중에 가담한 경우

증권거래법 제207조의2의 시세조종행위로 인한 범죄는 포괄일죄에 해당하며, 포괄일죄의 범행 도중에 공동정범으로 범행에 가담한 자는 비록 그가 그 범행에 가담할 때에 이미 이루어진 종전의 범행을 알았다 하더라도 그 가담 이후의 범행에 대하여만 공동정범으로 책임을 진다(대판 2007. 11. 15, 2007도6336).

(5) 과실범의 공동정범

1) 긍정설

과실범의 공동정범을 인정하는 견해는 대체로 행위공동설에 근거하여 공동의 의사는 행위에 대한 그것으로서 고의가 공동일 것을 요하지 않으므로, 과실범에서는 주의의무위반에 대한 상호양해가 공동의 의사인 것으로 이해한다. 공동행위주체의 실행행위인가 여부를 공동정범 성립의 척도로 삼는 이른바 공동행위주체설도 수인의 과실행위에 의하여 구성요건적 결과를 야기시킨 경우에 공동정범이 성립된다고 본다. 이 밖에도 주의의무의 공동과 공동자 상호간의 기능적 행위지배를 요건으로 과실범의 공동정범을 인정하는 견해, 과실범에서는 의무의 공동과 행위의 공동만 있으면 공동정범이 성립한다는 견해(과실공동 · 행위공동설),[1] 기능적 행위지배설의 입장에서 주의의무위반의 공동과 기능적 행위지배가 있으면 성립한다는 과실공동 · 기능적 행위지배설,[2] 형법 문언해석상 제30조의 '공동하여 죄를 범한 때'는 고의범뿐만 아니라 과실범도 포함된다고 보는 견해[3] 등이 있다.

과실범의 공동정범을 인정하는 견해는 고의범과 과실범의 공동정범도 인정한다. 예컨대 갑과 을이 옥상에서 함께 목재를 운반하다가 부주의로 떨어뜨려 병을 치상한 경우에는 갑과 을은 과실치상죄의 공동정범으로 되지만, 갑에게만 상해의 고의가 있었을 경우에는 갑은 상해죄, 을은 과실치상죄의 공동정범이 된다고 본다.

---

1) 이재상 외, 483면; 정성근/정준섭, 283면.
2) 김일수/서보학, 462면.
3) 김혜정 외, 359면.

판 례

피고인들이 분리수거장 방향으로 담배꽁초를 던져 버리고 현장을 떠난 후 화재가 발생하여 각각 실화죄로 기소된 사안에서, 피고인들 각자 본인 및 상대방이 버린 담배꽁초 불씨가 살아 있는지를 확인하고 이를 완전히 제거하는 등 화재를 미리 방지할 주의의무가 있음에도 이를 게을리 한 채 만연히 현장을 떠난 과실이 인정되고 이러한 피고인들 각자의 과실이 경합하여 위 화재를 일으켰다고 보아, 피고인들 각자의 실화죄 책임을 인정하였다. 즉, 판례는 '공동적 원인 제공'을 기준으로 공동의 과실이 경합된 경우 각자를 과실범으로 본다. 따라서 실화죄에 있어서 과실의 공동이 경합되어 화재가 발생한 경우 적어도 각 과실이 화재의 발생에 대하여 하나의 조건이 된 이상은 그 공동적 원인을 제공한 자들은 모두 과실범이 된다고 보았다.[1)]

그러나 사안은 과실범의 공동정범이 아닌 각자가 과실범의 단독범으로서 과실범의 동시범 사례라고 보아야 할 것이다. 따라서 인과관계가 판명되지 아니하였으므로, 제19조의 독립행위의 경합에 따라서 각자는 미수가 되어야 하나 과실범은 미수가 없으므로 각자는 무죄가 된다고 봄이 타당하다.

2) 부정설

범죄공동설은 동일한 고의범의 범위 내에서만 공동정범을 인정하기 때문에 과실범의 공동정범을 부정한다.[2)] 또한 목적적 행위론의 관점에서도 범죄의사와 그 목적적 행위지배가 결여되는 과실범에서는 공동정범이 있을 수 없다고 한다. 기능적 행위지배설은 긍정설의 논거로도 거론되고 있으나 범죄실현을 위한 의사연락이나 기능적 행위분담이 없다는 관점에서 부정설의 하나로 제시되고 있다.[3)] 과실범의 공동정범을 부정하는 견해를 요약하면 과실범의 공동현상과 관련하여서는 구성요건적 결과를 공동으로 야기시키려는 의사를 찾아볼 수 없고, 과실범의 공동정범을 인정한다고 하더라도 실익이 없으므로 무리하게 과실범의 공동정범을 인정할 필요가 없다는 것이다. 부정설에 의하면 과실범의 공동현상은 동시범 이론에 의하여 설명될 수 있다. 과실범의 공동정범을 부정하는 견해는 고의범과 과실범의 공동정범도 물론 부정한다. 그러나 고의와 과실의 결합형

---

1) 대판 2023. 3. 9, 2002도16120.
2) 배종대, 431면; 신동운, 627면.
3) 손동권/김재윤, 544면; 이정원, 354면.

태인 결과적 가중범의 공동정범은 대체로 기본범죄인 고의범의 공동실행의 의사와 공동의 실행행위 그리고 가중적 결과에 대한 과실이라는 전제하에 인정하고 있다.

판 례

우리나라의 판례는 처음에는 과실범에 있어서는 의사연락의 관념을 논할 수 없다는 이유로 부정설의 입장을 취하였으나[1] 그 후 태도를 바꾸어 과실범의 공동정범을 인정하고 있다.[2] 과실범의 공동정범은 교량붕괴사건과 같이 다수인들이 관여하였으나 서로 의사연락 없이 인명사고가 발생한 경우에 인정되어 왔다. 예컨대 성수대교사건[3]에서는 건설업자의 완벽한 시공, 감독공무원들의 철저한 제작시공상의 감독 및 유지·관리를 담당하고 있는 공무원들의 철저한 유지·관리라는 조건이 합치되어야 하는 것이므로, 위 각 단계에서의 과실 그것만으로 붕괴원인이 되지 못한다고 하더라도, 그것이 합쳐지면 교량이 붕괴될 수 있다는 점은 쉽게 예상할 수 있고, 따라서 위 각 단계에 관여한 자는 전혀 과실이 없다거나 과실이 있다고 하여도 교량붕괴의 원인이 되지 않았다는 등의 특별한 사정이 있는 경우를 제외하고는 붕괴에 대한 공동책임을 면할 수 없다고 보았다. 그 밖에 아파트 붕괴사건,[4] 백화점 붕괴사건,[5] 아현동가스폭발사건,[6] 등 사회적으로 문제되었던 대형 과실사고들에서 과실범의 공동정범을 인정하였다.

3) 결 론

과실범에 있어서는 공동실행의 의사가 있을 수 없으므로 공동정범의 성립을 인정하기 어려우며, 기능적 행위지배설을 취한다면 공동정범자들은 범행수단을 장악하고 계획적으로 조종해야 하지만 과실범은 그 자체가 불가능하다. 또한 공동정범의 주관적 요건의 핵심이 공동가공의 의사인데 과실범에는 그에 부합하는 주관적 요소를 찾을 수 없다.

---

1) 대판 1956. 12. 21, 4289형상276.
2) 대판 1997. 11. 28, 97도1740; 대판 1996. 8. 23, 96도1231; 대판 1994. 9. 9, 94도1831; 대판 1994. 3. 22, 94도35; 대판 1979. 8. 21, 79도1249; 대판 1962. 3. 29, 61형상598 등.
3) 대판 1997. 11. 28, 97도1740.
4) 대판 1994. 3. 22, 94도35.
5) 대판 1996. 8. 23, 96도1231.
6) 대판 1996. 1. 26, 95도2263.

설령 주관적 요건을 주의의무의 공동위반으로 대체하고자 하더라도 의무의 귀속자가 개개인이므로, 공동으로 위반하였다는 것이 '공동'으로 협력하였다는 의미보다는 '동시'에 위반하였다는 의미로 이해된다. 따라서 과실범의 공동현상은 동시범으로 취급함이 타당할 것이다.[1)]

(6) 승계적 공동정범

1) 의 의

공동실행의 의사는 일반적으로 실행행위의 개시 이전에 이루어진다. 이러한 경우를 흔히 예모적 공동정범이라고 부른다. 또한 공동실행의 의사는 실행행위 시에 우연히 이루어질 수 있는데 이 경우를 우연적 공동정범(zufällige Mittäterschaft)이라고 부른다. 그리고 공동실행의 의사가 실행행위의 일부가 이루어진 후 범행이 종료되기 이전에 성립된 경우를 일반적으로 승계적 공동정범(sukzessive Mittäterschaft)이라고 한다. 예컨대 갑이 강도의 의사로써 행인에게 폭행을 가하여 항거불능의 상태에 빠뜨린 후, 우연히 지나가던 을에게 자기의 의사를 밝히고 갑과 을이 공동하여 재물을 탈취한 경우가 이에 해당한다. 이 예에서 볼 수 있듯이 승계적 공동정범은 선행자와 후행자 사이에 양해가 이루어지고 후행자는 선행자가 형성한 정황을 인용하여 이용한다는 관계에서 이해된다.

2) 긍정설과 부정설

승계적 공동정범을 인정할 것인가에 관하여서는 긍정설과 부정설의 대립이 있다. 다수설인 긍정설은 다시 후행자에게 선행자의 행위를 포함한 범행 전체에 대하여 공동정범을 인정한다는 견해(적극설)[2)]와 개입 이후의 실행부분에 관하여서만 공동정범의 책임을 인정한다는 견해(소극설)[3)]로 나누어진다. 그러나 소극

---

1) 판례가 과실범의 공동정범을 인정하고자 하는 취지는 이른바 '성수대교 붕괴사고'와 같이 사회적으로 문제가 되는 대형사고들에 있어서 개별행위자들의 각각의 인과관계를 사실적으로 판단하는 것이 불가능함으로 인하여 초래되는 처벌의 공백을 메우기 위하여는 '공동의 의사연락' 하에서 개별행위자들의 인과성을 묻지 않는 공동정범의 원리가 필요하였던 것은 아닌가 한다. 그러나 그와 같은 정책적 목적을 달성하기 위하여 형법이론을 도외시해서는 안 될 것이며, 특별입법 등으로 해결하여야 할 것이다.

2) 김성돈, §31/46은 후행자가 선행자의 실행행위 도중에 개입한 경우에는 구성요건적 실행행위가 여전히 계속되고 있으므로 승계적 공동정범이 된다고 본다. 김혜정 외, 363면도 긍정설을 취하고 있으나 순차적인 의사의 결합을 승계적 공동정범으로 보아, 의사연락의 '순차적' 공동정범을 '승계적' 공동정범과 구분하지 않는다.

3) 손동권/김재윤, 541면; 이재상 외, 477면; 임웅, 467면; 정성근/정준섭, 269면.

설처럼 후행자에게 개입 이후의 행위에 대해서만 공동정범의 성립이 가능한 것으로 본다면 이는 사실상 승계적 공동정범을 부정하는 것과 마찬가지이다. 왜냐하면 이 경우 승계적이라는 개념이 없더라도 그 부분에 관한 한 공동정범이 성립되기 때문이다. 그러므로 적극설만이 긍정설의 입장이라고 볼 수 있다.

적극설은 그 논거로서 후행자가 선행자와의 양해 하에 선행자가 형성한 기존의 정황을 인용하고 이용한 이상 공동실행의 의사와 공동의 실행행위가 모두 존재하므로 행위 전체에 대하여 공동정범이 성립된다고 본다.

한편 부정설[1]은 그 논거로서 후행자의 행위는 선행사실에 대한 원인이 될 수 없고 공동실행의 의사도 소급될 성질의 것이 아니며 이미 실현된 선행행위에 대한 후행자의 기능적 행위지배도 없었다는 점을 들고 있다.

판 례

판례는 승계적 공동정범을 부정한다. 계속된 행위 도중에 공동정범으로 범행에 가담한 자는 비록 그가 그 범행에 가담할 때에 이미 이루어진 종전의 범행을 알았다 하더라도 그 가담 이후의 범행에 대하여만 공동정범으로 책임을 지므로,[2] 행위 전체가 포괄하여 하나의 죄가 된다 할지라도 가담 이전의 행위에 대하여서까지 유죄로 인정할 수는 없다고 본다.[3]

3) 결 론

승계적 공동정범의 인정 여부는 그 범위부터 명확히 하고 출발하여야 한다.

첫째, 구성요건에서 요구하는 행위가 단일의 행위이면 행위도중 가담한 자는 행위의 분담 또는 공동을 한 것이므로 승계적이라 할 필요도 없이 공동정범이 된다. 예컨대 갑이 상해하는 도중 친구 을이 상해에 가담하였다면 당연히 공동정범이 된다. 둘째, 구성요건에서 요구하는 행위가 다수임에도 단일의 범죄가 성립(예컨대, 폭행·협박과 간음행위에 의하여 성립하는 강간죄처럼 단일의 범죄가 둘 이상의 행위를 요구하는 경우)하거나 포괄일죄라면 행위의 분절이 가능하므로 선

1) 권오걸, 537면; 김성천/김형준, 396면; 김일수/서보학, 451면; 박상기, 268면; 배종대, 426면; 오영근, 378면; 이정원, 356면; 정영일, 26면.
2) 대판 1982. 6. 8, 82도884.
3) 대판 2007. 11. 15, 2007도6336; 대판 1997. 6. 27, 97도163.

행행위와 후행행위를 나눌 수 있고, 이 때에 비로소 승계적 공동정범 인정 여부의 문제가 발생한다. 셋째, 구성요건에서 요구하는 다수의 행위가 다수의 범죄 성립이 가능한 경우이다. 예컨대 폭행·협박행위와 취거행위는 각각 분리하여 폭행죄·협박죄 및 절도죄가 될 수 있지만 결합범으로써 강도죄가 되는데 이 때 승계적 공동정범의 의미는 다음과 같다. 폭행·협박행위라는 선행행위에는 가담하지 않고 취거행위만 한 자를 강도죄로 처벌하고자 한다면 승계적 공동정범을 인정하는 것이지만, 후행자를 절도죄의 공동정범으로 본다면 공동정범의 일반원리를 적용한 것이다.

따라서 포괄일죄나 다수의 행위가 단일범으로만 되는 경우 및 다수의 행위가 결합범이 되는 경우만이 승계적 공동정범의 문제가 제기된다. 결론적으로는 후행자는 개입 이후의 행위에 대하여서만 공동정범의 책임을 진다고 보는 것이 타당하다. 그 이유는 부정설이 제시했듯이 선행사실과 후행자의 행위 사이에 인과관계가 결여되고 후행자의 선행사실에 대한 의사는 사후적인 것이어서 소급적으로 공동실행의 의사가 있었다고 볼 수 없으며, 이미 실현된 행위에 대한 후행자의 기능적 행위지배도 결여되어 그 부분에 대한 공동실행행위도 인정하기 어렵기 때문이다. 따라서 승계적 공동정범의 개념은 사실상 필요없다.

그 결과, 강간죄와 같이 다수의 행위가 단일범이 되는 경우에, 예컨대 폭행·협박에는 가담하지 않았으나 간음행위에만 가담한 후행자는 공동정범의 일반원리에 따라 강간죄의 공동정범이 성립한다. 포괄일죄는 분절된 행위들이 모두 완전하게 범죄가 성립되므로 후행행위에 가담한 자는 후행행위만의 범죄가 성립한다.

이로써 승계적 공동정범이 성립할 영역은 없다. 따라서 인정할 필요도 없다.

2. 객관적 요건

(1) 공동의 실행행위

공동의 실행행위란 각 가담자가 분업적, 기능적으로 역할을 분담하여 공동으로 작용함으로써 범행의 전체적 계획의 실현에 중요한(불가결한) 기여를 함을 의미한다(기능적 행위지배설).

우선 어느 누구든 일부 공동행위자가 구성요건 실현을 위한 행위를 개시하면 전부에 대한 실행의 착수가 인정된다. 행위에 있어서는 어느 누구도 혼자서 모든 구성요건적 표지를 충족시킬 필요가 없으며 어떤 공동행위자의 역할분담이 구성요건의 범위 내의 행위가 아니라고 할지라도 전체적으로 볼 때 범죄실현의 한 부분인 한 실행행위로 된다. 그러므로 개개의 행위만을 분절하여 관찰할 것이 아니라 2인 이상의 행위를 전체로서 관찰할 것이 요청된다.

행위는 작위·부작위, 시간적 전후관계를 불문하며 범행장소에 반드시 있어야 할 필요도 없다. 무전기·전화 등으로 실행행위를 지휘하거나 협력하는 것도 공동의 실행행위이다.

작위와 작위 사이에 공동의 실행행위 분담은 가능하지만, 부작위범에서는 부작위와 부작위, 작위와 부작위 사이의 실행행위 분담이 가능한가 문제된다.

첫째, 부진정부작위범 사이의 공동의 실행행위는 부정함이 타당하다. 이 경우 보증인적 지위자가 다수인 경우에만 공동정범여부가 문제된다. 그러나 그와 같은 진정신분자가 다수이더라도 자신의 의무불이행으로 범죄성립은 족하고, 부작위 형태의 실행분담이란 인정될 수 없으므로 공동정범이 아니라 각자가 (단독)정범에 해당한다고 봄이 타당하다.

둘째, 진정부작위범의 주체는 진정신분범이 아니다. 진정부작위범에게 명령규범의 이행이 요구되는 것은 신분으로 인한 의무자이기 때문이 아니라, 규정에서 요구하는 정황에 의하여 주어지는 것이다. 예컨대, 퇴거불응죄에서 타인의 주거에 고의 없이 들어간 자가 수인이 존재하더라도, 주거권자로부터 퇴거요구를 받은 모두는 각각 퇴거를 해야 할 의무가 부여된 것이며, 의무불이행이 반드시 공동으로 이루어질 필요가 없고 공동으로 할 수도 없다. 따라서 진정부작위범에서 행위의 공동이란 불가능하며 각자가 (단독)정범에 해당한다고 봄이 타당하다.

셋째, 적극적인 고의적 작위범의 행위에 이를 방지해야할 보증인이 가담한 경우에는 기능적 행위분담을 인정하기가 어려운 면이 있다. 따라서 사안에 따라서 예외를 인정할 수 있겠지만, 보증인의 부작위는 방조범에 해당함이 일반적이다.

예비단계에서의 공동작업은 사건에 영향을 미칠 수 있을지 모르나 아직 사건을 지배하는 단계에 이르렀다고 볼 수는 없으므로 행위지배가 결여된다고 볼 수밖에 없다. 그러므로 실행행위의 단계에서 작업분담적 공동작용이 있을 것이 요청된다. 이 단계에는 실행의 착수와 실행적 범행의 종료 사이의 모든 시간적 간격이 포함되고 이 단계 내에서의 행위기여에 분업적 테두리 내에서 중요한 기능(범행실현의 불가결한 전제)이 인정될 때 공동정범이 성립된다.

(2) 공모공동정범

1) 의 의

범죄를 공동으로 실행하려는 의사를 가지고 공동으로 모의한 자(공모자) 중에서 일부만이 실행행위를 했을 때 여타의 자(공모에만 참여했던 자)도 공동정범으로 인정하는 경우 이를 일반적으로 공모공동정범이라고 부른다.

공모공동정범의 개념은 예컨대 집단범과 관련하여 배후에서 범행을 계획하고 조종하는 거물은 실행행위에 가담하지 않았다고 하여 실행행위를 한 그의 부하들보다 결코 경하게 취급할 수 없다는 관점에서 시작한 것으로 보인다.

참고 연혁

공모공동정범의 이론은 주로 일본의 판례와 학설에 의하여 전개되어 왔고 이것이 우리나라에도 많은 영향을 미쳤다. 한편 독일의 판례와 학설은 공동실행행위의 의미 내지 범위를 어떻게 보아야 할 것인가를 거론할 뿐 공동의 실행행위 없는 단순한 공모자에게 공동정범을 인정하는 이른바 공모공동정범이라는 개념을 별도로 사용하고 있지는 않다. 1896년 3월 3일 일본의 대심원판결은 수인이 공모한 사실이 있는 이상 그 공모자 중 누구의 실행행위라 할지라도 공모자 일체의 행위로 인정한다고 판시하였는데 이것은 공모공동정범을 인정한 최초의 판례였다. 그 후 공모공동정범을 부정하는 판례가 나온 일도 있으나, 1902년부터 일본의 판례는 정신적 가공의 부분이 범행의 중요한 요소라는 이유로 무고죄 · 위조죄 등 지능범에 관하여 공모공동정범을 인정하다가, 다시 상해 · 협박 · 방화 · 살인 등 실력범에까지 그 범위를 확대하여 사실상 모든 범죄에 공모공동정범을 인정하게 되었다. 우리나라의 판례는 이를 수용하여 공모공동정범을 인정하고 있는데, 모든 범죄에 적용하고 있다.

2) 요 건

구성요건행위를 직접 분담하여 실행하지 않은 공모자가 공모공동정범으로 인정되기 위해서는 전체 범죄에서 그가 차지하는 지위 · 역할, 범죄 경과에 대한 지배나 장악력 등을 종합하여 그가 단순한 공모자에 그치는 것이 아니라 범죄에 대한 본질적 기여를 통한 기능적 행위지배가 존재한다고 인정되어야 한다. 공모공동정범의 경우 범죄의 수단과 모습, 가담하는 인원과 그 성향, 범행 시간과 장소의 특성, 범행과정에서 타인과의 접촉 가능성과 예상되는 반응 등 여러 상황에 비추어, 공모자들이 공모한 범행을 수행하거나 목적을 달성하고자 나아가는 도중에 부수적인 다른 범죄가 파생되리라고 예상하거나 충분히 예상할 수 있는데도 그러한 가능성을 외면한 채 이를 방지하기에 충분한 합리적인 조치를 취하지 않고 공모한 범행에 나아갔다가 결국 그와 같이 예상되던 범행들이 발생하였다면, 비록 그 파생적인 범행 하나하나에 대하여 개별적인 의사의 연락이 없었더라도 당초의 공모자들 사이에 그 범행 전부에 대하여 암묵적인 공모는 물론 그에 대한 기능적 행위지배가 존재한다고 본다.[1)]

판 례

판례는 기능적 행위지배설의 입장을 취하면서 공모공동정범을 공동정범으로 본다.[2)] 즉, 공동정범이란 공동가공의 의사와 그 공동의사에 의한 기능적 행위지배를 통한 범죄 실행이라는 주관적·객관적 요건을 충족함으로써 성립하므로, 공모자 중 구성요건행위를 직접 분담하여 실행하지 않은 사람도 위 요건의 충족 여부에 따라 이른바 공모공동정범으로서의 죄책을 질 수 있다고 본다.[3)] 그러면서 판례는 구성요건행위를 직접 분담하여 실행하지 않은 공모자가 공모공동정범으로 인정되기 위해서는 전체 범죄에서 그가 차지하는 지위·역할이나 범죄 경과에 대한 지배나 장악력 등을 종합하여 그가 단순한 공모자에 그치는 것이 아니라 범죄에 대한 본질적 기여를 통한 기능적 행위지배가 존재하는 것으로 인정되어야 한다고 본다.[4)] 그러나 공모자의 1인이 다른 공모자가 실행에 착수하기 전에 그 공모 관계에서 이탈한 경우에는 이탈 이후 다른 공모자의 실행행위에 대하여 공동정범으로서의 책임을 지지 않는다.[5)]

3) 긍정설

① 공동의사주체설

일정한 범죄를 실현하려는 공동목적이 존재하여 그 목적 하에 2인 이상이 일심동체(공동의사주체)가 되고 그 중 1인이 범행을 실행하면 모두가 공동정범이

1) 대판 2018. 4. 19, 2017도14322 전원합의체 판결.
2) 반면 신동운, 615면은 주관적 요건의 측면에서 판례가 간접정범유사설을 취하는 것으로 이해한다.
3) 대판 2003. 1. 24, 2002도6103; 대판 2002. 4. 12, 2000도3485; 대판 2001. 6. 29, 2001도1319; 대판 2000. 11. 10, 2000도3483; 대판 1998. 3. 27, 98도30 등.
4) 대판 2019. 8. 29, 2018도13792 전원합의체 판결.
5) 대판 1996. 1. 26, 94도2654; 대판 1995. 7. 11, 95도955.

된다.[1] 그러므로 성립상의 연대성(일체성)과 실행을 조건으로 한다는 의미에서의 종속성이 인정된다. 공동의사주체를 형성한 자 중 어떤 자가 실행행위를 하는 것이 공동하여 범죄를 실행한다는 의미를 갖는 것은, 필요적 공범의 하나인 소요죄에 있어서 다중의 약간 명이 폭행 또는 협박의 실행행위로 나가면 족하고 전원이 그렇게 할 것을 요하지 아니하는 사실에서도 추론된다고 한다.[2]

공동의사주체설에 대하여서는 공동의사주체를 인정하여 범죄의 주체로 삼는 것은 단체적 책임을 인정하는 것이 되어 근대형법의 개인책임원리에 위배되고, 공모자 중 일부의 실행행위에 종속되어 있는 단순한 공모참여자가 공동정범이 된다고 보기 때문에 공동정범의 종속성을 인정하는 결과가 되어 부당하며, 중요역할을 기준으로 내세워 그 성립범위를 제한하는 경우에도 중요한 역할의 내용이 무엇인지 명확하지 못할 뿐만 아니라, 모의참여만으로 중요한 역할을 했다고 판단하기 어렵다는 비판이 있다.

② 간접정범유사설

간접정범유사설은 단순한 공모자라 하더라도 타인과 공동하여 타인의 행위를 이용한다는 관점에서 공모공동정범을 간접정범에 유사한 정범성을 가진 공동정범의 한 형태라고 이해한다. 그리하여 각 공모자가 다른 공모자를 매개하여 범죄를 실행했기 때문에 단순한 공모자도 범죄를 공동으로 실행한 자로 인정된다고 한다.

이에 대하여 공모자와 실행자의 관계가 간접정범의 경우처럼 일방적 이용관계가 아니기 때문에 단순히 공모했다는 것만으로 공모공동정범을 간접정범과 유사하다고 보는 것은 부당하고, 간접정범은 단독정범의 성질을 갖는 것이므로 만일 공모공동정범을 간접정범과 유사하다고 본다면 공모공동정범은 단독정범의 한 양태로 되어 공동정범을 부정하는 결과가 된다고 비판한다. 간접정범의 실행착수시기를 배후자의 이용행위 시에 있다고 보는 입장에서는 공모공동정범을 간접정범과 유사하다고 볼 경우 전자의 실행착수시기도 공모 시에 있다고 보

1) 공동의사주체설은 판례에 의하여 인정된 공모공동정범의 개념에 이론적 근거를 부여하기 위한 최초의 학설로서 일본의 草野豹一郎에 의하여 창시되고 齊藤金作, 下寸康正 등에 의하여 오늘날에 이르고 있다.

2) 草野豹一郎의 주장에 기초를 두면서도 공모에 그친 자 중 중요한 역할을 한 자라야 공모공동정범으로 된다고 하여 그 성립범위를 제한하는 견해가 있는데, 이것을 수정된(또는 새로운) 공동의사주체설이라고 부른다.

게 되어 부당하다는 비판이 있으나, 간접정범의 실행착수 시기를 피이용자의 실행행위의 개시에서 구하는 입장에서는 이러한 비판은 의미를 갖지 못한다.

③ 적극이용설

적극이용설은 공모자의 이용행위를 실행행위와 가치적으로 동일시하고 적극적 이용행위에 실행의 형태를 인정하려는 견해이다.

이 설에 의하면 공모는 의사연락 정도로는 부족하고 공모자 사이의 자타구속적인 강도의 것이라야 하고, 단순공모자의 행위는 예비·방조 등 실행행위를 용이하게 하는 것이거나 범죄수행에 중요한 역할을 하는 것이어서 공모자가 실행행위를 적극 이용했다고 볼 수 있어야 한다. 이 설은 행위지배자나 중요역할이라는 막연한 개념 대신 적극이용행위를 표준으로 삼는 것이 목적적 행위지배설이나 수정된 공동의사주체설과 다르고, 예비·방조 등 범죄수행을 용이하게 하는 유형·무형의 행위를 필요로 하는 점에서 이를 요건으로 하지 아니하는 간접정범과 다르다고 한다.

적극이용설도 공모자 간의 이용행위를 바탕으로 하고 있는 한 간접정범유사설과 그 본질을 같이 하는 것이며, 따라서 간접정범에 대한 비판이 적용된다.

④ 행위지배설에 기한 제한적 인정설

일부 목적적 행위론자들은 목적적 행위지배가 있는 경우에만 단순한 공모자에게도 공동정범을 인정한다. 그리고 목적적 행위지배가 없는 단순한 모의자 내지 상의자는 교사 또는 방조의 책임만 진다고 한다. 한편 기능적 행위지배설을 척도로 하여 공모공동정범을 제한적으로 인정하려는 견해는 공모자가 실행행위 시 전체의 범죄계획에 비추어 구성요건적 결과의 실현에 불가결의 요건이 되는 기능을 분담했다고 볼 수 있는 경우는 물론이고, 실제로 실행행위를 분담하지 않았더라도 실행에 그러한 영향을 미쳤다고 인정할 수 있는 한 공모에만 참여한 자도 공동정범으로 인정된다.

본래 목적적 행위지배설과 기능적 행위지배설은 정범과 공범의 구분에 관한 학설이고 공모 그 자체에 어떠한 경우에 실행행위의 의미를 부여하는가에 관한 학설이 아니다. 또한 단순한 공모만을 가지고 어떠한 공모에는 행위지배가 있고 어떠한 경우에는 이것이 없다는 명확한 기준을 세우기도 어렵다.

4) 부정설

부정설은 기능적 행위지배설의 입장에서 공모 외에 기능적 행위지배를 나타내는 객관적 행위기여가 있어야 하므로,[1] 공모공동정범을 부정한다.

부정설(반대설)은 공모공동정범을 인정할 경우 형법 제30조의 해석상 공동정범의 부당한 확대로 되어 죄형법정주의에 반하고, 단체책임을 인정하는 것으로, 근대 형법상의 개인책임원리에 반하며, 공동정범 · 교사범 · 종범의 개념적 구별이 불명확해지며, 형법상의 인과관계에서 보더라도 난점이 있다는 점을 논거로 한다.

5) 결 론

주관적 요건으로서 공동의 가공의사뿐만 아니라 어떠한 형태로든 실행행위의 분담이라고 할 만한 객관적 사정이 존재하여야만 공동정범이 인정된다는 점에서 공모공동정범의 개념은 부정함이 타당하다. 다만, 실행행위의 분담이 반드시 구성요건행위 그 자체일 필요는 없으므로 다음의 경우에는 공모공동정범 개념을 인정할 필요없이 통상적 의미의 공동정범이 인정될 수 있다. 첫째, 공모자가 공모를 실질적으로 주도하고 공동자들을 지휘 또는 감독하였다고 인정된다면 그 자체로 범행에 실질적으로 기여하였으므로 기능적 행위지배가 인정된다. 둘째, 범죄의 성격상 공모 자체가 결과발생에 필요불가결하게 요구 또는 기여하였다면 이 역시 기능적 행위분담을 인정할 수 있다. 반면 단순한 공모자는 교사범이나 종범에 불과할 뿐이다.

Ⅳ. 공동정범의 처벌

형법 제30조에 의하면 공동정범은 각자를 그 죄의 정범으로 처벌하는데, 이는 현실적으로 발생된 범죄에 대하여 이를 단독정범의 경우와 동일하게 처벌함을 의미한다. 동일한 법정형의 범위 내에서 각자에게 형의 양정이 달라질 수 있

---

1) 권오걸, 549면; 김성돈, §31/108; 김성천/김형준, 391면; 김일수/서보학, 455면; 배종대, 440면; 손동권/김재윤, 546면; 오영근, 380면; 이정원, 359면; 임웅, 475면; 정성근/정준섭, 280면. 박상기; 278면; 신동운, 619면; 정영일, 272면은 실행행위의 분담을 요구한다는 점에서 실행행위분담설이라고 하나, 여기에서 실행행위란 구성요건행위 자체를 의미하는 것은 아니다. 또한 기능적 행위지배설에서의 기능적 행위지배 역시 행위의 분담이 반드시 구성요건행위일 필요는 없다는 점에서 양자를 반드시 구분할 필요는 없어 보인다.

음은 물론이다. 공동정범 중에 책임조각사유, 형의 가중감경사유, 인적 처벌조각사유 등이 있는 자가 있을 경우에는 그 자에게만 이를 적용한다.

Ⅴ. 관련문제

1. 공동정범의 미수

공동정범의 미수는 공동행위자가 범죄의 실행에 착수하였으나 기수에 이르지 아니했을 때 성립된다.

중지미수는 공동행위자의 실행행위가 자의적으로 중지되거나 결과의 발생이 방지된 경우에 성립하며, 공동행위자 중 어떤 한 사람만 자의적으로 실행행위를 중지하고 타공동행위자가 범죄를 실현한 경우는 중지미수가 될 수 없고 가담자 전부는 기수범이 된다. 공동의 행위실행 도중 일방적으로 공동관계를 이탈한 자 역시 중지미수가 성립되지 않고,[1] 타 공동행위자의 범죄실현 전체를 방지하여야만 중지미수가 된다. 중지미수는 자의적으로 중지한 자에 한정되고 다른 공동행위자는 장애미수가 된다. 한편 실행행위 착수 이전에 이탈한 자는 공동정범이 아니다.[2]

2. 공동정범과 신분

신분관계로 인하여 성립될 범죄에 비신분자가 가공하는 행위도 공동정범이 된다(형법 제33조). 예컨대 비공무원이 공무원과 공동하여 수뢰죄 등 진정신분범인 공무원범죄의 공동정범이 될 수 있고, 비점유자가 점유자와 더불어 횡령죄의 공동정범이 될 수 있다.

3. 공동정범과 협의의 공범의 경합

처음에 교사 또는 방조했던 자가 기능적 행위분담까지 한 경우에는 교사나 방조를 별도로 거론할 필요 없이 모두 공동정범에 흡수되어 공동정범만 성립한다(법조경합 중 보충관계).

---

1) 대판 2008. 4. 10, 2008도1274; 대판 1984. 1. 31, 83도2941.

2) 대판 1996. 1. 26, 94도2654; 대판 1995. 7. 11, 95도955; 대판 1986. 1. 21, 85도2371; 대판 1972. 4. 20, 71도2277.

4. 합 동 범

(1) 의 의

형법 제146조(특수도주죄), 제331조(특수절도죄) 제2항, 그리고 제334조(특수강도죄) 제2항은 "2인 이상이 합동하여" 범행을 하는 경우를 구성요건화하고 있다. 이러한 범죄를 일반적으로 합동범이라고 부른다.

(2) 학설의 대립

1) 공모공동정범설

공모공동정범설은 합동범의 개념에는 공동정범과 이른바 공모공동정범이 함께 포함되어 있으므로 우리 형법상 공모공동정범이 의미를 갖는 것은 이러한 합동범의 경우뿐이라고 본다.

2) 가중적 공동정범설

가중적 공동정범설은 합동범의 본질이 공동정범과 구조적으로 차이가 없고 공동정범의 일종이지만, 집단범죄에 대한 정책상 특별히 형을 가중하는 경우로 이해한다.[1)]

3) 현장설

현장설은 합동범에서의 합동을 시간적 · 공간적 협동으로 이해한다.[2)]

판 례

합동범의 본질에 관한 판례의 태도를 보면 처음에는 현장성을 요건으로 하지 않았으나[3)] 현재는 현장설을 택하는 경향을 보이고 있다. 판례는 "합동범은 주관적 요건으로서 공모 외에 객관적 요건으로서 현장에서의 실행행위의 분담을 요한다."[4)] 고 본다. 합동범의 주관적 요건으로서의 공모란 "법률상 어떠한 정형을 요구하는 것이 아니어서 공범자 상호간에 직접 또는 간접으로 범죄의 공동가공의사가 암묵리에 서로 상통하면 되고, 사전에 반드시 어떠한 모의과정이 있어야 하는 것도 아니어서 범의 내용에 대하여 포괄적 또는 개별적인 의사연락이나 인식이 있으면 족

1) 정성근/정준섭, 253면.
2) 권오걸, 562면; 김성돈, §31/166; 김성천/김형준, 395면; 박상기, 283면; 배종대, 452면; 손동권/김재윤, 557면; 신동운, 762면; 오영근, 451면; 임웅, 484면; 정영일, 274면.
3) 대판 1956. 5. 1, 4289형상35.
4) 대판 1992. 7. 28, 92도917.

하다고 본다."[1] 그리고 객관적 요건으로서는 "시간적으로나 장소적으로 협동관계에 있었다면 실행행위를 분담"한 것으로 본다.[2]

(3) 결 론

1) 현장설의 타당성

우선 공모공동정범설은 주관적 요건만 있으면 되고 객관적 요건인 실행행위 분담이 없는 자를 일반 공동정범보다 가중하여 처벌함은 형평성에 부합하지 않는다는 점에서 타당하지 않다. 가중적 공동정범설은 다수의 가담이 어떤 범죄에서만 특히 불법성을 가중하는지를 설명할 수 없다. 따라서 합동범을 현장성이 강조된 공동정범의 한 특별한 형태라는 관점에서 현장설이 타당하다. 예컨대, 2인 이상이 행한 절도가 단순절도죄(제329조)의 공동정범이 성립하는지 아니면 합동절도(제331조 제2항)이 되는지를 판단하는 경우에, 합동절도의 불법성이 전자보다 가중됨을 고려하여야 한다. 시간적·장소적으로 협력을 함으로써 범죄의 실현가능성을 보다 높이고 피해자로 하여금 보다 큰 위협을 줄 수 있으며 이로 인하여 가중되는 불법성에 대한 평가가 합동범의 법정형에 반영되었다고 볼 수 있다.

2) 법적 효력

합동범도 필요적 공범의 한 유형이므로 내부자 사이에서는 총칙상 임의적 공범규정을 적용할 수 없다.

합동범의 외부자에 대한 공동정범 성립여부에 관하여 부정설[3]은 합동범은 본질상 현장에 존재할 것을 요구하므로 외부의 제3자가 '정범'의 형태로 관여할 수 없다고 본다. 그러나 현장성을 가진 자들 간의 특별규정으로서 합동범과 일반규정으로서 공동정범은 성질이 다르고, 현장성이 없는 외부자에 대한 일반 공동정범의 성립을 부정할 이유가 없다. 현장설을 취하더라도 시간적·장소적으로 협력하지는 않았지만 기능적인 행위분담을 한 자의 불법성은 일반 공동정범과 동일하게 평가되어야 한다.

---

1) 대판 2012. 6. 28, 2012도2631; 대판 2001. 12. 11, 2001도5458.
2) 대판 2016. 6. 9, 2016도4618; 대판 1996. 7. 12, 95도2655.
3) 김혜정 외, 383면; 권오걸, 562면; 박상기, 283면; 배종대, 454면; 신동운, 765면; 오영근, 452면; 임웅, 484면; 정성근/정준섭, 286면; 정영일, 274면.

따라서 긍정설[1)]이 타당하며, 합동범의 공동정범은 시간적 · 장소적으로 현장에 부재하지만 기능적으로 행위를 분담한 자를 의미한다. 또한 합동범의 외부자는 합동범을 교사하거나 방조할 수 있다.

판 례

판례 역시 합동범의 외부자에 대한 합동범의 공동정범을 인정한다. 따라서 합동범도 공동정범과 교사범 · 종범의 구별기준은 일반원칙에 따라야 하고, 그 결과 범행현장에 존재하지 아니한 범인도 공동정범이 될 수 있으며, 반대로 상황에 따라서는 장소적으로 협동한 범인도 방조만 한 경우에는 종범으로 처벌될 수도 있다.[2)]

5. 공동정범과 착오

(1) 구성요건적 착오

공동정범의 착오에는 구성요건적 착오(사실의 착오)의 이론이 그대로 적용되지만, 공동행위자의 객체의 착오는 다른 공동행위자에게 방법의 착오와 동일한 의미를 갖게 된다.

(2) 범위의 착오

공동자 상호간에 목적하는 범죄의 질적 또는 양적 착오의 경우에는 원칙적으로 초과하는 부분에서의 공동정범의 성립을 부정한다.

질적 착오란, 서로 의사연락을 한 범죄와 실제로 실행에 착수한 범죄가 서로 다른 경우이다. 예컨대 갑과 을이 절도를 하기로 하였으나 을이 자고 있는 피해자를 강간한 경우에 갑과 을은 절도의 범위 내에서만 공동정범의 죄책을 지고, 이를 초과한 강간죄는 을의 단독정범이 성립한다.

양적 착오란, 서로 의사연락을 한 범죄와 실제로 발생한 범죄가 기본적인 구성요건행위는 동질이나 그 결과가 보다 중한 경우이다. 예컨대 갑과 을이 절도

---

1) 손동권/김재윤, 559면.

2) 대판 1998. 5. 21, 98도321 전원합의체 판결. 판례는 그 논거로서, 3인 이상이 공모하고 적어도 2인 이상이 합동절도의 범행을 실행한 경우에 대하여 공동정범의 성립을 부정하는 취지라고 해석할 이유가 없을 뿐만 아니라, 만일 공동정범의 성립가능성을 제한한다면 직접 실행행위에 참여하지 아니하면서 배후에서 합동절도의 범행을 조종하는 수괴는 그 행위의 기여도가 강력함에도 불구하고 공동정범으로 처벌받지 아니하는 불합리한 현상이 나타날 수 있다는 점을 거론한다.

를 하기로 하였으나 을이 강도로 나아간 경우에, 갑은 절도죄 그리고 을은 강도죄의 공동정범이 성립한다.

(3) 공동자를 객체로 착오한 경우

공동자 일방이 타방을 행위의 객체로 오인한 경우 행위를 한 자는 공동정범이 되지만, 이로 인하여 범죄행위의 객체가 된 자는 자신에 대한 범죄의 공동정범이 성립할 것인가의 문제이다. 예컨대 갑과 을이 병의 집에 침입하여 강도하면서 병이 반항할 경우 살해할 것까지 모의하였고, 갑과 을의 강취행위 과정에서 병이 반항하며 갑과 을을 붙잡기 위하여 추격하자 먼저 도주하던 갑이 뒤쫓아 오는 을을 병으로 오인하고 총으로 쏘아서 다리에 부상을 입힌 경우를 생각해 볼 수 있다.

이에 대하여는 다음과 같은 견해가 있다. 첫째, 갑과 을은 강도살해죄의 공동정범으로서 일부실행·전부책임에 의하여 죄책을 해결하여야 하고 갑이 을을 병으로 오인하였더라도 갑의 객체의 착오는 어느 학설에 의하더라도 강도살해죄 미수(의 공동정범)가 된다. 그리고 갑의 객체의 착오는 을에게는 방법의 착오와 동일하고, 판례의 태도인 법정적 부합설에 의할 경우에는 고의의 전용이 일어나므로 비록 을은 자신이 범죄의 객체가 되었다고 하더라도 역시 (자신에 대한) 강도살해죄 미수의 공동정범이 된다. 둘째, 이는 주관적 요건으로서 공동의 범행의사의 범위에 관한 문제로서, 그 어떤 경우에도 공동자는 스스로 자신이 범죄의 객체가 될 것까지 공동의 모의를 하였다고 할 수 없다. 따라서 그와 같은 타방 공동자의 행위는 공모의 범위 내에 속하지 않고, 을은 자신이 범죄에 객체가 되는 것을 범행의사로 함에 용인한 것은 아니므로 갑의 객체의 착오를 을에게 전가할 수 없게 된다. 따라서 갑은 강도살해 미수의 공동정범, 을은 강도죄의 공동정범이 될 뿐이라고 한다.

생각건대, 고의의 본질은 행위자의 규범에 반하는 심적 의사의 결정에 있고, 고의의 착오를 단지 형식적으로 판단해서 범죄성립 여부를 논하기는 어렵다고 보여진다. 따라서 을의 공동범행의 의사 범주 내에는 자신이 스스로 범죄의 객체가 될 것까지 합의하였다고 볼 수 없고, 또한 갑의 객체의 착오가 을에게 방법의 착오가 됨을 인정하더라도 구체적 부합설에 의한다면 을에게는 병에 대한 강도살해미수와 자신에 대한 과실치상만이 문제된다고 보아야 할 것이다. 그와 같은 논거를 전제로 할 때에는 두 번째 견해가 보다 타당하다고 판단된다.

6. 결과적 가중범의 공동정범

양적 착오 중에는 결과적 가중범 성립여부가 문제된다. 즉, 서로 의사연락을 한 범죄를 실행하였으나 일방에 의하여 중한 결과가 발생한 경우이다. 예컨대 갑과 을이 강도를 하였으나 을이 피해자에게 과실로 상해를 입히게 된 경우 양자가 결과적 가중범인 강도치상죄의 공동정범이 성립할 것인가의 문제이다.

기능적 행위지배설을 취하는 입장에서는 고의범에 한해서만 기능적 행위분담을 인정할 수 있다. 따라서 기본범죄에 대한 공동정범만이 성립하고, 중한 결과에 대하여는 인과관계의 문제로 보아 개별적으로 판단하여야 한다. 따라서 위 사례의 경우 갑은 강도죄의 공동정범, 을은 판례에 따르면 예견가능성을 전제로 강도치상죄의 공동정범이 성립할 것이다.

판 례

행위공동설의 입장에서 과실범의 공동정범을 인정하는 판례의 입장에서는 결과적 가중범의 공동정범도 인정한다. 따라서 공범자 중 일부가 강간의 기회에 상해의 결과를 발생시켰을 경우 그 결과에 대한 인식이 없는 공범자도 강간치상죄의 책임이 없다고 할 수 없고,[1] 갑과 을이 강도만 공모하여 실행에 착수하였으나 일방이 상해를 가하였다면 상해를 공모하지 않았다 하더라도 상해의 결과에 대하여 공범으로서 책임을 진다고 본다.[2]

한편 가담하지 아니한 일방에게 결과적 가중범으로서 중한 결과에 대한 예견가능성을 요구하여, 예견할 수 없었던 경우가 아니면 죄책을 면할 수 없다고 보기도 한다.[3]

---

1) 대판 1984. 2. 14, 83도3120.
2) 대판 1998. 4. 14, 98도356; 대판 1990. 12. 26, 90도2362; 대판 1990. 10. 12, 90도1887; 대판 1987. 5. 26, 87도832 등.
3) 대판 2000. 5. 12, 2000도745; 대판 1997. 10. 10, 97도1720; 대판 1993. 8. 24, 93도1674; 대판 1991. 10. 11, 91도1755; 대판 1990. 6. 26, 90도765; 대판 1984. 10. 5, 84도1544 등.

제 4 절 간접정범

Ⅰ. 의 의

간접정범(mittelbare Täterschaft)이란 자연인인 타인(생명있는 도구)을 도구로 이용하여 범죄를 범하는 것을 말한다.

간접정범은 스스로 범행을 하는 경우인 직접정범(unmittelbare Täterschaft)에 대응하는 개념이며 직접정범과 더불어 정범의 한 출현형태로서 인정되고 있는데, 우리 형법 제34조 제1항은 간접정범을 "어느 행위로 인하여 처벌되지 아니하는 자 또는 과실범으로 처벌되는 자를 교사 또는 방조하여 범죄행위의 결과를 발생하게 한 자"라고 정의한다. 간접정범은 타인을 통하여 범죄를 범한다 점에서 교사범과 유사하나, 양자는 타인에 대한 의사지배 여부로 구분된다.

Ⅱ. 본 질

1. 확장적 정범설

구성요건적 결과에 원인을 준 자는 모두 정범이라고 보는 확장적 정범설은 논리필연적으로 간접정범의 정범성을 인정한다. 또한 공범의 성립이 정범의 행위에 종속됨을 인정하는 공범종속성설은 간접정범과 공범이 당연히 개념적으로 구분된다고 보면서 간접정범의 정범성을 인정한다.

2. 제한적 정범설

구성요건적 행위를 직접 실행한 자만이 정범으로 된다고 보는 제한적 정범설은 이러한 요소가 결여되는 간접정범의 정범성을 부정하면서 간접정범을 공범의 일종으로 이해한다. 또한 자기의 범행을 위하여 타인의 행위를 이용하는 것은 공범으로 보면서 피이용자의 가벌성을 문제 삼지 않는 공범독립성설도 간접정범을 공범의 일종으로 이해한다.

우리 형법 제34조가 형식상으로는 간접정범을 존치시키되 실질적으로는 이를 공범으로 취급하여 간접정범형식의 교사범 및 방조범을 인정하고 있다는 견해가 있으나, 간접정범의 정범성을 인정하는 것이 공범규정과 별도로 간접정범 규정을 두고 있는 형법의 해석에 합치된다.

Ⅲ. 공범과의 구분

1. 학설의 대립

간접정범의 정범성을 인정한다고 할 경우 간접정범과 공범(교사범 및 종범)이 어떻게 구분되는가의 문제가 제기된다. 왜냐하면 공범종속성의 정도와 관련하여 다수의 입장인 제한적 종속형식을 취할 경우 간접정범과 공범의 한계문제가 대두되기 때문이다. 특히 타인의 범행을 이용하는 교사범의 경우는 간접정범과의 한계문제가 더욱 현실성을 갖게 된다.

간접정범과 공범의 구별기준에 관한 학설로서는 정범의사인가 공범의사인가 여하에 따라 양자를 구분하는 주관설은 행위자의 의사를 중심으로 파악한다.

피이용자의 도구적 성격 여부를 중시하는 도구설은 피이용자가 이용자의 생명 있는 도구로 사용되는 경우에 피이용자가 범죄에 대한 의식이 없을 경우 이용자의 이용행위로부터 법익침해의 직접적 위험성이 도출되기 때문에 간접정범이 된다고 본다. 반대로 피이용자에게 범죄에 대한 의식이 있으면 도구로서의 성격이 부정되므로 이용자는 공범에 불과하다고 본다.

행위지배설은 우월한 의사를 통해 피이용자의 의사를 장악하는 경우에는 간접정범이지만, 그렇지 못할 때에는 공범이 된다고 본다.

2. 결 론

주관설은 행위자의 의사에 중점을 두었지만, 가담자 모두 타인을 위하여 행위한다는 공범의사를 가질 경우 정범이 없는 범죄성립의 결과를 초래한다는 점에서 타당하지 않다. 도구설은 오히려 직접정범과 간접정범의 구별기준이 되어야 하는 바, 사람을 생명 없는 도구처럼 사용하는 때에는 직접정범이지만 생명 있는 도구로 사용할 때에는 간접정범으로 보아야 할 것이다. 그러나 피이용자가 생명 있는 도구일 때에는 피이용자에게 규범의식이 있는가 여부가 직접적으로 간접정범과 공범의 구별기준이 되기는 어렵고, 규범의식이 없는 자가 왜 공범이 되어야 하는지를 설명하기 어렵다. 이 뿐만 아니라, 이용자의 행위를 기준으로 간접정범과 공범을 구분하는 것이 아니라 피이용자의 규범의식을 기준으로 구분함으로써 이용자의 범죄성립이 피이용자의 상태에 종속되어서 정범과 공범의 구분이 전도되는 결과를 초래한다.

따라서 공동정범과 동일하게 행위지배설에 의하여 판단하여야 할 것이다. 이 설에 의하면 정범인 피교사자 또는 피방조자에게 행위지배가 있고 공범인 교사자나 방조자는 정범의 그것에 가담함에 불과하다. 그러나 간접정범의 경우 피이용자(행위중개자)는 착오, 강제, 의사력의 결여 등의 사유로 인하여 이용자의 수중에 장악되고 있을 뿐이며 (우월한) 의사지배형태로서의 행위지배는 이용자(배후자)에게 있다.

Ⅳ. 성립요건

간접정범이 성립하려면 이용자(배후자)가 자기의 수중에 들어있는 피이용자(생명 있는 도구, 행위중개자 또는 직접행위자)를 이용하여 의도했던 범행을 할 것이 요구된다. 형법 제34조 제1항은 피이용자를 "어느 행위로 인하여 처벌되지 아니하는 자 또는 과실범으로 처벌되는 자"라고 표현하는 한편 이용자의 이용행위를 "교사 또는 방조하여 범죄행위의 결과를 발생"하게 한 자라고 표현한다.

1. 피이용자의 요건

(1) 어느 행위로 인하여 처벌되지 아니하는 자

어느 행위로 인하여 처벌되지 아니하는 자란 범죄성립의 각 요건의 어느 하나가 결여되어 범죄가 성립되지 않는 경우이다.

1) 구성요건해당성이 없는 경우

① 객관적 표지의 결여

피이용자의 행위에 구성요건의 객관적 표지가 결여되어 구성요건해당성이 없는 경우가 있다. 첫째, 객관적 구성요건표지 중 주체가 될 수 없는 자 또는 객체 스스로의 행위를 이용하는 경우이다. 예컨대 아동·청소년의 성보호에 관한 법률상 아동·청소년음란물제작죄에서 아동·청소년은 범죄의 객체인 바, 만일 제3자가 아동·청소년에게 스스로 음란영상을 생성하게 하도록 하였다면 간접정범이 성립될 수 있다.[1)]

판례는 간접정범의 의사실현의 도구인 타인에는 피해자도 포함된다고 본다. 따라서 피해자(피이용자)를 도구로 삼아 피해자(범죄의 피해자)의 신체를 이용하여 추행행위를 한 경우에도 강제추행죄의 간접정범이 된다고 본다.[2)] 통상 간접정범이란 이용자가 피이용자를 통하여 제3자의 법익을 침해하는 경우가 일반적이지만, 이때에는 피해자와 피이용자가 일치하게 된다.[3)]

둘째, 타인에게 우세한 영향력으로 자살을 강요하여 실행하게 하는 경우를 들 수 있다. 살인죄의 행위객체는 자연인인 타인이고 행위자 자신이 아니기 때문에 자살은 살인죄의 구성요건해당성이 없다. 여기에서 이용자의 행위지배는 그가 강요된 상태를 조성하여 피강요자를 장악하고 자신의 의도를 실현했다는 점에 있다. 이처럼 강요된 상태를 조성하는 경우는 물론 기존의 이러한 상태를 이용하는 경우, 착오에 빠지게 하는 경우나 기존의 착오를 이용하여 피이용자를 장악하는 경우 등은 이용자의 행위지배가 긍정된다.

피이용자가 자살의 의미를 알 수 있는 자인 경우에 위계나 위력에 의하여 착오에 빠지게 하였다면 위계·위력에 의한 살인죄가 되겠지만, 자살의 의미조차 인지할 수 없는 자인 경우에는 살인죄의 간접정범이 될 것이다.[4)]

---

1) 대판 2018. 1. 25, 2017도18443. 피고인이 아동·청소년인 피해자를 협박하여 스스로 아동·청소년의 성보호에 관한 법률 제2조 제4호의 어느 하나에 해당하는 행위 또는 그 밖의 성적 행위에 해당하는 아동·청소년 자신의 행위를 내용으로 하는 화상·영상 등을 생성하게 하고 이를 인터넷 사이트 운영자의 서버에 저장시켜 피고인의 휴대전화기에서 재생할 수 있도록 하였다면, 간접정범의 형태로 동법 제11조 제1항에서 정한 아동·청소년이용음란물을 제작하는 행위라고 보아야 한다.

2) 대판 2018. 2. 8, 2016도17733.

3) 그러나 이 경우 강제추행죄가 성립하기 위해서는 폭행 또는 협박이라는 행위가 수단이 되어야 할 것인데, 자신의 신체에 대하여 스스로 추행행위를 함에 있어서 폭행 또는 협박이라는 행위를 어떻게 인정할 것인지는 검토의 대상이 되어야 한다.

4) 대판 1987. 1. 20, 86도2395. 판례는 "피고인이 7세, 3세 남짓 된 어린자식들에 대하여 함께 죽자고 권유하여 물속에 따라 들어오게 하여 결국 익사하게 하였다면 비록 피해자들을 물속에 직접 밀어서 빠뜨리지는 않았다고 하더라도 자살의 의미를 이해할 능력이 없고 피고인의 말이라면 무엇이나 복종하는 어린자식들을 권유하여 익사하게 한 이상 살인죄의 범의는 있었음이 분명"하다고 보아 살인죄를 인정하였으나 간접정범 또는 직접정범 중 어느 정범 형태를 인정한 것인지는 명확하지 않다.

② 비신분자의 이용

진정신분범에서 피이용자에게 필요한 신분이 없어 피이용자가 행위의 주체가 될 수 없어서 구성요건해당성이 없을 때에도 신분 있는 이용자는 간접정범이 된다. 예컨대 공무원이 정을 모르는 처를 이용하여 뇌물을 받게 하는 경우가 이에 해당한다.

③ 주관적 요건의 결여

(가) 고의 없는 도구와 고의 있는 도구 고의나 초과주관적 구성요건으로서의 목적, 불법영득의사 등 구성요건의 주관적 표지가 결여되어 구성요건해당성이 부정되는 경우이다. 피이용자의 고의가 결여된 경우에는 고의범의 구성요건해당성이 없다. 피이용자의 비고의적 행위가 과실범의 구성요건에 해당하지 않거나 과실범을 처벌하지 않는 범죄인 때에는 고의범뿐만 아니라 과실범의 구성요건해당성조차 없게 된다. 피이용자의 과실이 처벌되는 경우에도 간접정범은 성립되는데 이 점에 관하여서는 후술하기로 한다. 피이용자를 의도적으로 구성요건적 착오에 빠지게 하거나 그러한 상태를 이용하여 자기의 의사를 실현한다는 점에서 이용자의 행위지배를 인정할 수 있다.

한편 타인의 반사운동이나 절대적 폭력에 의하여 강제된 동작을 이용한 경우에는 생명 없는 도구를 이용한 경우와 똑같이 직접정범이 성립된다. 예컨대 A가 B를 밀어 X에게 충돌하게 하여 X가 상해를 입은 경우 A는 X의 부상에 대한 간접정범이 아니라 직접정범이 된다.

목적범에서 목적 없는 자의 행위를 이용하는 경우에 간접정범이 성립된다. 예컨대, 행사할 목적이 없는 자를 이용하여 위조통화를 만드는 경우이다. 이를 목적 없는 '고의 있는 도구'라고도 하는데, 목적은 없어도 고의를 가진 자를 단순한 도구처럼 이용한다고 볼 수는 없다는 부정설이 있다.[1] 부정설의 핵심은 고의가 있는 피이용자에 대하여는 이용자의 의사장악을 인정할 수 없다는 점에 있다. 이는 진정신분범에서 신분 없는 자를 이용하는 경우에도 동일한 문제가 제기된다.

(나) 결 론 목적, 불법영득의 의사, 신분 등 특수한 주관적 불법요소가 결여된 자의 행위를 이용하는 경우에 어디에서 행위지배를 찾아볼 수 있는가의 문

1) 박상기, 292면; 임웅, 496면.

제이다. 만일 그와 같은 주관적 불법요소가 없더라도 고의가 있다면 고의 있는 피이용자를 도구라고 하기는 어렵기 때문이다. 그러나 첫째, 피이용자에 대한 이용행위는 규범적으로 평가하여야 하므로, 법적으로 요구되는 요건을 갖추지 못한 자에 대하여 배후자의 우위성을 인정할 수 있다는 점, 둘째, 피이용자가 스스로 신분이 없음을 인식하지 못한 상태라거나 피이용자에게 목적이 없다는 점을 이용자가 포착하고 그 주관적 요건의 결여를 적극적으로 이용하고자 하였다면, 그와 같은 구성요건요소에 대한 피이용자의 인식의 부재를 장악하여 자기의 범죄를 행하고자 하였다는 점이 의사지배로 될 수 있다. 의사지배란 반드시 의식의 조종을 통하여 행위자의 행위를 조종해야 한다는 의미는 아니기 때문이다.

판 례

판례의 경우, 범죄는 "어느 행위로 인하여 처벌되지 아니하는 자"를 이용하여서도 이를 실행할 수 있으므로, 내란죄의 경우에도 "국헌문란의 목적"을 가진 자가 그러한 목적이 없는 자를 이용하여 이를 실행할 수 있다[1]고 보아, 목적 없는 고의 있는 도구에 대한 간접정범의 성립을 인정한다. 재물의 소유자를 이용하여 그가 스스로 취거하게 한 경우 소유자를 도구로 이용한 절도죄의 간접정범도 성립될 수 있다고 본다.[2]

또한 목적이나 신분이 없는 자를 생명 있는 도구와 같이 이용하여 자신의 범죄를 수행하는 것이 간접정범이므로, 범죄의 주체가 될 수 없는 자도 어느 행위로 인하여 처벌되지 아니하는 자에 해당한다고 본다.[3]

2) 위법성조각사유의 존재

피이용자의 행위가 구성요건에는 해당하지만 위법성조각사유로 인하여 적법한 경우에 이를 이용하는 이용자의 행위는 간접정범이 될 수 있다. 정당행위를 이용한 경우, 예컨대 갑이 수사기관에 허위의 사실을 신고하여 을을 체포하게 한 경우 갑은 도구(을)의 행위에 대한 간접정범이 된다. 피이용자의 정당행위를 이용함에 있어서 이용행위 그 자체가 적법한 경우에는 간접정범은 성립될 여지가 없다. 예컨대 비록 타인을 처벌받게 하려는 나쁜 동기가 고발자에게 있었다

1) 대판 1997. 4. 17, 96도3376.
2) 대판 2006. 9. 28, 2006도2963.
3) 대판 1983. 6. 14, 83도515 전원합의체 판결.

할지라도 고발행위가 진실한 사실에 기한 것이어서 적법하다면 고발자는 간접정범이 아니다.

또한 법원에 대한 적극적인 위증이나 무고를 통하여 형사재판에서의 오판을 이용하여 특정인에게 사형(살인), 징역(감금) 등을 가능하게 하였더라도, 법원의 판결이라는 정당행위를 이용한 간접정범이 될 수 없다. 형사법원의 재판은 고유한 국가사법권의 실현일 뿐이며, 개인에 의하여 조종되거나 좌우될 수 있는 성질의 것이 아니다. 나아가 실체적 진실발견은 법원의 의무이므로, 형사법원을 이용한 간접정범은 불가능하다. 다만 민사재판의 경우에는 법원을 기망하여 타인에게 재산상의 손해를 발생시키는 행위는 전형적인 삼각사기로서 사기죄의 간접정범이 아닌 직접정범이 된다.

정당방위를 이용한 경우도 가능한데, 예컨대 갑이 을을 상해할 의사로써 을로 하여금 병을 공격하게 하고 병의 정당방위를 이용하여 상해의 결과를 초래한 경우 갑은 상해죄의 간접정범이 된다. 그러나 병에게 방위의사가 없어서 병의 행위가 정당방위요건을 갖추지 못해 가벌적일 경우에는 갑이 병을 도구로서 지배했다고 볼 수 없기 때문에 간접정범이 될 수 없다.

긴급피난을 이용한 경우로서, 예컨대 운전자 갑이 을의 상점의 재물을 손괴할 의사로써 그 부근을 지나는 행인 병의 뒤로 급히 차를 몰아 병으로 하여금 을의 상점으로 부득이 뛰어 들어가지 않을 수 없도록 하여 재물손괴의 결과를 초래한 경우, 갑은 병에 의한 재물손괴의 간접정범이 된다.

3) 책임조각사유의 존재

구성요건에 해당하는 위법한 행위를 이용하였으나 피이용자에게 책임이 없는 경우 공범의 종속성에 관하여 극단적 종속형식을 취하는 입장은 이 경우 언제나 간접정범의 성립을 인정하겠지만 제한적 종속형식을 취할 경우 공범(교사범, 종범)의 성립도 가능하게 된다. 이처럼 피이용자에게 책임이 없는 경우 이용자가 간접정범인가 공범인가를 구별하는 기준이 바로 의사지배 여부이다. 그러나 인적 처벌조각사유에 해당하는 자를 이용함은 언제나 교사범이 될 뿐이다.

책임없는 도구를 이용하는 경우는 대체로 다음의 네 가지로 나누어 살펴볼 수 있다.

① 강요된 행위

피이용자의 행위가 강요된 행위이기 때문에 피이용자가 면책되는 경우에 강요자인 이용자는 당해 행위의 간접정범이 된다. 예컨대, 갑이 을의 자녀에 대한 살해의 협박을 하여 을로 하여금 병을 상해하도록 강제하였다면, 을은 강요된 행위로서 책임이 조각되고 갑은 을의 병에 대한 상해죄의 간접정범이 된다.

② 금지착오

피이용자가 위법성의 착오를 일으킨 경우 그 오인에 정당한 이유가 있는 경우에 한하여 간접정범을 인정할 것인지 여부에 관하여는 첫째, 피이용자의 금지착오에 정당한 이유가 부정되면 이용자에 대하여는 교사범을 인정할 것이지만 정당한 이유가 있으면 이용자는 언제나 간접정범이 된다는 견해,[1] 둘째, 정당한 이유의 유무를 판단하지 않고 이용자가 피이용자의 착오를 야기하였거나 착오상태임을 인식하고 이용하면 간접정범이 성립하지만 반대로 피이용자의 착오를 인식하지 못한 채 이용하였다면 교사범이 성립한다는 견해[2]가 있다.

생각건대, 의사지배란 이용자의 피이용자에 대한 의사의 장악 또는 조종을 통한 이용자가 의도한 범죄의 성립을 의미하며, 이는 피이용자의 금지착오의 정당한 이유 유무에 의하여 좌우되는 것이 아니다. 다만 금지착오에서 정당한 이유 유무는 행위자의 책임조각 여부를 결정할 뿐이지만 만일 행위자의 책임이 조각되지 않는다면 행위자는 어느 행위로 인하여 처벌되는 자가 되어 피이용자로서의 결격사유가 발생한다. 따라서 다음과 같이 구분함이 타당할 것이다. 우선 피이용자의 금지착오에 정당한 이유가 부정되어 어느 행위로 인하여 처벌되는 자가 된다면 간접정범은 성립할 수 없고 교사범만 성립한다. 둘째, 피이용자의 금지착오에 정당한 이유가 있으면 피이용자는 책임이 조각되므로 교사범과 간접정범 모두 성립이 가능해지고, 이때 비로소 이용자가 피이용자의 착오를 야기하였거나 착오상태임을 인식하고 이용하면 간접정범이 성립하지만 반대로 피이용자의 착오를 인식하지 못한 채 이용하였다면 교사범이 성립한다.

③ 책임능력결함상태의 이용

이용자가 자기의 의사실현을 용이하게 하기 위하여 피이용자의 책임무능력

1) 손동권, 615면; 이용식, 97면.
2) 정성근/박광민, 532면.

을 초래하거나 기존의 책임무능력상태를 범행에 이용하는 경우에는 간접정범이 된다. 행위자가 책임무능력자라 할지라도 스스로 범행의 결의가 가능하였다면 예외적으로 교사범이 성립될 수 있다. 특히 피이용자가 형사미성년자인 경우에는 언제나 의사를 완전히 장악하였다고 할 수 없으므로, 우월적 의사지배가 인정되지 않는 경우에는 교사범이나 방조범의 성립이 가능하다.

④ 기대불가능성

기대불가능성에 기하여 초법규적으로 면책되는 자의 행위를 이용한 경우에도 간접정범은 성립될 수 있다.

(2) 과실범으로 처벌되는 자

피이용자의 비고의적 행위가 과실범구성요건에 해당되지 않는 경우에 간접정범이 성립함은 물론이지만 과실범의 구성요건을 충족하여 처벌이 되는 경우에도 간접정범은 성립한다. 예컨대 의사가 고의로써 간호사의 과실행위를 이용하여 환자를 사망케 한 경우에는 살인죄의 간접정범이 인정된다.

2. 결과의 발생

이용행위에 의하여 범죄행위의 결과가 발생해야 한다.

형법 제34조 제1항은 간접정범의 행위수단에 관하여 "교사 또는 방조하여"라고 규정한다. 그렇지만 이 규정의 교사 또는 방조는 교사범 또는 종범에서의 그것과 달리 사주 또는 이용의 뜻으로 이해된다. 간접정범에서는 피이용자에게 범의를 갖게 하거나 이미 범의를 가진 자를 돕는다는 행위를 처음부터 생각할 여지가 없기 때문이다.

범죄행위의 결과를 발생하게 한다는 말은 구성요건적 결과를 발생하게 한다는 의미로, 실행행위에 착수했으나 이 단계에 이르지 않으면 미수가 될 뿐이다.

V. 처 벌

간접정범은 교사 또는 방조의 예에 의하여 처벌된다. 이는 사주 내지 이용이 교사로 인정되는 경우에는 제31조(교사범), 방조로 인정되는 경우에는 제32조(종범)를 적용한다는 의미로 이해된다. 이와 같은 형법의 태도는 구파의 객관주의

범죄론에 따라 간접정범을 인정하면서도 신파의 주관주의범죄론에 따라 공범으로 처벌하려는 절충적 입장을 드러내고 있는 것으로 평가된다.

그렇지만 이처럼 정범의 일종인 간접정범을 정범이 아닌 공범의 예에 의하여 처벌하는 것은 입법의 과오라는 비판을 면할 수 없다.

Ⅵ. 관련문제

1. 정범 배후의 정범

(1) 의 의

유책한 고의의 정범을 배후에서 이용하여 자신의 범행을 성취하는 배후의 범인을 정범 배후의 정범(Täter hinter dem Täter)이라고 부른다. 피이용자가 어느 행위로 인하여 처벌되는 정범이라는 점에서는 간접정범의 구조와 일치하지 않지만, 이용자가 피이용자를 우월적으로 의사지배하였다는 점에서는 간접정범과 유사하다.

(2) 학설의 대립

긍정설[1]은 정범개념의 우월성을 포착하여, 단순히 피이용자가 처벌되는가 여부가 아니라 배후자의 우월적 의사지배를 중심으로 간접정범성립을 논하여야 한다고 본다. 반면 부정설[2]은 형법 제34조 제1항의 문언해석상 간접정범 성립이 불가능하다고 본다. 동 조항은 '어느 행위로 인하여 처벌되지 아니하는 자'를 이용함을 명시적으로 규정하고 있으므로, 문언을 넘어서서 '어느 행위로 인하여 처벌되는 자'까지도 간접정범을 인정할 수 없다고 본다.

(3) 결론 및 유형

정범 배후의 정범은 다음의 두 가지 유형으로 나누어 살펴볼 수 있다. 결론적으로는 어떠한 유형이든지 간접정범이 성립하지 않는다.

1) 김일수/서보학, 437면; 박상기, 205면; 손동권/김재윤, 518면; 정영일, 306면.
2) 권오걸, 610면; 김성돈, §31/249; 김성천/김형준, 408면; 김혜정 외, 391면; 배종대, 470면; 신동운, 706면; 오영근, 419면; 이재상 외, 460면. 이정원, 341면; 임웅, 494면; 정성근/정준섭, 317면.

1) 정을 모르는 정범의 행위를 이용한 경우

예컨대 B가 C를 살해하려는 계획을 우연히 알게 된 A가 이를 이용하여 D를 살해할 의사로 B가 총을 겨누고 매복하고 있는 곳에 D를 지나가게 하여 B가 D를 C로 오인하여 사살하게 한 경우의 A가 이에 해당한다. 위의 예에서 B는 비록 D를 C로 오인한 착오(객체의 착오 중 구체적 사실의 착오)를 일으켰지만 D에 대한 살인기수죄의 책임을 져야 할 정범이다. 그리고 A는 정범 B의 배후에 있는 정범이다.

이 경우 배후의 정범을 어떻게 볼 것인가에 관하여 간접정범으로 볼 수 있다는 견해도 있으나, 피이용자인 도구가 어느 행위로 인하여 처벌되지 아니하는 자 또는 과실범으로 처벌되는 자로 국한하고 있는 형법 제34조의 해석상 타당하지 않다. 정범 배후의 정범은 정범과의 의사연락 없이 정범의 행위를 이용하여 범죄를 실행하는 자이다. 그러므로 간접정범보다는 동시범의 법리를 적용하는 것이 타당할 것이다. 입법론적으로는 정범배후의 정범을 간접정범에 포함시킬 필요가 있다.

2) 우세한 조직지배로 정범을 조종한 경우

독일의 나치의 범행에서 볼 수 있듯이 배후에 있는 자가 우세한 조직지배의 힘으로 조직적 권력장치를 이용하여 자기의 의사대로 조종한 경우라든가, 첩보기관에서 첩보원에게 암살지령을 내려 사람을 살해하게 한 배후의 상관의 경우(비밀경찰 스타신스키 사건)가 이에 해당한다. 배후의 명령자를 탁상행위자(卓上行爲者)라고도 부른다. 이들의 경우 배후자를 간접정범으로 인정하는 견해도 있으나 우리 형법 제34조의 해석에는 부합하지 않으며, 배후자는 교사범 또는 특수교사범으로 처벌된다고 보아야 할 것이다.

2. 간접정범에서의 착오

(1) 피이용자 행위의 질적 · 양적 초과

간접정범은 피이용자의 초과행위에 대하여 책임이 없다. 초과된 행위는 우월적 의사지배를 인정할 수 없으므로, 간접정범의 행위지배에서 배제되기 때문이다.

(2) 이용자의 피이용자에 대한 착오

이용자의 피이용자에 대한 착오에 관하여서는 행위자의 인식을 표준으로 판단해야 한다는 주관설과 객관적 사실에 의하여 판단해야 한다는 객관설이 있으나 다음과 같이 해결함이 타당하다.

배후자(이용자)가 행위자(피이용자)에게 고의 또는 책임능력이 있는 것으로 잘못 알았으나 사실은 고의 또는 책임능력이 없었던 경우에는 배후자는 단지 교사의 고의로써 행위한 것으로 보아 교사범의 성립을 인정한다.

배후자가 행위자에게 고의 또는 책임능력이 없는 것으로 잘못 알았으나 있는 경우에도 주관적으로 볼 때 행위지배의 의사 속에 교사의 고의는 포함되어 있고 객관적으로는 교사의 형태가 드러나므로 배후자를 교사범으로 인정한다.[1)]

(3) 피이용자의 구성요건적 착오

피이용자가 실행행위에 착오를 일으켰을 때에는 객체의 동일성에 관한 착오는 이용자에게 방법의 착오와 동일한 효력을 가진다. 또한 방법의 착오는 이용자에게도 방법의 착오와 같다. 기타의 경우에는 착오의 일반이론이 적용된다.

3. 실행의 착수시점

(1) 학설의 대립

간접정범의 실행착수시점이 언제인가에 관하여서는 몇 가지 견해가 대립된다.

이용행위가 개시되는 때로 보는 주관설[2)]은 간접정범에서 피이용자는 도구에 불과하고, 이용자의 행위가 우월한 의사지배라는 행위지배의 형태로 나타나기 때문에 이용자의 이용행위를 기준으로 한다.

피이용자가 실행행위를 개시하는 때를 기준으로 삼는 객관설[3)]은 범죄의 구성요건과 직접 관련이 있는 행위는 피이용자의 실행행위이므로 구성요건이 제시하는 행위의 정형성에 포착한다면 피이용자를 기준으로 하여야 한다고 본다.

이분설[4)]은 악의(고의)있는 도구와 선의의 도구를 구분하여 전자의 경우에는 도구의 실행행위시, 후자의 경우에는 이용자가 이용행위를 개시하는 시점을 기

---

1) 이용식, 99면.
2) 권오걸, 617면; 김혜정 외, 393면; 박상기, 296면; 이재상 외, 384면; 임웅, 500면.
3) 김성돈, §31/271; 신동운, 713면.
4) 김종원/8인 공저, 284면.

준으로 삼는다.

개별화설[1]은 실행의 착수시기를 일률적으로 정할 것이 아니라, 간접정범의 정범성으로부터 출발하여, 실행의 착수에 관한 주관적 객관설에 의하여 실행의 착수시점을 범죄행위의 특수성에 따라 개별적으로 정하여야 한다고 본다.

(2) 결 론

간접정범의 실행착수시점은 원칙적으로 피이용자가 실행행위를 개시하는 시점으로 보아야 한다. 범죄의 구성요건으로서의 행위는 개별범죄마다 법문에 정해져 있고, 이를 외부로 표출하는 자는 피이용자이므로 피이용자의 실행행위를 통해서만 범죄행위의 존재를 확인할 수 있기 때문이다. 다만 이용자가 행위지배를 완전히 끝낸 경우에는 피이용자의 실행행위 이전 단계에서도 실행의 착수를 인정할 수 있을 것이다.

4. 신분범과 간접정범

이용자(배후자)에게 구성요건이 요구하는 일정한 신분이 결여되는 경우에는 간접정범이 배제된다고 봄이 일반적 견해이며 타당하다. 예컨대 비공무원이 공무원을 생명 있는 도구로서 이용하여 수뢰하게 하는 경우처럼 이용자에게 정범적격이 없는 경우에는 간접정범이 부정된다. 판례도 비신분자는 신분범의 간접정범이 성립될 수 없다고 본다.[2]

형법 제33조의 규정은 비신분자라 할지라도 신분자와 함께 신분범의 공동정범, 교사범 또는 종범이 될 수 있다는 취지이고 비신분자가 단독으로 신분범의 정범으로 될 수는 없다. 반대로 신분자가 비신분자를 이용하여 간접정범이 됨은 당연하다.

5. 자수범과 간접정범

정범 자신이 직접 실행행위를 해야만 범죄로 될 수 있는 자수범(예컨대 위증죄)에 있어서는 간접정범이 성립될 수 없다. 배후의 이용자는 단지 교사범 또는 종범이 될 수 있을 뿐이다. 판례도 정범 자신이 직접 범죄를 실행하여야 성립하

1) 김일수/서보학, 439면; 배종대, 473면; 손동권/김재윤, 522면; 오영근, 420면; 이정원, 343면; 정영일, 303면.

2) 대판 2012. 8. 23, 2011도14045; 대판 2011. 7. 28, 2010도4183.

는 자수범은 간접정범의 형태로 범할 수 없다고 본다.[1)] 또한 자수범은 공동정범도 될 수 없고 오로지 실행지배의 단독정범만 된다.

6. 과실에 의한 간접정범의 성부

과실에 의한 간접정범의 성립을 인정할 것인가에 관하여서는 견해의 대립이 있다. 부정설에 의하면 과실은 범행조종의 의사가 결여되기 때문에 행위지배(의사지배)가 가능하지 않을 뿐만 아니라 구성요건적 결과를 공동으로 초래하는 모든 주의의무위반자는 동시범이 되기 때문에 과실에 의한 간접정범의 가능성은 부정된다고 한다.

한편 긍정설에 의하면 과실에 의한 교사범이라든가 종범은 인정될 수 없어도 본질적으로 정범에 속하는 간접정범은 과실에 의해서도 가능하다고 한다.

과실에 의한 이용자의 피이용자에 대한 의사지배가 있다고 보기 어렵고 피이용자가 이용자의 수중에 장악되고 있다고 볼 수 없으므로 부정설이 타당하다.

7. 부작위와 간접정범

(1) 부작위에 의한 간접정범

이용자의 이용행위가 부작위로 가능할 것인가의 문제이다. 부작위에 의하여 간접정범이 성립할 수 있는지에 대하여 긍정설[2)]은 만일 어떠한 자가 도구의 행위를 저지할 보증의무에 위배했을 때에는 간접정범이 된다고 본다. 그러나 부정설[3)]이 타당하다. 간접정범의 이용행위란 적극적인 의사지배행위여야 하는데, 아무것도 하지 않는 부작위로 타인의 의사를 지배하고 조종한다는 것은 불가능하기 때문이다.

다만 타인에 대하여 감독의무 있는 자와 같이 보증인적 지위가 있는 자가 감독을 하지 않고 타인의 범죄행위를 방치하는 부작위의 법적 성격에 대하여는 견해의 대립이 있다. 예컨대 아동이 다른 아동을 때리거나 상해하는 행위를 방지하여야 할 감독의무가 있는 유치원 교사가 의도적으로 이를 방치하는 부작위 행

---

1) 대판 2018. 2. 8, 2016도17733. 동 판결은 강제추행죄가 자수범이 아니므로 간접정범의 성립이 가능하다고 본다.
2) 박상기, 434면; 정영일, 302면.
3) 김성돈, §31/293; 김일수/서보학, 439면; 배종대, 472면; 신동운, 714면; 정성근/정준섭, 318면.

위라든가 정신병원의 간호사가 어떤 정신병자가 동료 환자를 상해함을 보면서도 고의적으로 이를 저지하지 않은 경우가 그 예이다. 이를 부작위에 의한 직접정범으로 보는 견해[1]는 의사지배가 인정되지 않는 부작위는 직접정범이 된다고 본다. 그러나 이는 작위와 부작위의 동가치성의 문제라고 판단된다. 즉, 이를 방치하는 부작위가 환자를 때리는 작위행위와 동가치성이 있는가의 문제로 본다면, 비록 정신병자가 책임무능력자에 해당한다고 하더라도 직접 실행하는 실행자가 있으므로 저지하지 않는 부작위를 작위와 동가치성이 인정된다고 볼 수는 없고 경우에 따라서는 공범종속성설에 따라서 방조범만이 성립할 수 있다고 보아야 할 것이다.[2]

(2) 부작위범에 대한 간접정범

피이용자의 범죄행위가 부작위인 경우로서, 피이용자의 행위는 작위이든 부작위이든 불문한다. 예컨대 타인의 주거에 실수로 들어간 자에 대하여 의사지배를 통해 퇴거불응을 하게 하였다면 당연히 퇴거불응죄라는 부작위범에 대한 간접정범이 성립될 수 있다.

Ⅶ. 특수교사 · 방조

형법 제34조 제2항은 "자기의 지휘, 감독을 받는 자를 교사 또는 방조하여 전항의 결과를 발생하게 한 자는 교사인 때에는 정범에 정한 형의 장기 또는 다액에 그 2분의 1까지 가중하고 방조인 때에는 정범의 형으로 처벌한다."라고 규정한다. 이에 관하여서는 해석상 특수간접정범을 규정하고 있다는 입장, 특수교사와 특수방조를 규정하고 있다는 입장, 특수교사 · 방조와 특수간접정범을 모두 포용하고 있다는 입장이 있을 수 있다.

제34조 제2항이 피교사자, 피방조자를 단지 "자기의 지휘, 감독을 받는 자"라고 규정할 뿐 제1항과 같은 제한을 두지 않고 있는 점에 비추어 동조 제2항에는 특수간접정범과 특수공범이 모두 포함된다고 볼 수 있다. 그리고 이를 가중처벌하는 이유는 타인을 지휘, 감독할 지위에 있는 자가 그 지위를 남용하여 범

1) 배종대, 472면.
2) 김성돈, §31/295.

행에 악용하였다는 데 있다. 지휘, 감독을 받는 자에게 법령, 계약, 사무관리에 의한 경우뿐만 아니라 사회관습에 의한 사실상의 지휘, 감독을 받는 자도 포함된다. 따라서 상관이 부하를, 친권자가 미성년자를, 공장주가 직공을 이용하는 경우도 포함된다.

구속력이 있는 직무상의 명령에 따르는 부하의 행위를 이용한 상관은 일반이론상 간접정범이 되지만 우리 형법상으로는 지휘, 감독관계 때문에 특수교사 내지 특수방조에 해당한다고 보아야 할 것이다.

제 5 절 교 사 범

Ⅰ. 의 의

형법 제31조 제1항은 교사범(Anstiftung)에 관하여 "타인을 교사하여 죄를 범하게 한 자는 실행한 자와 동일한 형으로 처벌한다."라고 규정한다. 이에 따라 교사범은 일반적으로 타인을 교사하여 죄를 범하게 하는 것이라고 정의된다. 그리고 여기에 죄를 범하게 한다는 의미는 구성요건에 해당하고 위법한 행위, 즉 불법을 행하게 하는 것이라고 본다(제한적 종속형식).

교사범은 행위자에게 범행결의를 갖게 할 뿐 자기 스스로 실행행위(행위지배)를 분담하지 않는다는 점에서 공동정범과 구별된다. 또한 타인에게 정범실행의 결의를 갖게 한다는 점에서 이미 이러한 결의를 가진 자의 범행을 방조하는 종범과 구별된다. 교사범과 간접정범은 타인을 이용한다는 점에서 공통되나 교사범에서의 피이용자는 고의적으로 범행을 하여 정범으로 처벌되는 자인 반면 간접정범에서의 피이용자는 어느 행위로 인하여 처벌되지 아니하는 자 또는 과실범으로 처벌되는 자라는 점에서 구별된다.

Ⅱ. 성립요건

교사범이 성립하려면 교사자가 고의적으로(경우에 따라서는 기타의 주관적 구성요건요소까지도 갖추어) 타인에게 일정한 범죄를 실현하도록 결의하게 해야 하고 범행을 결의한 피교사자의 실행행위가 있어야 한다. 여기에는 교사자와 관련된 요건과 피교사자와 관련된 요건이 있다.

1. 교사자에 관련된 요건

(1) 교사자의 고의와 그 이외의 주관적 구성요건요소

1) 이중의 고의

교사자에게는 첫째, 피교사자에게 범죄실행의 결의를 갖게 한다는 사실에 대한 고의(교사의 고의)가 있어야 하고 둘째, 정범을 통하여 일정한 구성요건적 결과를 발생시킨다는 사실에 대한 고의(정범의 고의)가 있어야 한다.[1] 이처럼 범행결의의 야기와 구성요건적 결과의 발생에 모두 고의가 필요하다는 의미에서 교사자의 고의는 이중적 고의(doppelter Vorsatz)라고도 한다. 전자는 교사의 고의이고 후자는 정범의 고의라고 한다.

2) 초과주관적 구성요건의 요부

목적범과 같은 초과주관적 구성요건요소를 요하는 범죄에서 정범뿐만 아니라 교사범도 고의 이외의 초과주관적 구성요건을 가져야 하는가 문제된다. 부정설[2]은 공범종속성설에 따라 교사자의 불법은 피교사자의 불법에 종속되므로, 교사범이 반드시 정범의 불법요소를 모두 갖출 필요가 없기 때문에 교사자에게 목적이 없어도 목적범에 대한 교사범이 성립한다고 본다.

그러나 긍정설[3]이 타당하다. 교사란 범죄실행의 결의를 가지게 함과 동시에 정범의 고의까지도 필요하므로, 초과주관적 구성요건을 요구하는 범죄의 경우에는 초과주관적 구성요건을 가지게 할 것도 교사의 내용이 된다고 보아야 한다. 예컨대 통화위조를 교사하는 자는 행사의 목적이 있어야 한다.

3) 고의의 특정성

교사자의 고의는 어떤 특정한 피교사자와 특정한 범행을 향한 것이라야 한

1) 판례는 교사의 고의를 정범에게 범죄 결의를 갖게 하고 정범에 의하여 범죄를 실행할 고의라고 정의하며(대판 2020. 11. 19, 2020도5813), 교사의 성립여부에 대하여는 "행위자에게 교사의 고의와 정범의 고의"가 있었는지를 결정하여야 한다고 본다(대판 2021. 9. 9, 2017도19025 전원합의체 판결 중 반대의견의 논거 중 일부이다).

2) 김성돈, §32/87.

3) 정성근/정준섭, 311면.

다. 만일 피교사자가 특정되지 않으면 경우에 따라 선동이 문제될 수는 있으나 교사는 성립되지 않는다. 피교사자가 특정되어 있는 이상 그 수의 다소를 불문하며 또한 교사자가 피교사자의 용모 기타 신원을 알고 있을 필요도 없다.

교사는 특정한 범행을 결의하게 하는 것이므로 막연히 범죄하라, 살인하라, 절도하라는 등의 사주는 교사가 아니다. 교사된 범죄가 특정된 것인 한 일시·장소·방법 등 세부적인 사항까지 확정되어야 할 필요는 없다.

4) 미수의 교사

교사자가 처음부터 피교사자의 실행행위가 미수에 그칠 것을 예견하면서 교사하는 경우를 미수의 교사(Anstiftung zum Versuch)라고 한다. 특히 수사기관의 수사기법으로서 미수의 교사를 행하는 경우가 문제되는데, 피교사자의 행위가 미수에 그친 경우는 물론 예상과 달리 기수에 이른 경우도 교사자와 피교사자의 처벌 여부가 문제된다.

① 피교사자가 미수에 그친 경우

미수의 교사에서 피교사자에게는 범의와 실행의 착수가 모두 인정되므로 미수범이 처벌되는 범죄인 한 피교사자는 당해 범죄의 미수범으로 처벌된다.

그러나 교사자도 미수범으로 처벌되는가에 관하여서는 견해의 대립이 있다. 긍정설은 정범이 실행에 착수한 이상 교사범은 성립되고 교사자는 교사의 미수로서 처벌되어야 한다고 본다.[1] 부정설(불가벌설)은 교사자가 구성요건적 결과의 발생을 인식·인용하지 않은 경우에는 교사의 고의가 없는 것으로 보아야 한다는 관점에서 미수의 교사는 불가벌이라고 한다.[2] 미수의 교사는 교사자로서 이중의 고의 중 특히 정범의 고의가 결여되므로 고의가 부정되어야 한다. 타인을 범인으로 처벌받게 하기 위하여 범행을 교사하고 기수에 이르기 전에 체포하는 함정교사(agent provocateur, Lockspitzel)의 경우에도 같은 의미에서 교사자의 가벌성은 부정된다. 다만 위법한 함정수사를 행한 경우[3] 피교사자의 가벌성

1) 김종원, 「교사범(상)」, 고시계, 1975/1, 39면.
2) 권오걸, 572면; 김성돈, §32/91; 김성천/김형준, 417면; 김일수/서보학, 485면; 김혜정 외, 349면; 박상기, 310면; 배종대, 480면; 손동권/김재윤, 580면; 신동운, 670면; 이재상 외, 500면; 이정원, 369면; 임웅, 510면; 정성근/정준섭, 291면; 정영일, 281면 등.
3) 학설은 이미 범죄의사를 가진 자에게 범죄를 범할 기회를 제공하는 기회제공형 함정수사는 적법하고 범죄의사가 없는 자에게 수사기관이 사술로 범죄의사를 갖게 하는 범죄유발형 함정수사는 위법하다고 본다. 그러나 판례는 기회제공형은 함정수사 자체가 아니고, 범죄유발형만이 함정수

에 대하여는 유죄판결설, 무죄판결설 및 공소기각판결설이 대립하고 있으나, 수사가 사술에 해당하므로 적정절차의 원칙에 비추어 중대한 위법에 해당하므로 공소제기 절차가 법률규정에 위반하여 무효인 경우(형사소송법 제327조 제2호)이므로 공소기각판결을 함이 타당하다.[1)]

② 피교사자가 기수에 이른 경우

피교사자의 행위가 미수로 될 것으로 믿고 교사하였으나 예상과 달리 기수로 된 때에는 교사자가 방조범이 성립한다는 견해[2)]와 불가벌이라고 보는 견해[3)] 및 과실범이 성립한다는 견해[4)]가 있다. 생각건대 미수의 교사는 원칙적으로 불가벌이므로 예상과 달리 기수로 된 때라 할지라도 고의의 교사범이 성립할 수는 없지만, 교사자에게 과실이 있었던 경우에 한하여 과실범이 성립된다고 봄이 타당하다.

한편 피교사자의 경우에는 고의를 가지고 실행에 착수하여 기수에 이른 것이므로 교사자의 예견과는 관계없이 당연히 고의기수범이 성립한다.

4) 과실에 의한 교사

부작위에 의한 교사를 인정하는 견해에서는 과실에 의한 교사도 인정한다.[5)] 예컨대, 선행행위로 인하여 실행행위를 방지할 의무 있는 자가 과실로 방치한 경우이다. 그러나 교사는 고의적으로 행하여져야 하므로 과실에 의한 교사는 인정되지 않는다. 타인에게 범행의 결의를 발생하게 한다는 교사의 본질에 비추어 부정함이 타당하다.

(2) 교사행위

교사행위란 교사자가 타인(피교사자)에게 범죄실행의 결의를 갖게 하는 행위를 말한다.

사이며 위법하다고 본다(대판 2004. 5. 14, 2004도1066).

1) 대판 2005. 10. 28, 2005도1247.

2) 박상기, 310면; 배종대, 458면.

3) 임웅, 511면.

4) 권오걸, 573면; 김성돈, §32/96; 김일수/서보학, 486면; 손동권/김재윤, 582면; 신동운, 670면; 오영근, 398면; 이재상 외, 500면; 이정원, 371면; 정성근/정준섭, 291면.

5) 오영근, 396면.

1) 대상의 특정

교사행위의 대상은 타인이다. 여기에서 타인은 특정된 자연인인 타인을 의미하며, 교사범은 정범의 불법성에 종속하므로 타인은 반드시 책임능력자일 필요는 없다. 특정된 타인이 교사자의 지휘 · 감독을 받는 자인 경우에는 특수교사(제34조 제2항)가 된다.

2) 행위방법

교사행위는 정신적(심적)으로 영향을 주는 것인 한 그 수단 · 방법을 불문한다. 예컨대 협박, 이익이나 선물의 제공 또는 약속, 감언, 애원, 종용 등의 방법이 모두 가능하다. 또한 반드시 명시적일 필요가 없고 묵시적인 방법도 가능하다. 그러나 교사행위와 범행결의 사이에는 인과관계가 있을 것을 요한다. 후술하는 부작위에 의한 교사, 연쇄교사, 편면적 교사 등도 인과관계의 존부 문제이다.

판 례

피교사자가 범죄의 실행에 착수한 경우에 있어서 그 범행결의가 교사자의 교사행위에 의하여 생긴 것인지 여부는 교사자와 피교사자의 관계, 교사행위의 내용 및 정도, 피교사자가 범행에 이르게 된 과정, 교사자의 교사행위가 없더라도 피교사자가 범행을 저지를 다른 원인의 존부 등 제반 사정을 종합적으로 고려하여 사건의 전체적 경과를 객관적으로 판단하는 방법에 의하여야 하고, 이러한 판단 방법에 의할 때 피교사자가 교사자의 교사행위 당시에는 일응 범행을 승낙하지 아니한 것으로 보여진다 하더라도 이후 그 교사행위에 의하여 범행을 결의한 것으로 인정되는 이상 교사범의 성립에는 영향이 없다고 할 것이다.

갑이 을에게 직접 낙태를 권유할 당시뿐만 아니라 출산 여부는 알아서 하라고 통보한 이후에도 계속하여 낙태를 교사하였고, 을은 이로 인하여 낙태를 결의 · 실행하게 되었다고 봄이 타당하고, 을이 당초 아이를 낳을 것처럼 말한 사실이 있다 하더라도 그러한 사정만으로 피고인의 낙태 교사행위와 공소외인의 낙태 결의 사이에 인과관계가 단절되는 것은 아니다.[1)]

3) 부작위에 의한 교사

부작위에 의한 교사가 가능하다는 견해[2)]에 따르면, 형법상 행위에는 작위뿐

---

1) 대판 2013. 9. 12, 2012도2744.
2) 오영근, 396면.

만 아니라 부작위도 포함되며, 특히 선행행위로 인한 부작위에 의한 교사가 가능하다고 본다. 그러나 이는 인과관계의 결여의 문제이다. 설령 부작위에 의하여 교사를 한다고 하더라도, 부작위 그 자체로서는 피교사자에게 현실적으로 범행을 결의할 정도의 심적 영향을 줄 수 없다고 보아 양자 간의 인과관계가 부정되므로 부정설이 타당하다.

4) 공동교사 및 편면적 교사

교사행위는 2인 이상이 공동으로 할 수 있는데 이를 공동교사(Mitanstiftung)라고 부른다. 이 때에 교사자들 상호간에는 공동교사의 의사가 있어야 함은 물론이다. 이러한 의사가 결여된 경우에는 동시교사(Nebenanstiftung)가 된다.[1)]

한편, 교사에 있어서 피교사자는 이를 인식하고 있어야 하는데, 피교사자가 교사를 받고 있다는 사실을 알지 못함에도 불구하고 교사자만이 일방적으로 교사를 행하는 것을 편면적 교사라고 한다. 후술하는 바와 같이 편면적 방조는 가능하나, 편면적 교사란 교사가 아니다.

5) 간접교사(연쇄교사)

① 의 의

교사는 교사에 대한 교사(Anstiftung zur Anstifung)의 형태 속에서도 가능하다. 예컨대 갑이 을에게 병을 교사하도록 하여 병에게 범죄를 실현하도록 하는 경우에 을은 물론 갑도 교사자이다. 처음의 교사자와 피교사자 사이에는 한 사람뿐만 아니라 그 이상의 중간교사자가 있을 수 있다. 이러한 형태의 교사를 교사가 연쇄적으로 이루어진다는 의미에서 연쇄교사(Kettenanstiftung) 또는 교사가 간접적인 방법으로 이루어진다는 의미에서 간접교사(mittelbare Anstiftung)라고 부른다.[2)]

② 학설의 대립

간접교사의 가벌성을 인정할 것인가에 관하여서는 견해의 대립이 있다.

---

1) 일본의 판례는 공모자 중 어느 일부가 교사행위를 한 경우 타공모자라도 교사범으로 책임지우는 이른바 공모공동교사를 인정하고 있으나 학설은 이에 반대하고 이 경우를 교사자를 교사한 것으로 취급하고 있다.

2) 김성돈, §32/83은 교사자가 최종적인 실행행위를 알고 있는 것을 간접교사, 알지 못하는 것을 연쇄교사라고 하여 이를 구분한다. 그리고 간접교사뿐만 아니라 실행행위자를 알지 못하는 연쇄교사도 교사범이 성립한다고 본다.

부정설의 논거로서는 현행형법에는 구형법의 경우와 달리 교사자를 교사한 자는 교사자와 동일하게 취급한다는 규정이 없고, 간접교사는 기본적 구성요건 행위가 아닌 단순한 교사행위를 교사하는 것에 불과하며, 처벌을 간접교사에까지 무한정하게 확대하는 것은 법적 확실성을 해할 우려가 있다는 점을 든다.

긍정설은 교사행위 그 자체를 범죄의 실행행위로 보는 공범독립성설의 입장에서 또는 공범종속성설을 취한다 하더라도 간접교사와 교사자의 교사행위 및 정범의 실행 사이에 상당인과관계가 있는 한 교사범과 간접교사범을 구별할 실질상의 차이가 없다고 주장한다.

③ 결 론

교사범의 처벌근거를 종속성에 기초한 야기설의 입장에서 볼 때 정범의 범행을 야기시킴에 있어 간접교사자와 교사자 사이에 실질적 차이가 없으며 따라서 간접교사의 가벌성은 긍정되어야 한다.

교사자가 연쇄교사를 인식하지 못한 경우에는 피교사자가 특정되지 않은 것으로 보아 교사범 성립을 부정하는 견해[1)]가 있으나, 간접교사자는 정범의 범행에 관한 표상을 가지고 있는 한 중간관여자의 수나 이름을 알 필요가 없다.

판 례

판례도 간접교사의 가벌성을 인정하고 있다.[2)] 또한 판례는 간접교사의 성립을 인과관계의 문제로 보고 있으며, 재교사라고도 한다. 조직폭력배 두목인 갑이 을에게 피해자를 알아서 혼내주라고 말함으로써 범죄를 교사하고, 이에 을이 자신의 부하인 병 등에게 피해자를 상해하도록 지시(교사)하였다면, 갑은 피해자가 공격의 대상이 될 수 있음을 알고 용인한 것이므로 인과관계가 중단된 것으로 볼 수 없다(간접교사 또는 재교사). 또한 상해의 결과 피해자가 사망에 이르게 될 수 있음을 갑이 예견할 수 있었다면 결과적 가중범의 교사도 성립한다(결과적 가중범의 교사). 다만, 위의 사례에서 원심이 피교사자이자 중간교사자 을에게 병과의 상해치사죄의 공동정범을 인정하였으므로(공범의 경합) 간접교사나 재교사에는 해당하지 않는다고 본다.[3)]

---

1) 오영근, 397면.
2) 대판 1974. 1. 29, 73도3104; 대판 1967. 1. 24, 66도1586.
3) 대판 1992. 2. 25, 91도3192.

2. 피교사자에 관련되는 요건

(1) 피교사자의 범행결의

피교사자는 교사에 의하여 범행을 결의해야 한다. 그러므로 교사의 상대방이 이미 범행을 결의하고 있었을 경우에는 교사범이 성립되지 않는다. 그러나 이 경우에도 만일 교사행위가 기존의 범행결의를 강화시켰다면 종범이 성립된다. 교사를 받은 자가 범행을 결의하지 않은 때에는 교사자는 교사한 범죄의 음모 또는 예비에 준하여 처벌된다(제31조 제3항).

기본범죄의 실행을 이미 결의한 자에게 중한 형태의 죄를 범하도록 교사한 경우, 예컨대 단순강도를 결의한 자에게 특수강도를 범하도록 교사하여 정범이 이를 실현한 경우에는 정범의 행위 전체에 대하여 심적 종범(정신적 방조)의 성립을 인정함이 타당하다.

(2) 피교사자의 실행행위

교사범이 성립하려면 피교사자가 범의를 실행에 옮겨야 하는데 이는 공범종속성설의 당연한 요청이다. 교사를 받은 자가 비록 범죄의 실행을 승낙했을지라도 실행행위에 이르지 않은 경우, 즉 효과 없는 교사의 경우에는 교사범이 성립될 수 없고 제31조 제2항에 의하여 교사자와 피교사자는 다 같이 음모 또는 예비에 준하여 처벌된다. 범행결의를 유발하지 못한 실패한 교사(제3항)와 결의는 있었으나 피교사자의 실행행위가 없었던 효과 없는 교사(제2항)를 총칭하여 기도된 교사(versuchte Anstiftung)라고 한다.[1)]

3. 위법성과 책임

교사범성립의 전제조건을 모두 갖추었다고 할지라도 이로써 바로 교사범이 성립되어 처벌되는 것은 아니다. 다시 교사행위 그 자체가 위법하고 교사자에게 그 책임을 물을 수 있는가 하는 점이 검토되어야 한다. 피교사자의 실행행위가 구성요건에 해당하고 위법해야 한다는 것은 교사범성립의 전제일 뿐 교사행위

---

1) 이를 공범독립성설의 입장에서 교사의 미수로서 일종의 가벌적 미수로 이해하는 견해도 있다. 염정철/8인공저, 375면; 이건호, 177-178면. 그러나 이러한 견해는 제31조 제2·3항의 규정과 합치되지 아니한다. 제한적 종속형식에 의할 경우 피교사자의 실행행위는 구성요건에 해당하는 위법한 행위로서 족하고 반드시 유책할 필요는 없다. 그렇지만 피교사자의 실행행위는 기수에 달하거나 최소한도 처벌되는 미수의 단계에 이르러야 한다.

그 자체의 위법성을 결정 짓는 것은 아니다. 위법성과 책임이 교사자 자신에게 존재해야 한다. 그러므로 교사행위 그 자체가 위법성조각사유로 되거나 교사자에게 책임능력이 없거나 책임조각사유가 있을 때에는 교사범은 성립되지 않는다.

Ⅲ. 교사의 착오

1. 피교사자의 실행행위에 관한 착오

(1) 교사받은 내용보다 적게 실행한 경우

공범종속성의 원칙상 교사자는 피교사자가 실행한 범위 내에서 책임을 진다. 이는 양적 착오와 질적 착오로 구분된다. 양적 착오란 동일 구성요건 내에서 교사 받은 내용보다 적게 실행한 경우로서 피교사자의 실행행위에 따라 교사자도 책임을 진다. 한편, 교사된 구성요건과 실행된 구성요건이 동일하지는 않지만 죄질이 동질인 경우에는 교사된 구성요건은 효과 없는 교사가 되고 실행된 구성요건의 교사와 상상적 경합을 인정할 수 있다. 질적 착오란 교사된 구성요건과 실행된 구성요건이 서로 다른 경우로서, 교사된 구성요건은 효과 없는 교사가 되고 실행된 구성요건에 대하여는 책임을 지지 않음이 원칙이다.

우선 양적 착오에서, 피교사자가 교사 받은 내용보다 적게 실행했을 경우에는 그 실행행위의 범위 내에서 교사범의 책임을 진다. 예컨대 살인을 교사했으나 살인미수에 그친 경우에 교사자는 살인미수의 교사범으로서 책임을 진다. 또한 특수절도를 교사했으나 피교사자가 단순절도죄를 범한 경우에는 단순절도죄의 교사범으로서 책임을 진다. 한편, 양 구성요건의 죄질이 동질인 경우, 예컨대 강도를 교사했으나 절도를 범한 경우 양적 착오의 면에서는 교사자는 절도의 교사범이 되겠지만, 형법 제31조 제2항의 효과 없는 교사에 해당하여 강도죄의 예비·음모가 성립하고, 경한 고의(절도)는 중한 고의(강도)에 흡수되어서 절도죄 교사는 별도로 논할 필요가 없다.

(2) 교사 받은 내용을 초과하여 실행한 경우(양적 초과)

절도를 교사했으나 강도를 실행한 경우처럼 교사된 범죄와 공통의 요소를 지니고 있지만 그 정도를 초과한 경우를 양적 초과(quantitativer Exzeß)라고 부른다. 이 경우 교사자는 교사된 내용을 초과하는 부분은 책임이 없다.

(3) 교사받은 범죄와 다른 범죄를 행한 경우

절도를 교사했으나 방화한 경우처럼 교사자가 의도했던 범죄와 다른 범죄를 범한 경우를 질적 초과(qualitativer Exzeß)라고 부른다. 이 경우에 피교사자의 범행은 교사자의 고의에서 벗어난 것이므로 교사자의 고의가 피교사자에 의해 실제 발현되지 않았다는 점에서 교사책임을 물을 수 없다. 다만 교사자는 형법 제31조 제2항에 의하여 교사된 범죄의 예비·음모에 준하여 처벌된다. 예컨대 살인을 교사했으나 강간을 범한 경우에 교사자는 효과 없는 교사로서 살인예비·음모죄로 처벌되지만, 강간죄의 죄책은 지지 않는다.

(4) 교사자의 금지착오

교사자의 금지착오는 피교사자의 경우와 다를 것이 없다. 교사자가 피교사자에게 위법성조각사유의 전제조건이 없음에도 불구하고 있는 것으로 오인한 경우, 예컨대 피교사자에게 정당방위의 전제조건이 없는데도 있는 것으로 오인하고 정당방위를 하도록 교사한 경우에는 고의책임이 조각된다고 본다(제한적 책임설의 입장).

(5) 피교사자의 구성요건적 착오

행위자에 의한 객체의 착오와 방법의 착오는 교사자의 입장에서 볼 때에는 모두 방법의 착오에 해당한다. 구성요건적 착오는 고의의 성부에 관련되므로 고의책임을 지게 될 자의 입장에서 판단함이 타당하기 때문이다. 피교사자에 의한 객체의 착오나 방법의 착오는 착오의 일반이론에 따라 해결하면 된다. 피교사자의 행위가 교사자의 고의에 본질적으로 합치되는 한 지엽적인 차이는 문제되지 않는다.

예컨대 갑이 을에게 A를 살해할 것을 교사하였으나, 을이 B를 A로 오인하여 살해한 경우가 그 예이다. 이 경우 정범인 을은 구성요건의 착오에 관한 어느 학설에 의하든 동가치성이 인정되므로 구체적 사실의 착오 중 객체의 착오에 해당하여 B에 대한 살인죄 고의기수범이 성립한다. 반면 정범의 객체의 착오는 교사자인 갑에게는 방법의 착오에 해당하므로, 법정적 부합설에 의하면 교사자 갑은 실제 발생한 B에 대한 실인기수의 교사범이 될 것이다. 반면 구체적 부합설에 의하면 인식사실의 미수와 발생사실의 과실범이 성립하게 되므로, A에 대한 살인미수의 교사죄만 성립한다. 발생사실인 B에 대한 과실치사죄에 대하여는 과실에 대한 교사를 인정할 수 없기 때문이다. 물론 과실범에 대한 교사는 형법 제34조에 의하여 간접정범이 성립할 수 있으나, 이는 과실범을 자기 범죄에 이용하는 경우에 한정되므로 본 사안에 간접정범을 인정할 수는 없다. 결과적으로 교사자는 인식사실에 대한 미수의 교사죄만 성립한다.[1)]

2. 피교사자에 대한 착오

피교사자를 책임능력자로 알고 교사했으나 책임무능력자였던 경우나 그 반대의 경우는 교사범 성립에 아무런 영향이 없다.

Ⅳ. 처 벌

교사범은 정범과 동일한 형으로 처벌한다(제31조 제1항). 여기에서 동일한 형으로 처벌한다는 것은 피교사자가 행한 죄의 법정형으로 교사범을 처벌한다는 취지이고 구체적으로 선고형이 동일해야 한다는 것이 아니다.

교사범과 정범은 범정에 따라 형의 양정이 달라질 수 있고 교사범의 처벌에는 정범이 현실적으로 처벌되어야 할 것을 필요로 하지 않는다. 교사범 처벌은 정범의 법적 판단에 구속되지 않으며 정범이 알려져 있을 것을 전제로 하지 않고 미지의 정범에게 교사했다는 것이 밝혀지면 족하다.

자기의 지휘, 감독을 받는 자를 교사한 경우에는 특수교사로서 제34조 제2항에 의하면 그 형이 정범에 정한 형의 장기 또는 다액의 2분의 1까지 가중된다.

Ⅴ. 관련문제

1. 결과적 가중범과 교사

기본범죄를 교사하였으나, 피교사자가 결과적 가중범에 해당하는 경우에는 원칙적으로 교사자는 교사의 범위 내에서 기본범죄에 대한 교사범으로 처벌된다. 다만, 중한 결과에 대한 예견가능성이 있었을 경우에는 결과적 가중범에 대

1) 반면 오영근, 607면은 같은 입장이면서도 인식사실에 대한 미수의 교사범뿐만 아니라, 과실범에 대한 교사범은 성립할 수 없으므로 발생사실에 대한 과실범 그 자체가 성립하고 양자는 상상적 경합이 된다고 본다.

한 교사가 성립할 수 있다고 봄이 판례의 태도이다.

판 례

상해 또는 중상해를 교사하였으나 사망에 이른 경우, 교사자는 상해 또는 중상해의 교사범이 되지만 피해자의 사망이라는 결과에 대하여 과실 내지 예견가능성이 있는 때에는 상해치사죄의 교사범이 성립한다.[1)]

2. 공범의 경합

타인을 교사한 자가 실행행위까지도 분담한 경우에는 공동정범으로 되고 교사는 별도로 성립하지 않는다. 또한 교사자가 정범의 실행을 방조하여도 보다 중한 교사범만 성립한다.

3. 교사와 신분

형벌을 가중, 감경, 면제하는 신분을 법이 정하고 있는 경우에는 신분이 있는 교사범 또는 정범에게만 유효하다. 예컨대 갑이 을에게 을의 부친 병의 재물을 절취하도록 교사하여 을이 이를 실행한 경우에 을은 친족상도례(제344조 · 제328조)의 적용을 받아 형의 면제를 받게 되나 교사범 갑에게는 적용되지 않는다.

비신분자가 신분자를 교사한 경우에는 형법 제33조에 의하여 교사범이 성립된다. 단 신분관계로 인한 형의 경중이 있는 경우에 중한 형으로 벌하지 않는다. 신분자가 비신분자를 교사하여 진정신분범을 범하게 한 경우는 간접정범이 성립될 뿐이다. 자수범에 대한 간접정범은 불가능하지만 교사는 가능하다.

1) 대판 2002. 10. 25, 2002도4089; 대판 1997. 6. 24, 97도1075; 대판 1993. 10. 8, 93도1873.

제6절 종 범

Ⅰ. 의 의

형법 제32조 제1항은 종범(Beihilfe)에 관하여 "타인의 범죄를 방조한 자는 종범으로 처벌한다."라고 규정한다. 이에 따라 종범(또는 방조범)은 일반적으로 타인의 범행을 방조하는 것이라고 정의된다.

종범과 교사범은 다같이 직접 범죄의 실행행위를 하지 않고 정범의 실행행위에 가담한다는 점에서 공통되며 특히 무형적 종범(언어종범)은 외형상 교사범과 비슷한 면이 있다. 그러나 교사범은 아직 범의가 없는 자에게 범행의 결의를 갖게 하는 것인 반면, 종범은 이미 특정한 범행을 결의한 자의 실행행위를 도와주거나 범행의 결의를 강화시켜 준다는 의미에서 서로 구별된다. 종범과 공동정범은 기능적 행위지배설의 입장에서 보면 공동정범은 공동의 범행결의(의사연락)에 의한 기능적 행위지배를 전제로 하나 종범에는 이것이 없다는 점에서 구별된다.

형법각칙상 일정한 범죄에 대한 방조행위가 특별구성요건으로 되어 있는 경우, 예컨대 도주원조죄(제147조), 아편흡식 등 장소제공죄(제201조 제2항)등의 경우에는 형법 제32조(종범)의 규정이 적용되지 않는다. 자살 그 자체는 범죄가 아니나 이를 방조하는 것을 처벌하는 자살방조죄(제252조 제2항)의 경우에도 각칙상 독립된 범죄이므로 제32조가 적용되지 않는다.

Ⅱ. 성립요건

1. 방조자의 주관적 구성요건요소

(1) 이중의 고의

방조자는 어떤 특정한 타인의 범행을 방조한다는데 대한 고의와 피방조자의 범행이 기수에 달한다는 점에 대한 고의를 가져야 한다. 전자를 방조의 고의, 후자를 정범의 고의라 하여 이를 이중의 고의라고 한다. 고의는 정범에 의하여 실현되는 범죄의 구체적 내용을 전부 인식할 것을 요하지 않고, 미필적 고의[1] 또는 예견으로 족하다.[2]

정범의 실행행위가 기수에 이른다는 고의를 필요로 하기 때문에 만일 방조자가 정범의 범행이 미수에 그칠 것을 의도한 경우(미수의 방조: Beihilfe zum Versuch)나 처음부터 정범의 실행행위가 기수로 될 수 없음을 알았을 때에는 방조자에게 고의가 결여되어 불가벌이 된다.

방조자의 고의는 개별적으로 확정될 수 있는 정범의 범행에 대한 것이어야 한다. 그러나 정범의 신원을 명확히 알고 있어야 하는 것은 아니다. 방조자는 정범의 실행행위의 본질적 표지를 알고 있어야 하나 범행의 세부적인 사항까지 인식해야 할 필요는 없다. 그러므로 방조자는 언제 어디서 누구에 대하여 어떤 정황 하에 피방조자의 범행이 실현되었는가를 알 필요가 없다. 방조행위는 고의적으로 이루어져야 하므로 과실에 의한 방조는 인정되지 않는다. 그러나 이것이 경우에 따라 과실범으로 될 수 있음은 별개의 문제이다.

(2) 초과주관적 구성요건

정범의 범행이 고의 이외에도 주관적 구성요건요소(주관적 불법요소)를 필요로 하는 경우(예컨대 목적범)에는 방조자에게도 이러한 요소가 있어야 된다. 판례 역시 정범이 초과주관적 위법요소로서 목적을 범죄성립요건으로 하는 목적범인 경우, 방조범에게도 정범이 그와 같은 목적으로 행위를 한다는 고의가 있어야 하나, 그 목적의 구체적인 내용까지 인식할 것을 요하지는 않는다고 본다.[3]

판 례

방조란 정범의 구체적인 범행준비나 범행사실을 알고 그 실행행위를 가능·촉진·용이하게 하는 지원행위 또는 정범의 범죄행위가 종료하기 전에 정범에 의한 법익 침해를 강화·증대시키는 행위로서, 정범의 범죄 실현과 밀접한 관련이 있는 행위를 말한다. 또한 방조범은 정범의 실행을 방조한다는 이른바 '방조의 고의'와 정범의 행위가 구성요건에 해당하는 행위인 점에 대한 '정범의 고의'가 있어야 한

1) 대판 2012. 6. 28, 2012도2628; 대판 2005. 4. 29, 2003도6056.
2) 대판 2022. 10. 27, 2020도12563.
3) 대판 2022. 10. 27, 2020도12563.

다.[1] 공중송신권을 침해하는 게시물인 영상저작물에 연결되는 링크를 자신이 운영하는 사이트에 영리적·계속적으로 게시한 행위는 전송의 방법으로 공중송신권을 침해한 정범의 범죄를 방조한 행위에 해당한다.[2]

2. 방조행위

(1) 의 의

방조행위란 정범의 범죄실행결의를 강화해 주거나 범죄실현을 가능 또는 용이하게 해주는 방조자의 행위를 말한다. 방조의 수단과 방법은 불문한다. 형법상방조행위는 정범이 범행을 한다는 정을 알면서 그 실행행위를 용이하게 하는 직접·간접의 모든 행위를 가리키는 것으로서 유형적, 물질적인 방조뿐만 아니라 정범에게 범행의 결의를 강화하도록 하는 것과 같은 무형적, 정신적 방조행위까지도 이에 해당한다.[3] 이를 정신적 방조와 물리적 방조로 구분할 수 있다. 정신적 방조는 무형적 방조, 지적 방조 또는 언어종범이라고도 불리어지는데 충고, 조언, 격려, 정보의 제공 등이 이에 속한다. 물리적 방조는 유형적 방조 또는 기술적 방조라고도 불리어지는데, 예컨대 범행도구나 장소의 제공, 범행자금의 제공, 범죄실현 과정에서의 물리적 방법에 의한 협조 등이 이에 속하다.

이처럼 방조의 수단이 두 개의 유형으로 나누어지지만 양자가 반드시 엄격히 구분되는 것은 아니다. 예컨대 갑이 을에게 범행도구를 제공한 경우 이는 물리적 방조로도 볼 수 있으나 만일 을이 이 도구를 범행에 사용하지 않았으면 도구의 제공이 정범의 범행결의를 강화하는 작용, 즉 정신적 방조의 관점에서 종범이 성립될 수 있다.

(2) 부작위에 의한 방조

부작위에 의한 교사가 일반적으로 부정되는 것과는 대조적으로 부작위에 의한 방조는 당연히 인정된다.

예컨대 창고의 경비원이 절도범인이 침입함을 알면서도 이를 묵인함으로써

1) 대판 2022. 6. 30, 2020도7866.
2) 대판 2021. 9. 9, 2017도19025 전원합의체 판결.
3) 대판 2018. 9. 13, 2018도7658; 대판 2009. 6. 11, 2009도1518; 대판 2007. 4. 27, 2007도1303; 대판 2004. 6. 24, 2002도995 등.

그 절취를 용이하게 하는 것은 부작위에 의한 방조이다. 부작위에 의한 방조가 성립되려면 방조자에게 결과발생방지에의 법적 의무(보증의무)가 있어야 한다.

(3) 공동방조, 편면적 방조와 방조의 방조

방조행위는 2인 이상이 공동으로 할 수 있다(공동종범). 피방조자는 방조 받고 있는 사실을 인식할 필요가 없고, 피방조자와 방조자간의 의사연락을 요하지도 않기 때문에 편면적 종범이 가능하다. 종범은 종범을 방조하는 형태로도 가능하다. 방조하도록 교사하는 행위도 정범의 범행을 촉진하는 행위라는 의미에서 방조에 해당한다. 즉, 정범을 방조하는 방조범에 대한 방조행위도 정범에 대한 방조가 되고, 정범을 방조하도록 교사하는 행위도 정범에 대한 방조가 된다.

(4) 방조가 가능한 시간적 범위

방조행위가 가능한 시간적 범위는 폭넓게 인정된다. 정범의 실행행위가 가벌적인 방법으로 시도된다는 것을 전제로 하여 그 범행의 예비단계에서도 방조가 가능하다. 종범은 정범의 실행행위 중에 이를 방조하는 경우뿐만 아니라, 실행착수 전에 장래의 실행행위를 예상하고 이를 용이하게 하는 행위를 하여 방조한 경우에도 성립한다.[1] 그러나 이와 같은 실행의 착수 전의 방조행위는 피방조자(정범)가 실행의 착수로 나아갈 때에만 비로소 방조범이 성립하고, 피방조자가 실행에 착수하지 않으면 타인예비가 되어 불가벌이다.

계속범의 경우에는 범행상태의 유지를 방조하는 방법에 의하여 종범이 가능하다. 정범의 실행행위가 종료되었어도 그 결과가 발생하기 전에 방조행위가 가능함은 물론이다. 또한 비록 정범의 범행이 기수에 달했을지라도 아직 범행이 종료되지 않은 시점에서는 종범의 성립이 가능하다. 예컨대 절도의 현행범을 추격하는 자의 진로를 방해하여 절도범인의 도주를 돕는 것은 절도죄의 종범이 된다.

그러나 정범의 범죄종료 후의 이른바 사후방조는 종범이라고 볼 수 없다.[2]

1) 대판 2018. 9. 13, 2018도7658; 대판 2009. 6. 11, 2009도1518; 대판 2008. 12. 24, 2008도9996; 대판 2004. 6. 24, 2002도995; 대판 1996. 9. 6, 95도2551.
2) 대판 2009. 6. 11, 2009도1518; 대판 1982. 4. 27, 82도122.

판 례

갑은 을이 '사냥'을 나간다고 하면서 셀프카메라 방식으로 촬영한 변장사진을 보낸 시점 이후부터는 을이 실제로 살인행위를 한다는 것을 미필적으로나마 인식하면서, 을이 살인 범행 대상을 용이하게 선정하도록 하고 살인 범행의 결의를 강화하거나 유지할 수 있도록 정신적으로 돕는 행위를 하였다면 살인방조죄에 해당한다.[1] 또한 보이스피싱에 이용되리라는 사정을 알고서도 자신 명의 계좌의 접근매체를 양도하였다면 전기통신금융사기범죄의 방조범이 된다.[2] 제3자뇌물수수죄에서 제3자란 행위자와 공동정범 이외의 사람을 말하고, 교사자나 방조자도 포함될 수 있다. 그러므로 공무원 또는 중재인이 부정한 청탁을 받고 제3자에게 뇌물을 제공하게 하고 제3자가 그러한 공무원 또는 중재인의 범죄행위를 알면서 방조한 경우에는 별도의 처벌규정이 없더라도 방조범에 관한 형법총칙의 규정이 적용된다.[3]

(5) 방조행위와 정범의 범행간의 인과관계

1) 부정설

부정설은 다음의 두 가지 입장이 있다.

① 방조행위가 단지 정범의 범죄실행을 촉진하면 족하고 정범의 범행 자체에 대하여 원인적일 필요가 없다는 견해[4]로 주로 독일판례의 태도이다.

② 종범을 정범의 범행결과에 대한 위험증대(Risikoerhöhung)의 관점에서 이해하는 견해가 있는데 이에 의하면 종범은 구체적 위험범으로 취급된다.

2) 판례의 태도

판례는 방조행위와 정범의 범죄 실현 사이에는 인과관계가 필요하다고 본다.[5] 즉, 방조범이 성립하려면 방조행위가 정범의 범죄 실현과 밀접한 관련이 있고 정범으로 하여금 구체적 위험을 실현시키거나 범죄 결과를 발생시킬 기회를 높이는 등으로 정범의 범죄 실현에 현실적인 기여를 하였다고 평가할 수 있어야 하므로, 정범의 범죄 실현과 밀접한 관련이 없는 행위를 도와준 데 지나지

1) 대판 2018. 9. 13, 2018도7658.
2) 대판 2017. 5. 31, 2017도3045.
3) 대판 2017. 3. 15, 2016도19759.
4) 김성천/김형준, 425면.
5) 대판 2023. 10. 18, 2022도15537.

않는 경우에는 방조범이 성립하지 않는다고 본다. 여기에서 밀접한 관련이란 이로 인하여 결과 발생의 기회를 현실적으로 증대시킨다는 측면에서의 인과성을 의미한다고 볼 수 있다.

3) 긍정설 및 결론

방조행위와 정범의 범죄실현 사이에 인과관계가 있어야 한다고 보는 견해[1]로 이 설이 타당하다. 종범의 전제조건으로서 방조행위와 정범의 범죄실현 사이의 인과관계를 무시할 경우 종범을 구체적 또는 추상적 형상 속에서 독자적인 공범으로 보게 되고, 따라서 기도된 종범(versuchte Beihilfe)의 가벌성까지 인정하게 되므로 타당하지 않다. 이를 기회증대설과 결과야기설(합법칙적 조건설)로 구분[2]하기도 하지만, 양자 모두 엄격한 의미의 인과관계를 요구하지 않고, 구성요건적 결과발생에의 기여에 합법칙적 조건이 되었는가 여부를 고려한다는 점에서는 차이가 없다. 즉, 결과발생에 기여하여야 한다는 점은 동일하며, 후자는 그와 같은 사실판단의 방법일 뿐이다.

여기에서 말하는 인과성은 방조행위 없이 정범에 의한 구성요건적 결과의 발생이 있을 수 있었는가를 문제로 삼는 엄격한 의미의 그것이 아니라, 방조적 행위가 정범의 범죄실행을 용이하게 해줌으로써 구성요건적 결과의 발생에 어떤 면에서든지 기여했는가 하는 것을 문제로 삼는다. 그러므로 방조행위가 정범의 범죄실행의 방법이나 수단에 어떤 영향을 미쳤다 할지라도 인과관계는 인정된다. 여기에서 말하는 인과관계는 객관적 귀속론에 의한 결과의 객관적 귀속과는 구분되는 개념이다. 이와 같은 의미의 인과관계를 확정하는 기준으로서는 합법칙적 조건설이 타당할 것이다.

3. 정범의 실행행위

피방조자의 범행이 기수에 달하거나 최소한도 가벌적 미수(형법상 처벌되는 미수)의 단계에 이르러야 한다. 판례 역시 "정범의 성립은 방조범의 구성요건의 일부를 형성하고, 방조범이 성립함에는 먼저 정범의 범죄행위가 인정되는 것이

1) 권오걸, 589면; 김성돈, §32/174; 김일수/서보학, 493면; 김혜정 외, 418면; 박상기, 320면; 배종대, 491면; 손동권/김재윤, 599면; 신동운, 687면; 오영근, 408면; 이재상 외, 512면; 이정원, 386면; 임웅, 525면; 정성근/정준섭, 305면; 정영일, 292면.

2) 김혜정 외, 362면; 정영일, 291면.

그 전제요건이 된다"고 본다.[1] 정범의 행위는 고의적으로, 경우에 따라서는 주관적 불법요소까지도 갖추어 이루어져야 한다. 그러므로 과실행위에 대한 방조는 종범이 아니며 경우에 따라 간접정범이 성립한다.

방조가 피방조자에 의하여 거부된 경우(실패한 방조), 범행종료후에 시도되었거나 시도된 방조행위가 정범의 범행결의나 범죄실행에 전혀 영향을 미치지 못한 경우(효과 없는 방조)를 총칭하여 기도된 방조(versuchte Beihilfe)라고 부른다. 기도된 방조는 공범의 종속성에 비추어 볼 때 불가벌적이며 교사의 경우와는 달리 이를 처벌한다는 규정도 없으므로 처벌의 대상이 될 수 없다.

Ⅲ. 처 벌

형법 제32조 제2항은 "종범의 형은 정범의 형보다 감경한다."라고 규정한다. 이는 정범에게 적용하는 법정형을 종범에게도 적용하지만 필요적으로 감경한다는 것을 의미한다. 종범을 형의 필요적 감경사유로 하는 이유는 방조행위가 단지 정범의 범죄실행을 도와주는데 불과하고 범행의 결과에도 간접적으로 영향을 미치는 것이어서, 종범의 불법내용은 어느 경우에나 정범의 불법내용보다 경미하고 따라서 종범의 책임도 정범의 그것보다 가볍기 때문이다.

정범의 행위가 미수에 그쳤으면 종범의 미수범으로 처벌된다. 종범의 중지미수는 방조행위를 자의로 중지할 것만으로는 부족하고 더 나아가 정범의 실행행위가 종료되기 전에 이를 중지시키거나 실행행위로 인한 결과의 발생까지 방지할 경우에 성립된다. 이 경우 정범은 당연히 장애미수가 된다.

Ⅳ. 관련문제

1. 종범의 착오

방조자가 인식, 인용한 사실과 정범의 실행행위 사이에 불일치가 있는 경우에 원칙적으로 교사범의 착오와 동일한 이론이 적용된다. 따라서 정범의 행위가 방조자의 표상을 벗어나는 경우에는 방조자의 고의에 의하여 포용되는 부분에

---

1) 대판 2022. 9. 29, 2022도5826; 대판 2020. 5. 28, 2016도2518.

대해서만 방조자는 책임을 진다.[1] 예컨대 방조자는 정범이 절도 대신에 강도를 한 경우에는 절도죄의 종범으로서만 책임을 진다.

정범이 방조자가 표상했던 범죄와 구성요건적 공통점이 없는 전혀 다른 범죄를 범한 경우에는 기도된 방조로서 방조자는 불가벌이다. 정범이 방조자가 표상했던 내용보다 적게 실행한 경우(예컨대 강도행위를 방조했으나 절도에 그친 경우)에는 방조자는 정범이 실행한 범위 내에서만 종범의 책임을 진다. 결과적 가중범에 관해서는 방조자가 중한 결과의 발생을 예견할 수 있었을 경우에만 결과적 가중범의 종범으로서 책임을 지게 된다는 것이 판례의 입장이 될 것이다.

2. 공범의 경합

종범이 교사행위까지 한 경우에는 교사범이 되고, 정범의 실행행위를 분담한 경우에는 공동정범이 된다.

3. 종범과 신분

형법 제33조(공범과 신분)가 종범에도 적용됨은 물론이다. 신분 없는 자라 할지라도 진정신분범의 종범이 될 수 있다. 부진정신분범을 방조한 신분 없는 자는 일반 범죄의 종범이 된다. 예컨대 존속살해죄를 방조한 자는 보통살인죄의 종범으로서 처벌받게 된다. 그러나 판례의 태도에 따르면 존속살해죄의 방조범이 성립하고 보통살인죄의 처벌예에 의하게 될 것이다.

제 7 절 공범과 신분

Ⅰ. 서 설

형법상의 신분은 행위자에게는 정범성립의 구성요건인 신분범의 문제로서 의미를 갖지만, 신분범에 가담하는 자에게는 행위자의 신분이 이에 가담하는 신분없는 자의 범죄성립과 처벌에 어떠한 영향을 미치는가 여부가 공범과 신분의

---

1) 대판 1985. 2. 26, 84도2987.

문제이다.

형법상 범죄가 일정한 신분있는 자를 주체로 한정하는 경우에는 신분이 있는 자만이 정범이 될 수 있다. 그런데 그에 가담한 형법총칙상 신분이 없는 임의의 공범이 있는 경우, 이를 어떻게 할 것인가에 대하여 입법적으로 해결하고 있다. 즉, 형법 제33조 본문은 신분이 있어야 성립되는 범죄에 신분 없는 사람이 가담한 경우에는 그 신분 없는 사람에게도 공동정범, 교사범 및 종범의 규정을 적용한다. 또한 단서는 신분 때문에 형의 경중이 달라지는 경우에는 비신분자를 무거운 형으로 벌하지 않을 것을 요청한다. 특히 후자의 경우, 비신분자가 제30조부터 제32조의 적용을 받아 신분자와 동일한 범죄가 성립하는지 여부가 문제된다.

Ⅱ. 신분의 의의와 분류

1. 신분의 의의

(1) 일반적 정의

신분이란 범죄에 관한 특별한 인적(人的) 표지(besondere persönliche Merkmale)로서 범인의 특수한 성질, 지위(관계) 또는 상태를 말한다. 여기에서 특수한 성질이란 성별, 연령, 심신장애 등 사람의 정신적, 육체적 또는 법적인 본질적 표지를 의미한다. 특수한 지위(관계)란 친족, 공무원, 직계존속 등과 같이 어떤 사람이 다른 사람, 국가 또는 사물에 대하여 갖는 지위 내지 인간적 관계를 의미한다. 특수한 상태란 업무성, 상습성과 같은 인적 성격의 상태를 의미한다.

범죄구성요건의 요소(표지)들은 행위관련적 표지(tatbezogene Merkmale)와 행위자관련적 표지(täterbezogene Merkmale)로 구분되는데, 전자에는 행위수단, 행위결과, 행위의 정황 등 행위 그 자체에 관련된 표지들이 포함된다. 또한 이원적·인적 불법론을 취할 때 인적 사정에 해당하지만 행위실현에 관계되기 때문에 행위관계적인 것으로 이해되는 고의범에서의 고의, 목적범에서의 목적, 재산죄에서의 불법영득의사 등도 행위관련적 표지이다. 그리고 이와 같은 행위관련적 표지들은 신분의 개념에 포함되지 않는다. 따라서 신분이란 행위자관련적 표지만을 의미한다.

반면 판례는 모해목적위증죄(제152조 제2항)의 모해목적을 신분으로 보는데,[1) 목적범에서의 목적은 행위관련적 표지라는 점에서 타당하지 않다. 또한 판례는 성폭력특별법상 주거침입강제추행죄와 주거침입강간죄는 주거침입죄를 범한 자가 강간 등의 행위를 하여야 하는 신분범이라고 본다.[2) 그러나 해당 범죄는 결합범으로서 주거에 침입하는 것은 결합범이 성립하기 위한 행위의 일부를 구성한다는 점에서 행위관련적 표지일 뿐이다.

(2) 신분의 계속성

신분의 계속성이 필요한가에 관하여도 견해의 대립이 있다. 부정설은 신분이 행위자의 인적 상태에 관한 특별한 표지이므로 반드시 계속성을 요하지 않는다고 본다.[3) 반면 긍정설은 부정설이 독일형법상 일시적 인적 상태를 특별한 인적 표지에 포함시키는 일반론을 우리 형법에 도입한 것이지만 우리 형법은 신분관계가 처벌의 확장사유일 뿐만 아니라, 우리 형법의 용어상의 해석이나 사전적인 의미를 고려하면 계속성을 요한다고 본다.[4)

생각건대, 행위자에 관련된 인적 표지의 유무는 행위 당시의 사정만을 고려하여야 할 뿐, 행위 전후의 사정까지 고려할 필요는 없다는 점에서 계속성은 필요하지 않다는 부정설이 타당하다.

(3) 부진정부작위범에서의 보증인적 지위

부진정부작위범에서 보증인적 지위 내지 작위의무(보증의무)가 신분에 해당하는가의 문제이다. 부정설[5)은 부진정부작위범 구성요건에 포함된 금지규범이 모든 사람을 향한 것이고 작위의무는 구성요건해당적 결과의 귀속에 있어서 부작위를 작위에 상응하게 하는 의미를 가질 뿐이라는 점, 작위의무는 작위가 필요한 특수한 상황에서 현실화 되는 개념이라는 점에서 이를 부정한다.

---

1) 대판 1994. 12. 23, 93도1002. "형법 제152조 제1항과 제2항은 위증을 한 범인이 형사사건의 피고인 등을 '모해할 목적'을 가지고 있었는가 아니면 그러한 목적이 없었는가 하는 범인의 특수한 상태의 차이에 따라 범인에게 과할 형의 경중을 구별하고 있으므로, 이는 바로 형법 제33조 단서 소정의 "신분관계로 인하여 형의 경중이 있는 경우"에 해당한다고 봄이 상당하다."
2) 대판 2021. 8. 12, 2020도17796.
3) 권오걸, 629면; 김일수/서보학, 498면; 김혜정 외, 422면; 배종대, 498면; 이재상 외, 518면; 이정원, 394면; 정성근/정준섭, 326면; 정영일, 309면.
4) 김성돈, §32/221; 신동운, 730면; 오영근, 431면; 임웅, 532면.
5) 오영근, 431면.

그러나 작위의무가 없고 따라서 보증인적 지위에 있지 않는 자는 부진정부작위범이 될 수 없다. 또한 보증인적 지위의무의 이중적 지위를 인정하는 이상 보증인적 지위는 피보증인과의 특별한 관계나 지위를 통해 주체를 한정하는 요소라는 점에서도 이를 긍정함이 타당할 것이다.

2. 신분의 분류

(1) 형식적 분류방법

신분이 범죄에 미치는 영향에 따라 신분을 적극적 신분에 해당하는 구성적 신분, 가감적 신분 그리고 소극적 신분으로 분류할 수 있다.[1)]

1) 구성적 신분

행위자에게 일정한 신분이 있어야 범죄가 성립하는 경우의 신분을 구성적 신분 또는 형벌근거적 인적 표지(strafbegründende persönliche Merkmale)라고 부른다. 수뢰죄(제129조)의 공무원 또는 중재인, 위증죄(제152조)의 법률에 의하여 선서한 증인, 횡령죄(제355조)의 타인의 재물을 보관하는 자라는 신분 등이 이에 해당한다. 구성적 신분이 전제되는 범죄를 진정신분범이라고 부른다.

2) 가감적 신분

일정한 신분이 없어도 범죄는 성립하지만 신분이 있으면 형벌이 가중 또는 감경되는 경우의 신분을 가감적 신분 또는 형벌가감적 인적 표지(strafmodifizierende persönliche Merkmale)라고 부른다. 예컨대 존속살해죄(제250조 제2항)의 직계비속은 형벌가중적 신분이다. 그러나 직계존속이 형벌감경적 신분의 예였던 영아살해죄(제251조)는 삭제되었다. 가감적 신분자에 의한 범죄를 부진정신분범이라고 부른다.

3) 소극적 신분

행위자에게 일정한 신분이 있으면 범죄의 성립 또는 형벌이 조각되는 경우의 신분을 소극적 신분이라고 하는데 이는 적극적 신분(구성적 신분과 가감적 신분)에 대응하는 개념으로 이해된다. 이에는 일반인에게 금지된 행위를 특정 신분자

---

1) 권오걸, 637면; 김성천/김형준, 433면; 김일수/서보학, 504면; 김혜정 외, 422면; 박상기, 330면; 배종대, 499면; 손동권/김재윤, 613면; 이재상 외, 520면; 이정원, 397면; 임웅, 534면; 정영일, 309면.

에게 허용하는 경우, 예컨대 의료행위에서의 의사의 신분과 같은 위법성조각적 신분, 형사미성년자(제14조)와 같은 책임조각적 신분, 친족상도례(제328조)에 있어서의 친족의 신분과 같은 형벌조각적 신분이 해당된다.

이상과 같은 분류방법에 대하여서는 동일한 내용의 신분이 구성적 혹은 가감적으로 기능하는 경우 신분의 중첩성에 대한 비판이 있다. 예컨대 공무원이라는 신분은 수뢰죄(제129조)에서는 구성적 신분이 되어 연대적으로 작용하고 특정공무원에 의한 불법·체포감금죄(제124조)에서는 단순체포·감금죄(제276조)와의 관계에서 가중적인 것으로서 개별적으로 작용하게 되므로 동일한 성질의 신분이 구성적인가 가중적인가에 따라 그 작용의 차이를 드러내 불합리하다는 것이다. 그러나 형법 제33조의 해석에는 본 학설이 더욱 부합한다.

(2) 실질적 분류방법

신분을 위법신분과 책임신분으로 분류하는 방법[1]으로, 신분은 그 법적 성질에 따라서 행위의 위법성에 관계되는 것이면 모두 위법신분으로, 법적 비난에 관계되는 것이면 모두 책임신분으로, 그 외에 형벌조각적 신분으로 분류한다.[2]

위법신분이란 형식적 분류에서의 구성적 신분과 불법성에 따른 형의 가감적 신분을 지칭하는 적극적 위법신분[3]과 신분으로 인하여 위법성이 조각되는 소극적 위법신분[4]으로 구분된다. 책임신분은 다시 책임을 가중 또는 감경하는 가감적 책임신분과 신분으로 인하여 책임이 조각되는 소극적 책임신분으로 구분된다.[5] 형벌조각적 신분이란 신분자에 한하여 처벌을 면제하는 경우를 의미한다.[6] 그러나 이는 위법신분과 책임신분의 구별이 명확하지 않아서 법적 안정성을 해할뿐만 아니라 형법 제33조의 해석에도 부합하지 않는다.[7]

---

1) 오스트리아의 침멜(Zimmerl)에 의하여 주장되고 오스트리아 형법 제14조에 도입된 것이다.
2) 박양빈, '공범과 신분', 고시연구, 1991/6, 47면; 정성근/정준섭, 329면; 차용석, '공범과 신분', 월간고시, 1986/2, 35면.
3) 예컨대 구성적 위법신분에는 수뢰죄(제129조), 위증죄(제152조)가, 가중적 위법신분에는 도주원조죄(제148조), 직권남용죄(제123조, 제125조)가, 감경적 위법신분에는 자기낙태죄(제269조 제1항)이 포함된다.
4) 업무 또는 법률에 의하여 정당행위가 되는 신분자인 의사, 경찰관 등이 해당된다.
5) 가중적 책임신분에는 존속살해죄(제250조 2항), 업무상 횡령죄(제346조), 감경적 책임신분범에는 영아살해죄(제251조), 한정책임능력자(제10조 2항, 제11조)의 범죄 등이 있다. 소극적 책임신분에는 책임무능력자가 있다.
6) 예컨대 절도죄에서 친족상도례에 해당하는 친족관계가 이에 해당한다.
7) 김일수/서보학, 658면; 신동운, "공범과 신분", 고시계, 1991, 45면; 임웅, 519면.

Ⅲ. 제33조의 해석

1. 학설의 대립

(1) 진정신분범 · 부진정신분범 구별설

형법 제33조 분문의 '신분이 있어야 성립되는 범죄'는 진정신분범으로 보고, 단서의 '신분 때문에 형의 경중이 달라지는' 범죄는 부진정신분범으로 구분하는 다수설의 입장이다. 이에 따르면 진정신분범에 해당하는 본문은 구성적 신분의 종속성 또는 불법신분의 연대성을 규정한 것으로 해석하는 반면, 단서는 가감적 신분의 비종속성 또는 책임신분의 개별성을 규정한 것으로 이해한다.

예컨대, 진정신분범에 해당하는 수뢰죄에 가공(교사, 방조, 공동정범)하는 행위를 한 비신분자(예컨대, 공무원의 뇌물수수에 가담한 부인)는 본문이 적용되므로 수뢰죄의 공범이 성립하고 수뢰죄로 처벌된다. 반면 부진정신분범에 해당하는 존속살해죄에 가담한 비신분자(예컨대, 아버지를 살해하는 아들의 행위를 교사한 친구)는 단서가 적용되므로 보통살인죄의 공범이 성립하고 보통살인죄로 처벌된다.

(2) 신분의 종속과 과형의 비종속 구별설

진정신분범이든 부진정신분범이든 어쨌거나 '신분이 있어야 성립되는 범죄'는 맞으므로 형법 제33조 본문이 적용되고, 다만 개인책임의 원칙 또는 책임개별화설에 따라서 부진정신분범에 가담한 비신분자는 신분이 없는 자라서 중하게 처벌할 이유가 없으므로 단서에 의하여 '무거운 형으로 벌하지 아니한'다고 본다. 판례의 태도이다.

예컨대, 진정신분범에 해당하는 수뢰죄에 가공한 행위를 한 비신분자는 본문이 적용되므로 수뢰죄의 공범이 성립하고 수뢰죄로 처벌됨은 진정 · 부진정신분 구별설과 내용이 같다. 그러나 부진정신분범에 해당하는 존속살해죄에 가담한 비신분자는 성립에 있어서는 본문이 적용되어 존속살해죄가 성립하지만, 처벌에 있어서는 단서가 적용되므로 보통살인죄의 법정형으로 처벌된다.

판 례

판례는 제33조 본문은 진정신분범 및 부진정신분범의 성립과 진정신분범의 과형을 규정한 것으로 보고, 제33조 단서는 부진정신분범의 과형을 규정한 것으로 해석한다.[1)] 예컨대, 처가 아들과 공동하여 남편을 살해한 때에는 처에게도 존속살해죄의 공동정범을 인정한다.[2)] 또한 상습도박의 죄나 상습도박방조의 죄에 있어서의 상습성은 행위의 속성이 아니라 행위자의 속성으로서 도박을 반복해서 거듭하는 습벽을 말하는 것인 바, 도박의 습벽이 있는 자가 타인의 도박을 방조하면 상습도박방조의 죄에 해당한다고 본다.[3)]

(3) 위법신분 연대작용 · 책임신분 개별작용설

행위의 위법성에 관련되는 신분은 연대작용을, 행위자의 책임에 관련된 신분은 개별작용을 한다고 보는 견해이다.[4)] 이는 공범에 관한 제한적 종속성설과 이론적으로 결부시켜서 위법요소가 되는 신분은 공범에 대하여 연대작용을 하고, 책임요소가 되는 신분은 정범과 공범사이에 개별작용을 한다고 볼 때 형법규정을 모순없이 해석할 수 있다고 본다.

(4) 결 론

1) 제33조 해석상 문제점

진정신분범에 해당하는 제33조 본문은 비신분자에게도 제30조부터 제32조까지의 규정을 적용한다고 하고, 해당 각 조는 공범의 '성립'과 '처벌'에 대하여 정하고 있다. 반면 부진정신분범에 해당하는 단서는 비신분자를 '무거운 형으로 벌하지 않는다'고 하여 처벌만을 정하고 있을 뿐, 비신분자에게 '성립'되는 범죄에 대하여는 정함이 없기 때문에 견해가 대립된다.

한편 본문은 '신분이 있어야 성립되는 범죄'라고 규정하고 있는바, 진정신분범이나 부진정신분범 모두 '신분'이 있어야만 성립되는 것은 공통되므로 판례와 같은 해석의 여지를 남겨 두게 되는 것이다.

---

1) 판례를 이와 같이 해석하는 견해로는 김성돈, 694면; 신동운 709면; 오영근, 438면 등. 김성돈, §32/247은 이를 신분의 종속 · 과형의 개별화설이라고 하고, 신동운, 706면은 본문 · 단서설이라고 하며, 오영근, 434면은 소수설이라고 명칭하고 있으나 모두 판례의 태도를 지칭하는 것이다.
2) 대판 1961. 8. 2, 4294형상284.
3) 대판 1984. 4. 24, 84도195.
4) 정성근/박광민, 614면.

2) 진정신분범 · 부진정신분범 구별의 타당성

	제33조 본문(연대성)	제33조 단서(개별성)
본서(다수설)	진정신분범의 성립과 과형	부진정신분범의 성립과 과형
판례(소수설)	진정신분범과 부진정신분범의 성립과 진정신분범의 과형	부진정신분범의 과형

진정신분범 · 부진정신분범 구별설에 대하여는 단서규정은 비신분자를 단지 중하게 처벌하지 않는다는 규정일 뿐이므로, 종속 · 비종속의 문제로 나누는 것은 문리해석에 반한다는 비판이 있다.[1] 또한 신분의 종속과 과형의 비종속 구별설에 대하여도 그와 같은 해석태도는 진정신분범에 적용할 과형이 없게 된다는 비판과 함께 문리해석에 반하다고 한다. 또한 위법신분 연대작용 · 책임신분 개별작용설에 대하여도 가감적 위법신분에 가담한 신분 없는 자에게 위법의 연대성을 인정하는 것은 형법규정에 정면으로 배치된다는 비판이 있다.[2]

어떠한 견해에 의하든지 문제점이 없는 것은 아니나, 진정신분범 · 부진정신분범 구별설이 형법해석에는 가장 부합한다고 보여진다. 형법 제33조 본문은 제30조부터 제32조까지를 '적용'한다고 규정하고 있고, 각각의 조문들은 성립과 처벌을 모두 정하고 있으므로 제33조 본문은 구성적 신분에 대한 비신분자의 연대성으로 이해할 수 있다. 따라서 진정신분범의 성립과 과형을 규정한 것으로 봄이 타당하다. 반면 단서는 "무거운 형으로 벌하지 아니한다."고 하여 부진정신분범의 과형은 명문으로 드러나지만 성립의 문제는 입법적으로 해결해야할 과제로 남는다. 즉, 제33조 본문은 전3조를 적용한다고 함으로써 성립과 과형을 모두 해결하고 있지만, 단서는 "중한 죄로 벌하지 아니한다."고 규정함으로써 부진정신분범의 과형에 관하여만 규정할 뿐이기 때문이다. 따라서 판례는 부진정신분범의 성립을 단서를 통해서는 확인할 수 없기 때문에 본문에서 그 근거를 찾고자 하는 것으로 이해된다. 그러나, 해석상 부진정신분범의 성립을 단서를 통해 확인함으로써 부진정신분범의 책임에 대한 개별성을 인정한 것으로 이해함이 타당할 것이다. 공범의 종속성 원리에 따르면 공범은 성립상의 종속을 의미할 뿐이며, 제한적 종속원리는 책임의 개별화원칙이라는 형법상의 원리에 충

1) 김성돈, §32/252.
2) 이재상 외, 505면.

실하기 때문이다.

2. 제33조의 본문과 단서의 해석

(1) 본문의 해석

1) 진정신분범의 성립과 과형

제33조의 본문에서 '신분이 있어야 성립될 범죄'는 진정신분범을 의미한다고 해석된다. 그리고 이에 가담하는 비신분자에게도 본문은 신분의 연대적 작용을 인정하여 제30조(공동정범), 제31조(교사범), 제32조(종범)가 적용되므로, 해당 범죄가 성립하고 처벌도 그 예에 의한다.

정범에게 신분이 있으면 협의의 공범(교사범 및 종범)은 공범종속성의 원칙상 신분 없는 자에게도 당연히 가능하므로 본문은 교사범이 정범에 종속한다는 일반원칙을 선언한 것에 불과하다.[1] 다만 법적 의미를 찾자면, 공범의 성립의 종속뿐만 아니라 처벌의 종속까지도 규정한다는 점에 있다. 그리고 광의의 공범인 공동정범은 공범종속성에 의하여 해결할 문제는 아니고, 현행 형법은 제30조를 명문으로 적용한다고 함으로써 입법적으로 해결한 것이다.[2] 정범의 정범에의 종속은 불가능하므로, 제33조 본문은 교사범과 종범에 대하여서는 당연한 규정이지만 공동정범에 관한 한 특별규정의 의미를 갖는 것으로 이해된다. 비신분자가 공동정범이 되려면 공동가공의사와 기능적 행위지배가 충족되어야 함은 물론이다.[3]

2) 간접정범 성립문제

비신분자가 진정신분범의 간접정범으로 될 수 있는가에 관하여서는 이를 인

---

1) 대판 1994. 12. 23, 93도1002.

2) 구형법상 비신분자가 진정신분범의 공동정범이 될 수 있는가는 논란의 대상이 되었다. 구형법(현행일본형법) 제65조는 "…그 신분 없는 자라 할지라도 또한 공범으로 한다."라고 규정하였고 여기서 공범이란 공동정범을 포함하는 광의의 개념인가 아니면 협의의 공범인가에 관하여 견해의 대립이 있었다. 이러한 대립을 현행형법은 전3조라는 규정을 통하여 입법적으로 해결한 것이다.

3) 대판 2019. 8. 29, 2018도2738 전원합의체 판결. 공무원이 뇌물공여자로 하여금 공무원과 뇌물수수죄의 공동정범 관계에 있는 비공무원에게 뇌물을 공여하게 한 경우에는 공동정범의 성질상 공무원 자신에게 뇌물을 공여하게 한 것으로 볼 수 있다. 공무원과 공동정범 관계에 있는 비공무원은 제3자뇌물수수죄에서 말하는 제3자가 될 수 없고, 공무원과 공동정범 관계에 있는 비공무원이 뇌물을 받은 경우에는 공무원과 함께 뇌물수수죄의 공동정범이 성립하고 제3자뇌물수수죄는 성립하지 않는다.

정하는 견해가 있다.[1] 확장적 공범개념을 근거로 한다. 그러나 이를 부정함이 타당하다.[2]

간접정범은 정범이므로 공범종속성의 원칙의 적용을 받을 수 없기 때문에, 진정신분범의 구성적 신분자인 피이용자에게 비신분자인 이용자가 종속할 수 없다. 또한 형법은 제33조에서 전3조에만 연대하도록 하였으므로, 조문체계상 제33조에 후속하는 제34조 간접정범에는 제33조를 적용할 수도 없다.

한편 신분자가 비신분자에게 가공한 경우, 예컨대 공무원이 비공무원을 교사하여 뇌물을 받게 한 경우에는 간접정범이 성립되며 제33조 본문은 적용되지 않는다. 이 경우 간접정범자는 공무원이므로 구성적 신분자이고, 피이용자는 비신분자로서 수뢰행위로 인하여 처벌될 수 없는 자이기 때문에 간접정범의 성립요건을 모두 갖추게 된다.

(2) 제33조의 단서

1) 부진정신분범에 가담한 비신분자

제33조 단서는 '신분 때문에 형의 경중이 달라지는 경우'라고 되어 있는 바, 형의 경중이라 함은 수정적 구성요건으로서 가중적 구성요건과 감경적 구성요건을 모두 포함하는 개념이다. 그러나 단서는 '무거운 형으로 벌하지 아니 한다'라고 하여 가중적 구성요건에 가담한 비신분자에 대한 처벌례만 규정하고 있을 뿐이다. 따라서 부진정신분범에 가담한 비신분자에 대하여는 부진정신분범이 가중적 구성요건인 경우와 감경적 구성요건인 경우로 나누어 살펴볼 필요가 있다.

① 부진정신분범이 가중적 구성요건인 경우

제33조의 무거운 형으로 벌하지 아니한다는 규정은 책임의 개별화원칙에 따라서 가중적 신분에 관련될 경우에는 아무런 문제점이 없다. 다만, 앞서 언급한 바와 같이 해석상 성립과 과형에서 중한 형이 적용되지 않는 것으로 해석한다. 예컨대 존속살해(부진정신분범으로서 직계비속인 자)에 가공한 신분 없는 자(비속 아닌 자로서 일반인)에게는 보통살인죄가 성립하고 그 법정형이 적용된다.

---

1) 신동운, 714면.
2) 김성돈, §32/279; 김성천/김형준, 434면; 김일수/서보학, 504면; 배종대, 476면; 손동권/김재윤, 615면; 이재상 외, 522면; 임웅, 524면; 정성근/정준섭, 331면; 정영일, 311면.

② 부진정신분범이 감경적 구성요건인 경우

감경적 신분이란 일반인의 범죄도 처벌하지만 신분 있는 자의 행위는 형을 감경하는 규정이 있는 경우를 의미한다.[1] 제33조 단서는 비신분자가 가중적 신분에 가담하였을 때에는 가중적인 무거운 형으로 벌하지 아니할 것만 규정할 뿐 비신분자가 감경적 신분에 가담한 경우는 규정하고 있지 아니하므로, 입법적으로 해결하여야 한다. 다만 해석상으로는 비신분자(일반범)에게 감경적 구성요건을 적용하여야 한다는 견해와 책임개별화의 원칙에 따라서 비신분자는 일반범죄의 법정형을 적용해야 한다는 견해가 대립될 수 있다. 이는 주체를 한정하는 신분범은 책임가감적 구성요건임을 고려할 때, 책임개별화의 원칙에 따라서 신분 없는 일반인에게는 감경적 구성요건을 적용할 수 없다고 봄이 타당하다.

2) 비신분자에 가담한 부진정신분범

① 학설의 대립

부진정신분범이 비신분자가 정범인 행위에 공범으로 가담하는 경우이다. 예컨대 갑이 을의 아버지를 살해하고자 할 때 아들인 을이 갑을 교사하거나 방조하는 경우이다.

이 경우에도 제33조 단서가 적용된다고 보는 견해에 의하면 신분 없는 비신분자인 정범은 당연히 보통살인죄가 성립하고 처벌되나, 반대로 신분이 있는 자는 무거운 형으로 벌함이 해석상 타당하므로 신분자는 가중적 구성요건이 성립하고 처벌된다. 위 사례에서 정범이자 비신분자인 갑은 보통살인죄가 성립하고 이에 가담한 신분자인 을은 존속살해죄의 교사 또는 방조범이 성립한다고 보는 것이다.

공범종속성설을 적용하는 견해[2]에 의하면 공범은 정범의 성립에 종속하므로 정범이 비신분범인 한, 공범 역시 이에 종속하여 비신분범이 성립하는 것이 공범종속성설에 부합하는 해석이라고 본다. 위 사례에서 정범이자 비신분자인 갑이 보통살인죄가 성립하므로, 공범은 성립의 종속성에 따르는 결과 신분자인 을은 보통살인죄의 교사 또는 방조범이 성립한다고 보게 된다.

---

1) 형법 개정 전의 영아살해죄(제251조)가 대표적인 예이다.

2) 김성돈, §32/272; 신동운, 660면

② 판례의 태도

판례는 도박의 습벽이 있는 자가 타인의 도박을 방조하면 상습도박방조의 죄에 해당한다고 본다.[1] 상습성은 행위자의 속성으로서 도박을 반복해서 거듭하는 습벽인 바, 상습범은 인적 성격으로서 특수한 상태이므로 신분에 해당한다. 판례의 경우 도박을 하는 정범은 상습성이 없는 단순도박죄를 범하는 것이고, 이에 방조범으로 가담하는 자가 상습성이 있어서 상습도박죄의 주체가 될 경우 가담자에게 상습도박죄의 방조범을 인정함으로서 책임개별화의 원칙에 따르고 있는 것으로 해석된다.

③ 결론(책임개별화의 원칙)

생각건대, 제33조 단서의 본질은 책임개별화의 원칙을 의미하는 것이지 공범종속성설을 반영한 것으로 볼 수 없다. 공범의 종속이란 정범이 신분범인지 여부와 관계없이 정범의 범죄에의 종속을 의미하는 것으로, 어느 범죄이든지 간에 정범의 "행위"에 종속하는 것이지, "신분"에 종속하는 것이 결코 아니다. 즉, 위 사례에서 아들인 을의 성립상 종속되는 것은 갑의 행위인 "살해"인 것이지, 갑의 주체로서의 성질인 "비신분자"에의 종속이 아닌 것이다. 따라서 책임개별화의 원칙은 여기에서도 준수되어야 한다.

그 결과 비신분자인 갑의 "살해"행위에 공범으로서 종속하는 신분자인 을은 책임개별화의 원칙에 따라서 신분자로서 "존속" 살해에 가담한 것으로 보아야 한다. 그러므로 정범인 갑은 보통살인죄가, 공범인 을은 존속살해죄의 교사 또는 방조범이 성립한다고 봄이 타당하다.

3) 입법론적 개선방안

공범과 신분규정은 진정신분범과 부진정신분범에 대한 해결법리를 달리한다. 본문인 진정신분범은 신분의 연대성을, 단서인 부진정신분범은 책임개별화의 원칙을 기본으로 한다. 따라서 단서의 경우 독일형법 제28조 제2항의 규정처럼 신분관계가 형벌을 가중, 감경 또는 조각하는 범죄에 비신분자가 가공한 경우에 그 신분으로 인한 사유는 신분이 있는 자에게만 적용한다고 바꾸어 표현함이 타당할 것이다. 이를 통해서 공범의 불법에의 종속성은 공범종속성설에 따르되 책임의 개별화를 명문으로 인정할 수 있게 될 것이다.

---

1) 대판 1984. 4. 24, 84도195.

(3) 이중적 신분범의 경우

기본적 구성요건이 진정신분범이면서 수정적 구성요건이 신분으로 인하여 형의 가감이 발생하는 경우를 이중적 신분범이라고 한다. 예컨대 횡령죄(제355조 제1항)는 기본적 구성요건으로서 '타인의 재물을 보관하는 자'라는 신분이 있어야만 주체가 될 수 있으므로 진정신분범이다. 그런데 업무상 횡령죄(제356조)는 기본범죄에 해당하는 진정신분범인 횡령죄에 대하여 업무자라는 신분으로 인하여 형이 가중되는 부진정신분범에 해당하므로, 이중적으로 신분자의 지위를 요청한다는 점에서 이중적 신분범이 된다. 형법상 업무상 횡령죄와 업무상 배임죄가 대표적인 이중적 신분범에 해당한다.

이 경우 이중적 신분범에 해당하는 업무상 횡령죄에 가담하는 신분없는 자의 죄책에 관하여는, 업무라는 형의 가중요소에는 종속될 수 없으므로 부진정신분범인 업무상 횡령죄는 성립할 수 없지만 기본범죄인 횡령죄는 비신분자도 신분자에 종속하여 성립할 있으므로 단순횡령죄가 성립하고 그 법정형이 적용된다고 보아야 한다. 한편, 판례에 따른다면 비신분자에게는 제33조 본문이 적용되어 업무상 횡령죄가 성립하지만 처벌은 제33조 단서에 의하여 단순횡령죄의 법정형이 적용된다고 보게 될 것이다.

판 례

신분관계가 없는 자가 신분관계가 있는 자와 공모하여 업무상횡령죄를 저질렀다면 신분관계가 없는 자에 대하여는 형법 제33조 단서에 의하여 단순횡령죄에 정한 형으로 처단[1]하여야 한다고 보거나, 보다 구체적으로 "신분관계가 없는 자가 그러한 신분관계에 있는 자와 공모하여 상호신용금고법위반죄를 저질렀다면, 그러한 신분관계가 없는 자에 대하여는 형법 제33조 단서에 의하여 형법 제355조 제2항에 따라 처단하여야 할 것인바, 그러한 경우에는 신분관계가 없는 자에게도 일단 업무상배임으로 인한 상호신용금고법 제39조 제1항 제2호 위반죄가 성립한 다음 형법 제33조 단서에 의하여 중한 형이 아닌 형법 제355조 제2항에 정한 형으로 처벌되는 것"으로 판시한다.[2] 이처럼, 판례는 이중적 신분범에 대하여 부진정신분범의 성립은 정범과 동일하게 하되, 단서라는 특별규정을 통하여 처벌만 중한 형이 아닌 일반법으로 처벌되는 것으로 본다.

---

1) 대판 2015. 2. 26, 2014도15182; 대판 2012. 11. 15, 2012도6676; 대판 1989. 10. 10, 87도1901.
2) 대판 1997. 12. 26, 97도2609.

3. 소극적 신분과 공범

(1) 제33조의 적용여부

제33조는 진정신분범과 부진정신분범 즉, 적극적으로 신분이 범죄를 구성하는 경우를 규정하고 있다. 그런데 소극적 신분이란 신분으로 인하여 범죄가 성립하지 아니하거나 형벌이 조각되는 경우이다. 즉 신분이라는 점에서는 제33조와 관련이 있으나, 적극적 신분이 아니라는 점에서 차이가 있으므로 제33조 적용여부가 문제된다.

긍정설은 제33조의 신분에는 소극적 신분도 포함된다고 보는데, 신분관계로 인하여 성립되거나 형의 경중이 발생하는 것은 소극적 신분도 마찬가지라고 본다.[1] 그러나 형법은 "신분이 있어야 성립되는 범죄"라고 하고 있으므로 신분이 있으면 성립되지 아니하는 범죄는 법문의 해석상 포함될 수 없는 점, 불구성적 신분 있는 자의 행위에 가담한 비신분자는 일반적인 공범종속성설에 따라야 하므로 신분으로 인하여 범죄가 성립하지 않는 자는 정범이 되지 않아서 이에 종속하는 공범이 있을 수 없다는 점에서 부정함이 타당하다.[2] 결론적으로 공범에 관한 제한적 종속형식에 따라 해결하면 된다. 나아가 신분으로 인하여 범죄가 성립하지 아니하거나 책임이 조각되는 경우 이외에 형벌조각적 신분은 범죄성립이나 처벌과는 무관하므로, 범죄와 성립과 처벌에 관한 제33조를 적용할 수 있는 여지가 없다.

(2) 불구성적 신분에의 가담

앞서 언급한 바와 같이 소극적 신분에 가담한 자에 대한 법적 효력은 규정이 없으므로 해석에 의한다. 불구성적 신분자의 행위에 가공하는 비신분자의 행위는 범죄가 성립될 수 없다. 예컨대 의사의 의료행위에 가담하는 일반인의 경우 정범이 구성요건에도 해당하지 않으므로 범죄가 될 수 없다.

그 반대의 경우, 즉 불구성적 신분자가 비신분자의 범죄에 가공하는 행위는 제33조의 본문에 따라 그 공동정범,[3] 교사범 또는 종범이 된다. 예컨대, 불구성적 신분자인 의사가 비신분자인 일반인에게 의료행위를 교사한 경우(예를 들어

---

1) 오영근, 442면.
2) 김성돈, §32/289.
3) 대판 1986. 2. 11, 85도448.

치과의사가 기공사에게 치과치료를 시킨 경우), 정범인 일반인은 범죄가 성립하므로 이에 가공하는 불구성적 신분자는 이에 종속되어 공범이 성립한다.

(3) 책임조각적 신분에의 가담

책임조각적 신분자와 비신분자 사이에 공동정범의 관계가 있는 경우나 책임조각적 신분자의 범죄를 비신분자가 교사 또는 방조한 때에는 신분자의 책임은 조각되지만 비신분자는 당해 범죄의 공동정범, 교사범 또는 종범이다. 예컨대 형사미성년자에게 범죄를 교사한 일반인의 경우 정범인 형사미성년자는 책임이 조각되어 범죄가 성립하지 않지만, 위법한 행위이므로 이에 가담한 자는 제한적 종속형식에 따라 공범이 성립하게 된다. 반대로 책임조각적 신분자가 비신분자의 범죄에 가공한 경우에는 책임이 조각된다. 예컨대 형사미성년자가 타인을 교사하여 절도를 범하게 한 경우에는 형사미성년자는 책임조각적 신분자이므로 책임이 조각되어 공범이 성립할 수 없지만, 정범은 당연히 범죄가 성립한다.

(4) 형벌조각적 신분에의 가담

형벌조각적 신분자와 비신분자가 공동정범의 관계에 있거나 비신분자가 형벌조각적 신분자의 범죄를 교사 또는 방조한 경우에는 신분자의 형벌은 조각되지만 비신분자는 당해범죄의 공동정범, 교사범 또는 종범으로서 처벌된다. 예컨대 일반인이 아들에게 아버지의 물건을 절취할 것을 교사한 경우, 정범은 친족상도례에 따라서 범죄가 성립하지만 인적 처벌조각사유로 인하여 처벌할 수 없다. 그러나 친족관계가 없는 일반인은 친족상도례의 적용을 받지 않으므로, 정범(아들)의 성립된 범죄(절도죄)에 종속하여 당연히 공범이 성립된다.

한편 형벌조각적 신분자가 비신분자의 범행에 가공하는 경우에는 신분자에게 형법 제328조의 취지에 비추어 형벌조각을 인정함이 타당하다. 예컨대 아들이 일반인에게 자신의 아버지의 물건을 훔칠 것을 교사한 경우, 일반인은 당연히 절도죄의 정범이 되지만 친족관계에 있는 아들의 경우 절도죄의 교사범은 성립하지만 인적 처벌조각사유로 인하여 처벌되지 않는다.

제 6 장

죄 수 론

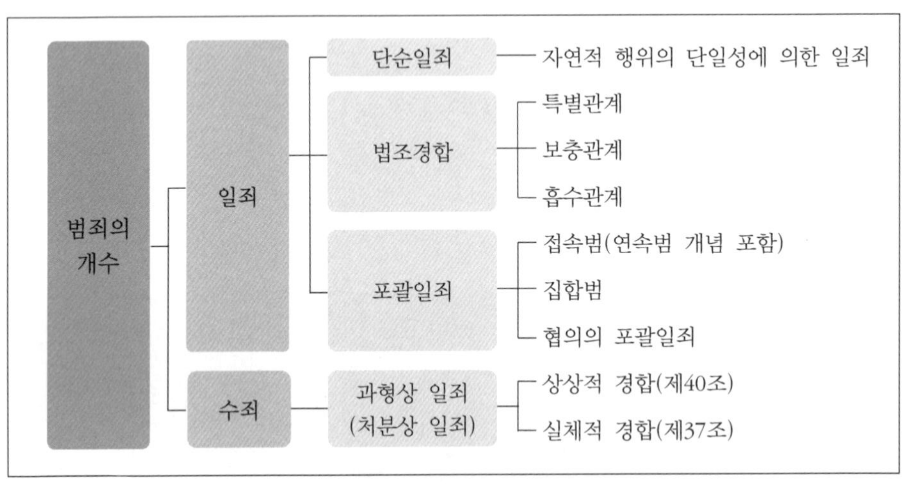

제 1 절 죄수의 일반이론

Ⅰ. 의 의

앞서 범죄론에서는 하나의 범죄가 성립하기 위하여 필요한 요건과 이를 충족시키는데 수반되는 법적 문제들을 살펴보았다. 구성요건해당성－위법성－책임은 범죄성립을 위한 요건을 단계별로 살펴보아야 함을, 미수론은 시간 경과에 따른 범죄행위의 완성을, 다수참가형태는 하나의 범죄성립에 가담한 여러 사람 중에서 누가 정범이고 공범인지에 대한 법적 평가를 의미한다면 다음으로 살펴보아야 할 것은 범죄의 개수이다.

범죄는 자연적인 행위나 그것이 침해하는 법규의 측면에서 다양한 법적 평가가 이루어진다. 외형상 하나의 행위처럼 보여도 법적으로는 다수의 범죄로 될 수 있고, 반대로 다수의 행위가 존재해도 하나의 범죄라고 평가될 수도 있기 때문이다. 나아가 그와 같은 범죄의 개수는 형의 적용상 중대한 차이를 가져오고, 형사소송법상으로도 공소의 효력, 기판력의 범위 등과 같은 중요한 의미를 가지게 된다. 이처럼 범죄가 한 개인지(일죄) 수 개인지(수죄)를 판단하기 위한 논의들을 죄수론(Konkurrenzlehre)라고 한다.

참고 연혁

죄수론은 연혁적으로 살펴보면 독일의 보통법시대에까지 거슬러 올라가는데 특히 코호(J. Ch. Koch)는 일죄(Concursus Simultaneus), 수죄(Concursus Successivus), 연속범(Concursus Continatus)을 구분하고 이들을 흡수주의, 단일주의(Einheitsprinzip)에 의하여 해결함으로써 죄수론 발전의 기초를 닦았다. 상상적 경합과 실체적 경합의 구분은 19세기 독일의 제 법전에 나타났고 1851년의 프로이센형법을 거쳐 1871년의 독일제국형법전에도 계승되었다.

우리의 구형법은 제45조 이하에 병합죄(실체적 경합, 상상적 경합)에 관한 규정을 두었고, 현행형법도 경합범(제37~제39조), 상상적 경합범(제40조)에 관한 규정을 두고 있다. 누범규정(제35조)도 대체로 죄수론에서 다루어지고 있다.

Ⅱ. 죄수 결정의 표준

일죄와 수죄를 구분하는 표준에 관하여서는 다음과 같은 학설이 대립되어 있다.

1. 행위표준설

행위표준설은 자연적 의미의 행위가 1개인가 수개인가에 따라 범죄의 단·복을 결정하려는 견해로부터 출발하였다. 그러나 자연적 의미의 행위표준설을 주장하는 학자는 더 이상 없고, 다음과 같은 견해들이 제시된다.

사회생활적 관점에서 본 단일행위라는 의미의 행위표준설은 한 개의 행위가 존재하기 위해서는 기본적으로 일상생활에서 하나의 단일행위라고 볼 수 있을 정도의 행위가 있으면 족하다고 한다.[1] 그리고 사회생활적 관점에서 본 단일행위가 수개 독립된 행위로 존재한다고 하더라도 이들이 결합되어 법적으로 오로지 하나의 범죄구성요건을 충족하는 경우에는 법적으로도 오직 하나의 범죄가 있다고 평가되어야 한다고 본다.

---

1) 이에 따르면 "법규범은 사회 속에 현실적으로 존재하고 있는 특유한 행위태양을 포착해서 그런 행위를 금하거나 요구하였던 것이지, 현실세계에 존재하지도 않는 가상의 행위를 설정하여 규범화하였기 때문에 어느 동작이 어떤 의미를 갖는가는 규범을 통해서만 이해할 수 있다는 것은 지극히 비현실적이다. 규범 이전에 일정한 의미와 내용을 가진 통일된 행위단위가 사회적으로 형성되어 있는 것이 현실이기 때문"이라고 한다. 허일태, "죄수론과 연속범", 형법연구 Ⅰ, 세종출판사, 1997, 201면.

법적 · 사회적 관점에서의 행위표준설은 행위단위는 사회적 · 형법적 의미의 맥락을 기준으로 결정되어야 한다고 본다. 따라서 수개의 자연적 행위가 있다고 하더라도 법률상의 구성요건이 이를 법적 · 사회적 의미에서 단일한 것으로 평가할 때에는 수개의 자연적 행위는 법적인 의미에서 하나의 행위가 된다고 본다.[1] 따라서 동일한 구성요건이 수개의 행위태양을 허용하고 있는 협의의 포괄일죄, 계속범, 접속범 또는 연속범 등은 수개의 자연적 행위가 있는 경우라도 법적 · 사회적 관점에서는 한 개의 행위로서 일죄가 된다고 본다.

사회생활적 관점에서 본 단일행위설이나 법적 · 사회적 관점에서의 행위표준설은 모두 사회적 의미의 행위를 기본으로 한다는 점에서 공통된다. 그리고 전자의 경우에도 사회생활적 관점에서 수개의 행위가 범죄구성요건상 하나의 범죄일 것을 요구하면 일죄가 된다고 보고 있으므로, 결과적으로 양자의 차이를 찾아보기 어렵다. 양자 모두 사회적 행위를 전제로 하면서 구성요건 충족 여부는 범죄의 구성요건에서 요구하는 행위의 단일 또는 다수에 부합하는 만큼 일죄 성립에 필요하다고 보기 때문이다.

행위표준설은 사회생활적 관점이든 사회적 의미이든, 분리되는 행위들을 구성요건 행위라는 법적 개념 하에 단일화하는 데에는 용이하다. 그리고 이러한 측면에서는 구성요건표준설과 행위표준설은 매우 근접한 이론처럼 보여 진다. 다만 범죄론과 죄수론의 구별을 포기하고 '과형상 일죄' 개념을 '성립상 일죄'와 동일하게 해석하지 않는 한, 우리 형법 하에서는 행위표준설만으로 범죄성립 단위를 일관되게 해석하기는 어렵다.

2. 법익표준설

법익표준설은 범죄의 본질이 법익침해라는 관점에서 범죄의 수를 침해되는 법익의 수에 따라 결정하려는 견해이다. 이 설은 법익을 그 주체와의 관계에 따라 생명, 신체, 자유, 명예 등과 같은 전속적 법익과 여타의 비전속적 법익으로 나누고 전자의 경우에는 법익주체마다 1개의 범죄가 성립되는 한편, 후자의 경우에는 피해자의 수에 상응하는 범죄의 수를 인정하지는 않는다. 예컨대 재산죄의 경우에는 동일한 관리마다 하나의 범죄가 성립한다고 보며, 방화죄와 같은

1) 임웅, "죄수론의 기초", 현대형사법론(죽헌 박양빈교수 화갑기념논문집), 1996, 499면 및 임웅, 617면.

공공위험범에 대하여는 포괄적으로 고찰하여 법익침해의 개수를 정해야 한다고 본다. 이 설에 의하면 상상적 경합은 실질상 수죄이지만 형법(제40조)이 일죄로서 취급하는 예외적인 경우로 이해된다.

이 설에 대해서는 수개의 법익침해가 1개의 범죄를 구성하는 경우를 설명하지 못한다는 비판이 있다. 그러나 법익이란 범죄행위로부터 보호하고자 하는 목적에 해당하므로 처음부터 복수의 법익을 보호대상으로 예정된 범죄는 복수의 법익을 기준으로 범죄행위 단위를 판단하여야 한다.

3. 의사표준설

의사표준설은 범죄의사의 수를 표준으로 하여 죄수를 결정하려는 견해이다. 주관주의를 기초로 하여 범죄는 범죄의사의 외부적 표출이므로, 행위자의 범죄의사의 수를 기준으로 죄수를 결정하고자 하는 학설이다.[1] 범의가 하나이면 그 예견되는 범위 내에서 1개의 범죄가 성립되고 수개이면 결과발생의 수에 불구하고 수개의 범죄가 성립된다. 이 설에 의하면 상상적 경합(제40조)은 단일의 범죄의사를 인정할 수 있는 법적 한계를 규정한 것으로 본다. 또한 연속범도 의사의 단일성이 인정되는 한 1개의 범죄가 된다.

그러나 범죄의 수를 단지 범죄의사에 의하여 결정하는 것은 범죄의 정형성을 무시하는 것이고, 하나의 범죄의사를 가졌다고 하여 다수의 구성요건적 결과가 발생한 경우에도 이를 단지 1개의 죄로 보는 것은 부당하다는 비판이 있다.

전적으로 주관주의를 취하는 학자는 더 이상 없다. 또한 범죄의 정형성을 무시한다거나 범의의 개수를 결정하기 위한 새로운 기준이 필요하다는 비판에 대하여는, 범의라는 것은 주관적 구성요건요소로서 모든 범죄에서 반드시 요구되는 구성요건의 일부라는 점 및 판례는 범의의 존재여부에 대하여 나름의 판단기준을 정립[2]하고 있다는 점에서 반론이 가능하다.

---

1) 이건호, 형법학개론, 고려대학교출판부, 1964, 203면.

2) 판례는 개별범죄마다 조금씩 다른 기준을 제시하고 있는 듯 보여도, 기본적으로 행위자의 인적 품성요소와 객관적 행위사정을 범의 판단 요소로 보고 있다. 예컨대 사기죄의 고의에 대하여, "사기죄의 주관적 구성요건인 편취의 범의는 피고인이 자백하지 않는 이상 범행 전후의 피고인 등의 재력, 환경, 범행의 경위와 내용, 거래의 이행과정 등과 같은 객관적인 사정 등을 종합하여 판단할 수밖에 없다."고 보는데, 이때 판례가 열거한 요소들이 범의의 판단 기준이 될 것이다(대판 2012. 5. 12, 2010도6659; 대판 1994. 10. 21, 94도2048 등 참조). 또 다른 예로, 살인죄의 범의에 대하여는 "피고인이 범행에 이르게 된 경위, 범행의 동기, 준비된 흉기의 유무·종류·용법,

4. 구성요건표준설

구성요건표준설은 구성요건해당사실의 단·복에 의하여 죄수를 결정하려는 견해이다.[1] 행위의 개수는 문제되지 않으며 법적 구성요건에 해당하는 사실이 1개이면 범죄는 1개, 수개이면 범죄는 수개로 된다. 이 설에 의하면 상상적 경합은 본래 수죄이지만 형법 제40조에 의하여 처분상의 일죄로 인정된다.

이 설에 대해서는 행위가 여러 차례 반복되어 동일한 구성요건에 해당할 경우 일죄인가 수죄인가를 구별하기 어려운 경우가 있고(예컨대 접속범이나 연속범), 구체적 적용에 있어 구성요건해당 횟수를 판단하기 어렵다는 비판이 있다.

판 례

판례는 우선 1개의 행위라 함은 법적 평가를 떠나 사회관념상 행위가 사물자연의 상태로서 1개로 평가되는 것[2]이라고 보는데, 그렇다고 하여 1개의 행위가 하나의 범죄라고 단정하지는 않고 판례마다 그 기준을 달리하고 있다. 우선 강간죄는 간음행위마다,[3] 강제추행죄도 추행행위마다[4] 범죄가 성립한다고 보아 행위표준설을 취한다. 그리고 단일 범의로서 같은 관리인의 관리 하에 있는 방안에서 소유자를 달리하는 수개의 물건을 절취하면 하나의 절도죄가 된다고 보아 의사표준설을 취하기도 한다. 또한 조세범 특히 포탈범의 죄수는 위반사실의 구성요건 충족회수를 기준으로 정함이 원칙이라고 보아[5] 구성요건표준설을 취하기도 한다. 그리고 수인의 피해자에 대하여 사기죄를 범하는 경우에는 범의가 단일하고 범행방법이 동일하더라도 각 피해자의 피해법익은 독립한 것이므로 피해자별로 사기죄가 성립된다[6]고 보아 법익표준설을 취하기도 한다.

공격의 부위와 반복성, 사망의 결과발생 가능성 정도 등 범행 전후의 객관적인 사정을 종합하여 판단"한다(대판 2009. 2. 26, 2008도9867; 대판 2006. 4. 14, 2006도734; 대판 2002. 2. 8, 2001도6425 등 참조).

1) 김성돈, §33/20; 오영근, 461면; 이재상 외, 533면; 정성근/정준섭, 383면.
2) 대판 2017. 9. 21, 2017도11687.
3) 대판 1998. 2. 10, 97도2836; 대판 1982. 10. 26, 81도1409.
4) 대판 1982. 12. 14, 82도2442.
5) 대판 1982. 6. 22, 82도938.
6) 대판 1993. 6. 22, 93도743.

5. 결 론

이처럼 어느 설도 만족스러운 표준이 되기는 어렵다. 이 때문에 범죄의 주관적인 면과 객관적인 면을 모두 고려해야 한다는 견해, 또는 위의 모든 설을 종합적으로 고려하여 합목적적으로 결정해야 한다는 견해[1] 등이 제시되고 있으나, 어떻게 양면 또는 모든 것을 구체적으로 조화시켜야 하는가에 관하여는 명백한 기준이 제시되어 있지 않다. 궁극적으로 죄수의 문제는 법률문제로서 구성요건을 떠나서는 거론될 수 없다. 그러므로 죄수의 척도가 되는 것은 해석을 통하여 찾아볼 수 있는 바, 그때 그때 침해된 법적 구성요건의 의미라는 관점에서 구성요건표준설이 보다 타당하다.

제 2 절 일 죄

Ⅰ. 의 의

일죄란 어떤 범죄행위가 1개의 구성요건에 1회 해당함을 의미하는데 이를 본래의 일죄, 실질상의 일죄라고 부른다. 1개의 자연적 의미의 행위가 1개의 구성요건을 충족하는 경우가 단순일죄로 됨은 물론이지만 법조경합과 포괄일죄의 경우도 일죄로 취급된다. 일죄는 본래 수죄이지만 일죄로 처벌하는데 불과한 처분상의 일죄(과형상의 일죄)와 구분된다.[2]

---

1) 권오걸, 648면; 김일수/서보학, 513면; 김혜정 외, 380면; 배종대, 568면; 손동권/김재윤, 632면; 이정원, 466면; 정영일, 318면.

2) 형법은 처분상 일죄로서 상상적 경합범(제40조)만을 인정하고 있다. 구형법은 처분상의 일죄로서 상상적 경합범 이외에도 견련범(구형법 제54조 제1항)과 연속범(구형법 제55조)을 인정하였다. 견련범이란 범죄의 수단 또는 결과로 되는 행위가 다른 죄명에 해당되는 행위, 예컨대 타인의 주거에 침입하여 절도를 하는 경우가 이에 해당된다. 구형법은 이러한 경우 그 가장 중한 형으로 처단하였다. 견련범에 관한 규정이 없는 현행법 하에서 이를 어떻게 처벌할 것인가에 관하여는 의사와 행위의 단일성이 인정되는 범위 내에서 상상적 경합범으로 보는 견해, 의사의 단복에 따라 실체상의 일죄 또는 수죄로 취급해야 한다는 견해, 실질상 수죄(경합범)로 인정하는 견해가 대립되어 있는데 의사와 행위의 단일성이 인정되는 한 상상적 경함범으로 봄이 타당할 것이다.

Ⅱ. 일죄 판단의 과정과 경합

1. 행위단일성 · 행위다수성과 일죄성립과의 관계

우리 형법 체계는, 죄수론과 경합론을 구분하지 않는 독일 형법체계[1)]와는 다르므로 죄수론과 경합론을 구분하여, 죄수론이 경합론 이전 단계에서 먼저 선결되어야 한다.

행위단일성과 행위다수성의 구분이 경합론에서만 의미를 가지는 것은 아니다. 행위단일성이란 행위동일성을 의미하는 바, 행위동일성이란 구성요건을 충족하는 행위에 대하여 법적 측면에서 판단하였을 때, 수회의 구성요건 충족이 하나의 행위로부터 비롯되었다는 의미파악이 가능하다는 점에서는 상상적 경합을 표현하기에 적절한 용어이기도 하다. 단일성과 동일성의 의미를 구분하는 견해도 있지만,[2)] 그와 같은 논리적 의미는 별론으로 하고, 행위를 대상으로 할 때에는 단일성과 동일성은 동일한 의미라고 보여 진다. 두 개의 서로 다른 행위가 하나의 전체형상으로 수직적으로 포섭되어 중첩될 수 있다면 두 개의 행위는 이미 "서로 다른 행위"가 아니다. 또한 서로 다른 행위의 공통점은 존재하되 차이점이 존재하지 않아서 두 개의 행위가 전적으로 동일하다고 판단된다면, 두 개의 행위는 역시 "서로 다른 행위"라고 할 만한 질적 차이가 발생하지 않았다고 볼 수 있다.

행위단일성이 행위동일성을 의미한다면, 행위다수성은 법적 또는 구성요건적 충족 횟수가 수회인 서로 다른 행위의 존재를 전제로 한다. 이러한 의미에서는 행위단일성이란 본래적 의미의 행위단일성과 법적인 의미의 행위단일성(포괄일죄), 자연적 의미의 행위단일성[3)]이 포함될 것이다.[4)] 그러나 죄수결정에 관한 우리 형법은 독일 형법과 다르므로, 이러한 의미의 행위단일성과 행위다수성을 통

1) 독일 형법은 행위단일성의 개념을 통하여 제52조 제1항을 해석한다.
2) 이기헌, "경합범과 상상적 경합", 형사판례연구[7], 한국형사판례연구회편, 1999, 172면은 동일성이 단일성보다 더 풍부한 의미와 융통성을 갖는다고 설명한다.
3) 임웅, 앞의 논문, 117면.
4) 이렇게 분류하는 입장에서는 계속범, 결합범, 접속범, 연속범, 집합범 등이 법적 의미의 행위단일성의 하위유형으로 분류되고, 법조경합과 상상적 경합도 행위단일성의 하위유형으로 포섭된다고 본다. 반면 실체적 경합과 불가벌적 사후행위는 행위다수성의 하위유형이 된다.

하여 일죄를 판단하는 것은 우리 형법체계와는 부합하지 않는 면이 있다. 행위단일성이 일죄에의 논리적 귀결이 반드시 성립하는 것도 아니고 수죄가 성립하기 위하여는 반드시 다수의 행위가 필요하다는 전제를 요구하는 것도 아니기 때문이다. 이 뿐만 아니라, 행위단일성으로 포섭하는 상상적 경합의 경우에도 실제로는 부분적 행위중첩 형태로도 성립가능하다는 면에서 하나의 행위로 다수의 범죄가 성립하는 것이라고 할 수도 없다.

결론적으로 죄수론과 경합론을 구별하여야 하며, 사건의 형상을 구성요건충족의 면에서 판단하여, 우선 일죄 여부부터 살펴보아야 한다. 만일 일죄가 되면 그것으로 족하고, 수죄가 성립의 경우에는 경합론에 의하여 과형문제를 판단하는 것이 논리적 순서이다.

2. 일죄 여부 판단과정

(1) 외형상 구성요건 충족과 법적 구성요건 충족

죄수를 결정하기 이전에 우선 외형상 존재하는, 인간의 의사에 의하여 외부세계변동으로 드러나거나 부작위처럼 드러나지 않는 순수하게 자연적 의미의 행위들의 나열이 필요하다. 이는 외부적으로 존재하는 모든 행위의 법규위반 심사, 특히 구성요건충족 횟수 심사의 첫 출발점이 되는데, 이러한 열거작업을 통하여 형법적 평가대상에서 제외되는 행위와 그렇지 않는 행위들을 빠짐없이 포착하게 된다.

이후 행위들의 동질성 여부에 대한 평가, 즉, 자연적 의미의 동질성이라든가 법적 의미에서의 동질성의 판단을 통하여 구성요건 충족 여부에 있어서 구성요건적으로 1회 충족으로 평가될 수 있는가의 법적 심사가 이루어지게 된다.[1)] 이를 통하여 구성요건적으로 1회 충족을 넘어선다고 평가되면 비로소 수죄로서, 경합판단이 이루어지게 될 것이다.

이 과정들에서는 외형상 구성요건충족 여부의 심사과정과 법적 의미의 구성

---

1) 이기헌, "죄수의 결정", 형사판례연구[8], 한국형사판례연구회편, 2000, 117면 이하에서는 형식적 구성요건 심사와 실질적 구성요건 심사를 구분한다. 그리고 1단계는 형식적 구성요건충족 횟수의 심사가 이루어지고, 이후에 위반법규가 상이한 경우와 동일한 경우에 따라서 실질적 구성요건 심사의 방법을 달리하고 있다. 위반법규가 상이한 경우에는 부진정경합 여부심사와 구성요건자체가 수개의 법규위반을 예정 또는 허용하는지 여부심사가 이루어지고, 위반법규가 동일한 경우에는 침해법익의 종류심사와 침해태양의 심사가 이루어진다고 본다.

요건충족 여부의 심사과정이 순차적으로 일어나게 된다. 우선 자연적 의미의 단일 또는 다수 행위에 대하여 구성요건충족 여부가 기술적이고 병렬적으로 행해지면서 포괄일죄를 포함한 일죄를 우선 걸러낸다. 그 이후 남은 행위들은 자연적 의미의 단일 또는 다수행위이든 외형적이고 형식적으로는 다수의 구성요건충족으로 심사되고, 이는 다시 법적 의미에서 법조경합을 통하여 일죄 여부가 심사되고, 그 후 남은 것들은 모두 수죄로써 경합판단의 대상이 될 것이다. 이러한 순서대로 일죄와 수죄판단을 통해 경합판단의 과정에 이르게 된다.

(2) 자연적 의미의 행위로부터의 일죄 심사

외형상 존재하는 모든 행위들의 나열로부터 구성요건 충족에 관한 기술적인 심사를 우선 하게 된다. 하나의 법익침해를 향한 다수의 행위들은 법규간의 관계나 경합여부와 관계없이, 병렬적이고 기술적으로 구성요건 충족여부를 확인하게 된다. 예컨대 다수의 행위들이 존재하고 결과적으로 단일의 고의를 통하여 단일의 법익침해가 발생하였다면 기술적으로도 하나의 구성요건충족이 된다. 반면 다수의 행위들이 존재하고 결과적으로 행위마다 분리되는 고의가 인정된다면 기술적으로는 다수의 구성요건 충족이 인정된다. 이때 그것이 법조경합인지 실체적 경합인지 등의 법적 심사는 기술적 심사시점에서는 일단 배제된다.

이러한 기술적인 구성요건 충족을 통하여 일죄 중 단순일죄와 소위 자연적 행위단일성[1])이라고 불리어지는 구성요건 충족 유형들이 걸러지게 된다. 그리고 기술적으로도 하나의 구성요건충족인 경우에는 법적으로도 하나의 구성요건 충족이 되어 일죄가 된다. 예컨대, 단일행위를 통한 일죄, 계속범, 단일의 법익침해를 향한 단일고의의 다수행위들이 여기에 해당될 것이다. 물론 연속범이나 접속범과 같은 포괄일죄를 인정한다면, 이 유형들도 단일의 법익침해를 향한 단일고의에 의한 다수행위라고 기술적으로 분류될 것이므로 일죄에 해당하게 된다.

이후에 남는 것들은 외형상 존재하는 행위가 하나이든 다수이든 이에 대하여 기술적이고 병렬적으로 나열한 구성요건 충족횟수는 모두 다수가 된다. 그것이 법조경합의 형태든 상상적 경합이나 실체적 경합이든 그 심사는 단계별로 거쳐

---

1) 신동운, 사례입문, 형법총론, 법문사, 1991, 221면은 예컨대 야간에 타인의 주거에 침입하여 절도하려고 결의한 행위자가 순찰차가 오는 것을 보고 근처에 숨었다 순찰차가 지나가자 다시 실행에 옮겨 법익침해의 목표를 달성하였다면, 행위자의 두 개의 분리된 행위는 단일한 범행결의에 의한 것이므로 이 경우를 '자연적 행위단일성'이라고 지칭한다.

야 할 것이다.

(3) 법조경합의 심사

어떠한 단일 또는 다수의 행위가 외관상 수개의 구성요건을 충족시키고 있는 것처럼 보이는 경우에도, 적용되는 하나의 구성요건에 의하여 평가되는 불법내용이 동시에 다른 구성요건의 충족시에도 평가됨으로 인하여 외형상 존재하는 수 개의 구성요건 충족을 모두 인정하게 되면, 불법성에 대한 이중평가를 초래하는 경우가 있다.[1] 또 다른 면에서는 구성요건이 금지규범으로서 가지는 가치평가를 완전히 실현시키기 위해서는, 외형상 수 개의 구성요건 충족을 모두 인정하지 않고 하나의 구성요건만을 인정하여야만 하는 경우가 발생한다. 전자의 의미이든 후자의 의미이든 오로지 하나의 구성요건충족만을 인정하게 되는 이유는, 그러한 행위에 대하여 금지규범 전체의 법적 정신에 부합하는 평가를 하기 위함이다. 이를 법조경합[2]이라고 하는바, 실제로 수개의 '범죄'간의 경합이 일어나는 것이 아니라, 수개의 '법조문'이 경합하고 있는 구조이다.

형법상으로는 어떠한 경우에 어떠한 방식으로 두 개 이상의 구성요건들이 충돌하게 되고, 어떠한 과정을 통하여 하나가 다른 하나를 배척하게 되는지에 관한 아무런 규정이 없다. 따라서 법조경합은 전적으로 학설에 위임되어 있다. 다만 법조경합은 자연적 의미의 일죄를 판단하여 이를 걸러낸 이후 남게 되는 한 개 또는 수개의 행위가 경합론에 이르는 중간과정이기 때문에, 실제로는 법조경합의 심사와 경합범의 심사는 거의 동시에 이루어지게 된다. 그러한 의미에서 행위단일성과 행위다수성으로 구분하여, 행위단일성은 외견상 상상적 경합으로 그리고 행위다수성은 외견상 실체적 경합이라고 지칭하기도 한다. 즉, 단일행위가 법조경합에 해당하면 외견상 상상적 경합이 되고, 그렇지 않은 경우에는 진정한 상상적 경합이 되며, 다수행위가 법조경합에 해당하면 외견상 실체적 경합이고 그렇지 않은 경우에는 진정한 실체적 경합이 된다는 의미에서이다. 그러나

---

1) Seier, Die Gesetzeseinheit und ihre Rechtsfolgen, Jura 1983, 226면.

2) 김일수, 한국형법 Ⅱ, 531면은 법조경합을 부진정경합이라고 통칭하면서, 행위단일성의 영역에서 외견상 경합의 여러 현상들이 나타나는 것은 법조단일이고, 행위다수성의 영역에서는 불가벌적 사전행위와 불가벌적 사후행위라고 불리어진다고 한다. 즉, 법조단일을 법조경합의 하위개념으로 보고 있다. 반면, 오영근, 형법총론(2011), 682면은 법조단일이나 법조경합 모두 가능한 용어이지만, 법조단일은 법조경합의 효과측면을 강조한 반면 법조경합은 그 외형적인 현상측면을 강조한 용어라고 한다.

상상적 경합이 진정하든 부진정하든 언제나 단일행위를 전제로 하지 않는다는 점에서 이러한 구분이 실제로 법적용에 있어서 그다지 큰 의미를 갖는 것으로 보이지는 않는다. 상상적 경합은 부분집합, 상등, 교집합의 형태를 띠기 때문이다. 이 때, 상등은 언제나 단일행위를 전제로 하게 되지만, 부분집합이나 교집합 형태의 상상적 경합은 완전히 일치하지 않는, 즉 행위동일성이 인정되지 않는 분리된 두 개의 행위를 필요조건으로 하기 때문에 단일행위라고 하기 어렵다. 또한 상상적 경합이 언제나 시간적 동시성을 요구하는 것도 아니다. 이러한 의미에서는 불가벌적 사후행위나 불가벌적 사전행위를 제외한 나머지를 반드시 부진정 '상상적 경합'이라고 하는 것은 상상적 경합의 형태와 일치하지 않는다.

(4) 수죄의 경합심사

법조경합을 통하여 일죄가 완전히 걸러지게 되면 이제는 수죄의 경합여부에 대한 판단만이 남게 된다. 행위단일성과 행위다수성을 전제로 하는 견해들은 경합심사는 행위단일성 하에서는 상상적 경합을, 행위다수성 하에서는 실체적 경합을 인정함으로써 경합심사의 과정은 간단해진다. 이에 대하여는 경합론에서 설명한다.

판 례

판례에 따르면, 상상적 경합은 1개의 행위가 실질적으로 수개의 구성요건을 충족하는 경우를 말하고, 법조경합은 1개의 행위가 외관상 수개의 죄의 구성요건에 해당하는 것처럼 보이나 실질적으로 1죄만을 구성하는 경우를 말하며, 실질적으로 1죄인가 또는 수죄인가는 구성요건적 평가와 보호법익의 측면에서 고찰하여 판단한다고 한다.[1] 판단 순서상, 1개의 행위에 대하여 법조경합을 판단하고 그것이 부정되면 상상적 경합으로 인정하고자 하는 것이다. 그러나 연결효과에 의한 상상적 경합까지도 인정하고 있다는 점에서 판례의 태도는 모순적인 면이 있다.

1) 대판 2012. 10. 11, 2012도1895; 대판 2012. 8. 30, 2012도6503; 대판 2003. 4. 8, 2002도6033 등.

Ⅲ. 법조경합

1. 의 의

법조경합(Gesetzeskonkurrenz)이란 1개 또는 수개의 행위가 외견상 수개의 형벌법규에 해당하는 것처럼 보이지만 실제에 있어서는 한 형벌법규가 다른 형벌법규를 배척하기 때문에 형법상 일죄로 인정되는 경우를 말하는데 외형적 경합 또는 부진정경합이라고도 불리어진다.

법조경합은 외형상 적용가능한 여러 개의 형벌 법규들 간의 법적 우열에 의하여 하나의 법규정만 적용되는 경우이므로 법조단일(Gesetzeseinheit)이라고 표현하기도 한다. 상상적 경합과 실체적 경합은 행위가 1개인가 수개인가에 따라 명확히 구분되지만 법조경합은 행위가 1개 또는 수개인 경우에서 모두 있을 수 있다.

2. 법조경합이 필요한 경우

(1) 불법성의 이중평가 금지

하나의 행위가 외견상 수 개의 형벌법규의 구성요건을 충촉하는 경우에, 그것을 모두 성립시키면 불법성이 이중평가가 되는 결과가 초래될 때에는 법조경합을 인정하여야 한다. 예컨대, 갑이 아버지를 살해하는 행위는 외견상 형법 제250조 제2항의 존속살해죄가 성립하면서 동시에 아버지도 사람이므로 형법 제250조 제1항의 보통살인죄에도 해당한다. 그러나 양자를 모두 성립시키면 사람을 살해하였다는 단일의 행위에 대한 불법성이 중첩되어 평가되므로 타당하지 않고, 그 결과 법조경합을 인정하여야 한다(단일 범죄－법조경합 중 특별관계).

또한 두 개 이상의 행위가 외견상 두개 이상의 형벌법규의 구성요건을 충족하는 경우에도 불법성의 이중평가가 발생하면 법조경합을 인정하여야 한다. 예컨대, 갑이 을의 물건을 훔쳐서 쓸모가 없자 부수어버린 경우에, 외견상 훔친 행위에는 제329조의 절도죄가 성립하고 부수어버린 행위에는 제366조의 손괴죄가 성립한다. 그러나 절도죄가 성립함으로써 을의 소유권 침해는 이미 발생하고, 그 이후에는 더 이상의 소유권침해가 일어나지 않음에도 불구하고 손괴죄를 성립시킨다면 이중의 소유권침해를 인정함으로써 법익(침해)의 측면에서 이미 평가가 끝났음에도 불구하고 불법성의 이중평가가 초래된다. 그 결과 법조경합을 인정하여야 한다(단일 범죄-법조경합 중 흡수관계로서 불가벌적 사후행위).

반면, 선거 후보자에 대하여 비방할 목적으로 공연히 사실을 적시하는 것은 외견상 공직선거법 제110조의 후보자비방죄가 성립하면서 동시에 형법 제307조의 명예훼손죄에도 해당한다. 이 경우 후보자비방죄로 인하여 공정한 선거의 실현과 민주주의 발전에 기여하게 되고, 명예훼손죄로 인하여 개인의 사생활 및 명예가 보호된다. 이 때에는 불법성의 이중평가가 발생하지 않기 때문에 두 범죄 모두 성립된다고 보아야 한다(다수 범죄-경합론 중 상상적 경합).

(2) 배척하는 법조의 입법목적 달성

행위가 외견상 수 개의 형벌법규의 구성요건을 충족하는 경우에, 그것을 모두 성립시키면 배척하는 법조의 입법목적을 달성할 수 없을 때에도 법조경합을 인정하여야 한다. 예컨대 고통이 큰 환자가 더 이상 고통을 견디기 힘들어서 친구에게 간절히 부탁하여 자신의 생을 마감하게 해 달라고 하여 친구가 이를 승낙하고 환자를 살해한 경우, 외견상 사람을 살해하였으므로 형법 제250조 제1항의 보통살인죄가 성립함과 동시에 사람의 촉탁을 받아 살해하였으므로 형법 제252조 제1항의 촉탁·승낙살인죄가 성립한다. 그러나 양자를 모두 성립시키면 형이 보다 중한 보통살인죄의 법정형이 적용되므로, 불법감경사유에 해당하는 촉탁·승낙살인죄의 입법목적을 달성할 수 없다. 따라서 중한 범죄의 적용을 배척하고 경한 범죄를 적용함으로써, 적용되는 법조의 입법목적을 달성할 수 있게 된다(단일범죄-법조경합 중 특별관계).

반면 앞선 선거 후보자에 대한 비방의 경우에는, 두 법조를 모두 적용해야만 입법목적을 모두 달성할 수 있다는 점에서 어느 법조도 적용을 배척해서는 안 된다.

판 례

판례는 법조경합은 1개의 행위가 외관상 수 개의 죄의 구성요건에 해당하는 것처럼 보이나 실질적으로 1죄만을 구성하는 경우를 말하며, 실질적으로 1죄인가 또는 수죄인가는 구성요건적 평가와 보호법익의 측면에서 고찰하여 판단하여야 한다고 본다. 따라서 입법목적과 보호법익을 달리하고, 구체적인 구성요건에 상당한 차이(예컨대, 산지관리법과 경제자유구역법상 처벌조항이 정한 행위의 대상지역 및 허가권자, 금지되는 행위의 내용 등)가 있으면 법조경합이 아니라 두 죄는 각각 독립된 구성요건이라고 본다.[1)]

3. 법조경합의 유형

(1) 특별관계

어떤 구성요건이 다른 구성요건의 모든 표지를 구비하고 더 나아가 특별한 표지까지 포함한 경우에 전자는 후자에 대하여 특별관계(Spezialität)에 있다고 보게 된다. 이를 위해서는 기본적으로 일반법규와 특별법규의 보호법익이 같아야 하고, 특별법규는 일반법규의 모든 구성요건 표지를 갖추어야 한다.

예컨대 보통살인죄(제250조 제1항)에 대한 존속살해죄(제250조 제2항) 또는 촉탁・승낙살인죄(제252조 제1항)의 관계, 단순절도죄(제329조)에 대한 특수절도죄(제331조)의 관계, 일반법에 대한 특별법의 관계 등이 이에 해당한다. 이 밖에도 결합범과 그 일부를 이루는 행위(예컨대 강도강간죄와 강간죄)의 관계도 특별관계로 볼 수 있다.

특별관계에는 특별법은 일반법에 우선한다는 원칙에 따라 일반적 규정은 배제되고 특별규정만 적용된다.

(2) 보충관계

보충관계(Subsidiarität)란 어떤 형벌법규가 다른 형벌법규와의 관계에서 단지 보충적으로 적용되는 경우이다. 보충관계는 법조문 또는 형벌법규의 해석을 통하여 인정되며 명시적 보충관계와 묵시적 보충관계로 나누어진다.

명시적 보충관계란 법조문에 보충관계임이 구성요건을 통해 확인되는 경우로서, 예컨대 일반이적죄(제99조)의 외환유치죄(제92조), 여적죄(제93조), 모병이적죄(제94조) 등에 대한 관계가 이에 해당한다. 일반물건방화죄(제167조), 일반건조물방화죄(제166조), 공용건조물방화죄(제165조), 현주건조물방화죄(제164조)는 각각의 단계별로 서로 보충관계에 있다.

묵시적 보충관계란 법조문에 의하지 않고 오로지 해석에 의하여 확인되는 경

1) 대판 2020. 7. 9, 2019도17405.

우이다. 범죄를 교사한 자가 방조까지 한 경우 방조는 교사에 대하여, 정범과 행위분담까지 하면 교사는 공동정범에 대하여 각각 묵시적 보충관계에 있게 된다. 불가벌적 사전행위의 경우, 예컨대 예비는 미수와 기수에 대하여 그리고 미수는 기수에 대하여 각각 묵시적 보충관계에 있다.

작위범과 부작위범 사이에서도 보충관계가 성립할 수 있다. 판례는 검사로부터 범인을 검거하라는 지시를 받은 경찰관이 범인을 도피케 한 경우에 범인도피죄 외에 직무유기죄가 따로 성립하는지 여부에 관하여 작위범인 범인도피죄만 성립하고 부작위범인 직무유기죄는 따로 성립하지 않는다고 본다.[1] 물론 하나의 범죄성립에 작위와 부작위과 혼재되어 있으면 일반적으로 작위와 부작위의 구별기준에 따라야 한다. 그러나 어느 행위로 인하여 서로 다른 작위범과 부작위범이 동시에 성립가능하면 해석상 작위범의 구성요건을 통하여 입법목적을 달성할 수 있으면 작위범을 우선 적용하고, 그렇지 않은 경우에는 보충적으로 부작위범의 성립을 판단한다.

보충관계에서는 "기본법은 보충법에 우선한다."는 법리에 의하여 기본법이 적용되고 보충법의 적용은 배제된다.

(3) 흡수관계

1) 의의 및 효력

흡수관계(Konsumtion)란 어떤 범행의 불법과 책임의 내용 속에 타 범행의 그것을 함께 포함하면서 특별관계나 보충관계가 아닌 경우를 말한다. 예컨대 살인에 수반된 재물손괴와 같은 불가벌적 수반행위와 절도범이 도품을 손괴하는 것과 같은 불가벌적 사후행위가 모두 포함된다.

흡수관계에서는 "전부법은 부분법을 폐지한다."는 법리에 의하여 흡수법만 적용되고 피흡수법의 적용은 배제된다.

2) 불가벌적 사후행위

불가벌적 사후행위란 선행된 범죄에 의하여 형성된 범죄정황을 단지 이용하거나 확실하게 하는 구성요건해당적 행위로서 그 침해대상이 바로 선행범죄에 의해 침해되었던 법익인 경우를 말한다. 즉, 선행범죄에 의하여 불법성이 완전

---

1) 대판 1996. 5. 10, 96도51.

히 평가되었기 때문에 후행행위에 대하여는 더 이상 불법성의 평가가 남아 있지 않게 된다.

불가벌적 사후행위의 성립요건은 다음과 같다.

① 후행행위는 구성요건에 해당하여야 한다. 처음부터 구성요건에도 해당하지 않는 행위는 당연히 불가벌이다.

② 후행행위에 의하여 침해되는 법익은 선행행위에 의하여 침해되는 법익과 동일하거나 그 범위를 초과하지 않아야 한다. 만일 선행행위에 의하여 침해되는 법익보다 클 때에는 불법성이 선행행위에 포함될 수 없고 별도의 범죄가 성립하여야 한다. 예컨대, 갑이 을의 도장을 훔쳐서 을 몰래 을의 이름으로 매매계약서에 도장을 찍은 경우에는 절도죄 이외에 사문서위조죄가 성립한다.

③ 후행행위에 의하여 침해되는 법익의 귀속자는 선행행위와 동일하여야 하며, 그외 제3자의 법익을 침해해서는 안 된다. 만일 후행행위가 제3자의 법익을 침해한다면 별도의 범죄가 성립하여야 한다. 예컨대, 갑이 을로부터 훔친 절도품을 마치 자신의 것인양 속여서 병에게 팔고 대가를 받았다면, 병이라는 제3자의 소유권을 침해한 것이므로 별도의 사기죄가 성립한다.

④ 선행행위가 실체법상의 요건을 갖추면 족할 뿐, 소송법상의 요건까지 완전히 갖추어야 할 필요는 없다. 따라서 선행행위가 공소시효가 완성되거나 소송조건의 결여, 인적 처벌조각사유에 해당되는 등의 이유로 처벌되지 않는 경우에는 후행행위도 처벌되지 않는다. 법조경합이란 실체법상 규범적 효력을 가질 뿐이므로, 그것으로 불가벌적 사후행위 여부를 판단하면 족하다. 따라서 선행행위가 소송법상의 요건의 결여로 처벌할 수 없을 때에도 이미 후행행위의 실체법상의 효력이 선행행위에 귀속되어 버리므로, 선행행위의 소송법상의 효력에 종속한다고 보아야 할 것이다.

그러나 선행행위가 범죄의 증명이 없기 때문에 처벌되지 않는 경우에는 후행행위는 별도로 성립하고 처벌될 수 있다. 이 경우에는 선행행위가 실체법적으로도 불가벌이 됨으로써 후행행위의 불법성이 선행행위에 흡수되지 않기 때문이다.

⑤ 후행행위에 관여한 제3자의 관계에서는 별도의 범죄가 성립할 수 있다. 예컨대, 갑이 을의 재물을 절취한 후에 이를 운반하는 과정에서 병이 운반에만 관여하였다면 갑에게는 장물운반죄가 불가벌적 사후행위가 되지만, 병에게는 선행행위가 존재하지 않기 때문에 독립하여 장물운반죄가 성립한다.

만일 선행행위 가담자가 정범이 아닌 공범의 경우에는 불가벌적 사후행위가 되지 않는다. 공범은 정범에 종속하여 성립되므로, 공범에게 선행행위가 존재한다고 할 수 없으므로 선행범죄에서 불법성이 완전히 평가되지 않기 때문이다. 예컨대, 갑의 절도죄를 방조한 을이 갑의 장물운반을 함께 하였다면 갑은 절도죄만 성립하고 장물운반죄는 불가벌적 사후행위가 되지만, 을은 절도죄의 방조범과 장물운반죄의 공동정범의 실체적 경합이 된다.

판 례

1. 불가벌적 사후행위가 되는 경우(일죄)

전기통신금융사기(이른바 보이스피싱 범죄)의 범인이 피해자를 기망하여 피해자의 돈을 사기이용계좌로 송금·이체받았다면 이로써 편취행위는 기수가 되므로[1] 범인이 피해자의 돈을 보유하게 되었다고 하더라도 이로 인하여 피해자와 사이에 어떠한 위탁 또는 신임관계가 존재한다고 할 수 없는 이상 피해자의 돈을 보관하는 지위에 있다고 볼 수 없으며, 나아가 그 후에 범인이 사기이용계좌에서 현금을 인출하였다고 하더라도 이는 이미 성립한 사기범행의 실행행위에 지나지 아니하여 새로운 법익을 침해한다고 보기도 어려우므로, 위와 같은 인출행위는 횡령죄가 성립하지 않고 불가벌적 사후행위가 된다.[2] 또한 절도범인으로부터 장물보관의뢰를 받은 자가 장물보관죄가 성립하면, 그 이후에 임의처분해도 별도의 횡령죄가 성립하지 않는다고 본다.[3] 그 밖에도 사기죄의 성립 이후에 당해 금전을 임의로 소비하거나 반환을 거부한 경우,[4] 열차승차권을 절취한 자가 그 승차권을 자기의 것인 양 속여 환불받은 경우,[5] 장물인 자기앞수표를 취득한 후 이를 현금 대신 교부한 경우[6] 등에는 불가벌적 사후행위가 된다.

2. 불가벌적 사후행위가 되지 않는 경우(실체적 경합)

편취한 약속어음을 정을 모르는 제3자에게 할인받은 경우(사기죄와 사기죄),[7]

---

1) 대판 2010. 12. 9, 2010도6256; 대판 2003. 7. 25, 2003도2252.
2) 대판 2017. 5. 31, 2017도3045; 대판 2017. 5. 31, 2017도3894.
3) 대판 1978. 11. 28, 78도2175.
4) 대판 2015. 9. 10, 2015도8592. 횡령죄는 사기죄의 소유권침해 이외에 추가적인 법익침해가 없다.
5) 대판 1975. 8. 29, 75도1996. 열차승차권은 무기명증권이므로 이를 소지·제시하는 자에게 권리가 있다.
6) 대판 1993. 11, 23, 93도213. 자기앞수표는 현금과 동일한 가치재이다.
7) 대판 2005. 9. 30, 2005도5236. 제3자의 새로운 법익을 침해하였으므로 사기죄가 성립한다.

사람을 살해한 후 범죄은폐를 위해 시체를 유기한 경우(살인죄와 사체유기죄),[1] 대마를 절취한 후 이를 흡입목적으로 소지한 경우(절도죄와 대마소지죄),[2] 명의수탁자가 보관중이던 토지에 근저당권 설정등기 후 다시 이를 매각한 경우(횡령죄와 횡령죄),[3] 횡령금을 적법하게 취득한 재산으로 가장할 목적으로 은닉한 경우(횡령죄와 범죄수익은닉규제법 위반죄),[4] 유사수신행위를 한 자가 출자자에게 별도의 기망행위를 하여 유사수신행위로 조달받은 자금의 전부 또는 일부를 다시 투자받은 경우(유사수신행위법 위반죄와 사기죄)[5]

(4) 택일관계의 인정여부

택일관계(Alternativtät)는 예컨대 절도죄와 횡령죄의 관계처럼 성질상 양립할 수 없는 두 개의 형벌법규 간에 있어서는 어느 일방만이 적용되는 경우를 말한다.[6] 이에 관한 인정 여부와 관련하여 긍정설과 부정설이 있다.

긍정설[7]에 의하면 예컨대, 하나의 행위가 업무상과실과 중과실이 경합하는 경우처럼 2개의 구성요건 모두에 해당하는 경우가 있을 수 있고, 따라서 선택의 문제가 발생한다고 한다.

그러나 긍정설이 제시하는 업무상과실과 중과실은 하나의 법조에 해당하고, 결과적으로 하나의 법조만이 성립·적용되는 경우이기 때문에 '서로 다른 법조 간의 경합'이란 일어날 수 없고, 본래의 의미의 택일관계라고 보기 어렵다. 또한

1) 대판 1984. 11. 27, 84도2263. 사체유기죄는 사회적 법익에 관한 죄로 사자에 대한 추모의 감정이 보호법익이다.
2) 대판 1999. 4. 13, 98도3619. 마약등 소지죄는 사회적 법익에 관한 죄로 사회의 건강을 보호법익으로 한다.
3) 대판 2013. 2. 21, 2010도10500. 이 경우 판례는 "후행 처분행위가 이를 넘어서서, 선행 처분행위로 예상할 수 없는 새로운 위험을 추가함으로써 법익침해에 대한 위험을 증가시키거나 선행처분행위와는 무관한 방법으로 법익침해의 결과를 발생시키는 경우라면, 이는 선행 처분행위에 의하여 이미 성립된 횡령죄에 의해 평가된 위험의 범위를 벗어나는 것"으로 본다.
4) 대판 2020. 2. 6, 2018도8808. 횡령금을 적법하게 취득한 재산으로 가장할 목적으로 은닉하였다면, 이는 횡령의 범행에 당연히 수반되거나 예상되는 행위라고 볼 수 없고, 범죄수익은닉규제법 위반죄는 횡령죄와 그 구성요건이나 보호법익을 달리하므로, 이 부분 범죄수익은닉규제법 위반죄는 횡령죄의 불가벌적 사후행위가 아닌 별죄를 구성한다.
5) 대판 2023. 11. 16, 2023도12424. 유사수신행위법 위반행위는 그 자체가 사기행위에 해당한다거나 사기행위를 반드시 포함한다고 할 수 없고, 유사수신행위법 위반죄는 형법 제347조 제1항의 사기죄와 구성요건과 보호법익을 달리하기 때문이다.
6) 빈딩(Binding), 야구쉬(Jagusch) 등에 의하여 주장된 이론이다.
7) 권오걸, 661면; 신동운, 789면; 오영근, 470면; 임웅, 629면.

하나의 법조문 내에 다수의 독립된 범죄가 존치하고, 해당 다수의 범죄가 성립하는 경우에는 포괄일죄로 봄이 타당하다. 택일관계란 2개의 구성요건 중 어느 하나에만 해당하는 것이기 때문에 같은 행위가 수개의 법조에 해당하는 것으로 나타나는 법조경합과는 구분된다. 따라서 택일관계에는 독자적 지위를 인정할 필요가 없다는 점에서 부정설[1)]이 타당하다.

4. 법조경합의 취급

배제되는 법률은 적용되지 않으며 형법적 제재의 근거가 될 수 없다. 따라서 배제되는 법률은 판결주문이나 판결이유에도 기재되지 않는다. 그러나 제3자는 배제되는 법률에 의하여 성립되는 범죄의 공범이 될 수 있다. 예컨대, 갑이 절도죄를 범한 후 절취물을 운반하는 과정에서 해당 운반차량을 친구인 을이 운전한 경우, 갑에게는 장물운반죄가 흡수관계로서 배제되고 절도죄만 성립하나 배제되는 행위에 가담한 을은 장물운반죄의 공동정범이 성립한다. 또한 양형의 참작사유에는 제한이 없다는 점에서 배제되는 법이 양형에 고려될 수는 있을 것이다.

Ⅳ. 포괄일죄

1. 의 의

포괄일죄란 수개의 동종 또는 유사한 행위가 동일한 구성요건을 반복적으로 충족하는 결과 포괄해서 하나의 범죄(일죄)를 형성하는 경우를 의미한다.

포괄일죄도 일죄임에는 법조경합과 같으나, 법조경합이 서로 다른 법조문간의 체계적 경합에 의하여 하나의 법조가 다른 법조의 성립을 배척하는 것인 반면 포괄일죄는 외견상 다수의 행위가 동일한 법조에 중첩하여 다수 성립하는 경우이다. 이 때 다수의 행위는 같은 법조를 충족하므로 같은 법조가 외견상 다수 성립할지라도, 만일 하나의 범죄 성립을 인정한다고 해도 입법목적을 달성할 수 있다면, 법경제상 여러 범죄의 성립을 인정할 필요가 없는 경우에는 포괄해서 하나의 범죄만 성립한다고 볼 필요가 있다. 따라서 포괄일죄란 법논리적 귀결이

---

1) 김성돈, §33/66; 김성천/김형준, 453면; 김일수/서보학, 524면; 박상기, 339면; 배종대, 574면; 손동권/김재윤, 640면; 이재상 외, 537면; 정성근/정준섭, 386면; 최호진, 687면.

라기 보다는 해석상의 정책적 문제가 된다. 이에 따라 포괄일죄는 판례의 축적을 통해 형성되어 왔다.

2. 공통 요건

강학상으로는 연속범, 접속범 등 다양한 포괄일죄의 하위개념을 제시하고 있지만, 판례는 '포괄일죄'라는 용어만을 사용하고 있으며, "각개의 범행 상호간에 보호법익이나 행위의 태양과 방법, 의사의 단일 또는 갱신 여부, 시간적·장소적 근접성 등 일반의 포괄일죄 인정의 기준이 되는 요소들"[1]이라고 하거나, "동일 죄명에 해당하는 연속된 행위로서 단일하고 계속된 범의하에 일정기간 계속하여 행하고 그 피해법익도 동일한 경우"[2]라고 정의한다. 따라서 다수의 행위, 행위방법의 동종성, 고의의 동일성, 법익의 동일성 및 시간적·장소적 근접성은 포괄일죄의 하위개념이 무엇이든지 간에 상위개념으로서 포괄일죄를 충족시키는 공통 요건이라고 할 수 있다. 이를 살펴보면 다음과 같다.

(1) 행위의 자연적 다수성

수개의 행위가 포괄적으로 한 개의 구성요건에 해당하여 단순히 하나의 죄를 구성하는 것으로, 수개의 행위가 결합하여 하나의 범죄를 구성하여야 한다. 침해행위의 자연적 다수성이 요구된다. 수개의 행위라 함은 자연적 의미에서 분절되는 행위일 것을 요구하면서, 그러한 분절된 행위는 독립적으로 개별구성요건을 완전히 충족시킬 수 있어야 한다.

따라서 계속범은 포괄일죄가 아니다. 계속범은 분절되는 다수의 행위가 존재하는 범죄가 아니기 때문이다.

(2) 행위방법의 동종성

수개의 동종의 행위가 존재하여야 한다. 이를 행위방법의 동종성이라고 하는데, 침해방법, 즉 구성요건 행위의 외부적 양태가 본질적으로 동일하거나 유사하여야 한다.[3] 따라서 분절된 행위라면 기본적 구성요건과 가중적 구성요건 간, 기수와 미수 간에는 동종의 구성요건 행위의 반복이므로 포괄일죄가 가능하지

---

1) 대판 2004. 9. 16, 2001도3206 전원합의체 판결.
2) 대판 2007. 7. 26, 2007도4404.
3) Jescheck/Weigend, AT, 715면; Dreher/Tröndle, AT, vor §52 Rn. 31; Geppert, 652면.

만[1] 동종의 구성요건행위라고 평가할 만하지 않은 경우, 예컨대 절도와 강도, 작위와 부작위범 사이에는 성립할 수 없다.

따라서 결합범은 포괄일죄가 아니다.

(3) 고의의 동일성

동일한 의사에 의하여 반복되어야 한다. 주로 고의의 단일성 또는 계속성·반복성이라는 표현을 사용하기도 한다. 수개의 법조 침해 또는 동일한 법조문의 수회 침해에도 불구하고 일죄로서의 법효과만을 인정하기 위해서는, 위와 같은 수회의 법조의 침해가 1개의 법조 침해에 상응하여야 하는데, 여기에서는 행위자의 주관적 태도가 일관된다는 점이 중요한 작용을 한다.

즉, 구성요건요소를 객관적 요건과 주관적 요건으로 나누어 볼 때 포괄일죄는 객관적 요건의 의미에서는 수 개의 구성요건해당성을 충족하는 다수의 행위가 존재하므로, 이러한 다수의 행위를 하나의 범죄로써 법적 평가를 하기 위해서는 행위자의 주관적 요소에 의지하지 않을 수 없다. 이에 관하여 전체고의를 인정하는 취지는, 행위자가 처음부터 범행의 시간, 장소, 행위양태, 전체결과 등을 대략적으로라도 계획 내지 예견하고 있어야 하며, 이러한 전체고의는 최초의 행위의 실행 시에 이미 존재하고 있어야 한다[2]는 점에서 분절된 구성요건적 행위를 포괄하는 연결고리로써 작용하여야 하기 때문에 최초의 행위시점부터 포괄일죄에 귀속되는 마지막 행위시점까지 단절 없이 고의가 인정되어야 한다.

한편 전체고의설은 계획적이고 치밀한 범인에게 일죄의 혜택을 준다는 점에서 연쇄고의(연속의 고의)를 인정함이 타당하다는 견해가 있다.[3] 연쇄고의설(계속적 고의설)은 고의를 전체적으로 고찰하지 않고 개개의 행위가 그 앞의 행위와만 계속적인 심리적 연관을 가지면 족하다고 본다. 그러나 연속고의를 인정하게 되면 전체적으로 일관된 고의가 존재하지 않는 일련의 개별행위들을 하나로 보는 결과가 될 뿐만 아니라, 상호간에 내적 연관성 여부를 개별적 연관성으로 전환시킴으로써 포괄일죄의 성립범위를 지나치게 확장시키는 결과를 초래한다.

---

1) 예컨대 단순절도와 특수절도 간의 연속범 등을 고려해 볼 수 있을 것이다.
2) Dreher/Tröndle, AT, vor §52 Rn. 28.
3) 최호진, 682면는 연쇄고의설이 통설, 판례의 태도라고 본다.

판 례

갑은 환경부 '가습기살균제 대응 TF' 피해구제 대책반 등 가습기살균제 사건 대응 관련 부서에서 근무하면서 가습기살균제 피해 특별구제계정의 분담금 산정 협의 과정에서 가습기살균제 제조·판매업체인 A 회사의 담당자인 B를 알게 되자 그로부터 선물이나 향응을 제공받은 대가로 가습기살균제 사건 관련 환경부 조치 동향, 내부 논의 상황등의 정보를 제공할 것을 마음먹었다. 갑은 B로부터 위와 같은 직무상 편의를 제공하여 달라는 취지의 청탁을 받으면서 원심 판시 별지 범죄일람표 (1) 순번 1 내지 17번 기재와 같이 2017. 4. 18.부터 2019. 1. 31.까지 17회에 걸쳐 저녁식사 등을 제공받은 후 원심 판시 별지 범죄일람표 (2) 기재와 같이 환경부 내부정보 등을 제공함으로써 뇌물을 수수한 후 부정한 행위를 하였다.

원심(서울고법 2020. 8. 20, 2020노296)은 수뢰후부정처사죄는 수뢰 후에 부정처사가 있어야 하므로, 순번 1내지 15번까지는 수뢰후부정처사죄의 포괄일죄가 되지만, 부정처사 이후에 받은 뇌물 16과 17은 별도로 뇌물수수죄만 된다고 보았다. 그러나 대법원[1)]은 단일하고도 계속된 범의 아래 일정 기간 반복하여 일련의 뇌물수수 행위와 부정한 행위가 행하여졌고 그 뇌물수수 행위와 부정한 행위 사이에 인과관계가 인정되며 피해법익도 동일하다면, 최후의 부정한 행위 이후에 저질러진 뇌물수수 행위도 최후의 부정한 행위 이전의 뇌물수수 행위 및 부정한 행위와 함께 수뢰후부정처사죄의 포괄일죄가 된다고 판시하였다.

판례는 수뢰후부정처사 이후에 받은 뇌물도 그 이전의 뇌물수수와 분절없이 연속된 범의로 인정하여 포괄일죄로 본다는 점에서 연쇄고의를 인정하는 취지로 이해된다.

그러나 이는 연쇄고의의 문제가 아니고, 협의의 포괄일죄에 해당하는 것으로 보아야 한다. 즉, 순번 1부터 15까지는 제131조 제1항(수뢰후부정처사죄)에 해당하고, 순번 16, 17은 제131조 제2항(사후수뢰죄)에 해당하며, 이것이 부정처사라는 하나의 행위를 중첩하여 외형상 상상적 경합처럼 보이지만, 1개의 구성요건에 속하면서 행위태양이 동일한 법익을 침해하는 수개로 나누어져 있는 것으로 보아 협의의 포괄일죄에 해당하는 것(즉, 전체적으로 포괄하여 제131조 위반죄 성립)으로 봄이 타당하다.

---

1) 대판 2021. 2. 4, 2020도12103.

(4) 법익의 동일성

침해되는 법익의 동일성이 요구된다("하나의 동일한 법익에 대하여"). 즉, 연속된 행위로 인하여, 이미 선행행위에 의한 구성요건의 실현을 통하여 발생된 법익침해의 단순히 양적 증가에 불과하여야 하며, 질적으로 다른 방향의 침해행위여서는 안 된다.[1] 침해법익이란 일신전속적 법익과 그렇지 않은 법익을 나누어 보는 것이 타당할 것이다.

일신전속적 법익은 개별 귀속자마다 독립된 법익가치가 인정되기 때문에 피해자가 서로 다를 경우 포괄일죄를 인정할 수 없다.[2] 그러나 비전속적 법익의 경우에는 법익자체가 귀속대상의 동일성을 의미하는 것은 아니며, 대상을 떠나서 객관적으로 존재하는 평가가치로서의 법익을 의미한다고 하여야 할 것이다. 예컨대 생명, 신체와 같은 일신전속적 법익의 경우에는 피해자인 법익귀속자마다 범죄가 별도로 성립하기 때문에 상상적 경합이나 실체적 경합이 성립하겠지만, 재산범죄에서의 법익인 재산의 경우에는 귀속자와 관계없이 법익이 존재할 수 있기 때문에 포괄일죄가 가능하다. 그러나 재산범죄라 하더라도 강도죄는 폭행 또는 협박으로 의사결정의 자유라는 일신전속적 법익의 침해를 수반하고, 사기죄는 기망에 의한 착오라는 일신전속적 과정이 요구되므로 개별 귀속자(피해자)마다 범죄가 성립한다고 보아야 한다. 다만 판례는 사기죄의 피해자들이 부부인 경우에는 피해법익이 동일하다고 평가될 수 있으므로 예외적으로 사기죄의 포괄일죄가 성립한다고 본다.[3] 한편, 전자의 경우 상습폭행죄처럼, 피해자인 법익귀속자가 동일하다면 반복된 법익침해행위는 당연히 포괄일죄가 가능할 것이다.

(5) 시간적 · 장소적 근접성

시간적 · 장소적 근접성("수개의 행위가 불가분적으로 접속, 연속하여 행하여지는 것")이 요구된다. 개별행위들 간에는 어느 정도의 시간적 또는 장소적 근접성이 인정되어야 한다. 물론 이러한 근접성의 정도는 접속범인가 연속범인가 또는 집합범인가에 따라서 서로 동일하지는 않다. 예컨대 집합범에 속하는 영업범의 근접성은 접속범의 그것보다 더 간격이 좁다.

이 때의 "시간적 · 장소적 근접성"이란 반복되는 동종의 행위들이 연속선상에

1) Heintschel/Heinegg, "Der Fortsetzungszusammenhang" JA 1993, 138면.
2) Jescheck/Weigend, AT, 716면; Dreher/Tröndle, AT, vor §52 Rn. 30.
3) 대판 2023. 12. 21, 2023도13514.

존재하는 고의에 의하여 연결고리가 인정될 수 있어야 한다는 점을 최소요건으로 할 것이다. 이 시간적·장소적 근접성 요건으로 인하여 연속범이나 상습범을 포괄일죄로 볼 것인가에 관한 대립이 있다.

판 례

포괄일죄란 "수개의 행위가 포괄적으로 한 개의 구성요건에 해당하여 단순히 하나의 죄를 구성하는 것으로, 수개의 행위가 결합하여 하나의 범죄를 구성하든가, 수개의 동종의 행위가 동일한 의사에 의하여 반복되든가, 또는 하나의 동일한 법익에 대하여 수개의 행위가 불가분적으로 접속, 연속하여 행하여지는 것이므로 그 어떠한 경우임을 막론하고 구성요건에 해당하는 수개의 행위가 근원적으로 동종의 행위로서 그 구성요건을 같이 함을 전제로" 하는 범죄이다.[1] 동 판결의 내용을 문언 그대로 해석해보면, 수개의 행위가 결합하여 하나의 범죄를 구성한다는 점은 결합범을, 수개의 동종의 행위가 동일한 의사에 의하여 반복된다는 점은 집합범을, 하나의 동일한 법익에 대하여 수개의 행위가 불가분적으로 접속하여 행하여지는 것은 접속범을, 연속하여 행하여지는 것은 연속범을 의미한다고 해석하면, 포괄일죄에는 결합범, 집합범, 접속범, 연속범이 포함된다.

판례는 특히 "각기 따로 존재하는 수개의 행위가 당해 구성요건을 한번 충족하여 본래적으로 일죄라는 것으로 이 수개의 행위가 혹은 흡수되고 혹은 사후행위가 되고 혹은 위법상태가 상당 정도 시간적으로 경과하는 등으로 본래적으로 일죄의 관계가 이루어지는 것이므로 과형상의 일죄와도 이 점에서 그 개념 등을 달리"한다고 본다.[2]

3. 포괄일죄의 유형

앞서 포괄일죄의 공통요건을 통해 결합범과 계속범은 해당하지 않는다고 보았다. 따라서 포괄일죄가 논의되는 경우로는 접속범, 연속범, 집합범(영업범, 직업범, 상습범) 및 협의의 포괄일죄 등을 들 수 있다.

(1) 접속범

접속범이란 단독으로도 범죄의 기수로 될 수 있는 수개의 행위가 같은 고의

1) 대판 1985. 9. 24, 85도1686.
2) 대판 1982. 11. 23, 82도2201.

의 테두리 내에서 동일한 기회에 시간적·장소적으로 극히 근접한 정황 속에서 같은 법익을 침해하는 경우를 말하는데, 예를 들면 절도범인이 같은 시간에 같은 장소에서 여러 종류의 재물을 절취하는 경우가 이에 해당한다. 이 경우 각 행위의 독립성을 인정하지 않고 전체를 포괄하여 1개의 죄로 평가한다.

판 례

카지노에 들어와 게임테이블에 앉아 바카라 게임을 시작한 후 최종적으로 종료할 때까지 그날의 편취행위(대판 2015. 10. 29, 2015도10948). 음주상태로 자동차를 운전하다가 제1차 사고를 내고 그대로 진행하여 제2차 사고를 낸 후 음주측정을 받아 도로교통법 위반(음주운전)죄가 된 경우(대판 2007. 7. 26, 2007도4404). 주식시세조종의 목적으로 허위매수주문, 고가매수주문행위 및 통정매매행위 등을 반복한 경우(대판 2011. 1. 13, 2010도9927).

(2) 연속범

1) 학설의 대립

연속범이란 연속하여 행하여진 수개의 행위가 같은 범죄에 해당하는 경우이다. 연속범도 포괄일죄의 공통요건을 충족하여야 하므로, 동일한 고의로 연속적으로 행하여지는 같은 형태의 수개의 행위가 같은 법익을 침해해야 한다. 그러나 반드시 수개의 행위가 구성요건적으로 일치할 필요는 없으며, 시간적으로 장소적으로 계속성은 필요로 하지만 근접할 것을 요하지는 않는다는 점에서 접속범과 구별된다.

구형법 제55조는 연속범에 관하여 "연속한 수개의 행위가 동일한 죄명에 걸릴 때에는 일죄로 처벌한다."라고 규정하여 이를 처분상의 일죄로 취급하였다. 그러나 동 규정이 삭제된 이후로 판례는 연속범이라는 용어를 사용하지 않고, 대체로 포괄일죄라는 명칭으로 연속범에 해당하는 사안들을 다루고 있다.

현행법제 하에서 연속범을 어떻게 취급할 것인가에 대하여는 세 가지 견해가 대립된다. 우선 포괄일죄설[1)]은 연속범을 수죄로 보아 경합범의 예에 따르는 것

1) 김성천/김형준, 461면; 김일수/서보학, 527면; 김혜정 외, 389면; 박상기, 344면; 배종대, 581면; 손동권/김재윤, 643면; 오영근, 474면; 이재상 외, 546면; 임웅, 631면; 정성근/정준섭, 392면.

이 소송경제에 불합리하다거나 과잉처벌금지원칙에 위배된다는 점을 근거로 한다. 구법의 경우처럼 단지 처분상의 일죄로 취급하는 견해[1]도 있으나 현재 지지하는 이론을 찾기는 어렵다. 마지막으로 경합범설[2]은 이를 포괄일죄로 보게 되면 많은 죄를 범한 자에게 보다 많은 특혜를 주는 결과가 되어 불법성의 정당한 평가가 이루어질 수 없고, 연속된 고의를 통해 연관성이 없는 개별행위들을 전체적으로 하나로 보는 문제가 발생한다는 점을 지적한다.

판 례

판례는 포괄일죄를 인정하면서,[3] 동일한 피해자에 대하여 단일하고 계속된 범의하에 동종의 범행을 일정기간 반복하여 행한 경우에는 그 각 범행은 통틀어 포괄일죄가 될 수 있다고 본다. 다만, 범의의 단일성과 계속성은 개별 범행의 방법과 태양, 범행의 동기, 각 범행 사이의 시간적 간격, 그리고 동일한 기회 내지 관계를 이용하는 상황이 지속되는 가운데 후속 범행이 있었는지 여부, 즉 범의의 단절이나 갱신이 있었다고 볼 만한 사정이 있는지 여부 등을 세밀하게 살펴 논리와 경험칙에 근거하여 합리적으로 판단"[4]하여야 한다고 본다.

그러나 판례는 포괄일죄의 공통요건을 제시하고 있을 뿐, 연속범이라는 용어를 사용하지 않는다. 따라서 판례는 포괄일죄를 인정하는 것이지 연속범이 포괄일죄라고 보는 것은 아니다.

2) 결 론

연속범을 일죄로 볼 경우에는 많은 죄를 범한 자를 유리하게 해준다는 문제점이 있고 경합범으로 볼 경우에는 소송법상 행위를 각각 개별적으로 취급해야 하는 문제점이 있다. 다만 동일한 고의 아래 동일한 방법으로 시간적·장소적 계속성 속에서 동일한 법익을 침해하는 범죄들이 포괄일죄의 공통요건을 충족시킨다는 제한하에 성립을 인정할 수 있을 것이다. 그러나 이렇게 제한하여 해

1) 황산덕, 299면.
2) 권오걸, 668면; 김성돈, 733면; 신동운, 799면; 이정원, 477면.
3) 대판 2018. 10. 25, 2018도9810; 대판 2017. 7. 11, 2017도7171; 대판 2010. 11. 11, 2007도8645; 대판 2005. 9. 28, 2005도3929; 대판 1998. 5. 29, 97도1126; 대판 1988. 9. 6, 87도1166; 대판 1979. 8. 14, 79도1393; 대판 1960. 8. 3, 4293형상64 등.
4) 대판 2016. 10. 27, 2016도11318.

석할 경우 실제로는 접속범과 구별하기 어렵다.

즉, 연속범이라는 개념을 인정하더라도 앞서 살펴본 공통요건을 충족시켜야 하고, 이를 위해서는 시간적·장소적 근접성(계속성)이라는 요건을 충족시키는 경우에만 인정하여야 하는데, 이렇게 제한 해석한다면 접속범과 결과적으로는 그 내용이나 요건에서 차이가 발생하지 않는다. 시간적·장소적 근접성이 없는 동일 행위들은 포괄일죄의 공통 요건을 충족하지 못하기 때문에 연속범의 범주에도 포함될 수 없기 때문이다. 따라서 법경제상으로는 이를 인정할 실익이 없다.

판 례

1. 판례가 포괄일죄를 인정한 경우

단속 전후 중단 없이 단일하고 계속된 범의 아래 같은 장소에서 같은 방법으로 계속하여 반복적으로 원산지를 거짓 표시한 것으로서, 단속되었다는 사정만으로는 범의가 갱신되었다고 볼 수 없다고 하여 단속을 범의단절로 보지 않는 경우(대판 2017. 7. 11, 2017도7171). 동일한 피해자에 대하여 수회에 걸쳐 기망행위를 하여 금원을 편취한 경우(대판 2006. 2. 23, 2005도8645). 같은 회사로부터 같은 명목으로 지속적으로 정치자금을 수수한 행위(대판 2014. 10. 30, 2012도12394), 공무원이 동일한 사안에 관한 일련의 직무집행 과정에서 단일하고 계속된 범의로 일정기간 계속하여 저지른 직권남용행위의 상대방이 여러 명인 경우(대판 2021. 9. 9, 2021도2030).

2. 판례가 포괄일죄가 아닌 실체적 경합으로 본 경우

스크린 경마게임장에서 사행성 간주 게임기를 설치하고 경품으로 상품권을 지급하여 40일 영업정지처분으로 영업을 하지 못한 후에 다시 게임장 영업을 재개한 경우(대판 2010. 11. 11, 2007도8645). 폐기물처리에 있어서 폐기물위탁처리업체와 매립장소가 각각 다른 경우(대판 2013. 5. 24, 2011도9549). 대통령비서실장인 피고인의 직권남용권리행사방해죄가 예술위, 영진위, 출판진흥원이라는 서로 다른 공공기관을 통하여 각 기관이 주관하는 사업별로 별도로 실행된 경우(대판 2020. 1. 20, 2018도2236 전원합의체 판결). 비의료인이 의료기관을 개설하여 운영하는 도중 개설자 명의를 다른 의료인으로 변경한 경우(대판 2018. 11. 29, 2018도10779). 변호사아닌 사람이 각기 다른 법률사건에 관한 법률사무를 취급하여 저지르는 변호사법위반죄(대판 2015. 1. 15, 2011도14198). 호별방문죄에 있어서 6개월 내지 7개월 후로 시간적 간격이 매우 큰 경우(대판 2007. 3. 15, 2006도9042). 컴퓨터로 음란 동영상을 제공한 제1범죄행위로 서버컴퓨터가 압수된 이후 다시 장비를 갖추어 동종의 제2범죄행위를 한 경우(대판 2005. 9. 30, 2005도4051).

한편 무면허운전죄에 대하여는, 원칙적으로 운전한 날마다 무면허운전죄 1죄가 성립하고 이들은 실체적 경합이 되지만, 같은 날 무면허운전 행위를 여러 차례 반복한 경우에는 그 범의의 단일성 내지 계속성이 인정되지 않거나 범행 방법이 동일하지 않은 경우(실체적 경합 성립) 등 특별한 사정이 없는 한 각 무면허운전 행위를 통틀어 포괄일죄가 된다고 본다(대판 2022. 10. 27, 2022도8806).

(3) 집합범

1) 인정여부

집합범(Kollektivdelikt)이란 다수의 동종의 행위가 동일한 의사의 경향에 따라 반복될 것이 당연히 예상되는 경우로서 상습범, 영업범, 직업범 등이 이에 해당한다. 이에 대하여는 상습성 또는 영리성만으로 개별적 행위를 포괄일죄로 된다고 보는 것은 특수한 범죄에너지를 가진 범인에게 부당한 특혜를 주는 것이므로, 집합범은 경합범으로 보는 것이 타당하다는 비판이 있다.

판 례

판례에 따르면 영업범이란 집합범의 일종으로 구성요건의 성질에서 이미 동종행위가 반복될 것으로 당연히 예상되는 범죄로써, 구성요건의 성질상 동종행위가 반복될 것이 예상되는 범죄라고 볼 수는 없는 경우에는 이에 해당하지 않는다.[1]

이미 구성요건의 성질에서 이익을 얻을 것을 전제로 한 동종의 행위가 반복될 것으로 예상되는 범죄들이 여기에 해당되는데, 예컨대 각종 행정형법상의 행위들, 식품위생법상 무허가 영업행위, 의료법상 무면허의료행위,[2] 의료법상 환자알선행위,[3] 석유사업법상 유사석유판매행위, 약사법상의 처방전 알선행위,[4] 외국환거래법상의 불법외국환거래행위,[5] 직업안정 및 고용촉진에 관한 법률상 무허가유료직업

1) 대판 2004. 7. 22, 2004도2390; 대판 1993. 3. 26, 92도3405.
2) 대판 2014. 1. 16, 2013도11649.
3) 대판 1998. 5. 29, 97도1126.
4) 대판 2003. 12. 26, 2003도6288. 약국개설자가 처방전 알선의 대가로 일정기간 동안 동일한 의료기관개설자에게 수회에 걸쳐 금원을 제공한 행위는 이들 각 행위를 통틀어 포괄일죄가 된다.
5) 대판 2003. 8. 22, 2002도5341. 국내와 외국에 각각 법인을 설립한 다음 재정경제부장관에게 등록하지 아니하고 일정기간 동안 계속하여 대한민국과 외국 간의 지급, 추심 및 영수에 관한 외국환업무를 영위한 행위는 포괄하여 1개의 외국환거래법 제27조 제1항 제5호, 제8조 제1항 위반죄를 구성한다.

소개행위,[1] 영업상 상표권침해행위[2]등이 이에 해당한다. 업무상 재산범죄에 관하여 판례는, "수개의 업무상 횡령행위라 하더라도 피해법익이 단일하고, 범죄의 태양이 동일하며, 단일 범의의 발현에 기인하는 일련의 행위라고 인정될 때에는 포괄하여 1개의 범죄가 성립하고"[3] 또한 수개의 업무상 횡령행위 도중에 공범자의 변동이 있는 경우라 하더라도 그 수개의 행위가 위와 같은 기준을 충족하는 것이라면 별개의 죄가 되는 것이 아니라 포괄일죄가 된다[4]고 본다.[5]

그러나 상습범에 관하여는 각칙에 특별한 처벌규정이 있는 경우에만 포괄일죄로 인정하고 상습범처벌규정이 없는 경우에는 총칙상 상습범으로써 포괄일죄를 인정하지 않고 실체적 경합이 된다고 본다.[6]

2) 결 론

집합범도 하위의 개념 여부에 따라서 영업범이나 직업범은 포괄일죄가 되나, 상습범은 이를 인정할 수 없다. 우선 영업범이나 직업범은 포괄일죄의 공통요건을 충족하고 있으므로 집합범으로서 포괄일죄가 된다.

그러나 상습범에서 상습성이 언제나 고의의 동일성과 시간적·장소적 근접성을 인정할 수 있게 하는 요인이 아니다. 상습성이라는 행위자적 표상은 그와 같은 경향성을 의미하는 것이지 그것이 고의의 동일성이라는 구성요건표지와 같은 개념은 아니기 때문이다. 따라서 상습범에 관하여는 총칙상 포괄일죄를 인

---

1) 대판 1993. 3. 26, 92도3405. 무허가유료직업소개 행위는 범죄구성요건의 성질상 동종행위의 반복이 예상되는데, 반복된 수개의 행위 상호간에 일시·장소의 근접, 방법의 유사성, 기회의 동일, 범의의 계속 등 밀접한 관계가 있어 전체를 1개의 행위로 평가함이 상당한 경우에는 포괄적으로 한 개의 범죄를 구성한다.

2) 대판 2011. 7. 14, 2009도10759.

3) 대판 2007. 1. 12, 2004도8071; 대판 2004. 10. 27, 2003도6738; 대판 1995. 9. 5, 95도1269.

4) 대판 2009. 2. 12, 2006도6994; 대판 1995. 9. 5, 95도1269.

5) 또한 판례는 수개의 업무상 배임행위가 있더라도 피해법익이 단일하고 범죄의 태양이 동일할 뿐만 아니라, 그 수개의 배임행위가 단일한 범의에 기한 일련의 행위라고 볼 수 있는 경우에는 그 수개의 배임행위는 포괄하여 일죄를 구성한다고 본다. 대판 2004. 7. 9, 2004도810; 대판 2007. 1. 12, 2006도6464. 그러나 업무상 재산범죄에 대하여 판례는 이를 연속범 또는 집합범으로 본 것인지는 판시하지 않고 있다.

6) 대판 2012. 5. 10, 2011도12131. 상습범이란 어느 기본적 구성요건에 해당하는 행위를 한 자가 범죄행위를 반복하여 저지르는 습벽, 즉 상습성이라는 행위자적 속성을 갖추었다고 인정되는 경우에 이를 가중처벌 사유로 삼고 있는 범죄유형을 가리키므로, 상습성이 있는 자가 같은 종류의 죄를 반복하여 저질렀다 하더라도 상습범을 별도의 범죄유형으로 처벌하는 규정이 없는 한 각 죄는 원칙적으로 별개의 범죄로서 경합범으로 처단할 것이다.

정할 수 없고 원칙적으로 실체적 경합범에 해당하나, 각칙상 상습범에 관한 특별규정이 있는 경우에는 각칙에 따라 단일의 범죄로 봄이 타당하다.

(4) 협의의 포괄일죄

1개의 구성요건에 속하면서 행위의 태양이 동일한 법익을 침해하는 수종으로 나누어져 있는 경우가 이에 해당한다.

예컨대 동일인을 체포하여 감금하는 경우, 동일한 장물을 운반 또는 보관하여 이를 취득하는 경우에도 포괄일죄가 인정되어 전자에 대하여는 감금죄(제276조)만이 성립하고 후자에 대하여는 장물취득죄(제362조)만이 성립된다.

4. 포괄일죄의 취급

포괄일죄는 실체법상으로 일죄일 뿐만 아니라 소송법상으로도 일죄로 취급된다. 포괄일죄는 하나의 죄이므로 부분적 행위가 진행되는 사이에 형의 변경이 있는 경우에는 최후의 부분(종료시점)에 해당하는 행위시의 법이 행위시법이다(신법우선의 원칙). 그러나 포괄일죄에 관한 기존 처벌법규에 대하여 그 표현이나 형량과 관련한 개정을 하는 경우가 아니라 죄가 되지 않던 행위를 구성요건의 신설로 포괄일죄의 처벌대상으로 삼는 경우에는 시행되기 이전의 행위에 대하여는 신설된 법규를 적용하여 처벌할 수 없다.[1] 또한 포괄일죄의 공소시효는 최종의 범죄행위가 종료한 때로부터 진행한다.[2]

포괄일죄의 일부분에 대한 공범의 성립도 가능하다. 판례는 포괄일죄의 관계에 있는 범행의 일부를 실행한 후 공범관계에서 이탈하였으나 다른 공범자에 의하여 나머지 범행이 이루어진 경우, 관여하지 않은 부분에 대하여도 죄책을 부담한다고 본다.[3] 그러나 자기책임의 원칙상 포괄일죄의 일부의 행위중의 이탈은 해당 행위완성에 필요한 나머지 관여하지 않은 부분에 대하여도 공범으로 죄책을 지지만, 포괄일죄가 분리되는 행위일 경우 분리되는 포괄일죄의 일부에만 가담한 경우에는 해당 가담부분에만 공범이 성립한다고 봄이 타당하다. 따라서 포괄일죄의 범행 도중 공동정범으로 범행에 가담한 자는 비록 그 범행에 가담할 때에 이미 이루어진 종전의 범행을 알았다 하더라도 가담 이후의 범행에 대해서

1) 대판 2022. 12. 29, 2022도10660; 대판 2016. 1. 28, 2015도15669.
2) 대판 2021. 3. 11, 2020도12583.
3) 대판 2011. 1. 13, 2010도9927; 대판 2005. 4. 15, 2005도630.

만 공동정범이 성립한다.[1] 또한 판례에 의하면 포괄일죄는 그 중간에 별종의 범죄에 대한 확정판결이 끼어 있어도 그 때문에 포괄적 범죄가 둘로 나뉘는 것은 아니고, 이 경우에는 그 확정판결 후의 범죄로서 다루어진다.[2] 다만 각각 포괄일죄에 해당하는 범죄들 간의 상상적 경합은 가능하다.[3]

포괄일죄는 소송법상으로도 일죄이므로 포괄일죄의 일부에 대한 공소제기의 효력과 기판력은 잠재적으로 포괄일죄를 구성하는 다른 부분들에게도 미친다. 따라서 만일 일부에 대하여 확정판결이 있은 후에 다른 부분에 대하여 공소제기가 되면 면소판결을 하여야 한다.[4]

이를 정리하면 다음과 같다.

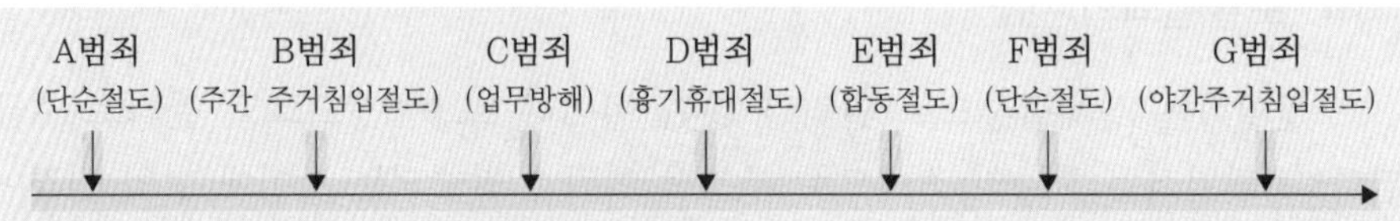

갑이 순서대로 A범죄부터 G범죄를 범하였고, 각칙상 상습절도로 확정판결을 받은 경우:

① 상습범은 가장 중한 죄의 포괄일죄를 인정하므로 상습특수절도죄의 형이 적용된다.

② 갑이 A범죄와 E범죄만으로 확정판결을 받은 경우, 확정판결 이전에 범한 B, D 범죄 모두에 기판력이 미치므로 동 범죄들은 사후에 기소할 수 없고, 기소한다면 이중기소가 되어 면소판결을 하여야 한다.[5]

③ 포괄일죄 도중 범한 이종의 범죄인 C범죄에 관하여 이미 확정판결이 있더라도 A범죄부터 F범죄까지의 포괄일죄가 둘로 나뉘지 않고 일죄가 되므로 기판력이 모두에 미친다.

④ B범죄는 주간에 주거에 침입하여 절도를 하였으므로 절도죄와 별개로 주거침입죄의 성립 여부가 문제되나, 특수절도는 보다 불법성이 중한 손괴후 야간주거침입절도를 포함하므로 별도의 주거침입죄가 성립하지 않는다.[6]

---

1) 대판 2019. 8. 29, 2019도8357.

2) 대판 1986. 2. 25, 85도2767.

3) 대판 2020. 11. 12, 2019도11688. 상표권침해행위는 등록상표마다 포괄하여 1개의 범죄가 되지만, 유사상표 행위로 수 개의 등록상표를 동시에 침해하면 이들 포괄일죄 상호간에는 상상적 경합범 관계가 성립한다.

4) 대판 1983. 4. 26, 82도2829.

5) 대판 2004. 9. 16, 2001도3206 전원합의체 판결. 다만, 상습범에 해당한다고 하더라도 당해 행위가 상습범이 아닌 기본범죄로 확정판결이 된 경우에는, 그 확정판결은 상습범의 일부에 대한 확정판결이 아니므로 다른 범죄 선고 전의 나머지 범죄에 기판력이 미치지 않는다.

6) 대판 2017. 7. 11, 2017도4044. 특정범죄 가중처벌 등에 관한 법률 제5조의4 제6항에 규정된 상습절도 등 죄를 범한 범인이 그 범행의 수단으로 주거침입을 한 경우(○) […는 물론이고…] 범행 외에 상습적인 절도의 목적으로 **[주간에]** 주거침입을 하였다가 절도에 이르지 아니하고 주거침입에 그친 경우(○)에도 그것이 절도상습성의 발현이라고 보이는 이상 주거침입행위는 다른 상

⑤ F범죄까지 범한 후 확정판결이 되었다면, 확정판결 이후에 범한 G범죄는 상습성이 인정되더라도 확정판결의 기판력이 미치지 아니하므로 별도의 야간주거침입절도죄가 성립하고 공소제기 및 판결할 수 있다.

판 례

상습범에 있어서 공소제기의 효력은 공소가 제기된 범죄사실과 동일성이 인정되는 범죄사실의 전체에 미치고,[1] 공판심리중에 동일한 습벽에 의한 범죄사실은 공소사실로 추가할 수 있으나, 공소제기된 범죄사실과 추가로 발견된 범죄사실 사이에 그것들과 동일한 습벽에 의하여 저질러진 또 다른 범죄사실에 대한 유죄의 확정판결이 있는 경우에는 전후 범죄사실의 일죄성은 확정판결에 의하여 분단되어, 추가로 발견된 확정판결 후의 범죄사실은 그것과 경합범 관계에 있는 별개의 상습범이 된다.[2]

상습범으로서 포괄일죄의 관계에 있는 여러 개의 범죄사실 중 일부에 대하여 유죄판결이 확정된 경우에, 그 확정판결의 사실심판결 선고 전에 저질러진 나머지 범죄에 대하여 새로이 공소가 제기되었다면 면소판결을 하여야 한다.[3]

반대로 약식명령이 확정된 범죄사실과 범행방법 및 장소가 동일하지 않은 경우에는 실체적 경합범으로 보아야 하므로 약식명령의 기판력이 미친다는 이유로 면소를 선고한 원심판결은 법리를 오해한 잘못이 있다.[4]

습절도 등 죄에 흡수되어 위 조문에 규정된 상습절도 등 죄의 1죄만을 구성하고 상습절도 등 죄와 별개로 주거침입죄를 구성하지 않는다.

1) 대판 2001. 7. 24, 2001도2196.
2) 대판 2000. 3. 10, 99도2744.
3) 대판 2004. 9. 16, 2001도3206 전원합의체 판결.
4) 대판 2020. 5. 14, 2020도1355. 자신의 소유건물을 갑에게 2017. 8. 31에 월 70만원, 을에게 2018. 6. 18에 월 100원으로 성매매장소로 제공한 후에 약식명령이 확정되고, 난 이후에 병에게 2014. 6~2016. 4, 2018. 3~2018. 5 월 300만원으로 성매매장소로 제공한 사실을 공소제기한 사안이다. 판례는 임차임과 임료 등이 모두 다른 점 등을 고려하면 포괄일죄가 아닌 실체적 경합에 해당한다고 판시하였다.

제 3 절 수죄(경합론)

Ⅰ. 의의 및 판단기준

1. 의　　의

경합이란 행위자의 행위가 하나이든 다수이든 다수의 범죄가 성립함을 전제로 하여, 각각 별개로 성립한 범죄들에 대한 처단형을 만드는 과정이다. 이는 다수의 범죄를 전제로 한다는 점에서 실질적 수죄라 하고, 처단형을 하나로 만든다는 점에서 과형상 일죄 또는 처단상 일죄라고도 불린다. 실질적으로 수죄라 하더라도 형을 선고하기 위한 형의 범위로써 처단형은 하나여야 하기 때문이다. 수죄는 앞서 죄수판단 기준에 따른 과정을 거쳐서 죄수론상 수죄가 성립하는 경우로서, 경합의 대상이 된다.

형법은 상상적 경합과 실체적 경합을 인정한다. 상상적 경합은 하나의 행위를 연결고리로 중첩하여 성립하는 다수의 범죄가 관념적으로 경합하는 것을 의미하고, 실제적 경합은 다수의 행위가 각각 분리되어 다수의 범죄가 실체적으로 경합하는 것을 의미한다.

2. 경합심사의 판단기준

수죄가 성립할 경우 행위자에게 부과하는 처단형은 하나여야 한다는 점에서 경합심사의 문제가 제기된다. 그런데 상상적 경합이 언제나 단일행위를 전제로 하지는 않는다는 점에서 행위의 단일과 다수라는 이분법적 심사를 통해 경합여부가 완성되기는 어렵다. 특히 연결효과에 의한 상상적 경합까지 인정하고 있는 우리 판례[1)]의 태도에 따르면 다수의 행위들은 범죄간의 연결을 통하여 상상적

---

1) 형법 제131조 제1항의 수뢰후부정처사죄에 있어서 공무원이 수뢰후 행한 부정행위가 공도화변조 및 동행사죄와 같이 보호법익을 달리하는 별개 범죄의 구성요건을 충족하는 경우에는 수뢰후부정처사죄 외에 별도로 공도화변조 및 동행사죄가 성립하고 이들 죄와 수뢰후부정처사죄는 각각 상상적 경합 관계에 있다고 할 것인바, 이와 같이 공도화변조죄와 동행사죄가 수뢰후부정처사죄와 각각 상상적 경합범 관계에 있을 때에는 공도화변조죄와 동행사죄 상호간은 실체적 경합범 관계에 있다고 할지라도 상상적 경합범 관계에 있는 수뢰후부정처사죄와 대비하여 가장 중한 죄

경합으로 인정되는 영역이 훨씬 더 넓어지기 때문이다. 이 뿐만 아니라 판례는 외견상 단일행위로 보여지는 경우에도 보호법익이나 행위태양을 달리한다는 이유로 실체적 경합을 인정하기도 한다.[1]

그러나 보호법익은 수죄의 척도는 될 수 있지만, 기 성립한 두 개 이상의 죄의 경합기준이 될 수는 없다. 특히 보호법익이란 앞서 본 바와 같이 범죄성립의 기준으로 작용하기 때문에, 일죄 또는 수죄 판단 기준 중의 일부일 뿐이다. 또한 추상적인 행위태양 역시 구성요건을 이루는 기준의 일부이기 때문에 죄수판단의 기준이 된다. 반면 형법 제40조는 "한 개의 행위"를 문리적인 구별기준으로 삼고 있다는 점에서, 다시 경합여부는 행위로 환원되어야 한다. 다만 앞서 본 바와 같이 행위의 단일과 다수만으로는 상상적 경합과 실체적 경합을 구분하기는 어렵다.

따라서 행위의 시간적 (일부 또는 전부) 중첩성 또는 동시성이라는 기준을 제시하고자 한다. 비록 다수의 행위라 하더라도 행위간의 일부만이라도 시간적인 중첩성이 이루어진다면 상상적 경합이 되고, 이러한 부분적 동시성도 찾을 수 없다면 실체적 경합으로 보는 것이다. 실체적 경합은 과형에 있어서 상상적 경합보다 중한 불법성의 총체를 드러낸다. 그렇다면 실체적 경합과 상상적 경합의 구분은 그러한 불법성의 총체적 차이를 어디에서 구할 것인가를 기준으로 하여야 할 것이다.[2] 그리고 행위가 그 어느 지점에서든 시간적 중첩성을 드러낸다면, 비록 다수의 행위가 존재하더라도 중첩이 이루어지는 지점에서 불법성이 중복되므로 이를 이중평가 할 필요가 없게 된다.

에 정한 형으로 처단하면 족한 것이고 따로이 경합범 가중을 할 필요가 없다(대판 2001. 2. 9, 2000도1216).

1) 대판 1995. 7. 28, 95도997. "피고인이 피해자 명의의 신용카드를 부정사용하여 현금자동인출기에서 현금을 인출하고 그 현금을 취득까지 한 행위는 신용카드업법 제25조 제1항의 부정사용죄에 해당할 뿐아니라 그 현금을 취득함으로써 현금자동인출기 관리자의 의사에 반하여 그의 지배를 배제하고 그 현금을 자기의 지배하에 옮겨 놓는 것이 되므로 별도로 절도죄를 구성한다 할 것이고, 위 양 죄의 관계는 그 보호법익이나 행위태양이 전혀 달라 실체적 경합 관계"에 있는 것으로 본다.

2) 신동운, 형법총론, 748면은 일반인의 생활경험에 비추어 볼 때 단일하고 동일한 행위에 의하여 수개의 구성요건이 실행되었다면 실체법상 수개의 죄가 성립한다고 하더라도 과형상으로는 하나의 형을 선고해야 마땅하다는 것이 상상적 경합의 취지라고 본다.

3. 수죄의 법적 취급(처단형의 문제)

수죄가 실제로 경합되는 경우에 이를 형법상 어떻게 취급할 것인가에 관하여서는 병과주의, 가중주의, 그리고 흡수주의의 세 가지 가능한 원칙이 있다.

(1) 병과주의

병과주의는 먼저 각 죄에 대하여 독자적인 형을 확정한 후 이를 합한 형을 과하는 방법인데 영미법에서는 이 주의를 택하고 있다. 우리 형법 제38조 제1항 제3호는 경합범을 동시에 판결할 경우 그 처벌례와 관련하여 "각 죄에 대하여 정한 형이 무기징역, 무기금고 이외의 다른 종류의 형인 경우에는 병과한다."라고 하여 부분적으로 병과주의를 채택하고 있다.

병과주의에는 다음과 같은 비판이 있다. 첫째, 가산되는 형은 같은 기간의 분리된 형벌보다 수형자에게 더 큰 고통을 주게 된다. 예컨대 2년 자유형에 가산되는 1년의 자유형은 분리된 1년의 자유형보다 수형자에게 더 큰 고통을 준다. 이로 인해 형벌의 고통이 책임의 척도를 벗어난다. 둘째, 다수의 유기자유형을 병과하는 것은 무기형과 사실상 같은 효과를 갖게 하여 형벌을 질적으로 변화시킨다.

(2) 가중주의

가중주의는 먼저 각 범죄에 대한 개별적 형벌을 확인한 후 이들을 병과하는 것이 아니라 개개의 형벌 중 가장 중한 죄에 정한 형을 가중하는 방법으로 전체형을 만들어 적용하는 방법이다. 여기에서 전체형은 개개의 형벌의 합산을 넘지 못함이 원칙이다.

우리 형법(제38조 제1항 제2호)은 실체적 경합범에 대하여 각 죄에 정한 형이 사형 또는 무기징역이나 무기금고 이외의 형인 경우에 가중주의를 택하고 있다.

(3) 흡수주의

흡수주의는 수죄 중 가장 중한 죄에 정한 형을 적용하고 다른 죄에 정한 형은 이에 흡수시키는 원칙을 의미한다. 형법은 상상적 경합(제40조)의 경우와 경합범 중 가장 무거운 죄에 대하여 정한 형이 사형, 무기징역, 무기금고인 경우(제38조 제1항 제1호)에 흡수주의를 택하고 있다.

흡수주의 하에서는 경한 죄의 형의 하한이 중한 죄의 형의 하한보다 높은 경우 그 하한을 경한 죄의 그것으로 할 것인가가 문제된다. 이러한 경우에 상한은 중한 죄의 그것으로 하는 한편 하한은 경한 죄의 그것으로 하는 방법을 결합주의라고 부른다. 흡수주의의 본질상 결합주의가 타당하다.

Ⅱ. 상상적 경합

1. 서 설

(1) 의 의

행위자가 1개의 행위를 통하여 수개의 형벌법규 또는 동일한 형벌법규를 수차 침해하는 경우를 상상적 경합(Idealkonkurrenz)이라고 부른다. 형법 제40조는 상상적 경합에 관하여 "1개의 행위가 수개의 죄에 해당하는 경우에는 가장 중한 죄에 정한 형으로 처벌한다."라고 규정하고 있다.[1)]

이를 관념적 경합이라고도 하는데, 외견상 존재하는 행위는 하나이지만, 규범적으로 다수의 행위처럼 평가하여야 하기 때문이다. 이는 동종의 상상적 경합과 이종의 상상적 경합으로 구분되기도 한다. 전자는 하나의 행위가 동종의 구성요건을 수회 실현시키는 경우이고, 후자는 하나의 행위가 서로 다른 구성요건을 수회 실현시키는 경우이다.

상상적 경합은 1개의 행위를 매개로 하여 수개의 범죄가 성립함을 의미하는 것이지, 반대로 수개의 범죄가 성립하기 위하여 1개의 행위를 요구하는 것은 결코 아니다.

(2) 성립유형

상상적 경합은 경합되는 다수의 범죄가 성립하기 위하여 반드시 1개의 행위만 존재할 것을 요하는 것이 아니다. 다수의 범죄가 공통되는 1개의 행위를 매개로 하여 중첩될 것을 요하지만, 다수의 범죄를 완성하기 위하여는 매개가 되

---

1) 상상적 경합이 일죄인가 수죄인가에 관하여는 견해가 대립되고 있다. 일죄설은 상상적 경합의 경우 비록 수개의 구성요건에 해당된다고 할지라도 오직 하나의 행위만이 존재하기 때문에 일죄가 인정될 뿐이라고 주장한다. 한편 수죄설은 비록 외적으로 볼 때 하나의 행위가 존재하지만 수개의 형벌법규를 침해하는 것은 수죄로 된다고 강조한다. 후자가 타당하나, 이상과 같은 논쟁은 구조적인 문제로서 용어상의 논쟁일 뿐 그 결과를 달리하는 것이 아니기 때문에 그 실제적 의미는 없다.

는 1개의 행위로 족할 때도 있고 그 외에 서로 다른 구성요건에서 요구하는 다수의 행위가 필요할 때도 있다. 이와 같은 관계에 의하여 성립유형은 다시 세 가지로 구분된다.

첫째, 매개가 되는 1개의 행위만 존재하는 경우이다. 상등의 형태와 같이 다수의 범죄가 매개가 되는 1개의 행위로만 성립되는 형태이다. 예컨대, 한개의 폭탄을 투하하여 열명의 사람을 상해한 때에는 매개가 되는 행위는 폭탄의 투하라는 1개의 행위이지만, 이로 인하여 열개의 상해죄의 상상적 경합이 된다. 이 때에는 경합되는 다수의 범죄성립에 매개가 되는 1개의 행위만이 존재할 뿐이다.

이 경우 반드시 성립하는 범죄가 일치할 필요는 없다. 예컨대 스토킹으로 인하여 잠정조치 처분을 받은 자가 다시 피해자에게 접근하거나 전화를 건 경우, 스토킹처벌법상 스토킹범죄가 성립하는 동시에 동법상 잠정조치위반죄가 성립하므로 적용법조가 다른 두 범죄는 상상적 경합이 된다.[1)]

둘째, 매개가 되는 1개의 행위가 일부 범죄에는 구성요건을 완전히 충족시키지만, 일부 범죄에는 추가적인 행위가 요구되는 경우이다. 부분집합과도 같은 형태로 예컨대, 강간을 하기 위하여 상대방이 저항할 수 없도록 감금을 한 경우이다. 이 때, 감금이라는 1개의 행위는 감금죄(제276조)를 성립시키는 동시에 강간의 수단으로서의 폭행·협박에 해당한다. 그리고 강간죄는 폭행·협박(감금)과 간음행위라는 둘 이상의 행위를 갖추어야 성립한다.

셋째, 매개가 되는 1개의 행위 이외에 성립하는 모든 범죄가 상이한 행위를 요구하는 경우로서, 교집합과 같은 형태로 성립한다. 예컨대, 절도범이 체포를 면탈하기 위하여 자신을 추격하고 있던 경찰관을 현장에 있던 위험한 물건을 휴대하고 폭행하여 공무집행을 방해한 경우이다. 이를 성립시키기 위한 행위들을 순서대로 보면 절취행위-위험한 물건의 휴대-폭행행위가 요구되는데, 폭행행위를 매개로 하여 절취행위와의 결합으로 준강도죄(제335조)가 성립하고 위험한 물건의 휴대행위와 결합으로 특수공무집행방해죄(제144조)가 성립한다. 두번째와 세 번째를 행위의 부분적 동일성의 경우라고 할 수 있다.

1) 대판 2024. 9. 27, 2024도7832.

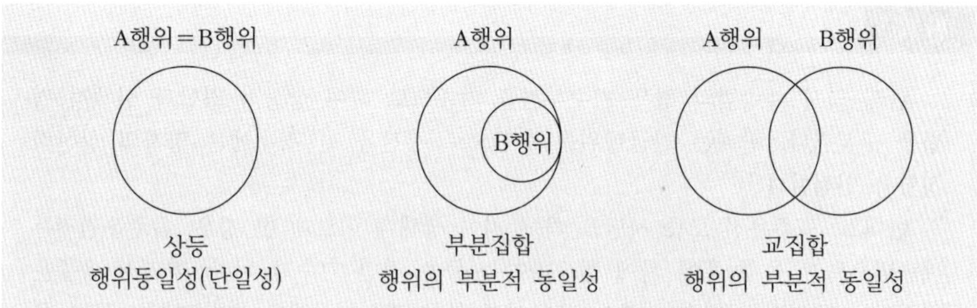

위 세 개의 유형과 같은 상상적 경합의 성립이 가능하므로 '하나의 행위'가 아니라 '중첩 행위'를 연결고리로 하여 상상적 경합이 발생하고 중첩의 구간은 서로 다를 수 있다.

(3) 성립의 시간적 한계(기수시점)

성립유형 중에서 매개가 되는 1개의 행위만 존재하는 경우를 제외하고는 매개가 되는 1개의 행위를 중심으로 현실적으로는 다수의 행위가 요구된다. 따라서 시간적으로 다수의 행위가 발생하는 어느 시점까지 1개의 행위를 매개로 하여 상상적 경합이 될 것인가의 문제이다.

시간적으로 매개가 되는 행위로 성립하는 일부의 범죄가 기수시점에 이르기 전에 다른 범죄가 실행의 착수에 이르러야 한다. 예컨대, 강도가 체포를 면탈하기 위하여 추격하던 경찰관을 폭행한 경우, 폭행 또는 협박을 하여 강취행위에 이르면 강도죄(제333조)는 기수에 이르고 추격하던 경찰관의 폭행은 강도죄 기수 이후에 발생한 행위이기 때문에 공무집행방해죄(제136조)와는 실체적 경합이 될 뿐 상상적 경합이라고 할 수 없다.

특히 계속범의 경우에 문제가 된다. 예컨대, 감금행위를 하던 도중에 새로운 범의로 강간을 하였을 경우 비록 감금행위가 강간죄의 폭행수단으로 사용되었다고 하더라도, 감금죄가 기수가 된 이후에 새로운 범의를 가지고 실행에 착수한 것이므로 양자는 상상적 경합이 아닌 실체적 경합이 된다. 반대로 강간을 하기 위한 폭행행위의 수단으로 감금을 하였다면 감금이 기수가 되기 이전에 이미 강간의 고의를 가졌으므로 행위의 부분적 동일성이 인정되어 양자는 상상적 경합이 된다.

판 례

판례 역시 계속범의 경우 기수시점을 기준으로 하여 상상적 경합과 실체적 경합을 구분한다. 판례는 감금행위를 수단으로 강간을 한 경우에는 양자의 상상적 경합을 인정한다.[1)]

반대로, 음주운전 도중 사람을 차에 치여 상해에 이르게 한 경우, 음주운전죄는 계속범으로서 음주 후에 차에 탑승하여 시동을 걸면 기수가 된다. 따라서 음주운전죄라는 고의범의 기수 이후에 새로이 업무상 과실치상죄를 범한 형태이므로 음주운전죄와 업무상과실치상죄는 상상적 경합이 아닌 실체적 경합이 된다. 판례도 또한 같다.[2)] 동일한 원리로 운전면허 없이 운행 중에 과실로 사람을 친 경우, 무면허운전죄[3)] 기수 이후에 발생한 과실행위이므로 무면허운전죄와 업무상 과실치상죄는 실체적 경합이 된다.[4)]

2. 요　건

(1) 하나의 행위

여기에서 1개의 행위란 구성요건적 의미에서 행위가 1개임을 의미한다. 실행행위가 동일하면 고의 행위와 과실에 의한 행위가 1개의 행위로 될 수 있고(예컨대 재물손괴와 과실치사 또는 낙태방조와 과실치사), 경합되는 형벌법규의 객관적 구성요건에 있어서 부분적 동일성이 있어도 1개의 행위가 인정된다(예컨대 기망의 목적으로 문서를 위조한 경우에 사기와 문서위조의 관계).

부작위범 사이에도 상상적 경합범은 가능하다. 예컨대 은행의 경비원이 행위자를 방조하기 위해 뒷문을 잠그지 않음으로써 행위자가 금고를 용해하면 화재가 발생할 위험을 간과했던 경우가 이에 해당한다. 부작위범과 작위범 사이에서는 실행행위의 동일성이 없으므로 불가능하다.

부진정 결과적 가중범은 중한 결과에 고의가 있는 경우에 당해 고의범과 결과적 가중범 사이에 상상적 경합이 가능하다. 예컨대 제164조 후단(현주건조물 등 방화치사상죄)은 살해의 고의가 있는 방화까지 포함하므로, 살해의 의사로써

1) 대판 1983. 4. 26, 83도323.
2) 대판 2008. 11. 13, 2008도7143.
3) 무면허운전죄도 음주운전죄와 기수시점이 같다. 즉, 면허 없이 운전석에 올라 시동을 걸면 기수가 된다.
4) 대판 1972. 10. 31, 72도2001.

현주건조물 등에 방화하여 그러한 결과를 초래한 행위는 현주건조물 등 방화치사죄와 살인죄(제250조)의 상상적 경합이 된다. 결합범에 대해서도 실행행위의 일부가 같으면 상상적 경합이 가능하다.

(2) 수개의 죄에 해당할 것

서로 다른 수개의 구성요건에 해당하는 이종의 상상적 경합과 같은 구성요건에 수회 해당하는 동종의 상상적 경합의 두 가지 경우가 있다. 이종의 상상적 경합은 결과범의 경우(예컨대 재물손괴와 과실상해)는 물론이고 거동범 상호간(예컨대 위증죄와 모욕죄)에도 가능하다.

원칙적으로 모든 범죄는 동종의 상상적 경합이 가능하다. 예컨대 개인적 법익(1개의 행위로 수인을 살해하는 경우)과 국가적 또는 사회적 법익 가운데 일신전속성을 가진 범죄(1개의 고소장으로 수인을 무고하거나 1개의 문서에 수인의 명의를 위조한 경우[1])는 동종의 상상적 경합이 성립한다. 다만, 비전속적 법익에 있어서는 법익과 행위태양의 속성상 하나의 행위가 포괄하여 일죄가 성립한다고 보아야 할 경우도 있다. 예컨대 방화의 고의로 불을 놓아 수 채의 가옥을 불태운 경우 사회의 안전이라는 사회적 법익의 특성상 방화죄 일죄가 성립한다.

3. 연결효과에 의한 상상적 경합

두 개의 독자적 행위(실체적 경합관계)가 제3의 행위와 각각 상상적 경합의 관계에 있을 때는 이를 통하여 이들 모든 행위 사이에 상상적 경합관계가 성립된다고 보는 경우를 연결효과에 의한 상상적 경합(Idealkonkurrenz durch Klammerwirkung)이라고 부른다. 독일의 판례에 의해 발전되었으며, 연결구실을 하는 행위(제3의 행위)의 불법내용이 타범죄들보다 경하지 않음을 전제로 한다. 반대로 제3의 행위(연결행위)가 다른 두 개의 범죄들보다 경한 경우에는 각각을 상상적 경합을 하더라도 제3의 행위가 두 번 평가되는 이중평가의 문제가 발생하지 않으므로 연결효과에 의한 상상적 경합을 인정해서는 안 되고, 상상적 경합이 된 각각 두 개의 처단형에 대하여 실체적 경합을 하여야 한다. 즉, A범죄가 각각 B 및 C 범죄와 상상적 경합관계에 있으면서 A범죄가 B, C범죄보다 법정형이 경한 경우에는 A와 B범죄의 중한 죄에 정한 형은 B의 형이 되고, A와 C범

1) 대판 1987. 7. 21, 87도564.

죄의 중한 죄에 정한 형은 C의 형이 되므로 A범죄가 이중평가되는 경우란 발생하지 않는다. 따라서 불법성의 정당한 평가를 위해서는 두 개의 상상적 경합된 처단형에 대하여 다시 실체적 경합을 하여야 하는 것이다.

다음으로, 부정한 청탁과 함께 뇌물을 받고 건축허가를 내주기 위하여 담당공무원이 공문서를 위조하여 이를 공시한 경우에 수뢰후부정처사죄(제131조 제1항)와 허위공문서작성죄(제227조)는 허위공문서작성이 동시에 부정한 처사가 되므로 행위의 부분적 동일성이 인정되어 상상적 경합이 된다. 양자는 각각 1년 이상의 징역과 7년 이하의 징역에 해당하므로 중한 죄인 1년 이상의 징역이 된다. 동시에 수뢰후부정처사죄와 허위작성공문서행사죄(제229조) 역시 공문서의 행사가 부정한 처사가 되므로 상상적 경합이 된다. 양자는 각각 1년 이상의 징역과 7년 이하의 징역에 해당하므로 중한 죄인 1년 이상의 징역이 된다(허위공문서작성죄와 허위작성공문서행사죄는 실체적 경합). 그 결과 중한 죄인 수뢰후부정처사죄가 두 번 평가되어 불법성이 가중된다. 이러한 결과를 피하기 위하여는 수뢰후부정처사죄를 1회 평가하여야 하는데, 이를 위해서 중한 죄를 매개로 하여 모든 죄의 상상적 경합을 인정하는 것이다.

만일 연결효과에 의한 상상적 경합을 인정하지 않는다면 허위공문서작성죄와 허위작성공문서행사죄는 실체적 경합관계이므로, 수뢰후부정처사죄와 허위공문서작성죄의 상상적 경합에 의한 1년 이상의 징역과 수뢰후부정처사죄와 허위작성공문서행사죄의 상상적 경합에 의한 1년 이상의 징역의 실체적 경합을

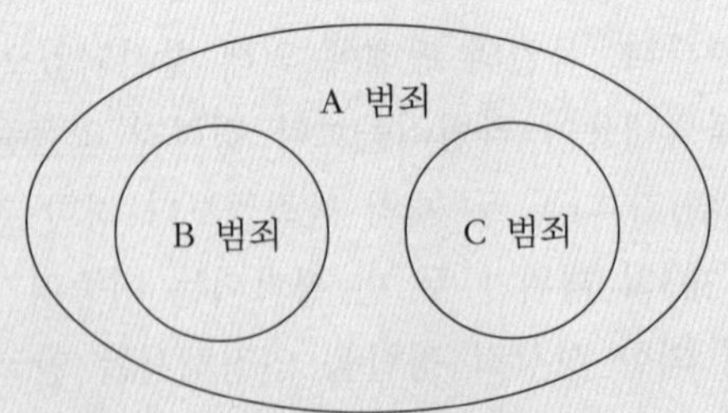

A범죄: 수뢰후부정처사죄 B범죄: 허위공문서작성죄(부정처사행위) ┐ 실체적
C범죄: 허위작성공문서행사죄(부정처사행위) ┘ 경합

A범죄와 B범죄, A범죄와 C범죄는 각각 상상적 경합

하여야 한다. 그 결과 1/2이 가중되어 보다 무거운 처단형이 초래된다.

부정설은 제3의 행위가 추가되어 불법성이 가중된다는 점[1] 또는 더 많은 죄를 범한 자를 우대하는 불합리함을 지적한다.[2] 그러나 앞서 언급한 바와 같이 불법성의 이중평가를 피하기 위해서는 제3의 행위가 중한 범죄일 것을 전제로 하여, 연결효과에 의한 상상적 경합을 인정함이 오히려 불법성에 대한 정당한 평가가 된다.

판 례

판례 역시 연결효과에 의한 상상적 경합을 인정한다. 판례는 "수뢰후부정처사죄에 있어서 공무원이 수뢰후 행한 부정행위가 공도화변조 및 동행사죄와 같이 보호법익을 달리하는 별개 범죄의 구성요건을 충족하는 경우에는 수뢰후부정처사죄 외에 별도로 공도화변조 및 동행사죄가 성립하고 이들 죄와 수뢰후부정처사죄는 각각 상상적 경합 관계에 있다고 할 것인바, 이와 같이 공도화변조죄와 동행사죄가 수뢰후부정처사죄와 각각 상상적 경합범 관계에 있을 때에는 공도화변조죄와 동행사죄 상호간은 실체적 경합범 관계에 있다고 할지라도 상상적 경합범 관계에 있는 수뢰후부정처사죄와 대비하여 가장 중한 죄에 정한 형으로 처단하면 족한 것이고 따로 경합범 가중을 할 필요가 없다.[3]"고 본다.

4. 상상적 경합의 취급

(1) 실체법적 효과

상상적 경합이 인정되면 수개의 죄 중에서 가장 무거운 죄에 대하여 정한 형으로 처벌한다(제40조). 여기에서 가장 무거운 죄에 대하여 정한 형이란 수개의 죄 중 가장 중한 법정형을 의미하며, 형의 경중은 형법 제50조의 규정에 따라 정한다.

형의 경중을 비교하는 방법에 대하여는, 중한 형만 비교하여 대조하면 된다고 보는 중점적 대조주의와 형의 상하한을 모두 비교하여 대조해야 한다고 보는 전체적 대조주의가 있는데 후자의 입장이 타당하다. 판례도 또한 같다.[4] 따라서

1) 박상기/전지연, 335면.
2) 오영근, 491면.
3) 대판 2001. 2. 9, 2000도1216; 대판 1983. 7. 26, 83도1378.

수개의 법정형에 대하여, 상한끼리 비교하여 가장 무거운 형과 하한끼리 비교하여 가장 무거운 형을 선택하고 경한 형에 병과형이나 부가형이 있을 때에는 이를 병과할 수 있어야 한다. 이러한 방법을 통하여 형법 제40조가 택하고 있는 흡수주의에 결합주의를 연결시키는 타당한 효과를 얻을 수 있다.

(2) 소송법적 효과

상상적 경합은 과형상의 일죄이므로 상상적 경합관계에 있는 수개의 죄는 잠재적 심판대상이 되며, 따라서 이 중에서 어떤 한 죄에 대한 확정판결이 있을 때에는 전부에 대하여 기판력이 발생한다. 또한 그 일부에 대하여 공소의 제기가 있는 때에는 수개의 죄 전부에 효력이 발생되어 일사부재리의 원칙이 적용된다. 그 결과 일부에 확정판결이 있은 후에 다른 죄에 대하여 공소제기를 하면 이중기소금지원칙에 따라 면소판결을 하여야 한다.

상상적 경합은 실질적으로 수죄이기 때문에 판결이유에는 상상적 경합관계에 있는 모든 범죄의 범죄사실과 적용법조를 기재해야 한다. 친고죄에서의 고소라든가 공소시효 등에 관하여서는 각 범죄별로 판단해야 한다.

판 례

갑은 2015년 11월 4일에 정치자금법 제6조 및 제45조 제1항 위반죄로, 원심에서 상상적 경합으로 인해 범죄사실 전체에 대하여 하나의 형으로 유죄판결을 받았다. 그 후 동법 제45조 제1항이 헌법재판소에서 헌법불합치결정(헌재결 2015. 12. 23, 2013헌바68)을 받으면서, 위헌결정으로 인하여 소급하여 효력을 상실하게 되었다. 이에 대법원은 효력을 상실하는 정치자금부정수수죄가 단체관련자금 기부로 인한 정치자금법 위반죄와 상상적 경합 관계에 있으므로, 모두 파기되어야 한다고 판시하였다.[1] 즉, 상상적 경합관계에 있는 수 개의 죄는 전부에 기판력이 발생하므로 일부에 대하여만 파기할 수 없고 전부 파기하여야 한다.

피고인이 "2015. 4. 16. 13 : 10경부터 14 : 30경까지 갑 업체 사무실에서 행패를 하면서 피해자 을의 업무를 방해하였다."는 공소사실로 기소되었는데, 피고인은 "2015. 4. 16. 13 : 30경부터 15 : 00경 사이에 갑 업체 사무실에 찾아와 피해자 병, 정 등에 큰소리를 지르고 돌아다니며 위력으로 업무를 방해하였다."는 등의 범

4) 대판 2008. 12. 24, 2008도9169; 대판 2006. 1. 26, 2005도8704.
1) 대판 2018. 10. 25, 2015도17936.

죄사실로 이미 유죄판결을 받아 확정된 바 있다. 이 경우 업무방해의 공소사실과 확정판결 중 업무방해죄의 범죄사실은 본질적으로 다르지 않아, 결국 양자는 동일한 기회에, 동일한 장소에서 다수의 피해자를 상대로 한 위력에 의한 업무방해행위로서 사회관념상 1개의 행위로 평가할 여지가 충분하므로 상상적 경합 관계에 있고, 이미 존재하는 확정판결의 기판력이 업무방해의 공소사실에 미친다.[1)]

Ⅲ. 실체적 경합(경합범)

1. 의 의

실체적 경합(Realkonkurrenz, Tatmehrheit) 또는 경합범이란 한 사람에 의하여 범해진 판결이 확정되지 아니한 수개의 죄 또는 금고 이상의 형에 처한 판결이 확정된 죄와 그 판결확정 전에 범한 죄를 말한다(형법 제37조). 실체적 경합은 상상적 경합과 대응하는 개념으로서 다음과 같은 사실을 그 전제조건으로 한다.

첫째, 행위자가 한 사람, 즉 동일인일 것을 필요로 한다. 만일 수개의 범죄를 수인이 각각 범한 경우에는 처음부터 경합범의 문제는 거론될 여지가 없다.

둘째, 수개의 행위가 있어야 한다.

셋째, 수죄에 해당해야 한다. 수개의 행위라 할지라도 그것이 법조경합이나 포괄일죄가 되는 경우에는 실체적 경합이 있다고 볼 수 없다. 외형상 범행의 목적이나 행위 측면에서 일부 중첩되는 것으로 보이더라도, 구성요건을 달리하는 별개의 범죄로서 범죄의 상대방, 수단 내지 방법, 결과, 보호법익이 다르면 실체적 경합이 된다.[2)]

넷째, 수죄가 한 재판에서 함께 판결될 수 있거나(제37조 전단의 경우) 그러한 가능성이 있었어야 한다(제37조 후단의 경우).

판 례

실체적 경합에 해당하는 경우: 운행정지명령을 위반한 운행죄(자동차관리법 제82조 제2호의2)와 의무보험미가입 자동차운행죄(자동차손해배상 보장법 제46조 제2항 제2

---

1) 대판 2017. 9. 21, 2017도11687.
2) 대판 2022. 9. 7, 2022도6993.

호)(대판 2023. 4. 27, 2020도17883), 범죄단체 등에 소속된 조직원이 저지른 폭처법 위반(단체 등의 공동강요죄)죄 등의 개별적 범행과 폭처법상 단체 등 활동죄(대판 2022. 9. 7, 2022도6993), 타인 신용카드로 현금자동인출기에서 무단으로 현금을 인출한 경우 신용카드부정사용죄(신용카드업법 제25조 제1항)와 절도죄(형법 제329조), 거짓의 표시행위에 의한 표시광고법 위반죄와 업무상과실치사상죄(대판 2018. 1. 25, 2017도12537) 등.

상상적 경합에 해당하는 경우: 산업안전보건법상 재해발생 방지의무위반죄와 형법상 업무상과실치사상죄(대판 2022. 7. 28, 2021도11288), 산업안전보건법위반죄와 중대재해처벌법상 산업재해치사죄 및 형법상 업무상과실치사죄(대판 2023. 12. 28, 2023도12316), 도로교통법상 공동위험행위와 난폭운전으로 인한 도로교통법 위반(대판 2021. 10. 14, 2018도10327), 갑이 을의 등록상표 A 및 B와 유사한 상표를 사용한 경우 A상표침해 행위들, B상표 침해행위들은 각각 포괄일죄에 해당함과 동시에 이들 포괄일죄 상호간(대판 2020. 11. 12, 2019도11688), 갑이 을의 차량을 들이받는 사고에도 필요한 조치를 취하지 아니하고 도주한 경우 특가법상 도주치상죄와 도로교통법상 사고후미조치죄(대판 2020. 2. 6, 2019도3225), 허가없이 건축물을 증축하고, 그와 같은 방법으로 군관리계획의 결정없이 기반시설을 설치함으로써 행해진 건축법 위반 및 국토의 계획 및 이용에 관한 법률위반(대판 2018. 4. 12, 2018도1490), 공직선거법상 선거운동과 관련한 금품 기타 이익제공행위(동법 제230조 제1항 제4호)와 탈법 방법에 의한 문자전송이나 인터넷 홈페이지 게시 등의 행위에 대한 대가로 금품 기타 이익제공행위(동항 제5호)(대판 2017. 12. 5, 2017도13458) 등.

2. 유 형

(1) 동종(同種)의 실체적 경합과 이종(異種)의 실체적 경합

이는 침해되는 형벌법규가 동종인가 이종인가에 따른 구분이다. 동종의 실체적 경합이란 한 행위자가 같은 범죄를 여러 차례 범한 경우이고, 이종의 실체적 경합이란 한 사람이 수개의 행위를 통하여 상이한 범죄를 범하는 경우를 말한다. 예컨대 동일인에게 수회에 걸쳐 금원사기행위를 한 경우,[1] 동일인에 대하여 여러 차례에 걸쳐 금전갈취를 위한 협박의 서신을 보낸 경우,[2] 등은 전자에 속한다. 한편 살인 후 죄적을 은폐하기 위하여 시체를 유기한 경우(살인죄와 사체유

1) 대판 1956. 11. 2, 56형상243.
2) 대판 1958. 4. 11, 4290형상360.

기죄의 경합범),[1] 공무원이 직무상 실시한 봉인을 파손하고 그 속의 물건을 매각 처분한 경우(공무상비밀표시무효죄와 공무상보관물무효죄의 경합범),[2] 강간이 미수에 그치자 살의를 일으켜 피해자를 살해한 경우(강간미수죄와 살인죄의 경합범)[3] 등은 후자에 속한다.

고의범과 과실범간의 이종의 실체적 경합도 당연히 인정된다. 자동차를 운전하다 업무상 주의의무를 게을리한 과실로 도로 우측에 주차된 차량 3대를 손괴하는 교통사고를 일으키고도 즉시 정차하여 필요한 조치를 취하지 아니한 경우(과실재물손괴죄와 사고후미조치죄)[4]가 이에 해당한다.

(2) 제37조 전단의 경합범과 후단의 경합범

형법 제37조는 실체적 경합범을 "판결이 확정되지 아니한 수개의 죄"(전단)와 "금고 이상의 형에 처한 판결이 확정된 죄와 그 판결확정 전에 범한 죄"(후단)로 유형화하고 있는데 전자를 동시적 경합범, 후자를 사후적 경합범이라고도 부른다.

1) 판결이 확정되지 아니한 수개의 죄(동시적 경합범)

이는 동일인이 수개의 행위를 통하여 범한 수죄의 전부에 대하여 판결이 확정되지 않아서 동시에 판결될 것을 요하는 경우이다. 여기에서 판결의 확정이란 상소 등 통상의 불복절차로써는 다툴 수 없는 상태를 말한다.[5]

수개의 죄가 모두 판결이 확정되지 아니한 경우라도 동시에 판결될 것을 요하므로, 이들이 각각 별도로 기소되어 심리되고 있거나 수개의 죄 중 일부가 기소되지 아니한 때(예컨대 갑이 범한 X죄와 Y죄 중 X죄만 기소된 경우)에는 경합범이 성립될 수 없다. 그러나 수개의 죄가 처음부터 병합심리된 경우는 물론, 1심에서 각각 별도로 심리되어 판결된 수죄라 할지라도 항소심에서 병합심리되어 한 판결로써 처단되는 한 제37조 전단의 경합범으로 볼 수 있다.[6]

---

1) 대판 1984. 11. 27, 84도2263.
2) 대판 1961. 8. 9, 4293형상459.
3) 대판 1970. 4. 28, 70도431.
4) 대판 2017. 9. 7, 2017도9689.
5) 대판 1983. 7. 12, 83도1200.
6) 대판 1976. 5. 25, 74도3458; 대판 1972. 5. 9, 72도597.

2) 금고 이상의 형에 처한 판결이 확정된 죄와 그 판결확정 전에 범한 죄 (사후적 경합범)

이는 동일인이 범한 범죄 중에서 일부의 죄에 관하여 확정판결이 있는 경우에 금고 이상의 형에 처한 판결이 확정된 범죄와 그 판결이 확정되기 이전에 범한 죄 사이의 경합관계를 의미한다. 예컨대 갑이 X죄, Y죄, Z죄를 범한 후 Z죄에 관하여서만 확정판결을 받은 경우 X, Y죄는 Z와 사후적 경합이 된다. 그러나 판결확정 후에 범한 죄와 판결이 확정된 죄는 서로 경합범이 되지 않으며, 또한 확정판결 전에 저지른 범죄와 확정판결 후에 저지른 범죄(판결확정 전후의 죄)도 경합범관계에 해당되지 않는다. 그러므로 예컨대 갑이 X죄와 Y죄를 범한 후 Y죄에 대한 확정판결을 받고 그 후 다시 Z죄를 범하였을 경우, Y죄와 Z죄는 실체적 경합관계가 아니며, X죄와 Z죄 사이에도 실체적 경합은 부정된다. 이 경우 단지 X죄와 Y죄만이 사후적 경합이 된다. 그러나 아직 판결을 받지 않은 수개의 죄가 이미 판결이 확정된 죄와 동시에 판결할 수 없었던 경우에는 사후적 경합이 될 수 없고, 아직 판결을 받지 않은 수개의 죄가 판결 확정을 전후하여 저질러진 경우 판결 확정 전에 범한 죄를 이미 판결이 확정된 죄와 동시에 판결할 수 없었던 경우라고 하여 마치 확정된 판결이 존재하지 않는 것처럼 그 수개 죄 사이에 동시적 경합이 된다고도 할 수 없으므로, 판결 확정을 전후한 각각의 범죄에 대하여는 별도로 형을 정하여야 한다.[1)]

금고 이상의 형에 처한 판결이라야 하므로, 벌금형이나 양식명령이 확정된 경우에는 제37조 후단에 해당하지 않는다. 판례도 약식명령의 확정 전후에 범한 동일 피고인의 각 죄는 형법 제37조 후단의 경합범이 될 수 없고 모두 형법 제37조 전단의 경합범 관계에 있으므로 그에 대하여 하나의 형을 선고하여야 한다고 본다.[2)]

판결확정의 시점은 형사소송법상 상소 등 통상의 불복절차로써는 다툴 수 없게 된 시점을 의미한다. 그리고 죄를 범한 시점은 범죄의 종료시를 기준으로 한다.

---

1) 대판 2014. 3. 27, 2014도469; 대판 2011. 6. 10, 2011도2351.

2) 대판 2017. 7. 11, 2017도7287. 형법 제37조 후단에서 '금고 이상의 형에 처한 판결이 확정된 죄와 그 판결확정 전에 범한 죄'를 경합범으로 규정하고 있으므로, 벌금형을 선고한 판결이나 약식명령이 확정된 죄는 형법 제37조 후단의 경합범이 될 수 없다.

이를 정리하면 다음과 같다.

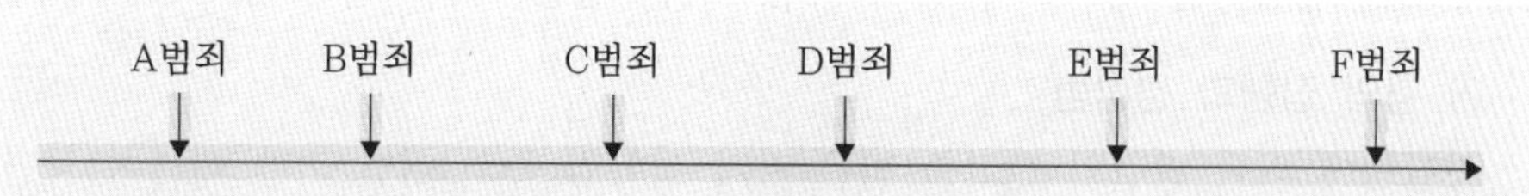

갑이 시간적 순서상 위와 같은 범죄를 범한 경우:

① C범죄에 관하여 기소되어 확정판결에 이르지 않은 경우에는 A범죄부터 F범죄까지는 모두 여전히 제37조 전단의 동시적 경합범에 해당한다.

② 갑에게 기소된 C범죄에 대하여 소송진행 중 D범죄에 대하여만 추가기소가 있었고 E범죄를 범하기 전에 금고이상의 확정판결에 이르렀다면 C범죄와 D범죄만이 동시적 경합범이 되고, A범죄와 B범죄는 C범죄와 사후적 경합범이 된다.

③ 확정판결 이후에 발생한 E범죄와 F범죄는 C범죄와 아무런 관련이 없으며, 사후적 경합범도 될 수 없지만, 양자는 별도로 동시적 경합범이 된다.

3. 법적 효력

경합범의 처벌에 있어서 우리 형법은 가중주의를 원칙으로 하고 흡수주의와 병과주의를 예외적으로 인정하고 있다.

(1) 경합범을 동시에 판결하는 경우

이 경우에는 수죄의 법적 취급으로서 각각의 형종에 따라서 병과주의, 가중주의, 흡수주의 중 결합주의에 의하여 처단형을 정한다(제3절 수죄 Ⅰ.3. 수죄의 법적 취급 참조).

(2) 경합범을 동시에 판결하지 않는 경우

1) 형의 선고

경합범 중 판결을 받지 아니한 죄가 있는 때에는 그 죄와 판결이 확정된 죄를 동시에 판결할 경우와 형평을 고려하여 그 죄에 대하여 형을 선고한다. 이 경우 그 형을 감경 또는 면제할 수 있다(제39조 제1항).

경합범 중 확정판결이 있었던 죄를 재평가하는 것은 일사부재리의 원칙에 반하므로 형법은 확정판결을 받지 아니한 죄에 대해서만 형을 선고하도록 규정하고 있다고 이해된다. 그러나 이 경우 경합범을 동시에 판결하는 경우(동시적 경합범)보다 형이 중하게 되면 형평에 맞지 않으므로 형을 감경 또는 면제할 수 있도록 한 것이다. 형법의 이러한 태도에 대하여는 형법 제38조의 규정에 의하여 새로운 전체형을 정하도록 함이 타당하다는 입법론적 비판이 있다.

2) 형의 집행과 경합범

경합범에 의한 판결의 선고를 받은 자가 경합범 중의 어떤 죄에 대하여 사면 또는 형의 집행이 면제된 때에는 다른 죄에 대하여 다시 형을 정한다(제39조 제3항). 이 규정은 경합범에 대하여 1개의 형이 선고되었을 때 적용되는데 예컨대 A죄, B죄, C죄의 경합범으로서 15년의 징역을 받은 자에게 A죄에 대한 사면이 있는 경우 B죄와 C죄에 대하여 형을 다시 정하게 됨을 의미한다. 여기에서 “다시 형을 정한다.”는 말은 그 죄에 대하여 다시 심판한다는 취지가 아니고 형의 집행부분만을 다시 정한다는 뜻이다.

3) 집행한 형기의 통산

전술한 1), 2)의 경우에 형을 집행함에 있어서는 이미 확정판결에 의하여 집행되었던 형기를 통산한다(제39조 제4항).

판 례

상습범이 재심판결대상이 된 경우 경합범 문제에 관하여 판례는 다음과 같은 전원합의체 판결을 하였다.[1)] 상습범으로 유죄의 확정판결(이하 앞서 저질러 재심의 대상이 된 범죄를 ‘선행범죄’라 한다)을 받은 사람이 그 후 동일한 습벽에 의해 범행을 저질렀는데(이하 뒤에 저지른 범죄를 ‘후행범죄’라 한다) 유죄의 확정판결에 대하여 재심이 개시된 경우, 동일한 습벽에 의한 후행범죄가 재심대상판결에 대한 재심판결 선고 전에 저질러진 범죄라 하더라도 재심판결의 기판력이 후행범죄에 미치지 않는다.[2)]

---

1) 대판 2019. 6. 20, 2018도20698 전원합의체 판결.
2) 재심심판절차에서 선행범죄, 즉 재심대상판결의 공소사실에 후행범죄를 추가하는 내용으로 공소장을 변경하거나 추가로 공소를 제기한 후 이를 재심대상사건에 병합하여 심리하는 것이 허용되지 않으므로 재심심판절차에서는 후행범죄에 대하여 사실심리를 할 가능성이 없다. 또한 재심심판절차에서 재심개시결정의 확정만으로는 재심대상판결의 효력이 상실되지 않으므로 재심대상판결은 확정판결로서 유효하게 존재하고 있고, 따라서 재심대상판결을 전후하여 범한 선행범죄와 후행범죄의 일죄성은 재심대상판결에 의하여 분단되어 동일성이 없는 별개의 상습범이 된다. 그러므로 선행범죄에 대한 공소제기의 효력은 후행범죄에 미치지 않고 선행범죄에 대한 재심판결의 기판력은 후행범죄에 미치지 않는다.

만약 재심판결의 기판력이 재심판결의 선고 전에 선행범죄와 동일한 습벽에 의해 저질러진 모든 범죄에 미친다고 하면, 선행범죄에 대한 재심대상판결의 선고 이후 재심판결 선고 시까지 저지른 범죄는 동시에 심리할 가능성이 없었음에도 모두 처벌할 수 없다는 결론에 이르게 되는데, 이는 처벌의 공백을 초래하고 형평에 반한다.

또한 유죄의 확정판결을 받은 사람이 그 후 별개의 후행범죄를 저질렀는데 유죄의 확정판결에 대하여 재심이 개시된 경우, 후행범죄가 재심대상판결에 대한 재심판결 확정 전에 범하여졌다 하더라도 아직 판결을 받지 아니한 후행범죄와 재심판결이 확정된 선행범죄 사이에는 형법 제37조 후단에서 정한 경합범 관계(이하 '후단 경합범'이라 한다)가 성립하지 않는다.

재심판결이 후행범죄 사건에 대한 판결보다 먼저 확정된 경우에 후행범죄에 대해 재심판결을 근거로 후단 경합범이 성립한다고 하려면 재심심판법원이 후행범죄를 동시에 판결할 수 있었어야 한다. 그러나 아직 판결을 받지 아니한 후행범죄는 재심심판절차에서 재심대상이 된 선행범죄와 함께 심리하여 동시에 판결할 수 없었으므로 후행범죄와 재심판결이 확정된 선행범죄 사이에는 후단 경합범이 성립하지 않고, 동시에 판결할 경우와 형평을 고려하여 그 형을 감경 또는 면제할 수 없다.

재심판결이 후행범죄에 대한 판결보다 먼저 확정되는 경우에는 재심판결을 근거로 형식적으로 후행범죄를 판결확정 전에 범한 범죄로 보아 후단 경합범이 성립한다고 하면, 선행범죄에 대한 재심판결과 후행범죄에 대한 판결 중 어떤 판결이 먼저 확정되느냐는 우연한 사정에 따라 후단 경합범 성립이 좌우되는 형평에 반하는 결과가 발생한다.

제 3 편

형벌과 보안처분

제 1 장

형벌론의 기초

제 1 절 형벌의 의의와 본질

Ⅰ. 형벌의 의의

일반적으로 형벌이란 범죄에 대하여 부과되는 국가에 의한 제재로서, 범죄자에게 고통을 부여하는 해악이라고 본다. 즉, 형벌이란 광의로는 보안처분까지 포함하지만 협의(형식적 의의)로는 국가가 형벌권에 기하여 범죄에 대한 법률상의 효과로서 범죄자에게 과하는 법익의 박탈을 의미한다. 그러나 국가가 법을 수단으로 오로지 국민에게 고통을 가한다는 것은 국가의 기능이라고 할 수 없다. 그리하여 형벌의 본질에 관하여는 여전히 논란이 되고 있다.

형벌권의 주체는 국가이며 국가에 의한 공형벌만이 인정된다. 그러므로 형벌은 개인에 의한 사적 제재나 개인 사이의 민사상의 관계인 손해배상과도 구분된다. 예외적인 경우에 허용되는 개인에 의한 긴급행위(예컨대 정당방위, 자구행위 등)도 형벌이 아니다.

형벌의 전제는 범죄이다. 범죄가 없으면 형벌은 있을 수 없다. 죄형법정주의는 여기에 무엇이 범죄이고 그 범죄에 대한 법률적 효과로서 어떠한 형벌을 과할 것인가를 명확히 할 것을 요구한다. 이에 따라 형법은 개개의 범죄에 대응하는 법적 효과로서의 형벌을 규정하고 있는 것이다.

Ⅱ. 형벌의 본질

형벌의 본질 내지 목적에 관하여서는 오랫동안 논쟁이 계속되었다. 응보형론(Vergeltungsstraftheorie) 또는 절대적 형벌이론(absolute Straftheorien)은 형벌의 본질을 오직 응보의 관점에서 이해하여 형벌을 도의적 응보로 보거나(Kant), 법률의 부정인 범죄를 다시 부정함으로써 필연적으로 법을 회복한다는 의미의 절대적·등가적 응보형(Hegel)으로 보았다. 응보형론은 나아가 형벌은 범인을 속죄하게 하는 것이라는 속죄형으로 보기도 하였다(특히 Kohler의 경우).

형벌은 응보에서 끝나는 것이 아니라 구체적인 목적을 추구해야 한다고 주장했던 목적형론(Zweckstraftheorie) 또는 상대적 형벌이론(relative Straftheorien)은, 관점에 따라 일반인에 대한 범죄예방적 효과에 중점을 두는 일반예방주의와 범인의 개선·교화와 재사회화에 중점을 두는 특별예방주의의 두 가지 방향으로 나누어진다. 양자 중 어느 일방을 주장하는 신구학파 논쟁을 지나 점차 형벌의 응보적 성격과 예방적 목적(일반예방 및 특별예방)을 결합시키는 절충설 또는 결합설(Vereinigungstheorie)이 형성되었다. 이에는 추상적으로 형벌의 모든 면을 종합적으로 관찰하는 방법, 사회일반인에 대하여서는 일반예방적 기능을, 범인에 대하여서는 특별예방적 기능을, 피해자와의 관계에 있어서는 형벌의 응보적 성격을 인정하는 방법, 형법의 적용을 형벌위하, 형벌선고, 형벌집행의 세 단계로 나누고, 형벌위하는 일반예방에, 형벌선고는 응보에, 형벌집행은 특별예방에 각각 연결시키는 변증법적 절충설 등이 있다.

생각건대 형벌의 선고가 법적으로 비난받을 범인에게 법익박탈적 결과를 가져온다는 사실과 피해자의 손실과 그 침해자인 범인의 처벌이라는 관계가 어느 정도 형벌의 응보적 측면을 드러냄은 부정되지 않는다. 그러나 형벌의 중점은 응보보다는 예방의 목적에 있다고 보아야 한다. 그리고 일반예방은 단지 형벌위하에만 관계되고 특별예방은 형벌의 집행에만 관계되는 것이 아니라 양자가 모두 형벌의 위하와 집행에 함께 관계된다. 일반예방의 기능이 결코 경시될 수 없지만 형벌은 특히 범인의 개선, 교화와 재사회화라는 특별예방을 중요시해야 한다. 그러나 예방의 목적도 범인의 책임에 비례하여야 함은 물론이다.

제 2 절 형벌의 종류

형벌은 박탈되는 법익의 종류에 따라 생명형, 자유형, 명예형 및 재산형의 4 유형으로 구분된다.

형법 제41조는 형벌의 종류로서 사형, 징역, 금고, 자격상실, 자격정지, 벌금, 구류, 과료 및 몰수의 9종을 인정하고 있는데 이들을 위의 유형에 따라 구분해 보면 사형은 생명형이고 징역, 금고 및 구류는 자유형이며 자격상실, 자격정지는 명예형이고 벌금, 과료 및 몰수[1)]는 재산형[2)]이다.

Ⅰ. 생명형(사형)

1. 의 의

생명형(Lebensstrafe) 또는 사형(Todesstrafe, capital punishment)은 수형자의 생명을 박탈하는 형벌이다. 형벌사상 가장 오랜 역사를 지닌 사형은 근세 초에 이르기까지는 형벌 중 가장 중요한 위치를 차지하였다. 그 후 계몽사상, 프랑스 혁명 등의 영향으로 민주주의가 발전되면서 각국 형법은 사형의 적용범위를 제한하고 점차 사형을 폐지하는 방향으로 나아간다.

사형의 본질에 관하여서는 복수(talio)사상에 근거한 복수설, 사형의 위하적 효과에 중점을 둔 위하설, 범인의 생명을 영구적으로 말살함이 그 본질이라는 영구말살설 등이 있다.

2. 헌법재판소 결정에 따른 찬반론 검토

사형존치론은 생명형이 인간의 존엄과 가치를 규정한 헌법 제10조에 위배되지 않는다고 본다.[3)] 또한 심리적 위하를 통한 범죄예방 및 사회방어의 공익상

---

1) 구형법은 몰수 이외의 형을 독립하여 선고할 수 있는 주형(主刑)으로 하는 한편 몰수는 주형에 부가하여서만 선고할 수 있는 부가형으로 규정하였다(구형법 제9조). 현행형법은 이러한 구별을 폐지하였으나 몰수형의 부가성은 인정하고 있다(제49조).

2) 재산박탈적 제재에 해당하지만 형벌이 아닌 경우가 있다.

1. 범칙금이란 도로교통법과 경범죄처벌법상 경미범죄에 경찰서장이 통고처분이라는 형식으로 위반자에게 납부를 명하는 제도이다. 즉, 위반행위는 범죄로 규정되어 있으나, 절차는 경찰서장이라는 행정기관이 행하고 이를 이행하면 형사사건으로 취급되지 않는다. 반대로 위반하거나 불복할 때에는 즉결심판이라는 형사절차가 개시된다.
2. 과료란 행정상의 질서유지를 위해 행정법상 의무위반자에게 부과되는 금전적 제재이다. 과태료에는 죄형법정주의가 적용되지 않으며, 과태료와 벌금을 동시에 부과해도 죄형법정주의에 반하지 않는다. 과태료는 질서위반행위규제법에 의하며, 이의제기는 당해 행정청에 신청한다.
3. 과징금이란 행정법상의 의무불이행으로 인해 발생한 경제적 이익을 상쇄하거나 의무불이행에 대해 행정처분에 갈음하여 부과하는 제재적 금전부담이다. 예컨대, 영업정지 등 행정처분에 갈음하여 부과되는 것으로서 일종의 부당이득 환수방법이다. 불복방법이 행정심판 및 행정소송이라는 것도 과태료와의 차이점이다.

3) 헌재결 1996. 11. 28, 95헌바1. 사형제도는 형벌의 경고기능을 무시하고 극악한 범죄를 저지른 자에 대하여 그 중한 불법 정도와 책임에 상응하는 형벌을 부과하는 것으로서 범죄자가 스스로 선택한 잔악무도한 범죄행위의 결과인바, 범죄자를 오로지 사회방위라는 공익 추구를 위한 객체

목적이 있으므로 입법목적이 정당하며, 극악한 범죄를 범한 자의 생명권이라는 사익과 일반 국민의 생명보호 및 사회방위라는 공익과의 비례성의 원칙(법익균형성의 원칙)에 반하지 않는다고 본다. 그리고 오판가능성은 심급제도, 재심제도 등을 통한 개선이 필요한 재판 그 자체의 문제일 뿐이며,[1] 절대적 종신형의 도입여부는 형사정책적 고려의 대상이라고 본다.

반면 사형폐지론은 인간의 생명권은 사람의 생존본능과 존재목적 그리고 고유한 존재가치에 바탕을 두고 있으므로 이는 선험적이고 자연법적인 권리로서 이를 박탈할 수 없는 천부인권이라고 본다. 또한 비례의 원칙에 반할뿐만 아니라[2] 극단적 사회방위를 취함으로써 인간을 범죄의 예방의 수단으로만 취급하고 자기의 책임 하에 반성과 개선을 할 최소한의 도덕적 자유조차 남겨주지 않는 제도라고 비판한다. 형벌목적의 면에서 일반예방효과 역시 불확실하며, 직무상 사형에 관여하는 자의 양심의 자유와 인간으로서의 존엄과 가치를 침해하고,[3] 오판의 시정이 불가능함을 지적한다.

인류문화의 향상발전에 따라 사형은 그 적용이 제한되고 신중히 운영되는 과도기적 단계를 거쳐 폐지되는 방향으로 나아가고 있다.[4] 인간의 생명이 국가형벌권의 대상이 되어서는 안 되며 사형은 반드시 폐지되어야 한다.

Ⅱ. 자 유 형

1. 의 의

자유형(Freiheitsstrafe)은 수형자의 신체적 자유를 박탈하는 형벌로서 근대적

로만 취급함으로써 범죄자의 인간으로서의 존엄과 가치를 침해한 것으로 볼 수 없다.

1) 헌재결 2010. 2. 25, 2008헌가23. 이하의 논거도 같은 결정에 근거한다.
2) 사형제도는 인간의 존엄과 가치를 천명하고 생명권을 보장하는 우리 헌법 체계에서는 입법목적 달성을 위한 적합한 수단으로 인정할 수 없고, 절대적 종신형 등이 가능하므로 피해의 최소성 원칙에도 어긋나며, 사형 당시에는 사형을 통해 보호하려는 타인의 생명권이나 중대한 법익은 이미 그 침해가 종료되어 범죄인의 생명이나 신체를 박탈해야 할 긴급성이나 불가피성이 없고 사형을 통해 달성하려는 공익에 비하여 사형으로 인하여 침해되는 사익의 비중이 훨씬 크므로 법익의 균형성도 인정되지 않으므로
3) 헌재결 1996. 11. 28, 95헌바1. 이하의 논거도 또한 같다.
4) 우리나라는 1997년 12월 30일 마지막 사형집행이후, 2008년 국제엠네스티에 의하여 실질적 사형폐지국가로 분류되었다.

형벌체계에서 가장 중요한 위치를 차지하고 있다. 예전부터 동서양에 모두 감옥이 있었으나 주로 수사나 재판의 진행, 또는 다른 형벌의 집행을 위한 일시적 감금장소로 쓰였다. 우리나라와 중국에서 실시되었던 유형(流刑; 귀양)이나 도형(徒刑)도 넓은 의미로 보면 자유형에 포함시킬 수 있으나 근대적 의미의 자유형과는 차이가 있다.[1)]

2. 종 류

(1) 징 역

징역은 교정시설에 수용하여 정해진 노역(정역)에 복무하게 하는 형벌로서(제67조) 무기와 유기의 2종이 있다. 무기는 기간의 제한이 없는 것으로 종신형을 의미하고 유기는 1월 이상 30년 이하의 기간인데 형을 가중하는 때에는 그 상한이 50년으로 된다(제42조).

(2) 금 고

금고는 과실범이나 정치범의 경우처럼 범인의 명예를 존중할 필요가 있는 자에게 과한다는 의미에서 명예적 구금이라고 하는데 정역을 과하지 않는 점을 제외하면 모든 것이 징역의 경우와 같다. 금고도 수형자의 신청이 있으면 작업을 과할 수 있다(형의 집행 및 수용자의 처우에 관한 법률(이하 형집행법) 제67조).

(3) 구 류

구류는 그 기간이 1일 이상 30일 미만이라는 점에서 징역이나 금고와 다르고, 정역에 복무하지 않는다는 점에서 징역과 구분된다(제46조). 자유형의 일종인 구류는 형사소송법상의 강제처분인 구금(형사소송법 제69조 이하)이나 수형자가 벌금 또는 과료를 납부하지 않을 때 환형처분으로서 행하여지는 노역장 유치(형법 제69조 제2항, 제70조, 제71조)와 구별된다.

1) 근대적인 자유형은 16세기 말 유럽의 도시에 설치된 노역장, 특히 네덜란드의 암스테르담에 세워진 교정원(징치장이라고도 번역됨)에서 그 유래를 찾아볼 수 있으며, 이러한 제도가 점차 타지역에서도 신체형을 대치하는 것으로 이용되었다. 그 후 자유형은 점차 개량되어 수형자를 개선, 교화시키는 교육적인 내용을 중심으로 운영되면서 오늘에 이르고 있다.

3. 자유형의 개선방안

(1) 단기자유형의 폐지

단기자유형이란 일반적으로 6개월 이하의 자유형을 의미한다. 단기자유형은 개선, 교화의 효과를 거둘 시간적 여유가 없고 위하력도 약한 반면 경한 죄질의 수형자가 다른 수형자로부터 악영향을 받을 우려, 전과자로서의 낙인으로 인한 사회복귀의 어려움, 수형자의 가족의 정신적 부담과 경제적 파탄 등 여러 가지 부작용이 크기 때문에 폐지하여야 한다.

단기자유형의 대체방안으로서는 벌금형에의 환형, 선고유예·집행유예 제도의 활용, 기소유예제도의 활용, 무구금강제노동, 선행보증 등이 있다.

(2) 자유형의 단일화

형법은 자유형을 징역, 금고, 구류의 3종으로 구별하고 있으나 징역은 정역에 복무해야 하는데 금고와 구류에는 이러한 의무가 없다는 것이 그 중요한 기준이 된다. 정역의 유무로 징역과 금고를 구분하는 것은 노동을 천시하는 사상에 기초를 둔 것이고, 징역과 금고의 구분을 통하여 파렴치범과 비파렴치범을 구분하려는 것도 범인의 개선 내지 사회복귀의 관점에서 볼 때 타당하지 않으며 파렴치범 여부도 분명하게 구별하기 어려운 점이 있다. 그러므로 징역과 금고는 단일화 되고, 단기자유형인 구류는 폐지됨이 바람직하다.

Ⅲ. 재 산 형

1. 의 의

재산형(Vermögensstrafe)이란 일정한 재산을 박탈할 것을 내용으로 하는 형벌이다. 재산형 특히 벌금은 로마의 12표법상의 배상금, 고대게르만법상의 속죄금과 같이 처음에는 사형적(私刑的) 배상제도로서 나타났고 점차 공형벌로서의 벌금형으로 그 성격이 변화되었다. 근대에 들어서면서 화폐경제의 발달과 더불어 벌금형은 주형의 하나로 되고 특히 폐단이 많은 단기자유형의 대용제도로서 그 의미가 높이 평가되고 있다.

2. 종 류

(1) 벌 금

1) 의의 및 특성

벌금형은 재산형 중 가장 중한 것으로서 5만원 이상의 금액의 지불의무를 수형자에게 강제적으로 부담시키는 것으로서 그 금액의 상한에는 제한이 없고 개개의 범죄에 대한 벌금액은 각칙에 개별적으로 규정되어 있다.

벌금은 일신전속적인 특성을 가지므로 범인 아닌 제3자의 대납이 허용되지 않고 범인이 국가에 대하여 가지고 있는 채권과 상계될 수 없으며, 벌금납입에 대한 범인 이외의 자의 공동연대책임도 있을 수 없고 원칙적으로 벌금의 상속도 인정되지 않는다. 단 예외적으로 몰수 또는 조세, 전매 또는 공과에 관한 법령에 의하여 재판한 벌금 또는 추징은 그 재판을 받은 자가 재판확정 후 사망한 경우에는 그 상속재산에 대하여 집행할 수 있고(형사소송법 제478조), 법인에 대하여 벌금, 과료 등을 명한 경우에는 법인이 그 재판확정 후 합병에 의하여 소멸한 때에도 합병 후 존속한 법인 또는 합병에 의하여 설립된 법인에 대하여 집행할 수 있다(형사소송법 제479조).

2) 장 · 단점

벌금형은 특히 이욕적인 범죄와 법인, 회사 등 단체에 의한 범죄에 효과적이고 소송경제의 면에서 유리하며 수형자의 사회복귀, 오판의 회복을 쉽게 해주는 등 여러 가지 장점이 있는 반면, 범죄인의 인격에 대한 교육, 개선의 효과가 적고 직업적 범죄자에게 일종의 세금처럼 인식되어 형벌경시의 폐풍을 조장할 우려가 있으며, 빈부의 차를 고려하지 않으면 형평성이 결여되기 쉽고 화폐가치의 변동이 벌금형의 범죄예방력에 영향을 미친다는 단점도 있다.

3) 개선방향

우리 형법은 벌금형을 일정액의 총액으로 선고하는 총액벌금형제도를 택하고 있다. 이 제도는 빈부의 차가 고려되지 않고 범죄인의 불법과 책임에 상응한 형벌로서 이상적이지 못하다는 비판을 받고 있다. 입법론적으로는 총액벌금형제도보다는 범행의 중대성에 따라 일수를 결정한 후 행위자의 개인적 경제사정을 고려하여 일수정액을 정하는 일수벌금제(공정벌금제)가 보다 합리적이며 대체자유형에의 환형처분에도 합리적인 기준을 제시해 줄 수 있다.

이 밖에 500만원 이하의 벌금형의 경우에는 집행유예가 가능하며(형법 제62조 제1항), 일정한 요건하에 분할납부 및 납부연기도 인정된다(재산형 등에 관한 검찰 집행사무규칙 제12조).

4) 벌금의 납입과 노역장 유치

벌금은 판결확정 후 30일 이내에 납입해야 하고 벌금을 납입하지 않는 경우에는 1일 이상 3년 이하의 기간 노역장에 유치하여 작업에 복무하게 한다(제69조). 노역장 유치제도에 관하여서는 재산형이 자유형으로 환원되고 벌금액이 많은 자에게 상대적으로 유리하게 된다는 비판이 있다.

(2) 과 료

과료는 벌금에 비하여 그 금액이 적고 보다 경미한 범죄(제266조, 360조)에 적용된다는 점에서 벌금과 구별될 뿐 다른 점에 있어서는 차이가 없다. 과료는 2천원 이상 5만원 미만으로 한다(제47조). 과료는 형법상의 형벌이라는 점에서 행정법상의 제재인 과태료와 구별된다. 과료를 납입하지 않는 자는 1일 이상 30일 미만의 기간 동안 노역장에 유치시켜 작업에 복무하게 한다(제69조).

(3) 몰 수

1) 의의 및 성질

몰수란 유죄판결을 함에 있어 타형에 부가하여 과하는 것을 원칙으로 하는 재산형으로서(제49조) 일정한 물건을 국고에 귀속시키게 하는 형벌을 말하는데, 예외적으로 행위자에게 유죄의 재판을 아니할 때에도 몰수의 요건이 있는 때에는 몰수만을 선고할 수 있다(제49조 단서). 형법은 몰수를 형식상 형벌로 규정하고 있는데(제41조) 실질적으로는 대물적 보안처분에 해당한다.

몰수에는 임의적 몰수와 필요적 몰수가 있다. 몰수는 원칙적으로 법관의 자유재량에 속하는 임의적 몰수가 원칙이므로, 예컨대 휴대전화의 동영상 촬영기능을 이용하여 피해자를 촬영한 행위 자체가 범죄에 해당하는 경우, 휴대전화는 '범죄행위에 제공된 물건', 촬영되어 저장된 동영상은 휴대전화에 저장된 전자기록으로서 '범죄행위로 인하여 생긴 물건'에 각각 해당하고 이 경우 법원은 휴대전화를 몰수하지 않고 동영상만을 몰수하는 것도 가능하다.[1] 그러나 필요적 몰수에 해당하는 때에는 반드시 몰수하여야 하는데, 예컨대 뇌물에 관한 죄의 경우 범인 또는 정을 아는 제3자가 받은 뇌물 또는 뇌물에 공한 금품(제134조)이 이에 해당한다. 몰수는 유죄의 재판을 하지 아니할 때에도 가능하지만, 공소제기가 되지 않았거나 공소제기되지 않은 별개의 범죄사실을 인정하여 몰수할 수는 없다.[2] 또한 몰수는 특정된 물건에 대한 것이므로 예컨대 뇌물에 공할 금품이 특정되지 않았다면 몰수할 수 없고 그 가액을 추징할 수도 없다.[3]

2) 몰수의 대상

① 범죄행위에 제공하였거나 제공하려고 한 물건

여기에서 범죄행위란 구성요건에 해당하는 위법한 행위를 의미한다. '범죄행위에 제공'한 물건은 범죄의 실행행위 자체에 사용한 물건만 의미하는 것이 아니라 실행행위 착수 전 또는 실행행위 종료 후 행위에 사용한 물건 중 범죄행위의 수행에 실질적으로 기여하였다고 인정되는 물건까지도 포함한다.[4] 범죄행위에 제공하였던 물건이란 예컨대 살인에 사용했던 흉기처럼 현실적으로 범죄의 수행에 사용하였던 물건을 말하고, 제공하려고 한 물건은 범죄행위에 사용하려고 준비하였지만 현실적으로는 사용하지 못했던 물건을 의미한다.

② 범죄행위로 인하여 생겼거나 취득한 물건

범죄행위로 인하여 생겼다는 것은 범죄행위 이전에는 없었으나 범죄행위로 인하여 비로소 생겨난 물건 예컨대 통화위조행위로 만들어 낸 위조통화, 문서위조행위로 작성한 위조문서 등이 이에 해당한다. 범죄행위로 인하여 취득한 물건이란 범행 당시 이미 존재했던 것을 범죄행위를 수단으로 하여 범인이 취득한 물건 예컨대 절취한 장물, 도박행위로 취득한 금품 등이 이에 해당하며, 취득이란 '해당 범죄행위로 인하여 결과적으로 이를 취득한 때'라고 제한적으로 해석하여야 한다.[5]

1) 대판 2024. 1. 4, 2021도5723.
2) 대판 2022. 12. 29, 2022도8592; 대판 2022. 11. 17, 2022도8662.
3) 대판 2023. 4. 27, 2022도15459.
4) 대판 2024. 1. 4, 2021도5723.
5) 대판 2021. 7. 21, 2020도10970.

③ 위의 ①, ②의 대가로 취득한 물건

장물을 매각하여 금전을 취득한 경우처럼 범죄로 인하여 취득된 물건 자체에 대하여서는 형법 제48조 제1항 제1, 2호에 의해 몰수할 수 없는 때에도 그 물건의 대가, 즉 범죄에 의한 부정한 이득을 박탈하자는데 그 취지가 있다.

3) 몰수의 전제조건(대인적 요건)

몰수하려는 대상물이 범인 외의 자의 소유에 속하지 아니하거나 범죄 후 범인 외의 자가 사정을 알면서 취득한 물건이라야 한다(제48조 제1항).

① 범인 외의 자의 소유에 속하지 아니하는 물건

여기에는 범인의 소유에 속하는 물건, 무주물, 법률상 누구의 소유에도 속할 수 없는 금제품(예컨대 아편),[1] 소유자 불명인 물건[2] 등이 포함된다. 범인에는 공범자도 포함되며,[3] 여기에서의 공범자에는 공동정범, 교사범, 방조범에 해당하는 자는 물론 필요적 공범관계에 있는 자도 포함된다.[4] 또한 공범자는 반드시 유죄의 죄책을 지는 자에 국한된다고 볼 수 없고 공범에 해당하는 행위를 한 자이면 족하다.[5]

유죄의 불법원인급여에 해당되어 소유자에게 반환청구권이 없는 물건이나 소유자가 반환청구권을 포기한 물건도 몰수할 수 있다. 누구의 소유에 속하는 물건인가는 판결선고 당시의 권리관계를 기준으로 하여 결정된다고 보며 따라서 범행 후 판결선고 전에 범인의 사망에 의하여 그 물건의 소유권이 상속인에게 이전되었을 경우에는 몰수할 수 없다. 누구의 소유에 속하는가는 공부상의 명의 여하를 불문하고 권리의 실질적 귀속관계에 의하여 판단한다.[6]

② 범죄 후 범인 외의 자가 사정을 알면서 취득한 물건

범인 외의 자의 소유에 속하는 물건이라 할지라도 범죄 후 범인 외의 자가 사정을 알면서 취득한 물건은 몰수의 대상이 될 수 있다. 여기에서 사정을 알면서 취득한다는 것은 취득 당시에 그 물건이 형법 제48조 제1항 각호에 해당한

---

1) 대판 1960. 3. 16, 4292형상858.
2) 대판 1955. 8. 26, 4288형상216; 대판 1952. 6. 26, 4285형상74.
3) 대판 2013. 5. 23, 2012도11586; 대판 2000. 5. 12, 2000도745.
4) 대판 1984. 5. 29, 83도2680.
5) 대판 2006. 11. 23, 2006도5586.
6) 대판 1999. 12. 1, 99도3478.

다는 사실을 알고 있으면서도 이를 취득한 경우를 말한다.

4) 법적 효과

몰수에 의하여 재산권은 일방적으로 국가에 귀속된다. 몰수판결은 유죄판결을 받은 피고인에 대해서만 효력이 발생하고 그 이외의 자에게는 미치지 않는다. 또한 범인 또는 그 정을 아는 제3자가 취득한 것을 그들로부터 박탈하여 부정한 이익을 보유하지 못하게 함에 그 목적이 있으므로, 범행으로 취득한 것을 보유하지 않은 자라면 그로부터 이를 몰수할 수는 없다.[1)]

형법은 몰수의 대상을 물건에 한정하고 있지만, 특정경제범죄가중처벌 등에 관한 법률은 이익(제10조), 공무원범죄에 관한 몰수특례법과 불법정치자금 등의 몰수에 관한 특례법은 불법재산(제3조), 마약류관리에 관한 법률은 수익금(제67조), 범죄수익은닉의 규제 및 처벌 등에 관한 법률은 범죄수익(제8조) 등을 몰수함으로써, 점차 그 대상을 전체 재산상의 이익으로 넓히는 경향이 있다.

판 례

판례는 피고인이 음란물유포 인터넷사이트를 운영하면서 음란물유포 및 도박개장방조죄로 비트코인(Bitcoin)을 취득한 경우, 비트코인도 재산적 가치가 있는 무형의 재산이므로 특별법(범죄수익은닉규제법)에 의하여 몰수의 대상이 된다고 본다.[2)] 피고인이 뇌물로 받은 주식이 압수되어 있지 않고 주주명부상 피고인의 배우자 명의로 등재되어 있으며, 위 배우자는 몰수의 선고를 받은 자가 아니어서 그에 대해서는 몰수물의 제출을 명할 수도 없고, 몰수를 선고한 판결의 효력도 미치지 않는다면 그 가액을 추징할 수 있다고 본다.[3)] 피고인이 토지개발채권을 허가없이 휴대하여 출국하려다 적발되어 미수에 그쳤다면, 동 채권은 허가 없는 수출미수행위로 인하여 '비로소' 취득한 것이 아니므로 외국환관리법(제33조)상의 몰수 또는 추징의 대상은 아니지만, 형법상 범죄행위에 제공된 것에는 해당하므로 형법상의 몰수 또는 추징의 대상이 된다고 본다.[4)] 그러나 외국환거래법 위반으로 체포될 당시 미처 송금하지 못하고 소지하고 있던 수표나 현금은 장차 실행하려고 한 범행에 제공하

1) 대판 2006. 12. 8, 2006도6410.
2) 대판 2018. 5. 30, 2018도3619.
3) 대판 2005. 10. 28, 2005도5822.
4) 대판 2002. 9. 4, 2000도515.

려고 한 물건일 뿐이므로 몰수할 수 없다.[1] 몰수 또는 추징의 상대방에 관하여는, 선거인이나 선거인의 가족 을에게 금전을 제공한 피고인이 선거운동 목적으로 제공한 금전을 그대로 돌려받았다면 제공자인 피고인으로부터 이를 몰수하거나 그 가액을 추징하여야 한다.[2] 또한 수재자가 증재자로부터 받은 재물을 그대로 가지고 있다가 증재자에게 반환하였다면 증재자로부터 이를 몰수하거나 그 가액을 추징하여야 한다.[3]

5) 추 징

제48조 제1항 각호의 물건을 몰수하기 불가능한 때에는 그 가액을 추징하고(제48조 제2항) 문서, 도화, 전자기록 등 특수매체기록 또는 유가증권의 일부가 몰수에 해당하는 때에는 그 부분을 폐기한다(제48조 제3항). 추징은 범죄로 인한 부당한 이익을 범인으로부터 박탈하려는 몰수의 취지를 관철하기 위한 제도로서 일종의 사법처분이고 형벌은 아니다. 그렇지만 실질적인 의미에서 형에 준하여 평가되어야 하므로 1심에서 행하지 아니한 추징을 항소심에서 선고하면 불이익변경금지의 원칙에 위배된다.[4]

몰수하기 불가능한 때라 함은 판결 당시에 사실상(예컨대 분실, 훼손 등) 또는 법률상(혼동, 선의의 제3자에의 양도 등)으로 몰수할 수 없는 경우이며, 추징가액도 범인에게 부당한 이익을 갖게 하지 않는다는 취지에 비추어 판결선고시를 기준으로 함이 합리적이다.[5] 몰수의 취지가 범죄에 의한 이득의 박탈을 목적으로 하므로, 몰수하기 불능한 때에 추징하여야 할 가액은 범인이 그 물건을 보유하고 있다가 몰수의 선고를 받았더라면 잃게 될 이득상당액이며, 그 액수를 초과할 수 없다.[6] 한편 범죄수익을 얻기 위해 범인이 지출한 비용은 그것이 범죄수익으로부터 지출되었더라도 범죄수익을 소비하는 방법에 지나지 않으므로 추징할 범죄수익에서 공제하지 않는다.[7] 만일 수인이 공모하여 수수한 뇌물을

---

1) 대판 2008. 2. 14, 2007도10034. 형법상 범죄행위에 제공하려고 한 물건이란 범죄행위에 사용하려고 준비하였으나 실제 사용하지 못한 물건을 의미하기 때문이다.
2) 대판 2017. 5. 17, 2016도11941.
3) 대판 2017. 4. 7, 2016도18104.
4) 대판 1961. 11. 9, 4294형상572.
5) 대판 1991. 5. 28, 91도352; 대판 1976. 2. 9, 75도1536.
6) 대판 2017. 9. 21, 2017도8611.
7) 대판 2020. 5. 28, 2020도2074.

추징하여야 할 경우에는 실제로 분배받은 뇌물을 개별적으로 추징하여야 한다.[1] 다만 분배받은 금원을 확정할 수 없을 때에는 평등하게 분할하여 추징하여야 한다.[2]

Ⅳ. 명 예 형

명예형(Ehrenstrafe)이란 명예적으로 누릴 수 있는 권리를 박탈하거나 제한하는 형벌인데 형법이 인정하고 있는 명예형(또는 자격형)으로서는 자격상실과 자격정지의 두 가지가 있다.

1. 자격상실

사형, 무기징역 또는 무기금고의 판결을 받으면 그 형의 효력으로서 당연히 일정한 자격이 상실되는 것인데, 상실되는 자격은, ① 공무원이 되는 자격, ② 공법상의 선거권과 피선거권, ③ 법률로 요건을 정한 공법상의 업무에 관한 자격, ④ 법인의 이사·감사 또는 지배인 기타 법인의 업무에 관한 검사역이나 재산관리인이 되는 자격이다(제43조 제1항).

2. 자격정지

자격정지란 일정한 기간 일정한 자격의 전부 또는 일부를 정지시키는 경우로서 형법상 범죄의 성질에 따라 선택형 또는 병과형으로 되어 있다. 또한 자격정지는 일정한 형의 판결을 받은 자에게 당연히 적용되는 당연정지와 판결의 선고에 의하여 정지되는 선고정지로 구분된다.

당연정지란 유기징역 또는 유기금고의 판결을 받은 자에게 그 형의 집행이 종료되거나 면제될 때까지 위의 ① 내지 ③의 자격이 당연히 정지되는 것을 말하고(제43조 제2항), 선고정지란 판결의 선고로써 위의 ①, ②, ③, ④의 자격의 전부 또는 일부의 자격을 정지시키는 경우인데 그 정지기간은 1년 이상 15년 이하이다(제44조 제1항). 선고정지에 있어서 자격정지의 형이 다른 형과 선택형으로 되어 있는 경우(예컨대 제105조, 제106조, 제122조, 제129조, 제130조 등)에는

1) 대판 1993. 10. 12, 93도2056.
2) 대판 1975. 4. 22, 73도1963.

단독으로 과할 수 있고 다른 형에 병과할 수 있게 되어 있는 경우(제114조, 제131조, 제204조, 제214~제219조 등)에는 타형에 병과한다. 병과형으로 과하는 경우에 자격정지기간은 징역 또는 금고의 집행을 종료하거나 면제된 날로부터 기산되며(제44조 제2항) 자격정지가 선택형인 경우에는 타형과 마찬가지로 판결이 확정된 날로부터 기산된다(제84조 참조). 병과형으로서의 자격정지는 수형자의 재사회화라는 관점에서 입법론적으로 재검토를 요한다.

제 3 절 형의 경중

Ⅰ. 논의의 필요성

여러 종류의 형벌 사이에 또는 동종의 형벌 사이에 경중을 논할 필요성이 다음과 같은 이유에서 인정된다.

형법 제1조 제2항은 "범죄 후 법률의 변경에 의하여 형이 구법보다 가벼워진 경우에는 신법에 의한다."라고 규정하는데 여기에서 신·구법의 경중을 비교해야 할 필요성이 있다.

제40조(상상적 경합)는 "…가장 무거운 죄에 대하여 정한 형으로 처벌한다."라고 규정하고 있고, 제38조(경합범과 처벌례) 제1항 제2호는 "…외의 같은 종류의 형인 경우에는 가장 무거운 죄에 대하여 정한 형의 장기 또는 다액에…"라고 규정하고 있는데 여기서는 과연 어떤 형벌이 가장 중한가를 결정해야 할 필요가 있다. 또한 상상적 경합과 실체적 경합에 있어서 결합주의에 의하여 그 하한을 정함에 있어서 경합되는 범죄에 정한 법정형의 하한의 경중을 서로 비교해야 할 필요가 있다.

피고인이 항소한 사건과 피고인을 위해 항소한 사건에 대하여는 원심판결의 형보다 중한 형을 선고하지 못하는 원칙, 즉 형사소송법상의 불이익변경금지의 원칙(형사소송법 제368조)과 관련하여서도 법정형의 경중을 비교해야 한다.

Ⅱ. 형의 경중의 표준

1. 기본원칙

형의 경중의 비교는 원칙적으로 법정형을 표준으로 할 것이고 처단형이나 선고형에 의할 것이 아니며, 법정형의 경중을 비교함에 있어서 법정형 중 병과형 또는 선택형이 있을 때에는 이 중 가장 중한 형을 기준으로 하여 다른 형과 경중을 정하는 것이 원칙이다.[1] 또한 신구형법의 형의 경중을 비교함에 있어 형을 가중감경할 때는 형의 가중 또는 감경을 한 후에 비교하여야 한다.[2]

2. 형법 제41조에 의한 결정

형의 경중은 제41조 기재의 순서에 의하며(제50조 제1항 본문), 사형, 징역, 금고, 자격상실, 자격정지, 벌금, 구류, 과료, 몰수의 순위로 된다. 단 무기금고와 유기징역은 금고를 무거운 것으로 하고 유기금고의 장기가 유기징역의 장기를 초과하는 때에는 금고를 무거운 것으로 한다(제50조 제1항 단서).

3. 동종의 형의 경우

동종의 형은 장기의 긴 것과 다액이 많은 것을 무거운 것으로 하고 장기 또는 다액이 같은 경우에는 그 단기의 긴 것과 소액의 많은 것을 무거운 것으로 한다(제50조 제2항). 이에 따라 동종의 형 사이에는 장기 또는 다액이 크면 단기 또는 소액이 적더라도 중한 형이 된다.

4. 죄질과 범정에 의한 결정

제50조 제1, 2항의 규정에 의한 외에는 죄질과 범정을 고려하여 경중을 정한다(제50조 제3항). 법정형이 동일한 경우(예컨대 사기죄와 공갈죄, 횡령죄와 배임죄 등)에는 이러한 기준에 의하여 그 경중이 결정될 것이다.

---

1) 대판 1992. 11. 13, 92도2194.
2) 대판 1960. 9. 30, 4293형상398.

5. 그 밖의 경우

처단형 및 선고형에 있어서도 동일한 취지에 따라 그 경중을 논할 수 있다. 판례에 의하면 형의 집행유예와 집행면제와의 경중은 형의 집행유예가 더 가볍고 징역형의 선고유예와 벌금형과의 경중은 벌금형이 더 무겁다. 징역과 집행유예된 징역 사이의 경중에 관하여서는, 판례는 처음에는 징역기간이 짧아도 전자가 더 무겁다고 보았으나 그 후 태도를 바꾸어 집행유예된 징역형이 그 형기가 길면 집행유예 없는 더 짧은 징역형보다 더 무겁다고 판시하였다.[1)]

심 화 특별법상 불법 재산의 몰수와 제3자 참여

형법 제48조의 몰수는 범죄행위에 제공하였거나 제공하려고 한 물건 및 이로 인하여 생겼거나 그 대가로 취득한 물건으로 그 대상으로 한정할 뿐만 아니라 유죄판결을 받은 피고인에 대해서만 효력이 발생한다는 점에서 매우 제한적이다. 이에 따라 형벌의 범죄예방 효과를 극대화하기 위하여 몰수의 대상을 확대하는 특별법을 제정하여 왔다. 여기에는 공무원범죄에 관한 몰수 특례법(공무원범죄몰수법), 부패재산의 몰수 및 회복에 관한 특례법(부패재산몰수법), 불법정치자금 등의 몰수에 관한 특례법(불법정치자금법), 마약류 불법거래 방지에 관한 특례법(마약거래방지법), 범죄수익은닉의 규제 및 처벌 등에 관한 법률(범죄수익은닉규제법)이라는 5대 범죄수익몰수제도가 있다.

공무원범죄몰수법은 특정공무원범죄의 범죄행위로 얻은 재산인 '불법수익'과 불법수익의 과실, 대가로서 얻은 재산과 이들 재산의 대가로서 얻은 재산 등 불법수익이 변형되거나 증식되어 형성된 재산인 '불법수익에서 유래한 재산'을 통칭하는 '불법재산'을 모두 몰수한다(제3조). 판례는 중대범죄행위에 의하여 취득한 것이 재산적 가치가 인정되는 무형재산도 몰수할 수 있다고 본다(대판 2018. 5. 30, 2018도3619). 이에 더하여 최근에는 공소제기 없이 독립적으로 몰수만을 할 수 있는 '독립몰수제도'의 도입하자는 주장[2)]도 제기된다.

이와 같은 범죄수익의 몰수는 전형적인 소극적 일반예방적 효과로서, 이성적 인간의 합리적 선택에 따라 범죄행위로부터 기대되는 '범죄수익'이라는 이익보다 범죄행위로 인하여 감수해야 하는 비용으로서 '수익몰수'의 불이익을 최대화함으로

1) 대판 1966. 12. 8, 66도1319.
2) 김혜경, "형법개정안상 공소제기 없는 몰수의 해석과 집행절차에 관한 연구", 형사정책연구 제26권 제2호, 한국형사정책연구원, 2015, 59면 이하.

써, 경제적 이익을 추구하는 범죄의 효율적 억제를 목적으로 하게 된다. 특히 몰수특례법의 시초라 할 수 있는 공무원범죄몰수법이 1995년을 시점으로 하게 된 배경에는 1990년대 중반 문민정부가 출범하면서 지난 30여 년간 계속되어 온 군부지배의 권위주의 정치를 청산하고 그들이 범죄로부터 얻은 수익을 박탈함으로써 공정성과 청렴성을 회복하는 이른바 '이행기 정의(Transitional Justice)'의 이념이 자리잡고 있다.[1] 이에 따라 공무원범죄몰수법은 2013년에 "범인 이외의 자가 그 정황을 알면서 취득한 불법재산 및 그로부터 유래한 재산"까지도 추징을 할 수 있도록 개정하였다.[2] 그러나 대법원은 전두환 전 대통령이 미납한 추징금의 집행관련 사건에서 그의 차명재산이라는 이유만으로는 제3자 명의의 등기 부동산에 대하여 피고인에 대한 추징판결을 근거로 이를 집행할 수 없다고 판시하였다.[3] 나아가 제3자 명의의 재산집행을 위해서는 피고인에 대한 몰수·추징판결만으로는 불가능하고, 제3자 명의 재산에 대하여 채권자대위소송을 제기하여 해당 부동산을 피고인 명의로 회복한 이후에 추징판결을 집행하여야 한다고 보았다.[4]

이처럼 차명으로 은닉된 범죄수익의 종국적 국가환수는 명의신탁 등의 형태로 제3자 명의로 등기된 재산에 대하여 국가가 사해행위 취소소송, 채권자 대위소송 등 민사절차를 거쳐야 한다.[5] 이를 간소화하고 제3자의 항변권을 보장하기 위한 제도가 몰수판결에의 제3자 참여제도이다. 이는 국가가 은닉된 차명재산의 명의자를 제3자로서 피고인의 재판절차에 참여시켜서 피고인에 대한 판결문에 제3자의 명의재산에 대한 집행력을 부여하는 절차이다. 대부분의 범죄자는 범죄수익을 명의신탁 등의 방법으로 차명 은닉하거나 증여하는 방법으로 범죄수익의 박탈을 회피하고자 하기 때문에, 범죄자 명의로 된 재산의 몰수는 현실적으로 어렵기 때문이다.

1) 이행기 정의에 관하여는 김혜경, "피해자중심적 이행기 정의와 전환적 사법의 실현－진실화해위원회를 중심으로", 피해자학연구 제30권 제2호, 한국피해자학회, 2022/8, 151면 이하 참조.
2) 2013년 7월 12일 시행된 공무원범죄몰수법의 제정·개정이유는 "최근 전직 (전두환) 대통령이 거액의 추징금을 미납"하고 있기 때문임을 밝히고 있다.
3) 대결 2021. 4. 9, 자 2020모4058.
4) 동 판결의 원심으로서 서울고법 2020. 11. 20. 2018초기630, 96노1892 결정.
5) 이주형, "차명으로 은닉된 범죄수익의 종국적 환수방안 연구－명의신탁과 채권자 대위소송, 사해행위 취초소송 및 민사상 가압류를 중심으로", 법조 제69권 제3호, 법조협회, 2020/6, 350면 이하.

제 2 장

형의 적용

제 1 절 단계별 형의 적용

법관이 범죄자에게 구체적으로 선고할 형을 정하고 이를 행위에 적용하는 것을 형의 적용 또는 양정이라고 한다. 형법은 개별범죄에 대하여 선고할 수 있는, 법으로 정한 범위만을 규정하고 있을 뿐이다. 그런데 범죄자가 행한 범죄가 법률상 감경사유가 존재하거나 다수의 범죄이거나 참작할만한 고려사유가 존재하는 등 그 사정은 매우 다양할 수 있다.

추상적인 형벌법규가 구체적 사건을 통하여 형벌로서 구체화되는 과정을 동적으로 보면 그 출발점인 법정형과 여기에 수정을 가하여 선고형의 기준으로 되는 처단형, 그리고 구체적 사건에 현실적으로 선고되는 선고형의 세 가지로 나누어 살펴볼 수 있다.

Ⅰ. 법 정 형

법정형이란 일정한 범죄에 대하여 법률상 추상적으로 규정되어 있는 형벌, 즉 각 범죄구성요건에 상응하여 규정된 형벌을 말한다. 형벌법규에 규정되어 있는 형벌은 바로 법정형이며 법정형은 형벌적용의 기본적 표준이 된다.

현행 형법은 일정한 범죄에 과하여질 형의 종류와 형량에 관하여 법률상 일정한 범위를 정하고, 그 범위 내에서 형의 적용을 법관의 재량에 맡기는 상대적 법정형의 형식을 취하고 있다. 다만 유일한 예외로서 여적죄(제93조)의 경우에는 법정형이 사형만으로 규정되어 있다.

Ⅱ. 처 단 형

처단형은 형벌법규에 규정된 법정형을 구체적 범죄사실에 적용함에 있어서 법정형에 가능한 수정을 가하여 처단의 범위가 구체화된 형을 말한다. 처단형이 이루어지는 순서는 누범가중, 법률상 감경, 경합범가중, 작량감경의 순이다. 또한 법정형이 형종의 선택을 인정할 경우에는 먼저 적용할 형종을 선택하고 여기에 다시 법률상 또는 재판상의 가중감경을 행한다. 만일 가중감경의 사유가 없는 경우에는 선택된 형이 그대로 처단형으로 된다. 형종을 선택할 여지가 없는 경우에는 바로 법률상 또는 재판상의 가중감경을 행하고 그러한 사유가 없을 경우에는 법정형이 그대로 처단형이 된다.

Ⅲ. 선 고 형

선고형이란 법원이 처단형의 범위 내에서 구체적으로 형을 양정하여 피고인에게 선고하는 형을 말한다. 자유형의 선고형식에는 자유형의 기간을 확정하여 선고하는 정기형과 그 기간을 확정하지 않고 선고하는 부정기형이 있다. 부정기형에는 재판에서 전혀 형기를 정하지 않고 선고하는 절대적 부정기형과 형기의 일정한 장기와 단기를 정하여 선고하는 상대적 부정기형이 있는데 절대적 부정기형은 죄형법정주의의 명확성의 원칙에 위배되므로 배척된다. 우리 형법은 정기형을 원칙으로 하고 있다. 다만 소년법상 소년범죄자에 대하여서는 상대적 부정기형을 인정하고 있다(소년법 제60조).

제 2 절 형의 가중 · 감경 · 면제

Ⅰ. 형의 가중

형법상 형의 가중은 법률상의 가중만 인정되고 재판상의 작량가중은 인정되지 않는다. 법률상 가중이란 형의 가중이 미리 법률에 의하여 규정되어 있는 경우를 말하는데 형법은 필요적 가중만 인정하고 임의적 가중은 규정이 없다. 필요적 가중이란 가중사유가 있으면 반드시 가중하는 것을 의미하지만 이것이 반드시 당해 법정형을 초과하는 선고형을 정하여야 함을 의미하지는 않고, 가중된 처단형의 범위 내에서 선고형을 정하면 된다.

법률상의 가중은 또한 일반적 가중사유와 개별적 가중사유로 구분되는데 전자는 일반적으로 범죄에 공통되는 가중사유, 즉 형법총칙에 규정된 가중사유이고 후자는 일정한 범죄에만 특별히 인정되는 가중사유(예컨대 각칙상 상습범 가중)를 의미한다(각칙 본조에 의한 가중). 형법이 규정하고 있는 형의 일반적 가중사유로는 특수교사・방조의 가중(제34조 제2항), 누범가중(제35조, 제36조), 경합범가중(제37조 이하)이 있다.

Ⅱ. 형의 감경

형의 감경에는 법률상의 감경과 재판상의 감경이 있는데 후자는 작량감경이라고도 불리어진다. 법률상 감경은 구성요건해당성이나 위법성, 책임 등과 같은 범죄성립요건이나 불법의 정도나 보호법익의 침해 정도 등과 같은 처벌과 관련한 행위측면의 중요한 사유들이 대부분이다.[1] 반면 재판상 감경은 행위자 측면의 고려 사유에 해당한다.

1. 법률상 감경

법률상의 감경에는 필요적 감경과 임의적 감경이 있는데, 전자는 법률상 일정한 사유가 있으면 반드시 감경해야 하는 경우이고 후자는 법률상 일정한 사유가 있으면 법원의 재량에 의해 감경할 수 있는 경우를 의미한다. 여기에서 말하는 법률상의 임의적 감경은 후술할 작량감경과는 구분되는 개념이다.

또한 법률상의 감경에는 일반적으로 범죄에 공통되는 일반적 감경사유 즉 형법총칙상의 감경사유와 어떤 범죄에만 특수하게 적용되는 개별적 감경사유(각칙 본조에 의한 감경사유)의 두 가지가 있다.

(1) 일반적 감경사유

형법이 규정하는 일반적 감경사유로는 다음과 같은 것이 있다.

1) 필요적 감경사유

청각 및 언어장애인(제11조), 중지범(제26조; 면제와 택일적), 종범(제32조 제2항)이 있다. 외국에서 형의 전부 또는 일부가 집행된 경우에는 그 집행된 형의 전부 또는 일부를 선고하는 형에 산입한다(제7조).

---

1) 대판 2021. 1. 21, 2018도5475 전원합의체 판결.

2) 임의적 감경사유

심신미약자(제10조 제2항), 과잉방위(제21조 제2항; 면제와 택일적), 과잉피난(제22조 제3항; 면제와 택일적), 과잉자구행위(제23조 제2항; 면제와 택일적), 장애미수(제25조 제2항), 불능미수(제27조; 면제와 택일적), 자수 또는 자복(제52조 제1항, 제2항; 면제와 택일적)이 있다.

자수와 자복은 행위자의 회오와 개전의 정을 객관적으로 드러내고 수사를 용이하게 해준다는 점에서 형을 임의적으로 감면하는 혜택을 부여한다(단 제90조 제1항, 제101조 제1항 등의 경우에는 필요적 감면사유). 따라서 자수라고 인정되어도 임의로 형을 감경 또는 면제할 수 있으므로, 법원이 자수감경을 하지 않거나 자수감경 주장에 관한 판단을 하지 않아도 무방하다.[1]

자수(自首)라 함은 범인이 스스로 수사책임이 있는 관서에 자기의 범행을 자발적으로 신고하여 그 처분을 구하는 의사표시를 말한다.[2] 자수는 자기의 범죄사실을 신고한다는 점에서 타인의 그것을 신고하는 고소·고발과 구별되며, 자발적으로 자기의 범죄사실을 신고한다는 점에서 수사기관의 신문을 받고 범죄사실을 자인하는 경우인 자백과도 구별된다.[3]

자복(自服)이란 피해자의 의사에 반하여 처벌할 수 없는 죄에 있어서 피해자에게 자기의 범죄사실을 고지함을 말한다. 자복은 반의사불벌죄에 제한되고 수사기관이 아닌 피해자에게 고지한다는 점에서 자수와 구분되나 그 본질은 같다.

자수, 자복의 주체는 범인 자신이지만 신고나 고지는 꼭 범인 자신이 할 필요는 없고 제3자를 통하여서도 할 수 있다.[4] 자수와 자복은 범죄사실을 자발적으로 신고 또는 고지하는 경우에 성립될 수 있으며 수사기관의 신문에 수동적으로 범죄사실을 승인하는 경우는 자수가 아니다. 신고나 고지의 방법에는 제한이 없다. 자수와 자복의 시기는 범죄사실의 발각 전후를 불문하나 소송단계 이전일 것을 요한다. 자수는 수사의 책임 있는 관서(예컨대 검사, 사법경찰관)에 신고함으로써 이루어진다. 수사기관이 아닌 자에게 신고하는 것은 자수가 아니다.[5]

자복은 피해자에게 범죄사실을 고지하여야 한다. 다만 제52조 제2항은 그 대

1) 대판 2023. 6. 1, 2023도3258.
2) 대판 2011. 12. 22, 2011도12041.
3) 대판 1982. 9. 28, 82도1965.
4) 대판 1964. 8. 31, 64도252.
5) 대판 1985. 9. 24, 85도1489; 대판 1954. 12. 21, 4287형상164.

상범죄를 "피해자의 의사에 반하여 처벌할 수 없는 죄"라고 규정하는데 이에는 그 입법취지나 자복의 본질에 비추어 반의사불벌죄뿐만 아니라 친고죄도 포함된다고 보아야 할 것이다.

판 례

자수를 인정한 경우: 일단 자수가 성립한 이상 자수의 효력은 확정적으로 발생하고 그 후에 범인이 번복하여 수사기관이나 법정에서 범행을 부인한다고 하더라도 일단 발생한 자수의 효력이 소멸하는 것은 아님(대판 1999. 7. 9, 99도1695), 수개의 범죄사실 중 일부에 관하여만 자수한 경우에는 그 부분 범죄사실에 대하여만 자수의 효력이 있음(대판 1994. 10. 14, 94도2130), 언론에 혐의사실이 보도되기 시작한 후 수사기관에 전화를 걸어 조사를 요청한 경우(대판 1994. 9. 9, 94도619).

자수를 부정한 경우: 수사기관에 뇌물수수의 범죄사실을 자발적으로 신고하였으나 그 수뢰액을 실제보다 적게 신고함으로써 적용법조와 법정형이 달라지게 된 경우(대판 2004. 6. 24, 2004도2003), 수사기관의 직무상의 질문 또는 조사에 응하여 범죄사실을 진술하는 것은 자백일 뿐 자수가 아니라라고 본 사례(대판 2006. 9. 22, 2006도4883), 자진출석하여 제2회 조사를 받으면서 비로소 업무와 관련하여 돈을 수수하였다고 자백한 행위(대판 2011. 12. 22, 2011도12041), 수사기관에의 신고가 자발적이라고 하더라도 그 신고의 내용이 자기의 범행을 부인하는 등의 내용으로 자기의 범행으로서 범죄성립요건을 갖추지 아니한 사실일 경우(대판 1999. 9. 21, 99도2443), 세관 검색시 금속탐지기에 의해 대마 휴대 사실이 발각될 상황에서 세관 검색원의 추궁에 의하여 대마 수입 범행을 시인한 경우(대판 1999. 4. 13, 98도4560).

(2) 개별적 감경사유

개별적 감경사유란 각칙상 개별조문에 특정 범죄에만 해당하는 감경사유를 두는 경우를 의미한다. 일반적으로 자수 또는 자복은 형법총칙상 임의적 감경사유이지만, 각칙상 개별적 감경사유로 두는 경우가 있는데, 위증죄를 범한 자가 그 공술한 사건의 재판 또는 징계처분이 확정되기 전에 자백 또는 자수한 때에는 그 형을 감경 또는 면제(제153조)함이 그 예이다.

또한 각칙상 개별적 임의적 감경사유로서 해방감경규정이 있다. 예컨대 미성년자 등 약취, 유인, 매매 또는 이송죄를 범한 자가 피약취 등의 자를 안전한 장소에 풀어준 때에는 그 형을 감경할 수 있다(제295조의2). 인질강요 등의 죄에서 인질이 된 자를 풀어준 때에도 또한 같다(제324조의6).

2. 재판상의 감경(정상참작감경)

법률상 특정한 감경사유가 없더라도 범죄의 정상에 참작할 만한 사유가 있는 경우에는 법원은 작량하여 그 형을 감경할 수 있는데 이를 재판상의 감경 또는 정상참작감경이라고 부른다(제53조). 여기에서 정상에 참작할 만한 사유가 있는가 여부는 구체적인 사건에서 제반 정황을 종합적으로 관찰하여 법원이 판단해야 할 사항에 속한다. 법률상 형을 가중 또는 감경하는 경우에도 다시 정상참작감경을 할 수 있다. 또한 법률상의 임의적 감경사유는 적용하지 않으면서도 정상참작감경을 할 수 있다.[1] 정상참작감경은 법원의 자유재량에 속하는 것이고, 정상참작감경을 함에 법원은 반드시 감경사유가 되는 사실을 구체적으로 판시할 필요는 없다는 것이 판례의 태도이다.[2]

3. 형의 가중 · 감경의 방법

(1) 형의 가중 · 감경의 순서

1개의 죄에 정한 형이 여러 종류인 때에는 먼저 적용할 형을 정하고 그 형을 감경한다(제54조). 형을 가중 · 감경할 사유가 경합될 때에는 ① 각칙 조문에 따른 가중, ② 제34조 제2항(특수교사 · 방조)에 따른 가중, ③ 누범가중, ④ 법률상 감경, ⑤ 경합범 가중, ⑥ 정상참작감경의 순서에 따른다(제56조). 소년법상의 상대적 부정기형은 법률상 감경의 순서에 해당한다.[3]

(2) 형의 가중 · 감경의 방법

형의 가중은 유기징역 또는 유기금고를 가중할 때에는 50년까지로 한다(제42조 단서). 그 외 형의 가중은 누범가중, 경합범 가중이 있다.

형의 감경은 법률상 감경과 재판상 감경(작량감경)이 있다. 법률상 감경은 제55조 제1항에서 규정하며 대체로 원칙은 형기 또는 다액의 2분의1이 기준이 된다. 그런데 법률은 유기형에 대하여는 형기의 2분의 1이라고 하는 반면, 재산형에 대하여는 다액의 2분의 1이라고 되어 있다. 따라서 유기징역 또는 유기금고

1) 대판 1985. 3. 12, 84도3042; 대판 1984. 11. 13, 84도1897; 대판 1959. 4. 24, 4292형상72.
2) 대판 1958. 9. 12, 4291형상389.
3) 대판 2010. 10. 28, 2010도10960.

를 감경할 때에는 단기나 장기의 어느 하나만 2분의 1로 감경하는 것이 아니라 법정형에 해당하는 장기와 단기를 모두 2분의 1로 감경한다고 보아야 한다.[1] 또한 판례는 사후적 경합범(제37조 후단)에 대하여 제39조 제1항에 따른 형을 감경할 때에도 법률상 감경에 관한 제55조 제1항이 적용되므로 유기징역을 감경할 때에는 그 형기의 2분의 1 미만으로는 감경할 수 없다고 본다.[2]

법률상 감경사유가 다수인 때에는 거듭해서 감경할 수 있다(제55조 제2항).

재판상 감경은 정상참작감경이라고도 하는데(제53조), 문언상 임의적 감경으로 보아야 하며 법률상 감경의 예에 준한다.[3] 법률상의 감경을 한 후 다시 정상참작감경을 할 수 있지만 정상참작감경만을 행하는 경우에는 참작할 만한 사유가 수 개 있더라도 거듭 감경할 수 없다.[4] 그러나 하나의 죄에 대하여 정상참작감경할 때, 징역형과 벌금형을 병과하여야 할 경우에는 특별한 규정이 없는 한 양자를 모두 감경하여야 한다.[5]

Ⅲ. 형의 면제

형의 면제란 범죄가 성립하여 형벌권은 발생하였으나 일정한 사유로 인하여 형을 과하지 아니하는 경우로서 확정재판후의 사유로 인한 형의 집행의 면제(예컨대 형법 제1조 제3항의 경우)와는 구분된다.

형사소송법상 형의 면제판결은 유죄판결의 일종으로 취급된다(형사소송법 제322조, 제323조 제2항 참조). 형의 면제는 법률상의 면제에 한하고 재판상의 면제(작량면제)는 인정되지 않는다.

우선 각 범죄에 공통되는 면제사유, 즉 형법총칙상의 면제사유가 일반적 면제사유이고 어떤 범죄에만 특수한 각칙 본조에 의한 면제사유가 특수적 면제사유이다. 후자는 형법각론에서 다룬다. 일반적 면제사유로서는 외국에서 받은 형

1) 대판 2021. 1. 21, 2018도5475 전원합의체 판결.
2) 대판 2019. 4. 18, 2017도14609 전원합의체 판결.
3) 대판 1964. 10. 28, 64도454; 대판 1959. 8. 21, 4292형상358.
4) 대판 1964. 4. 7, 63도10.
5) 대판 2011. 5. 26, 2011도3161; 대판 2008. 7. 10, 2008도3258; 대판 2011. 5. 26, 2011도3161 등은 그와 같은 경우 징역형에만 작량감경을 하고 벌금형에는 작량감경을 하지 않는 것은 위법하다고 본다. 작량감경이란 2020년 개정전 정상참작감경을 지칭하는 용어이다.

의 집행으로 인한 면제(제7조), 중지미수(제26조), 불능미수(제27조), 과잉방위(제21조 제2항), 과잉피난(제22조 제3항), 과잉자구행위(제23조 제2항), 자수 · 자복(제52조 제1, 2항)이 있는데 이들은 모두 감경과 택일적으로 규정되어 있다.

또한 법률에 일정한 면제사유가 있으면 반드시 형을 면제해야 하는 경우(예컨대 제7조의 외국에서 집행 받은 형의 면제, 제26조의 중지범, 제90조의 자수, 제101조의 자수 등, 이들은 모두 감경과 택일적이다)를 필요적 면제라고 하고, 일정한 면제사유가 있더라도 면제여부가 법원에 재량에 맡겨진 경우(불능미수, 과잉방위, 과잉피난, 과잉자구행위, 자수 · 자복)를 임의적 면제라고 부른다.

제 3 절 형의 양정

Ⅰ. 의 의

형의 양정(量定)이란 법원이 법정형에 가능한 수정을 가하여 얻어진 처단형의 범위 내에서 범인과 범행 등에 관련된 제반정황을 고려하여 구체적으로 선고할 형의 양을 정하는 것을 말한다. 넓은 의미로 보면 양형은 형량의 결정뿐만 아니라 형종의 선택, 가중, 감경, 형의 선고유예, 집행유예, 벌금 · 과료의 환형유치 등까지도 포함하는 개념, 즉 법적용의 일환으로서도 이해된다.

형법은 같은 범죄라도 다양하게 출현하는 범죄의 현실에 형벌이 적절히 대응할 수 있도록 함으로써 구체적 정의를 실현하기 위하여 법원에 폭넓은 재량을 인정하고 있다. 만일 법원이 적정한 양형을 하지 못한다면 피고인을 승복시키기 어렵고 일반사회에 대한 신뢰도 상실하기 쉽다. 그러므로 양형은 법원, 피고인 그리고 더 나아가 사회의 공통된 관심사이며 구체적 사건에 대한 유죄, 무죄의 판단에 못지않은 현실적 중요성을 갖는다.

양형의 기준을 어떻게 형법에 설정할 것인가는 각국의 입법례에 따라 다양하게 나타나는데 우리 형법은 정황에 관한 사유만을 제51조에 「양형의 조건」이라는 표제 하에 규정하고 있을 뿐이다. 그러나 2007년 4월 27일 법원조직법에 근거하여 양형위원회가 설립되어, 양형과정에 국민의 건전한 상식을 반영함으로써 국민이 신뢰할 수 있는 공정하고 객관적인 양형기준을 설정하고 있다.

Ⅱ. 법원의 재량과 그 성격

양형은 법원의 재량에 속하지만 행정관청의 그것처럼 자유로운 것이 아니라 법적으로 기속된 재량이라고 보아야 할 것이다.[1] 양형에 있어서 법원은 형법 제51조를 반드시 참작해야 하며 비록 법문에 나타나 있지는 않지만 피고인의 책임을 벗어나는 양형은 그 재량의 한계를 벗어나는 것으로 보아야 할 것이다. 법원은 일반원리에 비추어 보거나 구체적인 사건과 관련하여 볼 때 적정하다고 인정받을 수 있는 양형을 해야 한다.

형사소송법상 "형의 양정이 부당하다고 인정할 사유가 있는 때"는 항소이유의 하나로 된다(형사소송법 제361조의5).

Ⅲ. 양형에서의 형벌의 목적과 책임주의

양형에서 책임과 예방이 어떻게 합리적으로 조화를 이루게 할 것인가에 관하여서는 견해의 대립이 있다. 단계이론(段階理論)은 형량은 불법과 책임의 정도에 따라 정하고 형벌의 종류와 집행여부는 예방의 목적만을 고려하여 결정해야 한다고 주장하는데, 이 설에 대하여서는 형량결정에 예방의 목적을 배제하는 것은 부당하다는 비판이 제기된다.

유일형이론이라고도 불리어지는 점형이론(點刑理論; Theorie der Punktstrafe)은 책임은 언제나 유일하게 고정된 크기를 지니므로 이에 합치하는 정당한 형벌도 하나일 수밖에 없다고 보는데, 이 설에 대하여서는 그 주장이 가설에 지나지 않고 상대적 부정기형의 선고를 수용하지 못하는 이론이라는 비판이 있다.

한편 책임범위이론 또는 범주이론은 책임에 일치하는 정당한 형벌을 정확하게 확정할 수 있는 것이 아니라 어느 정도 탄력적으로 형벌의 상한과 하한이 책임의 범위에 포용될 수 있으므로, 이 범위 내에서 예방의 목적을 고려하여 양형을 해야 한다고 주장하며 다른 학설에 비하여 설득력이 크다고 판단된다.

책임범위이론의 입장에서, 양형부과는 무엇보다도 그 형벌이 장차 행위자의

---

1) 대판 1964. 10. 28, 64도454.

사회생활에 미칠 영향, 즉 특별예방적 관점을 고려해야 하며 동시에 법질서의 보호라는 일반예방적 관점에도 유의해야 한다. 이 두 가지 배려 모두 중요하지만, 그 어느 것을 위해서도 양형은 행위자의 책임을 초과해서는 안 된다. 행위자의 책임은 양형의 기초이다(책임주의). 비록 우리 형법에 책임주의를 명시한 규정이 없을지라도 양형에 있어 책임주의는 당연한 원리로서 받아들여져야 할 것이다.

Ⅳ. 양형의 조건과 형의 선고

1. 형법상의 양형조건

양형은 응보와 예방이라는 형벌의 목적을 달성할 수 있도록 행위자의 특성과 행위정황과 관련한 여러 사유들이 참작되어야 한다. 형법 제51조는 이와 같은 사유들을 예시적으로 열거하고 있다.

(1) 행위자와 관련한 사항

제51조는 행위자와 관련한 사항으로 범인의 연령, 성행, 지능과 환경, 피해자와의 관계를 규정하고 있다. 이러한 사유들은 행위자의 인격적 특성이면서 행위자에 대한 특별예방적 요소로서, 행위자가 사회복귀를 하는데 감안되어야 할 인자들이다. 범인의 연령은 특히 소년과 노년이 문제되며, 성행은 평소의 사회생활과 당해 범행을 통해서 드러나는 범인의 인격적 측면이다. 지능은 보통 박약한 자의 형벌적응력 부족으로 인한 형벌효과의 기대여부에 대한 고려이다. 환경이란 소질, 유전, 습관, 가정환경 등 개인적 환경과 경제적·문화적 환경 등 사회적 환경 및 범행 당시의 기후, 기상 등 자연환경까지도 포함하는 개념이다.

피해자와의 관계는 피고인과 피해자 사이의 인적 관계, 피해의 전보, 피해자에게 범행유발의 책임이 있는가 여부, 피해자의 과실의 개입여부 등에 대한 참작을 의미한다. 일반적으로 범인의 연령, 성행, 지능 및 환경 등은 형을 감경하는 요인으로 작용하는 경우가 많지만, 피해자와 인적인 친밀도는 형을 가중하는 사유로, 피해의 전보 등은 형을 감경하는 사유로 작용할 수 있다.

(2) 행위와 관련한 사항

범행의 동기, 수단과 결과, 범행 후의 정황은 행위와 관련한 양형요소로, 동기와 수단 등은 행위불법의 측면에서, 범행의 결과는 결과불법의 측면에서 고려된다. 범행 후의 정황이란 판결선고에 이르기까지 피고인의 행태로서 피고인이 진심으로 반성하거나 피해회복을 위하여 노력한 점 등이 인정된다면 특별예방의 측면에서 형을 경하게 하는 요소로 작용할 수 있다. 그러나 피고인이 범행을 부인하거나 진술거부권을 행사한다고 해서 형을 가중해서는 안 된다.[1)]

2. 양형기준상의 양형조건

앞서 언급한 바와 같이 현재 법원의 양형은 양형위원회에서 결정한 양형기준에 의하도록 되어 있다. 이처럼 범죄의 양형을 좌우하므로, 양형위원회는 양형기준을 설정함에 있어서 범죄의 죄질 및 범정과 피고인의 책임의 정도를 반영할 것, 범죄의 일반예방 및 피고인의 재범 방지와 사회복귀를 고려할 것, 동종 또는 유사한 범죄에 대하여는 고려하여야 할 양형요소에 차이가 없는 한 양형에 있어 상이하게 취급하지 아니할 것, 피고인의 국적·종교 및 양심·사회적 신분 등을 이유로 양형상 차별을 하지 아니할 것이라는 네 가지 원칙을 준수하여야 한다(법원조직법 제81조의6 제2항).

양형기준은 법관이 형종을 선택하고 형량을 정함에 있어 참고하여야 하지만, 법적 구속력은 갖지 않는 권고적 기준에 해당된다(법원조직법 제81조의7 제1항 단서). 다만 법관은 양형 과정에서 양형기준을 존중하여야 하며, 양형기준을 벗어난 판결을 하는 경우에는 판결서에 양형의 이유를 기재하여야 한다(법원조직법 제81조의7 제1항 본문, 제2항 본문).

양형기준은 형종 및 형량 기준과 집행유예 기준으로 구성된다. 형종 및 형량 기준은 범죄군별로 범죄유형을 구분한 다음 각 유형별로 감경, 기본, 가중의 3단계 권고 형량범위를 제시하고 있으므로 법관은 양형기준을 적용함에 있어 해당 범죄유형을 찾아 권고 형량범위를 결정한 다음 최종 선고형을 정하게 된다.

형법 및 특별법상 주요 범죄군에 양형기준이 마련되어 있으며, 개별범죄의

---

1) 대판 2001. 3. 9, 2001도192. 동 판결에서는 그와 같은 권리행사를 넘어서서 진실발견을 적극적으로 숨기거나 법원을 오도하려는 시도에 기인한 경우에는 가중적 양형의 조건으로 참작될 수 있다고 본다.

특수성을 반영한 인자와 형법총칙상 법률상 감경 또는 가중의 사유로 되어 있는 인자를 모두 고려하여 설정되어 있다. 양형기준은 특별인자와 일반인자로 구분되어 있는데, 특별인자는 위의 형량범위를 결정하고 일반인자는 결정된 형량범위 내에서 구체적으로 형을 선고하는데 참작사유가 된다.

3. 이중평가금지의 원칙

이중평가금지의 원칙이란 법적 구성요건상 형의 가중 또는 감경사유이기 때문에 기본적 구성요건이 아닌 수정적 구성요건을 적용함에 참작된 사유를 다시 양형의 참작사유로 삼아서는 안된다는 원칙이다. 예컨대, 갑이 칼을 소지하고 강도를 하였다는 사실관계가 제333조의 단순강도죄가 아닌 제334조 제2항의 특수강도(흉기휴대강도)죄를 적용하게 한 경우, 가중구성요건인 특수강도죄를 적용함에 근거가 된 칼을 소지한 점이 다시 형법 제51조 제3호의 범행의 수단으로서, 양형을 무겁게 또는 불리하게 하는 양형참작사유로 다시 고려될 수 없다.

우리 형법상 이중평가금지의 원칙은 명문의 규정은 없지만, 당연히 인정된다.

4. 판결선고전 구금일수의 통산

판결선고전 구금일수는 전부 산입이 원칙이다.

무죄추정의 원칙상 불구속수사 및 불구속재판이 원칙이지만, 법률상 구금의 사유가 발생하여 판결선고 전에 구금된 사실이 있는 경우, 이를 미결구금이라고 한다. 미결구금은 자유형은 아니지만, 행위자의 신체가 구속되어 신체와 장소이전의 자유라는 기본권침해가 발생한다는 점에서는 자유형과 유사하다.

과거에는 미결구금의 산입일수가 법원의 자유재량에 해당하였지만[1], 해당 법조문이 헌법재판소에 의하여 위헌결정[2]을 받은 후에 전부산입으로 개정되었다. 그에 따라 판결선고전의 구금일수는 그 전부를 유기징역, 유기금고, 벌금이나 과료에 관한 유치 또는 구류에 산입하여야 한다(제57조).

---

1) 대판 1999. 4. 15, 99도357 전원합의체 판결.
2) 헌재결 2009. 6. 25, 2007헌바25.

판 례

외국에서 무죄판결을 받고 석방되기까지의 미결구금은, 국내에서의 형벌권 행사가 외국에서의 형사절차와는 별개의 것인 만큼 우리나라 형벌법규에 따른 공소의 목적을 달성하기 위하여 필수불가결하게 이루어진 강제처분으로 볼 수 없고, 유죄판결을 전제로 한 것이 아니어서 해당 국가의 형사보상제도에 따라 구금 기간에 상응하는 금전적 보상을 받음으로써 구제받을 성질의 것에 불과하다. 따라서 외국에서 무죄판결 전 이루어진 미결구금은 형법 제57조 제1항에서 규정한 '본형에 당연히 산입되는 미결구금'에 해당하지 않는다.[1] 또한 대한민국 정부와 미합중국 정부간의 범죄인인도조약'에 따라 체포된 후 인도절차를 밟기 위한 기간 역시 본형에 산입될 미결구금일수에 해당하지 않는다.[2]

병과형 또는 수 개의 형으로 선고된 경우 어느 형에 미결구금일수를 산입하여 집행하느냐는 형집행 단계에서의 형집행기관이 결정할 문제이다. 그러나 제1심 및 원심판결에 의하여 산입된 미결구금일수만으로도 이미 본형의 형기를 초과하고 있는 경우, 상고 후의 구금일수는 별도로 산입하지 않는다.[3] 또한 무기형에 대하여는 미결구금일수를 산입할 수 없다.[4]

5. 판결의 공시

판결의 공시(제58조)는 피해자 또는 피고인의 이익을 위하여 판결의 내용(그 전부 또는 일부)을 관보, 일간신문 기타 방법을 통하여 공시하는 제도이다.

제1항은 피고인의 범행으로 말미암아 피해를 입은 자를 위하여 피고인이 유죄판결을 받은 사실이 일반인에게 알려짐이 이익이 되는 경우(예컨대 피해자의 명예가 부당하게 훼손되었던 경우)에 특히 그 의미를 가지며 피해자의 청구가 있는 경우에 하고 비용은 가해자였던 피고인이 부담한다. 판결공시의 취지 선언 여부는 법원의 재량에 속한다.

제2항은 무죄판결을 선고받은 피고인을 위한 판결의 공시를 규정하고, 제3항은 면소판결의 공시를 규정하는데, 무죄판결은 피고인이 동의하지 않거나 동의를 받을 수 없는 경우를 제외하고는 공시가 필요적이나 면소판결의 공시는 법원

1) 대판 2017. 8. 24, 2017도5977 전원합의체 판결.
2) 대판 2009. 5. 28, 2009도1446.
3) 대판 2006. 11. 10, 2006도4238.
4) 서울고법 1966. 1. 25, 65노384.

의 재량이다.

제 4 절 누 범

Ⅰ. 의 의

누범(Rückfall)이란 일반적으로 수개의 범죄가 누차적인 관계에 있는 것을 말하는데, 광의(실질적 의의)로는 한번 죄를 범하여 처벌된 자가 다시 죄를 범하는 모든 경우를 뜻하며, 협의(형식적 의의)로는 광의의 누범 중 일정한 조건하에 형이 가중되는 경우를 말한다.

형법 제35조는 누범에 관하여 "① 금고 이상의 형을 선고받아 그 집행이 종료되거나 면제된 후 3년 내에 금고 이상에 해당하는 죄를 지은 사람은 누범으로 처벌한다. ② 누범의 형은 그 죄에 대하여 정한 장기의 2배까지 가중한다."라고 규정하고 있다.

누범은 수개의 범죄가 누차적인 관계에 있다는 점에서 수개의 범죄가 병립적 관계에 있는 경합범과 구분되며 상습성에 기초를 둔 상습범과도 구분된다. 누범가중은 다시 범죄를 범하였다는 점에 대한 범행의 불법성과 비난가능성을 무겁게 평가하여 처벌의 강도를 높임으로서 재범예방을 하겠다는 특별예방적 관점이 반영된 것이다.

참고 연혁

누범은 로마법, 중세 독일법, 카롤리나 형법전(제161조, 제162조) 등에서 개개의 범죄 특히 절도범과 관련하여 형의 가중사유로 인정되었고, 독일의 보통법에 있어서는 이탈리아 법학의 범죄관습 및 범죄반복이론의 영향을 받아 좀더 일반화되었다. 19세기 독일 각주 형법전들의 다수가 그 구체적인 점에 있어 차이를 드러내기는 하나 누범을 일반적으로 형의 가중사유로 인정하였다. 이러한 사실은 1871년의 독일제국형법전에 영향을 미쳤다. 19세기 후반의 사회변화에 따른 누범증가현상은 근대형법학파의 탄생에 중요한 계기가 되었고 누범대책은 형사정책의 주요과제로 되었다.

우리나라의 구형법에도 제56조 내지 제59조에 누범에 관한 상세한 규정을 두고 있었다. 이들 규정에 의하면 "징역에 처벌된 자가 그 집행을 마치거나 혹은 집행의 면제가 있은 날로부터 5년내에 다시 죄를 범하여 유기징역에 처한 때"에는 재범으로 되고(제56조), 재범의 형은 그 죄에 대하여 정한 징역의 장기의 2배 이하로 하며(제57조), 재판확정 후 재범자인 사실을 발견한 때에는 제57조의 규정에 따라서 가중할 형을 정하고(제58조), 3범 이상의 자라 할지라도 재범의 예와 같이 취급되었다(제59조).

판 례

누범과 상습범은 별개의 개념이기 때문에 상습범에 해당하는 자가 누범에도 해당되는 경우에는 상습범 가중규정과 누범 가중규정이 이중으로 적용될 수 있다는 것이 판례의 입장이다.[1] 판례는 또한 상습범을 가중처벌하는 특별법 위반에 대한 누범가중도 인정하고 있다.[2]

Ⅱ. 누범가중의 요건

1. 전범과 후범이 금고 이상의 형일 것

전범과 후범이 모두 금고 이상의 형에 해당해야 한다. 사형 또는 무기징역이나 무기금고형을 받은 자가 다시 죄를 범하여 누범이 될 경우란 사면, 감형 또는 기타 사유(예컨대 형의 시효)로 인하여 형의 집행이 면제되거나 유기형으로 된 때에는 그 집행을 종료하거나 면제를 받은 후 다시 3년 이내에 금고 이상의 죄를 범한 경우로 한정된다.

후범의 법정형으로서 금고 이상의 형과 금고 이하의 형이 선택적으로 규정되어 있는 경우에는 금고 이상의 형을 선택하여 처단할 경우에만 누범이 문제된다.

2. 후범은 전범의 형집행종료 또는 면제 후 3년 이내일 것

전범의 형이 그 집행을 종료하거나 면제된 후 3년 내에 금고 이상에 해당하는 죄를 범해야 한다. 형의 집행이 종료(형기가 만료)되어야 하므로 전범의 형의 집행 전은 물론 형의 집행 중에도 누범의 문제는 발생하지 않는다. 형의 집행정

1) 대판 1982. 5. 25, 82도600.
2) 대판 1985. 7. 9, 85도100.

지 처분을 받고 석방된 자로서 아직 잔형집행을 종료하지 아니한 자에 대하여는 누범가중이 불가능하고,[1] 집행유예기간 중에 새로운 범죄를 범한 경우에도 집행유예를 받은 죄와 새로운 죄의 관계에 있어서 누범가중은 있을 수 없다.[2] 가석방기간 중의 재범에 대해서도 누범가중은 불가능하다.[3]

선고유예나 집행유예가 취소 또는 실효됨이 없이 그 기간을 경과하면 전자의 경우에는 면소(제60조), 후자의 경우에는 형의 선고의 효력이 상실되는 효과가 있으므로 그 경과 후 3년 이내에 다시 금고 이상에 해당하는 죄를 범하여도 누범가중은 있을 수 없다. 전과가 일반사면된 경우에도 누범가중은 불가능하다.[4] 그러나 복권은 사면과 달리 형의 선고의 효력을 상실시키지 않고 단지 형의 언도의 효력으로 인하여 상실 또는 정지된 자격을 회복시킴에 불과하므로 복권이 있었어도 그 전과사실은 누범가중사유로 된다.[5] 형의 집행이 면제되는 경우로서는 형의 시효완성(제77조), 특별사면(사면법 제5조 제2호), 재판확정 후 법률의 변경으로 그 행위가 범죄를 구성하지 아니하는 때(제1조 제3항) 등을 들 수 있다.

전범과 후범 사이의 기간은 3년 이내인데 이 기간은 전범의 형의 집행이 종료된 날 또는 형집행이 면제된 날부터 기산한다. 다시 금고 이상에 해당하는 죄를 범하였는지 여부는 그 범죄의 실행행위를 하였는지 여부를 기준으로 결정하여야 하므로 3년의 기간 내에 실행의 착수가 있으면 족하고, 그 기간 내에 기수에까지 이르러야 되는 것은 아니다.[6]

상습범은 그 일부행위가 누범기간(3년) 내에 이루어지는 한 나머지 행위가 그 기간경과 후에 이루어졌더라도 그 행위 전부가 누범관계에 있다고 보는 것이 판례의 태도이다.[7] 또한 포괄일죄의 일부 범행이 누범기간 내에 이루어진 이상 나머지 범행이 누범기간 경과 후에 이루어졌더라도 그 범행 전부가 누범에 해당한다고 보아야 한다.[8]

---

1) 대판 1958. 1. 24, 4290형상438.
2) 대판 1983. 8. 23, 83도1600; 대판 1969. 8. 26, 69도1111; 대판 1959. 10. 16, 58형상2.
3) 대판 1976. 9. 14, 76도2071; 대판 1974. 7. 16, 74도1531.
4) 대판 1965. 11. 30, 65도910; 대판 1964. 3. 31, 64도34.
5) 대판 1986. 11. 11, 86도2004; 대판 1981. 4. 14, 81도543.
6) 대판 2006. 4. 7, 2005도9858 전원합의체 판결.
7) 대판 1982. 5. 25, 82도600.
8) 대판 2012. 3. 29, 2011도14135.

Ⅲ. 누범의 취급

1. 장기 2배까지 가중

누범의 형은 그 죄에 정한 장기의 2배까지 가중한다(제35조 제2항). 이에 따라 누범의 처단형은 그 죄에 정한 장기의 2배 이하로 되겠지만 형법 제42조 단서에 의하여 장기 50년을 초과할 수는 없다. 그 죄에 정한 장기만을 2배까지 가중할 수 있는 것이고 그 형의 단기까지 2배로 가중하는 것은 아니므로[1] 법정형에 의한 단기는 그대로 유효하다.

2. 판결선고 후 누범발각

판결선고후 누범인 것이 발각된 때에는 그 선고한 형을 통산하여 다시 형을 정할 수 있다(제36조 본문). 통산하여 다시 형을 정한다는 것은 다시 재판한다는 의미가 아니고 새로운 사정에 기하여 가중형만을 추가한다는 의미이다. 판결선고후 누범이 발각된 경우라도 선고한 형의 집행을 이미 종료했거나 그 집행이 면제된 후일 때에는 형을 가중하지 않는다(제36조 단서). 본 단서는 이미 자유를 회복하여 평온한 사회생활을 영위하는 현상태를 존중한다는데 그 의미가 있다. 그러나 동 규정은 이중심리의 위험이 있으므로 일사부재리의 원칙에 반할 우려가 있음을 고려하여 입법론적으로 삭제함이 타당하다.

심 화 누범가중과 책임원칙

누범은 전범(前犯)에 대한 과형이 끝났음에도 불구하고 후범을 중하게 처벌하기 때문에 전범과 후범을 합하여 일괄 처벌하는 것처럼 보이고 이것이 헌법 제13조 제1항의 일사부재리원칙에 반하는가 및 헌법 제11조 제1항(법 앞의 평등)의 원칙에 반하는 것이 아닌가 하는 의문이 제기될 수 있다. 누범을 가중 처벌하는 이유는 전에 행한 범죄로 부과된 형벌에 의한 경고를 무시하고 다시 범죄를 저질렀다는 점에서 비난가능성 및 책임이 높기 때문이지, 전범에 대하여 처벌을 받았음에도

---

1) 대판 1969. 8. 19, 69도1129.

다시 범행을 하는 경우에 전범도 후범과 일괄하여 다시 처벌한다는 것은 아니다.[1] 따라서 누범가중은 전범을 이중처벌하려는 것이 아니고 전범이 후범의 정황의 하나로 참작되는 데 불과한 것이므로 일사부재리의 원칙에 반하는 것은 아니다.[2] 또한 초범자보다 더 무겁게 평가될 수 있으므로 신분에 의한 차별이라고 보기 어렵다.

그러나 위헌 여부를 떠나서 "형벌은 인격책임이나 성격책임의 근거에서도 특별예방의 목적달성의 관점에서도 행위책임의 척도를 넘어서서는 아니 된다."는 책임주의의 관점에서 볼 때 신중해야 한다. 독일의 형법개정 과정에서 대안(AE)은 누범가중이 다시 범죄를 하지 말라는 명령에 복종하지 않았음에 대한 형벌의 할증, 즉 불복종할증(Ungehorsamszuschlag)을 의미하고 행위책임에 반한다는 이유에서 이를 초안에 포함시키지 않았다. 특히 형법 제36조(판결선고 후의 누범발각)는 입법론적으로 폐지하여야 하며, 제35조(누범)도 지나친 부담을 주므로 재검토를 요한다.

심 화 형법상 처단형과 양형위원회 양형기준의 비교

형법상 양형이란 우선 각칙 개별 범죄에 정한 법정형이 기준이 되고, 이를 누범가중－법률상 감경－경합범 가중－작량감경 등의 순서로 가감하여 처단형을 만드는 것을 의미한다. 법관은 처단형으로 만들어진 형량의 상한과 하한 사이에서 구체적으로 선고형을 결정하게 된다.

반면 양형위원회가 만든 양형기준의 적용방법은 1. 범죄유형의 결정－2. 권고영역의 결정－3. 형량범위의 결정－4. 선고형의 결정의 순서이고, 마지막으로 형의 집행유예 여부를 결정하게 된다.

예컨대, 일정한 직업이 없는 갑은 아직 기소되지 않은 단순절도범죄 전력이 있는 바, 직계존속인 아버지로부터 인간적인 무시를 당하였다고 생각하여 앙심을 품고 살인을 하였으나, 이후 진지한 반성을 통해서 자신의 범죄를 뉘우치고 있다고 가정하고 양형기준의 적용의 순서를 살펴보면 다음과 같다.

① 범죄유형의 결정이란 유형별로 정해진 살인, 강도, 과실치사상, 교통, 뇌물, 마약, 명예훼손 등 범죄군의 선택과 해당 범죄에 적용할 유형의 결정을 의미한다. 살인범죄군의 양형기준이 제시하는 5개의 유형 중에서, 갑은 인간적인 무시나 멸시를 받았다고 생각하여 앙심을 품고 살인을 하였으므로 보통 동기가 인정되므로

1) 대판 2014. 7. 10, 2014도5868. 도로교통법 제148조의2은 음주운전을 2회 이상 위반한 사람에게 가중처벌하는 규정으로, 동 규정을 적용하면서 다시 형법상 누범가중처벌을 하여도 일사부재리의 원칙에 반하지 않는다고 본다.

2) 대판 1970. 9. 29, 70도1656; 대판 1968. 5. 21, 68도336.

제2유형에 해당한다.

② 권고 영역의 결정이란 3단계 권고 형량범위 중에서, 특별양형인자의 존부를 확인하여 감경, 기본, 가중영역 중의 선택을 의미한다. 갑은 직계존속을 살해하였으므로, 특별양형인자 중에서 가중적 행위인자로서 '존속인 피해자'가 적용되므로 가중영역이 적용된다.

③ 형량범위의 결정이란 복수의 인자가 존재할 경우의 특별조정, 서술식 양형기준, 법률상 처단형의 범위를 벗어나는 경우의 조정 및 다수범죄처리기준을 적용하는 것을 의미한다. 갑은 양형기준이 설정된 단순절도죄와 존속살해죄의 실체적 경합범에 해당하므로 다수범죄 처리기준에 따라서 2개의 다수범으로서 기본범죄의 형량범위 상한에 다른 범죄의 형량범위 상한의 1/2을 합산하게 되므로, ②에서 결정된 형량에 일반절도의 기본구간의 상한인 1년 6월의 1/2에 해당하는 9월을 합산한다.

④ 선고형의 결정은 ③에 의해서 결정된 양형구간 중에서 구체적으로 법관이 선고하게 되는데, 갑은 진지한 반성을 하고 있으므로 일반양형인자 중에서 감경적 행위자인자로서 '진지한 반성'이 선고형을 결정하는데 고려가 될 것이다. 만일 ③의 양형구간을 벗어나는 형을 선고하고자 한다면 그 이유를 판결문에 기재하여야 한다.

즉, 형법 총칙에 따른 처단형의 산출과정은 법정형-(형종 선택)-누범가중-법률상 필요적 가중·감경-법률상 임의적 감경-경합범 가중-작량감경-처단형 결정-선고형의 순서이다. 그러나 양형기준에 따른 권고 형량범위 산출과정은 범죄유형의 결정-특별양형인자에 대한 평가 및 형량범위의 결정(법률상 필요적 가중·감경, 임의적 감경, 작량감경사유의 반영)-다수범죄 처리기준의 적용-선고형의 순서(양형위원회, 2024 양형기준, 680면)가 된다.

제 3 장

형의 집행과 유예제도

제1절 형의 집행과 시간적 범위

Ⅰ. 형의 집행방법

확정된 선고형을 현실적으로 실현하는 과정을 형의 집행이라고 하는데, 집행방법은 형의 종류에 따라 다르다. 형법은 제66조 이하에서 형의 집행에 관한 기본적인 방법을 제시하고, 그 구체적인 절차는 형사소송법과 형의 집행 및 수용자의 처우에 관한 법률(이하 형집행법)에 자세히 규정되어 있다. 형 집행의 주체는 그 재판을 행한 법원에 대응하는 검사로서(형사소송법 제460조 제1항),[1] 사형, 자유형 및 재산형의 집행을 지휘한다.

사형은 교정시설 안에서 교수하여 집행한다(형법 제66조). 그리고 자유형의 집행방법은 형집행법에 자세히 규정되어 있다. 재산형을 선고할 때에는 납입하지 않는 경우의 노역장 유치기간을 정하여 동시에 선고하여야 하는데(제70조 제1항), 노역장유치기간은 3년 이하로 한정되어 있어서(제69조 제2항) 이른바 '황제노역'이라는 비판에 대응하여 벌금액수에 따른 노역장유치 최소기간을 두고 있다(제70조 제2항). 징역형과 벌금형이 병과되는 경우에 벌금형의 환산유치기간이 그 병과된 징역형의 기간보다 장기간이 될 수 있는가는 3년을 넘지 않는 한 가능하다고 해석된다. 또한 재산형의 일부 금액을 납입한 때에는 재산형의 액수와 유치기간 일수를 비례하여 납입금액에 상당한 일수를 뺀다(제71조).

Ⅱ. 형의 시효

1. 의　　의

형의 시효란 재판을 확정짓는 형의 선고를 받은 자가 그 형의 집행을 받지 않고 일정한 기간을 경과한 경우에 그 집행이 면제되는 효과를 말한다. 형법상의 형의 시효는 실체적 형벌권 그 자체를 소멸하게 한다는 점에서 형사소송법상

1) 형 집행의 주체는 나라마다 입법례가 다르며, 독일과 같이 검사주의와 법원주의를 양립시키는 경우도 있고 미국과 같이 법원주의를 채택하기도 하는데, 일본은 우리나라와 같이 검사주의를 취한다.

의 공소시효(형사소송법 제429조 이하)와 동일하지만, 전자는 일정한 시일의 경과로 인하여 이미 확정된 형벌권(형벌집행권)을 소멸하게 하는 반면, 후자는 일정한 시일의 경과로 인하여 공소권을 소멸하게 함으로써 당해 범죄사실에 적용될 수 있었던 형벌권을 소멸하게 한다는 점에서 양자는 구분된다. 또한 양자의 시효기간에도 차이가 있다.

형의 시효를 인정하는 논거는 무엇보다도 상당한 시일의 경과로 인하여 범죄 내지 형의 선고와 그 집행에 대한 사회의 의식이 소멸됨과 아울러 일정한 기간 계속된 기존의 평온상태를 존중하고 유지한다는 데 있다.

2. 시효의 기간

시효는 형을 선고하는 재판이 확정된 후 그 집행을 받음이 없이 다음의 기간을 경과함으로써 완성된다(제78조). ① 무기의 징역 또는 금고는 20년, ② 10년 이상의 징역 또는 금고는 15년, ③ 3년 이상의 징역이나 금고 또는 10년 이상의 자격정지는 10년, ④ 3년 미만의 징역이나 금고 또는 5년 이상의 자격정지는 7년, ⑤ 5년 미만의 자격정지, 벌금, 몰수 또는 추징은 5년 ⑥ 구류 또는 과료는 1년이다. 다만 사형은 시효에서 제외됨으로써 형의 집행이 면제될 수 없게 되었다. 시효의 기산점은 판결확정일로부터 진행된다.

3. 효　　과

시효가 완성되면 법률상 당연히 선고된 형의 집행이 면제되며(제77조) 별도의 재판이나 처분은 필요하지 않다. 다만, 형 선고 자체가 소멸되는 것은 아니다.

4. 시효의 정지와 중단

(1) 시효의 정지

형의 시효는 형의 집행의 유예(형법 제62조), 형의 집행정지(형사소송법 제348조, 제428조, 제435조, 제462조 제469조, 제470조, 제471조 등 참조) 또는 가석방(형법 제72조 내지 제76조 참조) 기타 집행할 수 없는 기간은 진행하지 아니한다(제79조 제1항). 여기에서 "기타 집행할 수 없는 기간"이란 천재지변이나 기타 사변으로 인하여 형을 집행할 수 없는 기간을 말하며, 시효제도의 취지에 비추어 볼 때 형의 선고를 받은 자의 도주 또는 소재불명의 기간은 포함되지 않는다.

형이 확정된 후 그 형의 집행을 받지 아니한 사람이 형의 집행을 면할 목적으로 국외에 있는 기간 동안은 형의 시효가 진행되지 않는다(제79조 제2항). 동 규정의 목적은 형이 확정된 이후에 형의 시효가 진행하는 동안 형의 집행을 피하여 국외에 체류함으로써, 결과적으로 그에 합당한 처벌이 이루어지지 않는 경우를 방지하기 위함이다.

(2) 시효의 중단

시효의 중단이란 이미 경과한 시효의 효과가 시효의 개시 시에 소급하여 상실되는 것을 의미하며, 한번 시효가 중단되면 다시 시효의 전 기간이 경과해야만 시효의 효과가 발생한다. 시효는 징역, 금고와 구류의 경우에는 수형자를 체포함으로써 벌금, 과료, 몰수와 추징의 경우에는 강제처분을 개시함으로써 중단된다(제80조). 후자의 경우에 있어서는 강제처분을 개시한 이상 집행불능이 된 경우에도 시효기간의 중단에는 아무런 영향이 없다.

Ⅲ. 형의 소멸, 실효 및 복권

1. 형의 소멸

(1) 의 의

형의 소멸이란 유죄판결의 확정에 의하여 발생한 국가의 구체적 형벌권(형의 집행권)의 소멸을 의미하며 범죄로 인한 형벌청구권의 소멸인 공소권의 소멸과 구분된다.

(2) 소멸의 원인

1) 구체적 원인

형의 집행의 종료, 형의 집행의 면제, 형의 선고유예의 기간 또는 집행유예의 기간의 경과, 가석방기간의 만료, 형의 시효의 완성에 의하여 형은 소멸한다. 구체화된 형벌은 범인의 일신에 전속하는 것이므로 범인이 사망한 경우에는 형이 소멸된다. 범인이 법인인 경우에도 법인이 소멸한 경우 형은 소멸한다.[1)]

---

1) 단 법인에 대하여 벌금, 과료, 몰수, 추징, 소송비용 또는 비용배상을 명한 경우에 법인이 그 재판확정 후 합병에 의하여 소멸한 때에는 합병 후 존속한 법인 또는 합병에 의하여 설립된 법인에

2) 사 면

사면에는 일반사면과 특별사면이 있다(사면법 제2조).

일반사면은 대통령령으로 행하며(사면법 제8조) 일반사면을 명하려면 국회의 동의를 얻어야 한다(헌법 제79조 2항). 일반사면으로 형 선고의 효력이 상실된다고 규정한 취지도 형의 선고의 법률적 효과가 없어진다는 것일 뿐, 형의 선고가 있었다는 기왕의 사실 자체의 모든 효과까지 소멸한다는 것은 아니다.[1] 특별한 규정이 있는 때를 제외하고 일반사면은 선고의 효력을 상실하게 하며, 형의 선고를 받지 아니한 자에 대하여서는 공소권을 상실하게 한다(사면법 제5조 제1항 제1호). 특별사면은 형의 선고를 받은 특정인에 대하여 대통령이 행한다(사면법 제3조 2호). 특별사면은 형의 집행을 면제하지만 특별한 사정이 있을 때에는 이후 형 선고의 효력을 상실하게 할 수 있다(사면법 제5조 제1항 제2호).

사면의 효력은 장래에 향한 것이므로 형 선고에 의한 기성의 효과는 일반사면이나 특별사면으로 인하여 변경되지 않는다(사면법 제5조 제2항).

2. 형의 실효

(1) 의 의

형이 소멸되더라도 형의 선고에 의한 법률상의 효과가 반드시 소멸하는 것은 아니어서 전과사실은 그대로 남게 되고 이에 불이익(예컨대 공무원 등 일정한 직업에 종사할 자격의 제한)이 따른다. 그러므로 전과사실을 말소시켜 사회복귀를 도와줄 형사정책적 필요성이 있으며 이것이 형의 실효 제도의 근본취지이다. 형이 실효되면 형의 선고에 기한 법적 효과가 장래에 향하여 소멸한다.

(2) 요 건

1) 재판상의 실효

징역 또는 금고의 집행을 종료하거나 집행이 면제된 자가 피해자의 손해를 보상하고 자격정지 이상의 형을 받음이 없이 7년을 초과한 때에는 본인 또는 검사의 신청에 의하여 그 재판의 실효를 선고할 수 있다(형법 제81조). 요건을 갖

대하여 집행할 수 있다(형사소송법 제479조).

1) 대판 2012. 11. 29, 2012도10269; 대판 2004. 10. 15, 2004도4869; 대판 1995. 12. 22, 95도2446.

춘 경우 실효선고를 할 것인가 여부는 법원의 재량에 속하는 것이지만 법원은 실효선고를 하여서는 안 될 특별한 이유가 없는 한 실효선고를 해야 한다.

2) 당연실효

수형인이 자격정지 이상의 형을 받음이 없이 형의 집행을 종료하거나 그 집행이 면제된 날로부터 일정 기간이 경과한 때에는 그 형은 실효된다(형의 실효 등에 관한 법률 제7조 제1항).[1)] 하나의 판결로 여러 개의 형이 선고된 경우에는 각 형의 집행을 종료하거나 그 집행이 면제된 날부터 가장 무거운 형에 대한 위의 기간이 경과한 때에 형의 선고는 효력을 잃는다.

3) 전과기록의 말소

형이 실효된 때에는 수형인명표를 폐기하고 수형인 명부의 해당란을 삭제함으로써 전과기록을 말소한다(형의 실효에 관한 법률 제8조 제1항 제1호).

3. 복　　권

형법은 자격정지의 선고를 받은 자에게 그 기간이 만료되지 않은 경우에도 일정한 조건하에 자격을 회복시켜 줌으로써 사회복귀를 용이하게 하려는 제도를 마련하고 있다. 즉 자격정지의 선고를 받은 자가 피해자의 손해를 보상하고 자격정지 이상의 형을 받음이 없이 정지기간의 2분의 1을 경과한 때에는 본인 또는 검사의 신청에 의하여 자격의 회복을 선고할 수 있다(형법 제82조). 복권은 사면에 의하여서도 가능하다. 사면에 의한 복권은 형 선고로 인하여 법령에 정한 바에 의한 자격이 상실 또는 정지된 자를 그 대상으로 하지만(사면법 제3조 3호), 형의 집행을 종료하지 아니한 자 또는 집행의 면제를 받지 아니한 자에 대하여서는 행하지 아니한다(사면법 제6조). 복권은 형선고의 효력을 상실시키는 것이 아니고 형선고의 효력으로 인하여 상실 또는 정지된 자격을 회복시킬 뿐이므로, 복권이 있었다고 하더라도 그 전과사실은 누범가중사유에 해당한다.[2)]

1) ① 3년을 초과하는 징역·금고는 10년, ② 3년 이하의 징역·금고는 5년, ③ 벌금은 2년, ④구류와 과료는 형의 집행을 종료하거나 그 집행이 면제된 때에 그 형이 실효된다.

2) 대판 1981. 4. 14, 81도543.

판 례

복권대상자가 수개의 죄를 범하여 수개의 형의 선고를 받은 경우에 그 수개의 형이 모두 다른 법령에 의한 자격제한의 효력을 수반하고 있을 때에는 그 각 형의 선고의 효력으로 인하여 각각 상실 또는 정지된 자격을 일시에 일괄하여 회복하지 아니하면 자격회복의 목적을 달성할 수 없는 것이고 수개의 형의 선고의 효력으로 인하여 각각 상실 또는 정지된 자격이 일괄 회복되려면 자격제한의 효력을 수반하고 있는 모든 수형범죄사실이 복권의 심사대상으로 빠짐없이 상신되어 그 모든 수형범죄사실을 일괄 심사한 후 그 심사결과를 토대로 복권이 이루어져야 한다.[1)]

Ⅳ. 형의 기간

기간의 계산에 있어서 년 또는 월로써 정한 기간은 년 또는 월 단위로 계산한다(형법 제83조). 형기(자유형의 기간)는 판결이 확정된 날로부터 기산한다(제84조 1항). 단 유기징역 또는 유기금고에 병과되는 자격정지의 형기는 징역 또는 금고의 집행을 종료하거나 면제된 날로부터 기산한다(제44조 2항). 징역, 금고, 구류와 유치에 있어서는 구속되지 아니한 일수는 형기에 산입하지 않는다(제84조). 즉 판결이 확정되었어도 바로 구속되지 아니했거나 형의 집행 중 도주 등으로 인하여 구속되지 아니했던 일수 등은 형기에 산입되지 않는다.

형의 집행과 시효기간의 초일은 시간을 계산함이 없이 1일로 산정한다(제85조). 석방은 형기종료일에 하여야 한다(제86조). 피석방자가 질병이나 그 밖에 피할 수 없는 사정으로 귀가하기 곤란한 경우에 본인의 신청이 있으면 일시적으로 교정시설에 수용할 수 있다(형집행법 제125조).

제2절 형의 유예제도

Ⅰ. 서 론

형법은 고유한 의미의 형벌이나 보안처분도 아니지만 형벌을 보충해주는 제

1) 대판 1986. 7. 3, 85수2 전원합의체 판결.

도로서 형의 선고유예와 집행유예를 인정하고 있다. 비교적 경한 범죄를 범한 자에게 정상을 참작할 만한 사유가 있는 경우 일정한 조건하에서 형의 선고나 집행을 유예해 주는 이 제도는 형벌로 인한 부작용을 피하면서 범인의 사회복귀를 도모하려는 것으로 그 형사정책적 의미가 있다. 1995년 12월 2일의 형법개정을 통하여 선고유예를 하는 경우에는 보호관찰을 받을 것을 명할 수 있게 되었고, 형의 집행을 유예하는 경우에는 보호관찰을 받을 것을 명하거나 사회봉사 또는 수강을 명할 수 있게 되었다.

Ⅱ. 형의 선고유예

1. 의의 및 법적 성격

범정을 참작할 만하고 경미한 범행을 한 자에게 일정한 기간 형의 선고를 유예하고 그 기간을 특정한 사고 없이 경과하면 형의 선고를 면하게 하는 제도를 형의 선고유예라고 한다.[1] 주로 범정이 경미한 초범자에 대하여 형을 부과하지 않고 자발적인 개선과 사회복귀를 촉진시키고자 하는 제도이다.[2]

선고유예의 법적 성격은 형벌도 순수한 예방적 보안처분도 아니고 형벌적 요소로서의 범죄에 대한 비난이 특별예방적 작용의 형태 속에서 예방적 요소에 결부되어 있는 독자적 제도라고 볼 수 있다.

2. 요 건

1년 이하의 징역이나 금고, 자격정지 또는 벌금을 선고할 경우라야 한다. 선고유예를 할 수 있는 형은 주형 및 부가형을 포함한 처단형 전체를 뜻한다. 형법 제51조의 사항(양형의 조건)을 참작하여 뉘우치는 정상이 뚜렷하다고 판단될 것을 요한다. 뉘우치는 정상이 뚜렷한가 여부의 판단은 법원의 재량에 속하는 사항이다.[3] 여기에서 재범에의 위험성 유무는 매우 중요한 판단기준이 될

1) 형의 선고유예제도는 주로 1842년부터 영국에서 보호관찰과 결합된 조건부석방 이래 행하여졌다. 그 후 이 제도는 미국의 대부분의 주에 도입되었으며, 1962년의 미국모범형법전(Model Penal Code) 제6장 제2조에도 규정되었다. 우리나라의 경우 구형법에는 선고유예제도가 없었으나 현행형법은 제59조 내지 제61조에 이를 규정하고 있다.

2) 대판 2017. 9. 12, 2017도10577.

3) 대판 1979. 2. 27, 78도2246.

것이다.

자격정지 이상의 형을 받은 전과가 없어야 한다. 자격정지 이상의 형을 받은 전과란, 자격정지 이상의 형을 선고받은 범죄경력 자체를 의미하는 것이고, 그 형의 효력이 상실된 여부는 관계없다.[1] 그러나 형의 집행유예를 선고받은 사람이 형법 제65조에 의하여 그 선고가 실효 또는 취소됨이 없이 정해진 유예기간을 무사히 경과하여 형의 선고가 효력을 잃게 되었더라도, 이는 형의 선고의 법적 효과가 없어질 뿐이고 형의 선고가 있었다는 기왕의 사실 자체까지 없어지는 것은 아니므로, 선고유예의 결격사유인 "자격정지 이상의 형을 받은 전과가 있는 자"에 해당한다고 보아야 한다.[2]

또한 사후적 경합범에 해당하여 실체적 경합범 중 판결을 받지 아니한 죄에 대하여 형을 선고하는 경우에, 금고 이상의 형에 처한 판결이 확정된 죄의 형도 '자격정지 이상의 형을 받은 전과'에 포함되어 선고유예를 할 수 없다.[3]

3. 다수의 형종이 있는 경우

형의 선고를 유예하는 판결을 할 경우에도 선고가 유예된 형에 대한 형의 종류와 양을 정해 놓아야 한다.[4] 물론 이를 선고하지는 않는다.

형을 병과할 경우에도 형의 전부 또는 일부에 대하여 그 선고를 유예할 수 있다(제59조 제2항). 예컨대 징역형과 벌금형을 병과하면서 어느 한쪽에 대하여 선고를 유예할 수 있다. 또한 징역형과 벌금형을 병과하면서 징역형에 대하여 집행유예를 하고 벌금형에 대하여서는 선고유예를 할 수 있고,[5] 형의 선고유예를 하면서 몰수의 요건이 있는 때에는 몰수형만 선고할 수 있다.[6] 그러나 주형에 대하여 선고를 유예하지 않으면서 이에 부가할 추징에 대해서만 선고를 유예할 수는 없다.[7]

1) 대판 2012. 6. 28, 2011도10570.
2) 대판 2008. 10. 9, 2007도8269.
3) 대판 2017. 9. 12, 2017도10577; 대판 2010. 7. 28, 2010도931.
4) 대판 1975. 4. 8, 74도618; 대판 1968. 9. 24, 68도983.
5) 대판 1981. 4. 14, 81도614; 대판 1976. 6. 8, 74도1266; 대판 1973. 5. 8, 73도649.
6) 대판 1977. 9. 13, 77도2028; 대판 1973. 12. 11, 73도1133.
7) 대판 1979. 4. 10, 78도3098.

4. 보호관찰의 부과

형의 선고를 유예하는 경우에 법원은 재범방지를 위하여 지도 및 원호가 필요한 때에는 피고인에게 보호관찰을 받을 것을 명할 수 있다(제59조의2 제1항). 그 기간은 1년으로 한다(제2항). 보호관찰이란 범인에게 사회생활을 영위하게 하면서 보호관찰기관의 지도와 감독을 받게 함으로써 그 개선과 사회복귀를 도모하는 사회내처우 수단의 하나이다.[1)]

판례에 따르면 형법상 보호관찰은 형벌이 아닌 보안처분에 해당한다.[2)] 보호관찰은 본래 개인의 자유에 맡겨진 영역이거나 또는 타인의 이익을 침해하는 법상 금지된 행위가 아니더라도 보호관찰 대상자의 특성, 그가 저지른 범죄의 내용과 종류 등을 구체적·개별적으로 고려하여 일정기간 동안 보호관찰 대상자의 자유를 제한하는 내용의 준수사항을 부과함으로써 대상자의 교화·개선을 통해 범죄를 예방하고 재범을 방지하려는 데에 그 제도적 의의가 있다. 그러나 법치주의와 기본권 보장의 원칙 아래에서 보호관찰 역시 자의적·무제한적으로 허용될 수 없음은 물론이다. 보호관찰은 필요하고도 적절한 한도 내에서 이루어져야 하며, 가장 적합한 방법으로 실시되어야 하므로, 대상자가 준수할 수 있고 그 자유를 부당하게 제한하지 아니하는 범위 내에서 구체적으로 부과되어야 한다.[3)]

5. 효과와 실효

형의 선고를 받은 날로부터 2년을 경과한 때에는 면소(免訴)된 것으로 간주한다(제60조). 즉 면소판결을 받은 것과 똑같은 효력이 생기며 이로써 실체적 공소권이 소멸되고 재론의 여지가 없어지게 된다.

형의 선고유예를 받은 자가 유예기간 중 자격정지 이상의 형에 처한 판결이 확정되거나 자격정지 이상의 형에 처한 전과가 발견된 때에는 유예한 형을 선고

1) 우리나라에는 이미 구사회보호법과 소년법에 이 제도가 규정되어 있었고 1988년에는 보호관찰법이 제정되었는데 형법에도 보호관찰이 도입됨에 따라 이 법은 보호관찰 등에 관한 법률이란 명칭 하에 전면 개정되기에 이르렀다(1996년 12월 12일 법률 제5178호).

2) 대판 1997. 6. 13, 97도703. 따라서 과거의 불법에 대한 책임에 기초하고 있는 제재가 아니라 장래의 위험성으로부터 행위자를 보호하고 사회를 방위하기 위한 합목적적인 조치이다.

3) 대판 2010. 9. 30, 2010도6403.

한다(제61조 제1항). 이는 형의 선고유예의 판결이 확정된 후에 비로소 위와 같은 전과가 발견된 경우를 말하고 그 판결확정 전에 이러한 전과가 발견된 경우에는 이를 취소할 수 없으며, 이때 판결확정 전에 발견되었다고 함은 검사가 명확하게 그 결격사유를 안 경우만을 말하는 것이 아니라 당연히 그 결격사유를 알 수 있는 객관적 상황이 존재함에도 부주의로 알지 못한 경우도 포함한다.[1] 선고유예 실효결정에 대한 상소심 진행 중에 유예기간인 2년이 경과한 경우에는 선고유예 실효결정을 할 수 없다.[2] 또한 제59조의2의 규정에 의하여 보호관찰을 명하는 선고유예를 받은 자의 경우에는 보호관찰기간 중에 준수사항을 위반하고 그 정도가 무거운 때에도 유예한 형을 선고한다(제61조 제2항).

Ⅲ. 형의 집행유예

1. 의의 및 법적 성격

형의 집행유예는 일단 유죄를 인정하여 형을 선고하고 정상을 참작하여 일정한 요건 하에 일정한 기간 그 형의 집행을 유예한 후, 유예기간 중 특정한 사고 없이 그 기간을 경과하면 형의 선고의 효력을 상실시킴으로써 형의 선고가 없었던 것과 동일한 효과를 발생하게 하는 제도를 말한다.[3]

집행유예의 본질은 본래의 의미의 형벌이나 보안처분이 아니라 형집행의 변용이다. 집행유예의 근본사상은 본래 단기 자유형의 폐단을 피하면서 재사회화를 촉진하자는데 있는데, 우리 형법의 경우에는 3년 이하의 자유형까지 그 성립의 폭이 넓게 인정되어 있는 것을 고려해 볼 때 단기 자유형의 폐단을 피한다는 의미뿐만 아니라, 더 나아가 경죄와 중죄의 중간에 위치하는 범죄에 대하여도 정상과 개선가능성 여하에 따라 자유형의 고통을 부과함이 없이 재사회화를 도모하겠다는 형사정책적 의지가 이 제도에 반영되어 있다. 자유형보다 형이 경한

---

1) 대판 2008. 2. 14, 2007모845.

2) 대판 2007. 6. 28, 2007모348.

3) 이 제도는 영미에서 발달된 보호관찰제도가 유럽대륙에 도입되면서 변형되어 발달한 것으로 최초로 입법화한 것은 1888년 벨기에의 가석방 및 조건부유죄판결에 관한 법률이었고, 이어서 프랑스, 덴마크, 스위스, 독일 등 많은 국가가 이 제도를 채용하면서 보호관찰과 결합시켰다.
우리나라의 구형법에는 제25조 내지 제27조에 형의 집행유예가 규정되어 있었고 현행형법은 제62조에서 제65조에 걸쳐 집행유예를 규정하고 있는데 구형법보다 그 요건을 더 완화시켰다.

벌금형이 형평성의 고려에 의하여 추가된 것도 형사정책적 반영의 결과이다.

2. 요 건

(1) 3년 이하의 징역이나 금고, 또는 500만원 이하의 벌금의 선고시

3년 이하의 징역이나 금고 또는 500만원 이하의 벌금의 형을 선고할 경우라야 한다. 2016년 개정에서 500만원 이하의 벌금형의 선고가 추가되었다. 징역형보다 상대적으로 가벼운 벌금형에는 집행유예가 인정되지 않는 것은 합리적이지 않다는 반성적 고려가 반영된 개정이었다. 또한 벌금 납부능력이 부족한 서민의 경우 벌금형을 선고받아 벌금을 납부하지 못할 시 노역장에 유치되는 것을 우려하여 징역형의 집행유예 판결을 구하는 예가 빈번히 나타나는 등 형벌의 부조화 현상을 방지하고 서민의 경제적 어려움을 덜어주기 위하여 벌금형에 대한 집행유예를 입법화한 것이다. 다만, 벌금액이 고액인 경우에는 그 불법성의 정도도 높으므로, 500만원 이하로 한정하였다.

형을 선고할 경우라고 명시되어 있으므로, 법정형이나 처단형이 아닌 선고형을 의미한다.[1)]

(2) 정상에 참작할 사유의 존재

형법 제51조의 사항(양형의 조건)을 참작하여 그 정상에 참작할 만한 사유가 있을 것을 요한다. 여기에서 정상의 판단에는 재범의 위험성 유무를 특히 고려하여야 한다.

(3) 결격사유의 부존재(집행유예 기간 중의 집행유예 선고 문제)

집행유예의 결격사유라 함은 제62조 제1항 단서의 '금고 이상의 형을 선고한 판결이 확정된 때부터 그 집행을 종료하거나 면제된 후 3년까지의 기간에 범한 죄에 대하여 형을 선고하는 경우'를 의미하며, 이에 해당하지 않아야 한다.

2005년 형법 개정으로 인하여, 집행유예기간 중에 범한 죄에 대하여 형을 선고할 때 집행유예의 결격사유를 정하는 형법 제62조 제1항 단서에 해당하는 경우란, 이미 집행유예가 실효 또는 취소된 경우와 그 선고 시점에 미처 유예기간이 경과하지 아니하여 형 선고의 효력이 실효되지 아니한 채로 남아 있는 경우

---

1) 대판 1989. 11. 28, 89도780.

로 국한되고, 집행유예가 실효 또는 취소됨이 없이 유예기간을 경과한 때에는 위 단서 소정의 요건에 해당하지 않는다고 할 것이므로, 집행유예기간 중에 범한 범죄라고 할지라도 집행유예가 실효 또는 취소됨이 없이 그 유예기간이 경과한 경우에는 이에 대해 다시 집행유예의 선고가 가능하다고 해석된다.[1)]

(4) 유예의 기간

이상의 요건이 갖추어지면 집행유예가 가능한데 그 유예의 기간은 1년 이상 5년 이하의 범위 내에서 법원의 재량에 의하여 결정된다. 형을 병과할 경우에는 그 형의 일부에 대하여 집행을 유예할 수 있다(제62조 제2항). 형을 병과할 경우이므로 하나의 형의 일부에 대해서는 집행유예가 불가능하다. 예컨대, 하나의 자유형 중 일부에 대해서는 실형을, 나머지에 대해서는 집행유예를 선고하는 것은 허용되지 않는다.[2)]

형법은 집행유예 기간의 시기에 관하여는 명문의 규정을 두고 있지는 않지만, 집행유예를 선고한 판결 확정일이 그 기산점이라고 보아야 한다.[3)]

3. 보호관찰, 사회봉사명령, 수강명령

형의 집행을 유예하는 경우에 법원은 피고인에게 보호관찰을 명하거나 사회봉사 또는 수강을 명할 수 있다(제62조의2 제1항).

(1) 보호관찰

보호관찰 기간은 집행유예기간으로 한다. 다만 유예기간의 범위 내에서 법원은 그 기간을 별도로 정할 수 있다(제62조의2 제2항). 보호관찰과 사회봉사명령 및 수강명령을 동시에 명할 수도 있다.[4)]

보호관찰의 성격에 대하여는 보안처분이라는 견해[5)]와 형벌집행의 변형으로 보는 견해,[6)] 독자적 형사제재로 보는 견해,[7)] 집행유예에 관한 보호관찰은 형의

1) 대판 2019. 1. 17, 2018도17589; 대판 2007. 7. 27, 2007도768; 대판 2007. 2. 8, 2006도6196.
2) 대판 2007. 2. 22, 2006도8555.
3) 대판 2019. 2. 28, 2018도13382.
4) 대판 1998. 4. 24, 98도1562.
5) 박상기/전지연, 381면; 최호진, 778면. 판례의 태도이기도 하다(대판 1997. 6. 13, 97도703).
6) 김성돈, §40/23.
7) 김혜정, "법적 성질의 재고찰을 통한 보호관찰의 형사정책적 지위 정립", 형사정책 제13권 제2호, 2001, 111면 이하.

부수조치이나 가석방에 대한 보호관찰은 보안처분으로 그 성격이 나뉜다고 보는 견해[1] 등이 있다. 성인에 대한 보호관찰은 유죄판결을 전제로, 선고유예·집행유예·가석방이라는 형집행의 변용에 부수하는 것으로 대상자가 건전한 사회복귀를 하고 재범을 예방할 수 있도록 한다는 점에서 독자적 형사제재로 보기는 어렵고, 사회내에서의 형집행에 부가된다는 점에서는 보안처분으로 봄이 타당하다.

(2) 사회봉사명령

사회봉사명령은 집행유예기간 내에 이를 집행한다(제62조의2 제3항). 사회봉사명령이란 범죄자로 하여금 집행유예나 보호처분에 수반하는 조건으로서 일정한 기간 내에 지정된 곳에서 지정된 시간 동안 보수 없이 일정한 노역에 종사하게 하는 사회내처우의 하나이다.[2] 이는 범죄자에게 근로를 강제하여 형사제재적 기능을 함과 동시에 사회에 유용한 봉사활동을 통하여 사회와 통합하여 재범방지 및 사회복귀를 용이하게 하려는 제도로서, 자유형 집행의 대체수단이다.[3] 그 집행기관은 보호관찰의 경우와 동일하다.

(3) 수강명령

수강명령은 집행유예기간 내에 집행한다(제62조의2 제3항). 수강명령이란 경미한 범행이나 비행을 저지른 자에게 사회생활을 허용하면서 일정한 시간 지정된 장소에서 교육을 받게 함으로써 그 개선, 교화의 성과를 높이려는 사회내처우의 하나이다.

4. 효　과

집행유예의 선고를 받은 후 그 선고의 실효 또는 취소됨이 없이 유예기간을 경과한 때에는 형의 선고는 효력을 잃는다(제65조). "형의 선고는 효력을 잃는다."는 의미는 형집행의 면제뿐만 아니라 형의 선고가 없었던 것, 즉 유죄판결이

1) 신동운, 880-881면.
2) 대판 2020. 11. 5, 2017도18291은 법원이 형의 집행을 유예하는 경우 명할 수 있는 사회봉사는 다른 법률에 특별한 규정이 없는 한 500시간 내에서 시간 단위로 부과될 수 있는 일 또는 근로활동이라고 해석한다.
3) 헌재결 2012. 3. 29, 2010헌바100.

없었던 것과 똑같은 상태로 되므로 전과자가 되지 않는다. 그러나 그 효과는 장래에 향하여 소멸한다는 것이어서[1)] 형의 선고로 인하여 이미 발생된 법률효과에는 영향을 미치지 않는다.

5. 실효와 취소

집행유예의 선고를 받은 자가 유예기간 중 고의로 범한 죄로 금고 이상의 실형을 선고받아 그 판결이 확정된 때에는 집행유예의 선고는 효력을 잃는다. 실효사유는 고의범으로 한정되며, 과실범을 제외함으로써 집행유예제도의 활용범위를 확대하였다. 또한 금고 이상의 형의 선고가 아닌 실형선고로 한정함으로써, 금고 이상의 형이 선고되면서 집행유예를 선고하는 경우를 실효사유에서 제외하였다.

취소는 필요적 사유와 임의적 사유로 구분된다. 필요적 사유로는, 집행유예의 선고를 받은 후 제62조 단서에 해당하는 사실, 즉, 금고 이상의 형을 선고한 판결이 확정된 때부터 그 집행을 종료하거나 면제된 후 3년까지의 기간이 경과되지 아니한 사유가 발각된 때에는 집행유예의 선고를 취소한다(제64조 제1항). 집행유예가 취소되면 유예되었던 형이 집행된다. 한 사람이 범한 두 죄에 동시에 집행유예판결이 확정되는 경우는 집행유예의 취소사유에 해당하지 않는다.

임의적 사유로는, 제62조의2의 규정에 의하여 보호관찰이나 사회봉사 또는 수강을 명한 집행유예를 받은 자가 준수사항이나 명령을 위반하고 그 정도가 무거운 때에는 집행유예의 선고를 취소할 수 있다(제64조 제2항).

제 3 절 가 석 방

Ⅰ. 의 의

가석방이란 자유형(징역 또는 금고)의 수형자가 그 행상이 양호하여 개전(改

1) 대판 2016. 6. 23, 2016도5032. 따라서 형법 제65조에 따라 형의 선고가 효력을 잃는 경우에도 그 전과는 폭력행위 등 처벌에 관한 법률 제2조 제3항에서 말하는 "징역형을 받은 경우"라고 할 수 없다.

悛)의 정이 현저한 경우 형벌만료 전에 일정한 조건하에 석방하고 그 석방이 취소 또는 실효되지 않고 잔형기를 경과하면 형의 집행을 종료한 것과 같은 효과를 발생하게 하는 행정처분을 말한다. 가석방은 법원의 판단을 거치지 않으므로 사법처분이 아닌 행정처분에 해당한다.

가석방은 이미 개전하고 있는 수형자에게는 특별예방의 견지에서 불필요한 구금을 되도록 피할 필요가 있고, 수형자에게 희망을 갖게 함과 아울러 형기만료후 사회복귀를 용이하게 한다는 데 그 제도적 의미가 있으며, 동시에 정기형제도의 결함을 보충하여 정기자유형을 실질적으로 부정기형화한다.[1)]

Ⅱ. 요　　건

징역 또는 금고의 집행 중에 있는 자일 것을 요한다. 따라서 원칙적으로 벌금형은 해당하지 않으나, 벌금을 납입하지 않아 노역장 유치를 받은 자의 경우, 노역장 유치는 자유형을 대체하는 처분이므로 자유형에 준한다는 점에서 가석방 대상이 된다고 봄이 타당하다.

징역 또는 금고의 무기형은 20년, 유기형은 형기의 3분의 1을 경과할 것을 요한다. 1개의 판결로 수 개의 형이 확정된 경우에, 형기란 각 형의 형기의 합산이나 최종적으로 집행되는 형의 형기가 아니라 각 형의 형기를 의미하므로, 각 형의 형기를 모두 3분의 1 이상씩 경과한 후가 아니면 가석방의 요건을 충족할 수 없다.[2)] 사형 등이 감형된 때에는 감형된 형을 기준으로 한다. 사형이 무기징역으로 특별감형된 경우, 사형집행대기기간을 처음부터 무기징역을 받은 경우와 동일하게 가석방요건 중의 하나인 형의 집행기간에 다시 산입할 수는 없다.[3)]

1) 가석방제도는 18세기 말 오스트레일리아의 가출옥허가장제도에서 시작되어 영국, 미국, 독일 등 각국에서 이 제도를 채택하게 되었다. 구형법에서는 이를 가출옥이라는 표현하에 제28조 내지 제30조에서 규정하고 있었으며 현행형법은 제72조 내지 제76조에 걸쳐 가석방에 관한 비교적 상세한 규정을 두고 있다.

2) 헌재결 1995. 3. 23, 93헌마12.

3) 대판 1991. 3. 4, 90모59. 판시사항에 따른 논거로는 첫째, 사형의 판결확정일에 소급하여 무기징역형이 확정된 것으로 보아 무기징역형의 형기 기산일을 사형의 판결 확정일로 인정할 수도 없고, 둘째, 사형집행대기 기간이 미결구금이나 형의 집행기간으로 변경된다고 볼 여지도 없으며, 셋째, 특별감형은 수형 중의 행장의 하나인 사형집행대기기간까지를 참작하여 되었다고 볼 수 있기 때문이라고 한다.

행상이 양호하여 뉘우침이 뚜렷하여야 한다. 교도소생활에서 드러난 규율의 준수, 참회의 태도 등이 그 판단의 대상이 된다고 볼 수 있다.

또한 벌금 또는 과료의 병과가 있는 경우에는 그 금액을 완납해야 한다(제73조 제2항). 벌금 또는 과료에 관한 유치기간에 산입된 판결선고 전 구금일수는 그에 해당하는 금액이 납입된 것으로 간주한다(제73조 제2항).

Ⅲ. 기간 및 보호관찰

가석방의 기간은 무기형에 있어서는 10년, 유기형에 있어서는 남은 형기로 하되 그 기간은 10년을 초과할 수 없다(제73조의2 제1항).

가석방된 자는 가석방기간 중 보호관찰을 받는다. 다만 가석방을 허가한 행정관청이 필요없다고 인정한 때에는 예외적으로 보호관찰을 받지 않는다(제73조의2 제2항). 가석방에 있어서의 보호관찰은 선고유예나 집행유예의 경우와 달리 행정처분의 성격을 갖는다.

Ⅳ. 효 과

가석방의 처분을 받은 후 처분의 실효 또는 취소됨이 없이 가석방 기간을 경과한 때에는 형의 집행을 종료한 것으로 본다(제76조 제1항). 형의 선고나 유죄판결 자체의 효력에는 영향이 없다.

Ⅴ. 실효 및 취소

가석방 중 고의범으로 금고 이상의 형의 선고를 받아 그 판결이 확정된 때에는 가석방처분은 그 효력을 잃는다(제74조). 가석방의 처분을 받은 자가 감시에 관한 규칙을 위반하거나 보호관찰의 준수사항을 위반하고 그 정도가 무거운 때에는 가석방처분을 취소할 수 있다(제75조). 가석방이 실효 또는 취소되면 잔형기간(단 무기형의 경우는 다시 무기로)의 형이 집행된다. 이 경우 가석방 중의 일수는 형기에 산입되지 않는다.

심 화 형의 유예제도 비교

형법은 형의 유예를 위하여 선고유예와 집행유예, 그리고 가석방제도를 두고 있다. 각 유예제도들은 행위자의 재범가능성에 대한 부정적 예측과 개전의 정이 현저함으로 인하여 자유형의 집행이 재사회화에 오히려 부정적일 수 있다는 점 및 행위자의 반성적 태도에 대한 혜택이라는 함의를 가지고 있다. 따라서 궁극적인 목적은 행위자의 사회내 복귀를 돕는데 있다. 이처럼 각각의 유예제도의 목적은 대동소이하지만, 각각의 요건과 효과는 상이하다. 이를 정리하면 다음과 같다.

	선고유예	집행유예	가석방
요건	1년 이하의 징역·금고·자격정지·벌금형의 선고시 개전의 정상이 현저할 것 자격정지 이상의 전과가 없을 것	3년 이하의 징역·금고 또는 500만원 이하 벌금형의 선고시 정상참작사유의 존재 금고이상의 형을 선고한 판결이 확정된 때부터 그 집행을 종료하거나 면제된 후 3년까지의 기간에 범한 죄에 대한 형선고가 아닐 것.	무기형 20년, 유기형은 형기의 3분의1 경과 후 행상이 양호하여 개전의 정이 현저할 것 병과된 벌금·과료 완납
기간	2년	1년 이상 5년 이하	무기형 10년, 유기형은 10년 이내 잔여형기
효과	면소 간주	형 선고의 효력 상실	형집행 종료 간주
보안처분	보호관찰 1년	집행유예기간동안(감축 가능) 보호관찰, 사회봉사·수강명령	가석방기간동안 보호관찰
실효	*유예기간 중 자격정지이상 판결확정 또는 그러한 전과발견(필요적) *보호관찰 준수사항위반하고 그 정도가 무거운 때(임의적)	집행유예기간 중 고의로 범한 죄로 금고 이상의 실형 확정	가석방기간 중 고의범의 금고 이상의 형 판결 확정
취소	없음	선고후 금고이상의 판결확정때부터 그 집행종료 또는 면제 후 3년기간 도과기준 결여 발각(필요적) 보호관찰 등 준수사항 위반하고 그 정도가 무거운 때(임의적)	감시에 관한 규칙 위반 보호관찰 준수사항 위반하고 그 정도가 무거운 때

제 4 장

보안처분

제 1 절 일반이론

Ⅰ. 의 의

책임주의에 따라 양정되는 형벌만으로는 형법의 예방적 과제를 단지 제한된 범위 내에서 수행할 수 있을 뿐 이를 충족시키기 어렵다. 그러므로 범죄로부터 사회를 보전해야 한다는 이유 및 행위자의 재사회화라는 근거에서 경우에 따라 통상의 형벌을 대체하거나 보완하는 처분을 필요로 하게 된다. 이러한 필요에 부응하여 형법상의 불법을 행한 자에게 형벌이 불가능하거나(예컨대 책임무능력자의 경우) 행위자의 특별한 위험성 때문에 형벌에 의하여 예방의 목적을 달성하기 어려운 때에 형벌에 대체하거나 형벌을 보완하는 사법처분이 등장하게 되었는데 이것이 바로 보안처분제도이다.

보안처분은 특별예방이라는 목적과 장래의 위험에 대처한다는 방향성에 그 특징이 있다. 보안처분은 사법처분이라는 점에서 행정처분과 구별되며, 사법처분이지만 형사처분이라는 점에서 손해배상과 같은 민사처분과도 구별된다.

참고 연혁

사형과 추방이 지배적 역할을 했던 중세의 형벌제도는 범인의 범죄적 위험으로부터 사회를 극단적으로 보호하였기 때문에 형벌 이외에 이것과 구별되는 보안처분을 제도화할 필요성과 이유가 없었다.

범죄에 대한 형벌과 더불어 범인의 위험성에 대응한 보안처분사상은 근세에 있어서는 카롤리나형법전(Constitutio Criminalis Carolina, 1532)에서 찾아볼 수 있다. 동 형법전 제176조는 범행이 예견되고 충분한 보증을 할 수 없는 자에게는 부정기의 감호를 허용하였다. 18세기 말에 이르러 계몽사상은 형벌과 보안처분의 개념 내지 이론의 전개에 큰 영향을 미쳤다. 프로이센 일반국법(ALR)의 형법부분의 창안자인 클라인(E. F. Klein)은 보안처분이론을 내세우면서 형벌과 보안처분을 구분하고 후자의 척도는 행위자의 범죄적 위험성임을 강조하였다.

그의 사상은 1794년의 일반국법(일반 Land법, ALR)에 반영되었고, 1799년에는 프로이센 형법에 부정기의 보안형벌(Sicherungsstrafe)이 도입되었다. 리스트(Franz v. Liszt)는

1882년의 마르부르크 강령을 통하여 목적사상과 아울러 보호형을 강조하고 형벌과 보안처분이 모두 이에 포함된다고 보았다. 그는 특히 개선불가능범인에 대하여서는 장기간 또는 종신격리를 통하여 사회에 해가 없도록 해야 한다고 보면서 보안처분의 필요성을 내세웠고 형벌과 보안처분을 일원론적으로 이해하였다. 슈토스(Carl Stooß)에 의하여 기초된 1893년의 스위스형법준비초안은 형벌 이외에 보안처분을 별도로 규정하는 이원론적 입장에서 보안처분제도를 체계적으로 도입하였는데, 이 초안(슈토스案)은 영국, 독일 등 여러 나라의 입법에 큰 영향을 미쳤다. 독일에서는 1909년 형법초안 이래 모든 초안이 보안처분을 규정하였으며 1933년에 이르러 보안처분은 형법전에 도입되었고, 그후 이러한 태도가 지금까지 지속되어 오고 있다. 한편 프랑스, 스웨덴, 벨기에 등 일부 국가에서는 범죄로부터 사회를 방위한다는 목적에 따라 형벌에 대신한 일원적 보안처분법의 제정을 주장하는 이른바 사회방위이론(Défense sociale)이 전개되고 있다.

우리나라에서는 소년법상의 보안처분, 국가보안법상의 감시, 보도 등이 인정되어 왔고 1975년의 사회안전법은 국가보안사범에 대한 보안처분을 규정하였다. 1980년의 사회보호법은 일반적인 범죄에 대한 보안처분을 광범위하게 규정하였지만, 동법상의 보호감호처분 등은 피감호자의 입장에서는 이중처벌적인 기능을 하고 그 집행실태도 구금위주의 형벌과 다름없이 시행되고 있어 국민의 기본권을 침해하고 있고, 사회보호법 자체도 지난 권위주의시대에 사회방위라는 목적 하에 제정한 것으로 위험한 전과자를 사회로부터 격리하는 것을 위주로 하는 보안처분에 치중하고 있어 위헌적인 소지가 있기 때문에 2005년 폐지되었다.

사회보호법이 폐지된 이후 대체입법으로 2005년 치료감호법이 제정되었다가 2016년 치료감호 등에 관한 법률(이하 치료감호법)로 변경되었다. 또한 특정 범죄자에 대한 보호관찰 및 전자장치 부착 등에 관한 법률(이하 전자장치부착법), 성폭력범죄자의 성충동 약물치료에 관한 법률(이하 성충동약물치료법), 디엔에이신원확인정보의 이용 및 보호에 관한 법률(이하 디엔에이법) 등 다양한 특별법을 통해 보안처분의 제재종류와 영역을 확장해 나아가고 있다. 이는 형벌의 가중을 통한 재범방지의 한계를 인식하고, 범죄 및 범죄자의 특수성을 고려한 처분으로 대체하고자 하는 입법의도가 반영된 것으로 볼 수 있다.

판 례

헌법재판소는 보안처분을 "형벌만으로는 행위자의 장래의 재범에 대한 위험성을 제거하기에 충분치 못한 경우 사회방위 및 행위자의 사회복귀를 위한 특별예방적 목적처분"으로 본다.[1] 이에 따르면 형벌이 과거의 행위에 대한 도덕적 비난이라면, 보안처분은 장래 재범의 위험성에 대한 예방목적처분에 해당한다는 점에서 구별된

1) 헌재결 2001. 7. 19, 2000헌바22.

다. 이처럼 보안처분은 그 본질, 추구하는 목적 및 기능에 있어 형벌과는 다른 독자적 의의를 가진 사회보호적인 처분이므로 형벌과 병과하여 선고한다고 해서 이중처벌금지원칙에 해당되지 아니한다는 것이 헌법재판소의 확립된 견해이다.[1]

Ⅱ. 형벌과 보안처분의 관계

보안처분(특히 자유박탈을 수반하는 보안처분)과 형벌의 관계를 어떻게 이해할 것인가에 관하여서는 견해가 나뉜다.

1. 이원주의

이원주의는 형벌과 보안처분이 본격적으로 다르다는 것을 전제로 하여 형벌은 범죄에 대한 응보이고 책임을 기초로 하며 과거의 범죄에 대한 것이나, 보안처분은 행위자의 위험성에 대한 대책이고 따라서 행위자의 사회적 위험성이 그 기초가 되며 장래를 향한 것이라고 본다. 형벌은 범죄를 전제로 하지만 보안처분은 위법한 행위와 더불어 위험성이 있을 것을 필요로 한다.

이상과 같은 전제하에 이원주의는 형벌과 보안처분을 동시에 선고하여 중복적으로 집행할 것을 요구한다. 그리고 보안처분은 일반적으로 형벌이 집행된 후에 집행된다. 프랑스, 이탈리아, 네덜란드 등이 이원주의에 의한 보안처분제도를 채택하고 있다.

이원주의에 대하여서는 형벌과 보안처분의 구별은 역사적 산물에 불과할 뿐 사실상 효과적으로 실현될 수 없고, 형벌과 보안처분이 중복적으로 시행될 경우 그 대상자는 경우에 따라 양자를 구별하기 어려우며, 가혹한 처분을 받는다는 생각을 갖게 되어 형사정책적 효과를 거둘 수 없고 이중처벌의 결과만을 초래할 우려가 있다는 비판이 있다.

2. 일원주의

일원주의는 형벌과 보안처분을 본질적으로 동일하다고 보고 필요에 따라 형벌 또는 보안처분의 어느 하나만을 적용할 것을 주장한다. 그리하여 형벌의 특

1) 헌재결 2015. 11. 26, 2014헌바475.

별예방적 효과를 기대할 수 없는 경우에는 형벌의 적용을 배제하고 보안처분을 적용해야 한다고 본다. 영국, 스웨덴, 덴마크, 벨기에 등이 일원주의를 취하고 있다.

일원주의에 대하여서는 책임과 위험성의 구분이 상대화되고 책임은 행위자 책임 내지 성격책임으로 되어 책임이론이 책임주의를 포기하는 결과로 되므로 부당하고, 한정책임능력자에 대하여서도 보안처분만을 선고할 경우 책임무능력자와 한정책임능력자를 동일하게 취급하는 것으로 되어 양자를 구분하는 형법의 입장에 합치되지 않는다는 등의 비판이 있다.

3. 절충주의(대체주의)

절충주의 또는 대체주의란 형벌은 책임주의에 따라 선고하되 그 집행단계에서 보안처분에 의하여 대체하거나 일정한 조건하에 보안처분의 집행이 끝난 후에 형벌을 집행하는 제도로서 이원주의와 일원주의를 절충한 형태이다.

대체주의는 형벌과 보안처분의 집행에서 먼저 형벌보다 보안처분을 우선적으로 집행하고, 집행된 보안처분기간은 형기에 산입하여 잔여의 형벌이 있는 경우에는 그 집행에 대한 유예의 가능성을 인정하는데 독일과 스위스의 형법에서 대체주의를 채택하고 있다.

대체주의에 대하여서는 형벌과 보안처분의 교환이 책임형법에 합치되지 않고 형벌과 보안처분의 한계가 불명확해지며 보안처분을 받은 자가 형벌만을 선고받은 자보다 유리하게 되어 정의관념에 반한다는 등의 비판이 있다.

4. 소 결

어느 견해나 전부 결함이 있지만 형벌과 보안처분은 이론적으로 볼 때 완전히 동일시될 수는 없고, 형벌과 보안처분은 그 목적과 법익의 박탈 내지 제한이라는 관점에서 행위자에게 미치는 영향은 동질적이므로 보안처분이 형벌에 대체되는 것이 사리에 벗어나는 것은 아니며, 대체주의에 대한 비판은 형벌과 보안처분의 목적, 책임주의의 본질 등에 비추어 설득력이 없다는 관점에서 대체주의가 타당하다.

Ⅲ. 보안처분의 지도원리

1. 비례성의 원칙

보안처분은 구성요건에 해당하고 위법한 행위가 있어야 하고 다시 위법한 행위를 할 위험성이 상당한 정도에 이르렀을 때 적용되는 것이지만 양형이 책임원칙에 의하여 제한되듯이 보안처분도 비례성의 원칙(Der Grundsatz der Verhältnismäßigkeit)에 의하여 제한된다. 비례성의 원칙 또는 과잉금지(Uübermaß-verbot)의 원칙이란 보안처분을 행위자의 범행, 예기되는 범행의 의미와 그 발생위험의 정도 등을 종합적으로 고려하여 꼭 필요한 정도로 제한한다는 원칙을 의미한다.

형벌은 책임주의에 의하여 제한을 받지만 보안처분은 책임에 따른 제재가 아니어서 책임주의의 제한을 받지 않는다. 그러므로 보안처분에서 형벌에 대해 책임주의와 같은 역할을 하는 것이 바로 비례의 원칙이다.[1] 따라서 모든 보안처분은 그 명칭여하를 불문하고 비례성의 원칙이 요구하는 목적의 정당성, 수단의 적절성, 피해의 최소성 및 법익균형성이 인정되어야 한다.

보안처분도 행위자의 범행을 근거로 하여야 하며, 잠재적 범죄의 위험성이 있는 자라 하더라도 범행이 없는 자를 보안처분에 처할 수 없다. 행위자의 범행이란 행위자에 의하여 행하여진 범행(최소한도 구성요건에 해당하는 위법한 행위)의 종류와 경중, 행위수단, 상습성 여부 등을 말하고 예기되는 범행의 의미도 대체로 이와 같다. 발생할 위험의 정도는 개연성의 정도, 시간적 근접 등에 의존되며 위험성여부는 선고시점을 기준으로 하여 판단한다. 경미한 범죄에 대한 보안처분, 범죄에 비하여 무거운 보안처분, 단순한 범죄발생 가능성을 이유로 한 보안처분은 모두 비례성의 원칙에 반한다.

2. 사법적 통제와 인권보장(보안처분법정주의)

보안처분은 처분을 받은 자에게 법익의 박탈 내지 제한을 가하는 것이므로 그 효과에 있어서 형벌과 다분히 동질적이다(특히 일원주의와 대체주의의 입장).

1) 헌재결 2005. 2. 3, 2003헌바1.

그러므로 보안처분은 본질적으로 사법처분이자 형사처분으로 이해됨이 타당하며 따라서 보안처분은 법률에 근거를 두고 그 선고는 법원에 의하여 행하여질 것이 요청된다.

인권보장의 관점에서 죄형법정주의의 원칙과 근본정신은 보안처분에도 존중되어야 하는데 이를 보안처분법정주의라는 용어로서 표현하기도 한다. 이에 의하면 관습법은 보안처분법의 법원으로 될 수 없고 유추해석에 의한 보안처분의 선고는 배제되며 보안처분의 내용과 범위는 법률로써 명확히 규정하여야 한다. 다만 보안처분의 소급효는 그 처분의 성격에 따라 달리 평가될 수 있다.

보안처분을 적용함에 있어서 법규의 해석, 비례성의 판단 등에 있어 모호한 점이 있을 때에는 언제나 처분을 받는 자에게 유리한 방향으로 결정하여야 한다.

판 례

보안관찰처분은 보안관찰처분대상자가 이미 실행한 행위에 대하여 책임을 묻는 제재조치가 아니라 장래에 보안관찰 해당범죄를 저지를 위험성을 미리 예방하여 국가의 안전과 사회의 안녕을 유지하는 한편, 처분대상자의 건전한 사회복귀를 촉진하는 것을 목적으로 하는 예방조치로서의 행정작용이다.[1)]

Ⅳ. 보안처분의 요건과 종류

1. 보안처분의 요건

(1) 범죄행위의 존재

보안처분이 부과되기 위해서는 우선 범죄행위가 존재하여야 하고 재범의 위험성이 인정되어야 한다. 우선 보안처분은 형사제재 또는 그 대체이기 때문에 형법상 범죄행위가 성립하여야 한다. 범죄의 성립이란 불법성을 의미하므로 반드시 책임요건까지 갖출 필요는 없다. 우리나라의 경우 치료감호법은 한정책임능력자에 해당하는 심신미약자 또는 청각 및 언어장애인 등에 대하여 치료감호를 부과할 수 있도록 하고 있다(동법 제2조).

1) 대판 2016. 8. 24, 2016두34929.

(2) 재범의 위험성

보안처분은 과거 범죄행위를 전제로 하지만, 궁극적으로는 재범의 위험성을 방지하기 위한 특별예방의 목적으로 부과된다. 따라서 장래에 재범의 위험성이 인정되어야 하는데, 다만 장래의 재범위험성이란 보안처분의 부과시점에서는 확실성을 가지고 판단할 수 없지만, 재범할 가능성만으로는 부족하고 장래에 해당 범죄를 범하여 법적 평온을 깨뜨릴 상당한 개연성이 있음을 의미한다.[1)]

그러나 판결시점에서 발생하지 않은 미래의 위험성을 판단함은 매우 신중하여야 한다. 판례는 대상자의 직업과 환경, 당해 범행 이전의 행적, 그 범행의 동기·수단, 범행 후의 정황, 개전의 정 등 여러 사정을 종합적으로 평가하여 객관적으로 판단하여야 한다고 본다.[2)] 다만 현재는 재범위험성 평가척도 또는 정신병질자 선별도구 평가결과를 통해 재범위험성을 높음, 중간, 낮음 등으로 구분하여 이를 반영하기도 한다.[3)] 그러나 그와 같은 평가척도도 과학적으로 입증된 것은 아니며, 판결시에 개연성에 관한 확증이 없으면 형법상 원리로서 "의심스러운 때에는 피고인의 이익으로(in dubio pro reo)" 원칙이 보안처분에서도 적용되어야 할 것이다.[4)]

2. 보안처분의 종류

보안처분은 그 대상에 따라 대인적인 것과 대물적인 것으로 나눌 수 있고, 대인적 보안처분은 다시 자유박탈 여부에 따라 자유박탈을 수반하는 보안처분과 자유를 제한하는 보안처분으로 나눌 수 있다.

자유박탈을 수반하는 보안처분으로는 치료감호, 보호감호, 교정처분[5)], 노동개선처분,[6)] 사회치료처분[7)] 등이 있다. 자유를 제한하는 보안처분으로는 보호관

---

1) 대판 2018. 9. 13, 2018도7658, 2018전도54, 55, 2018보도6, 2018모2593.

2) 대판 2015. 2. 26, 2014도17294, 2014전도276; 대판 2010. 12. 9, 2010도7410; 대판 2004. 6. 24, 2004감도28 등.

3) 대법원 2015. 3. 12. 선고 2014도17853.

4) 김성돈, §43/44; 최호진, 776면.

5) 교정처분이란 주벽, 마약 등 약물중독성범인의 습벽을 교정할 필요가 있을 때 일정기간 교정소 또는 금단시설에 그 대상자를 수용하여 치료하는 처분을 말한다.

6) 노동개선처분이란 상습적으로 범죄를 행하는 부랑자, 걸인, 매춘부, 노동혐오기피자 등에 대하여 형을 선고하는 경우에 이들을 노동소에 수용하여 작업에 종사하게 함으로써 근면하고 규율있는 생활습관을 갖게 하는 처분을 말한다.

7) 사회치료처분이란 인격적 장애, 성충동 등 정신병질자 등의 범행이 있을 때 형벌과 더불어 이들

찰, 신상공개[1], 선행보증[2], 주거제한(가택연금), 직업금지(취업제한), 단종·거세[3], 국외추방[4], 음주점출입금지, 운전면허박탈, 유전자 정보수집 등이 있다.

대물적 보안처분에는 몰수와 영업소의 폐쇄 및 법인해산 등이 있다. 우리 형법상의 몰수(제41조, 제48조, 제49조)는 부가성을 갖는 형벌의 일종임과 동시에 대물적 보안처분의 성격을 지닌다. 영업소 폐쇄와 법인해산은 행정처분의 일종으로도 이해된다.

제 2 절 현행법상의 보안처분

헌법 제12조 제1항은 "…누구든지 법률에 의하지 아니하고는 보안처분을 받지 아니한다."라고 규정하여 보안처분은 법률에 의해서만 부과될 수 있음을 명문화하였다(보안처분법정주의).

Ⅰ. 소년법상의 보안처분

소년(만 19세 미만의 자)은 정신적으로나 신체적으로 미숙하고 사려가 부족하

을 사회치료시설에 수용하고 의학적, 심리학적, 사회학적, 교육학적 방법 등 모든 가능한 방법을 동원하여 사회행동의 과정 속에서 대상자를 정상화시키는 처분이다.

1) 동 제도의 발단은 1994년 미국 뉴저지에서 메건 칸카라는 7살짜리 여자아이가 이웃에 살던 제시 팀멘데쿼스(Jesse Timmendequas)에게 강간뒤 살해당하는 사건이었다. 이에 뉴저지주 의회는 성범죄 전과자의 개인정보를 공익을 위해 공개해야 한다는 요지의 법안을 피해아동의 이름을 따 메건법이라 명명하여 제출하였고, 이 법안은 1996년 당시 클린턴 행정부에서 서명하면서 발효되었다. 동법은 뉴저지 주법(州法)으로 연방법은 아니며, 연방법 차원으로는 1994년 아동성범죄자 등록제도가 있다. 영국의 경우에는 1997년 성립된 성범죄자법(Sex offender Act 1997)에 따라 일정한 요건에 해당하는 성범죄자를 경찰에 등록하도록 하는 제도가 있으나, 일반인에게 공개하지는 않는다. 우리나라는 2000년에 성폭력범죄에 도입되어 그 대상범죄를 확대해 가고 있는 중이다.

2) 선행보증이란 형의 집행유예나 가석방을 하는 경우에 상당액의 보증금을 제공하게 하거나 보증인을 세우고, 일정기간 내에 범행하는 경우에는 보증금을 몰수하고 사고 없이 그 기간을 경과하는 경우에는 그 금액을 공탁자에게 반환함으로써, 보증금 몰수라는 심리적 압박을 통하여 선행을 보증하려는 보안처분이다.

3) 거세는 나치스시대에 채용되었으나(나치스형법 제42조의 a 5호) 인도주의적 견지에서 용인될 수 없는 것이었으므로 종전 후 1946년 연합국관리위원회법 제11호에 의하여 폐지되었다.

4) 출입국관리법 제45조는 출입국관리법위반자나 외국인으로서 금고 이상의 형의 선고를 받고 석방된 자를 행정처분으로서 국외로 강제퇴거시킬 수 있도록 규정하고 있다.

여 범죄적 충동에 빠지기 쉽지만 성인범죄자보다 교화·개선의 가능성은 훨씬 크고 악습에 깊이 빠져 있지도 않으며 또한 소년에게는 원대한 장래가 있다. 이러한 특성을 존중하여 소년법은 반사회성이 있는 소년에 대하여 그 환경의 조정과 성행의 교정에 관한 보안처분을 행하고 형사처분에 관한 특별조치를 행함으로써 소년의 건전한 육성을 목적한다(소년법 제1조). 여기에서 보호처분이란 소년법상의 보안처분을 의미한다.

소년법상 인정되는 보호처분에는 ① 보호자 또는 보호자를 대신하여 소년을 보호할 수 있는 자에게 감호 위탁 ② 수강명령 ③ 사회봉사명령 ④ 보호관찰관의 단기 보호관찰 ⑤ 보호관찰관의 장기 보호관찰 ⑥ 「아동복지법」에 따른 아동복지시설이나 그 밖의 소년보호시설에 감호 위탁 ⑦ 병원, 요양소 또는 「보호소년 등의 처우에 관한 법률」에 따른 소년의료보호시설에 위탁 ⑧ 1개월 이내의 소년원 송치 ⑨ 단기 소년원 송치 ⑩ 장기 소년원 송치가 있다(동법 제32조). 각호에 해당하는 처분은 소년부 판사가 심리의 결과 필요하다고 인정한 때에 결정으로 행한다.

Ⅱ. 보안관찰법상의 보안처분

보안관찰법(1989. 6. 16. 법률 제4132호)은 사회안전법(1975. 7. 16. 법률 제2679호)에 대체된 법이다. 이 법은 특정범죄를 범한 자에 대하여 재범의 위험성을 예방하고 건전한 사회복귀를 촉진하기 위하여 보안처분을 함으로써 국가의 안전과 사회의 안녕을 유지함을 목적으로 한다(제1조).

이 법은 형법상의 내란의 죄, 외환의 죄, 군형법상의 반란의 죄, 국가보안법상의 반국가단체구성죄 등을 범하여 금고 이상의 형의 선고를 받고 그 형기합계가 3년 이상인 자로서 형의 전부 또는 일부의 집행을 받은 사실이 있는 자를 보안처분의 대상자로 하여(제2조 및 제3조), 이들 중 보안관찰 해당범죄를 다시 범할 위험성이 있다고 인정할 충분한 이유가 있어 재범의 방지를 위한 관찰의 필요성이 있는 자에게 보안관찰처분을 하도록 규정한다(제4조). 보안관찰처분기간은 2년이며 법무장관은 검사의 청구가 있는 때에는 보안관찰심의위원회의 의결을 거쳐 그 기간을 갱신할 수 있다(제5조).

보안관찰처분에 관한 사안을 심의의결하기 위하여 법무부에 보안처분 심의 위원회를 두며(제12조) 보안관찰처분에 관한 결정은 위원회의 의결을 거쳐 법무부장관이 행한다(제14조). 그러므로 보안관찰법상의 보안처분은 법률상으로는 행정처분의 성격을 갖는 듯 보인다. 따라서 결정을 받은 자가 그 결정에 이의가 있을 때에는 행정소송을 할 수 있도록 규정되어 있고(제23조), 행정소송법을 준용한다(제24조).

다만, 보안관찰의 법률상 처분에 대한 절차가 행정소송에 준하도록 되어 있다고 하더라도, 실질적으로는 보안처분에 해당한다고 보아야 한다. 행정처분으로 이해할 때에는 행정법상의 합목적성이 보안관찰에도 적용되어 피보안처분자에게 불리한 해석이 될 수 있으나, 보안관찰에도 보안처분에 적용되는 비례의 원칙이 엄격히 적용되어야 한다. 헌법재판소 역시 보안처분은 그 본질, 추구하는 목적 및 기능에 있어 형벌과는 다른 독자적 의의를 가진 사회보호적인 처분으로서 그 본질은 헌법 제12조 제1항에 근거한 보안처분이라고 보고[1], 비례의 원칙에 따라 심사한다.

Ⅲ. 치료감호법상의 보안처분

1. 서 론

치료감호법은 심신장애 또는 마약류·알코올 그 밖에 약물중독 상태 등에서 범죄행위를 한 자로서 재범의 위험성이 있고 특수한 교육·개선 및 치료가 필요하다고 인정되는 자에 대하여 적절한 보호와 치료를 함으로써 재범을 방지하고 사회복귀를 촉진하는 등 종전의 「사회보호법」에 의하여 규율되어 온 치료감호제도를 보완·개선하고자 제정되었다. 치료감호법상으로는 치료감호, 치료명령, 보호관찰이 규정되어 있다.

2. 치료감호

(1) 대 상

치료감호는 ① 형법 제10조 제1항의 규정에 의하여 벌할 수 없거나 동조 제2항의 규정에 의하여 형을 감경할 수 있는 심신장애자로서 금고 이상의 형에 해

1) 헌재결 2015. 11. 26, 2014헌바475; 헌재결 2003. 6. 26, 2001헌가17 등.

당하는 죄를 범한 자 ② 마약·향정신성의약품·대마 그 밖에 남용되거나 해독을 끼칠 우려가 있는 물질이나 알코올을 식음·섭취·흡입·흡연 또는 주입받는 습벽이 있거나 그에 중독된 자로서 금고 이상의 형에 해당하는 죄를 범한 자 ③ 소아성기호증, 성적가학증 등 성적 성벽이 있는 정신성적 장애인으로 금고 이상의 형에 해당하는 성폭력범죄를 지은 자로서, 치료감호시설에서의 치료가 필요하고 재범의 위험성이 있는 자에게 행하여진다(제2조).

(2) 내 용

검사의 청구에 의하여 법원의 판결로써 치료감호가 선고된다. 그리고 법원의 판결이전에도 치료감호의 필요성이 있는 때에는 검사의 청구에 의하여 관할 지방법원판사로부터 치료감호 영장을 발부받아 보호구속할 수 있다(제6조 이하).

치료감호를 선고받은 자에 대하여는 치료감호시설에 수용하여 치료를 위한 조치를 행한다(제16조 제1항) 단, 수용기간은 위의 ①과 ③에 해당하는 자는 15년을 초과할 수 없고, ②에 해당하는 자는 2년을 초과할 수 없다. 여기에서 치료감호시설이란 국립법무병원과 법무부장관이 지정하는 지정법무병원이다.

(3) 집행순서 및 방법

치료감호와 형이 병과된 경우에는 치료감호를 먼저 집행한다(제18조). 이 경우 치료감호의 집행기간은 형 집행기간에 포함되므로, 잔여형기는 치료감호기간을 제외한 기간이 된다. 이처럼 치료감호는 대체주의를 취하고 있다.

치료감호를 받는 자에 대하여는 집행 시작후 6개월마다 치료감호심의위원회에서 치료감호 종료 또는 가종료 여부를 심사하고, 일정한 사정이 있는 때에는 위탁치료(제23조) 및 외부치료(제28조)도 할 수 있다. 피치료감호자도 근로에 종사할 수 있고, 이 경우 근로보상금을 지급하여야 한다(제29조).

치료감호는 보호관찰기간이 만료되거나, 치료감호심의위원회가 보호관찰 종료를 결정하면 종료된다.

3. 보호관찰

① 피치료감호자가 다음 각 호의 어느 하나에 해당하게 되면 「보호관찰 등에 관한 법률」에 따른 보호관찰이 시작된다(제32조). ① 피치료감호자에 대한치료감호가 가종료되었을 때, ② 피치료감호자가 치료감호시설 외에서 치료받도록

법정대리인등에게 위탁되었을 때, ③ 동법상 치료감호기간이 만료되는 피치료감호자에 대하여 제37조에 따른 치료감호심의위원회가 심사하여 보호관찰이 필요하다고 결정한 경우에는 치료감호기간이 만료되었을 때이며, 보호관찰의 기간은 3년이다.

4. 치료명령

(1) 의 의

치료명령은 치료감호의 대상이 되지 않는 경미범죄로 인하여 자유형 집행의 대상이 되지 아니하는 행위자가 형확정과 동시에 사회내로 복귀할 경우 수반되는 재범의 위험성을 예방하기 위한 제도이다. 즉, 치료명령대상자에 해당하는 모든 자가 대상이 아니라, 선고유예나 집행유예를 받아 자유형 집행이 되지 않는 자에 한정한다. 따라서 치료감호가 시설내 수용처우인 반면, 치료명령은 전형적인 사회내처우에 해당한다.

그러나 궁극적으로 치료의 필요성과 범죄의 중대성이 비례하지 않는다는 점, 치료의 필요성은 중대범죄의 경우에도 지속적인 개입이 요구될 수 있다는 점에서 치료감호와 치료명령의 중첩적용 여부가 논의되지 않았다는 점, 영장발부 여부 및 치료비의 자비부담 등이 문제된다.

(2) 대 상

치료명령의 대상자는 ①「형법」 제10조 제2항에 따라 형을 감경할 수 있는 심신장애인으로서 금고 이상의 형에 해당하는 죄를 지은 자 ② 알코올을 식음하는 습벽이 있거나 그에 중독된 자로서 금고 이상의 형에 해당하는 죄를 지은 자 ③ 마약·향정신성의약품·대마, 그 밖에 대통령령으로 정하는 남용되거나 해독을 끼칠 우려가 있는 물질을 식음·섭취·흡입·흡연 또는 주입받는 습벽이 있거나 그에 중독된 자로서 금고 이상의 형에 해당하는 죄를 지은 자로서, 통원치료를 받을 필요가 있고 재범의 위험성이 있는 자를 말한다.

(3) 집행방법

법원은 치료명령대상자에 대하여 선고유예나 집행유예를 하는 경우에 동시에 치료기간을 정하여 치료명령을 할 수 있다(제44조의2). 치료명령을 하는 경우에는 보호관찰을 병과하여야 하며, 보호관찰기간은 선고유예의 경우에는 1년,

집행유예의 경우에는 그 유예기간으로 하며, 치료기간은 이 기간을 초과할 수 없다. 법원은 치료명령을 부과하기 전 판결전조사를 할 수 있다. 치료명령은 정신건강전문요원 등 전문가에 의해 실시되고, 검사의 지휘를 받아 보호관찰관이 집행한다. 치료비는 피치료명령자가 자비로 부담하여야 한다. 다만, 경제력이 없는 경우에 한해 국가가 부담할 수 있다.

Ⅳ. 전자장치부착법상의 보안처분

1. 서 론

동법은 2007년 「특정 성폭력범죄자에 대한 위치추적 전자장치 부착에 관한 법률」로 제정되었다. 성폭력범죄는 재범의 개연성이 높은 범죄이므로 징역형을 선고받는 성폭력범죄자 등 중에서 다시 성폭력범죄를 범할 위험성이 있다고 인정되는 자에 대하여 위치를 확인할 수 있는 전자장치를 부착하게 하여 그 행적을 추적할 수 있도록 함으로써 성폭력범죄의 재발을 예방할 것을 목적으로 하였다. 그러나 성폭력범죄 뿐만 아니라 미성년자 유괴범죄를 비롯한 불법성이 유사하거나 보다 높은 범죄의 재범을 예방하기 위하여 2009년부터 「특정범죄자에 대한 위치추적 전자장치 부착 등에 관한 법률」로 법명을 변경하여 그 대상범죄를 확대하여 왔다.

이후 2012년에는 특정 범죄자에 대한 형 종료 후 보호관찰제도를 신설하여 법명을 「특정 범죄자에 대한 보호관찰 및 전자장치 부착 등에 관한 법률」로 변경하였다. 그 이후 2020년에는 특정 범죄자로 한정하고 있었던 전자장치의 부착제도를 특정범죄 이외의 범죄로 가석방되는 사람에 대해서도 적용되도록 함으로써 출소자 관리감독의 사각지대를 해소하고, 보석 허가자의 도주 방지와 출석담보를 위하여 주거제한 등의 조치와 함께 전자장치 부착을 보석조건으로 부과할 수 있도록 그 대상을 확대하면서, 법명도 「전자장치 부착 등에 관한 법률」로 변경하였다. 위치추적 전자장치의 부착은 자유박탈을 수반하지 않는 보안처분에 해당한다.[1)]

---

1) 헌재결 2013. 7. 25, 2011헌마781.

2. 위치추적 전자장치 부착

(1) 대 상

위치추적 전자장치란 전자파를 발신하고 추적하는 원리를 이용하여 위치를 확인하거나 이동경로를 탐지하는 일련의 기계적 설비로, 특정범죄에 해당하는 성폭력범죄, 미성년자대상 유괴범죄, 살인범죄 및 강도범죄를 범한 자를 대상으로 부착명령을 할 수 있다. 단, 만 19세 미만자에 대하여는 부착명령을 선고할 수는 있으나, 19세에 이르기까지는 이를 부착할 수 없다. 그리고 판결의 확정 없이 공소가 제기된 때부터 15년이 경과한 경우에는 부착명령을 청구할 수 없다.

또한 특정 범죄 이외의 범죄로 형의 집행 중 가석방되어 보호관찰을 받는 사람에게도 준수사항 이행 여부 확인 등을 위하여 가석방 기간의 전부 또는 일부의 기간을 정하여 부착할 수 있으며(제22조 제2항), 보석의 조건으로 피고인에게 전자장치를 부착할 수 있다(제31조의 2).

(2) 집행방법

검사는 동법 제5조에 규정한 특정범죄자를 대상으로 재범의 위험성이 있는 자로서 법률이 정하는 사유가 있는 자에 대하여 부착명령을 법원에 청구할 수 있거나 하여야 한다.

법원은 부착명령 청구가 이유 있다고 인정하는 때에는 ① 법정형의 상한이 사형 또는 무기징역인 특정범죄: 10년 이상 30년 이하 ② 법정형 중 징역형의 하한이 3년 이상의 유기징역인 특정범죄(제1호에 해당하는 특정범죄는 제외한다): 3년 이상 20년 이하 ③ 법정형 중 징역형의 하한이 3년 미만의 유기징역인 특정범죄(제1호 또는 제2호에 해당하는 특정범죄는 제외한다): 1년 이상 10년 이하 내에서 부착기간을 정하여 판결로 부착명령을 선고하여야 한다. 다만, 19세 미만의 사람에 대하여 특정범죄를 저지른 경우에는 부착기간 하한을 각 호에 따른 부착기간 하한의 2배로 한다.

여러 개의 특정범죄에 대하여 동시에 부착명령을 선고할 때에는 법정형이 가장 중한 죄의 부착기간 상한의 2분의 1까지 가중하되, 각 죄의 부착기간의 상한을 합산한 기간을 초과할 수 없다. 다만, 하나의 행위가 여러 특정범죄에 해당하는 경우에는 가장 중한 죄의 부착기간을 부착기간으로 한다(제9조 제1, 2항). 또한 가석방 또는 가종료 되는 자에게도 그 기간 동안 전자장치를 부착하여야 하고

(제22조 이하), 집행유예를 하면서 보호관찰을 명할 때에도 기간을 정하여 전자장치 부착을 명할 수 있다(제28조).

부착명령은 특정범죄사건에 대한 형의 집행이 종료되거나 면제·가석방되는 날 또는 치료감호의 집행이 종료·가종료되는 날 석방 직전에 피부착명령자의 신체에 전자장치를 부착함으로써 집행한다. 전자장치부착도 검사의 지휘로 보호관찰관이 집행한다.

부착명령은 기간경과, 형의 사면으로 인한 선고의 효력상실이 된 때 또는 부착명령이 가해제된 자가 가해제 취소없이 잔여 부착명령기간을 경과한 때 종료한다.

한편 보석조건에 따른 전자장치의 부착의 경우에는 구속영장의 효력이 소멸한 경우, 보석이 취소된 경우, 보석조건이 변경되어 전자장치를 부착할 필요가 없게 되는 경우에 종료된다.

3. 보호관찰

(1) 전자창치 부착명령 집행 중의 보호관찰

부착명령을 선고받은 사람은 부착기간 동안 보호관찰을 받는다(제9조 제3항). 보호관찰소의 장은 범죄예방 및 수사에 필요하다고 판단하는 경우 피부착자가 제14조 제2항에 따라 신고한 신상정보 및 피부착자에 대한 지도·감독 중 알게 된 사실 등의 자료를 피부착자의 주거지를 관할하는 경찰관서의 장 등 수사기관에 제공할 수 있다(제16조의2).

(2) 형집행종료 후 독립적 보호관찰

동법은 전자장치부착을 하지 않는 경우에도 재범의 위험성이 있는 자에게 독립적으로 보호관찰명령을 판결로서 선고하도록 하고 있다. 따라서 검사는 성폭력범죄, 미성년자유괴범죄, 살인범죄, 강도범죄, 스토킹범죄자로서 재범 위험성이 있다고 인정되는 자에 대하여 보호관찰명령을 청구할 수 있고, 법원은 금고 이상의 선고형에 해당하고 청구에 이유가 있는 때에는 2년 이상 5년 이하의 범위에서 기간을 정하여 보호관찰명령을 선고하여야 한다(제21조의3). 부착명령청구를 기각하는 경우에도 동일한 사유가 있으면 보호관찰명령만 선고할 수 있다.

4. 준수사항의 부가

법원은 부착명령을 선고하는 경우, 야간 등 특정 시간대의 외출제한, 특정지역・장소에의 출입금지, 주거지역의 제한, 피해자 등 특정인에의 접근금지, 500시간 이내의 특정범죄 치료 프로그램의 이수, 그 외 재범방지 및 성행교정을 위한 사항을 부가적으로 부과할 수 있다. 이는 대인적 보안처분 중에서 자유박탈을 수반하지 아니하는 보안처분에 해당한다.

V. 성충동약물치료법상의 보안처분

1. 의 의

동법은 성범죄에 대한 중형주의적 처벌만으로는 재범방지에 한계가 있다는 점 및 상습적 아동 성폭력범에게 성욕을 조절할 수 있는 호르몬 주사를 주기적으로 투여하는 약물치료요법과 심리치료를 병행하여 아동 성폭력범의 재범율을 현저히 낮춘 외국의 사례 등을 고려하여 2010년 도입되었다. 동법은 장기형이 선고되는 경우 치료명령시점과 집행시점 사이에 상당한 시간적 간극이 있어 집행시점에서 발생할 수 있는 불필요한 치료에 대한 위헌여부가 문제되어 헌법불합치 결정을 받은 후에,[1] 그 취지를 반영하여 치료명령의 집행면제신청절차를 마련하게 되었다.

성충동약물치료는 피치료자의 동의 없이 신체에 직접 약물을 투여할 수 있다는 점에서 신체형과도 같은 결과를 초래함으로써 여전히 위헌의 소지가 있을 뿐만 아니라, 재범방지의 의학적 효과에 대하여도 논란이 있다. 또한 치료명령을 받은 자는 자비로 치료비용을 부담하여야 하는 바(제24조), 강제처분을 행한 후 그에 대한 집행비용까지 스스로 부담하게 하는 점 역시 보안처분의 성격에 부합하지 않는 면이 있다.

2. 대상 및 집행방법

대상자는 비동의자와 동의자로 구분된다. 우선 비동의의 경우에는, 성폭력범죄를 저지른 성도착증환자로서 재범의 위험성이 있는 19세 이상의 자를 대상으

1) 헌재결 2015. 12. 23, 2013헌가9.

로 한다(제4조).

검사의 청구에 의하여 법원이 판결로서 치료명령을 선고하여야 한다. 또한 치료 경과 등에 비추어 약물치료 지속의 필요성이 있을 경우 보호관찰소장의 신청에 의하여 검사의 청구로 법원이 결정으로 치료기간을 연장할 수 있으며, 합산하여 15년을 초과할 수는 없다(제16조). 그러나 징역형의 집행이 먼저 이루어지므로, 앞서 언급한 바와 같이 치료명령 선고 이후 그것이 집행될 필요가 없을 정도로 개선되어 재범의 위험성이 없는 자는 치료명령의 집행면제를, 징역형 집행 종료 12개월부터 9개월 전에 신청할 수 있다(제8조의2).

동의에 의한 경우로는, 성폭력범죄를 저질러 징역형 이상의 형이 확정되었으나 치료명령이 선고되지 아니한 수형자 중 성도착증 환자로서 성폭력범죄를 다시 범할 위험성이 있다고 인정되고 약물치료를 받는 것을 동의한 자에 대한 치료명령 청구가 있다.

치료기간이 지나거나 치료명령과 함께 선고한 형이 사면되어 선고의 효력을 상실한 때, 또는 치료명령이 가해제된 자가 가해제의 취소 없이 잔여 치료기간을 도과한 때에는 집행이 종료된다.

Ⅵ. 디엔에이법상의 보안처분

1. 서 론

디엔에이법은 구속피의자와 수형인 등으로부터 DNA 감식시료를 채취하고 이로부터 획득된 디엔에이정보를 데이터베이스화하여, 사후 범죄수사에서 기 구축된 데이터베이스와의 비교 및 검색을 통한 수사의 효율성을 제고하고 한편으로는 구축된 데이터베이스 내에 정보가 수록된 자의 재범예방의 효과를 목적으로 2010년 도입되었다. 동법에 대하여는 디엔에이신원확인정보는 개인식별을 위한 최소한의 정보인 단순한 숫자에 불과하여 이로부터 개인의 유전정보를 확인할 수 없는 것이어서 개인의 존엄과 인격권에 심대한 영향을 미칠 수 있는 민감한 정보라고 보기 어렵고, 디엔에이신원확인정보의 수록 후 디엔에이감식시료와 디엔에이의 즉시 폐기, 무죄 등의 판결이 확정된 경우 디엔에이신원확인정보의 삭제, 디엔에이인적관리자와 디엔에이신원확인정보담당자의 분리 등 개인정보관

리를 위한 장치를 두고 있으므로 헌법에 위반되지 않는다고 본다.[1)]

동법은 행위자의 장래 위험성에 근거하여 부과되는 일종의 보안처분이다.[2)] 그러나 여전히 디엔에이신원확인정보는 영장주의 위반[3)], 개인정보자기결정권 등 기본권 침해의 소지가 있다.

2. 대상 및 집행

디엔에이 채취의 대상은 수형인(제5조), 구속피의자 또는 치료감호대상자(제6조), 범죄현장(제7조)으로서 법률이 요하는 일정한 요건을 갖추어야 한다.

디엔에이감식시료의 채취는 영장에 의하여야 하며(제8조), 채취된 감식시료를 통해 추출한 디엔에이신원확인정보를 데이터베이스에 수록한 때에는 채취물과 추출된 디엔에이는 지체없이 폐기하여야 한다.

수록된 디엔에이신원확인정보는 무죄판결, 불기소처분 등 일정한 사유가 있을 경우(제13조)에는 직권 또는 본인의 신청에 의하여 삭제하여야 한다.

Ⅶ. 아동·청소년의 성보호에 관한 법률상의 보안처분

1. 서 론

동법은 아동 및 청소년 대상 성범죄의 처벌과 절차에 관한 특례를 규정하고 이들을 지원함과 동시에 아동·청소년대상 성범죄자를 체계적으로 관리함을 목적으로 한다. 범죄의 대상이 되는 아동·청소년이란 19세에 도달하는 연도의 1월 1일을 맞이하기 전의 자를 의미한다.

동법상 아동·청소년에게 성범죄를 범한 자는 형벌과 동시에 500시간의 범위에서 수강명령 또는 성폭력 치료프로그램의 이수명령을 병과한다. 또한 집행유예를 하는 경우에는 수강명령 외에 보호관찰 또는 사회봉사 중 하나 이상의 처분을 병과할 수 있다. 형집행이 종료한 때로부터 보호관찰을 받을 수 있는데, 법원은 금고 이상의 선고형에 해당하고 보호관찰명령 청구가 이유 있다고 인정하는 때에는 2년 이상 5년 이하의 범위에서 기간을 정하여 보호관찰명령을 병과

1) 헌재결 2014. 8. 28, 2011헌마28.
2) 헌재결 2014. 8. 28, 2011헌마28.
3) 헌재결 2018. 8. 30, 2016헌마344.

하여 선고하여야 한다(제61조 이하). 이러한 처분들은 보안처분에 해당한다.

특히 동법상의 범죄를 범한 가해자가 피해자의 친권자나 후견인인 경우 친권상실선고를 하도록 되어 있는데, 이 경우 친권상실선고의 법적 성격에 관하여는 특별한 언급은 없으나 권리의 박탈이라는 면에서는 보안처분의 일종으로 보아야 할 것이다.

동법은 제4장에서 특별한 보안처분으로써 신상정보 공개[1]와 취업제한을 두고 있다. 이와 같은 처분들의 성격에 대하여는 보안처분으로 보는 견해도 있지만, 취업제한은 법률에 의한 추가제한이라고 하는 견해[2]도 있다.

2. 신상정보 공개제도

법원은 판결로써 동법상의 죄를 범한 자 중에서 신상정보의 공개를 판결로 선고할 수 있다(제49조). 공개되는 등록정보는 성명, 나이, 주소 및 실제거주지, 신체정보, 사진, 성범죄 요지 및 전과사실, 전자장치 부착여부이다. 정보통신망[3]상의 공개뿐만 아니라 고지대상자가 거주하는 지역의 아동·청소년의 친권자 또는 법정대리인이 있는 가구나 교육기관에는 직접 고지하도록 되어 있다.

동 제도는 재범의 위험성을 필요조건으로 하지 않을 뿐만 아니라(제49조 제1항), 재사회화하기 위하기보다는 오로지 사회방위만을 목적으로 한다는 점에서 보안처분의 근본취지에 부합하지 않는다. 또한 사법기관이 아닌 일반인에게 구체적인 개인정보를 공개함으로써 현대판 주홍글씨라고 불리기도 한다.[4]

3. 취업제한제도

법원은 성범죄로 형 또는 치료감호를 선고하는 경우에는 판결로, 그 형 또는 치료감호의 전부 또는 일부의 집행을 종료하거나 집행이 유예·면제된 날부터 일정기간동안 유치원, 학교, 위탁교육기관, 재활센터, 학원이나 교습소, 청소년

---

1) 헌재결 2016. 12. 29, 2015헌바196 등은 신상공개제도를 비형벌적 보안처분으로 본다.
2) 헌재결 2016. 10. 27, 2014헌마709 보충의견 참조.
3) 성범죄자 알림e https://sexoffender.go.kr
4) 헌재결 2016. 5. 26, 2015헌바212 신상공개에 대한 반대의견 참조. 현대사회에서 정보통신망을 통한 정보의 공개는 파급효과가 매우 크고, 공개적으로 범죄인의 명예와 체면을 깎아내리는 수치형에 해당한다. 이 뿐만 아니라 신상공개가 특별예방이나 일반예방의 효과가 있음을 입증할 수 없고, 오히려 해당 범죄인으로 하여금 공개로 인한 반사회성을 강화시켜 재범에로 나아갈 역효과를 창출할 수 있다.

활동시설이나 청소년쉼터 등 아동청소년 관련기관을 운영하거나 아동·청소년 관련기관 등에 취업 또는 사실상 노무를 제공할 수 없도록 하는 명령을 성범죄 사건의 판결과 동시에 선고하여야 한다(제56조). 다만 취업제한 기간은 10년을 초과하지 못한다.

그러나 그 업무내용이나 아동·청소년과의 접촉가능성을 고려하지 않고 관련기관만을 정하여 취업을 제한하는 방식이어서 직업선택의 자유를 과도하게 침해하는 면이 있다.

심 화 형벌과 보안처분과 법률에 의한 추가제한의 구별

형벌과 보안처분 및 법률에 의한 추가제한은 법률에 의한 기본권침해작용이므로 모두 형사제재의 일종이라는 점에서는 공통된다. 다음은 헌법재판소에 의한 세 가지 제재의 구분이다.

우선 형사제재에 관한 종래의 일반론에 따르면, 형벌은 본질적으로 행위자가 저지른 과거의 불법에 대한 책임을 전제로 부과되는 제재를 뜻함에 반하여, 보안처분은 행위자의 장래 위험성에 근거하여 범죄자의 개선을 통해 범죄를 예방하고 장래의 위험을 방지하여 사회를 보호하기 위해서 형벌에 대신하여 또는 형벌을 보충하여 부과되는 자유의 박탈과 제한 등의 처분을 뜻하는 것으로서 양자는 그 근거와 목적을 달리하는 형사제재이다. 연혁적으로도 보안처분은 형벌이 적용될 수 없거나 형벌의 효과를 기대할 수 없는 행위자를 개선·치료하고, 이러한 행위자의 위험성으로부터 사회를 보호하기 위한 형사정책적인 필요성에 따라 만든 제재이므로 형벌과 본질적인 차이가 있다. 즉, 형벌과 보안처분은 다 같이 형사제재에 해당하지만, 형벌은 책임의 한계 안에서 과거 불법에 대한 응보를 주된 목적으로 하는 제재이고, 보안처분은 장래 재범 위험성을 전제로 범죄를 예방하기 위한 제재이다.[1)]

범죄행위에 대해서는 일반적으로 형벌이 부과되는데, 이러한 형벌과는 별도의 입법목적을 달성하기 위하여 그 형벌을 전제로 법률로 자격제한, 당선무효, 연금제한 등과 같은 추가적 제한(이하 '법률에 의한 추가제한'[2)]이라 한다)을 규정하는 경우가 있다. 이러한 법률에 의한 추가제한은 범죄행위에 따른 형벌을 전제로 하는 법률상의 불이익이라는 점에서 형벌, 보안처분과 마찬가지로 범죄행위에 기인한 기본권의 제한이라고 할 수 있다.

1) 헌재결 2012. 2. 27, 2010헌가82 등.
2) 헌재결 2016. 10. 27, 2014헌마709. 안창호 재판관의 보충의견이다.

즉, 형벌은 과거의 행위에 대한 책임을 전제로 하되, 보안처분과 법률에 의한 추가제한은 장래의 재범의 위험성을 근거로 한다는 점에서 구분된다. 또한 형벌과 보안처분은 구체적으로 법관이 그 내용을 결정하지만, 법률에 의한 추가제한은 보안처분과는 달리 법원의 판단 없이 법률에 의해 일괄적으로 부과된다는 점에서 차이가 있다. 그러나 모두 법률에 근거한 기본권침해작용이므로 법원의 판결에 의해서만 가능하다는 점에서는 공통된다.

이렇게 구분할 때, 형벌은 형법 제41조의 형종에 해당하는 형사제재이고, 보안처분은 형법 및 특별법상의 보안관찰, 보호관찰, 사회봉사명령, 수강명령, 위치추적전자장치부착, 치료감호, 치료명령 등의 제재이다. 그리고 법률에 의한 추가제한에는 취업제한, 자격제한, 자격박탈, 당선무효, 연금제한 등이 해당한다.

그런데 오늘날에는 형벌과 보안처분의 형태가 다양해지고 형벌 집행에 있어서 범죄자에 대한 특별예방적·형사정책적 관심과 배려를 강조하는 새로운 형사제재 수단들이 등장하면서 형벌과 보안처분의 경계가 모호해지고 있다. 따라서 새로운 형사제재의 법적 성격을 논함에 있어서 종전과 같은 '과거 행위에 대한 응보-재범의 위험성에 따른 사회 예방'이라는 이분법적 논리를 단순히 적용하기에는 타당하지 않은 면이 있다. 즉, 과학기술의 발달에 따른 사회구조의 변화와 정치이념의 변화에 따라 20세기 후반부터 국가의 적극적인 기능이 강조되면서 형사제재의 다양화가 논의되었고, 보안처분 또는 사회내처우라는 명칭으로 발전된 다양한 형사제재가 도입되면서 종래의 형벌과 보안처분의 이원적 체계는 그대로 유지될 수 없게 된 것이다.

나아가 보안처분과 법률에 의한 추가제한과의 구별 역시 한계가 모호하게 되었다. 예컨대 취업제한제도는 아동·청소년을 성범죄로부터 보호하려는 목적을 가지고 있고, 입법목적 역시 재범 방지 차원에서 잠재적 피해자와의 접촉가능성을 초기에 차단하고자 함에 있었으므로, 이는 보안처분으로서의 성질을 가진다. 반면에 아동·청소년 시설 관련자의 자질 담보를 통한 아동·청소년의 보호와 시설관련기관의 윤리성과 신뢰성 담보에 목적이 있으므로 국가공무원법 등에서 정하는 것과 같은 법률상 결격사유(법률에 의한 자격제한)의 성격도 있다.

형벌과 보안처분, 그리고 법률에 의한 추가제한이 공통적으로 사회방위와 범죄자의 개선·교화 및 재사회화를 목적으로 한다면 어떠한 제도가 이 중 무엇에 해당하는지 법률적 요건을 엄격하게 심사하고, 중첩적용할 수 있는 요건 역시 기본권침해작용을 고려하여 신중하게 하여야 할 것이다. 세 가지 이상의 기본권침해작용이 서로 다른 법에서, 하나의 범죄행위에 적용될 경우 또 다른 의미의 일사부재리의 원칙 또는 이중처벌금지의 원칙에 반할 우려가 있기 때문이다.

판례색인

사항색인

ㅅ

ㅇ

ㅈ

ㅊ

ㅌ

ㅍ

ㅎ

저자약력

■ 이형국

성균관대학교 법정대학 법률학과 졸업
동대학원 법학과 수료(법학석사)
독일 하이델베르크(Heidelberg)대학교에서 법학박사(Dr. iur.) 학위 취득
경희대 부교수, 연세대 교수
사법시험 · 군법무관시험 · 변리사시험 · 행정고등고시위원 · 형사법개정특별심의소위원회위원 · 중앙교육평가원 독학학위운영위원회 법학과 분과위원
한국형사정책학회 · 한국형사법학회 · 한국교정학회 회장
연세대학교 법과대학장 · 법무대학원장
한림대학교 석좌교수 등 역임
전, 대한민국 학술원 회원

[저서]

형법총론연구 Ⅰ, Ⅱ
형법각론연구 Ⅰ, Ⅱ
형법각론
주석형법총론[상](공저)
형사소송법(공저) 외 다수 저서
Interessenabwägung und Angemessenheitsprüfung im rechtfertigenden Notstand des §34 StGB(하이델베르크대학교 박사학위논문)
형법과 인명, 예비죄에 관한 고찰, 칼빈의 법률관 외 다수 논문

■ 김혜경

연세대학교 법과대학 졸업, 동대학원 법학과 석사 · 박사학위 취득
한국형사정책연구원 부연구위원 역임
미국 버클리 로스쿨(U.C. Berkeley, Law School) 방문교수
사법시험 · 경찰시험 · 중등교사임용시험 · 행정시험 출제위원
대법원 양형위원회 양형위원
법무부 범죄피해자보호기금운용심의회 민간위원
현재, 계명대학교 경찰행정학과 교수

[저서]

처벌의 원리: 공동체 가치로서 연대성과 처벌의 인간화(대한민국 학술원 우수도서 선정)
법과 진화론(공저)
범죄학 이론(공역)
법학에서 위험한 생각들(공저)
법정형체계의 정비방안
양형 관련 형사법 개정방안 연구 외 다수 저서
범죄의 죄수판단 기준과 구조, 사회안전과 실체형법의 변화, 사회생물학적 인간본성에 기원한 도덕과 형법의 무게 외 다수 논문

형법총론 [제8판]

2007년 3월 8일 제4판 발행
2019년 3월 10일 제5판 발행
2021년 8월 30일 제6판 발행
2023년 8월 15일 제7판 발행
2025년 2월 28일 제8판 1쇄 발행

저 자 이 형 국 · 김 혜 경
발행인 배 효 선

발행처 도서출판 法 文 社

주 소 10881 경기도 파주시 회동길 37-29
등 록 1957년 12월 12일/제2-76호(윤)
전 화 (031)955-6500~6 FAX (031)955-6525
E-mail (영업) bms@bobmunsa.co.kr
(편집) edit66@bobmunsa.co.kr
홈페이지 http://www.bobmunsa.co.kr
조 판 법 문 사 전 산 실

정가 43,000원 ISBN 978-89-18-91590-6